불교윤리학 입문

토대, 가치와 쟁점

An Introduction to Buddhist Ethics
Foundations, Values and Issues

개정판

피터 하비 저 / 허남결 역

불교윤리학 입문

토대, 가치와 쟁점 - 불교가 윤리학의 옷을 입다

지금까지 불교의 세계관과 이상에 의해 지지되고 신봉되어 온 핵심 가치는 무엇인가? 탐욕, 증오, 어리석음은 불선한 행동의 뿌리이며, 그것들의 완전한 파괴는 니르바나와 마찬가지인 것으로 보인다. 반면에 무탐욕, 무증오, 어리석지 않음은 선한 행위의 뿌리로 간주되고 있는바 이는 불교의 핵심 가치로 볼 수 있다. 그것들은 부정적으로 표현되기는 하지만 너그러움과 집착하지 않음, 친절함과 자비로움, 그리고 삶의 본질에 대한 명료한 인식과 어리석음이나 잘못된 경향의 부재라는 의미에서 지혜와 다름없다.

씨아이알

불교윤리학 입문

    불교윤리학에 관한 이 체계적인 입문서는 학생과 학자 및 일반 독자들을 포함하여 불교에 관심이 있는 모든 사람들을 염두에 두고 쓴 것이다. 피터 하비(Peter Harvey)는 호평을 받은 바 있는 『불교입문』 *Introduction to Buddhism*(*Cambridge, 1990*)의 저자인데, 그의 이 새 책은 명쾌한 문체로 쓰여 있어 아무런 사전 지식도 요구하지 않는다. 동시에 이 책은 불교의 공통된 주제들과 서로 다른 불교 전통들의 독특한 주제들 양자 모두에 공통적인 불교윤리의 본질과 실천적 역동성에 대해 주도 면밀한 분석을 전개하고 있다. 이 책은 불교윤리를 인간과 자연의 관계, 경제, 전쟁과 평화, 안락사, 임신 중절, 양성 평등, 동성애 등의 광범위한 현대적 쟁점들에 적용한다. 하비 교수는 주요 불교 전통들의 텍스트 및 불교도들의 행동에 대한 역사적이고 현대적인 설명을 끌어와서 현존하는 불교윤리를 서술하면서, 그 안에 존재하는 서로 다른 관점들을 평가하고 나아가 이를 새로운 영역으로 확대, 적용하고자 한다.

    저자 피터 하비는 선덜랜드 대학의 불교학과 교수이다. 영국불교학회(*UK Association For Buddhist Studies*)의 공동 창립자이기도 한 그는 영국 최초의 전문 '불교학'(*Buddhist studies*) 교수이기도 하다. 그는 또한 매우 성공적인 인터넷 『불교윤리학저널』(*Journal of Buddhist Ethics*)과 『현대불교연구』(*Contemporary Studies in Buddhism*)의 편집위원으로도 활동하고 있다.

역자의 말

먼저 이 책은 영국 선덜랜드 대학교의 불교학과 교수인 피터 하비(Peter Harvey)가 쓴 *An Introduction to Buddhist Ethics -Foundations, Values and Issues-*(Cambridge University Press, 2000)를 우리말로 옮긴 것임을 밝혀 둔다. 사실 역자는 하비의 저서를 접하기에 앞서 데미언 키온(Damien Keown)의 불교윤리학 관련 서적들을 읽고 깊은 감명을 받은 적이 있다. 그때 받은 인상은 키온이 보편화된 서양윤리학적 지식을 배경으로 불교윤리학의 현대적 과제들을 일목요연하게 잘 정리하고 있다는 느낌이었다. 주제를 다루는 방식이나 설명 또한 명쾌하기 그지없었다. 당시로서는 국내에 불교윤리학이란 개념 자체가 생소하던 때라 개인적으로 받은 지적 충격 또한 자못 컸던 기억이 난다. 그래서 내친김에 *Buddhism and Bioethics*(1995)와 *Buddhist Ethics: A Very Short Introduction*(2005)은 우리말로 직접 번역해 보기도 했다. 이 과정에서 역자는 우리나라의 불교학자들도 정통교학 중심의 연구풍토에서 벗어나 일반 불자들의 일상적 삶을 구체적으로 안내해 줄 수 있는 불교윤리학에 대해서도 좀 더 관심을 가져줬으면 좋겠다는 바람을 가져본 적이 있다. 그러던 차에 이 책을 소개받고 다시 불교윤리학의 매력에 빠져들기 시작했다. 벌써 3년 전의 일이니 책 한 권을 읽는 데 꽤 오랜 시간이 걸린 셈이다.

피터 하비는 이 책의 서론에 해당하는 1장과 2장에서 불교윤리학이 도덕적 판단의 준거로 삼아야 할 경전적 토대들과 여기서 나온 불교의 핵심 가치들을 조목조목 되짚은 다음, 3장으로 넘어가 대승불교의 윤리사상을 간략하게 정리하고 있다. 이어서 4장에서는 인간 이외의 다른 존재들, 즉 자연세계 내의 다양한 생명들에 대한 윤리적 물음을 던지고 있다. 책의 중간 부분인 5장부터는 불교윤리학의 현대적 쟁점들에 대한 본격적인 논의에 착수한다. 우선 경제윤리와 관련된 내용들이 다루어진다. 여기서는 주로 실생활에 도움이 되는 유익하고 흥미 있는 삶의 지혜들을 많이 소개하고 있다. 다음의 6장에서는 불교일반의 평화적 이미지와 어긋나는 전쟁관과 그 역사적 사례 등에 관한 다양한 입장들이 비판적으로 소개되고 있어 독자들의 흥미를 자아낸다. 7장과 8장에서는 자살과 안락사 및 낙태와 피임과 같은 다소 진부하지만, 아무도 그 가치를 부인할 수 없는 인간의 생명 문제를 심도 있게 다루고 있다. 마무리 장인 9장과 10장에서는 오늘날 현대인들의 지대한 관심사이기도 한 성적 평등과 동성애 및 그 외 다른 성 소수자들의 사회적 지위 문제를 불교적 관점에서 신중하게 검토하려는 태도를 보여 준다. 여기서 보듯이 피터 하비는 논의 가능한 불교윤리학의 모든 주제들을 열거함과 동시에 이에 대한 불교적 답변을 구체적으로 모색하고자 한다.

이 책을 읽는 동안 역자는 인용된 경전 숫자와 섣불리 결론을 유도하지 않는 조심스러운 서술 태도 및 대단히 풍부하면서도 꼼꼼하기 그지없는 주석 등을 보고 새삼 나 자신의 학문하는 자세를 되돌아보게 되었다. 다시 말해 저자는 어떠한 주관적 사고의 개입도 배제한 채 그야말로 철저하게 객관적 자료를 중심으로 불교윤리학의 학문적 기초를 마련하고자 노력하고 있었던 것이다. 이 점에 역자는 저자인 피터 하비에게 머리 숙여 존경한다는 인사를 전한다. 그러나 독자의 입장에서 볼 때 다소 불편한 점도 없지 않았다. 예컨대 본문 중에 삽입된 지나치게 많은 인용 표시와 도무지 정리가 되지 않은 것처럼 보이는 난삽한 문장들도 심심치 않게 눈에 띄었던 것이다. 이러한 부분들은 앞으로 이 책이 극복해야 할 과제임에 틀림없다. 그럼에도 불구하고 저자인 피터 하비는 이 책을 통해 불교윤리학의 이론적 정립에 필요한 여러 가지 작업들을 차분하게 그리고 성공적으로 수행하고 있다. 바로 이 점에 있어서 피터 하비는 데미언 키온의 불교윤리학 연구를 상당 부분 보완하고 있다는 평가가 가능하리라고 본다. 그런점에서 불교윤리학에 관심이 있는 독자들은 먼저 하비의 책에 인용된 경전들을 통해 주제와 관련된 붓다 당시의 에피소드들을 살펴본 다음, 키온의 책을 읽으면서 이에 대한 개인의 윤리적 입장을 가다듬으면 좋을 것이라는 생각을 해 본다. 무릇 책 한 권이 세상에 나오게 되기까지는 많은 사람들과의 보이지 않는 인연들이 숨어 있게 마련이다. 특히 500쪽에 가까운 방대한 분량과 빠알리어 및 산스크리트어가 뒤섞인 단락들을 우리말로 옮기는 지루한 과정에서 역자의 분발을 끊임없이 촉구한 고(故) 김인겸 박사와 김민웅 박사에게 고맙다는 인사를 전한다. 특히 고(故) 김인겸 박사는 불교윤리학을 전공했기 때문에 본문에 등장하는 불교용어의 정리와 빠알리어나 혹은 산스크리트어로 된 경전의 이름을 우리말로 바꾸는 데 결정적인 도움을 주었다. 그러나 이 책이 나온 지 얼마 되지 않아 갑작스럽게 발병한 심근경색으로 말미암아 그만 유명을 달리하고 말았다. 장래가 유망하던 젊은 불교윤리학도여서 실로 안타깝기 그지없다. 지면을 빌어 고(故) 김인겸 박사의 극락왕생을 다시 한 번 더 기원 드린다. 그리고 서양윤리학 전공자인 김민웅 박사는 역자가 불교윤리학과 서양윤리학이 만나는 접점과 관련된 주제들을 정확하게 이해할 수 있도록 필요한 조언을 아끼지 않았다. 만약 이 두 사람의 도반이 없었더라면 여기저기 흩어져 있던 번역원고들이 한 권의 단행본으로 묶여 출판되는 성취의 기쁨을 맛보지 못했을지도 모른다. 두 분의 우정에 거듭 감사의 뜻을 표하고 싶다.

마지막으로 역자의 무능과 게으름 탓에 계속 미루어지던 출판을 참을성 있게 끝까지 기다려 주셨던 도서출판 〈씨아이알〉 관계자 여러분들에게도 송구스럽고 또한 고맙다는 말씀을 전하지 않을 수 없다. 이렇게 맺어진 불보살들과의 인연이 앞으로도 변함없이 이어지기를 바라는 한편, 이 책을 읽게 될 낯모를 인연들에게는 붓다의 인간적 내지는 윤리적 고민의 흔적들이 좀 더 설득력 있게 와 닿기를 기대해 본다. 왜냐하면 윤리와 도덕은 시공간의 울타리를 넘어 인간들의 사는 모습을 고스란히 반영하고 있는, 말 그대로 삶의 거울과 같은 것이어서 석가모니 붓다 자신도 결코 윤리적 갈등상황을 피해 갈 수 없었기 때문이다. 이는 현대인들도 법 이전에 윤리와 도덕을 외면하고 살 수 없는 근본적인 이유가 될 것이다.

이 세상의 모든 존재들이 생명을 가지고 있다는 사실 그 자체만으로도 존중받을 수 있는 세상이 되기를 간절히 기원하면서 이만 역자의 말을 맺는다.

2014년 8월 늦여름 남산자락 동악에서
역자 씀

모든 악은 행하지 말고,
모든 선은 행하며,
마음을 청정하게 하라.
이것이 붓다들의 가르침이다.
(『담마빠다』(Dhammapada),183)

차례

도판

1. 티베트의 '삶의 수레바퀴'

2. 영국의 북동부 라타나기리사원의 축제에서 비구들에게 음식 공양을 하는 재가 신도들

3. 전생에 '인욕의 스승'으로서 칼로 갈기갈기 찢겨도 분노를 일으키지 않은 붓다를 보여 주는 스리랑카의 사원 벽화(Richard Gombrich의 호의로 싣게 됨)

4. 헌신적인 원숭이 및 코끼리와 함께 있는 붓다, 태국 코 사무이의 한 사찰

5. 사르보다야 쉬라마다나 운동의 창시자 아리야라트네, 왼쪽은 이 운동을 연구한 조지 본드 교수

6. 일본의 일본산묘법사가 영국의 밀튼 케인스에 세운 '평화탑'의 입구(Moghadas Sadeg의 호의로 싣게 됨)

7. 캄보디아의 출가 지도자이자 평화운동가 마하 고사난다

8. 낙태아나 사산아들에게 바쳐진 지장보살상이 있는 일본의 묘지(Elizabeth Harrison의 호의로 싣게 됨)

9. 천상에서 돌아가신 어머니에게 아비달마(분석적 지혜의 복합적 개설서)를 가르치고 지상으로 돌아오는 붓다를 보여 주는 스리랑카의 민중그림

10. 네팔 카트만두의 사찰 안뜰에 있는 타라, 구원의 여신상

감사의 말

런던 골드스미스 대학 교수이자 인터넷 『불교윤리학저널』의 공동 편집자인 데미언 키온의 제7장과 제8장에 대한 논평에 대하여, 그리고 나의 연구 조교인 리즈 윌리엄스(Liz Williams)가 이 책의 원고, 특히 제9장을 검토하고 제언해 주었으며 색인 작업을 도와준 것에 대하여 감사드린다. 여러 해 동안 선덜랜드 대학교의 학부 마지막 과정에서 불교와 기독교 및 이슬람 윤리를 가르치는 동안 동료 제임스 프랜시스(James Francis) 박사와 필 앙드레(Phil André) 그리고 우리 학교의 학생들 또한 내가 불교윤리학에 대해 더 많이 생각할 수 있도록 도와주었다.

약어표

다음에 주의할 것.

Th.=빠알리 경전이나 후기 테라바다 문헌

My.=산스크리트나 중국어, 티베트어 대승 텍스트

A. *Aṅguttara Nikāya*(Th.);(tr.F.L.Woodward and E.M.Hare), *The Book of Gradual Sayings*, 5vols., London, PTS, 1932-6.

A.A. Commentary on A.; untranslated

AKB. *Abhidharmakośa-bhāsyam* [of Vasubandhu; a Sarvāstivāda work]; (tr.from Louis de la Vallée Poussins's French translation by Leo M. Pruden, *Abhidharmakośabhāsyam*), Berkley, Calif., Asian Humanities Press, 1988-90. References are to chapter and section numbers in original text.

Asl. *Aṭṭhasālinī*[Buddhaghosa's commentary on *Dhs.*](Th.); (tr. Pe Maung Tin), *The Expositor*, 2vols., London, PTS, 1920 and 1921.

ASP. Arya-satyaka-parivarta(My.); (tr. L. Jamspal), *The Range of the Bodhisattva: A Study of an Early Mahāyānasūtra, 'Āryasatyakaparivarta', Discourse of the Truth Teller*, Columbia University Ph.D. thesis, reproduced on microfiche, Ann Arbor, UMI, 1991(Tibetan text and translation, with introduction. pp.1-73) References are to page numbers of the translation.

Asta. Aṣṭasāhasrikā Prajñā-pāramitā Sūtra (My.); (tr. E. Conze), The Perfection of Wisdom in Eight Thousand Lines, and its Verse Summary, Bolinas, Four Seasons Foundation, 1973.

Bca. Bodhi-caryāvatāra [of Śāntideva] (My.); translations as in: Shantideva, *A Guide to the Bodhisattva's Way of Life(Bodhisattvacharyavatara)*, tr. from Tibetan by S. Batchelor, Dharamsala, India, Library of Tibetan Works and Archives, 1979. References to chapter and verse. Other translations are: Crosby, K. and Skilton, A., *Śāntideva, The Bodhicaryāvatāra*, World Classics, Oxford and New York, Oxford University Press, 1996.
Matics, M. L., *Entering the Path of Enlightenment: The Bodhicaryāvatāra of the Buddhist Poet Śāntideva*(from Sanskrit), London, George Allen & Unwin, 1971.

BCE Before the Christian era.

BPS Buddhist Publication Society

Bv. *Buddhavaṃsa*(Th.);(tr. I.B.Horner), in *Minor Anthologies*, vol.III, London, PTS, 1975. Also includes translation of *Cp.*

c. *circa.*

CE   Christian era.

Cp.   *Cariyāpiṭaka*(Th.);(tr.I. B. Horner), in *Minor Anthologies*, vol.III, London, PTS, 1975. Also includes translation of *Bv*.

D.   Dīgha Nikāya(Th.);(tr. T. W. and C.A.F.Rhys Davids), *Dialogues of the Buddha*, 3vols., London, PTS, 1899-1921. Also translated by M. Walshe, *Thus Have I Heard: The Long Discourses of the Buddha*, London, Wisdom Publications, 1987, in one volume.

D.A.   Commentary on *D.*; untranslated.

Dhp.   *Dhammapada*(Th.); (tr. Nārada Thera), *The Dhammapada*, London, John Murray, 1954(the same translation, accompanied by the Pali text, is also published by the Buddhist Missionary Society, Kuala Lumpur, 1978- available from Wisdom Publications, London); (tr. Acharya Buddharakkhita), *The Dhammapada: The Buddha's Path of Wisdom*, Kandy, Sri Lanka, BPS, 1985. In verse.

Dhp.A.   *Dhammapada Commentary*(Th.); (tr. E. W. Burlingame), *Buddhist Legends*, 3 vols., Harvard Oriental Series, Cambridge, Mass., Harvard University Press, 1921; repr. London, PTS, 1979.

Dhs.   *Dhamma-saṅgaṇī*(Th.); (tr. C. A. F. Rhys Davids), *Buddhist Psychological Ethics*, London, PTS, 1900, 3rd edn, 1974.

It.   *Itivuttaka*(Th.); (tr. F. L. Woodward), *As it was Said*, in *Minor Anthologies*, Part *II*, London, PTS, 1935; also tr. J. D. Ireland, *The Itivuttaka: The Buddha's Sayings*, Kandy, Sri Lanka, BPS, 1991.

J.   *Jātaka with Commentary*(Th.); (tr. by various hands under E. B. Cowell), *The Jātaka or Stories of the Buddha's Former Births*, 6 vols., London, PTS, 1895-1907.

Khp.   *Khuddaka-pāṭha*(Th.); (tr. with its commentary, Bhikkhu Ñāṇamoli, *Minor Readings and Illustrator*, London, PTS, 1960.

Khp.A.   Buddhaghosa's commentary on Khp.

Kvu.   Kathāvatthu(Th.); (tr. S. Z. Aung and C. A. F. Rhys Davids), Points of Controversy, London, PTS, 1915.

M.   Majjhima Nikāya(Th.); (tr. I. B. Horner), Middle Length Sayings, 3 vols., London, PTS, 1954-9. Also tr. Bhikkhu Ñāṇamoli and Bodhi, The Middle Length Discourses of the Buddha, Boston, Mass., Wisdom, 1995, in one volume.

M.A.   Commentary on M.; untranslated.

Miln.   Milindapañha(Th.); (tr. I. B. Horner), Milinda's Questions, 2vols., London, PTS, 1963 and 1964.

Miln.T.   Commentary on Miln., untranslated.

Mvs.   Mahāvastu(of the Lokottaravāda school); (tr. J. J. Jones), The Mahāvastu, Translated from the Buddhist Sanskrit, 3 vols., London, PTS, 1949-56.

Nd. II.   Cullaniddesa(Th.); untranslated.

Ps.   Paṭisambhidā-magga(Th.); (tr. Bhikkhu Ñāṇamoli), The Path of Discrimination, London, PTS, 1982.

PTS   Pali Text Society

Pug. Puggala-paññatti(Th.); (tr. B. C. Law), Designation of Human Types, London, PTS, 1969.

Pv.   Petavatthu(Th.); (tr. H. S. Gehman), The Minor Anthologies of the Pali Canon, Part IV(also includes a translation of Vv. by I. B. Horner), London, PTS, 1974. References to chapter and story number.

RPR. Rāj-parikathā-ratnamālā [of Nāgārjuna] (My.); (tr. J. Hopkins and Lati Rinpoche), Nagarjuna and the Seventh Dalai Lama, The Precious Garland and the Song of Four Mindfulnesses, London, George Allen & Unwin, 1975(also includes translation of a short text by the Seventh Dalai Lama). Reference is to verse number.

S.   Samyutta Nikāya(Th.); (tr. C. A. F. Rhys Davids and F. L. Woodward), The Book of Kindred Sayings, 5 vols., London, PTS, 1917-30.

S.A. Commentary on S.; untranslated.

Skt   Sanskrit.

Sn.   Sutta-nipāta(Th.); (tr. K. R. Norman), The Group of Discourses(Sutta-nipāta) Volume I(in paperback, The Rhiniceros Horn and Other Early Buddhist Poems), London, PTS, 1984; revised translation by Norman, with detailed notes, The Group of Discourses(Sutta-nipāta) Volume II, Oxford, PTS, 1992. Also tr. H. Saddhatissa, The Sutta-nipāta, London, Curzon Press, 1985. In verse.

Ss.   Śikṣā-samuccaya(My.); (tr. C. Bendall and W. H. D. Rouse, Śikṣā-samuccaya; A Compendium of Buddhist Doctrine, Compiled by Śāntideva Chiefly from the Early Mahāyana Sūtras, Delhi, Motilal Banarasidass, 1971(1st edn, 1922). References are to translation pagination.

Svb. Suvarṇa-bhāsottama Sūtra(My.); (tr. R. E. Emmerick), The Sūtra of Golden Light, London, Luzac & Co., 1970. Reference to Sanskrit pagination, as indicated in Emmerick's translation.

Taishō Taishō Daizōkyō: Japanese edition of the Chinese Buddhist Canon, published 1924-9.

Thag. Thera-gāthā(Th.); (tr. K. R. Norman), Elders' Verses, vol. I, London, PTS, 1969. In verse.

Thig. Therī-gāthā(Th.); (tr. K. R. Norman), Elders' Verses, vol. II, London, PTS, 1971. This translation is also found, with C. A. F. Rhys Davids' 1937 translation of the texts and extracts from the commentary, Psalms of the Sisters, in C. A. F. Rhys Davids and K. R. Norman, Poems of Early Nuns, Oxford, PTS, 1989. In verse.

Thig.A. Commentary on Thig.; (tr. W. Pruitt), The Commentary on the Verses of the Therīs, Oxford, PTS, 1998.

Ud.   Udāna(Th.); (tr. F. L. Woodward), Verses of Uplift, in Minor Anthologies Part II, London, PTS, 1994, and J. D. Ireland, The Udāna: Inspired Utterances of the Buddha, Kandy, Sri Lanka, BPS, 1990.

Ud.A.	Commentary on Ud. (tr. P. Masefield), The Udāna Commentary, vol. I, Oxford, PTS, 1994.
Uss.	Upāsaka-śīla-sūtra(My.); (tr. Heng-ching Shih), The Sutra on Upāsaka Precepts, Berkeley, Numata Center for Buddhist Translation and Research, Bukkyō Dendō Kyōkai, 1994(translation from Chinese Taishō, vol. 24, 1034a-1075b, no. 1488). References are to translation pagination.
Vc.	Vajracchedikā-prajñāpāramitā-sūtra(My.); (tr. and explained by E. Conze), in Buddhist Wisdom Books: The Diamond Sutra and Heart Sutra, London, George & Unwin, 1958.
Vibh.	Vibhaṅga(Th.); (tr. U. Thittila), The Book of analysis, London, PTS, 1969.
Vin.	Vinaya Piṭaka(Th.); (tr. I. B. Horner), The Book of the Discipline, 6 vols., London, PTS, 1938-66. Vin. III and IV are translated as Book of the Discipline, vols. I, II and III, and Vin. I and II are translated as Book of the Discipline, vols. IV and V. Note, also, that in Horner's translation, the page number of the original text, which appear in bold in the midst of the English, means 'Page x ends here.' In all other translations by the PTS, it means 'Page x starts here.'
Vin.A.	Commentary on Vin.; untranslated directly into English, but translated from the Chinese translation: Bapat and Hirakawa, 1970.
Vism.	Visuddhimagga[of Buddhaghosa](Th.); (tr. Bhikkhu Ñāṇamoli), The Path of Purification, 3rd edn, Kandy, Sri Lanka, BPS, 1975, and 2 vols., Berkeley, Calif., Shambhala, 1976.
Vv.	Vimānavatthu(Th.); (tr. I. B. Horner), The Minor Anthologies of the Pali Canon, Part IV(also includes a translation of Pv. by H. S. Gehman), London, PTS, 1974. References to story number.
Vv.A.	Commentary on Vv.; untranslated.
WFBR	World Fellowship of Buddhist Review.

위의 책들은 대부분은 아직도 출판되고 있다. 출판사가 원래의 것과 다른 경우에만 재출판물이라고 언급하였다. 이 책에서 제시되는 번역, 특히 빠알리어 번역의 경우 인용된 번역과 (원문이) 반드시 동일하지만은 않다. 테라바다 문헌의 경우 PTS(Pali Text Society)는 판의 권과 페이지 수로, 게송으로 된 경우에는 게송 번호로 참조 표시를 한다. 원전의 관련 판본 페이지 숫자는 일반적으로 번역문에 괄호로 제시되거나 페이지 맨 위에 제시된다. 번역문의 페이지 숫자는 일반적으로 율장(Vinaya)을 제외하고는 PTS판의 권수와 일치한다(위를 보라).

언어와 발음

이 책 속의 대부분의 외국어는 빠알리어와 산스크리트어로서 이 둘은 서로 밀접한 관계가 있는 고대 인도어이다. 빠알리어는 불교의 세 가지 주요 문화적 전통 중의 하나인 남방불교의 경전과 의례 그리고 학술에 사용된 언어이다. 산스크리트, 보다 정확하게는 '불교 혼성 산스크리트(Buddhist Hybrid Sanskrit)'는 인도에서 대승불교의 많은 경전들과 학술적 논서들에 쓰인 언어이다. 대승불교가 지배적인 북방과 동아시아 불교에서는 일반적으로 이 텍스트들의 티베트본이나 한역본을 사용한다. 불교에 관한 많은 저술들이 산스크리트 버전의 단어들만 제시하지만, 이는 산스크리트가 더 이상 (네팔을 제외하고) 불교도들에 의해 사용되지 않고 있기 때문에 부자연스러운 것이다. 그러나 빠알리어는 여전히 많이 사용되고 있다.

따라서 이 책에서는 대부분의 초기 불교, 남방/테라바다 불교 그리고 불교 일반을 논의할 때 빠알리어식 용어를 사용한다. 산스크리트 형태는 대승불교를 논의할 때, 산스크리트를 사용하는 일부 초기 학파들 그리고 힌두교를 논의할 때 사용된다. 산스크리트는 또한 영어로 이미 알려진 특정한 핵심 개념들에도 사용된다: *Nirvāṇa* (빠알리어 *Nibbāna*), *karma*(빠알리어 *kamma*), *Bodhisattva*(빠알리어

Bidhisatta), *Stūpa*(빠알리어 *Thūpa*) 등등. 많은 경우에 빠알리어와 산스크리트는 동일하게 표기된다. 서로 다르게 표기될 때는 빠알리어의 철자가 더 간단하다.

빠알리어와 산스크리트 모두 26개 이상의 문자를 가지고 있어서 로마자로 표기될 때 나머지 문자들은 구별발음부호로 나타낼 필요가 있다. 빠알리어와 산스크리트 단어들은 영어와 달리 일단 문자의 특별한 소리를 인식하고 나면, 쓰인 대로 발음된다. 그러므로 구별발음부호들이 발음에 대한 명확한 안내를 해주기 때문에 그 부호들을 살펴볼 가치가 있다. 문자들은 다음과 같이 발음된다.

(i) a 는 'hut'이나 'utter'의 u처럼 짧고 평성이다.

i 는 'bit'의 i처럼 짧다.

u 는 'put'의 u나 'foot'의 oo와 같다.

e 는 'bed'의 e와 같고 유일하게 길게 발음된다.

o 는 'note'의 o와 같다(혹은 한 개 이상의 자음 앞에서는 'not'이나 'odd'의 o에 더 가깝다)

(ii) 문자 위의 선은 그것을 길게 발음한다.

ā 는 'barn'의 a와 같다.

ī 는 'beet'의 ee와 같다.

ū 는 'brute'의 u와 같다.

(iii) 문자 아래에 점이 있을 때(ṭ, ḍ, ṇ, ṣ, ṛ, ḷ), 이것은 뇌성문자 'cerebral' letter라는 것을 의미한다. 이 문자들을 발음할 때는 혀를 닿게 할 입천장 위의 한 점을 상상하라. 이것은 특징적인 '인도적' 소리를 만들어 낸다. 그것은 또한 ṣ를 sh로, ṛ을 ri로 발음하게 한다.

(iv) ś 는 보통의 sh 소리와 같다.

(ⅴ) 기식음이 붙은 자음들(kh, gh, ch, jh, th, dh, ph, bh)은 영어 자음을 매우 강조하여 발음할 때처럼 가슴에서 강한 호흡이 동반된다. 예를 들면:

ch는 'church-hall'의 ch-h와 같다.

th는 'hot-house'의 t-h와 같다.

ph는 'cup-handle'의 p-h와 같다.

기식음이 붙은 자음들이 자음군의 부분으로 나타날 때 기식음은 맨 마지막에 온다.

(ⅵ) c 는 'choose'의 ch와 같다.

(ⅶ) ñ 은 'canyon'의 ny와 같다; ññ 은 nnyy와 같다.

(ⅷ) m̤ 은 입은 닫히고 공기가 코로 나올 때 성대가 울리면서 만들어지는 순전한 비음이다. ng와 유사하다.

(ⅸ) ṅ 은 ng이고, 코보다는 입에서 나는 비음이다.

(ⅹ) ḥ 는 보통의 h 소리와 비슷하지만, 앞 모음의 희미한 울림이 따라온다.

(ⅺ) v 는 단어의 처음이나 모음 사이에 올 때는 영어의 v와 어느 정도 유사하지만, 다른 자음과 결합될 때는 w와 비슷하다.

(ⅻ) 이중 자음들은 언제나 길게 발음된다; 예를 들어 'unnecessary'의 nn처럼.

다른 모든 문자들은 영어에서처럼 발음된다.

ō는 일본어의 장음 o를 나타내기 위해 사용된다('not'보다는 'note'에서처럼). 티베트 단어들은 이 책에서 와일리(Wylie) 티베트어 로마자 표기법에 따라 발음을 나타내는 형태로 제시되는데 여기에는 발음되지 않는 문자들이 포함되어 있다.

일러두기

1. 본문에서 buddha는 문맥에 따라 붓다, 부처, 불(佛)로 번역되었다.
2. 일반적으로 통용되는 '업' 또는 '업보'라는 말 대신 '까르마' 또는 '까르마적 열
   매'라고 표현했다. 이는 '업'이나 '업보'라는 말이 우리나라를 비롯한 대승불교
   문화권에서 다소 부정적인 의미로 비치는 것을 지양하고, 본래의 의미 즉 '몸,
   입, 마음'으로 짓는 모든 행위와 그것에 따르는 결과라는 것을 보다 더 생동
   감 있게 전달하기 위한 것이다.
3. 빠알리어와 산스크리트어 발음은 p.25의 언어와 발음을 참고한다.
4. 본문의 외국어 인명과 지명은 현지 발음에 따라 표기하였다.
5. 본서의 색인은 책명과 인명만 표기하였다.

서론

서양에서 하나의 학문 연구 분야로서의 불교윤리학은 새로운 것이 아니지만, 최근에 인터넷 『불교윤리학저널』(Journal of Buddhist Ethics)의 매우 성공적인 사례에서 볼 수 있듯이 상당한 (세력) 확장을 경험하였다. 불교의 학파들은 풍부한 윤리사상의 전통을 갖고 있지만, 이는 종종 다른 주제들을 다루고 있는 다양한 작품들 속에 흩어져 있기도 하다. 이 책은 서로 다른 불교 전통 속에서 각각의 다양성뿐만 아니라 강한 지속성을 보여 주는 윤리에 대한 통합적 개괄을 목적으로 한다. 이 책은 윤리와 사회에 대한 서양적 사유에서 현재 관심을 끌고 있는 쟁점들을 제시하는 방식으로 그러한 작업을 시도하려고 하는데, 이는 윤리와 사회에 대한 불교적 관점을 명료하게 가다듬고, 불교윤리를 보다 알기 쉽게 하기 위해서이다. 불교윤리를 탐구함에 있어서 이 연구는 문헌과 주요 사상가들이 말한 것뿐만 아니라 불교도들 사이에서 실제로 일이 어떻게 이루어지고 있는가를 살펴보는 것을 목적으로 삼는다. 불교도들의 (교의)충성도는 다양한 수준에 걸쳐 있을 것이며, 따라서 자연스럽게 자신의 종교가 자신의 행위에 영향을 미치는 여러 요소들 가운데 단지 하나에 불과한 세계에서 그들은 살고 있는 셈이다. 불교도들이 자신들의 윤리적 이상을 결여하고 있을 때조차도 그들이 그렇게 행동하게 되는 방식은 종교가 하나의 삶의 체계로서 기능하는 방식에 대해 무언가 중요한 한 가지를 말해 준다.

　제1~3장은 불교의 세계관(들)과 여기서 발생하는 핵심 가치들 속의 윤리에 토대를 두고 있다는 관점에서 불교윤리의 구조를 탐색하는 방식으로 윤리적 쟁점들을 살펴보기 위한 방법을 마련하고 있다. 서로 다른 종교와 철학들의 윤리적 지침은 많은 공통점을 가지고 있기도 하지만, 각각은 세계와 그 속에서의 인간의 지위에 대한 특정한 견해에 기초해 있다. 그러한 세계관은 관련된 윤리체계에 특별한 강조점을 두고, 그것에 대한 특별한 종류의 이유를 제시하며 나아가 그것에 따라 행위 하기 위한 특별한 형태의 동기화를 제공한다. 하지만 종교는 신념과 윤리 이상의 것이며 따라서 그 윤리 또한 모든 영역의 실천이라는 맥락에서 이해될 필요가 있다.

　이 책에서 '윤리(학)(ethics)'라는 용어는 다음과 같은 의미를 포괄하기 위해 사용된다.

(1) 도덕적 지침의 토대와 정당화(규범윤리학), 그리고 윤리적 용어의 의미(메타윤리학)에 대한 사유
(2) 특수한 도덕적 지침(응용윤리)
(3) 사람들이 실제로 행위 하는 방식(서술윤리학)

데이비드 리틀(David Little)과 섬너 트위스(Sumner Twiss)는 비교종교윤리학에 관한 그들의 저서에서 '도덕적' 진술을 사람들 사이의 협력 문제를 제시하는 것으로 규정했다. 그것은 협력에 영향을 미치는 행위와 성격, 감정, 태도 등을 안내함으로써 개인과 집단들이

어떤 형태의 협력을 시작하고, 유지 혹은 확장하기 위한 '행위지침'을 제공한다. 도덕은 타인들에 대한 우리의 행위 등의 효과에 초점을 맞춘 '타인-고려적'인 것이다(1978; 28-29). 이는 합리적인 견해이기는 하나 인간 이외의 생명들과의 상호행위의 성질과도 관련되어 있기 때문에 불교 도덕을 위해서는 불완전한 것이다.

　도덕적 '행위지침들'은 때로는 서로 충돌하지만 ―우리는 다른 사람에게 거짓말을 하면서까지 어떤 사람을 보호해야만 하는가?― 주의를 요하며, 신에 대한 믿음으로 자신의 아들을 죽이려고 했던 아브라함과 불타는 수풀의 이야기에서처럼 종교적 행위지침과 갈등을 일으키기도 할 것이다. 순전히 사리분별적인 이유로 이루어진 행위―나는 감옥 혹은 지옥에 가고 싶지 않다―는 비록 그것들이 도덕적 발달을 뒷받침하는 행동습성을 형성하는 데 도움이 될지라도, 실제로는 윤리적 고려에서 이루어지는 것이 아니다. 종교는 때때로 타인에게 이익을 베푸는 행위에 동기를 부여하기 위해, 그러한 행위들을 사리분별적이고 도덕과 무관한 근거로 정당화하거나 입증함이 없이, 사리분별적인 고려사항들, 예를 들어 업의 결과와 같은 것을 사용한다. 넓게 보아 종교에 기초한 윤리체계들은 적극적인 타인-고려적 행위들을 동기화하거나 정당화하고, 타인에게 해로운 행위를 억제시키며 도덕적 행동을 촉진하는 성격 특성을 강화시킴으로써 윤리(학)를 돕는다.

　리틀과 트위스는 '종교적' 진술을 가치와 지침의 성스러운 근원이라는 관념에 토대를 둔 일련의 신념과 태도, 실천을 표현하는 것으로 간주한다. 그리고 이는 '해석가능성이라는 존재론적 문제'를 해결하는 기능을 한다(1978: 56). 즉 종교는 사람들이 인간적 곤경을 이해하고 해결하도록 돕기 위해 고통과 죽음, 악을 포함하고 있는 삶을 의미 있게 만드는 데 초점을 맞춘다. 도덕과 윤리는 휴머니즘이나 공리주의에서처럼 종교와 분리되어 존재할 수도 있고 종교 체계로 통합될 수도 있다. 예컨대 '죽이지 말라'라는 동일한 규정이 순전히 윤리적인 이유, 예컨대 이는 다른 사람들에게 나쁜 효과를 가지고 있다든가 또는 순전히 종교적인 이유, 예컨대 그것은 신에 의해 금지된다거나 혹은 하나의 혼합물, 예컨데 그것이 타인들에게 해를 끼치기 때문에 신에 의해 금지된다는 이유로 정당화될 수도 있다. 불교적 맥락에서 다른 사람들의 복지에 대한 행위의 효과는 정신적 진보에 대한 행위의 효과처럼 그 자체로 중요한 고려사항이다. 그리고 이는 붓다가 말했던 것으로 생각된다. 종교들은 때로 타인의 물질적 복지와 관련된 윤리적 관심에서 자기 규율이나 금욕 같은 보다 정신적인 관심으로 (우리가) 느끼지 못하는 사이에 옮겨 가는데, 이 또한 윤리적 파급효과를 지니고 있다.

거의 2500년에 걸친 불교의 역사는 고타마 싯다르타(Siddhatta, Gotama, 빠알리; 산스크리트 Siddhārta Gautama | 기원전 약 480~400년)와 함께 인도에서 기원하여 아시아 대부분의 지역을 통과하여 20세기에는 서양으로 전파되었다. 시대에 따른 명운의 성쇠에도 불구하고 현재 세계 인구의 절반 이상이 불교가 지배적인 문화세력이거나 문화세력이었던 지역에 살고 있다.

'Buddhism'이라는 영어는 이 종교가 '붓다', '붓다들' 혹은 '붓다의 지위'에 대한 헌신으로 특징지어진다는 점을 잘 나타내고 있다. '붓다'는 사실 적절한 이름이 아니고, 단지 '깨달은 사람'(Awakened One 또는 Enlightened One)을 의미하는 서술적 명칭이다. 이는 대부분의 사람들이 정신적 의미에서 사물들이 실제로 어떻게 존재하는지 알지 못한 채 잠들어 있는 것으로 생각된다는 것을 의미한다. '붓다'

—즉 역사적 붓다인 고타마—에 더해 불교 전통은 그 초기 시대부터 먼 과거 시대에 이 세상에 살았거나 미래에 살게 될 다른 붓다들을 요청하였다. 대승불교 또한 우주의 다른 지역에 현재 존재하고 있는 많은 붓다들의 존재를 요청하였다. 그렇지만 삼마 삼붓다(sammā-sambuddha, 산스크리트 samyak-sambuddhas) 혹은 '완전하게 깨달은 자'로 알려진 그러한 모든 붓다들은 광대하고 장구한 우주에서 아주 드물게 출현하는 것으로 생각된다. 보다 일반적인 붓다로는 고타마 같은 완전한 붓다의 가르침에 따라 수행함으로써 진리를 깨달은, 좁은 의미에서의 '붓다들(buddhas)'이 있다.

장구한 역사 속에서 불교는 사람들이 처음에는 보다 고요하고 더 통합되고 자비로운 인격을 계발하고 다음에는 구속적인 어리석음에서 '깨어나도록' 돕기 위하여 다양한 가르침과 수단을 사용하였다. 이 어리석음은 집착을 일으키고, 개인과 그(녀)가 관계 맺는 사람들에게 고통을 일으킨다. 이 변환 과정을 위한 지침은 담마(Dhamma, 산스크리트 Dharma)였다. 이것은 붓다(들)에 의해 발견된 영원한 진리와 우주적 법칙—질서 정연함, 불교의 가르침들, 불교의 실천방법, 불교의 목적, 무한한 니르바나(Nirvāṇa, 빠알리어 Nibbāna)를 의미한다. 따라서 불교는 본질적으로 담마의 이해와 실천 그리고 깨달음으로 이루어져 있다.

불교 전통의 가장 중요한 담지자들은 불교의 승가(Saṅgha, 산스크리트 Saṃgha), 즉 '공동체' 혹은 '결사'를 구성하는 비구와 비구니들이었다. 고타마 사후 대략 100년 후부터 승가 내부에 의견의 차이가 발생했고, 이는 점차 각각 조금씩 다른 사원의 규정(율, vinaya)을 따르는 여러 개 승단의 전개와 서로 다른 학파로 이어지게 되었다. 승가의 모든 갈래들은 초기 분파의 한두 개로 그 승단의 계보를 거슬러 올라가는데, 초기의 사상 학파 가운데 테라바다로 알려진 것만이 오늘날까지 이어지고 있다. 그 명칭은 그것이 '고대의' 혹은 '최초의(thera)' '가르침', 즉 붓다의 가르침을 따르는 것을 목적으로 한다는 것을 나타내고 있다. 그것은 정태적인 상태를 유지하지는 않았지만, 우리가 초기 불교의 가르침이라고 알고 있는 것에 가깝게 유지하였고, 담마를 지침으로 하여 자기 자신의 노력으로 해방을 얻는 것에 대한 강조를 유지해 왔다.

기독교 시대가 시작될 무렵, 대승 혹은 '큰 수레'라고 알려진 새로운 양식의 불교로 이어진 운동이 시작되었다. 이것은 더욱 두드러지게 혁신적이어서 인도의 대승불교도들은 수세기 동안 계속해서 새로운 경전들을 만들어 냈다. 대승은 한편으로는 여러 성스러운 구원적 존재에 대한 헌신에 의해, 다른 한편으로는 초기 가르침의 의미를 확장시킴으로써 발전된 여러 가지 정교한 철학들에 의해 특징지어진다. 구원적 존재는 천상의 붓다들과 보살들(Bodhisattvas, 빠알리어 Bodhisatta)이다. 보살들은 '깨달음을 구하는 존재들'로서 붓다의 지위로 이어지는 기나긴 보살의 길—대승에 의해 훨씬 정교해지고 강조되는—의 종착점 가까이에 있다. 시간이 흐름에 따라 인도와 그 밖의 지역에서 대승은 선(禪) 등의 많은 학파들을 만들어 냈다.

붓다의 가르침에 대한 우리의 지식은 수차례의 결집에서 합의된 승가의 구전을 통해 전승된 가르침들의 모음에서 유래된 몇 가지 경전들에 기초하고 있다. 이 경전들은 점차 서로 다른 떠도는 구전 전통들을 끌어들이고, 각 학파에 특유한 체계적인 텍스트들이 추가됨에 따라 여러 갈래로 나누어지게 되었다. 빠알리어로 보존된 테라바다의 '빠알리 경전'은 가장 완전하게 남아 있는 초기 경전이고,

가장 초기의 자료 일부를 포함하고 있다. 그 가르침의 대부분은 사실 모든 불교 학파들의 공동 재산인데 단지 테라바다에서만 초기의 공동재산으로부터 그 가르침을 보존해 왔을 뿐이다. 그렇지만 대승은 이 재산에 많은 것을 보탰다. 빠알리 경전 중 일부는 확실히 붓다 시대 이후에 만들어졌지만, 대부분은 그의 가르침에서 유래했음이 분명하다. 경전에는 하나의 정신에 의한 사상체계의 저술임을 나타내는 조화가 존재한다.

초기 경전들은 율(vinaya), 혹은 사원의 규율과 경들(Suttas, 산스크리트 Sūtra) 혹은 붓다의 '설법'에 관한 부분을 포함하고 있고, 일부는 아비담마(Abhidhamma, 산스크리트 Abhidharma) 혹은 '추가의 가르침', 즉 경의 가르침을 인간 경험에 대한 자세한 분석의 형식으로 체계화한 부분을 포함하고 있다. 불교의 주요 가르침은 경들에 담겨 있는데, 빠알리 경전에서 이 경들은 다섯 개의 니까야(Nikāyas) 혹은 '모음집'으로 나누어지며 처음 네 가지(D., M., S., A.; 16권)가 일반적으로 더 오래된 것으로 알려져 있다. 빠알리 경전은 스리랑카에서 기원전 80년경 가장 초기의 문자로 기록된 것들 중의 하나로서 그 이후에는 있다고 해도 거의 새로운 자료가 추가되지 않았다. 광범위한 경전에 속하지 않는 빠알리 문헌들에는 추가적인 아비담마 저술들, 역사적 연대기들 그리고 많은 양의 주석서들이 포함된다. 불교 교리의 많은 특징들에 대한 매우 명쾌한 입문서로는 『밀린다팡하』(Miliadapañha, *Miln.*)가 있다. 이는 불교 비구와 그리스 왕 밀린다(Miliada , Menander: 기원전 약 155~130년) 사이의 대화를 기록하고 있는 1세기의 텍스트이다.

대승 경전들은 구전으로 구성되었다기보다는, 기원전 1세기경부터 인도 특권 계층의 언어인 산스크리트의 혼성형태로 기록되기 시작하면서 구성되었다. 많은 것들이 붓다에게 귀속되는 경들이지만, 그 형식과 내용은 붓다의 가르침에 대해 후대에 다시 기록하고 확장한 것임을 분명히 보여 주고 있다. 대승의 가르침을 이해하기 위한 주요 자료들은 매우 광범위한 중국과 티베트의 불교경전들이다. 대부분의 빠알리 경전들이 영어로 번역되었지만 중국과 티베트 경전들에서는 단지 엄선된 텍스트들만이 서양 언어로 번역되었을 뿐이다. 그렇지만 많은 진보가 이루어지고 있다.

위의 자료들 가운데 율장(Vinaya, *Vin.*) 문헌들에는 윤리학과 관련된 자료들이 포함되어 있는데, 그것들은 비구와 비구니들을 위한 특수한 규칙의 형태로 되어 있고, 또 이 규칙들을 지켜야 하는 이유 및 그것들에 어긋나는 위반들을 완화시키는 요소들로 이루어져 있다. 윤리적 자료들은 테라바다 경전들과 대승의 경전들 속에 산재해 있으며 일부는 특별히 윤리적 문제에 초점을 맞추고 있다. 아비담마 문헌들은 심리학적 윤리학에 관한 자료를 포함하고 있으며, 모든 전통의 주석서들은 경전들의 도덕적 관점에 관한 유용한 해석뿐만 아니라 도덕적 메시지를 지닌 이야기들을 포함하고 있다. 우리는 이를 특히 자따까(Jātakas)에 대한 주석에서 볼 수 있는데, 이는 붓다의 전생에 관한 경전의 송시들을 확장해 도덕적 이야기로 발전시킨 것이다.

모든 전통들은 또한 저자의 이름이 기록되어 있고 윤리적 자료를 포함한 논서들을 가지고 있다. 이 가운데 다음은 특별히 주목할 만한 가치가 있다. 테라바다 전통에서는, 붓다고사(Buddhaghosa, 5세기)가 『청정도론』(淸淨道論 Visuddhimagga, *Vism.*)을 지었는데, 이 책의 제9장은 자애와 자비에 대한 탁월한 자료들을 포함하고 있다. 그는 또한 많은 주석서를 모아 편찬했는데, 때로는 그것 자체가 곧 논서들이기도 하다. 사멸한 초기 학파인 설일체유부(說一切有部 Sarvāstivāda) 전통에는 바수반두(Vasubandhu, 4세기)의 『아비달마구사석론』(Abhid-harma-kośa-bhāsyam, *AKB*)이 있는데, 이는 대승 전통에 영향을 주었다. 대승 전통에는 시인 산티데바(Śāntideva, 7세기)가 자비와 인욕에 관한 감명적인 자료와 함께 보살도에 대한 개설서인 『입보리행론』(Bodhi-caryāvatāra, *Bca.*)과 대승 경전의 인용문으로 이루어진 개설서로서 종종 윤리적 주제를 다루고 있는 『대승집보살학론』(大乘集菩薩學論 Śikṣā-samuccaya, *Ss.*)을 지었다. 나가르주나(Nāgārjuna: 기원전 약 150~250년)는 자비롭게 통치하는 방법에 관한 왕에 대한 조언으로서 『보행왕정론』(寶行王正論 Rāja-parikathā-ratnamālā, *RPR.*)을 지었고, 아상가(Asaṅga, 4세기 혹은 5세기)는 『보살지지경』(菩薩地持經 Bodhisattva-bhūmi)에서 보살의 윤리에 관한 자료를 제시하고 있다(Tatz, 1986). 물론 아시아의 현대 불교도 또한 이 책의 전개에 따라 보게 되듯이 윤리적 사고와 행위 그리고 혁신에 열중하고 있으며, 1960년대 이후 급증한 서양의 불교도도 역시 이러한 과정에 참여하고 있다.

불교 문헌을 읽다 보면 그것들에 특유한 양식의 특징들이 분명하게 나타난다. 경전들은 이야기나 분석에서 여러 번 반복되는 상당히 많은 자료를 포함하고 있는데, 이는 그 이야기들이 이런 양식의 구성에 적합한 구전문학에 기원하고 있기 때문이다. 경들에는 또한 사성제, 다섯 가지 장애, 깨달음의 일곱 가지 요소 등 숫자로 된 목록이 많이 포함되어 있다. 이는 구전 자료의 암송을 도왔을 뿐만 아니라 바로 붓다의 분석적인 정신적 성향, 즉 사물을 그 구성요소로 나누어 보는 성향을 반영했던 것으로 보인다. 그는 때때로 이 요소들이 서로 어떻게 관련되는가를 분명하게 보여 주기도

하지만, 이러한 목록이 만들어진 목적에 대해서는 때때로 암시적일 뿐이어서 (우리들의) 애를 태우게 만든다.

오늘날 불교는 인도의 국경선 내에서는 소수종교일 뿐이지만 인도를 넘어선 불교의 전파는 현재 세 개의 주요 문화권에서 발견된다. 그것들은 다음과 같다. '남방불교'에서는 테라바다 학파, 그리고 대승에서 받아들인 몇 가지 요소들이 발견된다. '동아시아불교'에서는 대승불교의 중국으로의 전래를 찾아볼 수 있고, 티베트 문화권인 '북방불교'는 후기 인도불교의 상속자로서 대승의 탄트라 혹은 만뜨라야나(Mantrayāna) 양식이 지배적이다. 최근에는 '서양불교'에 대해서도 이야기할 수 있게 되었지만, 아시아의 모든 전통들을 끌어오고 있을 뿐만 아니라 특정한 방식으로 쇄신하고 있기 때문에 아직은 전체적인 문화적 응집력을 결여하고 있다.

남방불교의 주요 국가로는 스리랑카, 미얀마, 태국 그리고 최근 수십 년간 전쟁과 공산주의로 인해 고통을 겪은 캄보디아와 라오스가 있다. 북방불교는 주로 현재는 중국에 흡수된 티베트와 중국 북서지방의 티베트인과 몽골인들 사이에서, ―최근 공산주의에서 해방된― 몽골과 작은 왕국인 부탄에서, 네팔에서는 힌두교와 함께, 그리고 인도에 살고 있는 티베트 망명자들 사이에서 발견된다. 동아시아불교는 주로 대만, 한국, 일본, 싱가포르 그리고 공산주의 국가인 중국, 베트남, 북한에서 발견된다. 세계 불교도 인구(서양과 서양에 살고 있는 아시아 불교도를 제외하고)는 대략 4억 9500만 명이고, 이 중 남방 전통의 불교도가 1억 500만 명, 북방 전통이 2500만 명 그리고 동아시아 전통은 대략 3억 6500만 명이다. 그렇지만 동아시아 전통의 '불교도', 특히 중국의 불교도 숫자를 헤아리는 것은 중국에서의 다종교적 융합 전통과 현재의 공산주의 지배로 말미암아 어려운 일이다.

정신적 발전의 본질에 대한 불교의 강조는 다른 주요 종교들, 그리고 다양한 의례로 사람들의 욕구를 만족시켜 주던 대중적인 민간 전통들과 공존할 수 있게 하였다. '전적으로' 불교적인 사회는 결코 존재한 적이 없었다. 만약 이것이 일종의 종교적 일당독재를 의미한다면 말이다. 동아시아불교 지역에서 불교는 준-종교적 사회철학 체계이자 이 지역 사람들의 윤리에 강한 영향을 끼친 유교와 공존하였다. 불교는 다른 전통들에 대한 비판적 관용을 통해 자신의 다소 유동적인 경계선을 지키면서 다른 문화들에 매우 잘 적응하였다. 그 방식은 귀의할 준비를 갖춘 사람들에게 다양한 수준의 정신적 수행을 가능하게 하는 초대장을 제공하는 것이었다.

An Introduction to
Buddhist Ethics
Foundations, Values and Issues

제1장

불교윤리의 공통 토대들

제1장

불교윤리의 공통 토대들

생명은 누구에게나 소중하다.
다른 사람을 자기 자신과 비교해본다면 (남을) 죽이거나 죽이도록 해서는
안 될 것이다. 자기 자신의 행복은 추구하면서 다른 존재들에게는
해를 입히는 자, 그는 누구이든지 간에 이후로는 결코 행복을 얻을 수 없다.
『담마빠다』(Dhammapada) 130-1

윤리와 관련된 불교 세계관의 근본적인 특징은 ―모든 불교 학
파들이 다양한 정도의 강조점을 두고 수용하고 있는― 업과 윤회의
틀 및 ―초기 불교와 테라바다 학파의 최고 가르침인― 사성제이
다. 대승 전통에서는 자비에 대한 강조가 늘어나면서 초기의 공유
된 관점을 특정한 방식으로 수정하였는데, 이에 대해서는 제3장에
서 고찰할 것이다.

불교도에게 길잡이가 되는 근원들

다른 문제들에서와 마찬가지로 윤리(학)에 있어서도 불교도들은
영감과 길잡이가 되는 세 가지 핵심적 근원을 갖고 있다. 즉 '세 가

지 보배' 혹은 '세 가지 귀의처'인 붓다(Buddha), 담마(Dhamma), 승가(Saṅgha)가 그것들이다. 붓다는 (1) 해방을 주는 진리의 '재발견자'이자 스승 그리고 (2) 다른 사람들이 발전시켜야 하는 해방을 주는 성질들의 구현자로서 존경받는다. 더욱이 대승에서는 천상의 붓다들이 가르침과 도움의 현재적 근원으로서 존경받는다. 담마는 붓다들의 가르침, 불교의 목적으로 가는 길, 그리고 이 목적이 실현되는 다양한 수준들이다. 승가는 고귀한 자들(빠알리어 ariyas; 산스크리트 āryas)의 '공동체'이다. 이들은 이 목적의 무언가를 경험한 앞선 수행자들로서 보다 일상적인 수준에서는 불교 출가 수행자들의 승가에 의해 상징된다(Harvey, 1990a: 176-9).

붓다(들)의 가르침이라는 의미의 담마는 출가자들의 승가에 의해 보존되고 연구되는 방대한 문헌에 포함되어 있다. 비구와 비구니들이 재가자에게 제공하는 조언과 안내는 이 문헌들과 불교의 길을 실천한 자신들의 경험, 그리고 보다 초기 세대의 출가자들 및 때로는 재가 수행자들로부터의 구전과 기록된 전통에 기초하고 있다. 재가자는 비구나 비구니의 조언을 행할 엄격한 의무를 갖지 않으며 그보다는 오히려 그들의 자질과 삶의 방식에 대한 존경이 재가자에게 영향을 미치는 요인이며, 이는 불교의 길에 대한 재가자 자신의 헌신의 정도에 달려 있다.

대중 설법을 위한 자료의 일반적인 근원은 고타마가 보살이었던 때의 전생의 삶이라고 여겨지는 이야기들을 담고 있는 자따까(본생담) 모음이다(Jones, 1979를 보라). 그것들은 모든 초기 학파들의 경전 모음집에 등장하고, 3세기에는 불교 미술의 대중적 주제가 되었으며 대승에서도 채택되었다. 이 이야기들은 종종 영웅과 악당들로 가득한 도덕적 이야기로 기능한다. 자따까의 형식은 붓다 시대의 사건으로 여겨지는 도입부, 이야기의 본론, 과거에 대하여, 그리고 난 다음 붓다와 이야기의 주인공을 일치시키고, 제자나 친척들을 이야기 속의 다른 사람들과 일치시키는 맺는말로 되어 있다. 과거 이야기들에서 고타마는 대부분 사람이지만 때로는 신, 때로는 (말하는) 동물이다. 547개의 이야기로 이루어진 테라바다 자따까 모음집(*J.*)의 경우, 지금 우리가 가지고 있는 형식은, 경전들에서 보이는 것처럼, 긴 산문구조로 짜인 시구들로 이루어져 있으며, 이는 아마도 후대의 주석가에 의해 스리랑카에서 편찬되었을 것이다. 스리랑카에서 5세기경에 만들어진 것으로 추정되는 『담마빠다』에 대한 주석서(*Dhp.A.*)에서도 많은 이야기들이 발견되는데, 여기서는 50개의 자따까와 붓다 시대에 만들어진 다른 이야기들을 전해 주고 있다.

출가 계율의 문제를 해결하는 것과 관련된 ─이를 확장하여 우리는 재가의 윤리적 규율과 관련된 문제에 대해서도 말할 수 있을 것이다─ 근원들 가운데 우선성의 순서에 관하여 5세기의 테라바다 주석가 붓다고사는 다음과 같이 말한다.

(1) 율(Vinaya)의 형식으로 된 경전들, 그러나 그것은 사원과 무관한 문제들에 대해서는 더 폭넓은 것으로 보일 수 있을 것이다.
(2) '경전과 일치하는' 것
(3) 주석적 전통(ācariyavāda)
(4) 논리, 직관, (1)∼(3)과 독립된 추론에 근거한 개인적 의견 (attanomati). 그러나 추론의 결론은 (1)∼(3)에 어긋나는지 확인받아야 한다. (*Vin.A.*230)

여기서 데미언 키온은, 양심이 무관하지는 않지만 경전이 '우리 자신의 양심이 올바르게 측정되는 표준'이며, "중요한 것은 텍스트 자체가 아니라 그것이 '사물의 본질과 일치한다'는 사실"이라고 논평하고 있다(1995a: 16). 그럼에도 불구하고 붓다고사보다 덜 현학적인 비구들은 살아 있는 구전 전통과 명상에 기초한 통찰을 더 강조할 것이다. 대승불교도는 또한 붓다고사에게는 권위 있는 것으로 받아들여질 수 없는 대승 텍스트들을 '경전'에 포함시킨다.

붓다(들)의 가르침들은 실재의 본질과 그러한 정신적으로 '깨달은' 존재들의 명상에 기초한 방대한 지식에 토대를 둔 최선의 삶의 방식에 대한 권위 있는 길잡이로 간주된다. 하지만 그러한 가르침들은 단순히 받아들여지기만 해서는 안 되며, 특정한 개인이 가능한 한 사용하고, 탐구한 다음 경험 속에서 확인받아야 한다. 가르침을 확인해 보는 것에 대한 이러한 강조는 잘 알려진 『까말라 경』(Kāmāla Sutta, A. I .188-93)에서 볼 수 있다. 여기서 붓다는 까말라 사람들에게 가르침을 단지 전통, 사변적 추론, 개인적 선호, 자신이 진리일 것이라고 생각하는 것, 혹은 특정한 스승에 대한 존경을 통해 받아들이지 말라고 충고한다. 그보다는,

> 오, 까말라 사람들이여, 너희들 스스로 '이 상태들은 불선하고 비난받을 만한 것이니 이는 지혜로운 이들에게 비난받으며, 이러한 상태들이 완성되거나 수행되면 해악과 고통에 이바지한다는 것을 알았을 때, 정말로 너희들은 그것들을 거부해야 하느니라.' (p.189)

그리고 붓다는 그들에게 탐욕과 분노와 어리석음(lobha, dosa (빠알리어; 산스크리트 dveṣa), moha)이 각각 발생했을 때 (그것은)사람들에게 해로운 상태라는 사실에 동의하도록 만든다. 그중 어느

하나에 의해 정복당하면, 그(녀)는 죽이고, 훔치고, 간음하고, 거짓말하고 또한 다른 사람들도 그렇게 하도록 이끌어서 그(녀)는 오래도록 고통을 받는다(그(녀)의 행위의 업의 결과 때문에 현세나 다음 생에). 그리고 까말라 사람들은 탐내지 않음, 분노하지 않음, 어리석지 않음을 일으키는 것은 나쁜 행위나 결과가 뒤따르지 않는 유익한 것이라는 데에 동의하게 된다. 따라서 이 상태들은 선하며 비난받지 않을 만하며, 지혜로운 이들에게 칭찬받으며, 행복을 가져오는 것으로 볼 수 있기 때문에, 까말라 사람들은 '그것들을 받아 지니고 지켜야' 한다.

여기서 지혜로운 이들의 지도를 참조하여 확인받는 개인적 경험은 어떤 정신 상태와 그에 따른 행위들을 피하거나 즐길 것인지에 대한 결정적인 시험으로 간주된다. 이 기준을 사용하는 것은 탐욕과 분노, 어리석은 불명료함 혹은 그릇된 지향성에 반대되는 마음의 상태에 높은 가치를 부여하는 것으로 보이는데, 그것들은 고통이 아닌 행복을 불러일으키는 것으로 볼 수 있기 때문이다. 또한 어떻게 믿을 만한 '진리에 대한 깨달음'이 존재할 수 있는지에 관한 문구에서 볼 수 있듯이(M. II.171-6), 사람들은 그들이 탐욕과 같은 것에서 자유로운 한 믿을 만한 안내자라고 주장된다. 재가자는 처음에 비구가 거짓이나 나쁜 정신적 조언으로 이끌 수도 있는 탐욕이나 분노, 어리석은 상태에 있는지를 평가한다. 만약 재가자가 비구의 마음이 그런 것들로부터 청정하다는 것을 보게 되면, 그는 그 비구에게 진실한 확신(saddhā)을 갖는다. 그리고 각각 서로에게 '도움을 주면서' 일련의 활동이 뒤따른다: '다가감', '끌어당김', '귀를 기울임', '담마를 들음', '담마를 기억함', '의미를 시험함', '담마의 승인에 대한 숙고', '행하려는 욕구', '노력함', '평가함', '매진함'; 그리고 마침내 '그는 그 사람과 함께 최고의 진리 자체를 깨닫는다; 그리고 그것을 지혜로 꿰뚫으며 그는 본다'. 따라서 여기에는 탐욕과 분노, 어리석음을 극복한 사람에 대한 신뢰로부터 수행자 안에 있는 그것들을 파괴하는 통찰로의 발전이 존재한다.

윤리적 행위는 특별한 윤리적 계율을 따르기로 공식적으로 약속함으로써 크게 도움을 받는 것으로 보인다. 그리고 이는 스스로 혹은 비구를 따라서 계율을 암송하거나 찬불함으로써 이루어지며, 이때 비구는 그 사람에게 계율을 '집전하는(administering)' 것으로 생각된다(2장을 보라). 그러한 행위는 마음속에 유익한 경향성을 확립하고, 만약 따르기로 약속한 계율을 어겼을 때는 자신과 다른 사람을 낮추는 감각을 유지시켜 준다. 따라서 위대한 대승의 저술가 아상가는 윤리의 본질은 '누군가에게 그것을 올바르게 받고, 아주 청정한 의도를 지니며, 잘못한 후에는 바로잡고, 존경하는 마음을 내어 실패를 피하며 그 후에 조심스러운 마음을 유지하는 것'이라고 말했다(Tatz, 1986: 47).

불교에서 '양심'의 역할은 히리(hiri, 빠알리어- 혹은 hīri라고도 하는데, 이는 산스크리트와 동일한 형태이기도 함)와 옷따빠(ottappa, 산스크리트 apatrapya)로 시작하는 자질들의 작은 집합에 의해 수행되며, 이것들은 덕성의 직접적인 원인이자 '세계를 지키는 빛나는 두 개의 별들'로 생각된다(A. I .51). 히리는 자신에게 가치가 없고 자신의 도덕성을 낮추는 것으로 느껴지는 모든 행동을 힘써 피하도록 하는 '자기 존중감'이다. 옷따빠는 행위에 대한(자신으로부터이건 타인으로부터이건) 질책과 비난, 타인(특히 존경하는 사람) 앞에서의 당혹감, 행위에 대한 법적 처벌이나 업의 결과에 대한 관심에 의해 자극받는 '결과에 대한 고려'이다(Asl.124-7). 힘(빠알리어 viriya; 산스크리트 vīrya)과 조심스러움(빠알리어 sati; 산스크리트 smṛti)의 합성인 신중함(빠알리어 appamāda; 산스크리트 apramādya l Rājavaramuni, 1990:

51)도 또한 모든 덕성의 기초라고 말해진다(S.V.44). 조심스러움은 방심하지 않는 마음으로서 명상 수행으로 잘 계발되며 의도와 동기를 포함한 자신의 정신적 상태를 더 잘 인식할 수 있게 해준다. 그것은 자신의 실제 행위가 자신의 이상이나 목적과 조화를 이루도록 안내하는 작용을 하는 '명료한 이해'(빠알리어 sampajañña; 산스크리트 sampajānya)에 의해 보완된다.

윤회와 업

불교에서 '바른 견해'(빠알리어 sammā-diṭṭhi; 산스크리트 samyak-dṛṣṭi)는 도덕적, 정신적 발전의 토대로 생각된다. 이것은 올바른 믿음의 형식으로 시작되지만, 나아가 직접적인 개인적 지식이 될 수 있다. *M.*III.72에 설명돼 있듯이 초보적인 '바른 견해'는 다음과 같은 것을 믿는 것이다.

(1) '선물이 있고, 공양이 있고, (자기)희생이 있다': 이것들은 가치 있는 것이다.
(2) '잘된 행위와 잘못된 행위의 결실 및 익음이 있다': 행하는 것들은 중요하며 미래에 효과를 지닌다.
(3) '이 세상이 있고, 저 너머의 세상이 있다': 이 세상은 비실재가 아니며 죽은 후에는 다른 세상으로 가게 된다.
(4) '어머니와 아버지가 있다': 자신을 이 세상에 태어나게 해준 부모를 존경하는 것은 좋은 일이다.
(5) '자발적으로 발생하는 존재가 있다': 환생할 수 있는 세상 가운데 어떤 곳(천상과 같은 곳)은 부모 없이 존재하게 된 존

재가 살고 있다.

(6) '이 세상에는 바르게 살아가며 바르게 수행하고, 이 세상과 저 너머의 세상을 자신들의 뛰어난 지식으로 깨달았다고 주장하는 출가자와 바라문[1]이 있다': 정신적 발전은 일부 사람들에 의해 실현되는 실제적 가능성이며, 그것은 매우 고요하고 깊은 명상 속에서 여러 세계에서의 과거의 환생과 다른 사람들이 그러한 세상에 어떻게 환생하는지에 대한 인식으로 인도할 수 있다.

환생의 영역

불교에서 자신의 현재 삶은 과거로 거슬러 올라가는 셀 수 없이 많은 삶 가운데 하나이며 그 연쇄의 시작은 결코 분간할 수 없는 것으로 여겨진다. 그러한 삶들은 여러 가지 형태를 간직하고 있다. 그것들은 인간이나 수많은 천상의 세계 중 하나에 환생하는 경우처럼 상대적으로 즐거운 것일 수도 있다(Law, 1973). 그렇지만 그것들은 동물이나 좌절한 영혼적 존재의 모습을 한 '귀신/아귀'(빠알리어 peta; 산스크리트 preta; Khp.6) 혹은 오로지 가혹하고 극심한 고통만을 느낄 수 있고(M. I.74-6) 매우 고통스러운 악몽의 연장(M.Ⅲ. 165-7, 183-7)과도 같은 삶을 살아야 하는 여러 지옥 가운데 하나로 환생하는 경우처럼 고통스러울 수도 있다.[2] 예를 들어 대승의 시인

---

1) '출가자'는 불교나 자이나교의 비구·비구니 또는 다른 '고행자'를 가리키고, '바라문'은 불교 이전의 바라문교, 즉 힌두교의 초기 형태에서 가장 존경받는 사람들을 가리킨다.

2) 어떤 구절들은 또한 아수라(asuras) 혹은 질투의 신들에 대해 언급한다. 설일체유부에서는 그들을 여섯 번째의 가장 낮은 환생으로 본다(McDermott, 1984: 5). 그렇지만 테라바다에서는 그들의 유형에 따라 귀신의 영역이나 천상의 영역에

산티데바는 지옥에서 산 채로 새들에게 먹히고 있는 살인자들에 대하여, '그러나 매번 잡아먹힐 때마다 그는 전보다 더욱 예민하게 환생한다'고 적고 있는 『정법염처경』(正法念處經 Saddharma-smṛty-upasthāna-sūtra)을 인용하고 있다(*Ss.* 75-6).

그러나 이 영역들 중 어느 것도 영원히 지속되지는 않는다. 이는 심지어 아돌프 히틀러에게도 희망이 있다는 것을 의미한다. 아주 멀고 먼 미래의 어느 때인가 만약 도덕적, 정신적 완성을 위해 노력한다면 그도 깨달을 수 있다는 것이다. 그 반대편 끝에 많은 천상의 세계에서의 수명은 인간의 시간으로 900만 년('신들의 시간'으로는 겨우 500년)에서 8만 4000겁에 이르기까지 다양하며, 한 겁은 엄청나게 긴 시간이다(*Vibn.* 422-7). 그러나 신들도 죽어서 다시 환생하고 또 죽게 되어 있다.

속하는 것으로 본다(*Kvu.* 360).

그림 1. 티베트의 '삶의 수레바퀴'. 바퀴통(중심)에는 닭, 뱀, 돼지가 존재를 환생의 순환 속에 머물게 하는 탐욕과 분노, 어리석음을 상징하고 있다. 바퀴통 둘레에는 더 좋은 환생으로 올라가거나 더 나쁜 환생으로 떨어지는 존재를 보여 주는 원반이 있다. 주요 부분은 환생의 영역을 보여 준다. 시계 방향으로 인간, 귀신, 지옥의 존재들, 동물과 신들의 영역이다. 바퀴 테의 둘레에는 조건적 발생의 12가지 고리를 나타내고 있다. 이 바퀴는 죽음을 상징하는 존재에 의해 지탱되고 있는데 이는 모든 환생이 죽음과 함께 끝남을 나타내는 것이다. 붓다는 환생의 수레바퀴를 넘어선 니르바나를 가리키고 있다.

환생의 순환 〔윤회〕에 대한 불교의 관점에 의하면 그것은 즐거운 일이 아니며, 깨닫지 못한 사람들은 좋건 싫건 그리고 환생을 믿건 믿지 않건 모두 환생한다는 것이다. 삶과 환생의 과정은 아무런 본래적 목적도 가지지 않는 것으로 생각된다. 왜냐하면 그것은 어떤 존재에 의해 디자인되고 창조된 것이 아니기 때문이다. 그래서 그것은 '삼사라(saṃsara: 윤회)', 즉 삶에서 '삶으로 떠돌아다니는 것'으로 알려져 있다. 따라서 삼사라를 어느 정도 이해하는 사람이 생각할 수 있는 유일한 목적은 먼저 더 불행한 영역을 피하려고 노력하고, 궁극적으로는 니르바나 〔열반〕를 성취함으로써 그것을 완전히 초월하고 다른 사람들도 그렇게 할 수 있도록 도와주는 것이다. 그러므로 불교도는 니르바나를 장기적인 목표로 삼고 천상이나 인간으로의 환생을 얻는 것을 목표로 삼는다. 그렇다면 불교의 천상은 구원의 측면인 셈이다. 왜냐하면 니르바나는 지상과 천상에 있는 존재의 모든 한계를 넘어섰기 때문이다.

환생의 순환 안에서 세계들은 세 가지의 넓은 범주들 가운데 하나에 속한다. '감각적 욕망의 영역 〔욕계〕'은 지옥, 귀신, 동물, 인간 그리고 6개의 낮은 천상들로 이루어져 있다. 여기에서는 존재의 좋아함과 싫어함이 지배하고, 그들의 세계 이해를 왜곡한다. '(기본적인) 형상의 영역 〔색계〕'은 깊은 명상의 상태들과 평행하는 16개의 천상 세계로 이루어져 있으며, 이곳은 점진적으로 더욱 신묘하고 순수해지며, 여러 종류의 브라만 신이 살고 있다. 그들의 인식은 감각적 욕망에 의해 왜곡되지 않지만, 그들도 자만과 같은 허물은 지니고 있다. '형상 없는 영역 〔무색계〕'은 4개의 매우 신묘한 영역으로 이루어져 있고, 보거나 만질 수 있는 것은 아무것도 없이 순수하게 정신적인 영역이다.

까르마와 그 영향

존재들이 환생의 영역 사이를 오가는 것은 우연적인 과정이 아니라 까르마의 법칙에 의해 정돈되고 지배된다. 까르마(karma, 빠알리어 kamma)는 문자적으로 '행위'를 의미하고, '까르마의 법칙'이라는 원리는 존재들이란 그들의 행위의 본질과 성질에 따라 환생한다는 것을 말한다. 과거의 행위는 친척들에게 환영받는 것처럼 미래의 삶에서 환영받는다. 그렇기 때문에,

> 행위들은 자기 자신의 것이다… 존재들은 행위의 상속자며, 행위는 기반이고, 행위는 친척이며, 행위는 판단자들이다. 즉 행위는 비천함과 탁월함으로 존재들을 나눈다.(M.Ⅲ.203)

이것은 다양한 행위들의 까르마의 효과에 대해 언급함으로써 설명되고 있다. 한 사람의 행위들은 그의 의식을 형성하고 그를 특정한 종류의 인간으로 만들어서 그가 죽었을 때 그의 외적인 형태는 그동안 발전시켜온 본성의 유형에 상응하는 경향이 있다. 영혼의 흔적으로 시작된 것이 나중에는 한 사람과 세계의 한 측면으로 구체화된다.

붓다 시대에 앞서서 까르마와 환생의 기본적인 관념은 『우파니샤드』(Upaniṣads)로 알려진 바라문교(초기 힌두)의 작품 속에 표현되었다. 그렇지만 여기서는 윤리적으로 올바른 까르마/행위보다는 의례적으로 올바른 까르마/행위가 강조되었다. 그러나 불교에서는 까르마의 결과를 일으키는 타당한 요인으로서 행위의 윤리적 측면이 많이 강조되었다.

분노나 폭력적 행위는 지옥에 환생하게 하고, 어리석음과 혼돈에

묶여 있는 행위는 동물로의 환생으로 이끌고, 탐욕스러운 행위는 귀신〔아귀〕으로의 환생으로 이끄는 경향이 있다고 말해졌다. 그리고 또한 '우리는 지속적으로 악한 행위를 저지름으로써 지옥에 환생하며, 많이 저지르면 영혼(즉, 귀신〔아귀〕)이 되고, 단지 적은 잘못만을 저질렀을 때는 동물로 환생한다'라고 말해진다(Guenther, 1959: 79). 지옥에의 환생은 또한 특히 악행을 행하고 또 다른 사람들이 그렇게 하도록 부추기는 것 모두에서 기인하는 것으로 생각된다. 악행을 삼가고 다른 사람들도 그렇게 하도록 권하는 것은 천상으로의 환생으로 이끈다(A. V.306-8). 대승불교에서도 보살—영웅적이고 자비로운 존재—의 선행을 방해하면 끔찍한 까르마의 결과를 가져오는데, 그것은 많은 존재들의 복지를 방해하는 것이기 때문이다(Bca.IV.9).

행위들은 또한 인간의 삶 속에서 까르마의 결실을 가져오기도 한다. 이는 현재의 삶일 수도, 혹은 미래의 삶일 수도, 다음 생 또는 여러 유형의 환생 후에 오는 것일 수도 있다. 그러한 결실에 관한 경전의 서술 속에서 우리는 그것들이 관련된 행위의 본질에 특별히 적합한 무언가를 그 사람에게 되돌려준다는 것을 본다. 현재의 생에서 살아 있는 존재를 죽이거나 해를 입히는 것은 생명을 단축시킨다. 도둑질은 재산의 손실을 가져오고, 감각적 비행은 타인으로부터의 경쟁과 분노를 일으키고, 거짓말은 자신의 잘못을 집어삼키게 하고, 험담은 우정을 깨지게 하고, 거친 말은 불쾌한 소리를 듣게 하고, 경박한 잡담은 받아들일 수 없는 비효율적인 말로, 취하는 것은 미친 짓으로 귀결된다(A.IV.247-8). 미래의 인간 삶에서의 행위의 결실과 관련해, 살아 있는 존재를 무자비하게 죽이거나 다치게 하는 것은 수명의 단축으로, 살아 있는 존재를 때리는 것은 자주 아픈 것으로, 쉽게 화를 내는 것은 추한 모습으로, 시기하고 심술궂은 것은 보잘것없는 사람으로, 인색한 것은 가난한 것으로, 오만하고 무례한 것은 비천한 가족으로, 도덕적으로 선한 것과 불선한 것을 묻지 않는 것은 지혜의 부족으로 이끈다. 그 반대의 선행은 천상에의 환생이나 앞의 것과 반대되는 인간 삶으로 이끈다.[3] 그러나 가난하거나 추하고 병든 사람들은 그들의 조건으로 미루어 지금 비난받아서는 안 된다. 왜냐하면 전생의 행위는 그들 뒤에 존재하고, 중요한 것은 현재 그들이 어떻게 행위하고 다른 사람들이 그들에게 어떻게 행동하는가이기 때문이다.

윤리적 삶을 사는 것은 근면을 통하여 부, 훌륭한 명성, 도덕적 청정함에 대한 즐거운 회상, 모든 유형의 친구들에 대한 자기 확신, 비난이나 처벌에 대한 두려움의 부재, 명상의 수월한 발전, 갈애 없는 죽음, 천상사계로의 환생을 이끈다는 등 다양하게 말해진다.[4] 관대함과 도덕적 덕성을 낮은 정도로 발전시키면 가난한 인간으로 환생하고, 중간 정도로 발전시키면 부유한 인간으로 환생하고, 높은 정도로 발전시키면 감각적 욕망의 영역〔욕계〕의 여섯 개의 천상〔육천〕 가운데 하나에 환생한다고 말해진다. (기본적) 형상의 영역〔색계〕의 천상에 도달하기 위해서는 명상을 필요로 하는데, 명상은 정신을 이 존재의 수준에 적합하게 하는 하나 이상의 쟈아나(jhāna), 즉 밝은 법열의 성취로 이끈다(A.IV.241-3). 불선한 충동과 선한 충동의 특이한 결합은 산티데바에 의해 다음과 같이 잘 표현되고 있다.

---

3) *M*.III.203-6; cf. *Miln*.65, *Uss*. 74-6과 *ASP*.169-72.
4) *D*.II.86; *M*.III.170-1; *M*.I.33.

'만약 내가 이것을 준다면, 나는 즐길 무엇을 (남겨놓게) 될 것인가?'—이러한 이기적 생각은 귀신의 길이다; '만약 내가 이것을 즐긴다면, 나는 줄 무엇을 (남겨놓게) 될 것인가?'—이러한 자기를 비운 생각은 신들의 성질이다. (*Bca*. VIII. 125)

까르마 법칙의 지위와 작용

까르마의 법칙은 물리 법칙처럼, 사물의 본질에 내재하는 자연법으로 여겨진다. 그것은 신에 의해 작동되지 않으며 사실 신들도 그 지배력 아래에 놓여있다. 그러므로 좋고 나쁜 환생은 '보상'이나 '처벌'로 생각되지 않으며, 단지 특정한 종류의 행위로 이루어진 자연적 결과로 생각된다. 까르마는 종종 씨앗과 연결되며 업보를 가리키는 두 단어인 vipāka와 phala는 각각 '원숙/이숙'과 '열매'를 의미한다. 따라서 행위는 자연적 성숙 과정의 일부로서 머지않아 그 행위를 행한 사람에게 생겨나는 특정한 열매로 귀결되는 씨앗과 비슷하다.

까르마의 '씨앗'의 성격을 결정하는 것은 행위 뒤에 있는 의지이다. '오 비구들이여, 내가 까르마라고 부르는 것은 의지(cetanā)이니라. 의지한 대로 몸이나 말, 마음을 통해 행동하느니라'(A. III. 415). 의지는 행위가 행해진 동기(motive), 직접적인 의도(intention) 그리고 그 행위를 시작하고 유지시키는 직접적인 정신적 충동 모두를 포괄한다(Keown, 1992: 213-18). '까르마'는 행위 뒤에 놓여 있는 전체적인 심리적 충동으로서 까르마의 열매로 귀결되는 원인의 연쇄를 촉발시킨다. 그러므로 행위들이 까르마의 열매를 만들어 내기 위해서는 반드시 의도적이어야만 하며, 자이나교도가 믿는 것처럼 우연히 한 마리의 곤충을 밟는 것은 그러한 효과를 지니지 않는다.

그렇지만 어떤 나쁜 행위를 하는 것을 생각하는 것, 특히 그런 생각이 그냥 지나가도록 버려두지 않고 시기심이나 분노로 그것에 힘을 쓸 때, 그것은 나쁜 정신적 행위(karma)이다. 의도적으로 그러한 생각을 내려놓는 것은 좋은 정신적 까르마이다. 따라서 정신은 감각이나 기억, 상상의 대상에 주의를 기울이거나 반응하는 방식으로 끊임없이 ―가볍든 무겁든 간에― 좋고 나쁜 까르마를 지어 내는 것으로 생각된다(Payutto, 1993: 6-8).

여기서 주의해야 할 중요한 점은 어떤 행위의 선함은 그것이 즐거운 까르마의 결과를 지닌 것에 있지 않다는 것이다. 오히려 그것이 그 자체로 선하거나 도덕적으로 건전하기 때문에 즐거운 결과를 지니는 것으로 생각된다(Keown, 1992: 178을 보라). 따라서 선행은 그 자체로 '밝을' 뿐만 아니라 '밝은 결과'를 지니고 있는 것이라고 말해진다(M. I .390). 왜 행위의 도덕적 경향이 특정한 결과를 일으키는 것으로 생각되는 것일까? 그릇된 견해는 그릇된 생각으로 이끌고, 이는 그릇된 말과 그릇된 행동으로 이끌며, 다른 한편 올바른 견해는 그 반대의 결과를 가진다고 말해진다(A. V.211-2). 그릇된 행위는 실재에 대한 잘못된 인식에서 나오기 때문에 그것들은 사물의 실제 본성과의 조화가 깨어진 것으로 볼 수 있다. 따라서 그것들은 실재의 본성에 어긋나기 때문에 자연적으로 불행한 결과로 이어지게 된다. 그러므로 몸이나 말, 마음의 그릇된 행위가 '기분 좋고, 즐겁고, 좋아할 만한 결실들'을 가져오거나 옳은 행위가 '불쾌하고, 즐겁지 않고, 싫어할 만한 결실들'로 이끄는 것은 불가능하다고 말해진다(M. III.66).

행위의 '까르마적 열매'

선한 행위들은 '사랑스러우며(kalyāna)', 선(puñña)하거나 선의 성질을 지니고 있다고 말해지는데, 이 개념은 형용사나 명사로 사용될 수 있는 것이다. 쿠쟁(Cousins)은 그것이 형용사로는 '어떤 행위가 지닌 행운을 가져오거나 상서로운 성질'(1996: 153)로 보고, 명사로는 '많은 부를 가져오는 행위나 그러한 행위로 미래에 생기는 행복에 적용되는 것'(1996: 155)으로 보고 있다. 그리고 다음과 같은 것도 볼 수 있다.

> 비구들아, 뿐냐(puññas)를 두려워하지 말라; 비구들아, 이것은 행복을 나타내는 것이며, 즐겁고, 매력적이고, 소중하고, 유쾌한 것을 가리키는 것이니, 그것을 일컬어 뿐냐라고 한다. 오랜 시간에 걸쳐 이루어진 뿐냐의 원숙은 오랜 시간 동안 즐겁고 매력적이고 소중하고 유쾌하게 경험된다는 것을 나는 알고 있다. 7년 동안 자애로운 마음을 발전시킨 이후에, 7겁 동안의 성장과 퇴보 후에 나는 이 세상에 다시 돌아오지 않게 되었다…[그제야 기쁨으로 가득 찬 천상에 다시 태어나게 되었다]. (*It*.14-15; cf. *A*.IV.88-9)

뿐냐는 보통 다소 유연하게 '공덕이 있는'(형용사) 혹은 '공덕'(명사)으로 번역되기도 한다. 그러나 '공덕이 있는'은 합당성(deservingness)을 함의하고 있지만, 뿐냐가 가리키는 것은 행복한 결과를 만들어 내는 그 자체의 자연적 힘과 같은 것이며(cf. Cousins, 1996: 155), 그것은 적당한 것을 '받을 자격이 있는' 사람에게 나누어 주는 누군가에게 의존하지 않는다. 선한(puñña) 행위는 그것이 마음을 청정하게 하고, 그에 따라 미래의 행복으로 이끌기 때문에 '상서롭고', '행운을 가져오고' 혹은 '유익한' 것이다(McDermott, 1984: 31-58). 사실 다른 인도-유럽어를 통하여 영어의 '이익/은혜(boon)'와 '시혜(bounty)'에도 연결되었을지 모른다(puñña의 태국어는 bun이다). 명사 puñña는 미래의 행복한 결과를 만들어 내는 상서롭고, 향상시키며, 청정하게 하는 선한 행위의 힘을 가리키기 때문에, '선함의 힘(goodness-power)'으로 번역할 수도 있지만, 이것은 관련된 편리한 형용사를 제공하지 못한다. 이보다 좋은 번역은 '까르마적으로 유익한(karmically fruitful)'을 형용사로 하는 '까르마적 열매(karmic fruitfulness; 공덕(功德))'일 것이다. 이것은 행위(까르마)는 종종 '씨앗'과 연결되고, 행위의 결과는 '열매(phalas)'나 '원숙'으로 알려진다는 사실과 연결된다. 그러한 phalas는 선하거나 악한 행위의 결과일 수 있고, puñña는 오직 선한 행위에만 관련되기 때문에, 영어의 'fruit'도 먹을 수 없거나 나쁜 과일을 가리키지 않고, 오직 먹을 수 있고 좋은 과일만을 의미할 수 있다. 이 'fruitfulness'와의 관련은 승가가 'puñña의 최고의 땅'으로 표현된다는 사실에서도 엿볼 수 있는데, 즉 승가는 까르마적으로 유익한 보시의 결과라는 관점에서 보시를 '심는' 사람들의 최고 집단인 것이다.

puñña의 반대는 apuñña로서 '(어떤 행위의) 까르마적 무익함'이나 '까르마적으로 무익한', 즉 아무런 좋은 결실을 만들어 내지 못하고 오직 괴로운 결실만을 만들어 내는 것을 의미한다고 볼 수 있다. apuñña의 동의어는 pāpa로서 종종 '악한'으로 번역되지만, 실제로는 '불모의', '열매를 맺지 못하는', '해로운'을 의미하거나(Cousins, 1996: 156), '불행한'을 의미한다(Cousins, 1996: 148). 이러한 의미들을 나타내는 가장 좋은 방법은 pāpa를 '(까르마적으로) 죽이게 하는'을 의미하는 형용사와 '(까르마의) 죽음'을 의미하는 명사로 보는 것일 것이다. 이는 개선하고 유익하게 하는 효과를 지니기보다는 정신에 죽이는 효과를 가지고 있어서 더욱 제한되고 생명력이 없게 만든다는 의미이다.

불교도들은 '까르마적으로 유익한' 행위를 하기 위해 열중한다. 이는 뿐냐가 물질적 재화와 달리 잃어버릴 수 없는 것이기 때문이다(*Khp.*7). 초기의 경전들은 까르마의 유익함을 만들어 내는 세 가지 기초(puñña-kiriya-vatthus)에 대해 언급하고 있다. 보시, 도덕적 덕성, 명상이 그것인데, 후대의 경전들은 이에 다른 것들을 추가하기도 한다. 그렇지만 만약 보시가 존경과 봉사를 표현하려는 욕구를 통해서가 아니라 '두려움을 통해서나 보상을 바라고 혹은 집착 등을 통하여' 이루어졌다면 그 보시 행위는 그러한 기초가 아니다(*AKB.*IV.113a).

까르마적 열매와 동기

'도덕적인 사람의 정신적 열망'은 청정함을 통해 효력을 나타낸다고 말해진다. 즉 그런 사람이 비구나 바라문에게 특정한 방식으로 환생하기를 바라는 희망을 가지고 보시했을 때, 마음이 부유한 인간으로의 환생이나 욕망의 영역 [욕계]의 여섯 개의 천상 [육천] 중의 하나로, 혹은 바라문의 세계로의 환생 중 어느 것에 놓여 있건, 이것은 일어날 것이다. 그러나 그러한 열망이 실제로 작동하기 위해서는 그것 자체가 보시의 유일한 동기여서는 안 되는데, 이것은 유익한 까르마의 결과에 영향을 미치는 것으로 보이기 때문이다. 만약 어떤 사람이 '갈망을 지니고, (보시물에) 마음이 묶여서, (까르마의 유익함의) 축적을 의도하여 '나는 죽은 후에 이것을 즐길 것이다'라고 생각하며' 비구에게 보시한다면, 그는 한동안 모든 천상 가운데 가장 낮은 곳에 환생할 것이라고 말해진다. 점차 더 높은 동기로 생각되는 것들을 열거해 보면 다음과 같다.

'보시하는 것이 상서롭다(sāhu)'고 느껴서 하는 보시; 가문의 보시 전통을 이어가려는 희망; 스스로 음식을 만들지 않는 사람들을 도우려는 희망, 과거의 위대한 성인들은 탁발로 살았기 때문에; 보시는 정신적 고요와 즐거움, 기쁨으로 이끌기 때문에; 혹은 보시는 마음을 풍요롭게 하고 명상을 위한 준비를 갖추어 주기 때문에(A.Ⅳ.60-3).

그리고 이 중 마지막 동기에 의한 보시는 바라문이 머물고 있는 (기본적) 형상의 영역〔색계〕의 첫 번째 천상에의 환생으로 이끈다고 말해진다. 따라서 단지 즐거운 결과를 지니는 것으로 보이기 때문에 선행을 행하는 것은 최고의 동기가 아니다. 그보다는 선함 자체 그리고 그것을 작동하게 하는 평화와 지혜를 가치 있게 여기는 것이 더 좋다(Payutto, 1993: 54-6). 그렇기 때문에 테라바다의 주석가 붓다고사는 도덕적 덕성에 대하여 다음과 같이 말한다.

단지 명성을 얻으려는 욕망으로부터 취해진 것은 열등하다; 까르마적으로 유익한 행위의 열매에 대한 욕망에서 취해진 것은 중간이다; 고귀한 상태를 위하여 '이것은 행해져야 한다'는 생각으로 취해진 것은 수승(殊勝)하다. (Vism.13)

붓다와 그의 비구, 비구니들의 너그러운 지원자인 아나타핀디까 (Anāthapiṇḍika: '가난한 이들을 먹이는 자')는 붓다가 종종 그에게 관대함의 결과에 대해 말했음에도 자신의 관대함의 결과에 대해서 전혀 아무런 관심도 보이지 않았다. '그는 단지 그렇게 할 수 있는 기회를 기뻐하며 보시할 뿐이다. 그리고 그의 스승에 따르면, 만약 그가 보시물에서 나오는 보상을 위하여 보시했다면 그는 완전한 보시자가 되지 못했을 것이다'(Falk, 1990: 129). 그럼에도 불구하고 까르마적 열매를 낳기 위해 행위하는 것은 사람들로 하여금 보다 너그럽고 도덕적인 방식으로 행위하기 시작하도록 만드는 효과적인 동기이다.

불교도들은 종종 커다란 보시가 작은 것보다 더 많은 까르마적 유익함을 만들어 내는 것으로 보지만, 가난한 사람의 작은 보시는 부자의 커다란 보시만큼의 가치가 있다고 말해진다(*S.* I .20-2). 여기서 마음의 청정함이 보시물의 작음을 보충하는데, '기뻐하는 마음이 있는 곳에 작은 보시물은 없기' 때문이다(*J.* II.85; *Vv.*1). 따라서 '만약 적게 가지고 있다면 적게 보시하고, 중간 정도의 양을 가지고 있다면 중간 정도의 양을 보시하고, 많이 가지고 있다면 많이 보시하라. 전혀 보시하지 않는 것은 적절하지 않다.'(*J.* V.382) 따라서 가난한 사람들도 비록 개미의 먹이로 남겨진 국수처럼 적을지언정 보시할 수단을 지니고 있다는 것이 강조된다(*Uss.*113).

보시물의 까르마적 열매는 그것이 받는 사람(~은 다양하고 예측할 수 없을 것이기에)에게 유용한지에 달려 있는 것이 아니라 보시하는 사람이 보시할 때의 마음 상태에 달려 있다.[5] 사실 보시할 아무것도 지니지 못한 사람도 다른 누군가가 보시하는 것을 돕거나(*Uss.*113) 단순히 다른 사람의 보시를 함께 기뻐하는 것만으로도 까르마적으로 유익한 행위를 할 수 있으며, 그 자체가 선한 정신적 행위이기도 하다. 이것은 자기 자신의 과거 선행에 대한 기쁨에 찬

---

5) 일부 초기 학파들은 동의하지 않지만 적어도 이것은 테라바다의 견해이다 (*Kvu.*343-7).

관조에도 적용된다(*Miln.*297). 사실 두 유형의 유익한 명상은 자기 자신의 깨어지지 않은 덕성과 아낌없이 주는 관대함에 대한 회상이라고 말해진다(*Vism.*223-34). 그렇지만 그 선한 행위를 자랑한다면 행위의 까르마적 열매가 작아진다고 한다(*Ss.*147). 까르마적 열매를 지닌 행위는 그 반대보다 더욱 훌륭하다고 말해지는데, 나쁜 행위를 뉘우치는 것은 그것의 되풀이를 막겠지만 까르마적으로 유익한 행위는 뉘우칠 필요가 없고, 이는 또 더 많은 정신적 발전—기쁨, 고요, 집중과 통찰—으로 이끌어 더 많은 까르마적 열매를 만들어내기 때문이다(*Miln.*84).

어떤 행위가 행해지는 정신의 상태는 부분적으로 동기의 문제이고 또한 그것이 행해지는 형식의 문제이기도 하다. 이 또한 까르마의 결과에 영향을 미치는 것으로 생각된다. '(자신에게) 불필요한 어떤 것을 미래를 생각하지 않고(즉, 그 보시가 까르마적 열매를 지니고 있다는 것을 인식하지 못하고) 적절한 경의를 표하지 않고 제 손이 아닌 다른 것으로 무례하게 주는 것은 정신이 최고의 감각적 쾌락의 즐거움에 기울지 않고(즉, 자신이 가진 것에 인색하게 되고(*S.* I 91-2)), 가족과 일꾼들이 그에게 동정심을 갖게 되는 까르마적 열매로 이끈다(*A.*IV.392-3). 이것은 악한 사람이 보시하는 방법이고, 선한 사람은 이와 반대되는 방법으로 보시한다(*M.*III.22-4). 보다 구체적으로는 다음과 같이 말해진다. (1) 믿음(saddhā)을 지닌 보시는 보시자를 부유하게 하고 미려한 외모를 갖게 한다; (2) 예의 바르거나 정성스러운 보시는 보시자의 아내와 가족, 일꾼들이 그에게 세심하게 귀 기울이고 이해하는 방식으로 그를 돕게 한다; (3) 적절한 때에 하는 보시는 적절한 때에 부를 얻게 한다; (4) 마음속에 망설임이 없는 보시는 마음이 최고의 감각적 쾌락의 즐거움에 기울게 한다; (5) 자신이나 다른 사람에게 해를 끼치지 않는 보시는 화재, 수해,

왕, 도둑이나 불친절한 상속자로부터의 피해에서 자유로운 부를 가져온다(A.Ⅲ.172-3). 대승 전통도 테라바다의 이러한 구절들에 동의한다. 산티데바는, 만약 다른 사람에게 해를 입히거나 약속했던 것보다 적거나, 모욕이나 뽐냄, 적대감을 수반하거나 곤경을 일으키거나 그렇지 않으면 버려졌을 것이거나 제 손으로 직접 주는 것이 아니거나 부적절한 것이거나 잘못된 시간에 보시되는 것이라면, 그것은 진정한 보시물이 아니라고 말하는 『아차말보살경』(阿差末菩薩經 Akṣayamati Sūtra)을 인용하고 있다(Ss.248).

'까르마적 열매의 최고의 터전'으로서의 승가

보시 행위의 까르마적 열매는 보시자의 마음 상태가 청정할 때뿐만 아니라 그것을 받는 사람이 매우 유덕하거나 성스러울 때 더 크다고 한다. 따라서 '한 줌의 쌀알만큼 적을지라도… 보시를 받을 가치가 있는 사람에게 경건한 마음을 지니고 주어진다면 그것은 훌륭한 결실이 있고 대단히 빛날 것이다'(Vv.1). 보시물은 보시하는 자와 받는 사람이 유덕하고 좋은 성품을 지녔는지의 여부에 의해 '청정해진다'고 한다. 보시하는 자에 의해 '청정해지려면' 보시물이 '올바르게 획득된 것이어야 하고, 마음은 기뻐해야 하며 까르마의 풍요로운 결실을 굳게 믿어야만 한다.'(M.Ⅲ.257) 설령 이와 반대되는 방식으로 악한 사람에 의해 보시된 보시물도 받는 사람의 덕에 의해 청정해질 수 있다. 동물에게 주는 보시물은 100배, 유덕하지 않은 사람에게 주는 보시물은 1000배, 보통의 유덕한 사람에게 주는 보시물은 1만 배의, 그리고 정신적으로 고귀한 사람에게 주는 보시물은 헤아릴 수 없는 결실을 지닌다고 한다. 그렇지만 유덕한 사람이 유덕한 사람에게 주는 보시물이 가장 훌륭한 결실을 지닌다 (M.III.255-7; cf. A.I.161-2).

니르바나로 가는 길의 성질을 갖추지 못한 고행자와 바라문에게 주는 보시물은 척박하고 메마른 땅에 뿌려진 씨앗처럼 결실이 적다. 많은 좋은 까르마와 정신적 성취로 이끄는 팔정도(八正道)의 요소를 갖춘 사람들에게 주는 보시물에는 이와 반대되는 것들이 적용된다(A.IV.237-8). 잘 훈련된 고귀한 승가(일부 재가자도 포함하는)는 잘 알려진 한 찬불가(chant)에서 '존경할 가치가 있고, 환대할 가치가 있고, 보시할 가치가 있고, 경의를 표할 가치가 있는 세상에서 으뜸가는 까르마적 열매의 터전'이라고 말해진다(D.III.5; M.III.80). 이러한 내용을 비구에게 적용하자면, 그는 어떤 감각도 집착이나 우쭐댐 또는 우울함을 만들어 내어 그의 고요한 집중을 방해하지 않는 대상이 되어야 한다(A.III.157-61,279). 그는 감각을 통제하고, 가사와 탁발을 탐욕 없이 사용하며, 불쾌한 느낌이나 욕설을 인내심 있게 견뎌 내고, 비행으로 의심받을 수 있는 상황을 피하고, 호색적이거나 잔혹한 생각을 버리고, 조심스러움으로 시작하는 깨달음의 일곱 가지 요인〔칠각지〕을 발전시킨다(A.III.387-90). 그는 솔직함, 빠른 이해력, 온화함, 인내와 절제력을 갖추고 있다(A.III.248; cf. A.I.244-6). 이를 요약해서 말하자면, 고귀한 승가의 성스러운 구성원은 모범이 되고 감명을 주는 성품을 갖춘 이들로서 그들에게 보시하는 이들 속에 많은 기쁨을 불러일으켜서, 보시가 보시자의 마음을 청정하게 하는 강력한 효과를 만들어 내는데, 이는 풍부한 까르마적 열매를 가져오게 된다.

고귀한 사람들은 상대적으로 적기 때문에 '까르마적 열매의 최고의 터전'은 통상 고귀한 승가를 상징하면서 또한 승가의 일부 구성원들을 포함하고 있기도 한 교단의 승가에서나 가능한 일이다. 테라바다의 『밀린다팡하』에 따르면, 별로 발전되지 않은 덕성을 지닌 비구도 승가의 생활에 참여하고 정신적 발전에 대한 더욱 강렬한 의도와 관련되는 것의 좋은 효과를 통하여 '믿음을 지닌 보시물을 청정하게 한다'라고 한다. 어떤 경우에도 유덕한 사람이 비구에게 주는 보시물은 언제나 보시하는 사람에 의해 청정하게 될 것이다 (Miln.257-8). 승가에 보시할 때는 어떤 비구가 다른 비구들보다 정신적으로 더 발전했음을 안다고 해도(A.IV.215), 그리고 그 비구가 친척이나 친구인 것과 무관하게(Bunnag, 1973: 59-60) 차별이나 편애 없이 보시하는 것이 가장 좋다. 또한 개별 비구보다는 비구나 비구니의 승가 전체에 혹은 특별한 집단에 보시하는 것이 더 좋다 (M.III.255-6). 탁발에 보시하는 사람은 탁발을 보시 받는 사람에게 긴 수명과 좋은 외모, 행복, 힘을 부여하는 것이기 때문에 그러한 성질들은 인간이나 천상에 환생하게 하는 탁발을 보시하는 행위의 까르마적 결과라고 말해진다(A.IV.57). 이는 비구의 유덕한 삶의 방식이 다른 사람들에게 강력한 이익이 될 수 있다는 것을 의미한다. 따라서 붓다가 기근이 든 지역으로 비구들과 탁발을 나간 것은 자비롭지 못한 것이 아니라고 말해진다. 왜냐하면 보시야말로 행운의 원천이기 때문이다(S.IV.322-5). 그렇지만 보시의 '터전'은 병자나 부모 혹은 다른 은인들에게 보시할 때 가장 뛰어난 것이 될 수도 있다(AKB.IV.117a-b와 118).

까르마와 숙명론

까르마의 법칙에 대한 믿음은 때로 일종의 숙명론으로 변질될 수도 있지만, 붓다는 결정론적 운명(niyati)과 까르마는 전혀 다르다고 강조했다. 까르마 관념은 인간의 행위와 그 결과의 중요성을 강조하기 때문에 사람들은 자신들의 행위로 자기 자신의 '운명'을 만들어 낸다. 까르마와 숙명론은 두 가지 이유에서 서로 다르다. 첫째로 인간은 선택의 자유를 갖고 있다. 그(녀)가 발전시킨 성품 때문에 어떤 사람이 행하려고 생각하는 행위의 유형에 까르마의 결과가 영향을 끼칠 수 있기는 하지만, 그들의 현재 행동은 이전 행위의 까르마적 결과가 아니다. 둘째로 어떤 사람에게 일어난 모든 것이 까르마에 기인하는 것은 아니다. 어떤 사람이 지닌 불쾌한 감정이나 병은 여러 가지 원인들로부터 일어날 수 있다. 그것은 '담즙이나 점액 또는 호흡에서, 또는 (체액들의) 결합에서 발생할 수도 있고, 계절의 변화나 파괴적인 상황에서 일어날 수도 있으며, (다른 사람의 행위로 인해) 갑자기 일어나거나 까르마가 무르익어서 발생할' 수도 있다.(S.IV.230-1; A.V.10)

과거 까르마의 결과로 보이는 삶의 여러 측면들에는 환생의 형태, 태어난 사회적 계급, 일반적 성격, 그 사람에게 일어나는 결정적으로 좋거나 나쁜 일 그리고 그 사람이 세계를 경험하는 방식까지도 포함된다. 수많은 감각 자료들 가운데서 우리는 언제나 우리 주위에 놓여 있는 '편집된 흥미로운 것들'만을 받아들인다. 어떤 사람은 즐거운 일에만 주목하는 반면 다른 사람은 불쾌한 일에 주목하는 경향이 있는데, 이러한 차이는 까르마에 기인하는 것이라고 말해진다(cf. S.I.91-2).

사람은 어떤 상황의 어느 측면이 까르마에 의해 결정된 것인지 결코 알지 못하기 때문에, 어려운 상황은 수동적으로 받아들여져서는 안 되며, 그 상황을 개선하기 위해 최선의 노력을 다해야만 한다. 막으려는 노력에도 불구하고 그런 일이 일어났을 때에만 그것들은 과거의 까르마 탓으로 돌려질 수 있을 것이다(Ingersoll, 1966:

210-15). 만약 그 상황을 피하거나 변화시켜 좋게 할 수 있다고 해도 그것이 이끈 근심이나 고통은 여전히 과거의 까르마에 기인하는 것으로 생각될 것이다. 까르마에 영향을 받는 세계에서 행위의 방향을 계획하는 것을 돕기 위하여 많은 전통적인 불교도들은 자신들의 까르마가 얼마나 쌓였는지 재보기 위해 삶의 특정한 시점에서 점성술 같은 점치는 방법을 사용하기도 하였다(Ingersoll, 1966: 207-9). 까르마의 영향이라는 관념은 숙명론적이지는 않지만 상황을 인내하며 살도록 고무시킨다. 우리는 자신의 운명에 대해 사회나 가족, 다른 사람들을 비난하고 화를 냄으로써 나쁜 까르마를 새로 만들기보다는 그 상황을 자신의 과거 행위의 결과로 볼 수 있다. 이러한 태도는 자기 삶의 모습에 책임지는 사람에게서 생기는 것이다. 따라서 붓다는 모든 경험들 및 관련된 행위들은 과거의 까르마나 신의 명령 혹은 순전한 우연에 기인한다고 보는 이론들을 비판했다(A. I.173; M.II.214). 그러나 다른 종교인처럼 불교도도 때로는 까르마 관념과 함께 숙명론적인 관념을 지니며, 과거의 까르마를 현재의 나쁜 까르마를 지속시키기 위한 변명으로 사용하기도 할 것이다.

까르마의 작용에 있어서 유연성

선하고 악한 행위가 수행되는 것은 대부분 인간의 단계에서이다. 신들은 일반적으로 선이나 악을 행할 수 있는 범위를 거의 지니지 못하고 대부분 그들의 존재로 이끈 이전의 선행의 결과들을 단순히 즐길 뿐이라고 생각된다. 동물과 귀신, 지옥의 존재들은 의도적으로 선하거나 악한 행위를 할 수 있는 자유를 지니지 못한다. 그렇지만 바수반두(Vasubandhu)는 지옥의 존재들은 약간의 선하거나 악한 행위를 할 수 있지만 어떤 선행도 다음 생에서만 결실을 가져올 뿐이라고 주장한다(*AKB*.IV.51d). 또한 고등 동물은 자의식적으로 도덕적인 방식은 아닐지라도 때로 유덕하게 행동할 수 있다. 낮은 단계로 환생한 존재들은 오직 이전의 나쁜 행위의 결과를 거두어들일 따름이다. 이 결과들이 마지막에 이르게 되면, 이전 선행의 결과 중 일부가 결실을 맺게 되고, 그 존재를 좀 더 좋은 삶의 형태로 띄워 보내 조만간 인간의 단계에 다시 도달하게 할 것이다.

까르마의 법칙은 경직되고 기계적인 것으로 간주되지 않으며, 행위와 관련된 의지의 결실들도 유연하고 유동적이며 역동적으로 완성되는 것으로 간주된다. 따라서 특별한 상황에서 까르마가 작용하는 전체적인 세부내용은 붓다 이외에는 아무도 '생각할 수 없는(acinteyya)' 것이라고 말해진다.

까르마의 지연된 결과

까르마는 바로 다음 생에서 결과를 가져오는 것은 아니다. 하나의 행위는 현재의 삶 속에서 나중에 혹은 다음 생이나 그 이후의 생에서 효과를 가질 수도 있다. 오직 매우 악하거나 선한 행위만이 바로 이어지는 환생에서 확실히 결과를 가져온다. 아자타사투(Ajātasattu) 왕이 제자가 되었을 때, 붓다는 (그가 없을 때) 그는 예전에 자기 아버지를 살해했을 때 자신의 운명을 확정지었다고 말했다. 자기 어머니나 아버지 또는 아라한을 의도적으로 죽이거나 붓다가 피를 흘리게 하거나 승가의 분열을 야기하는 사람은 즉각적인 까르마의 효과를 갖는 행위를 행한 것으로서(*M.A.*IV.109-10) 나머지 한 겁 동안 지옥에 환생하게 된다고 말해진다(*Vibh*.378).[6] 어떤 선

---

6) 만약 부모를 살해한 행위가 의도적이지 않았거나(*Kvu*.593), 의도한 희생자가 다

행도 다음 생에서 그러한 환생을 막을 수 없다(*Asl*.358). 그런 사람들은 비구나 비구니가 될 수 없고(*Vin*. I .88-90) 노력한다고 해도 다르마를 이해할 수 없다(*Miln*.310). 한편 '고귀한 사람들'은 니르바나를 어느 정도 경험함으로써 인간 이하의 모든 환생으로부터 확실히 벗어나게 되는데(*Pug*.13), 이는 그들의 통찰력이 그들의 다음 환생에 변하지 않는 효과를 지니기 때문이다.

다른 모든 행위들은 언제 그 결과를 가져올지 결정되어 있지 않다. 따라서 도덕적인 삶과 바른 견해를 지닌 사람의 다음 생은 천상일 수도 있고 또는 지옥일 수도 있다고 한다(*M*.Ⅲ.209-15). 지옥에 환생하는 것은 그가 전생에서 아주 나쁜 짓을 했지만 아직 그 결과가 나타나지 않은 경우이거나, 삶의 마지막에 나쁜 일을 했든가 혹은 죽은 시점에서 그른 견해를 굳게 지니게 된 경우일 것이다. 이는 마치 항상 너그러운 사람이 자신의 너그러움을 후회하게 되고 자신의 친절함에 보답하지 않는 사람들을 원망하는 경우와 같은 것이다. 그 경우 그는 나쁜 마음의 상태에서 죽을 것이고 다음 생에서 나쁜 변화를 겪게 될 것이다. 이는 마음이 더러울 때 죽은 사람은 지옥에 환생하고, 마음이 깨끗하고 고요한 때 죽은 사람은 천상에 환생한다고 말하는 *It*.13-14와 일치한다. 이와 유사한 방식으로 그른 견해를 지니고 있는 일반적으로 부도덕한 사람이 만약 과거의 아주 선한 까르마가 쓰이지 않았거나 삶의 마지막에 선한 방식을 택했거나(cf. *S*.Ⅳ.321-2) 혹은 죽을 때에 바른 견해를 굳게 지녔다면 천상에 환생할 수도 있다. 그럼에도 불구하고 연기가 피어오르는 불이 앞으로 언젠가는 불꽃으로 타오르는 것처럼, 선하거

른 사람이었거나(*AKB*.Ⅳ.103d), 부모가 부모인지 알지 못했다면(*Uss*.179), 그 행위의 끔찍한 결과는 발생하지 않는다. 그러나 *Vin*.*A*.445는 마지막 두 가지 점에 대해 견해가 다르다(Harvey, 1990: 275).

나 악한 행위의 결과는 아마도 약화된 형태로나마 조만간 그 사람을 뒤따라잡을 것이다(*Dhp*.71).

성품의 영향

어떤 행위의 까르마적 결과가 반드시 그 행위 자체와 아주 동일한 성격과 크기를 지니는 것은 아니다. 염소를 죽이는 것이 반드시 염소로 환생하여 죽임을 당하게 하지는 않는다. 비록 그렇기도 하지만 말이다(*J*. Ⅰ.167). 붓다는 만약 '사람이 행한 대로 (그 결실을) 그가 경험하는 것'이 진리라면, 정신적으로 발전할 기회도, 이전의 부덕한 방식을 넘어서 성장할 수 있는 방법도 존재할 수 없을 것이라고 말하고 있다. 그는 계속해서(*A*. Ⅰ.249-53), 덕성과 마음과 지혜가 발전되지 못한 사람에게 사소하게 악한 행위는, 마치 물잔 속 소량의 소금이 그 물을 마실 수 없게 만드는 것처럼, 지옥에 환생하도록 이끌 것이라고 말한다. 그렇지만 발전된 덕성과 마음, 지혜를 갖춘 사람에게 그와 동일한 행위는, 마치 소량의 소금으로 갠지스 강물을 마실 수 없게 만들 수 없는 것처럼, 현재의 삶이나 미래의 삶에 있다고 해도 거의 아무런 결과를 만들어 내지 못할 것이다. 이는 도덕적으로 발전된 사람에게 작은 도덕적 실수는 그(녀)의 전반적인 도덕적 성격에 의해 희석됨으로써 작은 효과를 지니게 된다는 의미로 생각된다. '작은 자아'를 지닌 것으로 표현되는 정신적으로 발전하지 못한 사람에 있어서 그와 동일한 행위는 더 큰 효과를 지닌다. 말하자면 그것은 그 사람의 성품에 더욱 '풍취를 더하여' 성품 내부에 다른 반향들과 조화를 이루는 더 큰 반향을 불러일으킨다. 선한 사람은 그(녀)의 나쁜 행위로부터 덜 고통받는다.

그렇지만 대부분의 까르마적 결과는 그(녀)의 이생에서 나타나기 때문에, 이것은 즉각적으로 분명하지 않을 수도 있다. 대승의『우바새계경』(Upāsaka-śīla Sūtra)도 또한 자기 규율과 정신적 노력을 갖춘 사람은 어떤 까르마적 영향들을 미래의 생에서 심각한 것으로부터 현재의 생에서 가벼운 것으로 변화시킬 수도 있다고 말하고 있다(Uss. 180-1).

참회와 잘못의 인정

나쁜 행위가 지닌 까르마의 결과가 줄어들 수 있는 중요한 방법 하나는 '그 나쁜 행위는 나에 의해 행해지지 않을 수 없었다'라고 생각하고, 다시 그것을 행하지 않기로 결심하면서, 그것을 뉘우치는 것이다(S.IV.320). 이것은 까르마적 열매를 줄이기 위해 그 행위의 심리적 영향을 감소시키는 것으로 볼 수 있다. 설일체유부의 견해에서 하나의 행위는 만약 그것이 완결되도록 반복되지 않거나(횟수는 그 행위의 성격에 달려 있다) 뉘우쳐진다면, 완전한 까르마적 결과를 가진 채 '축적되지는(upacita)' 않는다.[7] 뉘우침이나 잘못의 인정이 어떤 행위의 까르마적 열매를 줄인다는 생각은 대승에서도 확인된다(Ss. 147,59). 다른 보살과 다투었지만 잘못을 고백하고 앞으로는 삼가겠다고 약속하는 보살은 그 행위의 결과를 피할 수 있다고 한다(Conze, 1968: 52). 경전 자료에 근거한 최근의 한 티베트인의 설명에 따르면, 자기 아버지나 아라한을 살해하는 행위조차도 뉘우치고 고백하면 ―어느 정도는―그러한 행위의 끔찍한 나쁜 까르마를 약화시킬 수 있다고 한다(Tharchin, 1984: 47).

나쁜 행동을 뉘우치는 것의 중요성은 다음의 후렴구에서도 볼

---

7) *AKB*.IV.120; cf. McDermott, 1984: 141-2.

수 있다. '만약 누군가 자신의 위반 본성을 인식하고 올바른 것으로써 보상하고 미래에 스스로 삼간다면, 그것은 고귀한 이들의 수행에 있어 진보를 나타내는 표시이다.'[8] 비구와 비구니들 사이에서 다른 비구나 비구니에게 자신이 사원 규칙을 어겼다고 인정하는 것은 사원 규칙의 핵심적인 부분이다. 마찬가지로 대승에서도 출가나 재가의 보살은 자신의 좋은 점을 감추어야 할 뿐만 아니라 자신의 잘못은 인정하지 않으면 안 된다(Ss. 100-1).

좋은 행위의 경우에도 뉘우침은 까르마적 결과에 영향을 미친다. 따라서 전생에 깨달은 수행자에게 보시를 했지만 그렇게 한 것을 후회한 사람은 ─그의 보시 때문에─ 부자로 태어나지만, 자신의 후회 때문에 자신의 부를 즐길 수 없는 구두쇠로 태어난다(S. I .91-2).

대승은 과거의 악, 특히 천상의 붓다나 보살에게 행해진 악에 대한 인정에 많은 강조점을 부여한다. 이 전통에서 그러한 행위는 만약 진지하고 헌신적이라면 과거의 나쁜 까르마를 제거할 수도 있는 것으로 생각된다. 산티데바의 『대승집보살학론』8장에서는 악행으로부터 자신을 청정하게 하는 방법을 기술하고 있다. 그것은 다음과 같이 말하는 『개시사법경』(開示四法經 Catur-dharmaka Sūtra)을 인용하고 있다. 즉 악의 축적을 극복하기 위해 보살은, (1) 모든 나쁜 행동을 즉각 뉘우침으로써 자기-질책을 실천해야 하고 (2) 모든 나쁜 행위 다음에는 그 반대되는 선한 행위를 해야 하고 (3) 그러한 나쁜 행동을 삼가겠다고 결심해야 하고 (4) 삼보에 대한 믿음을 표현하고 붓다의 지위(보살)에 대한 자비로운 열망을 무시하지 말아야 한다(Ss. 159). (1)에 관하여 Ss. 160은 『금광명경』(金光明經 Suvarṇa-prabhāsottama Sūtra)의 잘못을 인정함에 관한 장을 인용하고 있는

---

8) D. III. 55; S. II. 127-8; Vin. II. 192; Vin. IV. 18-19.

데, 거기서 우리는 모든 붓다가 우리를 자비로 보살펴 주기를 요청해야 하고, 자신이 행한 모든 악한 행동을 인정하지 않으면 안 된다고 말하고 있는데, 나아가 또한 다음과 같이 말하고 있기도 하다.

> 내가 지난 수백 겁 동안에 지은 악으로 인해 나는 비참함과 근심, 두려움에 억눌린 괴로운 마음을 지니게 되었다. 편하지 않은 마음으로 나는 끊임없이 악한 행위를 저지르지 않을까 두려워한다. 내가 가는 곳 그 어디에서도 나에게 즐거운 것은 하나도 없다. 모든 붓다들은 자비롭다. 그들은 모든 존재들의 두려움을 제거해 준다. 그들은 나의 죄[9]를 용서해 주고 두려움에서 꺼내 줄 것이다. 여래들(붓다들)은 내게서 부정한 더러움과 행동을 없애 줄 것이다. 그리고 붓다들은 일렁이는 자비의 물결로 나를 씻어 줄 것이다. (Svb.31)

이에 반대되는 선한 행위들은 깊은 통찰력의 발전 혹은 선한 행위와 악한 행위 사이의 차이점을 명료하게 이해하는 것으로서, 뒤의 것은 나쁜 까르마의 영향을 중단시킨다. 또한 붓다와 보살에 관하여 명상하면서 수백 개의 음절로 된 만트라(mantra, 만다라)를 8000번 독송하면 자신의 악을 없애 버릴 수 있다고 한다(Ss.168-9). 한 티베트인의 설명에 의하면, 아라한 우드라야나(Udrayana)의 죽음은 전생에 그가 깨달은 수행자를 죽였기 때문이지만, 그가 아라한이 될 수 있었던 것은 살인 후에 즉각 뉘우치고 이어서 그 수행자를 위한 사당

---

9) '죄(sin)'는 기독교 신학적 의미가 담겨 있는 말이다. 그것은 도덕적으로 그를 뿐만 아니라 신의 의지에 어긋나는 나쁜 행위를 가리키며 위반자와 신 사이의 거리를 설정하고 있다. 그 말은 테라바다 불교의 번역어로는 적절하지 않지만, 여기서는 그렇게 부적절한 것으로 보이지 않는다. 이 경우 그 행위는 사실상 붓다의 의지에 어긋나는 것으로 여겨진다.

을 짓고, 자신의 나쁜 행위를 끊임없이 고백하면서 그곳에 공양을 바쳤기 때문이라고 한다(Tharchin, 1984: 77). 이와 마찬가지로 동아시아불교도 과거에 저지른 악행에 대한 참회의 정신으로 어떤 상징물 앞에서 반복적으로 절을 하는 의례를 포함하고 있다.

테라바다 전통에서 붓다는 일반적으로 더 이상 인간과 접촉할 수 없다고 생각되지만, 스리랑카의 한 찬불가에서 사람들은 붓다와 담마, 승가에 존경을 표현하면서 자신들이 어떻게든 잘못한 것이 있다면 '용서하고', '참아'(khamatu) 달라고 요청한다(Saddhatissa and Webb, 1976: 10-13). 이와 마찬가지로 태국의 한 찬불가에서는 비구가 출가 계율의 위반을 다른 비구들에게 인정할 때 사용되는 것과 동일한 말을 사용하여, 붓다와 담마, 승가에 대해 그들에게 행해진 모든 그릇된 행위를 '받아들여'(paṭigganhātu) 달라고 요청한다(Mahāmakuṭ, 1990: 72-5).

불교가 진정한 뉘우침을 아무리 높게 평가한다고 해도, 불교는 ―테라바다 전통에서는 확실히― 죄의식을 조장하지는 않는다. 왜냐하면 그러한 무거운 감정, 그리고 그에 수반되는 고뇌와 자기혐오는 마음의 고요와 명료함으로 이끌지 못하는 것으로서, 마음을 발전시키기에 좋은 상태로 생각되지 않는다. 사실 그것은 동요된 '불안함과 근심'이라는 네 번째 정신적 장애의 한 측면으로 볼 수도 있다. 그러한 감정은 어떤 행위의 자연적인 까르마적 결과의 일부로서 일어날 수도 있지만, 적극적으로 그것에 빠져서는 안 된다. 대승에서 산티데바는, 보살은 악행을 행한 후 몇 시간이 지나지 않아 붓다의 지위를 향한 열망으로 되돌아온다면, 자신의 훌륭한 덕성을 유지한다고 말하는 『결정비니경』(決定毗尼經 Upāli-paripṛcchā)을 인용하며, 보살은 그른 행위에 대하여 지나치게 후회해서는 안 된다고 말하고 있다(Ss.173).

환생, 까르마 그리고 동기

환생과 까르마에 대한 믿음은 분명히 사람들이 자신들의 행위를 보는 방식에 영향력을 갖는다. 좋고 나쁜 행위들은 그것들의 결과 때문에 중요하며 삶에 아무런 영향력이 없는 것들은 문제가 되지 않는다. 선행이 권장되는 것은 그것들이 선함을 통하여 행위자에게 즐겁고 향상시키는 결과로 이끌기 때문이다. 나쁜 행위들은 그것들의 나쁨이 불쾌한 까르마의 결과로 이끌기 때문에 못 하게 하는 것이다. 그리고 멜포드 스피로(Melford Spiro)는 미얀마에서 계율을 지키는 가장 공통적인 이유 두 가지가 지옥에 대한 두려움과 그 계율이 붓다에 의해 제정되었다는 사실이라는 것을 발견했다(1971: 449).

환생의 순환이라는 관념 또한 다른 존재에 대한 동정과 존중을 지지하는 삶에 관점을 제공한다. 환생의 순환 속에서 모든 존재는 동일한 삶의 순환의 일부이다. 각각의 인간 존재는 과거에 동물, 귀신, 지옥의 존재, 신이었고, 미래의 어느 때에 또다시 그렇게 될 것이다. 우리가 다른 사람이나 다른 존재에게서 목격하는 모든 고통은 언젠가 우리 자신이 겪었던 것이다(*Ss.* II.186). 따라서 우리는 환생에 집착해서는 안 되고 다른 살아 있는 존재에게 자비심을 지녀야 한다. 우리의 셀 수 없이 많은 전생 속에서 평균의 법칙이 가리키는 바에 따르면, 우리가 마주치는 대부분의 존재들은, 우리가 지금 그들을 아무리 싫어한다고 해도, 언젠가 가까운 친척이나 친구들이었고(*S.* II.189-90), 따라서 그들에 대한 자애심은 적절한 것이다. 따라서 자따까 이야기 no. 68(*J.* I .308-9)에서, 한 남자와 그의 아내는 붓다가 자신들의 아들이라고 밝히며, 늙은 부모를 편안하게 하는 것이 자식의 의무라고 말한다. 그 남자와 여자는 붓다의 알려진 부모가 아니었기 때문에 그들은 과거에 그 남자는 각각 500번씩 붓다의 아버지, 삼촌, 할아버지였으며, 그 여자는 각각 500번씩 붓다의 어머니, 숙모, 할머니였었다고 설명한다.

물론 그러한 가르침은 모든 형태의 생명에 대한 친절과 비폭력을 독려하는 것이다. 인간은 다른 존재처럼 동일한 삶의 순환의 일부분이며 그들로부터 멀리 떨어져 있지 않다. 그렇지만 보다 복잡하고 발전된 존재라면 그것에 해를 입히거나 죽이는 것은 더 나쁘고, 따라서 동물을 죽이는 것보다 인간을 죽이는 것이 더 나쁜 것이다.

환생의 관점을 가지고 살아가는 것은 또한 도덕적이고 정신적인 실천을 위한 장기적인 동기화를 유지하는 데 도움이 된다. 죽음은 한 사람이 모든 물질적 소유물을 잃어버리고, 사랑하는 사람들 그리고 인생의 '성취들'로부터 떨어져 나가는 것을 의미하지만, 윤리적 실천과 명상의 실천으로 발전되는 성품의 청정화는 죽음이 파괴할 수 없는 어떤 것으로 생각된다(*Khp*.7). 그것은 한 사람의 정신적 연속체의 일부가 되어 다른 삶 속으로 '흘러넘쳐' 들어갈 것이다. 그 삶 속에서 이생에서의 정신적 발전은 무시될 수도, 혹은 더욱 굳건해질 수도 있다. 그러나 최소한 그것은 이생의 긍정적인 잔여물로서 작용할 수 있고, 더 많은 발전을 위한 토대로서 사용될 것이다. 나쁜 성격의 특성을 가진 경우에는 이와 반대되는 것이 적용된다.

티베트 전통에는 불교의 핵심 원리에서 이끌어 낸 정신적 수행의 동기화를 돕는 일련의 숙고들이 있다. 첫 번째 숙고는 인간으로서의 삶의 희귀성에 관한 것이다. 다른 형태의 환생이나 인간보다 더욱 많은 동물들(새와 물고기, 곤충을 포함하여)이 존재한다는 사실을 두고 볼 때, 인간으로 태어나는 것은 정신적 향상을 위한 드물고 소중한 기회이다. 인간이나 신으로 혹은 연이어 두 가지로 환생하는 것은 희귀하다고 말해진다(S. V.475-6; cf. Dhp.182). 다른 영역에 태어나는 존재의 수에 반해 인간으로 태어나는 존재는 지구의 크기와 비교하자면 한 줌의 모래와 같고(S. II.263), 혹은 인도의 거친 지형과 비교되는 쾌적한 숲의 숫자와 비슷하다(A. I.35). 지옥의 존재가 인간으로 환생할 기회는 100년에 한 번 물 밖으로 나오는 눈먼 거북이가 바다 위에서 머리를 바람에 이리저리 흔들리는 (둥근) 속으로 우연히 집어넣게 되는 것보다도 적다. 설령 인간으로 환생한다고 해도 그 사람은 가난하고 추한 모습으로 병들었다가 다시 지옥으로 되돌려 보낼 나쁜 행동을 하게 될 것이다(M. III.169; Bca. IV.20).

티베트의 불교도들은 '소중한 인간으로의 환생'을 얻은 것에 대해 말하는데(Guenther, 1959: 14-21), 이는 현명하게 사용되어야 하고 다른 존재로부터 존중받아야 하는 정신적 발전을 위한 훌륭한 기회이다. 그것은 어느 때든 죽음에 의해 짧아질 수도 있지만, 낭비해 버려서는 안 된다. '그러므로 이처럼 한가한 때를 발견했을 때, 만약 내가 나 자신을 유익한 것에 조화시키지 못한다면, 이보다 더한 기만은 없을 것이며, 이보다 더 큰 어리석음도 없을 것이다'(Bca. IV.23). 더 낮은 영역들에는 더 많은 고통과 더 적은 행동의 자유가 있을 뿐이다. 천상의 영역에서의 삶은 인간의 삶과 비교하면 더없이 행복하지만, 이는 신들, 특히 가장 높은 천상에 있는 신들로 하여금 자기만족에 빠지게 만들고 따라서 그들은 해방을 필요로 하지 않으며 영원하다고 생각할 것이다. 인간의 영역은 중간 영역으로서 여기에는 충분한 고통이 있어서 인간들이 그것을 넘어서려는 동기를 갖게 하고, 충분한 자유가 있어서 이 열망에 따라 행위할 수 있다. 그러므로 그것은 정신적 발전을 위해 가장 좋은 영역인 것이다.

그렇지만 모든 인간으로의 환생이 이처럼 소중한 성질을 지니는 것은 아니다. 초기 경전에서는 불교가 사멸했을 때나 불교의 출가자나 재가자들이 없는 지역에서 또는 까르마의 유효성과 정신적 발전의 가능성을 부정하는 그릇된 견해를 갖고 있거나, 혹은 어리석거나 벙어리라면, 비구로서 성스러운 삶을 이끌어 갈 수 없다고 한다(D.Ⅲ.264-5). 산티데바는 해방을 가능하게 하는 얻기 힘든 좋은 조건들에 관하여 『라마가경』(羅摩伽經 Gaṇḍavyūha Sūtra)을 인용하고 있는데, 그것은 다음과 같다. (1) 인간으로의 환생, (2) 붓다가 존재할 때, (3) 몸의 감각들이 완전함, (4) 담마를 들음, (5) 선한 사람들의 무리, (6) 진정으로 '좋은 친구'(스승), (7) '진정한 삶의 규칙에 대한 가르침'을 위한 수단, (8) 성스러운 삶(Ss.2) 등. 이에 대해 숙고하면서 그는 '만약 여래의 나타남, 믿음, 인간의 몸을 얻는 것, 그리고 내 존재가 덕성을 계발하는 데 적합하게 되는 일 등이 드물다면, 언제 그것들을 다시 얻게 될 것인가?'라고 말하고 있다(Bca.Ⅳ.15).

티베트 전통의 두 번째 숙고는 자기 삶이 끝나는 때에 대한 불확실성에 관한 것이다. 아무도 죽기 전까지 얼마나 많은 긴 시간을 가지고 있는지 모르지만, 아마도 길지는 않을 것이다. 이와 마찬가지로 초기 경전들에서는 인간의 삶은 아무리 오래 지속되어도 물 위에 그어진 선에 비유할 수 있다고 말한다(A.Ⅳ.138). 더욱이 지옥에 환생하는 사람은 그러한 상태에 빠지기 쉽다는 것을 깨달아 까르마에 유익한 행위를 하려는 동기를 부여받지 못하고, 생, 노, 병, 사의 중요성을 등한시했다고 말해진다(M.Ⅲ.179-83). 죽음과 늙음은 사회적 계급이 어떻든지 간에 모든 사람에게 찾아온다고 강조된다. '하늘에 닿을 만큼 거대한 바위로 이루어진 큰 산들이 사방에서 그 아래에 있는 모든 생명들을 가루로 만들며 다가오는 것처럼, 그와 같이 나이와 죽음은 모든 존재들에게 덮쳐온다'(S.Ⅰ.2). 한때 붓다는 나랏일로 지쳐 있는 선한 왕에게 조언을 하게 되었다. 즉 만약 파세나디(Pasenadi) 왕이 그러한 산들이 그에게 다가온다는 말을 듣는다면 그 또한 인간으로의 환생이 그토록 얻기 어려운 것이기 때문에, 그와 같은 인간들의 파멸을 보며 두려움으로 가득 찰 것이다. 그런 상황에서 어찌할 것이냐는 물음에 파세나디는 오직 '담마에 따라 살고, 바르게 살며, 건전하고 까르마에 유익한 행위만을 행할 것'이라고 말한다.

세 번째 숙고는 죽은 후에 우리는 자신의 까르마에 따라 환생할 것이라는 점이다. 그런데 이생과 이전의 생들에서의 까르마의 축적들은 다음에 인간으로의 환생을 이끌 만한 것이 되지 못할 수도 있다. 네 번째 숙고는, 우리가 어떤 형태로 환생하더라도 지옥의 고통이건 인간의 고통과 근심이건 혹은 천상의 보다 미묘한 불만족이건, 고통은 그 삶의 한 부분이라는 것이다. 다섯 번째 숙고는 그러한 고통은 니르바나를 얻음으로써만 초월될 수 있다는 것이고, 여섯 번째 숙고는 니르바나를 얻기 위하여 우리는 정신적 계도자의 안내 아래서 수행할 필요가 있다는 것이다. 따라서 우리는 지금 정신적 수행에 몰두하여 이것이 자신과 다른 존재 모두에게 이익을 가져오게 해야 한다. '한 무더기의 꽃에서 많은 화환이 만들어지듯이, 많은 선한 행위들이 유한하게 태어난 존재에 의해 행해져야 한다'(*Dhp*.53).

네 가지 고귀한 진리

초기 불교와 테라바다 전통에서 가장 핵심적인 가르침은 네 가지 고귀한 진리 [사성제]에 관한 것이다(Harvey, 1990a: 47-72). 이

네 가지는 기본적으로 다음과 같이 주장하는, 정신적으로 고상하게 만드는 통찰들을 표현하고 있다.

(1) 몸과 마음의 작용과 삶의 경험은 고통(dukkha, 산스크리트 duḥkha)이다: 이는 큰 형태로든 미묘한 형태로든, 불만족스럽고, 절망적이며, 고통을 만들어 내는 것이다.

(2) 이 상황은 '갈애'(빠알리어 taṇhā; 산스크리트 tṛṣṇa)에 의해 일어난다. 이는 사람을 좌절과 실망 앞에 드러내 놓고, 그에 뒤따르는 늙음과 병듦, 죽음과 함께 환생의 순환 속에 가두어 두는 욕망들을 요구한다.

(3) 이 상황은 니르바나의 경험 속에서 갈애 그리고 이와 관련된 집착, 분노, 어리석음을 파괴함으로써 넘어설 수 있다. 살아 있는 동안 일단 니르바나를 얻게 되면 그 사람은 더 이상 환생하지 않고 죽음에 이르러 궁극적인 니르바나에 들어가 시간과 공간 그리고 고통을 넘어설 것이다.

(4) 이 목적을 달성하는 방법은 고귀한 여덟 가지 길로 이루어진 '중도'이다.

이 진리들의 첫 번째는 다섯 가지의 불만족스러운 과정을 통해 인격을 분석함으로써 정교하게 다듬어진다.

(1) 여러 가지 물리적 과정으로 이루어진 물질적 형상(rūpa)

(2) 모든 경험에 대한 즐거운, 불행한, 중립적인 것으로 느끼는 '감각'으로 이루어진 감정(vedanā)

(3) 올바로 인식하든 잘못 인식하든 간에, 감각 대상을 분류하는 작용을 하는 정신의 해석적 기능으로 이루어진 인식(빠알리어

saññā; 산스크리트 saṃjñā)

(4) 의지(cetanā) 그리고 기분이나 감정 같은 다른 여러 가지 정신적 활동 과정으로 이루어진 구성적 활동들(빠알리어 saṅkhāras; 산스크리트 saṃskāras).

(5) 분별 혹은 차별적 의식(빠알리어 viññāṇa; 산스크리트 vijñāna), 즉 감각이나 마음의 대상이 존재한다는 기본적 인식과 정체성이라는 이름을 부여할 수 있는 여러 가지 부분이나 측면들을 지니고 있다고 보는 분별.

이것들은 다섯 가지 '모음들'(빠알리어 khandhas; 산스크리트 skandhas) 또는 '인격 요소들'을 구성한다. 이 모든 것은 각각 서로를 상호 조건 지을 뿐만 아니라 감각 대상에 영향을 받는 것으로 생각된다. 그것들은 미묘하든 혹은 보다 명확한 종류든 간에 끊임없는 변화의 상태에 있는 것으로 생각된다. 따라서 그것들은 불안정하고 완전히 만족스럽지 못하기(빠알리어 dukkha; 산스크리트 duḥkha) 때문에 영원하지 않으며(빠알리어 anicca; 산스크리트 anitya), 모두 '자아가 아닌'(빠알리어 anatta; 산스크리트 anātma), 즉 영원하고 자기확신적인 나 혹은 자아가 아닌 것으로 생각된다. 그렇지만 우리는 보통 우리 자신과 세계를 영원하고 바람직한 본질적인 것들로 이루어진 것으로 잘못 보고 있다는 것이 강조된다. 그래서 우리는 우리 자신과 세계의 여러 측면들에 집착하고 그것들이 변화하고 사라질 때 고통스러워한다.

그럼에도 불구하고, 인격을 지니지 않고 끊임없이 변화하며 조건 지어진 사건이나 과정들 속에는 한 사람의 '성격'이라고 부를 수 있는 것의 지속성을 설명해 줄 수 있는 상대적으로 안정적이고 반복되는 패턴들이 일어나고 있다. 더욱이 이 역동적 패턴 속에서 비록

영원한 자아나 본질은 결여하고 있지만, 사람들은 갈애와 까르마의 힘에 의해 삶에서 삶으로 계속 흘러 다닌다. 이 과정은 조건 지어진 발생〔연기(緣起)〕(빠알리어 paṭicca-samuppāda; 산스크리트 pratītya-samutpāda | Harvey, 1990a: 54-60)에 의해 설명된다. 이는 추상적 수준에서 보면 정신적, 물리적 현상은 각자의 적절한 조건 짓는 요인들이 발생하거나 존재할 때에만 일어나거나 존재할 수 있다는 원리이다. 통상의 구체적인 적용에서 조건 지어진 발생은 12가지의 조건 지어지고 조건 짓는 상태의 특수한 연쇄를 제시하여 인격체와 환생의 진행 중인 흐름을 설명한다. (1) 정신적 무지 혹은 잘못된 인식, 이것이 만드는 (2) 깨닫지 못한 사람의 의도와 관심들―까르마, 이것들은 (3) 특정한 사물에 주목하는 의식과 특정한 방식으로 환생하는 식으로 이어진다. 따라서 (4) 생명 있는 몸이 새로운 삶을 시작할 때, 자궁 속에서 목숨을 유지하고 성장한다. 이는 (5) 감각을 돕고, (6) 감각적 자극과 (7) 감정의 토대가 된다. 따라서 (8) 즐겁고 불쾌한 감정을 좋아하고 싫어하는 갈애가 일어나고, 이에 따라 (9) 집착하게 되고, (10) 존재의 흐름에 더욱 얽혀 들어간다. 이는 계속해서 (11) 새로운 상황이나 새로운 삶으로 환생하게 하고, 이는 또 (12) 늙음과 죽음, 즉 고통으로 이끈다.

고통

인간과 모든 환생의 세계를 구성하는 조건 지어진 과정은 유한하며, 고통(dukkha)이고, 자아가 없다는 것에 대한 강조는 불교에서 윤리의 철학적 기초의 중요한 부분을 형성한다. 자신이나 타인에게 고통의 극복이라는 목적은 불교의 핵심적 전제조건이자 윤리적 행위가 지향하는 바이다. 불교도들은 자신들의 삶 속에서 고통의 한계를 이해하게 되고, 삶의 사건들에 어리석게 반응함으로써 자신들이 종종 그것에 기여하고 있다는 것을 알게 되면서, 타인에 대한 공감(anukampā)이라는 자연스러운 인간적 감정—그들과 고통의 상황을 함께 하고 있다는 연대감—을 일으키고 심화시키게 된다.[10] 이에 따라 '타인과 자신을 비교하는 것'의 중요성이 강조되는데, 이는 자신과 타인 모두 '행복을 동경하고 고통을 혐오하기' 때문이다 (*M.* I .341). 다섯 가지의 기본적인 윤리 계율〔오계〕을 설명하면서 붓다는 그것들을 지켜야 하는 이유로 다음과 같은 생각을 제시한 바 있다.

> 내게 기쁘거나 유쾌하지 않은 상태는 그에게도 또한 그러할 것이 분명한데, 나에게 기쁘거나 유쾌하지 않은 상태를 어떻게 다른 사람에게 야기할 수 있겠는가?[11]

보다 일반적인 맥락에서 붓다는 또한 이렇게 말했다고 전해진다. '나의 생각을 가지고 온 세상을 돌아보았지만, 나는 누구에게나 그 자신의 자아보다 더 소중한 것을 아직껏 만나지 못했다. 다른 사람들의 자아는 그들 각자에게 소중한 것이니 그가 자신을 사랑하고 남을 해치지 않도록 하라(*Ud.*47, S. I .75). 그리고 뱀을 막대기로 찔러 대며 괴롭히고 있는 소년들을 보고 붓다는 이렇게 말하였다.

> 모든 존재들은 벌 받는 것을 두려워하며,
> 생명은 모두에게 소중하다.

---

10) Aronson, 1980: 1-23; Keown, 1992: 73-7.
11) *S.* V .353-4; cf. *M.* I .97과 Tatz, 1986: 87, 255.

다른 존재들을 나와 비교하면서
죽이거나 죽이도록 만들지 말아야 하느니라.(*Dhp*.130)

마찬가지로,

'나와 마찬가지로 그들도 그러하고, 그들과 마찬가지로 나도 그
러하다'라는 말로 자신을 타인들과 비교하면서, 죽이거나 다른
사람들이 죽이도록 만들지 말아야 한다.(*Sn*.705)

이 구절들은 다른 존재도 쾌락을 바라고 고통을 싫어한다는 점
에서 자기 자신과 마찬가지이며, 따라서 다른 존재에게 고통을 가
하여 고통의 총량을 늘릴 합당한 이유가 없다는 것을 강조하고 있
다. 그렇게 하는 것은 다른 존재뿐만 아니라 자기 자신에게도 해를
입히는 것이다. 왜냐하면,

자기 자신의 행복을 추구하면서도,
쾌락을 좋아하는 존재들을
몽둥이로 해를 입히는 모든 이들은,
이제부터 아무런 행복도 가질 수 없다.(*Dhp*.131)

까르마의 법칙 때문에 자신과 타인의 이익은 서로 얽혀 있으며,
따라서 자기 자신의 고통을 줄이려는 관심은 타인의 고통을 줄이는
것과 손을 잡고 가게 된다. 타인을 돕는 것은 (까르마의 결과와 마음의
좋은 성질이 발전됨으로써) 자신을 돕는 것이고, 자신을 돕는 것은 (자
신의 성품을 청정하게 함으로써) 타인을 더 잘 도울 수 있게 만든다.

유한성

유한성은 종종 고통으로 이어지기도 하지만, 그것은 또한 사람들이 고정된 자아를 지니고 있지 않아 언제나 더 좋게 변화될 수 있으며,[12] 또한 예컨대 '오, 그는 도둑이야'라는 말로써 가치 없는 존재로 무시당하기보다는 마땅히 존중받아야 한다는 것을 의미하기도 한다. 그러한 변화의 유명한 사례가 불교경전에 전해지고 있다. 한때 붓다는 살인을 일삼는 산적 앙굴리말라(Aṅguḷimāla)가 자주 출몰하는 곳을 일부러 찾아갔다. 그는 자기 삶의 방식을 바꾸는 데에는 약간의 가르침만이 필요함을 알고 비구가 되어 곧 니르바나를 얻었다(M. II.97-105).

사람들의 겉모습이 어떻든지 간에 그들의 마음 깊숙한 곳은 '밝게 빛나고' 청정하다(A. I.10). 대승에서는 '진리를 얻은 자의 태아'(Tathāgatagarbha)—또는 '불성'—로 일컬어지는 이 깊숙한 곳의 청정성은 궁극적 변화, 즉 깨달음을 얻을 수 있는 잠재력을 나타내며, 이것이 바로 모든 존재들을 존중하는 기초이기도 하다.

환생의 순환 속에 포함되어 있는 변화들은 또한 윤리에도 관련된다. 왜냐하면 그것들은 존재들의 현재 역할이나 성품, 본성과 상관없이 고려할 수 있게 해주기 때문이다. 아무리 '나쁜' 존재들일지라도 그들은 이전의 삶에서는 지금과 달랐을 것이고, 그들의 셀 수 없이 많은 삶 가운데 어떤 시점에서 그들은 나와 마주쳤을 것이며 또 나에게 좋은 사람이었을 것이다. 그러므로 '비구들아, 과거에 내 어머니나 내 아버지, 형제, 자매, 아들이나 딸이 아니었던 존재를 만나기는 쉽지 않으니라'(S. II.189-90). 이런 관점에서 그들을 보는

---

12) 하지만 만약 즉각적인 까르마적 결과를 지니는 극악한 행위 가운데 하나를 범하게 되면, 현생에서는 깨달음을 얻을 수 없을 것이다.

것은 그들을 향한 긍정적인 관심을 가질 수 있도록 한다. 이는 과거뿐만 아니라 미래의 변화에도 관련된다. 테라바다 주석가 붓다고사는 사람들을 향한 나쁜 의지를 극복하기 위해서 우리는 언제나 사람들의 좋은 점에 귀를기울여야 한다고 조언하면서, 만약 어떤 사람이 너무 악하여 눈에 띄게 좋은 점을 전혀 가지고 있지 않다면 그때는 그러한 악의 까르마적 결과로 그(녀)가 겪게 될 엄청난 고통을 생각해서 그(녀)를 향한 자비심을 지녀야 한다고 충고하고 있다(Vism.340).

어떤 사람을 특정한 고정된 본성을 지니고 있다고 단정해 버리는 것은 종종 그(녀)에게 나쁜 영향을 주지만, 반면에 그(녀)를 존중하는 것은 더 좋은 변화를 일으키는 데 도움이 된다. 그러나 이것은 그(녀)에게 강요될 수 없고, 그(녀)에게 달려 있는 것이다. 또한 우리는 자기 자신 안에 있는 부정적인 습성을 변화될 수 없는 것으로 수동적으로 받아들여서는 안 된다. 그것들은 인정되어야 하지만, 다른 모든 것들처럼 조건 지어져 있는 현상이기 때문에 그것들의 원인을 이해하고 제거한다면 변화될 수 있는 것이다. 이와 동일한 것이 마음의 건전한 상태에도 적용된다. 그것들은 적절한 실천에 의해 유지되지 않으면 부패될 수 있기 때문에, 다른 사람들을 내려다보면서 자기만족에 빠지거나 자만할 수 있는 근거가 되지 못한다. 사실 그렇게 행동하거나 다른 사람들을 나쁘게 대우하는 것은 바로 자기 존재의 건전한 상태들을 훼손하는 것이다.

불교적 관점에서 볼 때, 세 가지 형태의 '자만(māna)'이 있는데, 이는 모두 고정된 '나'를 자신의 본성으로 지니고 있다는 어리석음에 근거하고 있다. 다른 사람을 보고 자신을 그들과 비교하면서, 자신이 현재 어떤 성질을 지니고 있고 이것들이 어떻게 강해지거나 약해지는지를 조용히 평가하기보다는, 우리는 자신을 (경쟁적이거나 자만하는 태도로) '더 우월하거나' 혹은 '더 열등한' 것으로 본다.

무아와 타인 존중

한 사람 안에는 영원한 자아나 나는 존재하지 않는다는 가르침은 윤리를 위한 받침대이기도 하다. 이는 개별 인격체의 가치에 대한 기독교의 강조처럼 독특한 실체로서의 인간에 대한 적극적 배려를 지지하지는 않지만, 다른 방식으로는 작용한다. 무엇보다 먼저 그것은 다른 사람에 대한 존중이 결여되는 토대인 자아에 대한 집착—'나'는 만족해야 하며 다른 사람이 '나의' 길을 가로막는다면 그들을 쓸어내 버릴 수도 있는 능동적이고 자기동일적 실체라는 생각—을 무너뜨린다. 그것은 바로 실체적 자아라는 관념을 잘라 버림으로써 이기심을 잘라 버린다. 예를 들어, 성냄(화)은 '나'는 기분이 상했다는 생각에서 생겨난다.

무아라는 관념은 각각의 사람들이 개인적인 역사와 성격을 가지고 있다는 것을 부정하지 않지만, 이러한 것들은 보편적 요인의 복합물이라는 점을 강조한다. 특히 그것은 '너의' 고통과 '나의' 고통이 본래적으로 다르지 않다는 것을 의미한다. 그것들은 단지 고통일 뿐이고, 따라서 우리를 우리 자신의 '자기이익' 안에 가두어 두는 장벽을 무너뜨리고 모든 존재의 이익을 포괄할 때까지 자기이익의 범위를 넓혀야 한다. 우리는 우리가 생각하고 싶어 하는 것처럼 우리 자신의 마음을 통제할 수 없다는 사실을 강조하는 무아의 가르침은 우리 자신과 타인의 취약성에 대한 우리의 태도에 겸손과 유머감각을 더한다. 그렇기 때문에 아직 니르바나를 조금도 경험하지 못한 사람들은 '마음이 혼란스럽다'고 말해진다(*Vibh.* A.186).

'사람들에 대한 존중'은 많은 측면에서 서양 윤리의 핵심적 토대이다. 그것은 네 가지 주요 요소로 구성되는 것으로 요약할 수 있다(Smart, 1972). 즉,

(1) '개별화'에 대한 권리: 단지 한 인간으로서가 아닌, 모든 개별적 차이점을 지닌 특정한 개체로 대우받을 권리.
(2) '수용'에 대한 권리: 선하거나 악한 사람으로 받아들여질 권리.
(3) '자기명령'에 대한 권리: 자율성과 자기 자신의 선택을 할 권리.
(4) 공정한 대우에 대한 권리.

불교는 전통적으로 '권리'를 통해서가 아니라, 그보다는 적절함과 타인을 잘 대우하는 것에서 나오는 이익의 관점에서 윤리를 표현하였다. 이는 부분적으로 양도불가능한 '권리'를 부여받을 불변의 '소유자'가 존재하지 않기 때문이고, 또한 '권리를 요구하는 것'은 만약 주의를 기울이지 않으면 분노와 탐욕으로 이어질 수 있기 때문이다. 그렇지만 타인을 대우하는 방법에 대한 불교의 관점은 위의 네 가지 '권리들'과 유사점들을 제공한다(Harvey, 1987).

1. 개별화: 영원한 자아는 존재하지 않지만, 각각의 사람들은 특정한 까르마의 역사를 지닌, 변화하는 정신적·물질적 과정의 특정하고 개별적인 결합으로 생각된다. 이는 어떤 사람이 보다 좋은 방향으로 발전하는 것을 돕기 위해서는 그 사람의 성격에 맞는 특별한 정신적 조언이 채택되어야 한다는 것을 의미한다. 그 목적은 대체로 개인적 차이점들을 뛰어넘겠지만, 그 방법은 그것들을 고려하지 않으면 안 된다.
2. 수용: 선하고 악한 성질들은 불변하는 자아의 고정된 부분들

이 아니므로, 우리는 어떤 사람을 그(녀)가 과거에 했던 것에 붙들어 놓아서는 안 된다. 사람들은 언제나 그들의 현재 상태, 그리고 미래의 변화 가능성과 관련하여 대우받아야 한다. 다른 사람들이 가지고 있거나 가졌었던 결점은 또한 우리가 가지고 있거나 언젠가 가졌었던 것이기도 하다.

3. 자기 명령: 모든 가치 있는 변화는 이해와 인격적 발전에 의해 내면으로부터 나와야 한다.[13] 그것은 외부로부터 강요될 수 없다. 사람들은 변화의 기회를 제공받을 수는 있지만, 그것을 받아들일지는 그들에게 달려 있다.

4. 공정한 대우: 모든 존재들은, 이 생이나 미래의 생에서 니르바나를 성취할 잠재력을 지니고 있으며, 모두 자신들의 까르마에 의해 선하건 악하건 자신들의 상황을 만들어 간다. 따라서 모든 존재들을 냉정하고 공정하게 바라보아야 할 것이다.

고귀한 여덟 가지 길

고귀한 여덟 가지 길〔팔정도〕은 고통의 소멸로 이끄는 중도적 실천이다. 이 길은 여덟 가지 요소들을 가지고 있으며 각각은 올바른 혹은 완전한(빠알리어 sammā; 산스크리트 samyak) 것으로 표현된다: (1) 올바른 견해 혹은 이해, (2) 올바른 결의/사유, (3) 올바른 언어, (4) 올바른 행위, (5) 올바른 생활, (6) 올바른 노력/정진, (7) 올바른 마음새김, (8) 올바른 집중 혹은 통일. 이 요소들은 또한 세 부

---

13) 그렇지만 이 주장은 일부 정토 계통의 불교에서는 받아들여지지 않을 것이다. 정토불교는 중국, 한국, 일본의 대승불교의 한 형태로서, 구원은 천상의 아미타불(Amitābha)로부터 오는 것으로 보기 때문이다.

분으로 묶이기도 한다(M. I.301). (3)~(5)요소들은 계(sīla, 산스크리트 śīla), 즉 도덕적 덕성에 속하고, (6)~(8)요소들은 정(samādhi), 즉 마음/정신(citta)의 명상을 통한 계발에, (1)~(2)요소들은 혜(paññā, 산스크리트 prajñā), 즉 지혜에 속한다.

이 여덟 가지 요소들은 두 가지 기본적인 수준들로 존재한다. 즉 좋은 환생으로 이끄는 세간적(빠알리어 lokiya; 산스크리트 laukika) 수준과 이 예비적인 발전 위에 세워져서 환생을 넘어 니르바나에 이르는 초월적/출세간적(빠알리어 lokuttara; 산스크리트 lokottara), 혹은 고귀한(빠알리어 ariya; 산스크리트 ārya) 수준이 그것이다. 따라서 세간의 여덟 가지 길과 고귀한 여덟 가지 길 두 가지가 있게 된다(M.III.71-8). 대부분의 불교도들은 세간의 길을 실천하려고 노력하는데, 이는 '예류지(stream-entry)'에 도달한 사람들에게서만 완성된다. 예류지에 이른 사람은 니르바나를 처음으로 약간 볼 수 있고, 그곳으로 이끄는 '흐름'을 얻어, 이 고귀한 여덟 가지 길로 들어선다. 각각의 길의 요소들은 건전한/선한 상태들을 위한 조건을 만들고 모든 불선한 상태들이 파괴될 때까지 '그른' 요소들을 제거해 나간다.

세간의 '올바른 견해'(빠알리어 samma-diṭṭhi; 산스크리트 samyak-dṛṣṭi)는 사람이 자신의 행위에 대해 완전한 책임을 지게 만드는 까르마와 환생과 같은 문제와 주로 관련된다. 그것은 또한 네 가지 고귀한 진리〔사성제〕에 대한 지적인, 그리고 부분적으로 경험적인 이해도 포함한다. 고귀한 올바른 견해〔정견〕는 심오한 통찰력의 번뜩임으로 사물의 본질을 꿰뚫는 진정한 지혜·지식이며, 변화하고 불만족스러우며 조건 지어진 과정으로서의 세계에 대한 직접적 인식이다(S. II.16-17). 올바른 결의/사유〔정사유〕는 생각을 육체적 쾌락으로부터의 평온한 자유로 올바르게 흐르게 하고, 나쁜 의지와 무자비함에서 자애와 자비로 향하는 감정들과 관련된다. 초월적/출세간적 수준에서 그것은 고귀한 길을 실천하는 사람의 응용된 생각에 초점이 맞춰진다. 세간의 수준에서 올바른 언어〔정어〕는 거짓말, 불화를 일으키거나 거친 말, 공허한 험담을 굳건하게 삼가는 것이다. 초월적 수준에서는 '덕성'에 관련된 세 가지 요소들이 각각 그른 말과 행위, 생활을 자발적으로 삼가는 것이며, 그러한 행위를 했을 때는 즉각 다른 사람에게 잘못을 인정하는 것이다. 올바른 행위〔정업〕는 살아 있는 존재를 해치거나 주어지지 않은 것을 취하거나 감각적 쾌락과 관련된 그른 행위와 같은 그른 육체적 행위를 삼가는 것이다. 올바른 생활〔정명〕은 속임수나 탐욕에 기반한 것 (*M.*Ⅲ.75)이나 무기, 살아 있는 존재, 고기, 술이나 독 등을 거래하는 것처럼 다른 존재에게 고통을 일으키는 생활수단을 피하는 것이다(*A.*Ⅲ.208).

마지막 세 가지 요소들은 고귀한 수준의 다른 요소들이 수반될 때 고귀한 수준의 요소가 된다(*M.*Ⅲ.71). 올바른 노력〔정정진〕은 마음을 선한 방식으로 발전시키는 것으로 지향된다. 첫 번째 노력은 집착과 분노, 어리석음을 나타내는 불선한 마음의 상태가 일어나는 것을 피하는 것이다. 두 번째는 그럼에도 불구하고 일어난 불선한 상태를 극복하거나 무너뜨리려 노력하는 것이다. 세 번째는 선한 마음의 상태를 명상을 통해 발전시키는 것으로 지향되며, 네 번째는 이미 만들어진 마음의 선한 성질들을 지속시키고 안정시키려는 노력이다. 올바른 마음새김〔정념〕(빠알리어 sati; 산스크리트 smṛti)은 모든 불교 명상의 핵심적인 측면으로서, 자신의 내부와 주변에서 일어나는 정신적, 물질적 현상을 예리하게 인식하고, 사물들 사이의 관계를 주의 깊게 마음에 새기는 것이다. 올바른 집중 혹은 통일〔정정〕(samādhi)은 선정(jhānas, 산스크리트 dhyānas)으로 알려진 여러 수준의 깊은 고요를 가리키며 명상의 대상에 아주 가까이 초점이 맞춰진 주의집중에서 생기는 내면적 평정의 상태이다.

여덟 가지 요소들의 순서는 한 가지 요소가 그 앞의 요소를 뒤따르는 자연스러운 순서로 생각된다. 올바른 견해가 맨 처음에 오는 것은 그것이 여덟 가지 요소 각각의 올바르고 그른 형태를 알고 있고 또한 조건적 발생/연기의 연쇄의 첫째 요소로서 고통을 일으키는 정신적 무지에 대항하기 때문이다. 올바른 이해라는 냉철한 앎에서 조절하는 온화함을 지닌 올바른 사고방식이 꽃을 피운다. 여기로부터 한 사람의 말이 개선되고 이에 따라 행동도 개선된다. 일단 그(녀)가 올바른 행동을 하기 시작하면 자연스럽게 유덕한 생활로 향하게 된다. 이를 기초로 하여 올바른 노력도 발전할 수 있게 된다. 이는 올바른 마음새김의 발전을 촉진하고, 올바른 마음새김이 명료해짐에 따라 명상적 집중의 고요도 발전하게 된다. 그러나 세간의 길이건 고귀한 길이건 첫 번째에서 여덟 번째로 나아가는 단일한 과정으로 이해되어서는 안 된다. 올바른 노력과 마음새김은 다른 모든 요소들의 발전을 돕기 위해 올바른 이해와 함께 작용한다. 즉, 길의 요소들은 각각 서로를 도와서 그 길을 밟아 나가는 방법을 점진적으로 심화시킨다.

고귀한 사람들

아직 고귀한 길 위에 서지 않은 모든 사람들은 범부(puthujjana, 산스크리트 prthagjana), 즉 '평범한 사람'이라고 한다. 그들은 고귀한 길 위에 있는 여덟 종류의 정신적으로 '고귀한(ariya)' 사람들이 가지고 있는 정신적 균형을 결여하고 있다. 이들은 고귀한 승가를 구성하는데, 이는 붓다, 담마와 함께 불교도의 '세 가지 귀의처'이다.

고귀한 사람들은 담마에 대한 어느 정도의 통찰에 의해 영원히 변화된 사람들이다. 흐름에 들어간 자, 한 번 돌아오는 자, 돌아오지 않는 자, 아라한(Arahat, 산스크리트 Arhat) 그리고 이 각각의 상태로 인도하는 특별한 길 위에 자리 잡은 사람들이 그들이다. 흐름에 들어간 자는 니르바나의 처음을 조금 본 사람으로서 인간 단계 이하의 어느 곳으로의 환생에서도 벗어날 것이다(S. V.357). 한 번 돌아오는 자는 인간이나 낮은 단계의 천상에서 신으로서, '감각적 욕망의 영역'에서 단 한 번만 살게 되며, 기껏해야 일곱 번의 생애 안에 아라한이 되도록 정해진 사람이다(A. I.235). 돌아오지 않는 자는 욕망의 영역에 다시는 환생하지 않고, (기초적) 형상의 영역에 있는 천상들의 작은 집단인 '청정한 거처'에 환생할 것이다. 여기서 돌아오지 않는 자는 계속 나아가 아라한이 된다. 아라한은 삶 속에서 니르바나를 완전하게 경험하고 모든 환생의 원인들을 파괴한 사람이다. 죽음에 이르러 그(녀)는 모든 시간과 공간, 조건들, 고통을 넘어서 궁극적 니르바나로 들어간다.

이러한 고결함의 단계들을 통한 진보는 열 가지 정신적 '속박들'이 소멸된 숫자에 의해 측정된다. 흐름에 들어간 자는 처음 세 가지를 소멸시킨다.

(1) 다섯 가지 인격의 구성요소 중 하나 또는 모두와 어떤 관련을 맺고 존재하는 영원한 자아를 지니고 있는, '존재하는 무리에 대한 견해'
(2) 세 가지 귀의처와 도덕의 가치에 헌신하는 것에 대한 망설임
(3) 도덕적 계율과 서원에 대한 집착

흐름에 들어간 자는 불선한 행위를 전혀 하지 않는다는 의미에

서가 아니라, 그러한 행위를 했을 때는 언제나 기꺼이 그것을 인정한다는 의미에서(Sn.232) 오점이 없는 도덕성을 지니고 있다(S. II.69-70). 그들은 도덕적 계율을 세심하게 따르지만, 그것에 집착하지는 않는다. 왜냐하면 이것들만으로는 아라한이 되도록 인도할 수 없고, 명상과 지혜가 또한 필요하기 때문이다. 더욱이 어떤 사람은 계율을 지킴으로써 자신이 무엇을 얻게 될지를 생각하지도 않으면서 계율을 지키기도 한다.[14] 한 번 돌아오는 자는 다음 두 가지 속박의 모든 형태들을 소멸시킨다.

(4) 육체적 욕망
(5) 나쁜 의지

돌아오지 않는 자는 그것들 가운데 미세하게 남아 있는 것들까지도 소멸시키고 훌륭한 평정심을 지니게 된다. 아라한은 나머지 다섯 가지 속박을 소멸시킨다.

(6) (기초적) 형상의 천상 세계에 대한 집착
(7) 형상 없는 천상 세계에 대한 집착
(8) 지금은 아마도 주저하는 정신적 교만의 형태를 띠고 있을 '나는 존재한다'는 자만
(9) 불안/도거(掉擧)
(10) 정신적 무지/무명(無明)

이러한 부정적인 특성이 마음에서 제거되기 위해서는 다른 긍정

---

14) D.A.III.784, 하지만 Vibh.365는 이 구속을 비불교도의 계율과 서원이 정신적 청정으로 이끈다고 믿는 것으로 보고 있다.

적인 특성이 또한 발전되어야만 한다. 고귀한 여덟 가지 길의 요소들 그리고 다른 관련된 것들로서 '깨달음의 일곱 가지 요소들, 즉 주의함/마음새김, 담마에 대한 탐구, 활력, 기쁨, 평온, 정신통일, 평정과 같은 것들을 발전시켜야 한다.

팔정도에서 윤리의 지위

고귀한 네 가지 진리 〔사성제〕의 지평에서 볼 때, 윤리는 그 자체가 목적이 아니라 궁극 목적으로 가는 길의 본질적 구성요소일 뿐이다. 이것은 '덕성의 청정성'은 '마음의 청정성'으로 이끌고, 이는 (또한) '견해의 청정성'으로 이끌며, 이는 (다시) 여러 단계의 늘어나는 정신적 통찰을 통해 '집착 없는 완전한 니르바나', '마음의 흔들리지 않는 자유'로 이끈다고 설명하는 구절에 잘 표현되어 있다(M. Ⅰ.149-50). 각 단계는 다음 단계를 돕지만 '성스러운 삶'은 최종 단계를 제외하고 그 어느 곳에서도 불가능하다는 점이 강조된다. 이는 정신적 진보의 모든 낮은 단계에는 아직 집착이 존재하고, 사람들은 자신이 획득한 것에 대해 자기만족과 자만에 빠지거나 거만해질 수 있고 따라서 더 이상의 진보를 방해할 수 있기 때문이다. 그러나 나머지 길에서 윤리의 근본적 중요성은 결정적인 것이다.

> 그러므로 알아야 한다, 아난다야. 선한 덕성들은 후회로부터의 자유를 목적과 이익으로 지닌다; 후회로부터의 자유는 즐거움을 지닌다; 즐거움은 기쁨을 지닌다; 기쁨은 평온을 지닌다; 평온은 행복을 지닌다; 행복은 집중을 지닌다; 집중은 사물을 실제 그대로 보는 것을 지닌다; 사물을 실제 그대로 보는 것은 떠남과

무집착을 지닌다; 떠남과 무집착은 아는 것과 보는 것을 목적과 이익으로 지닌다. 그러므로 알아야 한다, 아난다야, 선한 덕성들은 점진적으로 정상으로 이끈다.(A. V. 2)

이러한 발전 과정 속에서 한 단계의 계발은 자연스럽게 다음 단계의 계발로 이어지고 그 길의 구성요소들은 서로를 돕고 상호작용하면서 조화로운 전체를 형성한다. 그러나 그 모든 것들의 토대는 식물에 있어 땅이나 건물의 기초처럼, 도덕적 덕성이다.(Miln. 33-4)

길을 덕성과 명상, 지혜(언제나 이 순서로)로 나누어 볼 때 그 길은 다음과 같이 발전되는 것으로 볼 수 있다. 좋은 모범에 의해 영향을 받고 영감을 얻은 사람의 첫번째 헌신은 자신과 타인의 이익을 위하여 덕성과 너그럽고 자기 통제된 삶의 방식을 발전시키는 일일 것이다. 이것을 동기화하기 위해 그(녀)는 어느 정도의 초보적인 지혜를 지녀야 할 것이다. 그리고 이것은 불교적 관점에 대한 어느 정도의 지식과 그것을 적용하려는 열망의 형태로, 믿음(saddha), 즉 신뢰할 만한 확신으로 표현된다. 더 높은 발전을 위한 불가결한 기초로서 덕성을 지니기 위해 어느 정도의 명상이 시도될 것이다. 적절한 노력을 기울이면 이는 마음을 더 고요하고, 더 강하며 더 명료하게 만들 것이다. 이는 담마에 대한 경험적 이해를 발전시킬 수 있게 하여 더욱 깊은 지혜를 일어나게 한다. 이것으로부터 덕성은 강화되고 명상과 지혜가 더욱 발전하는 기초가 된다. 그러므로 지혜와 덕성은 마치 두 손이 서로를 씻어 주는 것처럼, 서로를 돕는다고 말해진다(D. I.124). 각각의 길이 덕성-명상-지혜의 순서로 더욱 세련되게 발전함에 따라 길은 더 높은 단계로 상승하여 마침내 예류지에 들어가는 결정적 전환점에 이르게 된다. 그런 다음 고귀한 길은 아라한의 지위로 상승한다.

탐욕과 분노와 어리석음 같은 더러움은 몸과 말의 불선한 행동, 불선한 생각 그리고 이것들의 원인인 마음속의 잠재적 경향성의 형태로 존재한다. 도덕적 덕성은 이 더러움의 외적 표현을 억제하고, 명상은 마음속에서 활동하는 더러움을 제거하며, 해방적 통찰력은 잠재적 경향성의 형태를 하고 있는 더러움을 소멸시킨다. 이 세 단계의 발전은 널리 알려진 게송에서도 볼 수 있다.

모든 악을 행하지 말라,
선한 것을 계발하며,
자신의 마음을 청정하게 하라.
이것이 붓다들의 가르침이다.(*Dhp*.183)

지혜로운, 능숙한, 건전한 행위들

빠알리 경전에서 선(puñña)이라는 용어는 주로 보시와 재가 실천의 또 다른 측면들의 맥락에서 선하고 이익을 주는 행위에 대한 범-인도적 용어로서 등장한다. 그러나 선한 행위를 가리키는 용어로서 더 자주 등장하고, 보다 특별하게 불교적인 의미를 지니고 있는 것은 쿠살라(kusala, 산스크리트 kuśala)이다(Cousins, 1996: 154-5). 쿠살라 행위는 허물이 없는 행위이며, 행위자가 (그가 아직 목적을 달성하지 못했다면) '지혜롭고' '능숙하게' 정신적 상태를 고양시키고, 정신적 발전을 이루게 하거나, 그 안에 건강한 마음의 상태, 즉 안정적이고, 순수하고, 근심이 없고, 행위할 준비가 되어 있고, 고요하고, 만족스러워서 '건전한' 행위이다(Payutto, 1993: 19). 나쁜 행위를 가리키는 반대말은 '불건전한' 혹은 '능숙하지 못한'을 뜻하는 아쿠살라(akusala)이다. 쿠쟁(C. S. Cousins)은 쿠살라의 의미를 불교 이전 자료와 불교 자료들에서 추적하여 다음과 같이 요약하고 있다.

1. '지적인', '현명한'이라는 본래적 의미;[15]
2. ([불교 이전의] 바라문들 가운데) 마법이나 희생의례의 전문가; 물론 바라문교도에게 이것은 정확히 지혜를 의미한다.
3. A) 명상/신비주의적(/금욕적?) 수행에 능숙한(초기 빠알리 자료들과 의심할 여지 없이 다른 현대 전통들에서), 계[도덕적 계율의 준수처럼 명상을 돕는 행위에 능숙한 것도 포함하여. B) 보시와 희생을 수행하는 데 능숙한, 이는 현재 불교의 핵심적인 윤리적 관점으로 해석됨; 그리고 계율의 준수와 관련된 것 등등.
4. 후기 불교와 자이나교 자료에서의 쿠살라는 건전한 혹은 좋은 상태를 가리키는 것으로 일반화되었다.

그리고 후대에 이르면(즉 주석서들과 후기 경전 자료들에서) 비전문적인 맥락에서 쿠살라는 '선한/좋은(good)'으로 번역될 수 있는 것을 의미한다는 것은 의심의 여지가 없다(1996: 156).

3. A)에서 쿠쟁은 그 의미를 깨달음으로 이끄는 다양한 성질들의 발전에 기여하는 '지혜에 의해 만들어지는 상태'로 보고 있다(1996: 137). 이러한 의미는 경들(Suttas)에 자주 등장하고 아비담마에서도 강조되지만, 경들에서도 또한 종종 쿠살라를 '허물이 없는'의 의미

---

15) 그렇지만 쿠쟁의 설명에 대해 논평하는 출판되지 않은 논문, 'Kuśala: Good or Skilful or What? Reconsidering the Meaning of kusala/kuśala in Buddhist Texts'(UK Association for Buddhist Studies conference, 6 July 1988)에서 슈미트하우젠(Lambert Schmithausen)은 그러한 사용은 원래 사람들에게만 적용되었고 행위나 상태에는 적용되지 않았다고 주장했다.

로 보고 있다(Cousins, 1996: 139-40).

어떤 행위가 쿠살라인지 아쿠살라인지를 결정하는 기준은 아래에서 논의될 것이다. 그에 앞서 까르마에 유익한 행위와 니르바나의 다소 애매한 관계가 논의될 것이다.

'유익하거나 해로운 행위를 넘어선' 아라한들

고귀한 여덟 가지 길 〔팔정도〕의 정점에는 아라한이 자리하고 있다. 그는 실제로 선악을 '넘어섰고'(*Sn.*636), 그것들을 '버렸다'(*Sn.*520)고 말해진다. '까르마적으로 유익하거나 해로운 행위들에 집착하지 않고, 그는 지녔던 것들을 버리고, 여기서 (더 이상 아무것도) 만들지 않는다'(*Sn.*790). 그(녀)는 까르마에 유익하거나 유익하지 않은 어떤 행위도 짓지 않는다(*S.* II.82). 이것은 무슨 의미일까? 이는 확실히 아라한이 도덕적 행위를 포기한다는 것을 의미하지는 않는다. 왜냐하면 아라한은 도덕적 덕성과 통찰력을 완전히 갖추고 있고(*Dhp.*217), 최고의 건전함을 지니고 있으며(*D.* II.25), 살생을 할 수 없다(*D.* III.235)라고 말해지기 때문이다. 붓다는 그 자신이 아라한으로서, 비록 이것은 그의 완전성의 일부일 뿐이지만(*D.* I.3), 도덕적 덕성에 있어 가장 뛰어나다(*D.* I.174). 사는 동안 아라한이 경험하는 니르바나는 집착과 분노, 어리석음의 소멸이라고 말해진다(*S.* IV.251). 아라한은 불건전한 행위의 뿌리인 집착/탐욕과 분노, 어리석음을 소멸한 사람이기 때문에(*S.*IV.252), 그(녀)는 더 이상 도덕적으로 불건전한 행위를 할 수 없다. 그렇지만 그(녀)는 세속적인 일에 무관심한 나머지 오후가 지나면 식사를 하지 못하는 것과 같은 사원의 계율을 무심코 어길 수는 있을 것이다(*Miln.* 266-7). 그(녀)

의 행위는 도덕적으로 건전하지만 불건전한 특성들로부터의 저항 없이, 자발적으로 일어나는 것이다(*D.Ⅲ.*217). 이것이 바로 아라한 이 '까르마의 유익함'을 버리고 '옳은 것'을 행하는 것에 대해 더 이상 심사숙고할 필요가 없다는 것에 담긴 한 가지 의미이다.

그(녀)가 까르마적 열매를 초월하는 두 번째 방법은 그(녀)의 행위가 더 이상 좋거나 나쁜 까르마의 결실을 지니지 않는다고 보는 것이다. 까르마는 갈애—아라한에 의해 소멸되는—에 의해 조건 지어지고(*S.*Ⅴ.86-7; *Miln.*51), 탐욕과 분노, 어리석음이 존재할 때만 결실을 지닌 까르마가 발생한다(*A.*Ⅰ.134-5). 한편 무탐욕, 무분노, 어리석지 않음도 반대되는 것들처럼 행위의 원인들이기 때문에 그것들로부터 생기는 건전한 행위들은 미래에 (좋거나 나쁜) 까르마의 소멸로 이어지고, 반면 그 반대되는 것들로부터 생기는 불건전한 행위들은 미래에 까르마의 지속적인 발생으로 이어진다고 한다(*A.*Ⅰ.263). 아직 탐욕과 분노, 어리석음의 찌꺼기를 지니고 있는 사람에게 있어서 무탐욕 등에 근거한 행위는 좋은 까르마의 결과를 가져온다. 그것들이 소멸된 사람에게 있어서 행위들은 건전하지만 미래의 결실을 만들어 내지는 않는다. 따라서 붓다는 한때 네 가지 종류의 행위에 대해 이야기하였다.

(1) 어두운 것, 어두운 결과를 가진 것: 해로운 경험을 하게 될 환생으로 이끄는 해로운 행위들.
(2) 밝은 것, 밝은 결과를 가진 것: 아무런 해가 없는 경험을 하게 될 환생으로 이끄는 아무런 해가 없는 행위들.
(3) 어둡기도 하고 밝기도 한 것, 어둡기도 하고 밝기도 한 결과를 지닌 것: 앞의 두 가지의 혼합[16]

(4) '어둡지도 않고 밝지도 않은 것, 결과가 어둡지도 않고 밝지도 않은 것, 행위의 소멸로 이끄는 행위': 앞의 세 가지 유형의 행위를 제거하려는 의지

또 다른 곳에서 니르바나는 '검지도 않고 희지도 않다'고 말해지고(A.Ⅲ.384-6), 네 번째 유형의 행위는 고귀한 여덟 가지 길이라고 한다.[17] 이 길은 또한 '까르마의 중지로 이끄는 길'이라고 말해진다. 까르마의 중지는 '몸으로 하는 행위, 말로 하는 행위, 정신적 행위의 중지이고, 이를 통해 우리는 자유를 접한다'.[18] 즉 여덟 가지 고귀한 길은 니르바나라는 매우 고요한 경험으로 이끌고, 그 속에서 미래의 까르마의 결실을 가져오는 행위의 능력은 다하게 된다.

아라한에게는 불건전하고 건전한 도덕적 행위(sīla)가 완전히 '중지되었'고 한다(M.Ⅱ.26-7). 불건전한 행위는 그른 행위를 올바른 행위로 바꿈으로써 중지된다. 건전한 행위는 '유덕하지만(sīla-vā), 도덕적 덕성으로 구성되지(sīla-maya)' 않음으로써 중지된다. 여기서 'maya'는 '만들어진', '구성된'과 같은 것을 의미한다. It.51에는 '까르마에 유익한 행위를 생기게 하는 기초', '도덕적 덕성으로 구성된(sīla-maya)'에 대한 언급이 있다. 주석서(M.A.Ⅱ.270)에서는 이 용어를 M.Ⅱ.26-7에서 아라한이 이미 발전시킨 도덕적 덕성에 더 이상 더할 아무것도 없다는 의미로 설명하고 있다. 그리고 이에 따라 호

---

16) 즉 선하고 악한 동기가 혼합된 행위. 아비담마 텍스트들은 건전한 정신상태와 불건전한 정신상태가 문자 그대로 동시적일 수 있다는 것을 부정하지만(Kvu.344), 이것은 특정한 행위에 있어서 선한 동기와 악한 동기 사이에 명멸이 존재한다는 것을 의미한다. 예를 들어 보시 행위에서 순수한 관대함은 누군가가 자신보다 덜 관대하다는 것을 드러내 보이려는 욕망과 교차할지도 모른다.

17) A.Ⅱ.236; Payutto,1993: 73-81을 보라.

18) S.Ⅳ.132-3; cf. A.Ⅲ.415.

너(I. B. Horner)는 '그리고 도덕적 습성에 추가할 아무것도 가지지 않은'으로 번역하고 있다.[19] 자야틸레케(K. N. Jayatilleke)는 이 용어를 '조건을 통하여 유덕하지 않은'으로 번역하고(1972: 26), 냐나몰리(Ñāṇamoli)와 보디(Bodhi) 스님은 그(녀)는 다른 모든 것들처럼 그것을 무아로 보며 그것에 집착하지 않는다는 의미로 '그러나 그는 자신의 덕성과 동일시하지 않는다'로 번역한다.[20] 그렇지만 이러한 서로 다른 독해의 궁극적 요점은 동일하다. 고귀한 여덟 가지 길의 정점에 서 있는 아라한은 도덕적 덕성에 관련된 것을 포함하여 그것의 모든 요소들을 완성하였다. 그(녀)는 이러한 도덕적, 정신적 완성에 더 이상 추가할 아무것도 없지만, 그(녀)의 덕성은 자신이 무엇을 해야만 한다는 생각에 의해 제한받지 않는다. 그(녀)는 덕성에 집착하지 않고 단지 자연스럽게 유덕한 방식으로 행위할 뿐이다. 따라서 아라한은 계율과 서원에 대한 집착 때문이 아니라 집착을 소멸시켰기 때문에 비폭력적이라고 말한다(*Vin.* I.184).

고귀한 여덟 가지 길이 까르마적 열매를 쓸모없는 것으로 만들기 때문에, 까르마적 열매는 분명히 어떤 한계를 지니는 것으로 생각된다. 따라서 때때로 이야기되듯이 비구는 재가 생활로 돌아가려고 생각할 수도 있는데, 그곳에서는 삶의 즐거움을 즐기면서도 까르마적으로 유익한 행위를 수행할 수 있기 때문이다(예를 들어, *Vin.* I.182를 보라). '세간'과 고귀한 올바른 견해 사이의 구별도 또한 관련성이 있다. 까르마와 환생에 대한 믿음과 관련된 첫 번째는 '종양들[정신이 니르바나에 접근하지 못하게 막고 있는 정신적 한계들]을 가지고 있으며, 그것은 까르마적 열매 쪽에 있고, (또 다른 환생

---

19) Middle Length Sayings, vol. II(London: PTS,1957), p.226.
20) The Middle Length Discourses of the Buddha(Boston, Mass: Wisdom, 1995), p.651.

에 대한) 집착 속에서 무르익는다'고 말해진다. 두 번째의 지혜 혹은 직접적 통찰은 '길[니르바나에 이르는 여덟 가지 고귀한 길]의 고귀하고, 종양이 없는, 초월적인 요소'라고 말해진다(*M.*Ⅲ.72). 여기서 요점이 되는 것은, '까르마적으로 유익한' 행위들은 좋은 환생으로 이끄는 이로운 결과들을 지니고 있지만, 나쁜 것이건 좋은 것이건 모든 환생―그리고 그것들의 불만족스러운 본성―을 넘어서는 니르바나로 이끌 수도, 도움이 될 수도 없다는 한계를 가지고 있다는 것으로 보인다. 니르바나를 얻기 위해서는 지혜 혹은 통찰이 필요하다. '까르마적으로 유익한' 행위들은 지혜의 발전을 촉진하는 성격 특성을 강화시키지만, 지혜는 특별한 단계이다. 도덕적 덕성은 '니르바나의 도시로 들어가는 문'(*Vism.*9)이라고 말해지지만, 그 길을 끝까지 가는 것은 아니다. 까르마적 열매는 니르바나로 향해 가는 이동에 필수적이지만 ―따라서 어떤 경전들에서는 까르마적 열매로 니르바나를 얻을 수 있다고 말하기도 하지만(*Khp.*7)― 그 자체만으로는 충분하지 않다. 그렇지만 킹(King, 1964)과 스피로(1971)가 미얀마의 테라바다 불교에 대한 분석에서 그런 것처럼 까르마적 열매로 지향된 행위와 고귀한 길의 행위가 근본적으로 다르다고 보는 것은 옳지 못하다. 그들은 전자의 행위를 재가의 영역으로 보고, 후자를 비구들의 영역으로 본다. 이것이 잘못된 이분법이라는 것은 키온(Keown, 1992: 83-105), 아론슨(Aronson, 1980: 78-96) 그리고 카츠(Katz, 1982: 175-80)에 의해 올바로 주장되었다. 비구와 재가자 모두 두 유형의 행위를 전부 실천할 수 있고 또 실천하고 있으며, 첫째 유형은 바로 둘째 유형의 토대이자 이를 지속적으로 유지시켜 주는 것이다. 도덕적 덕성(까르마적 열매의 주요 근원)이 오직 통찰만으로 이루어진 목적을 위한 단지 도구적 수단에 불과하다는 것은 사실이 아니다(Keown, 1992: 8-14를 보라). 불교의 목적에 도달한 사람은 도덕적 덕성과 깊은 통찰 모두를 가지고 있다. 왜냐하면 그(녀)는 지혜뿐만 아니라 도덕적 덕성과 명상을 포괄하는 고귀한 여덟 가지 길의 모든 요소들을 완성했기 때문이다.

행위의 철학

행위의 선악을 구별하는 기준

어떤 행위가 건전하고(kusala) 어떤 것이 불건전한지(akusala)를 결정하는 기준에는 세 가지 종류가 있다.

(1) 그 행위의 동기
(2) 고통이나 행복을 일으키는 견지에서 그 행위의 직접적 효과들
(3) 니르바나로 귀결되는 정신적 발전에 대한 그 행위의 기여

'불건전한' 행위를 일으킬 수 있는 세 가지 '뿌리들'은 다음과 같다(*M.* I .47).

(1) 탐욕(lobha, 貪), 이것은 가벼운 동경에서부터 무성한 갈망, 금전욕, 명성 추구, 관념에 대한 독단적인 집착에 걸친 상태들을 포함한다.
(2) 분노(빠알리어 dosa; 산스크리트 dveṣa, 瞋), 이것은 경미한 짜증에서부터 타오르는 분개, 격노 등을 포함한다.
(3) 어리석음 또는 정신적으로 비뚤어진 성향(moha, 癡), 우둔하고 흐릿한 정신상태, 도덕적 정신적 문제들에 대한 그럴싸한

의심으로 스스로 진실을 가리는 것, 진실을 왜곡하거나 외면하는 것, 종교적 희생이나 먹기 위해서는 동물을 죽일 수 있다거나 범죄자를 죽이는 것은 받아들일 수 있다고 하는 잘못된 생각(AKB.IV.68d).

이와 반대되는 것은 건전한 행위의 세 가지 '뿌리들'이다.

(1) 무탐욕, 작은 관대한 충동에서 세속적 쾌락을 버리겠다는 강한 충동까지 포함.
(2) 무분노, 친절함에서부터 매우 화나는 일 앞에서도 참는 것, 모든 존재에 대한 깊은 자애까지 포함.
(3) 어리석지 않음, 정신의 명석함에서 실재에 대한 매우 깊은 통찰까지 포함.

부정적으로 표현되었지만 이 세 가지는 긍정적 상태들이다. 『깔라마경』(Kālāma Sutta)에서는 불건전한 상태의 해로움과 건전한 상태의 이로움을 인식하는 것의 중요성에 대해 강조하고 있다(p.10). 불건전함의 세 뿌리들은 서로 얽혀 있다. 탐욕과 분노는 어리석음에 근거해 있으며, 탐욕은 분노로 이끌 것이다. 탐욕은 더 작은 잘못이지만 천천히 사라지고, 분노는 큰 잘못이지만 빨리 사라지며, 어리석음은 큰 잘못이고 천천히 사라진다고 한다(A.II.200). 이것은 어리석음을 극복하기 위해, 특히 지혜를 발전시킬 필요가 있다고 보는 불교적 가치를 분명하게 보여 주고 있다. 또한 악행의 일반적 동기는 편애, 미움, 우둔함, 두려움이며(D.III.181-2), 탐욕과 분노, 어리석음은 각각 어떤 사람으로 하여금 '나는 큰 힘을 가지고 있다'는 생각으로 다른 사람들을 학대하도록 만들 수 있다고 한다(A.

I .201-2).

하나의 행위는 또한 고통이나 행복을 일으키는 것과 관련하여 그것의 직접적 효과에 따라 평가되기도 한다. 이것은 붓다가 몸이나 말, 마음의 행위를 하기 전, 하는 중간, 하고 난 후에 숙고해야만 하고, 그것이 자신과 다른 사람들 혹은 모두에게 해를 입히지는 않을지, 그래서 그것이 불건전하고 고통의 결과를 일으키는지를 고려해야만 한다고 충고하는 구절에서 볼 수 있다. 만약 우리가 그렇게 될 것을 안다면 그 행위를 그만두어야 한다. 만약 그 행위가 자신이나 타인 모두에게 아무런 해도 끼치지 않는다는 것을 안다면, 그것은 행복한 결과를 갖는 건전한 행위로 볼 수 있다(M. I .415-16). 여기서 말하는 자신에 대한 '해'는 정신적 해악이고, 만약 자기증오(예를 들어 혹독한 금욕주의, M. I .342-9)에서 일어났다면 그것은 물질적 해악이다. 자신에 대한 물질적 해악을 대가로 다른 사람들을 이롭게 하는 행위는 불건전한 행위가 아닌 것이다. 자신에 대한 해악은 또한 불건전한 행위의 즉각적 결과로서 일어나는 것으로 보이기도 한다. '탐욕… 분노… 어리석음에서 생겨난 까르마적으로 해롭고 불선한 상태에 사로잡히고 오염된 사람은 현재의 삶에서 고통과 압박감, 불안, 걱정을 경험하게 된다.'(A. I .202)

행위는 또한 니르바나에서 정점에 이르는 정신적 발전에 대한 기여에 따라 평가되기도 하는데, 이 기준은 위에서 방금 서술한 것에서 도출되는 것이다. 따라서 불건전한 행위는 손해를 야기하는, 즉 고통을 결실로 지니는 것이라고 말해진다. 그것은 자신과 타인 혹은 모두의 고통으로 이끌고, 이에 더해 더 많은 불건전한 상태의 발생과 건전한 상태의 감소로 이끌어서 정신에 불건강한 효과를 미치기 때문이다. 건전한 행위들은 이와 반대되는 것들이다(M. II.114-15). 더욱이 예를 들어 '그릇된 결의'는 자신과 다른 사람들의 해악으로 이끌 뿐만 아니라 '고뇌와 결합하여 직관적 지혜를 파괴시켜서 니르바나로 이끌지 못한다'고 한다. '올바른 결의'는 이와 반대되는 효과를 지닌다(*M*. I .115-6).

전체적으로 우리는 '불건전한' 행위는 탐욕과 분노, 어리석음에서 일어나서 타인 혹은 자신에게 즉각적인 고통을 가져오고—그리고 이에 따라 미래에 자신에게 더 많은 까르마적 고통을 가져오는—, 더 많은 불건전한 상태가 일어나고 해탈에 도움이 되는 지혜를 약화시키는 데 기여하는 것이라고 말할 수 있다. 건전한 행위들은 이와 반대되는 특성들을 지니고 있다. 그것들은 유덕한 동기에서 일어나며 자신과 타인에 대한 직접적인 해악이 전혀 없고, 그것들을 행하는 사람의 품성을 개선하는 데 기여하며 따라서 그 사람이 길을 따라 니르바나로 향해 가는 것을 돕는다.

어떤 행위가 '까르마적으로 유익하다'는 말은 그것이 까르마적 결과로 행복을 만들어 내는 잠재력을 가리키는 것이지만, 그것이 '건전하다'는 말은 이와 다른 강조점을 지니고 있다. 까르마적으로 유익한 모든 행위는 또한 건전하지만, 건전하다고 일컬어지지만 특별히 까르마적으로 유익하다고는 말해지지 않는 일련의 정신적 상태들이 존재한다.[21]

이상의 기준을 사용하여 불건전한 것을 열거해 보면 다음과 같다. (1) 살아 있는 존재를 죽이는 것, (2) 주어지지 않은 것을 취하

---

21) 예를 들어 행위에 포함되어 있는 형성적 활동(saṅkhāras)에는 까르마적으로 유익한, 까르마적으로 무익한, 결정되지 않은(āneñja), 이렇게 세 가지 유형이 있다고 한다(*D*.Ⅲ.217). 이 중 세 번째는 주석서(*D*.A.998)에 따르면, 형상 없는 영역/무색계로의 환생으로 이끄는 의지의 건전한(kusala) 행위로 생각되며 *A*. Ⅱ.184에 의해서도 지지받는 생각이다. 그러한 환생은 즐겁거나 불쾌한 감정은 없고 오직 중립적 감정만을 지니고 있기 때문에(*Vibh*.267), 그곳으로 이끄는 행위는 까르마적으로 유익하다거나 무익하다고 말해지지 않는다. 그렇지만 그 행위는 정신적 발전에 기여하기 때문에 건전한 것이다.

는 것, (3) 육체적 비행, (4) 거짓말, (5) 분열을 일으키는 말, (6) 거친 말, (7) 험담, (8) 욕심, (9) 나쁜 의지, (10) 그릇된 견해. 즉 이것은 몸((1)~(3))과 말((4)~(7)), 마음((8)~(9))의 그릇된 행위들이다. 건전한 행위는 이것들 하나하나를 삼가는 것이다(*M.* I.147). 그러한 행위들은 고통을 가져오고, 고통을 무르익게 하는 '불건전한 의지를 지니고(akusala-sañcetanikā)' 있다고 한다(*A.* V.292). 이 행위들 가운데 몸과 말에 관련된 행위들만이 영어의 'morality'나 'ethics'의 범위 안에 들어오는 것으로 보인다. 사실 빠알리어 계(sīla) 혹은 도덕적 덕성도 유사한 범위를 갖고 있다. 그렇다면 '건전한' 혹은 '불건전한' 것은 순전히 도덕적/부도덕한 것을 넘어서, 다른 사람들에게 아무런 직접적인 효과도 지니지 않는 마음의 상태까지 포함하게 된다. 예를 들어 여덟 가지 길의 모든 요소들은 '건전한' 것으로 생각된다.

서양 윤리체계와의 비교

많은 학자들이 서양 윤리이론 가운데 불교윤리와 가장 가까운 것이 무엇인지에 대해 고민해 왔다. 일반적으로 연결 지어지는 한 가지 이론은 공리주의이다.[22] 공리주의에 의하면 특정한 행위(행위공리주의) 또는 행위의 일반적 유형(규칙공리주의)은 그것이 그것에 의해 영향받는 모두에게 더 많은 행복이나 불행의 감소를 가져올 때 그때에만 옳다고 주장한다. 즉 어떤 행위의 옳음은 그것의 결과들의 성격에 달려 있다. 그러나 불교에서 선행은 까르마적 결실로서 미래에 행복으로 이끄는 것으로 보이지만, 그것들은 그것들이

---

22) Dharmasiri,1989: 24-7; Kalupahana,1976: 61을 보라.

옳기 때문에 그런 것이다. 즉 그것들은 그것들이 행복한 까르마적 결실로 이끌기 때문에 옳은 것이 아니다.[23] 선행이 그 행위자에게 행복한 까르마적 결실을 지닌다고 보이는 것은 그(녀)가 그러한 행위를 하도록 동기를 부여하는 타당한 한 가지 요소일 것이다.

> 불교에서는 만약 우리가 성공과 우호적인 사회관계, 혹은 좋은 평판, 자기 확신이나 고요와 기쁨, 좋은 환생 또는 니르바나로의 진전을 얻고자 한다면, 이러저러한 방식으로 행위하라고 말한다. 이것이 그러한 것들이 장려되는 방법이기 때문이다. 만약 우리가 다르게 행동한다면 우리는 이 생과 이어지는 생에서 불건전한 행위의 자연적(까르마적) 결과로서 고통을 받을 것이다. (Harvey, 1990a: 196)

그렇지만 행복한 결실들이 선한 행위를 선하게 만드는 것은 아니다. 동기와 의도가 핵심적이지만, 어떤 행위에서 단순한 기쁨이 일어나는 것이 관찰될 때, 이는 종종 그것이 선행이라는 표시이며, 다른 사람들의 행복에 대한 어떤 행위의 직접적인 효과는 그것을 평가하는 하나의 요소이다.

공리주의(특히 행위공리주의)가 지닌 한 가지 위험은 그것이 '목적이 수단을 정당화한다'는 관점에 빠져서 우리가 나쁘다고 말하려는 수단이 그것이 이끄는 것으로 보여지는 목적에 의해 '정당화'될 수도 있다는 점이다. 불교에서, 확실히 테라바다 형태에서는(대승의 '선교방편'에 대해서는 제3장을 보라) 이것은 불가능하다. 오직 건전한 수단만이 진정으로 선한 목적으로 이끄는 능력을 지닌다. 분명히 불교의 목적인 니르바나는 고(苦)의 소멸, 고통의 소멸과 같은 것으

---

23) Keown,1992: 8-23, 161-91.

로서 공리주의와 목적을 공유할 것이다. 그러나 니르바나는 또한 집착과 분노, 어리석음의 소멸이기도 하며(*It.*38-9), 이것에 이르는 길은 그것이 우연적으로가 아니라 본래적으로 이 목적과 관련되어 있기 때문에 선하거나 건전한 것이다. 단지 우연히 목적으로 이끄는 길은 선한 것이 아니다. 그 길은 무탐욕, 무분노 그리고 어리석지 않음에 근거한 행위로 이루어지기 때문에 이와 반대되는 것의 소멸인 니르바나와 자연적 유사성을 지니고 있다. 더욱이 탐욕과 분노, 어리석음의 부재상태인 니르바나가 궁극목적으로서 (자의적으로) 선택되어지고, 만약 어떤 행위들이 우연히 이 목적으로 이끌게 되면 '선한' 것으로 보이는 것도 아니다(cf. Dharmasiri, 1989: 24). 무탐욕 등에 근거한 행위들은 어떤 사람이 니르바나를 자신의 궁극목적으로 삼은 불교도인지 여부와 상관없이 선하거나 건전한 것으로 인정된다.

이는 키온에 의해 주장된 것처럼 불교윤리학에 대한 좀더 좋고 폭넓은 유비가 아리스토텔레스의 윤리학임을 보여 준다(1992, 특히 pp.193-227). 타츠(Tatz, 1986: 1)와 섀너(Shaner, 1989: 175)는 각각 대승윤리와 대승윤리의 모습을 띤 일본인의 윤리를 위해 이를 지지하였다. 아리스토텔레스에게 윤리학은 에우다이모니아(eudaimonia)라는 목적으로 이끄는 덕—건전한 성향과 경향성—의 함양에 의해 자신의 에토스 혹은 성품을 발전시키는 것에 관한 것이다. 이 목적은 진정한 목적과 인간적 번영을 포함하는데, 그 속에서 인간 정신은 이성과 인격의 탁월성에 의해 특징지어진다(Keown, 1992: 193, 203, 209-10). 아리스토텔레스와 불교는 모두 한 사람의 지식과 인격, 머리와 가슴의 계발을 통한 인간적 완성을 목적으로 삼는다(Keown, 1992: 72, 209). 불교용어로 이것은 지적, 정서적, 도덕적 덕성의 계발을 통해 정신적 무지와 탐욕을 제거함으로써 이루어진다. 그리고 무지와 탐욕은 서로를 증장(增長)시키며, 덕성은 그것들이 지향하는 목적과 어떤 성질들을 공유하고 있다(Keown, 1992: 194). 아리스토텔레스와 불교 모두에 있어 행위는 그것이 인간완성이라는 목적으로 이끌고 '참여'하는 덕성을 구현하기 때문에 옳은 것이다. 이 둘은 본래적 관계를 지닌 목적 혹은 목표를 지향하는 행위를 지지한다는 점에서 '목적론적'이다. 이는 공리주의처럼, 우연히 지니게 된 결과에 의해 행위를 판단하는(Keown, 1992: 23, 202) ―비록 어떤 공리주의자들은 이 구분을 논박하지만― 단지 결과주의적인 입장과 대립된다. 불교윤리에 대한 또 하나의 가능한 서구적 유비는 선은 선의지에 놓여 있다고 보고, 다른 사람을 자기 목적을 위한 수단이 아닌 목적 그 자체로 존중하는 칸트 윤리학이다. 여기에는 분명히 불교윤리와의 유사점이 존재하지만, 불교는 행위 뒤에 놓여 있는 의지나 동기에 대립되는 타인에 대한 실질적 결과를 무시하지 않는다. 더 중요한 것은 칸트 윤리학이 의무론적이거나 혹은 의무에 기초하고 있다는 점이다. 하지만 불교에 있어 도덕적 금지는 사람들 자신의 선을 무시하고 부과되지 않으며(Keown, 1992: 202)[24] 붓다는 자비와 동정심에서 다른 사람들을 즐겁게 가르친 것이지, 그것이 부담스러운 의무이기 때문은 아니라고 말하였다 (S. I .206). 도덕적 삶은 딱딱한 '당위'가 아니라 행복을 증진시키는 근원이고, 그 속에서 적은 쾌락의 희생은 자신과 타인 모두에게 보다 풍요롭고 만족스러운 행복의 경험을 만들어 낸다. 그럼에도 불구하고 의무는 불교에 낯선 개념이 아니다. 의무, 즉 단지 해야만 하는 것은 또한 삶을 풍요롭게 하고 보상을 가져다주는 것으로 여겨지는 것이다.

---

24) 여기서 키온의 방식이 다르마시리,1989: 27-8보다 더 낫다.

요컨대 불교윤리학이라는 풍요로운 분야는, 비록 불교가 (1) 선을 동기화하는 의지, (2) 인격의 도야, (3) 타인과 자신의 고통을 감소시키는 것의 중요성을 인정함으로써 세 모델과 각각 동의한다고 해도, 이를 칸트와 아리스토텔레스 혹은 공리주의 모델 가운데 어느 하나로 완전히 구겨 넣으면 협소한 것이 되고 말 것이다. 이는 (1), (2)가 (3)의 결정적 원인인 한편, 완전히 까르마와 관련된 상황의 특성을 무시하지 않는 방식으로 (3)을 지향하는 것이 (1), (2)의 주요 특징이기 때문이다.

서양 윤리체계의 주요 측면은, 도덕적 처방이 그것을 이해할 수 있는 모든 사람들에게 보편적으로 적용 가능한 것이어야 한다는 점이다. 불교는 일반적으로 접근법에 있어 점진주의적이고, 모두가 동료 존재에 대한 동정심에서 따라야만 하는 윤리적 규범을 가지고 있지만(살아 있는 존재를 죽이지 말라), 다른 규범들은 도덕적·정신적 수행의 깊이에 따라 준비된 사람들에게만 적용된다. 이는 세간의 재가자와 비교되는 출가수행자 수준의 헌신에서 가장 분명하게 적용된다. 비구는 재가자의 오계(五戒)에 비해 200개가 넘는 계율 혹은 수행 규칙을 따르기로 서원한다. 이 중 많은 것이 다른 존재에게 직접적으로 해를 입히지 않는 행위와 관련되고 ―따라서 그 자체로 윤리의 범위에 들어가지 않는― 타인에게 해를 입히는 모든 행동의 뿌리인 자신의 탐욕과 분노, 어리석음을 극복하도록 돕는 수행체계의 일부일 뿐이다. 비구의 도덕적 수준과 일반적 행위는 재가자의 그것보다 더 높은 수준이 기대되는데, 그(녀)는 성직을 맡기로 서원했기 때문이다. 성교처럼 비구에게는 전적으로 받아들여질 수 없는 행위도 재가자에게는 (일정한 한계 내에서) 받아들여질 수 있다.

행위에 있어 의도와 지식 그리고 불건전함의 정도

어떤 행위의 불건전함의 정도는 그 행위 뒤에 있는 의지/의도의 정도와 성격, 그리고 그와 관련된 (다양한 종류의) 지식의 정도에 따라 다양한 것으로 보인다. 나쁜 행위는 그 뒤에 있는 의지의 힘이 증가함에 따라 더욱 불건전해지는데, 이것이 정신에 더 커다란 까르마적 '흔적'을 남기기 때문이다. 테라바다 주석가 붓다고사는 숨 쉬는, 즉 살아 있는 존재를 죽이는 불건전한 행위에 대해 논의하고 있다.

숨 쉬는 존재를 죽이는 것은, 숨 쉬는 존재와 관련하여 살아 있는 것으로 인식하고, 몸이나 마음으로 표현되는 그것을 죽이겠다는 의지, 그것의 생명기능을 제거하는 공격을 가하는 것이다. 선한 성질들(guṇa-)을 지니지 못한 존재들과 관련하여, 그 행위는 그 존재들이 작을 때 잘못이 적고, 커다란 물질적 형상을 지니고 있을 때는 잘못이 크다. 왜 그런가? 더 많은 노력이 포함되어 있기 때문이다. 노력이 동일한 곳에서는 (그 행위의) 대상(vattu-)이 더 크다면 잘못이 더 크다. 좋은 성질을 가진 존재들―인간 등―과 관련해서는 그들이 좋은 성질을 더 적게 가지고 있을 때 잘못이 더 적고, 좋은 성질을 더 많이 가지고 있을 때 잘못이 더 크다. 그러나 크기나 좋은 성질이 동등하다면, 그 행위의 잘못은 정신의 오염과 공격의 (상대적) 부드러움에 따라 적고, 강도가 큼에 따라 잘못이 더 크다. 다섯 가지 요소들이 포함된다: 살아 있는 존재, 살아 있다는 실제적 인식, 죽이겠다는 생각, 공격, 그 결과로서의 죽음. 여섯 가지 방법이 있다: 자신의 손으로, 남을 선동하여, 던지는 것으로, 장치를 써서(함정이나 독), 마법에 의해, 정신적 힘에 의해 등.[25]

여기서 우리는 어떤 행위가 그것에 동기를 부여하거나 그에 수반되는 더 강하거나 더 사악한 의지에 의해 더욱 나빠진다는 것을 알 수 있다. 유덕한 사람이나 부모처럼 존중받을 만한 사람을 죽이는 것은(cf. p.24; *D*. I .85; Vibh.378), 유덕한 사람에게 보시하는 것이 특별히 선한 것처럼(p.21; A.IV.237-78을 보라) 특히 사악하다. 극심한 (정신적) 오염 상태에서의 살생이 더 나쁘다는 것은, 탐욕과 분노, 어리석음의 혼합으로부터의 계획적 살생이 매우 나쁘다는 것을 의미할 것이다. 위 인용문의 다른 측면들은 이 후의 장들에서 적절한 때에 논의될 것이다. 그렇지만 대승의 『우바새계경』에서 유사한 원칙이 작동하고 있음을 알 수 있는데, 거기에서는 살생 행위의 대상은 (부모처럼) 무거울 수도, (동물처럼) 가벼울 수도 있고, 그 뒤에 놓인 생각도 사악함의 정도에 따라 무겁거나 가벼울 수 있다고 주장한다. 그러한 행위 안에는 동기를 부여하는 뿌리와 수단 그리고 때때로 죽인 동물을 먹는 것과 같은 그것의 완료 후에 발생하는 생각과 행위들이 있다(*Uss*.165). 물론 단지 수단이나 완료 혹은 뿌리와 수단 또는 수단과 완료만이 무거울 수도 있다. '만약 대상이 동일하다면 무겁거나 가벼운 응보의 차이를 만드는 것은 생각이다.'(*Uss*.180)

우리는 또한 관련된 의도와 지식의 정도에 따라 나쁜 행위를 다섯 단계의 유형으로 정리할 수 있다.

(1) 특정한 행위를 하려는 의도 없이 행해진 행위. 예를 들어 해를 입히겠다는 생각 없이 우연히 곤충을 밟는 행위

---

25) *M.A*. I .198; cf. Conze의 번역, 1959: 70-1; cf. 거의 동일한 문장들은 *Khp*. *A*.28-29와 *Asl*.97, 그리고 cf. *AKB*.IV.73a-b을 참조하라.

이러한 행위는 비난할 수 없으며 아무런 나쁜 까르마적 결과도 만들어 내지 않는다. 만약 한 비구가 자신의 행위가 살아 있는 존재에게 해를 입힐 것을 알지 못하고 비의도적으로 살아 있는 존재를 죽였다면 아무런 위반도 존재하지 않는다(Vin.IV.125). 마찬가지로 의도적으로 사람을 죽이는 —출가생활의 실패를 가져오는— 출가자의 위반의 경우와 관련하여, '만약 그것이 비의도적이었거나, 그가 알지 못했거나, 그가 죽이려고 한 것이 아니었거나, 그가 제정신이 아니었거나, 그가 첫 번째 위반자였다면(그 규칙을 만들도록 한)' 실패를 가져오는 실질적 위반은 전혀 없는 것이다.[26] 또한 사탕수수에서 즙을 짜내면서 우연히 벌레를 죽이는 것은 비난받지 않으며 (Miln.166), 붓다의 설교 후에 그릇된 견해를 가진 비구들이 피를 토한 것에 대해서도 붓다는 비난받지 않는다고 말해진다(Miln.165-7). 또, Ud. 28-9에서는 다른 비구들에게 마치 그들이 추방당할 것처럼 말한 어떤 비구가 비난받지 않는다고 말하는데, 왜냐하면 그것은 단지 500년 동안의 전생에서 나온 습관이었고, 그는 그렇게 거친 방식으로 말하는 것에 익숙한 바라문 계급의 일원이었기 때문이다. 그 비구가 그렇게 말했을 때 그의 마음 안에는 아무런 증오도 없었다고 경전은 말하고 있고, 그 주석서에서는(Ud. A.193) —실제로 그를 아라한으로 보는— 그의 거친 언행은 그 자신이 욕구한 것이 아니라고 말하고 있다. 자따까에도 비의도적 행위에 대한 또 다른 이야기가 나온다. 붙잡힌 뇌조가 사냥꾼에게 맞았는데 그 비명 소리로 인해 다른 새들이 죽게 되었다. 아무런 나쁜 의도가 없었고 사냥꾼의 행위는 단지 수동적 역할만 했으므로 비난받지 않는다(J.

---

26) Vin.III.78; cf.Vin.II.91. 물론 첫 번째 위반자가 이렇게 행위한 것은 여전히 도덕적 위반이다. 마찬가지로 보통 출가자에게는 위반인 더 사소한 행위들도 첫 번째 위반자에 의해 범해진다면 면책 받는다(Vin.III.155를 보라).

III.64-6). 그렇지만 어떤 존재에게 해를 입히려고 의도하지는 않았지만, 존재나 존재들이 해를 입을 것을 알고 있거나 그렇게 예견할 충분한 이유를 가지고 있는 경우에는 어떤가? 예를 들어 벌레가 들어 있는 것을 알고 있거나 충분히 예측할 수 있을 때 사탕수수를 짜는 것은 어떤가? 또는 무더운 날 많은 곤충들이 깔려 죽게 될 것을 알면서도 자동차를 운전하는 것은? 이것들은 (a) 비난받아야 할 부주의에 해당하는 사례인가 아니면 (b) 단지, 넘치는 이타주의를 결여한 사례인가? 율장에서 절벽에서 돌을 던지는 것과 같은 특정한 유형의 부주의한 행위는 작은 위반이다(Vin.III.82). 그럼에도 불구하고 앤드루 헉슬리(Andrew Huxley)가 훌륭한 분석을 제공하고 있는(1995c) 『쿠루담마 자따까』(Kurudhamma Jātaka) (J.III.366-81)는 다른 존재에 대한 비의도적 가해는 위반으로 간주되어서는 안 되며, 이러한 문제들로 고민하는 것은 현명하지 못한 것이라는 생각을 강조하고 있다(또한 Harvey, 1999를 보라).

(2) 만약 어떤 사람이 특정한 종류의 행위가 나쁘다는 것을 알고 있지만 그가 자신을 완전하게 통제하지 못할 때, 예를 들어 열정에 사로잡혔을 때

이것은 자신이 하고 있는 것에 대한 충분한 지식과 완전한 의도를 지니고 하는 것보다는 적은 악이다. 『밀린다팡하』는 자따까 이야기의 사례를 논의하고 있는데(J.III.514-19), 거기서 보살은 고행자로서 많은 동물들을 희생시키는데(혹은 거의 그렇게 할 뻔?), 그렇게 하면 왕의 아름다운 딸과 결혼할 수 있다고 했기 때문이었다. 이것은 그가 열정에 사로잡혀 '제정신이 아닌(visaññinā)' 때에 이루어진 행위이지 자신이 하고 있는 것을 '생각하고 있을(sañcetanena)' 때

행한 것이 아니라고 『밀린다팡하』에서는 말하고 있다. 그는 혼미하고 열정에 사로잡혀 있었기 때문에 그의 행위는 그의 본성에 따른 것이 아니다. 그것은 그가 미친 사람처럼 동요와 어지러운 상태에서 혼란된 생각을 가지고 완전히 혼란되고 흥분되어 제정신이 아닌 상태에서 한 것이었다. 따라서 '혼미한 사람에 의해 이루어진 악은… 지금 여기서 크게 비난받을 것이 못 되며, 미래와 관련해서도 마찬가지'라고 말해진다. 사실 실제로 미친 사람이 살인을 한다면 그의 행위도 용서받을 수 있다. 마찬가지로 미쳤을 때 출가자의 계율을 어긴 비구는 위반을 저지른 것이 아니다(Vin.IV.125). 여기서 우리는 미친 사람의 행위는 비난할 수 없지만 (위의 (1)에서처럼) 열정에 사로잡혔을 때 이루어진 행위는 약간 비난할 수 있다고 말할 수 있다—하지만 그러한 상황에 빠져든 것은 비난받을 만하다고 주장할 수 있다. 술에 취해 이루어진 행위도 유사한 방식으로 평가될 수 있다.

(3) 만약 어떤 사람이 그 행위에 의해 영향을 받는 대상에 대해 불분명하거나 잘못 알았을 때 악한 행위를 하는 경우

이것은 중간 정도로 비난받을 만하다. 따라서 비구가 인간이 아닌 살아 있는 존재를 의도적으로 죽이는 것은 참회를 필요로 하는 위반이지만 만약 (a) 그것이 살아 있는 존재인지에 대해 의심이 들었거나, (b) (자기가)생각하기에 살아 있는 존재가 아닌 것에 활을 쏘거나 해서 해를 입히려고 했다면, 그것은 그릇된 행동의 작은 위반이다. 그렇지만 만약 그것이 살아 있는 존재인지 알지 못하고 살아 있는 존재에게 활을 쏘았다면 아무런 위반도 아니다. 어떤 행위의 악을 경감시키기 위해 이러한 추론을 사용하려는 시도는 티베트에 접하고

있는 카슈미르 계곡의 잔스카르 불교도의 행동에서도 볼 수 있다. 그들은 약탈하는 늑대를 죽여야 한다고 생각하는데, 그 살생은 가능한 한 간접적으로 이루어진다. 늑대들을 높게 쌓은 돌덫으로 유인한 후에 일군의 사람들이 커다란 돌을 돌담으로 던진다. 그 결과 누구도 자신의 돌이 늑대를 죽인 돌 가운데 하나인지에 대해 확실히 알지 못한다. 이런 방식으로 그 사람들은 자신들과 그들이 실제적으로 필요악이라고 생각하는 것 사이에서 거리를 두고자 한다. 이는 서양에서 사격조의 일부 총에만 실탄을 장전하여 누가 치명적인 발사를 했는지 아무도 모르게 하는 방식과 비교할 수 있다.

(4) 자신이 무엇을 하고 있는지 알고 있고 그리고 그 행위가 나쁘다는 것을 알고 있으면서 그 행위를 의도하는 경우에 이루어졌으나 악한 행위

이것은 가장 확실한 종류의 그릇된 행위이고, 특히 미리 계획되었다면 나쁜 까르마적 결과를 갖는다. 따라서 붓다고사는 이 절의 첫 부분에서 살아 있는 존재를 죽이는 경우에 이를 금지하는 규칙은 다섯 가지 요소가 존재할 때만 깨어진다고 말하고 있다. 즉 '살아 있는 존재, 살아 있는 존재라는 인식, 죽이겠다는 생각, 그것을 수행하는 행동, 그 결과로서의 죽음.' 만약 살아 있다고 생각하지 않은 것을 때림으로써 죽음이 초래되었을 때처럼 이 요소들 가운데 어느 것이라도 빠진다면 그 계율은 위반된 것이 아니다.

(5) 자신이 무엇을 하는지 완전히 알고((4)처럼) 그 행위를 하려고 하는 경우에 악한 행위가 이루어졌고 자신이 잘못을 하고 있다는 것을 인식하지 못하는 경우

이것은 가장 나쁜 종류의 행위로 보인다. 그러한 행위는 『밀린다 팡하』 84에서 논의되는데, 거기서는 만약 악한 행위가 '알지 못한 채(ajānato)' 이루어졌다면 알고 이루어진 것보다 더 나쁜 까르마적 결과를 지닌다고 말하고 있다. 이는 불같이 뜨거운 쇠구슬을 쥐고 있는 사람이 그것을 알지 못하고 그렇게 하고 있다면 더욱 심하게 델 것이라고 말함으로써 설명되고 있다. 이것이 나타내는 것은 악한 행위—살아 있는 존재를 죽이는 것과 같은(*Miln*.158)—가 주저함이나 삼감, 또는 가책 없이 이루어진다면 더욱 나쁘다는 것을 나타내고 있다. 이는 만약 어떤 행위가 잘못으로 보이지 않는다면,[27] 행위로 옮기려는 의지력에 대한 아무런 억제도 없게 되는 경우일 것이다. 이는 표면적으로는 부당한 것으로 보이지 않겠지만 좀 더 숙고해 보면 그렇지 않다. 영국 법원에서 범죄의 주동자는 종종 반강제적으로 이끌려 간 사람보다 더 가혹하게 처벌된다. 그 주동자는 그 행위에서 아무런 잘못도 알지 못한다고 주장할지 모른다. 다른 사람들은 어느 정도 가책을 느낄 것이다. 이와 관련된 것이, 소위 예를 들어 자기 나라가 침략당하는 것을 막기 위해 적을 살해하는 경우처럼 '필요악'을 행하는 경우이다. 여기서 그러한 행위가 여전히 악하다는 인식은 그 행위를 떳떳이 여기기 위해 선호될 만하다. 사실 20세기의 가장 나쁜 범죄 중의 일부는 그것을 '옳은' 행위로 보는 이념의 기치 아래 자행되었다. 히틀러의 홀로코스트, 스탈린의 숙청, 크메르 루주의 캄보디아 대량학살 등(이 그렇다). 만약 어

---

27) *Miln*. *T*.29., *Miln*.158에서는 '악을 알지 못함(pāpa-ajānana)'에 대해 말하고 있다. 출가계율에서 비구가 처벌받을 수 있는 유일한 견해는, 권유받았을 때조차도, 붓다가 '장애들'—즉 감각적 쾌락들—이라고 부른 것을 출가 생활에서는 장애가 아니라고 보는 고집스러운 주장이라는 것을 명심하라(*Vin*.IV.133-6). 다른 곳에서, 이 '악한' 견해는 까르마적으로 아무 결실이 없다(apuñña)고 말해진다(*M*.I.132). 즉 어떤 사물에 대한 진짜 정신적 미숙함을 (스스로) 부정하는 견해를 갖는 것은 매우 나쁜 것으로 여겨지고 있다.

떤 사람이 그릇된 견해, 예를 들어 자신은 '지배자 인종'에 속하고 유대인은 죽임을 당해야만 하는 해충이라는 생각을 가지고 있다면, 그는 자신의 악한 행동을 억제하려고 하지 않을 것이다. 여기서 그릇된 물리적 행위는 그릇된 견해에 의해 수반되고 강화된다(cf. Payutto, 1993: 62-5).

위의 모든 경우에서 의도와 지식, 무지는 결정적인 요소이다. 비록 서로 다른 종류의 '무지들'이 있지만 그중 일부만이 행위의 책임을 면제해 줄 뿐이다. 만약 어떤 사람이 감각 있는 존재에게 해를 입혀서는 안 된다는 것을 알고 있지만 자신의 행동이 실제로 해를 입히는 것을 모르고 있다면, 이러한 일상적 사실 문제에 대한 '무지'는 면책 가능한 것이다. 그러나 살아 있는 존재에게 해를 입히는 것이 그르다는 것을 거부하도록 이끄는 정신적 무지는 면책 사유가 아니며 그릇된 행위를 구성한다. 물론 적은 정도의 정신적 무지─정신적 통찰의 결여─는 깨달음을 얻기 전까지는 모든 존재에게 영향을 끼치는 것으로 보인다. 이는 모든 선하거나 나쁜, 깨닫지 못한 행위의 배경을 형성한다. 그렇지만 그것들은 특히 어리석음(그리고 탐욕, 분노와 뒤섞여서)에 '뿌리를 내리고', 동기부여가 되었을 때 그릇된 행위를 키워낸다. '불건전한 상태에 있는 것은 무엇이든, 모두 정신적 무지에 뿌리박고 있으며… 정신적 무지에 고정되어 있다.' 마치 지붕 위의 서까래들처럼(S. II.263) (말이다). 다른 무엇보다 정신적 무지는 '나는 대단하다'는 생각을 길러 낸다. 이것은 자신이 보호하고 강화해야 할 영원한 자아를 지니고 있다는 확신이며 바로 이기심의 뿌리이다.

사람들에 대한 붓다의 비판이 그들이 악하다거나 죄가 있다는 식으로가 아니라, 그들이 '어리석은 자들'이라는 방식으로 표현되는 것은 결코 우연이 아니다. 따라서 그는 어떤 사람을 물리칠 때 노여움 없이 그렇게 한다(*Miln*.186-8). 지혜로운 사람이 도덕적 행위에 의해 알려지는 것처럼 바보로 알려지는 사람은 몸과 말과 마음의 부도덕한 행위에 의해서이다. 또한 어리석은 자는 무엇을 위반했는 지도 인식하지 못하고(*A*. I .102-3) 위반한 것에 대해 다른 사람이 알려주는 것도 받아들이지 않는다(*A*. I .59). 자기 자신의 잘못을 알고 다른 사람의 잘못을 용서해 주는 것이 좋다. 사실, '자신이 바보임을 아는 바보는 그 정도까지는 현명한 사람이다. 자신이 현명하다고 생각하는 바보는 진정한 바보'라고 불린다(*Dhp*.63). 이렇게 볼 때 만약 어떤 사람이 도살자에게 그가 하고 있는 일이 그르다는 것을 알려주고자 한다면 그 사람은 그에게 호의를 베풀고 있는 것이 분명하다(그렇지만 공격적인 방식으로 그렇게 하는 것은 나쁜 의지의 표현으로서 불건전한 것이다). 비록 그가 생업으로 하고 있다고 해도, 만약 그가 자신이 하고 있는 것에 대해 적어도 불편하게 생각하고 자기 행위에 대해 가책을 느끼기 시작했다면 그는 훨씬 좋아질 것이다. 그 불편함은 모든 평온을 흔들어 놓을 수도 있겠지만, 적어도 붓다는 사람들에게 정신적인 도움이 되는 것이라면 그들이 불쾌하게 생각할 것도 기꺼이 말했을 것이다(*M*. I .395).

물론 이는 객관적으로 그른 행위 같은 것이 존재한다고 가정하고 있다. 그럴 때에만 어떤 것을 그르지 않다고 잘못 주장할 수 있다고 말하는 것이 의미가 있다. 행위의 '그름'은 행위 자체와 그것이 행해지는 정신상태의 결합 속에 놓여 있다고 보는, 불건전한 행위에 대한 불교의 분명한 기준으로 미루어 본다면 이에 기꺼이 동의할 수 있다. 그것은 어떤 사람이 우연히 좋아하거나 싫어하게 되는 문제(정서주의)도 아니며, 사회가 우연히 승인하거나 승인하지 않는 문제(문화상대주의)도 아니다(Keown, 1992: 64, 231-2).

위와 유사한 것들이 선한 행위에 대해서도 대부분 말해질 수 있다. (1) 비의도적으로 이익을 주는 행위는 그의 공적이 아니다. (2) 혼란된 상태일 때 행해진 이익을 주는 행위는 단지 약간의 공적만이 있다. (3) 도움을 받는 누군가가 존재하는지 불확실한 상태에서 이루어진 이익을 주는 행위는 중간 정도의 선이다. (4) 의도적인 선한 행위는 전적으로 선하다. 그렇지만 전적인 유사성은 (5)에서 무너진다. (5) 만약 어떤 사람이 옳은 행위를 그른 것으로 생각하면서도 여전히 그것을 행한다면 그는 이를 가책을 느끼며 행할 것이고 따라서 다르게 행해졌을 때보다 적은 선이다. 이것은 아마도 바른 견해의 건전한 힘을 보여 주는 것이다. 사실 불건전한 상태를 일으키거나 증대시키고 건전한 상태를 일어나지 못하게 하거나 감소시키는 최대 원인은 그릇된 견해라고 말해진다. 그것은 또한 지옥에 환생하는 가장 큰 원인이기도 하다. 그릇되고 악한 견해를 가진 사람에게 있어 '그 견해와 완전히 일치해서 이루어진 몸과 말, 마음의 모든 행위, 의지, 열망, 결의, 활동 등 모든 상태들은 고통으로 이끈다.'(A. I.31-2; cf.M.III.178-9) 올바른 견해에 관해서는 그 반대로 말해진다. 건전한 정신활동으로서 올바른 견해는, 선하고 악한 행위는 현세를 넘어서는 결과를 가지며 정신적으로 발전한 사람은 그와 같은 것에 대한 지식을 지닌다고 주장하는 것으로 정의되며, 그릇된 견해는 이것을 부정한다. 한편 선한 행위도 악한 행위도 없으며 이로 인한 까르마적 결과도 존재하지 않는다는 그릇된 견해를 주장하는 사람은 '건전함의 뿌리들(kuśāla-mūlas)'을 잘라 버리는 것이다(AKB.IV.79a-c). 그렇지만 이 견해를 회의하기 시작하거나 그르다는 것을 알게 되면 그것들은 회복된다(AKB.IV.80c).

다른 사람들이 나쁘다고 말하더라도 진정으로 선한 행위를 하는 것은 (5)와 부분적으로 '좋은' 대비를 이룬다. 여기서는 중대한 결정이 필요하고 따라서 그 행위는 매우 선한 행위로 보일 수 있다.

또 다른 부분적 대비는 그것이 선한 것이라고 듣지 못했음에도 선행을 하는 어린아이의 경우이다. *Asl.*103에서 어린 소년은 병든 어머니를 낫게 할 음식을 드리기 위해 산토끼를 잡으라는 말을 듣지만, 살생이 나쁘다는 것을 직관적으로 인식했기 때문에 그렇게 할 수 없었다. 여기서는 자연적인 올바른 견해가 그 행위를 고양시키고 있다.

만약 그 아이가 산토끼를 죽였거나, 그 아이 혹은 다른 어른이 굶주린 부모를 위하여 음식을 훔쳤다면, 이는 선과 악이 혼합된 행위로 생각될 것이다(cf. p.44). 그리고 여기서 특히 그 행위가 그르다는 것을 인식한 채 이루어졌다면, 선한 측면이 악한 측면을 어느 정도 상쇄시킨다. 실제로 불교는 사회적 빈곤이 도둑을 더 많이 만들어 낸다는 점을 인정한다(*D.*Ⅰ.76-7). 따라서 그것은 여전히 비난받지 않을 수는 없지만 그러한 상황에서는 비난을 덜 받을 수는 있다.

결론

이상의 관점은 도덕을 ―도덕적/정신적 더러움을 씻어 버리고, 그에 반작용하는 덕목을 함양함으로써 보다 건전한 인격을 도야하는 것으로 대부분 이루어진― 길의 한 부분으로 보고 있다. 이 전환과정―일반적으로 점진적인―은 니르바나의 경험을 통해 탐욕과 집착, 분노와 어리석음, 그리고 그 결과인 고통의 모든 흔적으로부터 해방된 상태에 이르게 된다. 이와 같은 비전은 사람들이 고정되고 불변하는 자아를 지니고 있지 않지만, 마음과 행동의 본질에 대한 집중에 의해 이루어지는 근본적 전환을 할 수 있다고 가정하고 있다.

집중은 다음과 같은 것들에 대한 고려에서 이루어진 행위에 주어진다.

(a) 동기가 되는 뿌리
(b) 행위가 행위자와 타인에게 직접적으로 초래하는 행복/불행
(c) 출가자의 공동체 내에서의 도덕적 칭찬과 비난 또는 제재
(d) 정신적 발전에의 기여 또는 그 반대
(e) 행위자에게 미래에 발생할 것으로 여겨지는 자연적인 까르마의 영향들

이는 모두 우리가 무엇을 하고, 그것을 어떻게 그리고 왜 하는지를 매우 중요한 것으로 여기게 만든다. 왜냐하면 우리의 행위는 우리의 인격을 표현하고 형성하며 또한 우리의 운명에 기여하기 때문이다. 어떤 행위 뒤에 놓여 있는 마음의 상태나 의도가 많이 강조되지만, 어떤 행위들은 언제나 어느 정도 불건전하며 또한 분명한 동기에 의존하는 것으로 확인된다. 따라서 단지 그러한 행위를 피하려고 노력하는 것뿐만 아니라 그러한 행위를 삼가겠다고 공식적으로 서원하는 것이 좋다.

어떤 행위-의도들은 도덕적으로 불건전하거나 건전한 것으로 인정되어야만 하는지 가능한 한 객관적인 방식으로 확인하기 위한 기준이 하나하나 제시된다. 이 가운데, 일상적 사실 문제에 대한 무지는 그렇지 않았으면 불건전한 것으로 보일 행위를 면책해 주지만, 도덕적/정신적 무지는 행위의 불건전함을 만들어 내는 것으로 생각된다. 즉 어떤 행위를 허용되거나 건전한 것으로 생각하여 불건전한 행위를 수행하는 것은 특히 그릇된 것으로 생각된다. 바꾸어 말하면, 어떤 행위-의도들은—주로 감각 있는 존재에게 의도적

으로 해를 입히는 것— 그른데, 이를 부정하고 또 이 부정에 근거하여 혹은 도덕적 무지에서 행위하는 것은 그르다고 주장된다.

이러한 도덕적 객관주의는 다음으로부터 도출된다.

(a) 우리 모두는 다른 존재의 곤경에 대한 자연적 동정심을 지니고 있지만 대부분 그것을 무시하거나 묻어두려고 한다는 생각

(b) 이 동정심에 따라 행위하거나 이를 강화시키는 것은 자기 자신 그리고 자신과 관계 맺는 사람들에게 더 많은 행복과 더 적은 고통을 가져다준다.

(c) 어떤 실체적이고 영원한 자아나 나는 존재하지 않으며, 나라는 생각 혹은 태도에 이기적으로 근거한 행위들은 실재와 어긋나고, 따라서 도덕적으로 불건전함과 동시에 자연적으로 불건전한 까르마적 결과를 만들어 낸다.

물론 불교에 있어 하나의 행위는 그것이 그르기 때문에 고통스러운 까르마적 결과를 낳는 것으로 보이는 것이지, 그것이 우연히 나쁜 결과를 만들어 냈기 때문에 '그른' 것으로 보이는 것은 아니다. 까르마적 결실에 대한 언급은 단지 선행에 동기를 부여하는 것을 돕고, 그것들이 실재의 기본 구조와 조화를 이루며, 실재의 기본 구조에 의해 등록된다는 것을 강조하는 방식으로 기능한다.

마지막 논점은 (양심의) 가책이 없는 것보다는 가책을 느끼며 그른 행위를 하는 편이 더 좋다는 것이다(그렇지만 뒤이어 죄의식에 빠지는 것은 동요되고 혼란스러운 마음상태로 이끌기 때문에 장려되지 않는다). 더욱이 도덕적 계율의 공식적인 승인은 도덕적 발전에 결정적인 도움을 주는데, 이는 우리의 도덕적 비전을 강화시키고 나아가 도덕적 발달의 계기를 증가시키는데 도움을 주는 것으로 생각된다.

바꾸어 말하면 그것은 우리가 동의하고 기꺼이 확신할 수 있는 어떤 도덕적 '목적과 대상들'을 갖는 데 도움을 준다. 비록 우리가 그것들을 항상 잘 달성하는 것은 아니라고 해도 말이다!

An Introduction to
Buddhist Ethics
Foundations, Values and Issues

제2장

불교의 핵심적 가치들

제2장

불교의 핵심적 가치들

비분노로 분노를 정복하라; 선으로 악을 정복하라; 보시로
인색함을 정복하라; 진실로 거짓을 정복하라.
『담마빠다』223

　불교의 세계관과 이상에 의해 지지되고 부분적으로는 그로부터
발생하는 것으로서, 이제껏 신봉되어 오고 있는 핵심 가치는 무엇
인가? 탐욕, 증오, 어리석음은 불선한 행동의 뿌리이며, 그것들의
완전한 파괴는 니르바나와 동등한 것으로 보이는 반면, 무탐욕, 무
증오, 어리석지 않음은 선한 행위의 뿌리로 간주되고, 따라서 이는
불교의 핵심 가치로 간주될 수 있다. 부정적으로 표현되기는 하지
만, 그것들은 너그러움과 집착하지 않음; 친절함과 자비로움; 그리
고 삶의 본질에 대한 명료한 인식과 어리석음이나 잘못된 경향의
부재라는 의미에서 지혜와 동등한 것이다.
　선한 성질의 보다 풍부한 목록은 아비달마 문헌 속에서 찾아볼
수 있다. 테라바다의 형태로, 이것은 25가지의 선한 또는 '아름다
운' 정신적 성질을 열거하고 있다(Bodhi, 1993: 85-91, 96-7). 처음 7
가지는 다음과 같다.

믿음(무엇이 옳은 것인지에 대한 자신의 감각에 대한 신뢰)
신중함(즉, 주의 깊은 인식)
자아존중과 결과에 대한 고려
무탐욕과 무증오 그리고
균형감(활동과 사건들에 대한 균형 잡힌 관찰)

다음의 12가지는 의식 자체와 그것에 수반되는 정신상태의 '몸' 모두에 각각 관련되는 여섯 쌍의 성질들로 이루어져 있다.

평온함, 가벼운 안락감,
열린 수용성, 행동할 준비,
역량, 솔직함

위의 모든 것들은 모든 선한 정신상태 속에, 완전히 인간적인 존재의 기초로서 그리고 보호하고 고양시키는 귀의처로서 동시적으로 존재하는 것으로 보인다(비록 다양한 정도로 존재하겠지만). 나머지 요소들은, 나타날 때 선한 정신적 에너지를 강화시키고 심화시키며 전달하는데, 바른 말, 바른 행동, 바른 생활, 자비, 함께 기뻐함, 지혜 등이 곧 그것들이다.

이 선한 성질들은 여러 불선한 것들에 반작용한다. 경전들에서 자주 보이는 간략한 목록은 '다섯 가지 장애물'이다. 즉, 감각적 쾌락에 대한 욕망, 나쁜 의지, 둔함과 게으름, 불안과 걱정, 망설임으로, 이들은 각각 탐욕 (1), 증오 (2), 어리석음 (3)~(5)의 측면들로 보여질 수 있다. 테라바다의 아비달마에서 모든 불선한 정신상태에 공통된 불선한 성질은 어리석음, 자아존중의 결여, 결과를 고려하지 않음, 불안함이다. 어떤 불선한 상태에만 나타나는 것들 가운데

(1) 어떤 것은 탐욕, 즉 탐욕 자체, 고정된 견해, 기만이나 자기 중요성과 관련되고, (2) 어떤 것은 증오, 즉 증오 자체, 시기심, 인색함, 걱정과 관련되고, (3) 어떤 것은 어리석음, 즉 둔함, 게으름, 망설임과 관련된다(Bodhi, 1993:83-5, 95).

위의 분석은 명상가와 불교의 최고 목적을 추구하는 사람을 주로 대상으로 하는 심리-정신적 가르침에 초점을 맞추고 있지만, 서술된 가치들은 불교에 있어 보다 일반적인 타당성을 지니고 있다. 쿠쟁(L. S. Cousins)이 말하는 것처럼,

불교윤리는 여러 가지 다른 방식으로 보여질 수 있다. 감각적 세계에서의 삶과 관련된 저잣거리 속의 사람의 상황이 존재한다. 보다 높은 수준에서는 [명상을 통해] 더 높은 의식의 기쁨과 평화의 경험에 대한 목표가 일어난다. 더 높은 것은 초세간의 직접적 실현으로 궁극적 목적을 달성하려는 욕망이다… 겉으로 보기에 이 목적들의 마지막 두 가지는 적은 소수들만의 관심사일 뿐이지만, 실제로 그렇게 분명한 선이 그어질 수는 없다. 평범한 사람을 위해 마련된 윤리는 그 자체로 도움이 되고 보다 상위의 단계를 향하여 이끌도록 의도된다. 통상적으로 어떤 특정 개인은 비록 그 '혼합'은 다양하겠지만 자신의 기준을 세 가지 모두의 요소들에서 이끌어 낸다. (1974: 100)

보시

불교도가 배워 발전시켜야 하는 첫 번째 윤리적 활동은 보시 혹은 관대함(dāna)으로, 이것은 앞으로의 도덕적 정신적 발전을 위한 기초를 형성한다. 남방불교에서 그것은 까르마적으로 좋은 영향을

주는 행동을 만들어 내기 위한 열 가지 기초(puñña-kiriya-vattus), 즉 보시, 지계(持戒), 명상의 발전, 존중을 표현하기, 도움을 주는 활동, 까르마적 열매를 공유하기, 타인의 까르마적 열매를 함께 기뻐하기, 법을 가르치기, 법을 듣기, 자신의 견해를 올바르게 하기 가운데 첫 번째이다.[1]

보시의 주요 대상은 승가 혹은 수행 공동체(Saṅgha)이다. 그들의 '집 없는' 생활 방식은 재가자의 물질적 지원에 의존하게 하고, 그들의 겸손을 장려하고 재가로부터 고립되지 않도록 한다. 그러나 이 지원적 관계가 일방적인 관계는 아니다. 재가자는 승가에 공양 음식, 가사, 의약물, 기거할 사원을 제공하지만 비구는 가르침과 모범을 통해 더 큰 것을 되돌려 준다. '담마의 선물은 모든 선물들보다 뛰어나기 때문이다.'(Dhp.354) 따라서 이러한 상호간의 보시행은 재가-승가 관계의 주요한 특징을 형성한다.

> 그러므로 비구들이여, 이 성스러운 생활은 순환하는 환생의 홍수를 건너고 고통의 완전한 소멸을 지향하며 상호 의존한 채 살아간다.(It.III)

관대함은 승가를 향하여 실천될 뿐만 아니라 불교 사회의 널리 퍼진 가치로서 가족, 친구, 노동자, 손님(A.II.67-8), 가난하고 집 없는 사람, 그리고 동물에게도 행해진다. 19세기 버마의 영국 관리 필딩 홀(Fielding Hall)은 마을 식당이라고 생각한 곳에서 계산서를 요구했을 때 자신이 가정집의 손님으로 음식대접을 받았음을 알게 된 경우를 이야기하고 있다.

---

1) D.A.III.999; Gombrich,1971a:73-74. 참조. 경에는 처음 세 가지만 제시되고 있다(D.III.218;A.IV.214;It.51)

많은 나라들에서 불교도들은 수계식이나 장례식, 환자 또는 축제와 같은 경우의 의식에 기여하는 것과 같이 보시행으로서 까르마적으로 유익한 행동을 하는 데 크나큰 관심을 보여 준다. 까르마적 열매는 개인 자신의 보시뿐만 아니라 다른 사람들의 선물에 함께 기뻐함으로써도 만들어진다. 남방불교에서 보시물을 만지는 것 또는 반복구 삿두(sādhu: 대략 '잘했네!'나 '아멘'의 의미)라고 말하는 것은 다른 사람의 기부에 참여하는 것으로 생각된다. 따라서 공동체는 까르마적 열매를 만들어 내는 공동의 행동을 통해 함께 결속되고, 과거에 기부로 도움을 받은 어떤 사람에 의해 지원된 의식에 기부함으로써 사회적 의무가 수행된다. 수계식처럼 비용이 많이 드는 의식의 경우에는 부유한 사람이 가난한 사람 자식의 수계식을 지원하게 될 것이다. 이런 식으로 지원자와 그 자식 및 부모는 모두 까르마적으로 유익한 행동을 하게 되고, 어머니는 자식을 승가에 '보시'함으로써 특히 복을 받는 것으로 생각된다.

그림 2. 영국의 북동부 라타나기리사원에서 비구들에게 공양을 올리는 재가 신도들

보시는 애초에는 까르마적 열매가 가져오는 물질적 이익을 얻기 위해 행해지지만, 이때 보시가 가져오는 기쁨과 만족으로부터 일어나는 동기도 얻게 될 것이다. 사실 '선물은 믿음에서 주어져야만 하며, 그 결과로 정신은 고요하고 맑아진다.'(Cousins, 1974: 100) 지속적인 보시의 실천은 또한 소유욕의 붕괴를 촉진하고 나아가 타인을 향한 열린 마음과 민감한 태도의 성장을 통해 도덕적 발전을 위한 토대를 제공하기도 한다. 따라서 관대함의 이상에 대한 한 가지 표현은 다음과 같다.

> 고귀한 제자는 인색함의 더러움에서 해방된 마음으로 편안하게 살아간다. 그는 열린 손과 깨끗한 손으로 도움을 청하는 자에게 자기 극복에 기뻐하며 관대한 선물을 기쁘게 나누어 주는 자이다.(A. II.66)

보시는 그것의 버림과 무집착이라는 측면으로 인해 도덕적 발전 뿐만 아니라 정신적 진보도 촉진시킨다. 그것은 대승과 테라바다 전통 모두에서 보살의 열 가지 '완성' 가운데 첫 번째이다.

대중적인 『베산타라 자따까』(Vessantara Jātaka)[2]는 관대함이 완성된 정점을 표현하고 있다. 그것은 전생에 베산타라 왕자였던 보살에 대해 이야기하고 있는데, 그는 너무나도 관대함을 좋아해서 무엇을 요구받을 때마다 주었다. 어느 날, 그는 자기 도시의 상서로운 코끼리를 (남에게)주어버리고 이로 인해 추방당하게 된다. 그의 아내 맛디(Maddī) 및 아이들과 함께 숲을 헤매다가 자신의 젊은 아내를 시중들도록 하고 그의 아이들을 요구하는 늙은 바라문을 만난

---

2) *J.*VI.479-593; Conze와 Gombrich, 1977을 보라; 짧은 판본은 *Cp.* 이야기 I.9에서 발견된다.

다. 베산타라는 처음에는 그 선물이 이루어지기 전에 음식을 구하러 나간 아내가 돌아오면 물어보겠다고 하지만, 그녀가 동의하지 않을 것을 두려워한 바라문은 그 제안을 거절한다(p.543). 그러자 베산타라는 눈물을 흘리며 가고 싶어 하지 않는 아이들과 헤어지는 데 동의한다(p.551). 나중에 그의 아내가 돌아와 아이들이 없는 것을 알고 상심한다. 베산타라가 아이들을 선물로 주었고, 이는 붓다의 지위를 얻기 위함이었다고 설명하자 그녀는 그의 행동을 옳은 것으로 받아들이고 심지어 함께 기뻐하기까지 한다(p.568). 나중에 신 사카(Sakka)는 그의 아내를 요구하는 또 다른 바라문의 모습으로 그의 앞에 나타나 베산타라를 더욱 시험한다. 그러나 베산타라는 또 (이마저) 주어버리는데, 이때 사카는 자신의 모습을 드러내며 결국 가족은 다시 합쳐지고 아이들은 신들의 보살핌을 받게 된다.

이 이야기에서 제기되는 쟁점을 논의하면서, 『밀린다팡하』에서는, 아이를 선물하는 것은 지나친 것이 아닌데, 왜냐하면 그것은 깊이 새겨진 집착에 대항하는 위대한 영웅주의, 절제와 버림을 보여 주는 최고의 선물이기 때문이라고 설명하고 있다(*Miln.*274-84). 베산타라의 아내와 아이들은 그에게 세상에서 가장 소중한 것이지만, 그는 셀 수 없이 많은 사람들의 이익으로 이끌 미래의 완전한 깨달음을 위해 그들을 기꺼이 주려고 하였다. 베산타라는 아이들을 주고 나서 무감각했던 것이 아니라 매우 큰 괴로움에 고통스러워했다고 한다. 그렇지만 그는 붓다의 관대함과 무집착을 바라는 데는 아낌이 없어야만 하고, 자신의 아버지가 어떻게든 아이들을 구해 주리라는 것을 알고 있었다. 또한 아이들도 자기 아버지의 행동의 본질을 이해했다면 슬퍼하지 않았을 것이라고 말해진다(*Miln.*275). 물론 이러한 이야기는 버림, 즉 니르바나로 이끄는 완전한 무집착을 향하여 성숙하는 것을 목적으로 삼는 비구의 집 없는 삶을 위한 가족생활의 즐거움과 집착의 '포기'라는 관념의 전형적인 지지물로 작용한다. 남방불교에서 고타마의 베산타라 왕자로서의 전생은 그가 도솔천(Tusita Heaven)에 태어나기 전 인간으로서의 마지막 삶이었으며, 그런 다음 그 사람은 역사적 붓다가 되었다고 생각된다.

대승불교도 또한 보살은 보시를 함에 있어서 기뻐하고 인색하지 말아야 한다고 강조한다. 그는 하인이나 멀리 여행을 떠나려는 사람, 먼 곳에서 막 도착한 사람들에게 음식을 (먼저) 제공한 후에 비로소 (자신이) 먹어야만 한다(Uss.67-8). 그는 다른 사람을 돕기 위해 자기 몸의 일부나 목숨까지도 기꺼이 줘어버릴 수 있어야만 한다. 모든 것들 가운데 가장 높은 것으로, 그는 자기 아내와 아이들도 줘어버릴 수 있어야 한다. 하지만 그의 부모는 아니다(Dayal, 1932: 175-6).

까르마적 열매의 공유

만약 관대함이 까르마적 열매를 만들어 내는 것으로 생각된다면, 이를 다른 사람들과 공유하는 것도 또한 좋은 것으로 생각된다. 테라바다 전통에서 까르마적으로 유익한 행동은 다른 사람의 선행에 공감함으로써(anumodanā)뿐만 아니라[3] 그 까르마적 열매—혹은 보다 정확하게는 '얻어진 것(patti)'—을 다른 존재와 공유함으로써도 수행될 것이다. 이런 실천은 바라문교의 쉬라다(śrāddha) 의식을 불교가 채용한 데서 기원하는 것으로 보이는데, 그 의식에서 선물은 장례식장에서 바라문에게 나누어 줌으로써 죽은 친척들에게 전

---

3) 대승불교에서도 마찬가지이다(Conze,1968: 45-9). 테라바다적 맥락 안에서의 실천에 대해서는 Gombrich, 1971a: 226-40, 251-2; Gombrich, 1971b; Malalasekera, 1967; Keyes, 1983을 보라.

해지는 것으로 생각된다(Gombrich, 1971a: 226-40). 초기 경전에서 바라문은 붓다에게 쉬라다 의식이 죽은 자에게 이익을 가져다주는 지 묻고, 붓다는 죽은 자가 페타(petas ‖ 산스크리트 pretas)로 환생할 때에만 이익을 받을 것이라고 대답한다. 왜냐하면 이 영혼적 존재는 그들 세상의 썩은 음식 또는 친척과 친구들에 의해 선물로 제공된 것으로 살아가기 때문이다(A. V.269-72). 따라서 테라바다의 후기 경전 가운데 『페타바투』(餓鬼事經 Petavatthu, Pv.)는 고통받는 페타의 이름으로 선물이 주어지고, 그럼으로써 페타가 그 보시의 까르마적 열매 때문에 신으로의 환생을 얻는 여러 사례들을 기록하고 있다. Miln.294에서는 이를 네 가지 형태의 페타 가운데 하나만이 이런 식으로 이익을 받을 수 있다고 말함으로써 조건을 달고 있다. 그러므로 죽은 이를 위한 테라바다 의례는 비구에게 음식을 제공하는 것과 그 행동의 까르마적 열매를 —이것이 페타로서의 그들의 곤경을 완화시켜 주거나 더 좋은 환생에 도움을 주리라는 바람에서 — 죽은 자 또는 페타일지도 모르는 다른 모든 조상들과 공유하는 것을 포함한다. 이는 특히 죽은 후 7일 뒤에 행해지지만, 해마다 추모식에서도 행해진다. 해마다 열리는 축제에서 굶주린 영혼에게 음식을 제공하는 것은 또한 중국 대승불교의 중요한 일부분이기도 하다.

또 다른 초기 경전에서 붓다는 비구들을 지원하고 지역 신들에게 선물을 바치는 것이 현명하다고 말하고 있는데, 그러면 그들은 기부한 사람을 호의를 가지고 볼 것이기 때문이라고 말하고 있다(D. II.88). 따라서 테라바다의 비구에 대한 기부는 종종 그 선물을 까르마적 열매를 신들과 나눈다는 게송으로 끝마쳐진다. 이들은 후원 행위 자체를 할 수 있는 기회를 적게 가지고 있지만, 공유된 까르마적 열매에서 이익을 얻을 수 있고, 이는 그들이 계속해서 신으로 환생하는 것을 돕는다. 그 보답으로 그들은 자신들이 지닌 능력을 불교와 기부한 사람을 돕거나 보호하는 데 사용할 것으로 기대된다. 사미 혹은 완전한 비구로 계를 받은 소년은 또한 이 행위의 까르마적 열매를 자신의 어머니—비록 그녀 역시 비구가 되는 자신의 아들을 '포기함'으로써 스스로 까르마적 열매를 만들어 내지만—와 공유할 것이다.

사람은 자기 자신의 행위를 통해서만 까르마적 열매를 만들어 낼 수 있다는 생각을 강조하는 불교의 관점에서 볼 때, 그것의 '공유'라는 관념은 잠재적으로 이례적이다(Kvu.347을 보라). 그러한 이례성을 피하기 위해 5세기 혹은 그보다 초기의 테라바다 주석가들은 정통적인 해석을 발전시켰다(Dhp.A.I.103-4). 예컨대, 비구에게 기부된 음식 등은 조상이나 신에게 바쳐진 것이며 따라서 그들을 대신해서 그들의 재물로 이루어졌다는 것이다. 이 해석은 자신의 부모에 대한 자식들의 의무는 '나는 그들이 돌아가셨을 때, 그들을 대신해 자선을 베풀 것이다'(D.Ⅲ.189)를 포함한다고 말하는 초기 경전과 조화를 이룬다. 그 주석서들은 그들이 그것에 기뻐함으로써 이 기부에 찬성한다면(Vv.A.188), 그들은 대리인을 통한 기부와 기뻐하는 정신적 활동(anumodanā) 모두로부터 스스로 까르마적 열매를 만들어 낼 것이라고 주장한다. 까르마적 열매를 공유함으로써 한 사람은 그(녀)와의 공유 자체가 까르마적으로 유익하기 때문에 그 자신의 어느 것도 잃지 않는다. 까르마적 열매의 공유는 선한 의지의 표현으로서 단지 좋은 행동의 까르마적 이익을 다른 사람들에게 퍼뜨리는 방법에 지나지 않는다. 이는 그러한 공유를 설명하는 전통적 수사로, 하나의 등불이 많은 등불을 밝히는 것으로 표현되고 있다.

대승의 전통에서 까르마적 열매는 종종 '모든 생명 있는 존재들'에게로 전해진다. 그러한 열망은 북방과 동방뿐만 아니라 남방불교에서도 발견되지만 그것은 아마도 대승불교의 영향을 통해서일 것이다.

재가 계율의 준수

보시(dāna)를 발전시킨 기초 위에서 불교도는 특정한 계율을 준수하는 자기 훈련을 계속함으로써 끊임없이 자신의 윤리적 덕성, 즉 계(sīla, 산스크리트 śīla)를 발전시킨다. 사실, 이 계율 가운데 어떤 것을 지키는 것은 그 자체가 곧 가장 좋은 종류의 보시의 한 형태로 생각된다(*Uss.*151). 그것은 두려움이 없고 나쁜 의지를 지닌 다른 사람들에게 '최고의 선물'이다. 왜냐하면 그들은 (이제) 계율을 지키는 사람에 의해 위협을 느끼지 않기 때문이다(*A.*IV.246). 보시와 지계의 실천을 통해 인간 이하의 환생은 피할 수 있다고 말해진다(*A.*IV.241-3). 도덕적 금지와 자기 통제는 타인을 보호하고 자기 자신의 인격을 맑게 하는 방법으로서 매우 강조된다.

물 대는 이는 물을 끌어들이고
화살 깃 만드는 이는 깃촉을 묶고
나무꾼은 나무를 묶고
지혜로운 이는 스스로를 통제한다.(*Dhp.*80)

그가 전장에서 수십만 명을 정복한다고 해도,
자기 자신을 정복한 자가
가장 고귀한 승리자이다.(*Dhp.*103)

불선한 행위의 삼감을 통해, 그것으로 이끄는 더러움이 억제되고 그 반대의 것이 강화되며, 마음 깊숙한 곳의 자연적인 청정함이 스스로를 드러낼 많은 기회를 갖게 된다. 붓다의 마지막 말은 '모든 조건 지어진 것들은 무너지기 마련이다. 부지런히 힘쓰라!'(*D*. II.156)였다고 말해진다. 그는 그가 해방으로의 길을 보여 주었지만, 우리는 스스로 그가 보여 준 길을 밟아 가는 노력을 해야만 한다고 강조했다. 따라서 우리는 자기 자신의 인격체가 되어야 한다. 주의 깊은 신중함과 순간순간의 깨어 있음의 실천으로 법과 자신을 자신의 귀의처로 지녀야 하는 것이다(*D*. II.100). 두 번째의 고귀한 진리가 탐욕은 고통으로 인도한다고 말한다는 사실은 자기 통제의 중요성을 강조하는 것이다. 욕망과 탐욕, 집착은 다툼과 전쟁(*D*. II.58-9), 자신의 소유물을 지키는 것에 대한 근심(*M*. I.85-6), 바람직한 것으로 보였던 것을 잃거나 죽고 사라졌을 때의 실망(*M*. I.87-90)으로 이끄는 것으로 생각된다.

재가자들이 따르는 가장 일반적인 계율은 '오계'(적절하게는 '다섯 가지 덕성들 pañca-sīlāni')이다. 남방불교에서 이것들은 빠알리 형식으로 암송된다. 그렇지만 그 전체적인 의미는, 정확한 번역은 아니지만, 다음과 같이 널리 알려져 있다(Terweil, 1979: 188; Gombrich, 1971a: 254).

1. 저는 살아 숨 쉬는 존재들에 대한 공격을 삼가는 수행 계율 (sikkhā-padaṃ)을 받아 지니겠습니다.
2. 저는 주어지지 않은 것을 취하는 것을 삼가는 수행 계율을 받아 지니겠습니다.
3. 저는 감각적 쾌락과 관련된 비행을 삼가는 수행 계율을 받아 지니겠습니다.
4. 저는 거짓된 말을 삼가는 수행 계율을 받아 지니겠습니다.

5. 저는 부주의함을 일으키는 술과 마약을 삼가는 수행 계율을
   받아 지니겠습니다.

티베트에서 사용된 근본설일체유부(Mūla-Sarvāstivādin) 전통에서
이 계율들은 어떤 사람이 아라한의 실천에 맞추어 일생 동안 계율
을 지킬 것이라고 확언하는 형식으로 주어진다(Hirakawa, 1995: 11).
계율에 따라 행동하는 것은 확신과 두려움 없음(A.III.203), 잘 획득
된 부, 좋은 명성, 평화로운 죽음, 천상에서의 환생으로 이끈다고
말해진다(D.II.86). 한편 살생 등을 저지른 자는 '바로 이 세상에서
자신의 뿌리를 파내어 버리고(Dhp.247), 나쁜 환생으로 고통을 겪
는다.'

각각의 계율은 사원 규율에 쓰이는 것과 동일한 용어인 수행 계
율이다. 그렇지만 사원 규율이 비구를 위한 규칙에 있어 대단히 세
부적으로 들어간 반면, 재가 계율은 경전들에서 상당히 일반적이고
특화되지 않은 채로 남겨져 있다. 그것을 보다 구체적으로 만드는
일은 후대의 주석가와 다양한 문화 속에 존재하는 승가가 조언할
몫으로 남겨졌었다.[4]

때로는 계율을 지킴에 있어 방종과 엄격한 묵수라는 양 극단을
피하는 '중도'의 필요성에 강조점이 두어지기도 한다. 계율이 위반
되었을 때, 어떤 경우에도 불교는 강한 죄의식이 자라나는 것을 권
장하지 않는다. 잘못을 후회하는 것은 선한 것이지만, 불교는 계율

---

4) 테라바다에서 경전적 논의에 관해서는 M.A. I.198-202, Conze 옮김, 1959:70-3,
   그리고 Asl.97-101의 관련 구절을 보라. Khp. A. 22-34의 논의에서 셋째 계는
   십계 가운데 셋째이며, 성교를 완전히 삼갈 것을 요구하는데 오계에서는 그렇지
   않다. 대승에 관해서는 Lamotte,1949:782-819. 티베트 전통에 관해서는 Guenther,
   1959:75-7과 Patrul,1994:102-10을 보라. 중국 전통에 관해서는 Uss.165-74를
   보라. 서구적 맥락에서 계율, 사회참여적 공식화에 대한 검토를 위해서는 Nhat
   Hanh 등,1993을 보라.

을 우리가 점차 완전한 방식으로 맞추어 살아가도록 노력하는 이상
으로 삼음으로써 언제나 미래에 더 잘하도록 힘쓰는 미래지향적 도
덕을 강조한다.

각각의 계율은 삼감으로써 라는 부정적 언어로 표현되지만, 그것
을 지키는 사람은 점차 불선한 행위의 뿌리가 약해짐에 따라 긍정
적 덕성을 표현하게 된다. 따라서 각각의 계율은 긍정적인 상대를
지니고 있다. 첫 번째의 상대는 친절함과 자비로서, 다른 사람들의
행복을 걱정해 주기 위한 것이다(D. I .4). 두 번째의 상대는 너그러
움과 버림이다. 불교문화에서 탐욕은 강하게 부정되고 관대함은 매
우 찬양받는다. 세 번째의 상대는 '자기 자신의 아내에 대한 기꺼운
만족'(A. V .138; Sn.108 참조), 만족함, 적은 바람이다. 만족함은 '최
고의 부유함'(Dhp.204)으로 생각되는데, 이 덕목의 최고는 11세기
티베트의 성자 밀라레파(Milarepa)의 말로 표현되고 있다. 살을 에
는 히말라야의 동굴에서 누더기 면 가사를 입고 살았던 그는, 자신
에겐 '모든 것이 안락하다!'고 말하였다(Evans-Wentz, 1951: 201). 네
번째 계율의 상대는 정직함, 신뢰하고 의지할 만함, '진리의 노예'이
다(A.IV.249; M. I .345). 즉 진리를 탐구하고, 거짓을 찾아내며 올바
른 생각을 얻는 것이다. 다섯 번째 계율의 상대는 주의 깊음과 깨
어 있음이다.

팔정도의 한 요소인 '바른 생활' 개념은 계율을 지키는 것과 밀접
하게 관련되어 있다(p.38을 보라). 이것은 다른 존재에게 해를 끼침
으로써 습관적으로 계율을 어기는 일을 포함하지 않고, 다른 사람
들에게 도움이 되며, 자신의 기능과 능력 발전에 도움이 되는 방식
으로 자신의 삶을 영위하는 것을 말한다.

첫 번째 계율: 불상해

첫 번째 계율은 힌두교와 자이나교의 아힘사(ahiṃsā), 즉 불상해 개념에 해당하고, 일반적으로 가장 중요한 것으로 간주된다. '불상해는 담마의 두드러진 표시이다'(*Miln.* 185). 따라서 미얀마에서는 대부분의 재가자들이 무엇이 가장 중요한 계율인지 질문받았을 때 성적 비행이라고 분명히 말하지만, 그럼에도 불구하고 그들은 살생이 가장 나쁜 까르마적 결과로 이끌고, 육체적·언어적 학대가 가장 비난받을 만한 행동이라는 데에 동의한다(Spiro, 1971: 101-3).

첫 번째 계율을 지키는 것은 인간이건 인간이 아니건 모든 살아 있는 존재의 의도적 살생을 배제한다. 이 계율의 정신은 다음과 같이 표현된다.

> 멈추어 있건 움직이건 모든 존재들에 대한 폭력을 거두어라… 살아 있는 생명을 죽이거나, 죽도록 원인을 제공하거나 다른 사람이 죽이도록 허용해서는 안 된다.(*Sn.* 394)

> 살아 숨 쉬는 존재에게 대한 공격을 포기하며 그는 이러한 것을 삼간다; 모든 살아 있는 존재의 행복을 위해 몽둥이나 칼을 지니지 않고, 세심하고 동정적이며 걱정하는 마음을 갖는다.(*M.* I.345; *D.* I.4참조)

> 어떤 존재에게 해를 입히지만 죽이지는 않는 것은 분명히 계율의 정신에 반하지만, 그것을 완전히 어긴 것은 아니고―*A.* III.213의 게송 형식의 계율은 그것을 단순히 불상해로 표현하고 있다―마찬가지로 어떤 공격으로 결과된 우연한 죽음도 계율을 어긴 것이 아니다.(*Uss.* 171)

모든 생명 있는 존재는 동일한 환생의 순환과 다양한 형태의 고통경험을 공유하고 있기 때문에, 이 계율의 대상은 인간에 국한되지 않는다. 그러나 동물보다는 인간을, 또는 작은 동물보다는 더 크거나 많이 발전된 동물을 죽이거나 해를 입히는 것이 더욱 나쁘다. 다른 누군가에게 명령 받은 자에 의해 어떤 존재가 죽임을 당했을 때에도 첫 번째 계율은 어겨지는데, 그때 명령자와 행위자 모두가 계율을 어기는 것이며, 만약 그 행위자가 의도된 존재 이외의 다른 어떤 존재를 실수로 죽인 것이 아니라면, 그때는 그(녀)만이 책임이 있다(*Khp.A.* 29-30). 첫 번째 계율은 행위를 위한 많은 잠재적 함의를 지니고 있으며, 이는 이 책의 자연, 전쟁, 자살, 안락사, 임신중절에 관한 장들을 통해 탐색될 것이다. 마찬가지로 경제윤리에 관한 장은 두 번째와 네 번째 계율, 그리고 양성평등과 동성애에 관한 장은 세 번째 계율과 관련된다.

두 번째 계율: 도둑질과 기만을 피함

두 번째 계율은 어떤 도둑질도 제거하는 것으로 생각되어진다. 비구를 위한 동일한 규칙에서 비구가 만약 그를 기소할 수 있을 만큼을 훔쳤다면 그는 사원생활에서 완전히 추방된다(*Vin.*III.45). 어떤 것이 다른 어떤 사람의 '재산'으로 보이고, 따라서 만약 그 사람이 처벌이나 비난을 받지 않고 그것으로 그(녀)가 원하는 것을 할 수 있다고 해도, 그것을 취해서는 안 된다(*Asl.*98; *Khp.A.* 26). 도둑질은 훔치는 것의 가치뿐만 아니라 도둑질을 당하는 사람의 덕성에 따라 더 나쁜 것으로 생각된다(*As.* 98).

두 번째 계율은 또한 사기, 속임수, 위조(*Asl.* 98) 그리고 다른 사람에게 빚진 것을 거짓으로 부인하는 것도 포함한다(*Sn.*119-21). 『우바새계경』에서는 도둑맞은 것에 대해 적절한 것 이상으로 보상을 요구하는 것(터무니없는 보험 청구와 비교), 한 벌만 필요한데도 두 벌의 가사를 선물로 받아들이는 것, 다른 비구에게 주기로 했던 것을 그가 아닌 다른 비구에게 보시하는 것(*Uss.*172-3)에 의해서도 계율이 어겨지는 것으로 본다. 태국에서는 허락 없이 빌리거나 약속을 깨뜨리는 것에 의해서도 그것이 주어지지 않은 자유를 취하는 것이기 때문에 계율을 어기는 것으로 본다(Terweil, 1979: 188-9). 미얀마의 명상 교사 마하시 사야도우(Mahāsi Sayadaw)는 이를 잘 요약하고 있다.

> 다른 사람에게 속하는 것을 그가 모르게 은밀히 취하는 것… 잘못된 무게와 수치로 구매자를 속이는 것, 가치 없는 물건을 속여 파는 것, 가짜 금과 은을 파는 것, 적정 임금이나 운반비, 관세, 세금 들을 지불하지 않는 것, 빌린 돈이나 물건 또는 맡겨진 것의 상환을 거부하는 것, 책임 있는 피해나 손실에 대한 배상을 거부하는 것… 돈이나 재산을 내놓으라고 협박하거나 강요하는 것, 지나치거나 강제적인 과세, 부채 청산을 위한 불법적인 재산 몰수, 거짓 증인과 거짓 진술을 통한 불법적인 소유권을 위한 법정 소송 등.(1981: 65)

태국에서 도박은 일반적으로 이 계율의 표제 아래 포함되는데(Terweil, 1979: 188), 만약 그렇지 않으면 다음과 같이 비난받는다.

도박은 허욕,
불쾌함, 증오, 기만, 속임수,

방탕, 거짓말, 몰지각하고 거친 말을 만들어 낸다.
그러므로 절대로 도박하지 말라.(*RPR*.147)

『시갈로바다경』(Sigālovāda Sutta)에서는 다음과 같이 말하고 있다.

도박에는 여섯 가지의 위험이 존재한다. 즉 이긴 자는 적을 만
들고, 진 사람은 자신의 손실을 슬퍼하고, 자신의 현재의 재산
을 낭비하고, 모임에서 자신의 말은 신뢰를 얻지 못하며 친구와
동료들에 의해 업신여김을 당하고, 결혼 요구를 받지 못하니,
도박하는 사람은 아내를 지켜 줄 수 없기 때문이다.(*D*.Ⅲ.183)

하지만 그렇다고 하여 불교도들은 결코 도박을 하지 않는다고
말하는 것은 아니다. 찰스 벨(Charles Bell)은 티베트에서 도미노와
주사위 도박이 유행했다고 보고하고 있다(1928: 265-7). 그러나 스
리랑카에서는 1956년 불교조사위원회의 권고에 따라 정부에서 부
자들에게 더 많은 부를 가져다주고 가난에 치인 사람들은 더 떨어
뜨리게 하는 도박과 연관된 경마를 금지시켰다(Bond, 1988: 87,96).
이제 스리랑카 사람들은 영국 경마에 내기를 건다!
선불교에서 이 계율의 정신은 명상 시간에 낮잠을 잠으로써 자
신에게서 시간을 훔치지 않는 것(Aitken, 1984: 28), 노동자를 탐욕
스럽게 착취하지 않는 것(p.30), 참선 방석 같은 소중한 물건에 대
해 주의하지 않는 것 등(p.34)과 같은 것들을 포함하고 있는 것으로
보인다.

세 번째 계율: 성적 비행을 피하기

불교 사원의 이상은 독신을 요구하지만, 모든 사람들이 이 이상을 따를 수 있다고 느끼거나 기꺼이 따르는 것은 아니라는 점은 인정되고 있다. 즉,

> 지혜로운 사람은 불타는 석탄 아궁이를 피하듯이 비독신생활 (abrahmacariyam)을 피해야 한다. 그러나 그가 독신의 삶을 살 수 없다면, 다른 사람의 아내를 범하지 말아야만 한다.(*Sn.*108)

세 번째 계율은 주로 성적인 행위에 의해 고통을 일으키는 것을 피하는 것과 관련되어 있다. '다른 사람의 아내와 관계하는'(*A.* I.189) 간통은 이 계율의 가장 직접적인 위반이다. 이것의 그름은 부분적으로는 그것이 탐욕의 표현이기 때문이고, 부분적으로는 다른 사람에 대한 그것의 해악 때문인 것으로 생각된다. 이 중 첫 번째는 다음의 게송에 나타나 있다.

> 자기 자신의 아내에게 만족하지 못하고 성매매여성이나 다른 사람의 아내와 함께 하는 것, 이는 스스로 파멸의 원인이 된다.(*Sn.*108)

두 번째는 그 계율에 대한 이론적 설명에서 찾아볼 수 있다. 즉 당신은 다른 사람이 당신의 아내와 간통을 범하는 것을 원치 않을 것이다. 그러므로 다른 누군가의 아내와 간통을 범하지 말라(*S.* V.354). 그러므로 당사자들에게는 생명처럼 귀한 다른 사람의 아내와 관계해서는 안 된다(*D.* III.184). 그리고 나가르주나는 이렇게 말

한다. '남편과 아내의 즐거움은 두 몸이 하나의 육체로 되는 것이다. 다른 사람이 사랑하는 한 사람을 떼어 내어 이 깊은 감정을 파괴하는 것은 범죄이다'(Lamotte, 1949: 801). 그렇지만 '간통'으로 간주되는 것은 서로 다른 사회의 결혼 양식에 따라 다양하고, 불교는 이를 적용하는 데 신축적이었다. 그녀의 남편 모르게 혹은 남편 요구에 따라 한 여인과 간통하는 것도 그 행위의 악의적 본질로 인해 계율을 어기는 것이다(Lamotte, 1949: 801). 더욱이 이 계율은 현대적 어법으로는, 다른 남자와 '관계하고 있는' 여성과 성교하는 것에까지 확장된다(*Asl.*98).

세 번째 계율은 다른 사람의 아내나 파트너와 성관계를 갖지 않는 것에만 관련된 것은 아니다. 만약 한 남자가 약혼을 했거나 아직 친척의 보호를 받고 있는 여성과 성관계를 가졌다면, 그는 계율을 어긴 것이다(*M.* I .286; *Vin.*III.139 참조). 또는 친척의 보호를 받지 않는 어린 소녀와 관계하는 것은 왕의 바람에 어긋나는 것으로 생각되어진다(*AKB.*IV. 74a-b). 분명히 강간과 근친상간은 계율의 위반이고, 나가르주나는 고급 성매매여성이나 성매매여성과의 성교도 (이에) 포함시킨다(Lamotte, 1949: 800). 위반은 여성이 계율을 지키는 방식에 의해 드러나는 덕성에 따라 더 나쁘다(*Asl.*98). 태국에서는 결혼한 여성과 노닥거리는 것도 위반으로 보여질 수 있다 (Terweil, 1979: 188). 스리랑카에서는 혼전 성관계를 계율 위반으로 보지만, 만약 그들이 나중에 결혼한다면 거의 아무도 이 견해를 고수하지 않는다(Gombrich, 1971a: 255). 태국의 농촌에서 젊은 남성은 자유롭게 떠돌아다닐 수 있지만, 젊은 여성은 언제나 조심스러운 감시 하에 놓여 있다. 젊은 여성의 부모는 그녀가 집, 예를 들어 베란다에서 구혼 받는 것을 선호한다(H. E. Smith, 1979: 27). 성적 접촉은 피해야 하는데, 그것은 조상의 영혼을 화나게 하는 것으로 생각되기 때문이다. 조상은 도덕에 관하여 엄격하고, 예전의 자신들의 재산이 후손의 손에 남겨지는 것을 질투하고 싫어한다고 생각된다. 틱낫한(Thich Nhat Hanh)은 이 계율이 '성적 책임감'(1993: 29)을 요구하고, '사랑 없는 성관계에 참여하지 않는 것과 장기적 헌신', 어린이를 성적 학대로부터 보호하고, 성적 비행으로 부부와 가족이 깨어지는 것을 막아야 하는 것으로 이해한다(pp.3-4).

세 번째 계율에 관한 불교의 논의는 주로 남자들이 그것을 어기는 것으로 볼 수 있는 다양한 상황들에 초점을 맞추고 있다. 여성에 관한 논의는 더 짧고 보다 직접적이다. 따라서 테라바다 비구보디(Bodhi)는 결혼한 여성은 오직 그녀의 남편과 성교를 해야 하고(Mahasi, 1981: 78), 어떤 여성도 가까운 친척이나 독신을 서원한 사람과 같은 남성과 성교해서는 안 된다고 말한다(1984: 63). 물론 이것이 미혼 성인 여성에 의한 성적 행동을 그 계의 위반으로 보는 것은 아니다.

위의 내용에 덧붙여, 성에 관한 사회적 금기 형태들도 의심할 여지없이 그것들이 일으키는 죄책감 때문에 세 번째 계율의 위반으로 생각되어 왔다.[5] 강박적인 성적 행동 역시, 예컨대 음식에 대한 탐닉과 같은 감각에 대한 다른 강박적인 형태가 그런 것처럼, 그 계율 안으로 들어온다. 4세기의 『아비달마구사석론』(Abhidharma-kośa-bhāṣya, *AKB*.IV.74a-b)에서는 남자는 다음과 같이 세 번째 계율을 어긴다고 주장한다.

1. 금지된 여성, 즉 다른 사람의 아내, 어머니, 딸 또는 친가나

---

5) Cousins, 1974:101. 불교 문헌에 반영되어 있는 고대 인도의 성적 관행의 증거에 대한 유용한 개관을 위해서는 Perera, 1993을 보라. 하지만 이것은 때때로 부적절한 의견들을 덧붙이고 있다.

외가 친척과의 성교

2. 금지된 구멍을 통한 자기 아내와의 성교

3. 부적절한 장소: 노출된 장소, 신전이나 숲

4. 부적절한 때: 아내가 임신했을 때, 수유 중일 때, 서원했을 때. 어떤 사람은 남편의 동의하에 서원했을 때라고 한다.

항목 2에 대해 나가르주나는, 그것은 '한 여성의 정신에 역겨운 것'이며, 따라서 이 저속함을 강요하는 것은 계율을 어기는 것이라고 말한다(Lamotte, 1949: 801). 티베트불교의 카규파(Kagyu; bKa'brgyud)의 창시자 감 포 파(sGam Po Pa, 1079~1153)의 『해탈보장론』(解脫寶莊論 Jewel Ornament of Liberation)은 위의 내용에 동의하고 이를 확장시키고 있다. 다음과 같은 성교를 해서는 안 된다.

ⅰ) 몸의 부적당한 부분, 즉 '입이나 항문으로 하는 것'

ⅱ) 부적당한 장소, 즉 '스승의 시종 옆에서, 사원, 추모탑(stūpa), 많은 사람들이 모인 곳'

ⅲ) 부적당한 때, 즉 여성이 서원을 했을 때, 임신 중이거나 수유 중일 때, 또는 한낮

ⅳ) 너무 자주, 즉 연속 다섯 번 이상

ⅴ) 일반적으로 부적당한 방식으로, 즉 강제에 의해서 혹은 남자와 하는 것(Guenther, 1959:76)

중국에서 대중적인 『우바새계경』은 목록에 ⅰ)과 ⅱ)를 포함시키고 있다(Uss.173). 홈스 웰치(Holms Welch)도 중국의 불교도가 매춘굴을 찾아가거나 오후에 거실과 같은 부적절한 장소나 부적절한 때에 성교하는 것과 또는 도구를 사용해 성교하는 것을 포함시키고

있다고 보고한다. 어떤 사람들은 그 계율이 첩을 내보낼 것을 요구한다고 보는데, 다른 사람들은 단지 더 이상의 첩을 취하지 않을 것을 요구하는 것으로 본다. 어떤 사람들은 아이 출산을 목적으로 하지 않은 성교는 피해야 하는 것으로 생각한다(Welch, 1967: 365).

위의 어느 것도 자위에 관해 언급하지 않고 있지만, 『완전한 스승의 말씀』(Kunzang Lama'i Shelung)에서는 (자위가) 세 번째 계율의 위반에 포함된다. 이것은 파툴 린포체(Patrul Rinpoche)의 매우 유명한 티베트 저술인데, 린포체는 19세기에 있었던 닝마파(Nyingma; rNying-ma)와 통합주의운동에서 양쪽 모두의 라마(Lama)였다(Patrul Rinpoche, 1994: 107). 사원 계율에서 비구의 의도적인 정자 유출은 승가의 공식 회합을 요구하는 위반이다. 즉, 그것의 심각성의 수준은 비구 추방의 요구에 다음가는 것으로 붓다는 그 행위가 담마가 넘어서고자 하는 바로 그 집착과 속박, 욕심과 관련되어 있다고 설명한다.[6] 성교가 비구의 추방을 요구한다는 점으로 미루어 볼 때, 자위 또한 아주 심각하지는 않더라도 위반이라는 것은 놀랄 만한 일이 아니다. 재가자에게는 일정한 한계 내에서 성교도 허용되듯이 자위를 재가자의 세 번째 계율의 위반으로 보는 것은, 비록 그 행위가 감각적 쾌락에 대한 집착의 극복에 대한 불교의 강조에는 반하지만, 근거가 약하다. 현대 테라바다 명상 교사 앨런 제임스(Alan James)는 자위가 계를 위반하는 것은 환상과 성적 관계에서 발생하는 일상적인 곤란함을 피하려는 바람 때문이라고 말한다(James and James, 1987: 42). 더욱이 현대의 선 지도자 에이켄(Aitken Roshi)은 이 계를 '거친 섹스를 하지 말라'로 해석하면서, 이를 '오직 자기 자신만을 생각하는' 모든 성행위나 심지어 독신생활로 본다(Aitken,

---

6) *Vin.* Ⅲ.111-2. 비구니에게 있어서 성기를 문지르는 것은 참회를 요구하는 덜 중대한 위반이다(*Vin.* Ⅳ.260-1).

1984: 37-8). 그럼에도 불구하고 『우바새계경』에서는 자위가 오직 공공장소나 종교 건물 가까운 곳에서 이루어졌을 경우에만 세 번째 계율과 관련되는 것으로 언급하고 있다(*Uss.*173).

네 번째 계율: 거짓말과 그릇된 말을 피함

처음의 세 가지 계율은 육체적 행위에 관련되고, 그것을 지키는 것은 팔정도의 '바른 행위'에 해당하는 것이다. 네 번째 계율의 준수는 팔정도의 '정어'에 해당하는 것으로, 이 계는 특별히 거짓된 말을 피하는 것만을 언급하고 있지만, 일반적으로는 자신과 다른 사람들에게 정신적 혼란이나 (그 외의) 다른 형태의 고통을 야기하는 또 다른 형태의 '그른' 말을 피할 것을 요구하는 것으로 생각되어진다(Mahasi, 1981: 207-208). 이러한 해석은 세 가지 형태의 '그른 행동'과 네 가지 형태의 '그른 말', 끝으로 세 가지 형태의 불선한 정신적 행동, 즉 갈망, 악의, 그릇된 견해를 말하고 있는 '열 가지 불선한 행동'의 목록에 비추어 보아도 합당한 것이다(*M.*Ⅲ.45-53).

네 번째 계율은 일반적으로 (첫 번째 계율 다음으로) 두 번째로 가장 중요한 계율로 생각된다. 의도적인 거짓말을 부끄러워하지 않는 사람은 어떤 악한 행동도 할 수 있을 것이라고 말해진다(*M.*Ⅰ.415). 더욱이 테라바다 자따까에서는, 발전하는 보살은 때로 한 가지를 제외하고 모든 계율은 어길 수도 있다: '그는 사물의 실재를 어기는 기만에 수반되는 거짓말을 하지 않을 것이다'(*J.*Ⅲ.499)라고 (주석서의 산문에서) 말해진다. 테라바다 불교도는 또한 진실함(truthfulness)을 보살의 '완성들'의 하나로 간주한다. 마찬가지로 대승전통에서도, 산티데바는 보살은 '그의 생명을 구하기 위해서가 아니라면, 결코 의도적으로 거짓말을 하지 않는다'고 말하는 『대보적경』(大寶積經 Ratnakūṭa Sūtra)을 인용하고 있다(Ss.53). 계율을 어기는 가장 중대한 방법은 승가의 분열을 일으키기 위한 거짓말일 것이다(AKB. IV.105a-b). 다른 한편, '진리의 단언'(빠알리어 sacca-kiriyā; cf. sacca-vacana; 산스크리트 satya-vacana)은 도덕적 혹은 정신적 진리에 대한 진지한 확언이나 실패에 대한 진실된 인정의 형태로, 발언자 또는 다른 사람을 위험에서 구하는 힘을 지니고 있다는 관념이 존재한다(Harvey, 1993: 67-75).

모든 형태의 거짓말, 기만 또는 과장은 자기 자신의 이익을 위해서건 다른 사람의 이익을 위해서건(M.III.48) 네 번째 계율의 위반으로 간주되는데, 심지어 몸짓이나 다른 암시에 의한 비언어적 기만(AKB.IV.75; Asl.99; Khp.A.46)이나 현혹시키는 진술(Uss.174)조차도 네 번째 계율의 위반으로 생각된다. 틱낫한은 네 번째 계율을 '내가 확실하게 알지 못하는 뉴스를 퍼뜨리지 않는 것, 확신하지 못하는 것을 비판하거나 비난하지 않는 것'을 요구하는 것으로 이해한다(1993: 4). '장난으로 하는 거짓말과 결혼했거나 죽음의 위험에 처한 여성에 대한 거짓말'에 의해 계율이 어겨지는 것을 부정하는 것은 현혹된 그른 견해라고 말해진다(AKB.IV.68d). 그럼에도 불구하고 사소한 '선의의 거짓말'은 법정에서 거짓말하는 것보다는 훨씬 덜 중대하다. 의도적인 거짓말은 '그 주제에 따라 중대하거나 경미하다'(Miln.193). '파괴되는 행복이 더 큰지 혹은 더 작은지의 여부에 따라 더 혹은 덜 위반한 것'이 된다(Asl. 99). 재가자에게 이것은 그가 다른 누군가에게 해를 입히기 위해 법정에서 거짓말하기를 원하지 않는 무언가를 가지고 있음을 부정하는 것에 따라 다를 것이고, 비구에게 그것은 그가 보지 못한 어떤 것을 말하는 반어적 농담에 따라 다를 것이다.

거짓말은 그것이 자주 다른 사람에게 해를 주기 때문이 아니라 진리를 추구하고, 사물을 '그것들이 실제로 존재하는 대로' 보는 불교의 가치에 반하기 때문에 회피되어야 한다. 사람들이 다른 사람을 속이면 속일수록 그들은 더욱 그들 자신을 속이게 되고, 따라서 그들의 어리석음과 정신적 무지가 증가하게 된다. 더욱이 하나의 거짓말은 종종 그것을 숨기기 위한 또 다른 거짓말의 '필요'로 이끌고 가서, 거짓말쟁이는 '항상 자기 뒤를 돌아보아야 하는' 혼란 속에서 점차 자신이 보호하려는 것을 왜곡하게 되고 점점 '비실제적'으로 된다.

물론, 진실도 잘못된 때에 말해지면 해로울 수 있기 때문에, 그것이 말하는 사람에게 있어서 정신의 선한 상태를 쇠퇴시키거나 악한 상태를 증가시키게 된다면 저지당해야만 한다(A. II.173). 그러므로 잘 말해진, 비난받지 않을 만한 말은 '진실에 맞게 부드럽고, 지조 있게 그리고 친절한 마음으로 바른 시간에 말해진다'고 한다(A. III.243-4). 그렇지만 이는 우리가 언제나 듣는 사람이 동의하지 않을 만한 것을 절대로 말해서는 안 된다는 의미는 아니다. 붓다는 다른 사람이 동의할 만한 것이든 아니든 오직 적절한 때에, 진실하고 정신적으로 유익한 것만을 말했다고 한다(M. I.395; cf. M. III.234). 하지만 일본에서 정어는, 아픈 사람에게 그(녀)가 치명적으로 아프다는 가혹한 진실을 말하는 것은 자비롭지 못한 결과를 가져오는 것으로 보여지는데(Aitken, 1984: 51), 우리는 이에 대해 만약 그(녀)가 이 사실을 안다면 자신의 죽음을 더 잘 준비할 수 있으리라는 의문을 제기할 수도 있다. 그럼에도 관행은 아픈 사람에게 그(녀)가 죽어가고 있다고 말해서는 안 되며 대신 불법승에 귀의하여 그 병을 일으킨 과거 행위에 대한 참회를 표현하도록 고무시켜야 한다고 —만약 이에 대해 화를 내며 반응한다면 인내를 보이면서— 말하는 『우바새계경』의 조언에 따르고 있다(*Uss.*133).

다른 형태의 '정어'는 말의 온화함을 신장시켜 불선한 정신상태를 감소시키고, 선한 상태를 증가시키는 것을 추구한다. 그러한 말은 거짓됨으로부터 자유로울 뿐만 아니라 분열적인 말, 거칠거나 모욕적이고 화내는 말 그리고 심지어 쓸데없는 수다로부터도 자유롭다.

> 분열적인 말을 버리고, 그는 분열적인 말을 삼간다. 그는 한 곳에서 어떤 것을 듣고, 다른 곳에서 그것을 반복하여 사람들 사이에 불화를 일으키지 않는다. 혹은 그는 다른 곳에서 어떤 것을 듣고 그것을 이 사람들 사이에서 되풀이 말하여 그들 사이에 불화를 일으키지 않는다. 그렇게 그는 불화하고 있는 사람들 사이의 조화자이고, 친구들 사이의 조화자이다. 화합은 그의 말의 즐거움이자 기쁨, 환희이고 동기이다. 거친 말을 버리고 그는 거친 말을 삼간다. 모든 말이 세속인들에게 부드럽고, 듣기에 좋으며 애정이 넘치고 가슴에 와 닿고 예의 바르며 기분 좋게 하며 세인들이 동의할 만하다. 그는 이와 같은 말을 한다. 하찮은 잡담을 버리고, 그는 하찮은 잡담을 삼간다. 그는 바른 때에 사실에 따라 목적에 대하여, 법에 대하여, 도덕적 규율에 대하여 말하는 사람이다. 그는 시의적절한 비유로, 목표와 관련된 의미 깊고 소중히 간직할 만한 것을 말한다.(*M.*Ⅲ.49)

이 서술은 언어적 행위에 관한 매우 광범위한 관심을 보여 주고 있다. 남을 비방하거나 거친 말을 사용하는 사람은 도끼와 같은 혀를 가지고 있다고 말해진다. 그것의 사용으로 인해 그는 미래에 더 많은 고통을 겪게 된다(*Sn.* 657). 거칠지 않은 말은 서두르지 말아야 하는데, 그러지 않으면 '몸은 지치고, 생각과 소리가 고통스럽고, 목이 영향을 받는다. 서둘러 하는 말은 명료하지도 이해할 수도 없다'(*M.III.*234). 『보살지지경』에서 보살은 품위 없는 말이나 생각을 피해야 하고, 만일 그것이 생겼다면 조심스럽게 거두어들여야 한다고 말해진다. '그것으로부터 스스럼없이 물러섬으로써, 그러한 행동에 대한 그의 이전의 즐거움은 그렇게 행동하지 않는 즐거움으로 되고, 따라서 그 행동은 혐오스러운 것이 된다'(Tatz, 1986: 51). 하찮은 잡담을 피하는 것은 경전에서 때로 다른 사람들을 지루하게 하지 않는 것으로 설명되고(*S. V.*355), 그것에 얼마나 자주 빠지는가에 따라 더 나쁜 것으로 생각된다(*Asl.*100). 이는 명상적 상황에서 가장 자주 강조되기는 하지만, 일반적으로 단지 자신의 입을 열기 위해서가 아니라 다른 사람들에게 정보를 알려주고 도움을 주거나 친절을 표현하기 위해 자신의 말을 현명하게 사용할 필요성을 강조한다. 따라서 태국에서는 네 번째 계율이 직접적인 거짓말뿐만 아니라 '과장, 아첨하는 말, 욕설, 험담, 무절제한 웃음, 교활한 말, 농담과 조롱'에 의해서도 어겨지는 것으로 본다(Terweil, 1979: 189).

다섯 번째 계율: 금주

이 계율은 팔정도의 '바른 행동'이나 '바른 말' 어느 것에도 속하지 않지만, '바른 사유'(mindfulness)에 대한 하나의 보조물로서 행동하는 것으로 보여질 수 있다. 즉 어떤 사람이 술에 취해 있을 때, 삶의 고통에 직면하기보다는 덮어버리려는 시도가 존재하게 되고, 정신적 명료함이나 차분함도 결여되어 다른 모든 계율을 더 잘 어기게 된다. 따라서 태국에는 단지 한 가지 계율을 오직 한 번만 어기도록 도전받은 모범적인 남자의 이야기가 있다. 그가 어길 수 있는 한 가지 계율은 다섯 번째 계율이었고, 술에 취하자마자 그는 나머지들도 어기게 되었다![7] 붓다고사는 처음 네 가지 계율의 위반은 피해를 입는 사람이나 동물의 본질에 따라 비난 가능성이 달라지지만, 다섯 번째 계율의 위반은 그것이 담마의 실천을 가로막고, 심지어 미치게 할 수 있기 때문에 언제나 '크게 비난받을 만하다'고 주장한다(*Khp*.A.29). 실제로 미얀마에서 절반 정도의 비구들은 첫 번째(혹은 네 번째)가 아니라 다섯 번째 계율을 그 위반으로 인해 뒤따를 수 있는 결과들 때문에 가장 중요한 것으로 본다(Spiro, 1971: 99-100). 술 취하는 것은 '바보들의 기쁨'(*Sn*.399)으로 묘사되고, 『시갈로바다경』에서 붓다는 다섯 번째 계율을 어기는 것은 여섯 가지 위험으로 이끈다고 말한다.

현재의 돈 낭비, 늘어나는 다툼, 병에 걸리기 쉬워짐, 좋은 평판을 잃음, 흉한 인격의 공개, 지혜의 약화(*D*.III.182-3)

더욱이,

취하게 하는 술을 마시는 것은 기억력에도 불리한 영향을 끼친다. 그것은 또한 세속적이고 초세속적인 모든 훌륭한 덕성들을 감소시킴으로써 좋은 길로 가는 데 장애물이 된다.(*ASP*.229-30)

취하게 만드는 것들은 세상의 업신여김을 받게 이끈다.
하는 일은 무너지고, 부는 낭비되어,
어리석음으로 부적절한 것을 하게 되니,

---

7) Terweil, 1979:189-90. 비구와 관련된 비슷한 이야기가 티베트에서도 발견된다 (Yuthok,1995:51).

그러므로 결코 취하게 하는 것을 먹지 말라.(*RPR*.146)

나가르주나는 음주의 35가지 위험을 열거하고 있다(Lamotte, 1949: 817-8). 다른 곳에서 음주는 자기존중과 나쁜 환생에 대한 두려움을 파괴하고(*Uss*.152) 현재와 앞으로의 생활에서 어리석게 만들며 다음 생에서 제정신이 아니게 이끌고(*ASP*.229-30; cf. A.IV.247-8) 혹은 좌절한 영혼이나 미친 개 그리고 제정신이 아니고 추하며 어리석고 잔인한 인간으로 지옥에 환생한다고 말해진다(Reynolds and Reynolds, 1982: 150).

다섯 번째 재가 계율과 표현이 매우 유사한 사원 규칙에서는, 약의 성분으로서 소량의 알코올은 허용되지만(*Vin*. I .205; *Vin*.IV.110), 풀잎에 고일 정도의 술을 마시는 것조차도 위반이다(*Vin*.IV.110). 그럼에도 불구하고 다섯 번째 재가 계율을 따르는 데 있어서, 어떤 사람들은 순수한 의료적 목적을 제외하고는 모든 취하게 하는 것 혹은 마음을 변하게 하는 물질을 피하려고 애쓰지만, 다른 사람들은 취하는 것만을 그 계율의 위반으로 간주하고 약간의 술을 마시는 것은 위반으로 보지 않으며, 또 다른 사람들은 모든 음주를 계율의 위반으로 간주하지만 그럼에도 불구하고 술을 마신다.[8] 예를 들어 티베트인들은 맥주가 아주 약간의 알코올을 함유하고 있음에도(Tucci, 1980: 266) 거의 전혀 마시지 않으며(Bell, 1928: 214), 심지어 제단의 공양물에도 포함시키지 않을 것이다(Tucci, 1980: 116). 만찬에서 집주인은 손님에게 술을 마시게 하기 위해 최선을 다한다(Bell, 1928: 158). 태국에서 취하는 것은 드물지 않은데, 알코올은 때때로 대규모의 공동체 종교의식에서, 그리고 심지어 사원 경내에서도 마시고, 의학적인 이유가 아니라면 손님이 제공되는 술을 거

---

8) Terweil, 1979: 189; Gombrich, 1971a:255.

절하는 것은 예의에 어긋나는 것이다(Terweil, 1979: 191).

처음 네 가지 계율의 어느 하나를 어기는 것은 바로 그 본질에 의해 비난받을 만한 것으로 보이지만(*AKB*.IV.29a-c), 다섯 번째 계율의 위반도 그러한지에 대해서는 이견이 존재한다. 『아비달마구사석론』(*AKB*.IV.34d)은 사원 규칙을 전문으로 하는 비구―테라바다의 붓다고사처럼(*Khp*.A.24)―는 그것은 『우팔리경』(Upāli sūtra)에서 붓다가 아픈 사람이라고 해도 '나를 스승으로 여기는 사람은 비록 풀잎 끝의 한 방울이라고 하더라도 어떤 독한 술도 마셔서는 안 된다'고 말했다고 설명하면서, 본질에 의해 비난받을 만하다고 주장했다고 기록하고 있다. 그러나 아비달마 혹은 정신심리학의 전문가들은 그것이 언제나 본질에 의해 비난받을 만하다는 것을 부정했다. 그것은 오직 마음이 오염된 사람이 술을 마셨을 때에만 곧, 그 사람이 취하게 될 줄 아는 정도의 양을 마셨을 때에는 그러하지만, 취하지 않을 것이라고 알고 있는 적은 양만 치료제로 마셨다면 그렇지 않다. 따라서 『우팔리경』은 주어진 양의 술이 (사람을) 취하게 하는 효과가 각양각색이기 때문에 병든 비구에게는 알코올을 금지한다. 그러므로 다섯 번째 계율의 위반은 본질에 의해서가 아니라 계율에 의해서만 비난받을 만하다. 『아비달마구사석론』의 저자는 그 계율을 주의 깊은 경계를 위한 지지물로 보면서 이 입장에 동의한다(*AKB*.IV.29.a-c; cf.*Uss*.152). 이와 유사하게 대승의 주석가 지나푸트라(Jinaputra)는 음주에 대해 다음과 같이 주장했다.

> (음주는) 오염된 생각으로 이루어졌을 때만 자연스럽게 비난받을 만하다. 그러나 오염되지 않은 생각으로 행해질 수 있을 때, 세존께서는 이를 다른 위반들을 경계하기 위하여 처방하신 것이다. 즉 그것은 계율에 의해서 비난받을 만한 것이다.(Tatz, 1986: 321)

그것의 많은 위험들은 더 큰 부주의함의 원인이다. 마실 수 있는 적당한 양을 알 수 없기 때문에 그것은 절대적으로 금지된다. 다른 한편, 그것이 사람들 가운데 욕망에 대한 집착을 가지고 있지 않은 사람들에 의해 이루어진다면, 그것은 그들에게 부덕한 것이 아니다. 욕망에 대한 집착이 없는 음주는 본질에 의해 비난받을 만하지 않다.(Tatz, 1986: 322)

이것은 취하려는 욕망이 없는 소량의 주의 깊은 음주는 그 자체로 비난받을 만하지 않으나 그것이 이끌지도 모르는 것을 피하는 것이 가장 좋다고 말하는 것으로 보인다. 이는 음주가 왜 '그른 행위'나 '열 가지 불선한 길'의 일부가 아니라 다섯 가지 계율에서 언급되는지를 설명해 준다.

술을 팔아 살아가는 것은 '그릇된 생활'로 보이지만, 불교도는 일반적으로 음주에 관하여 청교도적이지는 않다. 술을 마시지 않는 불교도가 다른 사람이 동료들과 술을 마시는 것을 비난하는 것은 좋지 않은 행동으로 보일 것이다. 그보다는 오히려 술에 의존하지 않으면서, 그들의 행복한 마음의 구조와 조화를 이루는 것이 적절할 것이다. 일부 무슬림 국가들과 달리 어느 불교 국가도 술의 판매와 소비를 금지하지 않는다. 그렇지만 금주가 널리 받아들여지고 있는 불교적 이상국가인 스리랑카에서는 1956년 불교 부흥운동의 일부로 정부가 술을 금지하도록 하려는 시도를 했으나 실패를 경험했다(Bond, 1988: 62, 87, 96). 중국의 당나라에서도 금주지역과 술보다는 차를 마시자는 주장이 있었다.

흡연은 다섯 번째 계율에 포함되지 않는다. 예를 들어 태국에서는 담배 피우는 비구를 보는 것이 드물지 않은 일이다. 담배를 싫어하는 사람의 얼굴로 담배 연기가 흘러가도록 하는 것은 무례하게 보이겠지만, 마찬가지로 비흡연자가 흡연자를 책망하는 것도 적절하지 못한 것으로 생각된다. 그렇지만 공산화 이전의 티베트에서는 수도의 거리에서 흡연을 금지하는 엄격한 법률이 존재했었고(Bell, 1924: 235), 담배의 수입이 금지되었다. 당국은 그것을 냄새로 정신을 괴롭히고 그에 따라 사람들에게 병을 일으키게 하는 것으로 보았다. 비구는 담배를 피우는 것이 완전히 금지되었다(Bell, 1928: 242-4).

계율과 지계의 본질

계율의 함의가 밝혀지면 그것은 완전하게 지키기 어려운 높은 이상이 되는 것으로 보일 수 있을 것이다. 실제로 사람들은 자신들의 환경이나 본성으로 볼 때, 이를 행할 수 없다고 말할지도 모르겠다(Spiro, 1971: 449-50). 그럼에도 불구하고 계율은 지키려고 노력해야만 하는 존중받는 이상으로 남아 있다.[9] 각각의 계율은 외부로부터의 명령이라기보다는 개인적인 받아들임, 자신에 대한 약속 혹은 서원의 형태로 되어 있다. 하지만 계율과 명령의 차이는 실제에서 과장될 수 있다(Gombrich, 1971a: 254-5).

'계를 받을 때' '삼보에 귀의'한 후에 그것을 낭송하는 것이 보통이다(Harvey, 1990a: 176-9). 남방불교에서 사용되는 빠알리 형식에서 번역해 보면, 후자는 다음과 같다.

---

9) 이것이 계율을 '절대적인 것'으로 만드는지의 여부에 관해서는 King, 1964: 70-9를 보라.

나는 붓다에게 귀의합니다.

나는 법에 귀의합니다.

나는 승가에 귀의합니다.

두 번째 나는 붓다에게 귀의합니다…

세 번째 나는 붓다에게 귀의합니다…

계율의 낭송은 재가자에 의해 어느 때나 이루어질 수 있지만, 대개 비구를 따라 낭송함으로써 '받아 지니게 되고', 그런 다음 비구는 이들을 '관리하는' 역할을 맡는다. 이러한 맥락 속에서 계율을 지키겠다는 결의는 부가된 심리적 자극으로 작동하게 된다.

불교가 지배적 종교인 남방불교 지역에서 오계는 사람들이 지키며 살도록 기대되는 규범이다. 예를 들어 스리랑카에서, 지방 사람들은 종종 그것들이 불교의 핵심이라고 말한다(Southwood, 1983: 192). 삼보와 계율은 보통 가정과 사원의 모든 의식에서 매일 낭송된다. 중요 종교행사에서 계율은 '재가자가 적절한 방식으로 그 의식의 이익을 받을 수 있도록 하는 일종의 정화 의식으로서'(Terweil, 1979: 188) 수많은 의식 가운데 맨 처음에 행해질 것이다(Terweil, 1979: 183). 사람들은 자신들의 헌신과 환경에 따라 그들이 할 수 있는 최선으로 계율에 따라 살려고 노력한다(Terweil, 1979: 190-3). 계율에 대한 더 큰 고수는 보름마다 혹은 행사일에 치러지는 네 번의 안식일과 비슷한 '의식(포살)'(빠알리어 uposatha; 산스크리트 uposadha)에서도 보인다.

동아시아불교에서, 중국의 주석가들은 계율을 단연코 자기 자신에 대한 약속 이상인 것으로 본다.[10] 재가에서건 사원에서건, 타당

---

10) Charles Jones, 'Keeping Precepts' posting to 'Buddha-L' Internet discussion forum, 25 July, 1995.

한 방식으로 계율을 받으려면, 『우바새계경』에서 주장되는 것처럼 의식 속에서 비구로부터 적절하게 '전달'받을 필요가 있다(Uss.177). 중국에서 영향력이 있는 『범망경』(Brahmajāla sūtra)에서도 아주 예외적인 상황을 제외하고는 붓다의 상이 나타나 그런 형식의 계의 전달을 승인하기까지 7일 동안 명상을 한 후에 사원에서 받아야만 한다고 말하고 있다. 『우바새계경』에서는 만약 계율을 삼보에 먼저 귀의하지 않고 받게 되면 그것은 '확고하지 못한 세속의 계라 불리고, 풀로 붙이지 않은 옷깃(collar)과 같다'고도 하고 있다. 삼보와 함께 받은 불교적 계율과 달리 그것들은 이전의 악업을 파괴할 수 없고 인격을 정화시킬 수 없다(Uss.150). 중국의 수계의식에서 '계의 본체'(saṃvara, 문자적으로 '규율')는 '모든 붓다와 보살들에 의해 발산되는 힘으로 마치 구름처럼 머리끝을 통해 받는 사람에게 들어가 온몸을 돌아다니는'[11] 것으로서, 그 사람이 계를 지키도록 돕는 힘을 가지고 있는 것으로 생각된다. 히라카와(Hirakawa)가 표현하듯이, '만약 어떤 사람이 생명 있는 존재의 목숨을 취하려고 한다면, 이 힘이 그 사람의 마음에 나타나 생명을 취하는 것을 중지시킨다… 어떤 사람이 계를 받아 지키기로 서원할 때, 이 힘은 그 사람의 마음속에 뿌리를 내리고 자라게 된다'(1995: 10).

동아시아불교에서, 불교는 종교적 상황의 한 요소일 뿐이었고, 계율은 초기 인도불교에서 그랬던 것처럼, 불교에 매우 강하게 헌신하는 사람들에 의해서만 받아 지녀졌다. 중국에서, 그것들은 보통 사찰에 머무르는 동안 비구의 수계식의 부속의례로서, 엄숙한 '재가수계' 의식에서 먼저 받아들여진다.[12] 보살서원도 함께 받는

---

11) Ibid.
12) Welch, 1967: 361-4. 현대적인 수계의식에 관해서는 Nhat Hanh et al. 1993: 257-78을 보라.

재가수계 의식은 어떤 사람이 불교도로 공식적으로 인정받고, 그럼으로써 그(녀)는 우바새(upāsaka, 재가 남성), 우바이(upāsikā, 재가 여성)가 되어 종교적 이름을 부여받는 것을 의미한다(Welch, 1967: 358-9). 『우바새계경』에 따르면 우바새계를 받기 위해 남성은 그의 부모, 아내, 하인, 왕의 허락을 받아야만 하고, 비구의 수계도 유사한 방식으로 질병이나 정상적인 남자가 아니거나 혹은 사찰을 헐뜯었었거나 부모를 내버렸거나 하는 것과 같은 특정한 장애로부터 자유로워야만 한다(Uss.73).

일본의 조동종(曹洞宗)에서는 독실한 재가자는 봄마다 열리는 일주일간의 의식인 쥬카이(Jūkai: 受戒)에서 사찰에 머물며 계를 받는다. 쥬카이에 처음으로 참여하는 사람은 또한 '재가 서원' 의식을 행한다. 여기서 취해지는 계율은 보통의 오계와 다르게 '세 가지 청정한 계율'과 '열 가지 중대한 계율'로 이루어져 있다. 전자는 '악을 제거하고, 오직 선만을 행하며, 다른 사람들에게 잘 하라'이고, 후자는 '죽이지 말라, 훔치지 말라, 성을 잘못 사용하지 말라, 거짓을 말하지 말라, 마약이나 술을 먹거나 팔지 말라, 다른 사람의 뜻에 거슬리는 말을 하지 말라, 자신을 칭찬하고 남을 헐뜯지 말라, 법이나 부를 보시하는 데 인색하지 말라, 화내지 말라, 삼보를 비방하지 말라' 등이다.[13] 계를 받는 것에 더해 그 사람은 과거의 잘못에 대한 전반적인 고백을 하며, 이를 나타내는 한자가 쓰여 있는 종이가 의례에 따라 태워진다.

---

13) Kennett, 1972: 213-4; Aitken, 1984: 4-104.

계율을 부분적으로 지키는 것과 파계의 문제

오계에 따라 사는 것의 중요성으로 볼 때, 불교도는 그것의 위반과 관련된 여러 가지 쟁점들에 관심을 가져왔다. 그 한 가지로, 만약 오계 가운데 하나를 어겼다면 다섯 가지 모두를 지키겠다는 약속이 어겨진 것인가? 남방불교에서 주석가 붓다고사는 재가자는 일련의 계들을 집합으로 혹은 개별적으로 받을 수 있다고 주장했다. 만약 계율들을 개별적으로 받게 되면, 어느 하나의 위반이 전체의 위반은 아닌 것이며, 어긴 것을 다시 받자마자 전체 계율은 다시 효용을 얻게 된다. 만약 일련의 계율들이 재가자에 의해 하나의 집합으로 받아들여지게 되면, 동일한 상황이 관련된다고 붓다고사는 주장한다. 그렇지만 그는 하나의 계의 위반은 전체를 지키겠다는 약속을 어긴 것이라고 주장하는 사람들을 인용하고 있다(*Khp.A*,28). 바렌드 터웨일(Barend Terweil)은 태국 중부에서 재가자는 보통 '하나씩 하나씩, 개별적으로'(visuṃ visuṃ) 지킬 것이라고 말하는 빠알리 공식을 사용하여 오계를 요청한다. 따라서 하나가 위반되어도 나머지는 위반되는 것이 아니다. 특별히 엄격한 경우에만 그들은 하나의 위반이 전체의 위반을 의미하는 방식으로 오계를 요청한다(1979: 184-6). 스리랑카에서도 신심이 깊은 재가자들은 종종 각각의 계의 끝이 아니라 전체 계의 끝에서 '나는 받아들입니다'라고 말함으로써 오계를 집합으로 받는다(Bartholomeusz, 1994: 73).

불교도의 또 다른 관심사는, 만약 어떤 사람이 이를 금지하는 계를 공식적으로 받았지만 그 계에 포함되는 나쁜 행위를 하는 것이 더 나쁜가, 아니면 어떤 사람이 (처음부터 계에) 그다지 헌신적이지 않은 것이 더 나쁜가의 여부이다. 이는 오계 가운데 자신이 지킬 수 있다고 생각하는 것만을 받는 것이 수용가능한지 어떤지의 문제로 이어진다. 오계 가운데 단지 일부만을 받는 것은 남방의 테라바다에서는 현재 행해지지 않는 것으로 보인다.

에티엔 라모트(1988: 69)는 고대 인도에서 우바새들은 오계 가운데 어느 정도를 따를 것인지 선택할 수 있었고, 일례로 오직 한 가지만을 따르는 사람은 eka-deśa-kārin, 즉 '하나의 규칙만 지닌 자'라고 불렸다고 주장한다.[14] 그러나 대승학파 이전에는 다섯 개보다 적은 계를 받는 것에 대한 다양한 견해들이 존재했다. 경량부(Sautrāntikas)와 대중부(Mahā-saṃghikas)는 그것을 받아들였지만, 법장부(Dharmaguptakas)와 화지부(Mahīśāsakas) 그리고 대부분의 설일체유부(Sarvāstivādins)는 (이를) 받아들이지 않았다(Hirakawa, 1995: 19-21; AKB.IV.31a-c, 36c-d). 설일체유부의 주장은 삼보를 받아들이는 것 또한 오계 모두에 헌신하는 것이고 우바새가 되기 위해서는 비구가 되기 위해 모든 사원의 모든 계율을 받아야 하는 것처럼 오계 모두를 받아야만 하거나, 혹은 삼보와 단지 일부의 계율을 받아들이는 것만으로도 우바새가 되기에 충분하다는 내용을 포함한다(Hirakawa, 1995: 19-20). 테라바다 전통의 빠알리 경전은 오계를 받기 전에도 단지 삼보를 받아들이는 것에 의해서도 우바새가 된다고 말하지만(A.IV.220), 일부의 계율만을 지키는 우바새에 대해서는 언급하지 않고 있다. 대승 경전들 또한 종종 나가르주나의 저작으로 짐작되는 두 저술에서 보이는 것처럼 이 쟁점에 관해 의견이 나뉘는데, 『대지도론』(大智度論 Mahā-prajñā- pāramitā-upadeśa)은 이 관행을 받아들이지만, 『십주비바사론』(十住毗婆沙論 Daśa-bhūmika-vibhāṣa)은 받아들이지 않는다.[15]

현대 티베트의 관행에서는 수계의식에서 모든 계율들이 낭송되

---

14) Kośa-vyākyā, p.377에 인용된 Mahā-nāma Sūtra를 인용함
15) 각각 『대정신수대장경』 1509, 25.158c와 1521, 26.56.b-c, Hirakawa인용, 1955: 22.

고, 재가자는 자신들이 따를 수 있다고 느끼는 계율들에만 개인적으로 지키기로 서약하는데, 오계 중 단지 일부만을 약속한 사람들도 우바새나 우바이로 여겨진다.[16] 중국의 수계의식에서 계율들은 위의 논의에 함축되어 있듯이 상당히 중대한 서원이다. 따라서 만약 어떤 사람이 특정한 계율을 실천에서 지키며 살 수 없다고 생각한다면 그것을 받지 않을 것이다. 그렇지만 첫 번째 계율은 절대로 빠지지 않는다(Welch, 1967: 361). 의식에서 단지 일부만을 받기를 바라는 사람은 자신이 받지 않으려는 계율에 대답해야 할 때 단순히 침묵을 유지한다.[17] 중국 불교도들은 또한 때때로 의사가 병을 위한 약으로 와인을 처방한다면, 다섯 번째 계율을 '유보'한다(Welch, 1967: 366). 그리고 대만에서는 비구를 포함하여 어떤 사람들은 만약 어떤 사람이 그것을 지키기가 너무 힘들 것이라는 것을 알게 된다면, 예를 들어 사업상 고객과 술을 마셔야 한다면, 불상 앞에서 공식적으로 계율을 포기할 수도 있다고 생각한다. 그렇지만 다른 사람들은 (일반적으로) 마음 내키는 대로 계율을 포기한다는 생각을 승인하지 않는다.[18] 이는 대만 불교도들이 부분적인 수계를 받아들일 수 있는지에 대해 서로 다른 견해를 가지고 있다는 사실의 반영이다. 그것을 허락하는 사람은 그들이 받은 계율에 대해 더 엄격한 반면, 부분적인 수계를 받아들이지 않는 사람은 만약 어떤 계율이 지키기 어렵다는 것이 증명되었을 때 나중에 그 계율이 포기될 수 있음을 허락하는 데 있어서 보다 더 관용적이다. 즉,

---

16) John Dune, 'Precept-keeping' and 'Precept Keeping' posting to 'Buddha-L' Internet forum, 각각 2 December and 21 July 1995.
17) Charles B. Jones, 'Precept Keeping' posting to 'Buddha-L' Internet discussion forum, 4 December 1995.
18) Charles Jones, 'Keeping Precepts' posting to 'Buddha-L' Internet discussion forum, 21 July 1995.

전자는 계율을 받고 나서 그것을 어겨서 생기는 나쁜 업이 처음부터 그것을 받지 않았을 때보다 더 나쁘다고 주장한다… 왜냐하면 그것은 그 행위 자체의 나쁜 업뿐만 아니라 파계의 나쁜 업도 발생하기 때문이다.

후자는 계율을 지킬 수 없다고 해도 받는 편이 더 좋다고 주장한다. 왜냐하면 서원을 하는 행위는 의식에 선한 효과를 지니기 때문이다. 그들은 또한 계율을 포기하는 것도 매우 쉽게 한다. 그는 단순히 '나는 이제 …에 대한 계율을 포기한다'라고 말한다.[19)]

후자의 견해는 『아비달마구사론』(AKB.IV.41a-b)에 의해 어느 정도 지지되고 있는데, 이 책은 살생을 포기하기로 결심한 사람이 ─만약 첫 번째 계율을 또한 수지하지 않는다면,─ 살생을 포기하는 것만으로는 그의 도덕적 무규범을 극복하지 못한다고 말하고 있다. 왜냐하면 '병의 원인을 피할 수는 있다고 해도, 약이 없이는 병이 나을 수 없기' 때문이다. 마크 타츠(Mark Tatz)도 아상가의 『보살지지경』을 인용하여, '서원에 일치되게 도덕적으로 행동하는 것은 그것 없이 도덕적으로 행동하는 것보다 더 유익한데, 왜냐하면 그 도덕적 행위는 보다 높은 진보를 향한 목적과 관련되어 있기 때문이다'라고 말한다(1986: 13). 그리고 저명한 미얀마의 명상 교사 마하시 사야도우는 '단지 도덕적 계율을 지키려는 의도만으로도 매우 유익하다'라고 말한다(Mahasi, 1981: 30). 계율을 받는 것이 일반적으로 관련된 행위를 피하도록 돕는 한에 있어서는 한두 번 계율을 어기는 편이 처음부터 받지 않는 것보다 더 좋다는 말을 덧붙일 수 있

---

19) Charles B. Jones, 'Precept Keeping' posting to 'Buddha-L' Internet discussion forum, 6 December 1995.

을 것이다. 또 하나 고려해 볼 것은, 어떤 행동을 나쁜 행동인지 알지 못하고 나쁜 행동을 하는 것이 더 나쁘다는 점이다. 어떤 행위를 금지하는 계율을 받는다는 것은 비록 그 행위를 저지른다고 해도 (일단) 그것이 그르다는 것을 명확하게 인정하고 시작하는 길이다. 하지만 이것이 공식적으로 계를 받지 않은 사람은 그 관련 행위가 그르다는 것을 인정하지 않는다는 의미는 아니다. 그(녀)는 단지 자신의 처지나 본성으로 볼 때 그것에 따라 살 수 없다고 느낄 뿐일 수도 있다. 물론 따르기로 한 어떤 계율의 위반은 약속을 깨뜨리는 것을 포함하지만, 만약 그것이 미리 계획된 거짓말이 아니라면, 그것은 원래의 약속/결심이 갖는 선함을 벗어나지는 않는다고 우리는 주장할 수 있다.

그렇지만 재가자가 아닌 비구가 받은 많은 수의 사원의 계율은 어떤가? 이 가운데 가장 분명한 것은 모든 성적 활동의 금지이다. 성적 활동은 재가자에게는 일정한 도덕적 한계 안에서는 받아들여진다. 비구는 그것을 모든 탐욕과 집착, 어리석음을 극복하기 위한 수행의 중요한 일부로서 성적 활동을 피하기로 서약한다. 모든 성교 행위는 사원생활에서의 '패배' 그리고 그곳에서의 추방으로 귀결될 것이다. 이런 경우 그 계율을 받고 어기는 것보다 재가자로 남거나 가사를 벗음으로써 그와 관련된 계율을 받지 않는 편이 더 나아 보인다. 이는 부분적으로 사원 서원의 엄숙함 그리고 비구가 지니는, 그를 지원하는 재가자의 공양을 가치 있게 해야 하고 그 믿음을 배반하지 않을 책임 때문이다. 더욱이 성적 활동은 그 자체로 부도덕하지는 않으며, 그렇게 하지 않기로 서원한 후에 빠져들었을 때(혹은 다른 사람의 고통을 포함하는 방식으로 이루어진 경우)에만 비난받을 만한 것이 된다. 대부분의 사원 계율과 마찬가지로 그것의 위반이 다른 사람들에게 아무런 직접적 피해도 가져오지 않기 때문에 그것은 일반적으로 '본질에 의해 비난받을 만한' 것이 아니라 단지 계율에 의해 비난받을 만한 것이다(Tatz, 1986: 10; 그러나 Harvey, 1999: 283을 보라).

하지만 데미언 키온(Damien Keown)은 만약 어떤 사람이 그 행동을 금하는 계율을 받았다면 그 나쁜 행동은 더욱 나쁘다고 주장한다. 정치인이나 변호사처럼 '법을 더 잘 알고 있음에 틀림없는' 법률위반자는 'a) 그들이 무엇을 하고 있는지 정확히 알았고, b) 그들이 배반한 원리를 지키기로 서약했었고, c) 그들의 직무와 직업에 나쁜 평판을 초래했기'[20] 때문에 법정에서 더 가혹하게 취급받는다는 원리에 근거하고 있다. 그러나 이러한 형태의 주장은 재가자보다는 비구와 그들의 계율에 더 적합하다. 굴드(D. Gould)의 주장은 이 쟁점의 핵심에 보다 직접적으로 초점을 맞추고 있다. '자기 자신에게 한 엄숙한 약속을 어기는 것의 중대한 효과는 그가 자기 자신의 선한 결정을 무시하는 경향성을 만들어 냈고 통제하기가 훨씬 더 어려운 마음으로의 문을 열었다는 것이다.'[21] 『아비달마구사론』에 의하면 수지한 계율을 깨트리는 것은 ―비록 그것이 부분적인 수계에 반대되는 것이라 하더라도― 도덕적 덕(śīla)에 반하는 행동을 범하는 것이라고 말한다(AKB.IV.122.c). 계율을 어기는 것이 계율을 받지 않고 그 행위를 하는 것보다 더 나쁘다고 실제로 말하고 있지는 않지만, 이러한 의미가 함축되어 있는 것으로 보인다.

중국에서 영향력이 있는 『우바새계경』에서는 그것을 금지하는 계율을 받은 사람이 나쁜 행동을 하는 것이 더 나쁘다는 견해를 강력하게 주장하고 있다. 즉,

---

20) 'Keeping Precepts' posting to 'Buddha-L' Internet discussion forum, 24July 1995.
21) 'Keeping Precepts' posting to 'Buddha-L' Internet discussion forum, 25 July 1995.

만약 두 사람이 함께 잘못을 범했는데, 한 사람은 계율을 받았고, 다른 사람은 받지 않았다면, 전자의 잘못은 무겁고 후자의 잘못은 더 가볍다. 그러면 왜 그러한가? 그것은 그가 붓다의 가르침을 위반하였기 때문이다. (*Uss.*150)

더욱이 첫 번째 계율의 세속적 형태를 위반하는 것―즉, 먼저 삼보를 받지 않는 것―은, 만약 이것이 불교적인 방식으로 받은 것이라면, 본질에 의한 위반인 계율 가운데 하나를 위반하는 것보다 덜 나쁘다(p.150). 이 경전은 진지하게 계율을 지키는 것은 잠시 동안 받아 지니는 것으로부터 나오는 커다란 축복과 함께 이루 헤아릴 수 없는 이익을 가지고 있다는 데에(p.73) 동의하지만, 또한 그것의 위반은 셀 수 없는 나쁜 환생으로 이끈다고 주장한다(p.73; cf. pp.176-7). 따라서 그것은 다음과 같이 주장한다.

(1) 그 행위를 금지하는 불교의 계율을 받은 후에 살생을 피하는 것이 계율 없이 살생을 피하는 것보다 더 좋다.
(2) 그 행위를 금지하는 불교의 계율을 받은 후에 살생하는 것이 이 계율을 받지 않고 살생하는 것보다 더 나쁘다.

사실 첫 번째 계율을 받지 않은 사람에게 살생의 악은 실제 살생을 했을 때로 제한되지만, 그 계율을 받은 사람에게 모든 살생의 악은 비단 이때에만 일어나지 않는다(p.176). 따라서 불교의 계율을 받는 것은 위험한 일이다. 그것은 만약 지킨다면 커다란 보상을 주지만, 어긴다면 엄청난 위험이 따른다. 그럼에도 불구하고 그 경은 수계한 계율의 위반이 그 사람을 '고약하고… 버려지고… 오염된 우바새'(p.79)로 만들고 그 계율을 더럽힌 것으로 보면서도, 그것은 나중에 여러 가지 반성과 선한 행동에 의해 청정해질 수 있는 것으로(pp.157-8) 본다. 실제로 '만일 어떤 사람이 많은 위반을 범했다고 해도 그 계율은 상실되지 않는다. 그런데 이것은 왜 그런가? 그것은 바로 그 계율의 힘이 강하기 때문이다'(p.150).

계율을 받아 지니는 것에 대한 이 두 가지 견해들 사이에서 결정을 내릴 수 있을 것인가? 우리는 그것은 '단지 의견의 문제일 뿐'이고 어느 것도 객관적으로 옳거나 그른 것은 아니라고 말해야 하는가? 우리는 두 견해가 실제로 서로 모순되지 않고도 객관적으로 옳다고 말할 수 있다! 자신들이 위반하리라고 생각하는 계율을 받지 않는 것을 선호하는 사람은 계율 위반을 중대한 것으로 여기기 때문에, 어떤 계율이건 특별히 엄숙한 방법으로 받을 것이다. 그렇게 함으로써 그들은 마음속에 강력하고 선하며 긍정적인 충동을 만들어 내는 이익을 얻지만 그렇게 엄숙하게 만들어진 계율의 위반은 그로 인해 중대한 행동이 될 것이다. 나중에 어겨질지라도 계율을 받는 것이 더 좋다고 생각하는 사람은 계율을 보다 덜 엄숙한 방식으로 생각할 것이고, 그로 인해 만일 그것이 위반되어도, 첫 번째 유형의 사람에 의한 계율 위반보다 덜 중대할 것이다. 물론 덜 엄숙한 방식으로 계율을 받는 것은 정신에 덜 긍정적인 자극을 줄 것이고, 이는 두 번째 유형의 사람이 계율을 받는 것은 언제나 좋다고 주장하는 이유의 일부이다. 그(녀)의 (무의식적) 전략은 더 적은 잠재력을 얻지만 더 적은 잠재적 위험을 갖는 '더 적은 위험' 전략이다. 그러므로 우리는 (여기서) ―행위의 뒤에 놓여 있는 행위의지의 성격을 우선시하는 불교적 원리와 그 안에서 마음의 상태가 끊임없이 서로를 조건 짓는 세계 속에서 일어나는 역동적인 상호작용이― 이 쟁점에 영향을 미치고 있음을 알게 된다.

부가적인 계를 받아들이는 것

통상적인 오계의 확장으로서 재가자는 팔계를 받을 수 있다 (Terweil, 1979: 208-10). 이것들은 순수하게 도덕적인 관심을 넘어서서 ─본질에 의해 비난받을 만한 혹은 그럴 수도 있는 것들과 관련된─ 고요와 집중을 방해하는 감각-입력의 자극을 감소시키고 무집착을 발전시키는 자기규율을 형성한다(*AKB*.IV.29a-c; *Khp*.A.24). 팔계와 오계의 차이점은 우선 세 번째 계율이 비범행(abrahmacariya), '음란한 행동' 혹은 '성스럽지 못한 생활의 행동', 즉 모든 종류의 성적 행동을 피하기로 하는 서약으로 대체된다. 그리고 통상적인 다섯 가지 계율 다음에 세 가지 계율이 더 서약된다.[22]

6. 나는 적절하지 않은 때에 음식을 먹는 것을 삼가는 수행 계율을 받아들입니다.
7. 나는 춤, 노래와 악기로 하는 음악과 공연을 보는 것, 꽃 장식이나 향수, 바르는 것, 화려한 옷과 장신구를 삼가는 수행 계율을 받아들입니다.
8. 나는 높거나 넓은 침대(혹은 자리)를 삼가는 수행 계율을 받아들입니다.

여섯 번째 계율은 비구들의 실천을 따라 정오 이후에는 어떤 단단한 음식도 먹지 말 것을 요구한다. 일곱 번째 계율은 오락을 피하거나 오락과 거리를 유지하는 것, 화장이나 향수, 보석과 화려한 색깔의 옷을 피하는 것을 의미하고 그래서 남방불교에서 사람들은

---

22) *Sn*.400-2. 이것들과 십계에 관한 논의를 위해서는 *Khp*.A.34-7를 보라. 팔계나 십계의 세 번째에 관한 약간의 논의는 pp.22-37에 포함되어 있다.

염색하지 않은 흰옷을 입는다(Gombrich, 1971a: 66). 이 특수한 규율들은 선의 수계 행사를 준수하는 사람에 의해서도 지켜진다. 여덟 번째 계율은 게으름이나 거만한 생각을 없애기 위한 것이며 방석 위에서 앉아 잘 것을 요구하게 된다. 그러나 실제로 이것은 동남아시아에서 대부분의 지방 사람들이 잠자는 방식이다(Terweil, 1979: 210). 화려한 침대는 부자나 높은 사람들만 사용하고 있을 뿐이다.

남방 전통에서 팔계는 오직 일반적으로 40세가 넘은 독실한 사람들에 의해서만 받아들여진다.[23] 극소수가 영원히 그렇게 하지만, 더 많은 사람들은 포살일에 하루 밤낮 동안 사원에 머물면서 일시적으로 그렇게 하는데, 이러한 관행은 중국불교에서도 역시 발견된다(Uss,146). 음력으로 매월 네 번의 포살일이 있지만, 팔계의 준수는 비구들이 더 열심히 수행하기 위해 사원에 머물고 있는 우기의 석 달 동안에 행해지는 것이 보다 더 일반적이다. 부가적인 계율을 받음으로써 재가생활의 관심사에 덜 적극적이게 되는 재가자는 비구의 것에 가까운 규율을 받아 지닌다. 그러므로 태국에서 재가자는 ─팔계의 규율 아래─ 남성 혹은 여성 재가 제자, 즉 우바새, 우바이라는 용어로 알려져 있고(Terweil, 1979: 198), 그 용어는 대승불교에서 오계의 전부 혹은 일부를 적절히 준수하려고 애쓰는 모든 사람들에게 사용된다. 테라바다 전통에서도 때때로 팔계를 받는 사람들은 종종 일상생활에서 다른 사람들보다 오계를 더 신심 있게 준수하고 있는데, 스리랑카에서 그러한 사람들은 언제나 우바새, 우바이라고 알려져 있다(Gombrich, 1971a: 65). 태국에서 팔계는 오계와 달리 보통 한 세트로 받아 지니며 따라서 그중 어느 것의 위

---

23) Terweil, 1979: 195-210; Gombrich, 1971a: 66, 273-4.

반도 그 모두에 대한 위반이다(Terweil, 1979: 208). 팔계의 세 번째 계율과 관련하여 태국의 지방에서는, 결혼한 부부에게 그들이 정식으로 이 계를 받지 않았다고 하더라도 포살일에는 성교를 피해야만 한다고 관습적으로 조언한다(Terweil, 1979: 208).

팔계를 넘어서는 확장은 십계에서 발견된다. 이것은 일곱 번째가 두 부분으로 나누어지고 '금이나 은을 받는 것을 삼가겠다'는 서약을 제외하고는 팔계와 동일하다. 그 차이는 작은 것처럼 보이지만, 십계는 일시적으로 받아들여지지 않고 오직 장기적인 기초에서만 받아지기 때문에 실제로는 차이가 크다(Terweil, 1979: 212). 그 부가적 계율은 비구의 경우와 마찬가지로 돈을 실제로 다루는 것을 금지한다. 십계는 신참 비구가 지키는 것이다. 극소수의 나이 많은 테라바다 남자들이 끝까지 십계를 따르고 흰옷을 입지만, 아주 많은 여성들은 그렇게 하고 있다(pp.395-8을 보라). 스리랑카에서 세대주의 십계는 신참 비구의 것보다 유지하기가 더 쉬운 것으로 보이는데, 왜냐하면 신참 비구는 그것들을 집합으로 받지만 재가자는 그것들을 개별적으로 받아 하나를 어겨도 다른 것은 어겨지지 않기 때문이다(Bartholomeusz, 1994: 73).

사원의 가치

붓다의 추종자들은 '네 모임/사부'(parisās)라고 불리는데, 승가의 남녀 구성원, 남녀 재가제자, 즉 우바새, 우바이가 곧 그것이다(J. I.148). 불교의 거의 모든 학파에서 사원생활은 재가생활보다 일반적으로 덕이 더 높은 수준에 있는 것으로 인정된다. 사원은 불교 전통의 주요 담지자이자 유지자였고 재가자의 교사, 지침, 모범이었다. '남자 비구'와 '여자 비구'로 번역되는 빠알리어는 bhikkhu(산스크리트 bhikṣu)와 bhikkunī(산스크리트 bhikṣuṇī)로 그 문자적 의미는 '탁발하는 남자', '탁발하는 여자'이다. 비구 본래의 탁발은 지금도 여전히 다양한 정도로 행해지고 있는데, (이는) 보통의 세속적 활동과 연루되는 것의 포기를 상징하고 있다. 그것은 (출가자들이) 겸손해지도록 했으며 또한 재가자로부터의 고립을 막아 주었다. 비구는 자신에게 제공되는 음식 등 모든 것에 만족해야만 하고, 자신의 만족함으로 인해 뽐내거나 다른 사람을 업신여겨서는 안 된다 (A. II.27). 종종 친밀한 재가-사원의 관계는 비구를 대부분의 기독교 '수도자들'과 다르게 만든다. 비구들은 또한 자신들의 수계가 원칙적으로 일생 동안에 걸친 것은 아니며, 또 아무런 복종 서약도 하지 않는다는 점에서 기독교 수도자들과 다르다. 붓다는 자기 의존을 가치 있게 여겼고, 승가를 담마와 율의 지도 아래 생활을 공유하는 개인들의 공동체로 남겨 두었다. 그 구성원들의 일은 자신들의 정신적 발전을 위해 노력하고, 요청을 받을 때는 담마의 지식과 경험을 사용하여 다른 사람들을 안내하는 것이지, 신과 인간 사이의 매개자로 행동하거나 통과의례를 주관하지는 않는다. 그럼에도 불구하고 그들은 실제로는 성직자가 하는 것과 같은 여러 가지 방식으로 재가자에게 봉사하게 되었다.

독신생활

비구와 재가자 사이의 가장 분명하고 핵심적인 차이는 전자의 독신생활, 즉 성교의 전적인 금지에 대한 헌신이다. 독신생활이 중요한 것은 성적 행동이 매우 강한 집착을 표현하고, 달리 더 유용하게 사용될 수도 있는 에너지를 쓰게 하며, 일반적으로 가족에 대한 책임감을 초래하게 되어 정신적인 수행을 위한 시간이 얼마 남지 않게 되기 때문이다(Wijayaratna, 1990: 89-108). 정신적인 길에서 극복되어야 하는 상태에 대한 불교의 다양한 목록 가운데, 감각적 쾌락(kāma)에 대한 욕망이 두드러지는데, 이는 명상적 고요함에 대한 다섯 가지 장애물 가운데 첫 번째이고, 세 가지의 탐욕, 네 종류의 욕심, 네 가지의 마음속에 깊이 박힌 '종양'에서도 언제나 첫 번째 항목은 감각적 쾌락을 중심으로 잡고 있다.

니르바나에 의해 파괴되기 전까지 점진적으로 약화되어야 하는 세 가지의 '불선한 행동의 뿌리'는 탐욕과 분노, 어리석음이다. 계율과 자비의 실천은 재가자에게 분노를 최소화하게 하고, 계율과 너그러움의 실천은 탐욕을 감소시키겠지만, 더 적은 집착을 가진 사원생활은 여기에서 분명한 이점을 가지고 있다. 탐욕의 한 형태로서 감각적 쾌락에 대한 집착은 분노나 악한 의지보다는 덜한 잘못이지만 그 뿌리를 뽑는 데는 오랜 시간이 걸리고 사원생활은 이것을 돕는 강력한 수단으로 여겨진다.

그렇지만 독신생활은 올바른 방식으로 실천되어야 한다. 쿄겐 칼슨(Rōshi Kyogen Carlson)은 다음과 같이 말하고 있다.

[그것은] 의지를 발전시키기 위한 매우 강력한 방법이다. 독신생활은 온화한 마음과 자비를 가지고 행해져야만 한다. 그렇지 않으면 그것은 어떤 차가움으로 이끌게 되고 나아가 개인적인 힘을 발전시키는 데 잘못 사용될 수 있다. (Carlson, 1982: 38)

테라바다 비구였던 적이 있는 앨런 제임스(Alan James)는 종교에서 독신생활의 '옳고' '그른' 형태를 찾아볼 수 있다고 말하고 있다.

첫 번째는 성의 거부와 억압에 기초한 도피주의의 형태인데, 이에 따라 그 사람은 '야위고 메말라 가고… 매정하고… 중성'으로 되어 간다. 두 번째에서 '성은 삶의 방식으로 받아들여지고 통합되며… 무시되거나 거부되지 않는데', 이에 따라 '행복한 모습을 띤 환하고 통통한 얼굴이 되어 아주 분명하게 남성적이거나 여성적이게 된다.'(James and James, 1987: 40) 실제로 '에너지'(빠알리어 viriya; 산스크리트 vīrya)의 정신적 기능은 때때로 남성적 혹은 여성적 에너지[24]와 함께 빛을 발한다고 때때로 말해지며, 달라이 라마를 친견했던 한 여성은 나중에 그의 남성다움에 놀라움을 표현하기도 했다.

독신생활의 가치에 대한 한 서양 비구니의 흥미로운 생각은 독신생활을 보통의 인간관계에서 발견되는 충족되지 않는 기대에 대한 집착, 이별의 고통을 피하는 것으로 본다. 그러한 인간관계에서 '반려자에 대한 열망은 자주 자신의 결핍, 발전되지 않은 자질을 보충하려는 바람'이다(Tsomo, 1988: 55).

다른 한편, 독신생활은 자기 자신의 내적 권위에 의존하려는 결정을 나타낸다. 그것은 다른 사람들의 반응으로부터 독립된 내면의 균형과 전일성을 달성하기 위한 시도이다.

그러한 상태에서 우리는 '인간관계의 모든 복잡한 문제들', 그리고 자기 자신의 직접적인 세계 경험을 다른 사람의 것과 통합하려는 경향 모두로부터 자유롭게 된다. 따라서 우리는 전념으로 성심을 다해 참여함으로써 삶을 자유롭게 직접 경험할 수 있다. 그리고 또한 자신의 문제로 다른 사람을 비난하기도 더 어렵게 된다(p.57).

---

24) 현대의 테라바다와 선불교에서의 성에 대한 태도의 논의를 위해서는 Clasquin, 1992를 보라.

그리고 물론 그것은 '존재를 하나의 환생에서 다음 환생으로 밀어내는 주요한 힘'인 성적 집착을 넘어설 수 있도록 해준다(p.56).

사원생활의 역할

비구의 삶은 종종 생각되는 것처럼 엄밀하게 '도피적'이거나 '이기적'이지는 않다. 재가자는 오락이나 놀이, 음주와 섹스 같은 삶의 현실과 개인적인 나약함으로 인해 스스로 혼란에 빠질 수 있다. 그러나 단순한 사원생활은 거의 아무런 동요가 없도록 설계되어 있어 탐욕과 분노, 어리석음을 무시해야 할 기회는 더 적게 하고 그것들을 제거하는 데 힘쓰거나 다른 사람들이 그렇게 하도록 인도하는 기회는 더 많게 한다. 대부분의 비구들은 이렇게 행하고자 애쓰지만, 극소수는 생계를 유지하는 나태한 방식의 하나로 사원생활을 선택한다. '이기적'이라고 간주되듯이 사원생활의 전체적인 목표는 자아에 대한 집착과 그에 뒤따르는 욕망과 혐오를 감소시키도록 돕는 것이다.

붓다는 가정생활이 어느 정도 정신적으로 속박하는 측면이 있으며 따라서 재가자가 '성스러운 삶'을 지키는 것은 어렵다고 느꼈다.

> 가정생활은 속박하는 것이다. 그것은 먼지로 꽉 채워진 길이다. 그것을 떠나는 것은 탁 트인 공기 속으로 나오는 것이다. 가정을 가진 사람이 모든 충만함과 모든 청정함 속에서, 소라 껍질처럼 빛나는 성스러운 삶을 사는 것은 쉽지 않은 일이다. (D. I.63)

따라서 『밀린다팡하』에서는 재가자의 삶을 '아내와 자식의 구름으로 덮인' 것이라고 언급하고 있다(*Miln.*243). '가정에서 집 없음으로 나아간' 사람의 사원생활은 재가생활에서 발견되는 많은 집착과 연루를 결여하고 있기 때문에, 탐욕, 분노와 함께 어리석음도 파괴해야 할 필요가 있는 지속적이고 일관된 실천을 위한 더 적은 장애물과 더 많은 기회를 가지고 있는 것으로 보인다.

만약 재가자든 비구든 올바르게 수행한다면 그(녀)는 '올바른 길을 성취하고 있다'라고 말해진다. 그러므로 비구는 올바른 길에 있고 재가자는 그렇지 않다고 자동적으로 말할 수 있는 것은 아니다(*M.*II.197). 그럼에도 불구하고 가정이 있는 사람은 많은 책임과 함께 바쁜 생활을 유지하고 있기 때문에 비구처럼 도덕적, 정신적 문제에 일관되게 집중할 수 없다(*M.*II.205). 더욱이 '나아간' 사람은 (바르게 수행한다면),

> 아무런 바람도 없이 만족하고 초연하며 휩쓸리지 않고, 욕망도 집도 없이 에너지를 북돋운다. 그는 도덕적 덕성을 가득 채우고, 습관을 항복받으며, (더러움을) 떨쳐 버리는 데 능숙하다.

그러므로 그가 행하는 모든 것은 '재빨리 지체 없이 성공하게' 된다(*Miln.*244).

초기 경전들은 예류지에 든 재가의 많은 사람들과 팔계를 받은 (독신의) 1000명의 '불환과를 얻은 자들'(*M.* I.490-1) 및 약간의 재가 아라한들에 대해 언급하고 있다.[25] 경전들은 불환과를 얻은 우가

---

25) *A.*III.450-1;*Dhp.*142. 뒤에 *Miln.*348에서는 니르바나를 경험한 수백만 명의 재가자들에 대해 말하고 있는데 그것은 주로 흐름에 든(예류지) 자가 돌아오지 않는(불환과) 자가 되는 것을 의미한다(pp.349-50). 그렇지만 그것은 계속해서 비구가 되는 것의 다양한 정신적 이익을 개관하고(pp.351-62), 재가의 도달

(Ugga)라는 재가자가 비구들이 자신에게 가르침을 주지 않자 그들에게 담마를 가르치는 것으로 적고 있다(*A.*IV.211). 만약 심하게 병든 재가자가 모든 집착을 버리고 환생을 끝내기를 바란다면 그와 아라한 비구 사이에는 해방과 관련하여 아무런 차이도 없다(*S.*v.408-10). 그럼에도 불구하고 가정을 가진 사람이 자신의 '(정신적) 속박을 제거하지 않은 채' 고통을 종식시킨 자, 다시 말해 아라한이 된 자는 하나도 없다고 말해진다(*M.* I .148).

재가생활의 조건이 더 많은 장애를 일으키기는 하지만 그것들에도 불구하고 노력하는 사람은 좋은 정신적 진보를 얻을 수 있다(*Uss.*24). 그렇지만 대부분의 불교학파들은 사원주의를 모두가 존중하고 이생 혹은 다음 생에 합류하기를 열망하는 보다 뛰어난 삶의 방식으로 본다. 중국불교에서는 모든 비구가 가르침을 전하고 삼보를 존중하기 때문에 나쁜 비구에게 보시하는 것조차도 많은 이익이 있다고 말해진다(*Uss.*155). 남방불교에서는 재가의 흐름에 든 자도 그보다 덜 달성한 비구에게 그의 삶의 방식에 대한 존경을 표하는 방식으로서 절을 해야 한다고 말해진다(*Miln.*162-4). 더욱이 아라한에 도달한 재가자는 이 상태의 고귀한 본질이 재가의 맥락에서는 표현될 수 없기 때문에, 반드시 그날 (그가 죽지 않는다면) 비구가 되어야만 한다(*Miln.*264-6).

고전적 대승 안에서는 보살도가 재가의 수행을 위한 확장된 범위를 제공하지만, 사원생활은 여전히 고상한 것으로 간주되며, 그 길의 어느 단계에서는 (그것이)필수적인 헌신으로 보여진다. 산티데바의 『대승집보살학론』에서는 재가생활의 '헤아릴 수 없는 결점들'에 대해 말하면서 보살은 모든 환생 때마다 그것을 버려야만

자들이 과거의 삶에서는 비구였다고 말하고 있다(p.353). 재가 아라한에 대해서는 *Kvu.*268과 Saddhatissa, 1970:115-221; Katz,1982:180-5를 보라.

한다고 확언하고 있다(Ss.190,15). 그렇지만 깨달음을 얻기 위해서는 사원 계율에 더해 보살계를 지켜야만 한다(p.19).

사원의 규율

승가 생활은 '그것에 의해 (고통으로부터) 인도되어 나오는'을 의미하는 비나야(Vinaya)에 의해 규제된다. 경전의 이 부분의 주요 구성요소는 비구와 비구니들을 위한 수행 규칙들(빠알리어 sikkhāpadas; 산스크리트 śikṣāpadas) 및 공동생활과 의식의 원활한 운영을 위한 조례들이다. 각각의 규정은 바라제목차(pāṭmokkha, 산스크리트 prātimoṣka)로 알려져 있고 (1) 규칙들 그 자체 (2) 종종 일부 비구들에 대한 재가의 비판을 포함한, 붓다가 각각의 규칙을 공포하도록 이끈 가정된 상황 (3) 탈선의 일반적인 결과를 무효로 하거나 감소시키는 경감 상황을 포함하고 있다.

바라제목차는 비구를 위해 붓다가 재세하는 동안 그리고 그 후 약 한 세기에 걸쳐 원래의 규칙을 토대로 점진적으로 150개 이상으로 발전되었다. 초기 경전들에서 붓다는 비구에 의해 특정한 형태의 유해한 행위가 이루어졌을 때, 오직 자신만이 규칙을 만들 수 있다고 말하고 있는데, 규칙은 사원의 숫자, 그리고 초기의 보다 단순했던 시대에서 시간이 늘어남에 따라 증가하였다(M. I.445). 이 규정집의 세 가지 판본이 지금도 쓰이고 있다. 비구를 위한 227개의 규칙(비구니는 311개)으로 이루어져 있는 테라바다의 규정집은 남방불교에서 사용되고, 비구를 위한 258개의 규칙(비구니는 366개)으로 이루어진 근본설일체유부(Mūla-Sarvāstivādin)의 규정집은 북방불교에서 사용되며, 비구를 위한 250개의 규칙(비구니는 348개)으로 이루어진 법장부(Dharmaguptaka)의 규정집은 동아시아불교에서 사용되고 있다.

바라제목차의 규정은 법률 규정이나, 직업적 행위 규정, (정신적) 운동선수를 위한 훈련규칙과 유사한 성격을 가지고 있다(cf. Huxley, 1995b). 그것은 보름과 초하루의 포살일에 낭송된다. 이에 앞서 비구는 다른 비구에게 규정에서의 어떤 일탈이든지 (이를) 말해야만 한다. 그리고 나이 든 비구에 의해 규정집이 낭송되는데 현재는 종종 축약된 형태로 낭송되며, (이때) 다른 사람들의 침묵은 그들의 행위가 어떠한 일탈도 인정되지 않는, 청정한 것이라는 표시로 생각된다. 이런 방식으로 이 의식은 특정 지역의 승가 공동체의 청정성을 표현하는 중요한 의식으로 기능한다.

사원 규정은 재가자가 지키는 오계의 우선적인 도덕적 관심사 이외에도 많은 것을 포괄한다. 그것은 본질에 의해 비난받을 만한 행동을 삼가는 '자연적인' 덕이 아니라, 주로 특별히 만들어진 계율에 반하는 행동을 삼가는 '공식화된' 덕목이다(Harvey, 1999: 282-4; Tatz, 1986: 295, n.374). 그러나 그것은 부도덕한 행위의 뿌리를 다룸에 있어 정신을 훈련한다는 점에서 자연적인 덕을 지지하고 있다.

십계를 정교화한 것으로서 이 규정은 욕망의 탐닉을 철저하게 제한하며, 자기 조절되고, 고요한 삶의 방식, 비구와 비구니 자신들의 이익, 그리고 재가자들 사이에 '확신을 불러일으키는' 모범을 촉진시킨다(Vism.19). 전체적으로 그 규칙들은 승가의 안락을 보호하고 보장하며, 나쁜 의도를 가진 사람이 들어오는 것을 경계하고, 제대로 행동하는 비구와 비구니들을 도우며, 비불교도들에게 이익이 되게 하고, 불교도의 수를 증가시키며, 절제의 규칙들을 준수함으로써 규율을 확립하기 위해 만들어졌다고 말해진다(Vin.III.21). 그 규칙들은 금지사항이라기보다는 그것을 지키는 사람들이 언제나 유의하도록 하는 정신적 수행을 위한 원조물이다. 지속적으로 제한적인 한계에 직면함으로써 그들은 자신들의 '탐욕과 분노, 어리석음'을 더 잘 인식하게 되고, 따라서 그것들을 더 잘 다룰 수 있다. 따라서 그 규칙들은 정신과 행동의 변화를 돕는 도구들로 보는 것이 가장 좋을 것이다.

그 규칙들은 중대함의 정도에 따른 범주들로 정리된다.[26] 첫 번째는 사원생활에서의 실패와 영구적 추방을 요구하는 바라이(pārājika) 행위와 관련된다. 비구에게 이것들은 십계 가운데 네 가지에 대한 중대한 위반이다(Vin. III.1-109). 즉, 모든 종류의 의도적인 성교, 소송이 제기될 수 있는 물건의 절도, 살인, 재가자에게나 (더 많은 탁발을 얻기 위해 가능한 방법으로) 다른 비구에게 깊은 명상의 상태에 도달했다거나 고귀한 사람이 되었다는 거짓 주장 등이 이에 해당한다. 이 규칙들에 대한 비구의 위반으로부터 심각한 업의 결과가 뒤따를 것으로 보이기 때문에, 성교 금지 규칙을 위반할 위험에 처한 비구로 사는 것보다는 최소한 성교를 즐길 수 있는 재가자가 되는 편이 더 좋을 것 등이라고 주장된다. 비구니에게는 추가로 네 가지의 바라이 위반이 존재한다(Vin. IV. 211-22). 즉, (감각적 의도를 지니고) 남자를 만지거나 남자를 만나러 가는 것, 다른 비구니가 바라이 규칙을 어긴 것을 알리지 않는 것, 나쁜 행동으로 비구를 지속적으로 모방하는 것 등이 그것이다.

여기서 설명되는 나머지 규칙들은 비구의 바라제목차 규칙들이다. 그것들은 만일 어겼을 때 축출되지는 않지만 다음과 같은 처벌을 받는다: 처벌의 유예, 이 기간 동안 그 비구는 가장 어린 비구로

---

26) 사원의 규율에 대한 일반적 논의에 대해서는 Prebish, 1980을 보라. 테라바다의 사원의 규칙에 대해서는 Wijayaratna, 1990; Thanissaro Bikkhu, 1994; Khantipalo, 1979; Harvey, 1999; Von Hinüber, 1995를 보라. 다른 사원의 규칙에 대해서는 Prebish, 1975를 보라.

대우받고 공식적인 승가의 일에서 배제된다; 비구에게 말을 건네지 못함; 검열; 물품의 몰수; 혹은 단순히 일탈을 인정하는 것. 이 규칙들은 십계와 관련하여 간편하게 묶을 수 있다.

(1) 직접 죽이거나 땅을 파거나 식물이나 나무를 파괴함으로써 살아 있는 존재를 해치는 것

(2) 정식으로 주어지지 않은 음식이나 음료(물을 제외하고)를 소비하는 것; 답례로 풍부한 탁발을 받으려는 바람을 가지고 작은 선물을 줌으로써 '가족을 더럽히는 것'

(3) 성교가 아닌 다른 감각적 본성의 행동; 동일한 처소에서 여성과 잠을 자거나 사적인 장소에 함께 앉는 것

(4) 추방을 수반하는 위반에 대한 거짓 고발, 그리고 다양한 형태의 그릇된 말, 동료 비구에 대한 불친절한 행동, 재가자에게 더 높은 상태에 도달한 것이 사실이라고 주장을 하는 것. 또한 덜 중요한 규칙을 성가시다고 경시하는 것, 규칙을 몰랐던 것처럼 가장하는 것, 혹은 다른 비구가 더 중대한 규칙을 위반한 것을 알면서도 숨기는 것

(5) 술을 마시는 것

(6) 정오 이후에 식사하는 것

(7) 저속하고 경박한 행동 그리고 군대의 전투나 행진을 보러 가는 것

(8) 사원의 가사를 부적절한 방식으로 입는 것: 테라바다 규정에서는 75개의 규칙(*Vin.*IV.185-206)이 비구(와 초심자/사미)가 가사를 입고, 걸으며, 움직이고, 탁발을 하여 먹는 방식에 있어 고상하고 위엄 있게 행동하도록 하고 있다. 그러한 차분한 품행은 재가자에게 높이 평가받는다.

(9) 높고 화려한 침대를 사용하거나 재가자와 사흘 밤 이상을 같은 장소에서 자는 것

(10) 돈을 받거나 다루고 거래에서 사용하는 것(이는 사원의 재가 사무원이 돈을 받고 사용하는 것을 막지는 않는다)

승가에의 가입은 두 단계를 거친다. 7, 8세부터 아이는 낮은 단계의 수계를 받을 수 있고, 혹은 '나아갈 수'(빠알리어 pabbajjā; 산스크리트 pravrajyā) 있으며, 따라서 사미(빠알리어 sāmaṇera, 산스크리트 śramaṇera)나 사미니(빠알리어 sāmaṇerī, 산스크리트 śramaṇerikā), 즉 남자 혹은 여자의 '어린 은둔자' 또는 초심자가 될 수 있다. 이 초심자들은 십계를 받아 지닌다. 스무 살이 되었을 때, 그 사람은 보다 높은 단계의 수계 혹은 비구나 비구니로서의 '승인'(upasampadā)을 받을 수 있다. 일단 어떤 사람이 수계를 받으면 초심자라고 해도 허영심을 버리는 표시로 머리카락을 모두 잘라 버린다.

새로운 초심자나 비구는 사원생활에서 명백하게 아버지와 아들의 관계를 모델로 한 관계로 나이 든 비구나 스승, 동료의 수행인으로서 행동한다(Vin. I.45). 동남아시아에서는 기껏해야 며칠이나 몇 주를 지속하는 단기 수련자들이 매우 일반적이다. 이들은 부모나 죽은 친척을 위한 까르마적 열매를 목적으로 삼으며, 미얀마에서는 사춘기 전후의 소년을 위한 일종의 통과의례로서 이루어진다. 물론 어떤 초심자들은 비구가 될 때까지 머무르기도 한다.

붓다는 비구가 가사를 벗는 것을 못 하도록 하였으며, 본래 수계는 일생 동안 이어갈 의도로 이루어졌다. 그러나 사원에서의 지위를 결코 돌이킬 수 없는 것은 아니었다. 대부분의 불교 지역에서 어떤 사람이 일생토록 비구나 비구니이기를 기대하지만, 동남아시아의 테라바다 지역에서는 일시적 수계 체계가 전개되었다(그렇지

만 스리랑카에서는 아니다). 여기서 모든 남성 불교도는 언젠가는 최소한 제한된 기간 동안 승가에 합류해야만 한다. 그 시기는 보통 3개월간의 우기이고 이때 비구의 수는 두 배가 된다. 실제로 50% 정도가 합류하고 종종 일생 동안 여러 번 합류하기도 한다. 사원생활의 지속성은 영구히 머무르는 핵심 비구에 의해 유지되지만, 그 체계는 밀접한 재가-사원 관계 그리고 훌륭한 수준의 재가의 종교 지식과 경험을 만들어 낸다. 일시적 비구생활은 때로 결혼에 선행하는 단계 혹은 늙은 사람들이 자신들의 다음 생을 위해 까르마적 열매를 만들어 내는 방법이기도 하다.

조화, 공유 그리고 동료애

승가의 구성원들 사이의 화합은 언제나 높이 평가되어 왔다. 따라서 붓다는 정기적인 모임을 가지며, 그곳에서 '화합 속에 만나고 화합 속에 헤어지고, 화합 속에 일을 수행하는 것'이 승가(어느 특정 지역에서든) 번영을 위한 조건의 하나라고 말했다(*D.* II.76-7). 또 하나의 조건은 나이 든 비구—즉 수계한 지 더 오래된—는 존중받아야만 한다는 것이다. 이는 젊은 비구가 그의 선배보다 더 많이 배웠거나 정신적으로 발전했다고 해도 적용된다(*Vin.* II.161-2). 이 방법은 승가 내부에서 존경을 표현하기 위한 분명하고 애매하지 않은 구조를 제공했다.[27]

사원의 화합에 대한 재가자에 의한 현대의 평가는 태국을 대상으로 한 제인 분낙(Jane Bunnag)의 관찰에서 보인다(1973: 104).

---

27) 이상적 사회를 나타내는 사원생활에 대해서는 Dharmasiri, 1989: 79-97을 보라.

많은 응답자들이 비구들 사이의 협동적 행동에 대해 그것을 강한 공동체 정신의 증거로 간주하면서 높은 가치를 부여하였다. 반면에 그들은 와트 야나세나(Wat Yanasena)와 다른 곳에서의 비구들의 독립적 행동에 대해서는 반사회적이고 이기적인 것으로 경멸하는 경향이 있었다. 나는 '(비구들은) 함께 식사하는 것이 더 좋다'는 말을 자주 들었다.

이와 유사하게 일본의 선 사원에서도 비구들이 자기 자신만 생각하면서 '홀로 산에 올라가는' 것이 아니라, 아마도 다른 사람들과 함께 일하며 함께 수행하는 것을 강조하고 있는 것으로 보인다.

화합은 다정한 생각, 말, 행동 그리고 공유하는 덕성과 관점뿐만 아니라 소유물의 공유에 의해서도 촉진된다. 따라서 비구는 발우의 내용물을 동료 비구와 공평하게 나누는 것을 기뻐해야 한다고 붓다는 조언하였다(M. I .322; M. II.250-1). 태국에서는 비구에게 보시된 음식과 물건, 돈이 실제로 그들 사이에서 일반적으로 공유되고 있으며 또한 비구를 돕기 위해 사원에서 살고 있는 소년을 지원하는 데 사용되는데, 그들은 집을 떠나 공부하는 동안 머물 곳이 필요하기 때문이다.

어떤 경우에 붓다는 '좋은 우정(kalyāṇa-mittatā), 좋은 모임, 좋은 친밀감'은 성스러운 삶의 반이 아니라 전부라고 강조했다(S. V.2). 왜냐하면 좋은 우정은 선한 상태의 발생과 악한 상태의 쇠퇴를 촉진시키는 가장 강력한 (외적인) 물건이기 때문이다(A. I .14). 승가는 공유된 가치와 이상, 실천을 지니고, 개별적인 비구나 비구니의 노력을 위한 지원처로서 행동한다. 그러한 지원은 모범에 의해, 사원의 규칙으로부터의 일탈에 대한 상호인식의 실천에 의해 그리고 다른 비구의 잘못을 부드럽게 지적함—그들은 이에 대해 화를 내서는 안 된다—에 의해 주어진다(M. I .95). 새로 들어온 비구를 지도하는 선배는 그의 특별한 '좋은 친구'이다. 최고의 '좋은 친구들'은 재능 있는 명상 교사들이다.

비구는 또한 모범과 가르침, 비공식적인 충고, 보호하는 게송을 낭송하고 '까르마적 열매를 위한 가치 있는 토양'이 되어 줌으로써 재가자의 '좋은 친구'로서 행동한다. 따라서 승가의 관습은 다양한 방식으로 승가를 지원하는 재가사회 속으로 퍼져 나간다.

개인 간의 관계의 윤리

불교는 보시와 도덕적 절제 및 바른 생활의 개인적 재가 윤리와 보다 정교한 사원의 규정을 강조하지만, 재가의 개인들 사이와 사회적 관계의 영역을 결코 경시하지 않는다. 그럼에도 불구하고 재가에 대한 논의는 일반적으로 수행규칙의 형태로 주어지지는 않는다.

> 더욱 폭넓은 재가사회는 너무 변화하는 시공간의 환경에 개방되어 있기 때문에 비구들은 그것을 고정된 규칙들에 적합한 주제로 고려하지 않았다. 따라서 오직 몇몇의 기본적인 규칙과 일반적 원리들만이 명문화되었다.

사람들은 이를 기초로 하여 자신들의 상황에서 보다 구체적인 규정을 수립한다(Rājavaramuni, 1990: 35). 이것이 실천에서 수립되는 방식은 문화에 따라 상당히 다양하지만 불교 사회 윤리의 몇 가지 핵심적 강조점들은 개략적으로 말할 수 있다.

이 영역에서 중요한 텍스트는 『시갈로바다경』(*D.*Ⅲ.180-93; cf. *Uss.*71-2)인데, 아소카 대왕과 붓다고사는 이를 재가자들의 비나야 혹은 수행규정(보통 사원의 규정을 의미하는)이라고 서술하였다 (Rājavaramuni, 1990: 35). 여기서 붓다는 아버지의 임종 시의 소원에 따라 여섯 방향에 예배하고 있는 시갈라(Sigāla)를 만난다. 붓다는 그에게 여섯 유형의 사람에 대한 적절한 행동으로 방향에 예경하는 더 좋은 방법을 전해 준다. 이 적절한 행동을 설명하기 전에 그는 먼저 시갈라에게 재가자가 스스로 행동하는 적절한 방법일반에 대해 가르친다. 그(녀)는 계율을 지켜야만 하고, 치우침, 증오, 어리석음 혹은 두려움으로 행동하지 말아야 하며, 부를 낭비하는 여섯 가지 통로를 피해야 한다. 그러고 나서 붓다는 건전한 사회적 관계를 만들어 내기 위해 여섯 '방향들'이 어떻게 '보호되어야' 하는지를 설명한다.

부모와 자식

첫 번째로 다루어지는 관계는 부모-자식의 관계인데, 부모를 해가 떠오르는 방향으로 본다.

다섯 가지 방법으로 자식은 그의 부모를 동쪽 방향으로서 섬겨야 한다. '한때 그들에 의해 지원을 받았고, 나는 이제 그들의 지원자가 될 것이다. 나는 그들에 대한 의무를 수행할 것이다. 나는 내 가족의 가계와 전통을 유지할 것이다. 나는 나의 유산을 가치 있게 만들 것이다. 나는 그들이 돌아갔을 때 그들을 대신하여 자선을 베풀 것이다.' 이렇게 자식에게 동방으로 섬김을 받은 부모는 다섯 가지 방법으로 그에 응하여 행동한다. 그들은 그가 악덕을 자제하도록 한다. 그들은 그에게 덕을 권한다. 그들은 그에게 직업을 훈련시킨다. 그들은 그를 위해 알맞은 결혼을 주선한다. 그들은 적당한 때에 유산을 넘겨준다.(D.Ⅲ.189)

부모에 대한 존경과 지원은 『망갈라경』(Maṅgala Sutta)에서도 역시 강조되고 있다.

> 어머니와 아버지를 도우라
> 그리고 아내와 자식을 돕고,
> 흔들림으로부터 자유로운 것에 힘쓰라
> 이것이 최고의 축복이다.(Khp.3)

『시갈로바다경』은 부모가 자식을 친절히 돌보면 자식의 존경과 존중을 받게 될 뿐이라고 확언하고 있다(cf.Uss.178). 업의 법칙에 의하면 자식은 부모가 마땅히 받을 만한 것을 준다고(부모는 자식이 마땅히 받을 만한 것을 주고) 확인하지만, 자식이 임신 중과 어린 시절에 자신을 돌보아 준 부모의 은혜를 갚을 수 있는 유일한 방법은 불교에의 헌신과 유덕한 삶을 발전 혹은 심화시키는 것이라고 말해진다. 어머니와 아버지는 브라흐만(Brahmā) 신과 '늙은 스승들'처럼 여겨져야 한다. 그들은 자식들을 자비롭게 기르고 세상으로 인도하였기 때문에 공양과 도움을 받을 가치가 있다(A.Ⅰ.132; cf. Khp.A.137-8). 스리랑카에서 어머니는 그녀가 자식을 위해 행한 것으로 커다란 존경을 받는다는 의미에서, '어머니는 가정의 붓다이다'(Dharmasiri, 1989: 71)라고 말해진다. 태국의 지방에서 부모는 자식을 지극하게 돌보고 애정을 주며, 그 보답으로 깊은 존경과 경의를 받는다(H. E.

Smith, 1979: 18).

의도적으로 자기 아버지나 어머니를 살해하는 것은 분명히 사후에 즉각 지옥의 환생으로 이끄는 극악한 행동의 하나로 열거된다. 어떤 사람은 '버림받은 자'라고 말해지는데, 그것은 태생에 의해서가 아니라 늙은 부모를 부양할 수단을 가지고 있는데도 그렇게 하지 않거나 부모나 형제자매 혹은 장모를 때리거나 화를 내는 것과 같은 행동에 의해서이다(Sn.124-5). 『자따까 이야기 222』(J.II.199-202)에서, 원숭이들은 자신들의 병들고 눈먼 어머니를 돌보기 위해 군대의 지도자 자리를 포기하고, 나중에는 사냥꾼이 그녀를 놓아주도록 하기 위해 자신들의 목숨을 포기한다. 나이 든 사람들에 대한 존경과 관련하여, 『자따까 37』(J.I.217-20)은 자신들 중에 가장 나이 많은 이를 존중하기로 동의한 원숭이와 뇌조, 코끼리에 대해 말하고 있다(또한 Vin.II.161을 보라). 태국에서 나이 든 사람에 대한 존중은, 심지어 약간 나이가 더 많은 형제자매에 대한 존중까지도 중요하다. 그러한 관계는 후원자와 부하 형태를 갖는다. '나이 많은 사람은 상담과 도덕적 지침뿐만 아니라 필요할 때는 물질적 도움을 제공할 것으로 기대된다. 한편 나이 어린 파트너는 그 대가로 그 충고에 대해 유의하고, 그의 하인으로 행동함으로써 보다 확실한 존경의 증거를 보여 주어야 한다.'(Bunnag, 1973: 13)

동아시아 불교도들의 실천은 효를 윤리의 기초로 보며, 가장이 그 구성원에 대해 강력한 권위를 갖는 것으로 보는 유교 윤리의 영향을 받았다(Ch'en, 1973: 19). 『시갈로바다경』의 한 중국 번역본이 자식의 의무들의 하나로 '부모의 명령에 불복종하지 말 것'을 제시하고 있는 것은 주목할 만하다(Ch'en, 1973: 19). 일본에서는 유교와 전통적 정치체계가 가장에게 권위를 집중시켰고, 그에 대한 절대적 복종은 당연한 것이었다. 그렇지만 제2차 세계대전 후에 미국의 영향으로 가족 구성원을 이 권위로부터 해방시키는 법률들이 만들어졌다(Maykovich, 1978: 390). 그럼에도 불구하고 '보은' 관념은 강하게 남아 있다. 일련종에 기초한 일본의 신종교운동인 입정교성회의 지도자가 설명하듯이, 우리가 살아갈 수 있는 것은,

> 우리의 조상들과 부모 그리고 다른 사람들이 만든 음식과 옷 등이 있기 때문이다. 사람들은 자신들 외부로부터의 호의를 통해서만 살아갈 수 있다는 것을 알아야만 한다… 우리는 개인들로서, 오직 전 우주의 도움을 받음으로써만 존재할 수 있다. (Niwano, 1977: 143-4)

이것에 대한 이해는 기쁨과 감사 그리고 타인을 돕고자 하는 욕구로 인도한다.

그 외의 다른 인간관계들

다른 사회적 관계들은 『시갈로바다경』에서 다음과 같이 다루어지고 있다(D. III. 189-91).

> 제자는 다섯 가지 방법으로 스승을 남방으로서 섬겨야 한다: [인사할 때 자리에서] 일어서고, 그들을 기다리고, 열심히 배우고, 사적으로 봉사하고, 가르침을 받을 때 집중한다. 그리고 이렇게 제자들에게 남방으로서 섬김을 받은 스승들은 다섯 가지 방법으로 제자들에게 응하여 행동한다: 그들을 잘 훈련시키고, 잘 배우도록 만들고, 모든 학문의 지식을 완전하게 가르치고, 친구와 동

료들 사이에서 잘 이야기하고, 매 분기마다 안전을 제공한다…
아내는 다섯 가지 방법으로 남편으로부터 서쪽 방향으로서 섬
김을 받아야한다: 존경에 의해, 정중함으로, 믿음으로, [가정에
서] 그녀에게 권위를 양도함으로써, 장신구를 제공함으로써. 이
다섯 가지 방법으로 남편으로부터 섬김을 받은 아내는 그에 응
하여 행동한다: 그녀의 의무를 잘 수행하고, 양가의 친척들을
환대하고, (남편에게) 충실하며, 그가 가져온 물건들을 지키고,
그녀의 모든 일을 수행함에 있어서 기술과 수완을 보여 준다.
친구와 가족들을 북쪽 방향으로서 다섯 가지 방법으로 섬겨야
한다: 관대함과 정중함, 자비로써, 그들을 자신을 대하듯 대함
으로써, 약속을 지킴으로써. 이렇게 다섯 가지 방법으로 북방
으로서 섬김을 받은 친구와 가족들은 이에 응하여 행동한다: 그
가 방심하고 있을 때 그를 보호해 주고, 그런 경우에 그의 재산
을 지켜 주며, 위험에 처하면 피난처가 되어 주고, 곤란에 처했
을 때 저버리지 않으며, 그의 가족에 대한 배려를 보여 준다.
고결한 주인은 다섯 가지 방법으로 하인과 고용인들을 천저(天
底)로서 섬긴다: 그들의 힘에 따라 일을 부여함으로써, 음식과
보수를 지급함으로써, 병들었을 때 돌보아 줌으로써, 특별한 맛
있는 음식을 그들과 나눔으로써, 적절한 때에 완전히 떠나도록
허락함으로써가 곧 그것이다. 주인에게 이렇게 섬김을 받은 하
인과 고용인들은 다섯 가지 방법으로 주인에게 응하여 행동한
다: 주인보다 먼저 일어나고, 그보다 나중에 누워 쉬며, 주어진
것에 만족하고, 자신들의 일을 잘 하며, 그의 칭찬과 좋은 평판
을 간직하고 산다.
재가자들은 다섯 가지 방법으로 수행자와 바라문들을 천정(天
頂)으로서 섬긴다: 몸과 말과 마음의 행동에 있어 자애로써, 그
들에게 집을 열어 둠으로써, 현세에 필요한 것들을 제공함으로

써가 곧 그것이다. 이렇게 천정으로서 섬김을 받은 수행자들과 바라문들은 여섯 가지 방법으로 재가자들에 응하여 행동한다: 그를 악으로부터 억제시키고, 그에게 선을 권하고, 친절하고 좋은 생각으로 그를 사랑하고, 그가 듣지 못한 것을 가르쳐 주고, 그가 들은 것을 바로잡고 정화시켜 주고, 하늘에 환생하는 길을 드러내 보여준다.

그러고 나서 이 텍스트는 재가자를 인간관계의 그물 한가운데에 두고, 이들이 서로를 풍요롭게 하도록 보장할 방법을 위한 지침을 제시한다. 이러한 관계들 속에서 어떤 한 사람은 만약 다른 사람들이 그(녀)에 의해 적절히 대우받지 못했다면, 그들로부터 특정한 행동을 기대할 아무런 권리도 지니지 못한다(cf. Dharmasiri, 1989: 18).

결혼

위에서 말해진 것들의 대부분은 달리 설명이 필요하지 않지만, 결혼관계는 보다 깊이 고려해 볼 만한 가치가 있다. 위의 이상에서 두 당사자는 균형 잡힌 범위의 상호 의무를 지닌다. 다른 곳에서 붓다는 한 남자의 딸들이 결혼생활에서 어떻게 행동해야 하는지에 대한 조언을 부탁받고, 여자는 다음과 같이 자신을 닦아야 한다고 말한다. (1) 남편을 대함에 있어 '그녀는 그보다 먼저 일어나고 나중에 잠들고, 그가 요구하는 것을 기꺼이 행하고, 거동은 사랑스럽고(mānapa), 상냥하게 말하며', 그에게 성내지 않는다. (2) 그녀는 친척이든 비구든 바라문이든 남편이 존경하는 모든 사람들을 존중한다. (3) 그녀는 베짜기 같은 집안일에 능숙하고 재빠르다. (4) 그녀는 하인과 일하는 사람들을 친절하게 보살피며 감독한다. 그리고 (5) 그녀는 그녀의 남편이 벌어들인 재산을 돌본다.[28] 또한 아내는 남편의 '가장 좋은 친구'(paramā sakhā)라고도 말해지고(S. I.37), 『자따까』의 한 이야기에서 보살은 어떤 왕이 아내를 얼마나 인색하고 이기적으로 대우하는지를 보고, 왕이 있는 곳에서 그녀에게, '사랑이 없는 결합은 고통스러운 것이니' 그의 행동이 나아지지 않는다면 그를 떠나라고 조언한다(J. II.205).

일부일처제가 선호되는 지배적인 결혼모델이긴 하지만, 불교는 일부다처제, 때로는 일처다부제까지도 허용하였다. 초기 경전들은 불교가 발생할 당시 인도에 존재하고 있던 다양한 종류의 결혼에 대해, 그것이 사랑 혹은 돈을 위한 것인지, 영원한 것인지 일시적인 것인지,[29] 그리고 여러 아내들 사이에서 일어나는 질투와 같은 문제에 대해 드물지 않게 언급하고 있다(예를 들어 Thig. 216-17). 1910년까지 태국왕은 많은 아내를 거느렸다. 위대한 개혁가이자 전-비구인 몽쿳왕(Mongkut, 1851~68)은 27명의 정식 아내뿐만 아니라 약 100명의 첩이나 시녀를 두고 있었다(Thitsa, 1980: 6). 그 당시 미얀마의 민돈왕(Mindon)은 53명의 정식 아내와 많은 첩을 두고 있었다. 오늘날 태국의 지방에서 결혼은 거의 완전히 일부일처제이다. 극소수 부유한 농민은 한 명 이상의 아내를 가질 수도 있지만 이는 도시 지역에서 더 일반적이다. 둘째 아내가 취해지면, 첫째 아내는 허락을 해야만 하고, 둘째보다 윗자리에 있게 된다. 두 사람은 보통 독립적으로 이루어지는 자신들의 생활 영역을 제공받는다(Hanks and Hanks, 1963: 444). 1935년에 결혼을 공식적으로 등록

---

28) A. III.37-8; cf. IV.265-6,과 S. I.6
29) Vin.III.139-40; cf. Asl. 98. Horner, 1930: ch.1; Murott,1991:21-4와 ch. 6를 보라.

하게 하고 일부다처제를 제거하려는 시도가 있었지만 효과는 거의 없었다(H. E. Smith, 1979: 24-5). 근대 이전의 일본에서도 일부다처제는 인정된 결혼형태였다. 그러나 1868년의 메이지 법령은 일부일처제를 법률로 승인하였다(Maykovich, 1979: 386). 한 여자가 여러 남자와 결혼하는 일처다부제는 티베트 문화권에서 인정된 결혼 형태의 하나로 존재했었다(Norberg-Hodge, 1991: 55-8).

초기 불교경전들에서 언급되듯이, 결혼은 항상 그런 것은 아니지만, 일반적으로 정혼이었고 딸 자신의 바람과 거의 갈등을 일으키지 않았다(Horner, 1930: 30). 사실 부모들은 딸에 대한 사랑에서 결혼을 미리 정하는 것으로 여겨졌다(A.IV.265). 미얀마와 태국에서 결혼은 보통 어린 여자의 부모들이 딸의 의견을 고려하여 미리 결정하였다. 만약 허락이 거부되면 가출도 종종 인정된다(Hanks and Hanks, 1963: 434-5). 일본에서는 적어도 1600년부터 정혼이 전통이었다. 여성은 결혼할 남자의 가족으로 주어졌으며, 가계는 상속자에 의해 지속될 수 있었다. 유교적으로 권장된 가치에 따라 개인의 희망은 가족의 이익을 위해 무시되었었다.

불교가 사원생활을 강조함에 따라 결혼은 '성스러운' 것이 아니라 세속적인 결합의 계약으로 생각되었다. 따라서 예컨대, 미얀마에서는 사원과 재가의 보다 집중적인 수행기간인 석 달 동안의 '우기'에는 보통 결혼이 치러지지 않는다. 그렇지만 태국에서는 남자가 비구 경험을 하기 전에는 '미성숙한' 것으로 간주되지만 비구로서의 기간을 마친 후에는 결혼하기에 충분히 '무르익고' 성숙한 것으로, 즉 그에게서 거친 가장자리가 떨어져 나간 것으로 간주된다(Hanks and Hanks, 1963: 441). 비구는 결혼식에서 혹은 나중에 부부를 축복해 달라는 요청을 받을 수도 있지만, 결혼식을 주관하지는 않는다. 그리고 일본의 불교도는 전통적으로 신도의례에 따라 결혼하는

데, 오늘날은 '기독교적인' 흰 드레스를 입는 예식이 유행하고 있다. 태국에서 결혼은 공공의 의견과 압력의 지지를 받고 있는 사적인 합의이다(H. E. Smith, 1979: 28). 여자는 이름을 바꾸거나 반지를 끼지는 않지만 분명한 지위의 변화가 뒤따른다. 가장 간단한 결혼의식은 집에서 치르는 것으로, 조상의 영혼에게 두 사람이 남편과 아내가 될 것임을 알리고, 그들이 성교를 할 때 방해받지 않도록 한다. 보다 복잡한 의식은 세 부분으로 이루어진다. 가장 먼저 공식적인 결혼약속을 한다. 그러고 나서 비구와 친척들의 축복이 이어진다. 여기서 비구는 독경을 하고, 성스러운 물을 두 사람에게 흩뿌리며, 두 사람은 가족의 조상에게 공양을 바치고, 한 개의 숟가락으로는 비구에게 쌀을 바친다. 이런 식으로 두 사람은 함께 까르마적 열매를 만드는 행위를 하고, 자신들의 미래의 행복한 순간들과 연결시키고자 한다. 이와 관련하여 남편과 아내는 만약 믿음과 덕성, 관대함과 지혜로 결합된다면, 사후에 그들이 원할 경우 함께 환생할 것이라고 말해진다(A. II.61-2). 비구가 떠나고 나서 의식은 연장자와 부모가 진행한다. 세 번째 단계에서는 행복하게 결혼했다는 평판을 가진 사람이 결혼 침대에 앉아 있는 두 사람에게 남편은 올바르고 친절해야 하며 아내는 상냥하고 이해심이 많아야 한다와 같은 조언을 해준다(Terweil, 1979: 146-52). 결혼 후에는 부부가 자신들의 집을 가질 때까지 신부의 부모와 함께 사는 것이 가장 일반적인 모습이다(Hanks and Hanks, 1963: 442).

불교는 이혼에 원칙적으로 아무런 반대도 하지 않지만, 그에 대한 사회적 압력 때문에 흔한 일은 아니다(예를 들어 H. E. Smith, 1979: 28을 보라). 불교는 전통적으로 독신의 사원생활에 가장 높은 관심을 가져 왔지만, 또한 독신생활에 헌신할 수 없는 사람에게는 결혼과 가정생활이 매우 적합하고, 수많은 가치 있는 성질들이 길러지는 영역인 것으로 보았다.

그러나 서양 불교의 한 형태인 서양불교법우회(Friends of Western Buddhist Order, FWBO)는 핵가족 형태의 결혼생활을 정신적으로 구속적이고 '신경증적'이며, 현대 사회의 파편화를 반영하는 것으로 보아 강하게 비판하기에 이르렀다(Subhuti, 1994: 162-4, 177). (두 사람의) 커플은, 이성애적이건 동성애적이건 간에, 때로 투사와 의존 속에 함께 구속되어 서로를 반쪽짜리 인격으로 만드는 경향이 있는 것으로 보인다(Subhuti, 1994: 173-4). FWBO는 비구 상가락시타(Sangharakshita | Dennis Lingwood)에 의해 1967년 영국에서 만들어졌으며 '서양불교회(Western Buddhist Order)'에 센터를 두고 있는데, 이 교단 구성원의 절반가량은 동성공동체에서 살고 있다. 구성원들 중에는 결혼한 사람과 독신을 따르는 사람, 준-사원생활을 하는 사람 등이 포함되어 있다. FWBO가 발전하는 한 단계에서 일부 교단 구성원들이 '여러 가지 다른 형태의 성적 관계를 행복하게 즐김으로써 불건강한 집착을 제거하려고'(Subhuti, 1983: 167) 했으며, 현재는 성적 욕망이란 점진적으로 초월되어야 한다는 점이 강조되고 있다(Subhuti, 1994: 171). 그렇지만 독신생활이 요구되지는 않으며, 현재 FWBO는 가족과 함께 살고 있는 구성원이 소외되고 있다고 느끼지 않도록 하기 위해 노력하고 있다.[30]

---

30) Vishvapani, 'Buddhism Distorted' in the *Guardian* newspaper, 11 November 1997.

자애와 자비

불교의 윤리적 발전에 있어서 자애와 자비라는 가슴으로 느껴지는 감정의 계발에 중요성이 부여되고 있는데, 이는 관대함으로부터 생겨나는 것이며 덕성의 심화를 돕고 '나'에 대한 집착을 잘라 내는 요소로 작용한다(Aronson, 1980을 보라). 자애(빠알리어 mettā; 산스크리트 maitrī)와 자비(karuṇā)는 공감적 혹은 헤아려 기뻐함(muditā)과 평정(빠알리어 upekkhā; 산스크리트 upekṣā)을 포함하는 네 가지 성질 가운데 처음의 두 가지이다. 이것들은 '헤아릴 수 없는 것들' 혹은 '사무량심'(brahma-vihāras)으로 알려져 있는데, 명상으로 높은 수준까지 발전하면 마음을 '헤아릴 수 없게', 그리고 사랑이 가득한 브라흐만 신들의 마음처럼 만든다고 말해지기 때문이다. 자애는 어떤 그리고 궁극적으로는 모든 살아 있는 존재의 진정한 행복에 대한 열망이다. 이 모든 존재도 자신과 마찬가지로 행복을 좋아하고 고통을 싫어하는 까닭이다. 그것은 분노와 두려움의 해독제이며 감상적인 것과는 구별되어야 한다. 자비는 존재들이 고통과 고통의 감정에서 자유로워지도록 열망하는 것이다. 그것은 무자비함에 대한 해독제이며 슬픔과는 구별되어야 한다. 공감적 기쁨은 다른 사람들의 기쁨에 기뻐하고 그들의 행운에 행복해하는 것이다. 그것은 시기심과 불평에 대한 해독제이며 경박한 명랑함과는 구별되어야 한다. 평정은 자기 자신과 다른 사람들의 삶의 부침에 직면하여 침착하고 평온한 (마음의) 안정이며, 존재들은 스스로의 업에 따라 고통스럽거나 행복하다는 성찰을 계발함으로써 나오게 되는 것이다. 그것은 혐오와 찬성 모두에 대한 해독제이며, 무관심과는 구별되어야 한다(*Vism.*318). 그것은 또한 모든 존재를 공평무사하게 대하도록 하여 (결과적으로) 자애 등을 모든 존재에게 평등하게 느끼도록 만든다.

자애는 '자애로 분노를 항복 받으라; 선으로 악을 항복 받으라; 보시로 인색함을 항복 받으라; 진실로 거짓말을 항복 받으라'(*Dhp.* 223)와 같은 게송에서도 강조되고 있다. 그것은 또한 테라바다의 대중적인 기도문인 『자비경』(Karaṇīya—metta Sutta)의 주제이기도 하다.

선에 능숙한 사람, 평화로운 상태[니르바나]에 도달하기를 바라는 사람은 이와 같이 행동해야 한다: 그는 유능하고 올곧아야 하며, 나무랄 데 없이 올곧아야 하고, 정감 있게 말하고, 상냥하며 겸손해야 한다. 만족해하고, [비구로서] 잘 도와주고, 서두르지 않고, 통제된 감각을 지니며, 분별 있고, 신중하고, [자선을 위해] 가족들에게 탐욕스럽게 집착해서는 안 된다. 그는 다른 현명한 사람이 비난할 것이기 때문에 어떤 사소한 잘못도 저질러서는 안 된다. [그리고 그는 생각할 것이다.] '모든 존재들이 행복하고 안전하리라. 그들은 모두 행복한 마음이리라! 살아 있는 존재들은 무엇이든 약하건 강하건, 길거나 단단하거나 혹은 중간이거나, 짧거나 작거나 혹은 크거나, 보이거나 안 보이거나 [귀신들, 신들과 지옥의 존재들], 가까이 머물거나 멀리 머물거나, 태어났거나 태어나기를 기다리거나, 모두 예외 없이 행복한 마음이리라! 그 누구도 어느 곳에 있는 무엇이건 다른 존재를 기만하거나 다른 사람을 무시하지 못하게 하라. 분노나 나쁜 의지로 그들이 서로에게 고통을 바라지 않도록 하라.' 어머니가 자기 목숨의 위험 앞에서도 하나뿐인 자식을 보호하는 것처럼, 그가 모든 존재를 향한 한량없는 마음을 기르도록 하라. 그의 한량없는 자애심이 온 세상에 퍼지게 하라. 위로 아래로, 모든 장애물을 넘어서, 어떤 증오도, 미움도 없이. 그가 서 있거나 걷거나 앉아 있거나 누워 있거나 깨어 있는 한 그는 이러한 마음가짐을 발전시켜야 한다. 이것이 사무량심이라고 여기서 그들은 말한다. 삿된 견해에 빠지지 않고 덕스러우며 통찰을 갖추고 그는 감각적 쾌락에 대한 집착을 버린다. 그는 확실히 어느 자궁으로도 다시 오지[환생] 않을 것이다.(*Khp*. 8-9)

이렇게 자애와 자비 혹은 친애는 하나뿐인 자식에 대한 어머니의 사랑과 같은 정도의 강력한 힘으로 모든 존재에게 이상적으로 퍼져 나가야 한다. 하지만 모성애의 한 부분일 수도 있는 감상적인 생각이나 소유욕은 없어야 한다. 이 이상의 높이는 거의 초인간적인 개념으로 표현되고 있다. '비구여, 비열한 도적이 양날톱으로 사지를 갈기갈기 잘라 낸다고 해도, 그때조차도 마음에 미움을 품은 자는 나의 가르침을 실천하는 자가 아니다'(*M.* I.129). 이러한 맥락에서 붓다의 제자들은, '우리는 자애롭고 증오를 비운 마음으로 그 사람을 뒤덮고, 그리고 그와 같이 '한량없는' 마음으로 온 세상을 뒤덮으며 친절과 자비로움에 머물 것이다'라고 생각해야 한다. 그러한 마음은 분노로 타오를 수 없으니 마치 우리가 강에 불을 붙일 수 없는 것과 같다(*M.* I.128). 이 이상은 『칸티바디 자따까』(Khanti-vādi Jātaka)[31]에서도 볼 수 있는데, 거기서 붓다는 전생에 인내 혹은 인욕(빠알리어 khanti; 산스크리트 kṣānti)을 발전시켜서 '인욕의 스승'으로 알려져 있었다. 여기서 한 오만한 왕이 그 스승의 말에 귀를 기울이고 있는 첩을 보고 화가 나서 그를 시험하여 인내심이 얼마나 깊이 정립되어 있는지 알아보려고 한다. 그리하여 왕은 그를 가시 박힌 회초리로 마구 때리도록 했지만, 그는 자신의 인내심은 피부 속이 아니라 마음속 깊이 자리하고 있는 것이라고 말하였다. 왕은 그의 손과 발, 그리고 코와 눈까지 베어 내며 더욱더 시험

---

31) *J.* III.39—43, 그리고 『자따까 말라』(Jātaka—māla): Khoroche,1989:193—2—4와 Conze, 1959:26-30. Gomez(1992:32-3)와 MacQueen, 1981에 의해 논의되었음.

하였다. 그의 인내심이 여전히 고요하고 아무런 분노도 드러내지 않고 어리석은 왕에 대한 자비심만을 보이자 왕은 그의 가슴을 차 버렸고 격랑은 가라앉았다(곧 죽어 지옥에 환생하였다). 그러한 가해 자에 대한 자비는 적절한 것인데, 왜냐하면 그들의 행위는 그들 자 신에게 미래의 업의 결과로서 엄청난 고통을 가져올 것이기 때문이 다. 물론 이러한 이상에 완전히 맞추어 살아가는 것은 '나는 존재한 다'는 자만의 미혹을 완전히 통찰한 사람에게만 가능한 것이다.

　대부분의 사람들에게 그런 정도의 자기희생적 인내는 요원한 것 이지만 가슴 벅찬 이상이기도 하다. 더욱이 많은 경우에 압제자에 대한 확고하고 흔들리지 않는 불복종은 —모든 분노와 나쁜 의지로 부터 자유로운 방식을 취하면서 이상적으로 이루어진다면— 또한 적절한 것이기도 하다. 업설은 종종 숙명론적 수용으로 변질되기도 하지만 보다 균형 잡힌 접근법은 상황을 개선하기 위해 할 수 있는 모든 것을 다하되, 일단 무언가 발생했을 때는 그것을 (아마도) 자 신의 과거의 업에서 기인하는 것으로 순순히 받아들이는 것이다.

그림 3. 전생에 '인욕의 스승'으로서 칼로 갈기갈기 찢겨도 분노를 일으키지 않은 붓다를 보여 주는 스리랑카의 사원 벽화.

자애는 강력한 힘으로 생각된다.
삼백 그릇의 음식을
하루 세 번 공양한다고 해도
한 순간의 사랑으로 얻어진
작은 공덕에는 미치지 못한다.(*RPR.*283)

『자따까』의 주석(*J.*Ⅰ.199-200)에서도 자애를 보호하는 어떤 힘으로 서술하고 있는 이야기가 있다. 보살과 몇몇 동료들은 죄를 지은 것으로 잘못 기소되었고 코끼리에게 밟혀 죽는 선고를 받았다. 보살은 동료들에게 마음속에 계를 되새기며 비방한 자, (죽음을) 선고한 왕, 코끼리 그리고 자신들의 몸에 대한 자애를 일깨우라고 조언하였다. 그 결과 여러 코끼리들이 그들 가까이 오려 하지 않고 도망가 버렸다. 이렇게 하도록 하는 약이나 주문(mantra)을 가지고 있느냐는 물음에 보살은 자신과 동료들이 계를 지키고, 자애를 일으켜 보시를 하고 공공을 위한 일을 수행했기 때문에 이러한 일이 일어났으며 이러한 것들이 바로 자신들의 주문 혹은 파리타(paritta)라고 말한다. 이 이야기는 또한 화가 나서 그를 죽이려고 돌진해 오는 코끼리를 멈추어 세우고 절하도록 만든 붓다의 널리 퍼져 나가는 자애를 떠오르게 한다(*Vin.*Ⅱ.194-5).

자애는 다른 살아 있는 존재를 친절하게 대하고 분노를 피함으로써 일상생활에서 실천될 수 있다. '달리는 마차처럼 솟아오른 분노를 멈추는 사람은 누구든, 그를 나는 마차 모는 이라 부른다. 다른 사람들은 그저 고삐를 잡고 있을 뿐이다'(*Dhp.*222). 그것을 이상에 가까워지는 방법으로 발전시키기 위해서는 자애를 낭송하는 것이 도움이 될 것이다. 그러나 증오의 마음을 정화시키는 보다 강력한 방법은 자애에 관한 명상을 계발하는 것이다.

테라바다 불교는 이 명상에 상당한 강조를 두고 있는데, 이것과 다른 '헤아릴 수 없는 것들'을 철저하고 고무적으로 다루고 있는 것이 붓다고사의 『청정도론』 9장이다.[32] 자애가 명상을 통해 다른 사람들에게 향해지기 전에 먼저 자기 자신을 향해 행해져야만 한다.(그렇지만) 티베트에서는 어머니에게서 시작한다. 기독교적 문구를 사용하자면, 만약 네가 '너의 이웃을 너 자신처럼 사랑'하지만, 네가 너 자신을 여러 가지 방식으로 싫어한다면, 너는 네 이웃에게 많은 호의를 베풀고 있는 것이 아니다. 자기혐오는 되풀이되는 자책, 긴장, 불안, 자기구속과 같은 형태로 나타난다. 다른 사람들에게 자애를 확장하기 전에 우리는 먼저 자기 자신을 있는 그대로 완전히 받아들임으로써 자기 자신을 어떻게 생각하는 것이 좋은지 느껴야 한다. 이것은 자기만족과는 관계가 없고 오히려 자신에 대한 기분 좋으면서도 현실적인 태도가 된다. 만약 어떤 사람이 자신의 단점에도 불구하고 자신을 좋아하고 친절히 대할 수 있다면 그(녀)는 결점을 지닌 다른 사람을 더 완전하게 받아들일 수 있을 것이다. 따라서 그(녀)는 결코 자신의 결점을 그대로 유지하지도, 적대적인 싸움을 시작하지도 않으며 따스한 자애의 따뜻함의 도움으로 이것들을 점진적으로 녹여 다른 사람들과 그들의 요구에 더욱 마음을 열게 된다.

자애 명상은 일반적으로 다른 명상으로 마음을 고요한 상태에 둔 다음에 이루어진다. 명상자는 자기 자신에 대한 긍정적인 열망을 만들어 내고, 자신에 대한 인내를 받아들이며 사랑의 느낌을 경험하고자 노력하며, 그 목적은 이것들을 가슴속에서 따뜻하고 즐거운 느낌으로 느끼는 것이다. 그러한 느낌들을 자극하기 위해 정신적으로 적절한 어떤 말들을 하게 될 것이다. '나는 잘 되고 행복할

---

32) Ñāṇamoli, 1958과 Dharmasiri, 1989: 42-52를 보라.

것이다, 나의 마음은 맑고 선할 것이다. 나는 육체적 정신적인 곤란과 어려움으로부터 자유로우리라. 나는 내 주위의 것들과 조화를 이루리라'와 같은 것들이 바로 그것이다. 잠시 후에 명상자의 정신은 자기가 좋아하지 않던 자신의 측면들로 눈을 돌려 그러한 행위의 수행자로서의 자기 자신을 향해 자애를 보낼 것이다. 일단 자애가 자기 자신을 향해 경험되고 나면 다음에는 다른 선택된 사람들을 향해 만들어진다. 이들은 자애가 성적 매혹의 느낌에 물들지 않도록 하기 위해 동성이어야 한다. 먼저 명상자는 쉽게 좋아할 수 있는 누군가의 얼굴―친구나 감사의 마음을 느끼는 존경하는 스승―을 떠올리고 이미 자신에게 한 것처럼 그 사람에 대한 긍정적인 열망을 발전시킨다. 자애의 느낌이 더욱 확립됨에 따라 다음에는 거리에서 매일 보지만 말을 걸지는 않는 어떤 사람 같은 중립적인 사람에게 초점을 맞추고, 그 다음에는 적대감을 느끼는 사람에게로 향한다. 이런 식으로 그(녀)는 마음이 공감의 원을 점점 넓히도록 함으로써 점차 쉽게 좋아할 수 있는 사람에게서 가장 어려운 사람에게로 옮겨 간다. 여기서의 목적은 마음이 제한적으로 선택된 존재에게만 친절하게 만드는 장벽을 부수어 버리는 것이다. 분노를 무너뜨리고 자애를 돕는 데 사용되는 반성에 대해서는 pp.243-6을 보라. 자애가 적대적인 사람을 향해 경험된 다음에는 모든 방향의 모든 존재에게로 퍼져 나간다. '퍼져 나간다'는 것은 단지 수사로 보이지 않는데, 왜냐하면 자애는 다른 사람들에게 직접적으로 영향을 끼치는 정신적 힘으로 보이기 때문이다.

자비에 대한 명상을 발전시키는 것에 대해, 붓다고사는 다음과 같은 단계를 개괄적으로 살피고 있다. 우선 정신은 불쌍한 사람, 그리고 친구, 다음에는 중립적인 사람 그리고 적대적인 사람에게 머문다. 공감적 기쁨은 먼저 아주 친한 친구의 행복을 생각하면서 발전되고, 다음으로 중립적인 사람 그리고 나서 적대적인 사람에게 초점이 맞추어진다. 평정은 먼저 중립적인 사람 그리고 좋아하는 사람, 훌륭한 친구, 적대적인 사람, 마지막으로 자기 자신을 향해 발전시킨다. 각 경우에 명상자는 가장 쉬운 일에서 시작하여 가장 어려운 것으로 발전해 나간다.

테라바다 전통에서 붓다는 다음과 같이 말한 것으로 기록되어 있다. '비구여, 나를 기다리고… 존경하고… 나의 조언을 따르는 자는 누구든지 아픈 사람을 기다려야 한다'(Vin. I .302). 자비의 실천적 표현은 ―테라바다와 대승 지역 모두에서― 사원에서 고아를 돌보는 비구와 가난한 자를 돌보거나 병원을 짓는 부자 또는 통치자를 포함하고 있다. 대승의 위대한 스승 나가르주나는 『보행왕정론』에서 다음과 같이 충고하고 있다.

눈멀고 병들고 비천한 자들,
보호해 줄 이들이 없는 이들, 가엾은 이들,
그리고 장애를 가진 이들이 모두 평등하게
음식과 물을 지장 없이 얻도록 하여라.(RPR. 320)

현대에는 기아구호 단체가 만들어졌을 뿐만 아니라(대만), 고아원과 이식 수술에 사용될 안구 기증을 위한 '은행'도 세워졌다(스리랑카). 사찰에서는 보호관찰 중인 소년을 돌보거나(스리랑카), 헤로인 중독자의 치료를 돕기도 하고(태국), 동물에 대한 자비로운 행동을 하기도 한다. 대만에서는 비구니 스님인 청 옌(Cheng Yen)이 300만 명의 추종자와 함께 재단 자제기금회(慈濟基金會, Tzu Chi Foundation)를 만들어 국내에서 대규모의 의료봉사 프로그램을 운영하고 해외에서는 긴급 구호활동을 제공하고 있다(Ching, 1995).

리처드 헤이스(Richard Hayes)는 기악 둑(Giac Duc) 스님의 감동적인 이야기를 전하고 있다. 베트남전이 끝나갈 무렵 미군이 패주하고 있을 때, 그 스님은 안전한 곳으로 이송 중인 수많은 사람들 중의 하나였다. 이를 위해 헬리콥터가 이송을 반복해야 했지만, 스님은 마지막으로 구조받기를 원하였다. 어느 지점에선가 불교도와 기독교도는 서로 다른 날짜에 빠져나가기로 되어 있었는데, 그는 언제나 당일 출발하지 않는 단체에 속하고자 했다고 한다![33]

사회윤리

사회통합과 평등

불교는 『시갈로바다경』에서 발견되는 네 가지 '사회적 단결의 토대'에 부여되는 가치에서 보이듯이 사회적 조화와 통합에 매우 높은 가치를 두고 있다.

보시(dāna)
친절한 말(빠알리어 piya-vācā; 산스크리트 priyavākya)
도움이 되는 행동(빠알리어 attha-cariyā; 산스크리트 tathārthacaryā)
공평한 대우와 평등한 참여(빠알리어 samānattatā; 산스크리트 samānārthatā) 혹은 쾌락과 고통에 대한 차분한 마음(산스크리트 samāna-sukha-duḥkhatā).[34]

---

33) 'Lousy Dharma Practice' posting to 'Buddhist' Internet discussion forum, 30 August 1995.
34) D.Ⅲ.152, 232; A.Ⅱ.32, 248; A.Ⅳ.218, 363; Mvs.Ⅱ.395; cf. Rājavaramuni, 1990:36, 40. 태국불교에 관해서는 Payutto,1993:69-71, 조동선불교에 관해서

자신과 타인의 선은 서로 얽혀 있는 것으로 여겨진다.

비구여, 어떻게 자신을 보호하면서 다른 사람을 보호하겠는가? 실천과 발전과 쉼 없는 연습에 의해서이니라… 또한 비구여, 어떻게 다른 사람을 보호하면서 자신을 보호하겠는가? 관용과 비폭력과 마음 가득 자애를 지님과 보살핌에 의해서이니라.(*S.* V.169)

태국의 저명한 학승은 이렇게 표현하고 있다.

불교의 사회윤리에 관한 가장 기본적인 주장은 불교의 연기설 [조건적 발생]을 유지하는 가운데, 한편으로 개인적 개선과 완성과 다른 한편으로는 사회적 선이 근본적으로 상호 관련되어 있고 상호 의존적이라는 점이다. (Rājavaramuni, 1990: 31).

따라서 우정은 세속적 영역에서 사회적 조화의 모델이고 출세간적 영역에서는 비구에 의한 재가자의 정신적 격려를 위한 모델이다. 우리는 불교윤리에 있어 모든 사람들을 친구로 대우받아야만 한다는 의미에서 모든 사람들을 친구라고 결론 내릴 수 있을 것이다. (Rājavaramuni, 1990: 36).

자기수련을 하고 자기의존적인 사람으로 이루어진 사회는 평화로울 것이고 번갈아 가며 개인적 성장과 발전을 도와줄 것이다 (Rājavaramuni, 1990: 36). 이 과정 속에서 좋은 사람과 어울리는 것의 중요성이 자주 강조되는데, 그 속에서 좋은 성질이 자극받고 강

는 Cleary,1986:116-20을 보라.

화되며 널리 퍼져 나가기 때문이다.[35]

사회적 평등과 관련하여 붓다는 바라문교의 주장, 즉 신에게 부여받았다고 하는 네 가지 사회적 계급 체계와 관련된 것으로, 어떤 사람들은 출생에 의해 우월하거나 열등하다고 하는 주장―이른바 '카스트제도'의 계급(varṇas)에 비판적이었다.[36] 그는 다음과 같이 가르쳤다.

> 출생에 의해 부랑자가 되지 않으며, 출생에 의해 바라문이 되지도 않는다. 자신의 행위에 의해 부랑자가 되고 자신의 행위에 의해 바라문이 된다. (*Sn.*136)

따라서 도덕적·정신적 발전은 한 사람을 '바라문'―여기서 이 개념은 진정으로 고귀한 정신을 가진 사람, 즉 아라한이라는 의미로 사용된다―으로 만드는 반면, 계율의 위반은 다른 사람들이 그에게 가지는 존경심을 낮추도록 만든다. 비구가 되는 데 있어서 모든 사회적 배경은 무시되어야만 한다. 마치 여러 강에서 바다로 흘러드는 물이 모두 평등하게 '바닷물'이 되듯이. 그러므로 비구들 사이에서는 사회적 배경과 무관하게 승가에서의 머문 시간의 길이에 따라 존경이 표해져야 한다. 그렇기 때문에 여섯 명의 전-왕자와 그들의 하인 우팔리(Upāli)가 수계를 받게 되었을 때, 여섯 왕자는 붓다에게 그 하인이 먼저 계를 받아 자신들보다 약간 윗사람이 되도록 하여 자신들의 과거의 교만한 성격을 허물도록 해달라고 부탁하였다 (*Vin.*II.183). 더욱이 붓다는 타고난 우월성을 주장하는 바라문을

---

35) *S.* V.28; Sn.259; Rājavaramuni, 1990:36을 보라.
36) 예를 들어 *D.* I.119, 199; *D.*III.81; *M.*II.125-33, 147-57, 178-96. 더 이상의 논의를 위해서는 Krishan, 1986을 보라.

자주 비판하였다(예를 들어 *M.*II.83-90). 그는 인간은 한 종류이지 네 종류가 아니고(*Sn.*594-656; *M.*II.196-7), 사회에서 볼 수 있는 사회계급은 영원한 것이 아니라 점진적으로 전개되어 온 것이며(*D.*III.93-5), 한 사람은 그가 행한 일의 종류에 따라 농부, 상인, 도둑, 바라문교의 사제 혹은 왕으로 만들어진 것이며(*Sn.*612-19), 인도 사회의 네 계급(바라문, 군인-귀족, 농부/상인, 하인)의 사람들은 평등하게 좋고 나쁜 행위를 할 수 있으며 그에 따라 업의 결과를 거두어 들일 수 있다고 주장하였다. 그는 마치 왕이 전쟁에서 전투기술에 능숙하지만 귀족이 아닌 사람들을 전투기술이 없는 귀족보다 더 좋아하는 것과 마찬가지로, 유덕한 비구에 대한 보시는 매우 유익한 것으로 그가 본래 어떤 계급 출신인지는 문제되지 않는다고 주장하였다(*S.*I.98-9). 한 비구가 왕에게 네 계급 가운데 어느 하나에 속한 부유한 사람은 어느 계급의 사람이라도 하인으로 삼을 수 있다고 지적했을 때, 왕은 '그렇소이다. 이 네 계급들은 정확히 동일하오. 나는 이 점에서 그들 사이에 어떤 차이점도 알지 못하오'라고 대답하였다(*M.*II.89).

붓다는 이렇게 카스트 제도의 발전을 비판하였지만, 모든 사회적 구분을 폐지하려는 사회적 혁명가는 아니었다. 그는 이것들의 존재를 인정하였고, 다만 바라문교에서처럼 신적으로 주어진 것이 아니라 변화가능하고 관습적인 것으로 보았다. '세상에서 가문과 종족으로 불리는 것들은… 공공의 동의에서 생겨난 것이다'(*Sn.*648). 그 자신이 귀족 출신으로서 그는 바라문보다는 귀족을 네 계급의 첫째에 두고자 하였다. 그는 사람들이 속하는 사회적 계급이 그들의 과거의 업에 기인한다는 것을 부인하지 않았다. 그럼에도 불구하고 그는 사람들이 다른 계급에 적합한 재능과 역량을 지니고 있다면, (바라문교/힌두교에서처럼) 자신들의 부모 계급의 한계 내에 머물러 있을 의무는 없다고 가르쳤다. 19세기의 버마에 관해 필딩 홀(Fielding Hall)은 이렇게 말하고 있다. '거기엔 어떤 종류의 귀족정치도 결코 존재하지 않는다. 버마인들은 아마도 다른 곳에는 전혀 알려진 바 없다는 의미에서 평등한 사람들의 공동체이다'(1902: 54). 이웃하고 있는 태국은 왕족과 귀족 계급을 가지고 있지만 아주 작은 비율일 뿐인데, 이는 태국의 독특한 특징, 즉 각 세대마다 귀족의 자녀들은 지위가 한 단계씩 낮아지기 때문이다.

불교가 인도를 넘어 퍼져 나감에 따라 만나게 되는 어떠한 사회 계급 체계와도 어울려 사는 경향을 띠게 되었다. 스리랑카에서는 가까이에 있는 인도의 힌두교의 영향으로 인해 온건한 유형의 카스트 제도가 발전하였다. 이는 주로 어떤 사람이 먹거나 결혼할 수 있는 것들과 관련되지만 그것 또한 불행하게도 서로 다른 카스트에서 비구를 모집하는 상이한 사원 단체를 만들어 내었다(Gombrich, 1971a: 294-317). 뿐만 아니라 수많은 불교 사회에서 정육업자 그리고 때로는 어부와 같은 사람들이 그들의 불선한 생활 방식 때문에 사회적 천민으로 대우받아 온 것도 사실이다.

참여불교

현대 세계에서 많은 불교도들이 '참여불교'라고 불리는 것을 지지하게 되었다. 이 용어는 베트남의 선승 틱낫한이 전쟁이 그의 조국을 휩쓸고 있던 1963년에 만든 것이다.[37] 이것은 전통적인 불교윤리와 사회적 가르침에 의지하고 있지만 그것들을 과거에 때때로 이

---

37) Queen, 1996:34. '참여불교'에 관해서는 Queen and King,1996과 Eppsteiner, 1988을 보라.

루어졌던 것보다 더 활동적인 방식으로 사회를 개선하기 위해 적용한다. 크리스토퍼 퀸(Christopher Queen)은 '사회 참여적 불교에서 가장 눈에 띄는 사고의 변화는 출세간에서 세간적 해방으로의 변화'이고 이는 마음의 변화뿐만 아니라 사회, 정치적 조건의 개혁을 통해 '세간적 고통과 억압의 원인과 다양성, 그리고 치유책'에 초점을 맞추기 위한 것이라고 주장한다(Queen, 1996: 11). 이러한 강조점 변화의 뿌리는 식민지 시대, 특히 19세기 후반 스리랑카에서 불교와 서구적 가치의 만남에 놓여 있다(Queen, 1996: 20-1). 여기서 불교도들은 불교 부흥을 통해 개신교의 지배와 불교사회의 수동성 비판에 대응하였다. 이 운동은 자신이 맞서 싸우던 기독교의 몇몇 특징을 빌려왔고, 이에 따라 개혁적인 동시에 재가자에게 더 큰 역할을 부여함으로써 '프로테스탄트 불교'라고 불리게 되는 특징들을 발전시켰다. 아시아에서 활동하는 사회활동가 불교도들은 종종 말하기를, 자신들은 단지 식민지 시대가 비구들의 사회적 구제활동을 중지시키기 이전인 전-식민지 시대부터 불교가 가지고 있던 최상의 특징들을 재현시키고 있을 따름이라고 주장한다. 여기에도 진리의 요소는 존재하지만, 그들은 또한 현대 세계에 대응하여 불교의 새로운 유형을 발전시키고 있으며, 거기에 더해 '참여불교'에 강조점을 두고 있는 일부 서양 불교도들에게 영향을 끼치거나 또한 영향을 받고 있기도 하다. 이것은 예를 들어 현재는 프랑스에 머물고 있는 틱낫한이 설립한 접현종(Order of Interbeing)에서도 볼 수 있다. 그 구성원들은 그가 만든 14개의 계율을 따르는데 그 일부는 다음과 같다.

고통과의 접촉을 피하거나 고통 앞에서 자신의 눈을 감지 말라… 수많은 사람들이 굶주리고 있는 동안 부를 축적하지 말라… 소박하게 생활하라…

살생하지 말라. 다른 사람이 죽이도록 하지 말라. 생명을 보호하고 전쟁을 막을 가능한 모든 수단을 찾으라. (Eppsteiner, 1988: 150-2)

정치적 이상들

많은 경전들이 이상적인 불교 통치자가 평화롭고 조화로우며 빈곤이 없는 사회를 만들기 위해 따라야 하는 이상을 그리고 있다(cf. Saddhatissa, 1970: 149-64). 그 어느 것도 통치자에 대한 백성들의 의무에 대해 말하고 있지 않지만, 불교는 일반적으로 비폭력을 강조하기 때문에 반란을 부추기지는 않았다.

붓다는 그 당시의 부족적 공화제와 같은 것을 높이 평가하였다. 한때 그는 밧지 공화국이 번영하기 위한 조건으로 다음과 같이 말한 적이 있다. 즉 사람들은 지속적으로,

i) '정기적으로 자주 회합을 가져야 한다.'
ii) '조화 속에 만나고 조화 속에 헤어지며 조화 속에 업무를 수행해야 한다.'
iii) '승인되지 않은 것을 승인하지 않으며, 오랜 전통에 의해 승인된 것에 따라 진행해야 한다.'
iv) '그들 사이의 연장자를 존경하고 존중하며 우러러보고 인사하며, 나아가 그들에게 귀를 기울일 가치가 있다고 생각해야 한다.'
v) '다른 사람의 아내나 딸을 강제로 납치하여 자신들과 함께 살도록 강요해서는 안 된다.'

vi) '집에서나 밖에서 밧지 사당에 존경하고 존중하며 우러러보고 인사하되, 그 앞에 적절하게 주어진 공양물을 (임의로) 거두어들이지 말아야 한다.'

vii) '아라한의 안전을 위해 적절한 공양을 하여 그러한 아라한이 미래에 그곳에 와 살도록 하며 이미 살고 있는 이들은 안락하게 머물게 해야 한다.' (*D.* II 74-5)

여기서 우리는 집단적 의사결정, 화합, 전통, 연장자, 여성, 종교 그리고 성스러운 남성과 여성을 존중하는 원칙들을 볼 수 있다. 이러한 사회적 원칙들이 중요한 것은 붓다가 이것들을 승가의 번영을 위해 필요한 것으로 보고, 또 일부는 수정하였다는 점 때문이다. 그럼에도 불구하고 붓다는 부족적 공화국의 시대는 지나가고 새롭게 팽창하는 왕국들이 점차 그들을 삼키고 있다는 것을 알 수 있었다. 사실 그는 위의 원칙들로부터의 이탈이 왕국에 의해 지배받도록 하는 것임을 알았다.

붓다는 또한 왕의 직분을 질서와 번영을 보장함으로써 백성들에게 봉사하는 것으로 보았다. 『기세인본경』(Aggañña Sutta)(*D.* II.80-98)에서 붓다는 인간 사회의 기원을 세계-진화 사이클이 시작될 무렵 상대적으로 이상적이었던 조건들로부터 도덕적으로 타락하는 과정의 일부로 묘사하고 있다(Fenn, 1996: 111-7). 여기서 첫 번째 왕은 잘못을 저지른 사람을 처벌하기 위해 그의 백성들에 의해 ―가장 잘생기고 상냥하고 유능한 사람으로― 선출되고 그 대가로 (그는) 백성들의 쌀을 공유할 수 있었던 것으로 말해진다(*D.* III.92). 이것은 서양 정치철학자들이 왕권의 '사회계약'이론이라고 부르는 것의 초기 형태로 볼 수 있다. 6세기의 작가 찬드라키티(Candrakīti)는 왕권 신수 관념에 반대하여 다음과 같이 주장했다.

최초의 왕은 그 자신의 행위와 사람들에 의해 만들어진 것이지
전능한 일자(Almighty One)에 의해 만들어진 것이 아니다. 왕은
가계와 본질에 있어 보통 사람들과 동일하다.[38]

사회를 가장 잘 운영하는 방법에 관한 붓다의 조언은 자주 전륜
성왕(빠알리어 Cakkavatti, 산스크리트 Cakravartin) 혹은 '바퀴를 돌리
는 왕'으로 알려진 과거의 전설적인 통치자의 이미지로 표현되곤
한다. 담마에 따른 그의 의롭고 자비로운 통치는 하늘에 신의 바퀴
가 나타나게 했다고 말해진다. 그러한 유형의 사람은 아직 붓다는
아니지만, 붓다의 정치적 동등자로 생각되는데, 태어날 때 그의 몸
은 붓다가 될 '위대한 사람의 32가지 특징'과 동일한 것을 지녔고
(D.Ⅲ.142-79), 죽을 때 그의 몸은 붓다의 것과 동일한 방식으로 다루
어져야 한다(D.Ⅱ.141). 『전륜성왕사자후경』(轉輪聖王獅子吼經 Cakkavatti-
sīhanāda Sutta I D.Ⅲ.58-79)[39]에서 그러한 통치자의 의무는 아버지에
서 아들에게로 전해진다고 한다. 그 의무란 바로 그는 담마(여기서
는 도덕적 규범이나 자비로운 정의와 같은 어떤 것을 의미하는데)를 우
러러보아야 하고, 오직 그것에 따라 통치해야 한다는 것이다. 그는
비구와 바라문 그리고 동물과 새들까지도 포함하여 자신의 모든 백
성들을 돌보아야 한다. 그는 범죄를 예방하고 가난한 이들을 도와
야 한다. 끝으로 그는 훌륭한 비구와 바라문이 무엇이 선하고 불선
한 행동인지에 관하여 그의 조언을 들으러 온다면, 그들에게 조언
을 해 주어야 한다(D.Ⅲ.61). 그러한 통치자들은 무기의 힘에 의해

---

38) Tīkā on Āryadeva's Boddhisattva-yogācāra-catuḥśātaka, ASP. 55에서 잠스팔
(Jamspal)이 인용함.
39) Saddhatissa, 1970:154-7, 159-60을 보라. Reynolds and Reynolds, 1982:135-72
는 전륜성왕에 관한 발전된 테라바다의 견해를 제공하고 있다. 티베트불교에
영향을 준 경전의 견해에 관해서는 ASP. 182-3을 보라.

서가 아니라, 오계를 따르는 것과 같은 그들의 이상을 다른 사람들이 이해하게 됨으로써 성공적으로 세계의 제왕이 된 것으로 생각된다(D. Ⅲ.63). 따라서 고케일(Gokhale)은 인도 정치이론에 대한 불교의 주요 공헌은 '국가 뒤에 놓여 있는 지도 정신으로서 더 높은 도덕성을 수용한 것'이라고 말하고 있다.[40]

『자따까』 이야기에서 보살은 진정한 왕(rāja-dhammas)의 열 가지 의무를 가르치고 있는데, 그것은 관대함, 도덕적 덕성, 자기희생, 정직과 성실, 온화함, 자기통제, 분노하지 않음, 불상해, 인내와 반대하지 않음/올곧음이다.[41] 다른 곳에서 세리(Serī) 신은 과거에 자신이 먼 지역에서 거둔 세금의 절반을 사용하여 비구와 바라문, 극빈자와 장애인, 나그네와 걸인에게 보시한 관대한 왕이었다고 말한다(S. Ⅰ.57-9). 설출세부(說出世部 Lokottaravādin) 초기 학파의 텍스트인 『마하바스뚜』(Maha-vastu, Mvs. Ⅰ.274-7)에는 왕에 대한 열 가지의 충고가 포함되어 있다. 즉, 분노의 힘 아래 무너지지 말 것, 분쟁을 중재함에 있어 공정할 것, 감각적 쾌락에 탐닉하지 말 것, 많은 수의 이민자들을 허용할 것, 가난한 이들을 보살피고 부자들을 보호할 것, 이웃 나라의 왕들과 우의를 다질 것, 정당하게 행동할 것, 국고와 곡물 창고를 돌봄에 신중하고 근면할 것 등이다.

왕이 불의하게(adhammika) 행동하면 이 나쁜 사례가 백성들 사이의 여러 집단들을 통해 퍼져 나간다고 말해진다. 그리하여 해와 달 그리고 별들이 '제 갈 길을 잘못 가고', 이에 따라 '낮과 밤, 달과 보름, 계절과 한 해가 어긋나게 되며, 바람은 잘못 불고 계절을 어

---

40) Gokhale, 1966:22. 힌두교와 대비되는 초기불교의 왕권 관념에 관해서는 Tambiah, 1976:9-53, 전륜성왕 관념에 관해서는 pp.39-53을 보라. 또한 후자에 관해서는 스리랑카에서의 왕권과 사회계급 관념을 다루고 있는 Obeyesekere and Reynolds, 1972를 보라.

41) 예를 들어 J. Ⅲ.274, J. Ⅴ.378, 그리고 Eppsteiner, 1988:103-9, 107-8을 보라.

긴다. 따라서 신들도 난처하게 된다([주석: 특히 자신들의 집을 잃은 나무의 신들). 이렇게 되면 하늘의 신은 충분한 비를 내리지 않는다.' 따라서 곡식은 시들고 그것을 먹고 사는 인간도 약해지고 오래 살지 못하게 된다(A. II.74-6). 즉 왕은 그의 행동과 영향력을 통하여 사회와 자연의 도덕적 구조를 유지할 책임을 지닌 것으로 생각된다(cf. Payutto, 1993: 63-8). 스탠리 탐비아(Stanley Tambiah)는 이에 대해 사회의 나머지 사람들의 행동에 미치는 왕권의 '승수(乘數)효과(multiplier-effect)'라고 말한다(1976: 50). 그리고 그는 이로부터 가치 없는 왕을 자리에서 물러나게 할 수 있다고 추론한다. 한『자따까』 이야기(J. III.502-14)에서는 도둑이었던 왕이 폐위된다. 나쁜 왕은 악명과 나쁜 업의 결과에 대한 반성을 통해 자신을 개혁할 책임을 지니며, 무엇이 유덕한 것이고 유덕하지 못한 것인지와 통치자의 의무에 대하여 정기적으로 현명한 비구와 바라문에게 자문을 구해야 한다(ASP.196).

불교사에서 인도의 아소카 대왕(c. 268~239 BCE)은 전륜성왕의 이상에 따라 살고자 했던 불교 통치자의 훌륭한 사례로서 특별히 존경받는다. 하지만 그는 실제로 자신을 전륜성왕이라고는 결코 주장하지 않았다.[42] 그가 물려받았던 마가다 제국은 영국에 정복되기 전까지 인도에서 가장 넓은 지역이었던 것으로 보이는데, 맨 남쪽 지역을 제외한 현대 인도의 대부분을 포함하고 있었다. 아소카에 관한 지식의 중요한 자료는 그가 바위와 돌기둥에 새기도록 하여 공표한 많은 칙령들이다.[43] 여섯 번째 금석칙령(Sixth Rock Edict)에

---

42) 하지만 그는 전륜성왕으로 보여지게 된다(Jamspal, in ASP.56, citing Divyāvadāna, Vaidya edition, 1959, p.239). 아소카에 관해서는 Ling, 1973:151-74; Basham, 1982; Swearer, 1995:64-6; Kraft,1992:64-6을 보라. 아소카에 대한 후기 테라바다의 견해는 Reynolds and Reynolds, 1982:172-89를 보라.
43) Nikam and McKeon, 1959와 Dhammika, 1993을 보라.

서 그는 자신의 열망을 다음과 같이 표현했다.

> 모든 사람들의 복지를 증진시키는 것보다 나에게 더 중요한 과업은 없다. 내가 성취하는 그와 같은 일은 내가 빚진 모든 존재들에게 빚을 갚는 데, 그들을 이 세상에서 행복하게 만드는 데, 나아가 다음 세상에서는 그들이 하늘에 태어나도록 돕는 데 기여하고자 함이다. (Nikam and McKeon, 1959: 38)

아소카는 여러 가지 공공사업에 착수했다: 여행자들을 위해 우물, 숙박소, 그리고 그늘과 과일을 얻기 위한 나무를 심었고; 인간과 동물들을 위해서는 약초와 구근을 심었다. 그러한 정책들은 초기의 '해외 원조' 정책에 의해 실제적으로 그의 제국을 넘어 인도 전역에서도 촉진되었다(Nikam and McKeon, 1959: 64-5). 정의에 대한 그의 관심은 '담마 부'(Ministry of Dhamma)에서 볼 수 있는데, 이를 통해 그는 잘못된 투옥이나 처벌을 막고 적절한 때에 죄수를 석방했으며, 죄수의 가족들이 궁핍할 때는 도움을 주었다(Nikam and McKeon, 1959: 58-63). 그는 백성들에게 스스로 자기 조상의 폭력적 영토확장 관습을 버리는 모습을 보여 주면서 도덕적 규범, 특히 비폭력에 따라 살도록 권고하였다. 그는 또한 사냥을 포기하고 점차 채식주의자가 되었으며 여러 가지 동물 복지 법률을 통과시켰다. 비록 그는 개인적으로 불교도였고 불교도덕에 따라 통치하였지만, 불교를 국가종교로 삼지는 않았으며 종교 상호 간의 관용과 존중을 강조하였다. 그는 불교 비구뿐만 아니라 바라문 사제, 자이나교 비구, 다른 종교적 종파의 수행자도 지원했다. 그의 12번째 금석칙령(Twelfth Rock Edict)에서는 다음과 같이 말하고 있다.

프리야다르시 왕은 모든 믿음을 가진 사람들, 종교 종단의 구성원과 재가자를 똑같이 보시와 여러 가지 존경의 표시를 가지고 존경하였다. 그러나 그는 보시나 영예를 모든 믿음을 가진 사람들의 종교에서 핵심적인 자질들을 키우는 것만큼 큰 가치로 여기지는 않았다.

이러한 성장은 다양한 형태를 띠겠지만 그 뿌리는 자신의 믿음을 칭송하고 다른 사람의 믿음을 부당하게 헐뜯거나 적절한 경우에도 과도하지 않도록 자신의 말을 삼가는 데 있다.

다른 사람들의 믿음은 모두 이런저런 이유로 존중받을 만한 가치가 있다. 그들을 존중함으로써 우리는 우리 자신의 믿음을 드높이고 동시에 다른 사람들의 믿음에도 이바지하게 된다. 이와 반대로 행동함으로써 우리는 자신의 믿음을 손상시키고 동시에 다른 사람들의 믿음에도 해를 가하게 된다. 왜냐하면 만약 어떤 사람이 자신의 믿음에 헌신하고 그것을 빛나게 하기 위해 자신의 믿음을 칭송하고 다른 사람의 것을 헐뜯는다면 그는 자신의 믿음에 심각한 해를 입힐 것이기 때문이다.

그러므로 화합만이 권장할 만한 일이니, 화합을 통하여 사람들은 다른 사람들이 받아들인 다르마에 대한 이해를 배우고 또 존중할 것이기 때문이다.

프리야다르시 왕은 믿음을 가진 모든 사람들이 서로 다른 사람들의 교의를 알고 건전한 교의를 얻게 되기를 바랐다.(Nikam and McKeon, 1959: 51-2)

많은 불교 통치자들은 정도의 차이는 있지만 아소카의 모범을 따르거나, 불교의 부흥과 보호, 증진의 책임을 지닌 보살, 전륜성왕 그리고 다르마왕으로서의 왕의 모델을 모방하고 시행하려고 노력하였다. 그렇지만 때때로 그들은 이러한 효과를 노리고 단지 '이기적인 선언'을 할 뿐이었다(Tambiah, 1976: 226). 스리랑카에서 왕은 적어도 10세기부터 불교의 재가 지도자, 불교의 보호자 그리고 보살로 생각되게 되었다. 그리고 여기에는 '왕은 발우와 가사를 지키도록 승가가 왕권을 부여한 보살'이라는 관념이 놓여 있다(Tambiah, 1976: 97). 버마의 파간(Pagan, 1084~1167) 시기의 왕들은 자신들을 전륜성왕과 보살로 간주하게 되었다(Tambiah, 1976: 81). 태국에서도 수코타이와 아유타야(Sukhothai & Ayutthaya) 시대(14~18세기)에, 그리고 19세기까지 왕들은 이 용어들로 불렸으며 때로는 자신들을 다음 세상의 붓다인 미륵(Metteya)과 동일시하기도 하였다(Tambiah, 1976: 96-7). 그들은 또한 위의 열 가지 왕의 의무와 전륜성왕의 열 두 가지 의무를 따르도록 기대되었다.[44]

그렇지만 다른 곳에서는,

> 세습통치가 확립되지 않았고, 지방의 반란들, 전반적인 정치적 토대의 부실, 그리고 통치자와 그의 중신들 및 경쟁자의 군사적 자산에 따라 확장되고 축소되는 영토의 경계 때문에, 왕들은 자주 골머리를 앓았다. (Tambiah, 1976: 482)

불교가 지배 종교인 곳에서,

> 왕권은 사회 질서의 핵심으로서 사사나(sasana: 종교)의 생존을 위한 조건과 맥락을 제공하였다. 그들은 서로를 필요로 하였다. 즉 질서가 바로 선 번창한 사회의 지원을 받으면서 종교는 공덕 만들기를 실행하고 또한 그 열매가 향유될 수 있는 '공덕[까르마적 열매의 장'으로서 기능할 수 있었던 반면, 왕은 최고의 공덕

---

44) *D.*Ⅲ.61, *D.A.*Ⅲ.46, Rājavaramuni, 1990:38-9를 보라.

산출자로서 자신의 공덕을 만들고 실현하며, 왕의 직분을 완수하
기 위해 승가를 필요로 했다. (Tambiah, 1976: 41)

따라서 지배적인 사회 모델은, 특히 남방불교에서는 승가를 지원
하고 그로부터 조언을 받는 왕, 백성들로부터 구성원을 모집하고
지원을 받는 승가, 왕이 너무 부도덕하지 않다면 그의 지배를 받아
들이는 백성들로 이루어진 삼각형 모델이었다(Ling, 1973을 보라).
그러나 현대에 들어 우리는 미얀마에서는 사회주의를, 태국에서는
자본주의를, 중국과 라오스에서는 공산주의를 지지하기 위해 도출
된 불교적 관념들을 목격하고 있다.

전 시대에 걸쳐 불교 통치자는 주기적으로 선도적인 불교 비구의
조언에 주목하였다. 비구는 일반적으로 공공연한 정치활동에서 초
연할 것으로 기대되었지만 항상 그런 것은 아니었다. 현대의 티베
트에서는 비구가 중국 공산주의의 식민지화에 대항하는 데 적극적
이었다. 미얀마에서는 비구가 현재의 부패한 군사정권에 대항하는
대중을 이끌었다. 스리랑카에서는 비구가 특정한 정치 정당과의 동
맹을 공개적으로 표명하였다. 하지만 재가자는 종종 이를 부적절한
것으로 본다. 태국에서는 정부가 추진하는 빈곤지역의 공동체 발
전 계획에 협조하였는데, 이는 부분적으로 그 지역에서 특히 1960
년대와 1970년대에 공산주의의 인기를 좌절시키기 위한 것이었다.
일본에서는 창가학회의 재가 종교운동(p.146을 보라)이 니치렌
(Nichiren)의 정교일치 이상에 맞추어 1964년에 정치적 파벌을 발전
시켰다. 그 정치적 파벌은 공명당 혹은 '깨끗한 정부 당'으로 알려져
있고, 일본 의회에서 서너 번째로 큰 정당이 되었다. 1970년 종교운
동과의 공식적인 연계를 끊었지만 여전히 그 영향을 받고 있으며
(이전과) 유사한 구성원들을 모집하고 있다(Metraux, 1996: 385-8).

'인권'과 불교

정치에 대한 고려는 '인권' 관념에 대한 숙고로 이어진다. 이는 특정한 방식으로 대우받아야 하는 양도불가능하고 기본적인 권리로서 정부나 유사-정부가 그 시민을 학대하는 것으로 보이는 맥락에서 인용되는 것이 보통이다. 시민에 대한 국가 권력의 한계는 무엇인가? 이와 관련된 불교적 고찰을 시작하기 좋은 곳은 『기세인본경』의 왕권에 관한 단순한 사회계약 모델이다. 이것은 통치자에게 그가 통치하는 사람들을 학대할 아무런 권리도 주지 않는다. 왜냐하면 그의 정당성의 근거는 그들을 유익하게 해야만 한다는 데 있기 때문이다.

어떤 사람이 '권리'를 갖는다고 말하는 것은 다른 사람들이 한 사람을 특정한 방식으로 대우할 '의무'를 가진다는 것을 의미한다. 만약 권리가 어떤 사람에게서 돈을 빌린 사람에게 빚을 갚도록 할 권리처럼 계약과 상호 행위에 기초한 한정적 권리라면, 의무는 돈을 빌린 사람에게 부과된다. 그렇지만 빌린 사람이 제멋대로 의무를 이행하지 않는다면, 국가는 그에게 의무를 이행하도록 할 의무를 지니며, 무엇을 빌려준 사람은 누구나 빌린 사람에게서 그것을 돌려받을 추상적 '권리'가 존재한다고 말할 수 있다. (만약 그(녀)가 이 권리를 폐기하지 않는다면) 그러한 경우에 정상적인 인간관계의 일이 무너지기 전까지는 '권리'에 관한 명시적인 논의는 일어나지 않는다. 이는 '인권'에도 동일하게 적용되지만, 이 권리들은 한정적인 것이 아니라, 어떤 사람이 살아 있는 인간 존재라는 사실에 기초한 것으로 생각된다. 따라서 어떤 사람은 생명, 자유, 고문받지 않을 것과 같은 권리를 지니는 것으로 생각된다. 유엔 인권선언은 이것들의 함의를 자세히 설명하고, 교육권과 건강권 같은 부수적 권리를 구체적으로 설명하는 다른 여러 가지 권리들을 열거하고 있다. 그러한 '보편적' 권리는 실제로 모든 사람에게 다른 사람들을 특정한 부정적인 방식으로 대우하지 말라는, 의무로 부과되는 '보편적 의무'인 것이다. 그리고 교육권처럼 '적극적 권리'는 정부가 사람들에게 자신이 할 수 있는 것을 제공하거나 다른 사람들이 그렇게 할 수 있게 보장해 주도록 정부에 부과되는 의무들이다.

불교는 보통 서양의 철학 전통에서 발생한 용어인 '권리'를 가지고 이야기하지 않는 것이 사실이다. 그러나 그렇다고 해서 불교가 '인권'이라는 말로 표현되는 내용에 동의할 수 없다는 의미는 아니다. 불교도는 때때로 '권리'라는 말을 사용하는 것을 불편하게 여기는데, 그것은 그들이 그 말을 공격적이고 자기중심적인 방식으로 '자신들의 권리를 요구하는' 사람들과 연관시키거나, '양도 불가능한 권리'는 이를 '소유'하고 있는 어떤 변하지 않고 본질적인 자아, 즉 자아의 본질에 관한 붓다의 가르침에 어긋나는 것을 함축하고 있는 것은 아닌가 하는 의문을 제기할 것이기 때문이다. 그렇지만 권리는 의무를 함축하고 있듯이, 불교도는 '보편적 권리'보다는 의무자체, 즉 '보편적 의무' 혹은 달라이 라마가 많이 사용하는 문구를 쓰자면, '보편적 책임'(예를 들어 Piburn, 1990: 111-15를 보라)에 대해 말하는 것을 더 선호한다. 더욱이 공격적으로 권리를 요구하는 것은 불교 정신과 어울리지 않는 반면, 조용하지만 확고하고 단호하게 권리, 특히 다른 사람들의 권리를 옹호하는 것은 불교 정신과 어울린다. 무엇이 권리를 '소유'하는가의 문제에 관하여 무아의 가르침을 제기하는 것은 실제로 주의를 다른 데로 돌리기 위한 것이다. 왜냐하면 만약 영원한 자아가 권리의 '소유자'라면, 진정으로 영원한 자아는 어떤 공격에도 취약하지 않으며 결코 해를 입힐 수 없을 것이기 때문에 권리들은 아무 쓸모가 없을 것이다. 따라서 우리는 살아 있고, 변화하며 취약한 존재들이 관습적으로 권리의 '소유자'라고 간단히 말할 수 있다. 그리고 그들의 가치 소재지(locus)는 고통을 느끼는 능력과 취약성 그리고 깨달음에 이를 수 있는 잠재력으로서 이는 대승불교에서는 '불성'으로, 테라바다 불교에서는 '밝게 빛나는 마음'으로 불린다.

오계는 인간이건 동물이건 간에 다른 존재에 대한 올바른 대우를 위한 행위규정과 책임을 함축하고 있다. 불교윤리의 기본 원칙은 모든 존재는 고통을 싫어하고 행복하기를 원하기 때문에 우리는 우리 자신에게 행해지기를 바라지 않는 것을 다른 존재에게 가해서는 안 된다는 것이다. 우리는 다른 존재에게 그들의 이익을 존중할 의무와 다른 존재를 학대함으로써 우리 자신을 거칠어지게 하지 않을 우리 자신에 대한 의무를 가지고 있다.

위에서 말했듯이, 불교도는 종종 오계를 모두 '받기를' 선택하지 않기 때문에, 우리는 공식적으로 오계를 받지 않은 사람—불교도이든 그렇지 않든 간에—에게도 여전히 그 계율들이 보편적인 구속력을 갖는지 여부에 관하여 물을 수 있을 것이다. 어떤 사람은 아마도 음주에 관한 계를 특별한 경우로서 빼놓을 수 있을 것이다. 이계는 때때로 '본질에 의해 비난받을 만한', 즉 그 자체로 그른 것에 관련된 것으로 보이지 않기 때문이다. 특정한 계를 '받지' 않기로 선택한 사람들은 그들이 계율을 중대한 서원으로 보기 때문에 그렇게 하는 것이다. 이는 그들이 계율의 내용을 도덕적으로 구속적이라고 간주하지 않는다는 의미가 아니다. 그것은 단지 그들이 하나의 계율에 어긋나는 행동을 하여 중대한 서원까지 어기게 되는 그러한 경우를 바라지 않기 때문이다. 비불교도에 관해서 우리는 계율의 주요 강조점들은 모든 사회에서 공유되는 도덕적 가르침을 기록하고 있다고 말할 수 있다.

지금까지 언급된 의무는 모든 살아 있는 존재에 대한 의무이지만, 불교는 우리가 다른 인간들에 대하여 더 많은 의무를 가진다는 데에 동의할 것이다. 왜냐하면 인간은 '귀중한 인간으로의 환생'을 성취한 존재로서 커다란 가치와 잠재력을 지니고 있기 때문이다. 우리는 또한 우리의 부모와 자식들, 세속과 종교적 스승과 제자들, 배우자, 친구들, 피고용인과 고용주들에 대한 일련의 책임과 의무를 지니고 있다. 이것들은 보편적 의무로 보일 수 있는데, 그것이 누구에 대한 의무인지는 누가 우리와 이러한 특별한 관계에 놓여 있는지에 달려 있다. 그러나 불교는 우리가 만나는 어떤 존재도 전생의 어느 때인가 가까운 친척이나 친구가 아니었던 적이 없을 것이고, 따라서 현세에서의 인간을 넘어선 존재에게도 우리는 특별한 의무를 가지며, 그러한 의무는 궁극적으로 모든 인간과 동물에 대한 의무라고 가르친다.

　　'인권'은 소극적 권리—임의체포 같은 것으로부터의 자유—일 수도 있고, 적절한 교육에 대한 권리처럼 적극적 권리일 수도 있다. 첫 번째 종류의 권리는 악용됨으로써 부정당하고, 두 번째는 무시됨으로써 부정된다. 우리는 첫 번째 유형의 인권이 우선적인 권리라고 확실히 주장할 수 있다. 그리고 불교는 불상해에 대한 강조 때문에 이 영역에서 강력하다. 적극적인 혜택에 대한 문제에 관한 불교의 강조는 그러한 것들을 '자격(entitlements)'이라기보다는 다른 사람들이 제공할 것인지 선택하도록 하는 편이 좋다고 보면서 다소 덜 강력하다는 것을 보여준다. 그럼에도 불구하고 위에서 그리고 제5장에서 개관되듯이, 불교의 정치적 이상은, 분명히 정부가 사람들을 보살필 핵심적 책임을 지니고 있는 것으로 본다.

　　1995년 10월 인터넷 『불교윤리학저널』(*Journal of Buddhist Ethics*)에서는 불교와 인권에 관한 2주간의 온라인 회의를 개최하였다.[45]

이 회의의 마지막에 나도 참여한, 다음과 같은 선언문이 만들어졌다.

상호의존 선언

전문

'드물고 귀중한 인간으로의 환생'을 얻은 행운을 지닌 존재들은 인식과 감수성, 자유를 위한 모든 잠재력과 함께 인간 존재에 의해 주어지는 도덕적, 정신적 번영의 가능성을 함께 가지는 다른 존재들의 권리들을 침해하지 않을 의무를 지닌다. 그러한 번영은 육체적 생존과 사회적 자유와 관련된 특정한 조건들이 유지될 때에만 가능하다. 더욱이 인간 존재는 다른 형태의 생명들에 대하여 그들의 본성에 알맞은 존중으로 대우할 책임을 지닌다.

인간이건 아니건 간에 다른 생명 있는 존재들을 학대함으로써 우리의 기본적인 동정심을 억누르는 것은 우리 자신의 잠재력을 손상시키고, 다른 존재들과 우리들 자신 모두에게 이 세상의 고통을 증가시키는 것이다. 연기설은 우리의 삶이 서로 얽혀 있고, 다른 존재의 학대는 우리가 이 사실에 눈감을 때에만 가능하다는 것을 보여 주고 있다. 조건 지어진 세계의 취약한 존재들로서 우리의 상호 의존은 이 세계의 고통을 감소시키기 위해 할 수 있는 모든 것이 행해져야 함을 보여 주고 있다.

우리에게는 본래적으로 존재하는 자아가 없다(anatta)라는 불교의 가르침은 고통이 실제로 누군가에게 '속하지' 않는다는 것을 보여준다. 그것은 여러 생명 있는 존재들의 삶의 흐름 속에서 일어난

---

45) 이 회의에서 논의의 기초로 사용된 논문들은 Keown, Prebish, Husted, 1998로 출판되었다. Keown, 1995b; Inada,1995; 그리고 Rouner, 1988에 실린 Unno and Thurman의 논문들을 보라.

다. 다른 존재의 삶의 흐름 속에 고통을 증가시키는 대가로 '나의' 흐름 속에서 그것을 시험하고 줄이는 것은 어리석은 짓이다. 왜냐하면 이것은 사실 나에게 더 많은 고통을 돌려줄 것이고(karma), 또한 그것은 '나'는 의존적이지 않은 침범할 수 없는 실재이며, 다른 존재들을 마치 그들은 제한되고 조건 지어져 있는 것으로 대우할 수 있다는 관념에 근거하고 있기 때문이다.

그 가르침에 비추어 보아 불교는 다음과 같은 점을 인정한다.

1. 모든 형태의 생명이 갖는 상호의존성과 그로부터 발생하는, 전생에 우리의 부모나 친척, 친구였을 수도 있는 존재들의 친절에 보답할 의무와 같은 상호 책임
2. 고통을 싫어하고 행복을 바란다는 점에서 모든 똑같은 생명 있는 존재들에 대한 보편적 자비의 필요성
3. 현세나 다음 생에서 깨달음을 얻을 수 있는 능력으로 인해 살아 있는 존재들이 지닌 양도불가능한 존엄성

본 회의는 다음과 같이 확언한다.

1. 모든 인간은 비폭력(ahiṃsā)과 생명존중에 대한 불교적 헌신을 지키며, 다른 개인들과 정부에 의해 인간적으로 대우받아야만 한다.
2. 모든 인간은 인종, 국적, 종교, 성, 피부색, 나이, 정신능력 혹은 정치적 견해에 바탕을 둔 차별 없이 평등하게 대우받아야만 한다.
3. 인간은 현재와 미래에서의 삶과 번영을 위해 의존하고 있는

다른 모든 유정물(有情物)과 환경에 대해 책임을 지닌다. 따라서 인간은 현재와 미래 세대에 대하여 그들이 다른 생명 있는 존재들과 공유할 환경을 보호하고, 다른 형태의 생명 있는 존재들에게 직접 혹은 간접적인 해를 입히게 하는 것을 피할 책임을 지닌다.

결론

불교의 가치들은 불선한 행위의 뿌리이자, 고통의 원인으로 생각되는 탐욕과 분노, 어리석음을 극복하는 기획에 근거하고 있다. 탐욕은 도둑질과 속임을 삼가는 것과 결합된 관대함과 공유에 의해 극복되어야 하고, 더 미세한 형태의 집착은 사원에서의 수행과 명상 수행에 의해 극복되어야 한다. 증오와 분노는 다른 존재들에게 해를 입히는 행위를 삼감과 자애와 자비의 도야, 그리고 증오를 가능하게 하는 왜곡된 시각에 대한 통찰에 의해 다루어져야 한다. 어리석음은 취하게 만드는 것을 피하고, 사물을 직접 '그것들이 실제로 존재하는 대로' 바라볼 수 있도록 하는 정신적 명료성을 배양함으로써 극복되어야 한다. 이 기획은 도덕적 덕성에서 시작하지만 또한 불교적인 길의 다른 측면, 즉 명상의 발전과 통찰력의 배양도 필요로 한다. 그것은 개인적 행위뿐만 아니라 개인 상호 간의 관계와 사회윤리와도 연관성을 지니고 있다.

제3장
대승의 강조점과 적응

제3장

대승의 강조점과 적응

모든 생명들의 고통이 완전히 사라지리라.
『입보리행론』(Bodhi-caryāvatāra) III.7

보살의 길

대승은 보살(산스크리트 Boddhisattva, 빠알리어 Bodhisatta) 혹은 깨
달음을 구하는 존재에 초점을 맞추고 있다. 보살은 붓다의 지위를
완성하는 길 위에 있으며 자기 자신의 지혜를 성숙시키면서 다른
존재를 자비롭게 돕는 것을 본업으로 삼고 있다. 초기 불교와 테라
바다 학파에서도 보살은 아라한으로 이끄는 길보다 더 멀고 더욱
자비지향적인 길로, 결국에는 완전한 붓다가 되기를 추구하는 희귀
한 영웅적 존재로 생각되었다. 그러한 붓다는 수천 년 전에 다른
붓다에 의해 가르쳐진 후 잃어버린 해방의 진리를 재발견하는 광대
한 통찰력으로 헤아릴 수 없는 존재에게 이익을 주는 존재이다. 그
렇지만 대승에서는 많은 사람들이 보살의 장대한 길을 따르라고 요
구받으며, 그것은 아주 상세하게 설명되고 있다. 아라한을 지향하
는 완전한 붓다의 제자들의 팔정도는 여전히 존중받지만, 이제는
천상의 구원자의 상태로 고양된 붓다의 지위를 완성하기 위한 보살
의 길에 의해 보충될 필요가 있는 것으로 생각된다. 지혜는 팔정도

의 주요 부분이었고, 그 자체로 자비를 포함했지만, 대승은 그것에 대한 철학적으로 더욱 정교한 설명을 발전시켰고, 자비를 모든 길의 동기인 동등한 상보적 덕성으로 만들었다. 대승의 경전들은 자주 성문들(śrāvakas)을 오직 자기 자신의 해방에만 관심이 있다고 비판한다. 그러나 이는 다른 존재를 고려하는 많은 덕성을 포함하고 있는 팔정도의 수행에 관한 다소 불공정한 희화화이다. 하지만 테라바다도 모든 존재의 구원이 자기 자신의 구원을 위해 노력하는 것보다 더 완벽하게 유덕하다는 것을 인정한다(Vism.13). 그러나 테라바다는 붓다의 가르침이 세상에 남아 있는 동안에는 단지 극소수만이 다음 세대의 이익을 위해 이 길을 택할 필요가 있다고 소박하게 생각한다. 그렇지만 대승은 이 광대한 우주에는 언제나 더 많은 붓다들에 대한 요구가 존재한다는 것을 강조한다.

대승의 자비와 지혜

보살의 근본 동기인 대승의 자비(karuṇā) 정신은 산티데바의 『입보리행론』(Boddhi-caryāvatāra)에 잘 표현되어 있다.

내가 행한 모든 것을 통해 모인 덕에 의해, 모든 생명들의 고통이
완전히 사라지리라.
세상의 모든 병든 존재들이 나을 때까지
나는 그들을 위해 의사가 되고 약사가 되고 간호사가 되리라.
목마름과 배고픔을 사라지게 하기 위하여 음식과 음료의 비가
내리고, 영겁의 기근 동안에 나는 음식과 음료로 변하리라.
나는 홀로 있는 자의 보호자가 되고 모든 여행자들의 안내자가
되리라.

나는 (물을) 건너는 모든 이들의 다리가 되고 나룻배가 되고 큰 배가 되리라. (*Bca*. III.7-9, 18)

이렇게 보살은 자신의 선근(善根)을, 그것을 전혀 가지고 있지 못한 존재를 구원하는 데 사용하면서, 모두를 구원하려는 노력을 굳게 결심하고 있다(*Ss*.258). 산티데바는 또한 보살은 문을 열 때, '나는 모든 존재들을 위하여 니르바나로 가는 선한 길의 문을 열리라'라고, 또 자리에 앉을 때는 '나는 모든 존재들을 지혜의 자리에 앉게 하리라'라고 생각해야 한다고 말하는 『보운경』(寶雲經 Ratnamegha)을 인용하고 있다(*Ss*.307).

보살의 자비는 지혜가 자기중심성을 잘라 내는 것과 그(녀)가 지혜를 발전시키는 것을 도와서 자비로운 행동이야말로 적절하고, 효율적이며 또한 남몰래 자기 이익을 추구하지 못하도록 한다는 점을 확신시켜 준다. 대승의 지혜관은 모든 것들이 '무아' 혹은 자아의 '공함'이라는 관념 위에 세워져 있다. 그것은 어떠한 영원하고 실체적인 자아도 존재하는 것으로 발견될 수 없을 뿐만 아니라, 세계와 인간을 구성하는 변화하는 정신적·물질적 과정—다르마(산스크리트 dharmas, 빠알리어 dhammas)—은 어떤 본래적인 본질이나 독립된 본체도 가지고 있지 않다고 강조한다. 초기 학파들과 마찬가지로 대승은 하나의 다르마는 그것을 조건 지은 다른 다르마들이 발생하기 때문에 오직 발생할 수 있다고, 즉 연기(緣起)의 원리를 말한다. 그렇지만 대승은 계속해서 이것은 어떤 다르마, 예를 들어 의식의 본질은 본체로서 그것에 속하는 어떤 것이 아니라 단지 어떤 조건들이 합쳐진 방식의 결과일 뿐이라는 것을 의미한다고 주장한다. 어떤 것도 절대적 본질을 지니고 절대적으로 존재하지 않는다. '사물'들은 상호 조건 짓는 과정의 관계망에서만 발생한다. 각 과정과 전체로서의 관계망의 핵심적 특징은 그것의 '공성(śūnyatā)', 즉 본래적이고 실체적인 존재의 결여이다. 이것은 또한 모든 다르마는 공통된 공의 성질, 즉 모든 다르마의 '동일성'을 제외하고 그 자신의 어떠한 본질도 결여하고 있다는 말로도 표현된다. 더욱이 공성의 신비한 성질은 또한 니르바나와 동일시되는데, 이 또한 언어로 적절히 서술될 수 있는 가능성이 없고 '나는 존재한다'는 어리석음과 아무런 관련도 없기 때문이다(Harvey, 1990a: 95-104; Williams, 1989: 37-76). 위의 내용은 보살은 그들의 나쁜 성격이 본래적인 실재가 아니라는 것을 알고 있기 때문에, 잘못을 저지르는 사람과 접촉하고 그들에게 '손을 뻗어' 선을 향하도록 이끌 수 있다는 의미이다.

산티데바는 '다른 존재들'의 고통에 대한 무관심은 자기 '자신'의 고통에 대한 무관심만큼이나 부조리하다고 주장하는 생각을 설득력 있게 그리고 있다. 그의 『대승집보살학론』에서 그는 '자아'와 '타자'는 마치 강의 '이쪽 기슭'과 '저쪽 기슭' 중 어느 것도 그 자체로 '(이쪽 혹은) 저쪽 기슭'이 아닌 것처럼, 상대적인 개념이라고 주장한다. 만약 어떤 사람이 자신은 그 고통이 자신을 해치지 않기 때문에 다른 사람을 고통으로부터 보호하지 않을 것이라고 말한다면, 그 사람은 왜 현세에서 나중의 혹은 미래의 삶에서의 '자신'의 고통을 피하거나 긍정적인 이익을 가져오려고 노력하는가?(Ss.315). 몸과 마음은 연속적으로 변화하는 상태로 이루어져 있다. 우리들은 각자 이를 습관적으로 '나'라고 부르지만, 왜 '다른' 존재들과 관련해서는 이 개념을 사용하지 않는가? 따라서 우리는 모든 존재의 고통을 막기 위해 애써야 한다(Ss.316). 왜 다른 존재들에게 자비를 느낌으로써 자신에게는 고통을 초래하는 것일까? 그러나 자비는 고통을 초래하는 것이 아니라, 다른 존재들이 고통으로부터 구원되었다는 인식에 기초한 기쁨을 만들어 낼 수 있다. 까르마적 열매는 그것을 만들어 내는 누구에게서나 향유된다. 그러므로 보살은 끊임 없이 다른 존재들과 하나가 되어야 한다(Ss.317).

『입보리행론』에서 산티데바는 다음과 같은 주장을 덧붙인다.[1] 모든 존재가 행복을 바라고 고통을 바라지 않는 데 있어 평등함을 인식하는 가운데, 우리는 자기를 보호하듯이 다른 존재들을 보호해야 한다. 고통은 그것이 누구에게 '속하건' 그저 고통일 뿐, 나와 '나의' 고통에 무슨 특별한 것이 있단 말인가?(Bca.VIII.90-96)

> 누구도 고통의 (본래적) 소유자가 아니므로, (자신과 다른 존재들의 고통) 사이에 아무런 구별도 있을 수 없다. 그러므로 나는 그것이 (나 자신과 다른 존재들에게) 해를 입히기 때문에 추방할 것이다. 왜 내가 (나는 다른 존재들의 고통을 제거하지 않을 것이라고) 그렇게 확신하겠는가? (Bca.VIII.102)

따라서 그는 자신과 타자의 평등성을 인식하는 사람은 '자신과 타자의 교환'(parātmaparivartanam), 자신과 타자 모두에게 이익을 주는 '최고의 비밀'을 영웅적으로 실천해야만 한다고 주장한다.[2] 이 실천 속에서 우리는 다른 비천한 사람을 '나'처럼 보고, 자신은 다른 누군가인 것처럼 본다. 다른 사람과 그(녀)의 견해를 완전히 동일시함으로써, 우리는 그(녀)의 눈을 통해 자신을 아마도 교만하고 부주의한 것으로 볼지도 모르겠다. 우리는 그 사람에 대한 우리의 야심에 초점을 맞추고 있으며, 우리가 보통 가지고 있는 타자에 대한 모든 무관심은 (거꾸로) 자신에게 초점이 맞추어져 있다(Bca.VIII.140-54). 더욱이,

---

1) Mitomo, 1991; Williams, 1998:104-77.
2) Bca.VII.16,VIII.120. 또한 Wayman,1991:59-61.을 보라.

비록 다른 사람들이 어떤 잘못을 저지른다고 해도, 나는 그것을
나 자신의 잘못으로 바꾸어야 한다. 그러나 내가 어떤 사소한
잘못이라도 저지른다면 나는 그것을 많은 사람들에게 공개적으
로 시인할 것이다.
다른 사람들의 명성을 더 많이 말함으로써, 나는 그것이 나의
명성을 능가하도록 하리라.(Bca.Ⅷ.162-3)

그러나 만약 자신과 타자의 교환을 실천함으로써 타자들을 이롭
게 했을 때도, 자신을 이롭게 했을 때 자축하는 것이 부적절한 것
처럼, 어떤 자축도 있어서는 안 된다(Bca.Ⅷ.116). 어떤 경우에도 보
살이 행하는 선에 대한 모든 잠재적 자만심은 그(녀)의 까르마적
열매는 다른 모든 것과 마찬가지로 '공한' 것이라는 생각에 의해 억
제된다(Vc.sec.8).

깨달음의 생각을 일으킴

보살의 길은 보리심(bodhi-citta), 혹은 '깨달음의 생각'을 일으키는
것으로 시작한다. 그리고 이는 자기 자신과 고통받는 존재를 돕기
위하여 붓다가 되려고 노력하는 가슴속에서 우러나온 열망이다. 어
떤 사람에게 이 중대한 사건이 일어나기 위해서는 현재와 과거의
삶에서 발전시킨 까르마적 열매와 통찰력, 헌신 그리고 존재들의
고통에 대한 깊은 생각과 붓다에 대한 요청을 필요로 한다.
보리심을 일으키기 위해서는 일련의 명상들이 사용된다(Wayman,
1991: 45-57). 가장 먼저 명상자는 모든 존재를 향한 치우치지 않은
평온한 태도를 닦는다. 그(녀)는 친구를, 다음엔 적을, 그 다음에는

중립적인 사람의 모습을 떠올린다. 그(녀)는 이제 이들에 대한 자신의 감정의 본질을 살펴보고, 그러한 감정들은 그 사람들의 본래적 성격에 근거한 것이 아니라, 그(녀)가 그들을 어떻게 보게 되었는지에 근거해 있다고 생각한다. 그리고 나서 그(녀)는 삶의 불확실성이 그(녀)녀의 틀에 박힌 생각들을 무너뜨릴 것이라고 생각한다. 왜냐하면 친구가 그(녀)에게 등을 돌리거나 정신적 진보를 지체시킬 수도 있고, 적이 잘 대해 준다면 친구가 되기도 하고, 중립적인 사람이 친구나 적이 될 수도 있기 때문이다. 이런 식으로 명상자는 그(녀)의 동정심의 범위를 제한할지도 모르는 편파성을 극복하면서 모든 사람들을 향한 편견 없는 침착한 마음을 발전시켜나간다.

다음으로 명상자는 자신의 어머니가 생애 동안 보여준 친절과 그(녀)를 대신해 행한 희생에 대해 생각함으로써 자애를 발전시킨다. 이렇게 자신의 가슴속에 사랑과 감사의 감정을 일으키고, 어머니의 행복을 바라면서 그(녀)는 기나긴 윤회의 과정 속에서 중립적인 낯선 사람이나 적들조차도 전생에 자신의 어머니였을 것이라고 생각한다. 그리고 그(녀)는 이러한 생각을 모든 방향의 존재들에게 적용하며 그들의 행복을 위해 가슴속에서 우러나오는 열망을 도야하고, 그들이 어리석음과 고통에서 자유로워지기를 희망하는데, 이것이 '위대한 자애심'(mahā-maitrī)이다. 그리고 그(녀)는 자신의 현재의 어머니와 과거의 모든 어머니들이 윤회의 세계에서 겪었을 많은 고통들을 생각하면서, 비참한 수많은 사형수들이나 도살당하려는 동물들을 떠올리는 것을 시작으로 일련의 유사한 생각들로 자비를 발전시킨다. 이렇게 모든 존재를 그러한 고통으로부터 이끌어내겠다는 열망, 즉 '대자비'를 일으킨다. 마지막으로 공감적 기쁨의 발전이 있는데, 이것은 존재들, 특히 적들의 현재의 기쁨을 함께 즐거워하는 것이다. 이에 더해 '자아와 타자의 교환'의 실천이 있을 수도 있다.

이러한 실천들은 보리심이 자연스럽게 일어나는 견해를 세우는 것으로 생각된다. 이 '깨달음의 생각'이 하나의 결심으로서 처음으로 일어나는 것을 '열망의 생각'(praṇiddhi-citta)이라고 하고, 그것이 실천되었을 때는 '실천의 생각'(prasthāna-citta)이라고 한다(*Bca.* I.15). 실천 없이 결심만으로도 많은 까르마적 열매를 만들어 내고 많은 과거의 나쁜 업을 제거하는 것으로 생각된다. 한 번의 그러한 생각도 '그 안에 한없고 헤아릴 수 없는 선의 축적을 담고' 있다(*Ss.*11). 보리심은 붓다의 모든 성질들의 씨앗으로 생각된다. '그것은 세상의 병을 누그러뜨리는 최고의 명약이다.'(*Bca.*III.30)

보리심은 먼저 ―그것에 따라 살고 있는 사람들 앞에서 혹은 붓다와 보살들을 증인으로 삼아 여러 가지 보살의 서원(praṇidhānas)을 세우는 것이라고― 공식적으로 표현된다. 어떤 것들은 무수한 더러움을 극복하고, 비할 데 없는 붓다의 지위를 얻으며, 모든 존재를 구하리라와 같은 일반적인 서원이고, 다른 것들은 특별한 방법으로 존재들을 돕겠다는 것이다. 어떤 정식화에서는 모든 존재가 구원되기 전까지는 윤회(saṃsāra)에 머물겠다는 결심이 서원에 포함된다(*Ss.*15). 모든 존재를 구원하겠다는 서원은 존재들이 이미 자신 안에 여래장(tathāgata-garbha) 혹은 붓다의 잠재성을 가지고 있다는 관념에(Harvey, 1990a: 113-8을 보라) 의해 더욱 믿을 만하고 덜 지나치게 야심적인 것이 되며, 존재들은 궁극적으로 보살과 다르지 않다는 관념에 의해 이기적이지 않게 된다. 그러나 그러한 서원들은 가볍게 여겨지지 않는다. 그것들은 정신 속에서 강력한 자율적인 힘이 되고, 어길 경우 많은 나쁜 업으로 이끌게 된다. 왜냐하면 그것은 존재들에게 그들을 구하겠다는 엄숙한 약속으로 보일 것이기 때문이다.

보살의 완성들을 발전시키기

보살의 길은 영겁의 시간에 걸쳐 열 가지 보살의 '단계들'(bhūmis; 十地)에서 열 가지 완성들(pāramitās)을 성취함으로써 실천된다. 이 단계들은 텅 비어 있음(공)에 대한 어느 정도 직접적인 통찰을 얻은 고귀한(Ārya) 보살에게 적합한 것이지만, 이 수준에 이르기 전에 보통의 보살들도 할 수 있는 한 최선을 다해 이 완성들을 실천한다.(육바라밀) 첫째 단계에서 고귀한 보살은 보시(dāna)의 완성을 높은 수준까지 발전시키는 데 집중한다.(보시바라밀) 이는 부, 가르침, 목숨, 팔다리 그리고 배우자와 가족들까지 다른 존재의 이익을 위해 보시함으로써 이루어진다. 그러한 행위에서 나오는 까르마적 열매는 자신과 다른 존재들이 이를 미래의 붓다의 지위를 위해 바쳐진다. 대승 전통에서 까르마적 열매는 종종 '모든 살아 있는 존재들'에게 회향되고[3] 그러한 '회향'(pariṇāmanā)은 까르마적 열매가 '공하고', 어떤 특정한 '존재'에도 본래적으로 '속하지' 않기 때문에 가능하다. 인간은 다른 인간들 그리고 불행하게 환생한 존재들의 이익을 위하여 그것을 회향해야 한다. 그들은 또한 그것을 붓다들과 보살들에게 회향하여 그들의 완성들과 덕을 증가시키도록 해야 한다.[4] 그렇지만 이번엔 천상의 보살들과 붓다들이 믿음에 도움을 청하는 신심 높은 신자들에게 그것을 회향해야 한다고 생각된다.

산티데바의 『입보리행론』의 제10장(Bca. X)은 선행의 이익을 다른 존재에게 회향하라는 대승의 권유를 가장 잘 표현하고 있다. 그는 이 책을 씀으로써 생기는 까르마적 열매에 의해 다른 존재에게 여러 가지 이익이 일어나기를 바라고 있다. 육체적, 정신적 고통으

---

3) Tatz,1994:24, Chang,1983:428을 보라.
4) Ss,205-6. Vajradhvaja-pariṇāmanā Sūtra를 인용함.

로 괴로워하는 이들은 커다란 기쁨으로 구원받아야 하고(verse 2), 지옥에 있는 이들은 많은 보살들을 보고(verse 15), 야생 오리와 거위, 백조들의 우아한 소리로 아름다운 향기로운 연꽃 연못을 경험하고(verse 7), 아미타불의 정토에 환생하고(verse 4), 동물들은 다른 동물들에게 잡아먹히는 두려움에서 벗어나고, 굶주린 영혼들은 행복으로 충만해야 하고(verse 16), 더욱이

> 눈먼 이는 형상을 보며, 귀먹은 이는 소리를 들으며, 그리고…
> 임신한 여인은
> 아무 고통 없이 출산하리라.
> 헐벗은 이는 옷을 찾고, 배고픈 이는 음식을 찾고…
> 모든 존재들이…믿음과 지혜와 친절함을 얻으리라.(verses 18-19, 27)

그는 계속해서 다른 존재의 나쁜 업이 자신 안에서 무르익기를 바라는데(verse 56), 이는 다른 존재와 좋은 업을 공유하는 것을 초월하는 것이다. 『대승집보살학론』에서 산티데바는 나쁜 행위를 한 이들을 보고 다음과 같이 열망한다고 말하는 『금강당경』(金剛幢經 Vajra-dhvaja Sūtra)을 인용하고 있다.

나는 몇 번이고 다시 태어날 때마다 지옥으로 가리라… 모든 존재들이 그곳에서 벗어나리라, 모든 고통의 짐을 나 자신에게 지우리라, 나는 떠맡으리라, 나는 감내하리라… 나는 모든 고통의 머무름도 겪을… 용기를 지니고 있네… 나는 수많은 미래의 세월 동안 모든 불행한 상태마다 머물러 있기로 결심하네… 왜 그러한가? 정말로 나 홀로 고통에 처하는 것이 다른 존재들이 불행한 장소에 떨어지는 것보다 더 좋기 때문이네… 나는 마차를 모는 자, 나는 안

내자, 나는 햇불을 든 자, 안전한 곳으로의 안내자.(Ss. 256-7)

8세기 티베트의 예세 쵸겔(Yeshe Tsogyel/Ye-shes mTsho-rgyal)은 '나의 업과 다른 존재의 업의 교환'을 실천했다고 한다. 그녀는 다른 존재의 나쁜 업을 받아 일하였으며, 존재들을 지옥에서 구해 냈다. 이것은 자신의 긍정적 성질들을 뽑아내어 다른 존재들에게 주고, 그들의 부정적인 성질들과 고통을 뽑아내는 통렌(tong-len) 실천에 근거하고 있다(Willis, 1989: 18, 137).

두 번째 단계에서 보살은 그(녀)의 행동이 자발적으로 청정해질 때까지 도덕적 덕성(śīla)의 완성에 집중한다.(지계바라밀) 그(녀)는 또한 다른 존재에게 불행한 환생으로 이끄는 부도덕함을 삼가라고 권고한다. 세 번째 단계에서 그(녀)는 자애와 자비에 대한 명상의 도움을 받아 인욕(kṣānti)의 완성에 집중한다.(인욕바라밀) 네 번째 단계에서 왕성함 혹은 굳셈(vīrya)을 발전시키는데, 열망과 자비를 증진시키기 때문이다.(정진바라밀) 조심스러운 경계심이 강조되고, 이 단계는 특히 비구의 규율을 실천하는 데 적합하다. 다섯 번째 단계에서는 명상(dhyāna)의 완성에 초점을 둔다.(선정바라밀) 명상의 법열이 완성되지만 그것으로 도달할 수 있는 천상에의 환생은 받아들이지 않는다. 사성제가 이해되고 자아와 타자의 교환이 실천된다. 수학이나 의학, 시와 같은 분야의 능력들이 다른 존재를 돕고 다르마를 가르치는 방법으로서 도야된다.

여섯 번째 단계에서는 지혜의 완성(prajñā-pāramitā)이 성취된다.(반야바라밀) 보살은 만물이 조건 지어지고, 무아이며, 공한 본질에 대한 완전한 통찰을 얻고, 아라한과 대등한 수준의 발전에 도달하게 된다. 죽음에 이르러 그(녀)는 윤회의 순환을 떠나 니르바나에 들 수 있지만, 그(녀)의 대승의 '대자비'가 그렇게 하는 것을 가로막는다. 지혜의 완성에 의해 이전에 강조된 다섯 가지의 완성들은 탁월해지고, 완전무결함과 더없는 완성을 얻는다(*Asta*.172). 그들의 가장 어려운 행위는 자기의식 혹은 배후의 동기에서 완전히 자유롭게 수행된다. 예를 들어 보시에 있어서 그(녀)는 '보시하는 자', '보시물', '보시 받는 자', '보시의 결과' 중 어느 것도 인식하지 않는데, 모두가 공함 속으로 녹아버리기 때문이다(Conze et al., 1954: 136-7). 일곱 번째 단계에서 보살은 업에 따라 환생하는 존재를 초월하여 천상의 구원하는 존재가 된다. 그(녀)는 다른 존재를 돕는 데 있어 선교방편(upāya-kauśalya)과 독창성을 완성하고, 마법처럼 자신의 모습을 많은 세계에 나투어 존재들을 적절한 방법으로 가르치고 도움을 준다. 여덟 번째 단계에서 그(혹은 그녀?)는 물러서지 않는 단계에 이르고, 이제 붓다의 지위에 이르는 것이 확실해진다. 그의 서원들도 자발적으로 수행됨에 따라 완성을 이룬다. 그의 지식은 우주 어디에나 뜻대로 나타나고, 다른 존재와 똑같은 모습으로 나타나 그들을 가르칠 수 있도록 한다. 그는 자신의 광대한 창고에서 까르마적 열매를 회향하는 데 통달했으며, 그에게 기도하는 존재들은 이를 은혜로운 무료의 정신적 고양으로 하사받는다. 아홉 번째 단계에서 보살은 가장 정확하게 알맞은 방식으로 존재들을 인도하고 가르치기 위해 존재들의 성격에 대한 그의 엄청난 통찰력을 사용하여 그(혹은 그녀?)의 힘(bala)을 완성한다.

열 번째 단계에서 보살은 눈부시게 빛나는 몸을 지니고 작은 보살들의 호위로 둘러싸이며, 앎(jñāna)의 완성을 이룬다. 그리고 붓다들이 그(그녀?)를 다음의 여래 단계에서 얻게 될 완전한 붓다의 지위, 결정적인 니르바나를 완성할 준비가 된 것으로 지명하기 위해 찾아온다. 붓다로서 그는 엄청나게 긴 수명을 지니고, 그의 완성들의 힘(공덕)으로 만들어진 천상의 '정토'에 머무르는 전능한 존재로서 존재한다. 그리고 이 정토는 낙원이고, 또한 깨달음을 얻기 위한 조건들이 이상적인 곳이다.

천상의 보살들과 붓다들이라는 관념은 대승에 기도의 초점들로서 많은 성스러운 구원적 존재를 제공하였다. 높은 (지위의) 보살들 가운데 자비의 구현체인 관세음보살(Avalokiteśvara)은 가장 많은 기도를 받는다. 또한 티베트인들은 '여성 구원자'인 타라(Tārā)를 매우 존경한다. 천상의 붓다들 가운데서도, 지상에 역사적 붓다로 나타났다고 하는 석가모니불(Śākyamuni), 그리고 자신에 대한 큰 믿음을 지닌 자들이 환생할 수 있는 매우 경이로운 정토를 만들어 낸 아미타불(Amitābha)이 가장 중요하다.

보살의 윤리

대승에서는 윤리(śīla) 개념이 확장되어 더 이상 단순히 팔정도의 한 구성 요소가 아닌 것으로 생각된다. 가장 넓은 의미에서 그것은 팔정도 전체를 포괄한다. 윤리는 『섭대승론』(Keown, 1992: 137-8) 과 『보살지지경』[5] 같은 경전들에 의해 다음과 같은 것으로 구성된 것으로 여겨지게 되었다.

  (1) '금지 혹은 서원(saṃvara)'의 윤리, 재가 도덕의 계율(타자에게 해를 입히는 것을 삼감)과 사원의 규정을 통과한 것으로 모두 바라제목차(산스크리트 prātimokṣa, 빠알리어 pāṭimokkha: 테라바다에서 사원 계율을 위해 마련된 용어)로 불림

---

5) Tatz, 1986:15-17, 또한 Guenther, 1959:165-7을 보라.

(2) 완성들의 실천을 통한 '선한 상태를 수집하는(kuśala-dharma-saṃgraha)' 윤리

(3) '존재들의 복지를 위한 일'의 윤리(sattvārtha-kriyā), 적극적으로 존재들을 도움

첫 번째는 다른 두 가지의 기초로 보이지만 그것을 보충하기 위해 두 가지를 더 필요로 한다. 성문(聲聞)은 오직 (1)에만 참여하는 것으로 생각된다. 왜냐하면 그(녀)는 '자신의 복지에 열중하고 다른 존재의 복지를 고려하지 않는 데 뛰어나다고 생각되기 때문이다. 다른 존재의 복지를 맡는 데 있어 그는 빈약한 목적을 가지고 거의 아무런 행동도 하지 않으며 무관심에 머무른다'(Tatz, 1986: 69-70). 그렇지만 보살은 (1)에 참여하고 악을 멀리할 뿐만 아니라 다른 두 가지도 실천하며 선에 참여한다(Tatz, 1986: 87). 선한 요소들을 수집하는 윤리는 여러 가지 긍정적 성질들과 행동을 발전시키는 것과 관련된다. 이것들은 사실상 팔정도와 대부분 공유되는 것이지만, 자신의 까르마적 열매를 미래의 붓다의 지위에 봉헌하는 것은 이것을 넘어선다(Tatz, 1986: 48-9).

생명 있는 존재를 이롭게 하는 윤리는 다른 존재가 필요로 하는 것을 도와주는 것으로서, 병든 이를 간호하고; 현세적이고 초월적인 목적을 달성하는 방법을 조언하고; 받은 도움에 감사하고 그것을 되갚으며, 야생동물, 왕, 강도, 폭풍우로부터 보호해 주고; 재해를 당한 자를 위로해 주고; 가난한 자에게 보시하며; 다정함으로 제자를 불러 모으고, 그들을 위한 물질적 원조를 모으며, 다른 존재의 (해롭지 않은) 욕구들에 순종하며, 다른 존재의 좋은 성질을 칭찬하고 지적해 주며, 다른 존재가 불선한 길을 버리고 선한 길을 택하도록 하기 위해 그들을 자비로운 마음으로 천하게 대하고, 벌

주고, 쫓아내며; 지옥 속의 불선한 행동의 결과를 보여 주기 위해 정신적 능력을 사용하고, 일반적으로 다른 존재를 고무시키고 가르친다(Tatz, 1986: 50). 실질적인 도움에는 시각장애인을 안내하거나 청각장애인에게 수화를 가르치고, 지친 여행자에게 무료 숙식을 제공하는 것 등이 포함되어야 한다(Tatz, 1986: 54-5). 이런 식으로 대승은 '주로 개인적인 발전과 자기통제에 관심을 갖기보다는 역동적인 타자를 고려하는 성질'로서의 도덕적 덕성에 대한 새로운 강조(Keown, 1992: 131)를 통해 '불교윤리의 무게중심의 이동'(Keown, 1992: 142)을 초래하였다.

보살계

불교의 길에 대한 새롭고 자비지향적인 시각을 점진적으로 발전시키면서 대승의 지도자들은 이전 시대의 불교의 도덕적 계율을 보완하고 재평가하게 되었다. 여기서 한 가지 중요한 주장이 아상가(3세기 혹은 4세기)의 『보살지지경』(Tatz, 1986을 보라) 윤리(śīla)에 관한 장에 들어 있다.[6] 이것은 보살의 수행계율을 개략적으로 설명하고 있는데, 보살은 (1) '사원에서의 실패와 유사한' 행위와 (2) 그릇된 행위를 피해야 한다. 첫 번째 것은 보살의 서원과 갈등하기 때문에 가장 심각한 것, 즉 적어도 일시적으로, 보살로서의 '실패'를 수반하는 것으로 보인다. 그릇된 행위는 선한 성질을 발전시키고 존재들의 복지를 달성하는 데 실패하는 것과 관련된다(Tatz, 1986: 22). 아상가는 보살의 패배에 대한 사원적 근거에 비유되는 네 가

---

6) 이것과 대승윤리의 다른 측면들에 대한 논의를 위해서는, Keown, 1992:129-64를 보라.

지 행위를 구체화하고 있다.

i) '이익과 존경을 얻기 위하여 나를 칭찬하고 다른 사람을 헐뜯는 행위'

ii) '재화를 지니고 있으면서도, 그것에 집착하는 성질을 지니고 있어서, 고통스러워하고 궁핍한 이들, 아무 보호자도 의지할 데도 없는 이들, 적절하게 도움을 요청하는 모습으로 다가온 이들에게 냉정하게 물질적인 것을 기부하지 않는 행위[7]. 그리고 가르침에 대한 인색함으로 가르침에 대한 적절한 열망으로 다가온 이들에게 가르침을 주지 않는 행위'

iii) '거친 말을 입 밖으로 내는 것으로는 분노를 삭일 수 없을 뿐만 아니라 분노에 휩싸여서 생명 있는 존재들을 손과 흙덩어리와 곤봉으로 때리고, 다치게 하고 해를 입힌다. 격화된 분노의 태도에만 집중하여 그는 다른 사람의 사과에 귀를 기울이지 않는다. 그는 그 태도를 누그러뜨리지 않을 것이다.'

iv) '보살의 [가르침들의] 모음을 거부하고, 그 스스로 혹은 다른 사람을 따라서 훌륭한 교의의 위조품에 헌신하거나 훌륭한 교의의 위조품을 즐기고, 내보이며, 확증하려고 한다.' (Tatz, 1986: 64)

티베트의 위대한 개혁가 쫑카파(Tsong-kha-pa, 1357~1410)는 이 네 가지는 사원에서의 서원이 패배하는 네 가지 조건들(본문 209쪽을 보라)과 유사하다는 사무드라메가(Samudramegha)의 견해를 인용하고 있다. 즉 i)은 성교와 유사한데, 두 경우 모두 불명예가 자신과 다른 사람에게 초래되기 때문이다. ii)는 도둑질과 유사하고,

---

7) 쫑카파는 그러나 무기나 독약처럼 부적절하거나 해로운 것을 요청받는다면 주어서는 안 된다고 설명한다(Tatz, 1986:159).

iii)은 사람을 살해하는 것과 유사하고, iv)는 자신이 얻지 못한 정신적 상태를 얻었다고 자랑하는 것과 유사하다(Tatz, 1986: 162). 그럼에도 불구하고 사원에서의 패배를 초래하는 행위는 그러한 패배가 일어나기 위해서는 오직 의도적으로 저질러지는 것을 필요로 하지만(대승이 아닌 학파들에 따르면), 보살로서의 패배는 단지 위의 것들 가운데 하나를 반복하여, 뉘우침 없이 ― 혹은 '깨달음의 생각'을 포기하는 것― 행하는 것으로부터 초래된다. 그렇게 되면 그는 가짜 보살이 되지만, 보살의 서원을 다시 받음으로써 다시 진정한 보살이 될 수 있다(Tatz, 1986: 65).

아상가는 41가지의 '그릇된 행동'을 열거하고 있다.[8] 이 가운데 매일 삼보에 기도를 올리지 않는 것 또는 적절하게 주어지는 사과를 받아들이지 않는 것과 같은 것들은 특별히 대승적인 강조점을 지니고 있지 않다. 폭력적이고 부도덕한 사람들의 복지를 외면하거나 다른 사람들에게 도움이 될 수 있는 보시물을 받지 않는다거나 누군가에게 이익을 줄 수도 있는 혹독하거나 가혹한 수단을 사용하지 않는 것, 도움이 필요한 사람들을, 예를 들어 여행의 길동무가 되어 도와주지 않는 것 등은 대승적인 강조점을 가지고 있다. 어떤 것들은 대승이 아닌 불교도에 대한 그릇된 태도와 관련이 있다. 즉 보살은 그들의 가르침이나 실천을 배우지 말아야 한다고 주장하는 것은 잘못이며, 또한 그들을 위한 대승경전을 무시하는 것도 잘못이다.

아상가는 또한 그러한 행위들에서 잘못을 완화시키는 요소들을 개략적으로 설명하고 있다. 타츠(Tatz)는 이를 다음과 같이 정리하고 있다.

---

8) Tatz, 1986:66-83; Keown, 1992:142-5.

그릇된 행위들은 그것들의 동기에 따라 오염될 수도 오염되지 않을 수도 있다. 게다가 상황이 그것들을 무해한 것으로 만들 수도 있다. 경감시키는 상황은 게으름, 나태, 부주의, 방심에 의한 동기들로 이루어진다(오염된 증오, 원망, 시기심, 기만, 믿음의 결여, 무례 등에 반대되는 것으로서); 무죄의 상황은 서원을 하지 않았거나 미친 상태의 생각, 예기치 못한 고통 등이다(Ts.39b). 욕망의 집착으로부터 이루어진 행위에는 아무런 잘못도 없다. 왜냐하면 이것은 자비와 연결되어 있고 따라서 바로 보살의 의무이기 때문이다(Ts.84a-b). (Tatz, 1986: 22)

『보살지지경』의 규정은 8세기에 산티데바의 체계에 의해 부분적으로 교체되기 전까지 새로운 보살의 교육을 위한 표준구(標準句, locus classicus)였다. 그는 『대승집보살학론』(Ss.61-70)에서 주로 『허공장보살경』(Ākāśagarbha-sūtra I Tatz, 1986: 316-32를 보라)의 목록을 가져다가 18가지 '근본' 위반(mūla-patti)에 대해 설명하고 있다. 여기에는 사람들이 공성을 두려움 없이 대할 수 있기 전에 공성을 가르쳐서 그들을 대승에서 떠나게 하는 것, 사람들에게 그들은 보살의 길을 감당할 수 없다고 말하는 것, 이 길은 나쁜 업이 무르익는 것을 가로막을 것이며 나아가 도덕적 계율은 보살에게 불필요하다고 가르치는 것, 자신이 대승에 속하는 것을 칭찬하고 대승이 아닌 자를, 사람들이 그들에게 바치는 존경을 부러워하여 헐뜯는 것 등을 포함한다.

선교방편과 계율의 경시

대승은 초기 전통에서 윤곽이 그려진 계율들에 많은 것을 추가 하였지만 또한 이 중 일부와 관련해서는 더 많은 유연성을 추가하 기도 하였다. 여기서 대승이 강조하는 핵심 개념은 선교방편(善巧方 便, upāya kauśalya), 즉 능숙한 혹은 선한(빠알리어 kusala) 방편 (upāya)이다. 이 '선교방편'(때로는 단지 방편으로만 언급되는)이라는 관념의 적용은 다양하다(Pye, 1978을 보라). 그것은 보살의 완성들 가운데 처음 다섯 가지를 가리킬 수도 있는데, 따라서 보살의 길은 방편과 지혜로 이루어진다(Keown, 1992: 134). 이러한 완성들을 발 전시킴에 있어서,

> 보살은 선교방편을 통해 니르바나와 윤회의 상태에… 홀로 있
> 음과 떠들썩한 동시에 대중 속에서… 명상과 여인들로 둘러싸
> 여 있는 가운데서도 머무른다(*ASP*.134-5).

또 다른 의미에서 붓다는 설법을 듣는 사람의 수준에 따라 그의 가르침을 적용하면서 선교방편을 사용했다고 말해진다. 따라서 그 는 '낮은 성향'을 가진 사람들, '소승' 혹은 '작은 수레'에 속하는 성 문들에게는 사성제와 아라한이라는 목표를 가르치고, '높은 성향'을 가진 사람들, '대승' 혹은 '큰 수레'를 실천하는 사람들에게는 붓다 의 지위를 완성하기 위한 보살의 길을 가르쳤다고 말해진다. 천상 의 붓다들과 보살들도 역시 선교방편을 사용하여 도움이나 가르침 을 구하는 이들의 필요에 이상적으로 맞추는 방식으로 세상에 모습 (육신으로 혹은 환영으로)을 나타낸다고 한다. 이 개념의 궁극적 적 용은 윤리적 영역에서, 불교의 윤리적 계율은 자비로운 동기로 다

른 사람을 돕는 데 불가피하다면 위반될 수도 있다고 말하는 것이다.[9] 따라서 대승은 테라바다보다 계율을 환경에 융통성 있게 적용하는 더 많은 경향성을 가지고 있다. 그렇지만 그러한 접근법이 테라바다에 전혀 없는 것은 아니다. 따라서 최근에 태국의 명상 지도자 아잔 차(Ajahn Chah)의 사원이 붉은 개미떼로 우글거리게 되어 모두를 고통스럽게 하자 그는 마침내 군대가 들어와 살충제를 살포하도록 허락하였다. 다른 비구들이 이것의 수용 가능성에 의문을 제기하자, 그는 간단히 "내가 모든 책임을 질 테니 너희들은 걱정하지 마라!"고 말하였다. 즉 그는 통상적 사원생활을 다시 시작해야 하는 행위에서 비롯된 업의 결과를 기꺼이 감내하기로 하였던 것이다.[10]

대승에서 산티데바의 『대승보살학집론』은 사람들을 도우려는 동기가 있다면 그 행위에는 아무 잘못도 없다는 것을 보이기 위해 『월등경』(月燈經 Candra-pradīpa Sūtra)을 인용하고 있다(*Ss.*163). 『무진의경』(Akṣayamati Sūtra)도 인용되는데 거기에서는 '보시를 행할 때에는 도덕의 실천 등은 무시할 수 있다. 그러나 그럼에도 불구하고 결코 방종해서는 안 된다'라고 말하고 있다(*Ss.*12). 대승 경전들은 보살에게 허용되는 재량의 정도에 있어 서로 다르다. 대략 2세기경의 『보살장경』(Bodhisattva-piṭaka Sūtra)은 계율의 위반에 아무런 범위도 허용하지 않는다(Pagel, 1995: 180). 『섭대승론』 VI.3에서는 만약 그 행위가 다른 사람들을 돕고 비난받을 만한 것이 아니라면 ―이를 주석서에서는 자기 자신이나 다른 사람들에게서 집착, 분노 혹은 어리석음이 일어나지 않는 경우로 설명한다(Keown, 1992: 147) ― 경미한 위반이 저질러지는 것을 허용하고 있다(Keown, 1992: 146).

---

9) Keown,1992:150-63을 보라. 키온은 이러한 접근법을 서양의 '상황윤리'와 비교한다(1992:185-91).
10) Ajahn Sumedho, 'Facing Death', *Raft-The Journal of Buddhist Hospice Trust*, no. 2 (1989/90).

자비로운 살생

일부 경전들은 긴박한 상황에서 자비를 근거로 하여 인간을 살해하는 것을 정당화한다. 여기서 핵심적 경전은『선교방편경』(Upāya-kauśalya Sūtra)이다.[11] 이 경에서는 살생 등이 '유덕한 생각으로부터 나왔을 때'에는 비난받을 만하지 않다고 말한다(Tatz, 1986: 323). 이 경의 핵심적 구절은 붓다가 전생에 대자비라는 이름의 보살 선장으로서 500명의 상인을 태우고 가는 이야기이다.[12] 어느 날 밤 신들이 꿈에서 승객들 중 한 사람이 다른 상인 모두를 죽이고 그들의 물건을 빼앗으려 하는 강도라고 알려 주었다. 그는 나머지 상인들이 보살들이기 때문에 그 강도는 그러한 행위로 인해 여러 겁 동안 지옥에서 고통을 겪으리라는 것을 알았다. 그는 이 문제를 오래도록 깊이 고민하였지만, 만약 상인들에게 이 계획을 알린다면 그들이 그 강도를 죽이고 ―그들은 보살의 길을 잘 확립할 수 없었다― 지옥에 가게 되리라는 것을 알고 있었다. 만약 그가 아무것도 하지 않는다면, 많은 사람들이 죽을 것이다. 따라서 그에게는 세 가지 악 가운데 최소의 악, 즉 그 자신이 그 강도를 죽이는 선택만이 남겨졌다. 이 때문에 그가 '수만 겁 동안' 지옥에 환생한다고 할지라도 그는 다른 사람들의 고통을 막기 위해 기꺼이 이를 감내하려고 하였다. 이리하여 그는 '대자비와 선교방편으로' 그 강도를 죽였고, 그 강도는 하늘에 환생하였다. 이와 유사한 이야기가『대방편불보은경』(Mahā-Upāya-kauśalya Sūtra)[13]에서도 발견되는데, 여기

---

11) 티베트본(*Upāya-kauśalya-nāma Mahāyāna Sūtra*)은 Tatz,1994에 의해, 중국본(*Jñānottara-bodhisattva-paripṛcchā*)은 Chang,1983:427-68(大正345)에 의해 번역됨. 타츠에 의하면 인도 원전은 기원전 1세기 이후로 시대가 추정된다고 주장한다.

12) Tatz, 1994:73-6; Chang, 1983:456-8; Welch, 1972:284-6을 보라; cf. Williams, 1989:145.

13) 『대방편불보은경』(大方便佛報恩經)(大正156, Ⅶ,1 61b-162a, Demiéville, 1957:379, Welch,

서 보살은 상인 500명에 대한 살육적인 공격을 막기 위해 비록 그가 오랜 친구였음에도 불구하고, 산적 500명을 위해 일하는 그 염탐꾼을 죽여야만 한다고 생각한다.

첫 번째 이야기에서 선장은 자신의 행위 때문에 기꺼이 지옥에 환생하기로 하지만, 그 경전에서는 단지 이것은 그에게 윤회의 순환이, 그가 그 행위의 결과로 지옥에서 기꺼이 보내기로 한 시간이 '수만 겁'으로 '줄어들었다'는 것을 의미한다고 말할 뿐이다. 그럼에도 불구하고 그 경전은 계속해서 붓다가 고난의 길을 밟은 것은 '그 행위의 여분의 결실'이라고 말하고 있다(Tatz, 1994: 76; Chang, 1983: 458). 붓다로서 그는 이를 미리 알고 그 고난을 피할 수 있었지만, 그는 다른 사람들에게 업의 효과를 보여 주기 위하여 그냥 내버려 두었다. 그런데 이것은 그러한 자비로운 동기로부터 행해지지 않았었던 것보다는 나쁘지 않다고 하더라도, 그 행위는 여러 가지 나쁜 업의 결과를 지니고 있다는 것을 함축하고 있는 것으로 보인다(cf. pp.19-21, 25-6). 만약 그 행위가 수많은 지옥에의 환생으로 이끈다는 것을 그 선장이 인정하지 않았거나 기꺼이 그에 따른 고통을 받겠다고 하지 않았다면, 자비(와 지혜)가 결여되었을 것이고 (따라서) 그는 지옥에서 오래도록 고통받았을 것이다. 즉, 여기서 지옥은 오직 위험을 무릅쓰고 기꺼이 다른 사람을 도움으로써만 피할 수 있다. 그러한 맥락에서 맥팔렌(McFarlane)은 다음과 같이 논평하고 있다.

> 만약 보살이 자기이익적 동기 혹은 공평무사한 동기에서, 그러나 그의 행위가 정당화되고 많은 공덕을 낳을 수 있는 태도로 그러한 행위를 수행하고자 하였다면, 그것들은 선교방편으로 생각되

1972:282)에서 인용함.

지 않았을 것이며 초라한 결과로 귀결되었을 것이다.(1995: 4)

그렇다고 해도 존 듄(John Dunne)에 의하면 대부분의 티베트인은 위의 이야기의 보살은 '그가 생명을 죽였기 때문에 지옥에 환생하지만 그 행위 뒤에 놓인 태도는 자비에 기초해 있기 때문에 그곳에서 오래 머물지는 않는다'고 주장한다.[14]

긴박한 상황은 영웅적인 자비심으로 자진하여 난관에 맞서서 덜 나쁜 악을 택할 수 있는 사람들을 요청한다. 하지만 그들은 자신들의 자비심 때문에, 악을 행하고 있다는 것을 인정하고 그 업의 결과를 받을 각오가 되어 있어야 한다. 『섭대승론』에서는 만약 보살이 수백의 성문과 보살을 죽이는 것과 같은 ―얼마 안 되는 물질적 재물을 위하여― 즉각적인 응보를 받는 많은 행위를 저지르려는 강도를 본다면, 그는 다음과 같이 생각한다고 말하고 있다.

'만일 내가 이 생명 있는 존재의 목숨을 앗아간다면 나는 지옥의 존재들 중 하나로 환생할 것이다. 이 생명 있는 존재가 즉각적인 응보를 받는 행위를 저질러 곧장 지옥에 떨어지느니보다 내가 지옥의 존재 중 하나로 환생하는 편이 더 좋다.' 그러한 태도로 보살은 그 생각이 유덕한지 혹은 우물쭈물하는[15] 것은 아닌지 확인하고 나서 오직 결과를 위한 자비심으로 어찌할 수 없음을 느끼며[16]

---

14) John Dunne,'Precept Keeping' posting to 'Buddha-L' Internet discussion forum,26 July 1995와 'Killing Hitler' posting, 21 March 1996.
15) 쫑카파는 이를 희생자가 아닌 보살 자신의 마음에 적용되는 것으로 보는데, 이는 희생자를 몰지각하게 보기 때문이다(Tatz,1986:215). 하지만 어떤 산스크리트 문서는 드미에빌의 중국본 번역이 그러한 것처럼(1957:379) 후자의 해석을 지지하는 것으로 보인다.
16) 쫑카파는 이를 그렇게 행동하는 것 이외에 아무런 대안도 없다는 의미로 본다(Tatz,1986:215).

그는 그 살아 있는 존재의 목숨을 빼앗는다. 거기엔 아무런 잘못
도 없으며 많은 공덕의 확산만이 있을 뿐이다.(Tatz, 1986: 70-71)

드미에빌의 중국본 번역(1957: 379)과 맥팔렌의 산스크리트본 번
역(1994: 194)은 그 행위에 공포가 동반된다고 덧붙이고 있다.

경전 가운데는 전쟁을 묵인하는 것들도 있다. 『살차니건자경』(薩
遮尼乾子經 Ārya-bodhisattva-gocaropāya-viṣaya-vikurvaṇa-nirdeśa Sūtra)
은 왕에 대한 다양한 형태의 조언을 제공하고 있는데, 그 안에는
언제 전쟁이 필요한지, 전쟁에서 최선의 전략과 전술은 무엇인지를
포함하고 있다(109a ff). 그렇지만 그의 동기는 백성들을 보호하려
는 사랑과 자비여야 한다고 강조하고 있다.[17] 더욱이 티베트에서는
탄트라 수행의 최고 단계에서 때로 폭력이나 살생이 많은 사람이나
불교에 커다란 해를 유발하는 사람이나 나쁜 정신을 파괴하기 위해
허용 가능한데, 오직 매우 제한된 조건 아래에서만 그러하다.

a) 사용할 수 있는 평화적인 방법이 남아 있지 않아야 한다.
b) 그 행위는 순전히 정신적인 힘에 의해 수행되어야 한다.
c) 대자비 이외의 다른 어떤 동기도 없어야 한다.
d) 폭력 행위는 바라는 효과를 지녀야 한다.
e) 죽임을 당한 사람을 그 행위에 의해 해방의 길 위에 자리잡도
   도록 할 수 있어야 한다.[18]

---

17) 존 듄이 제공한 정보는 'Buddha-L' Internet forum, posting on 'Just War',
    21 March 1996 임.
18) Yuthok,1995:54. 탄트라 경전에서 살인 등의 확실한 수용에 관해서는 Broido,
    1988을 보라.

그럼에도 불구하고 대승은 살생에 대한 조심성 있는 정당화를 많이 가지고 있지 않은데, 그중 몇 가지가 『대반열반경』(Mahā-para-nirvāṇa Sūtra; 4세기경 인도 혹은 중앙아시아에서 만들어짐)에 포함되어 있다. 한 구절에서 붓다는 전생에 자신이 왕이었을 때 대승의 가르침을 비방하는 몇 명의 바라문들을 발견하였다고 말한다. 그로 인한 나쁜 업으로부터 그들을 구하고 불교를 보호하기 위해 '나는 그들을 그 자리에서 죽여 버렸다. 경건한 믿음을 지닌 자들이여, 그 행위의 결과로, 나는 결코 그 이후에 지옥에 떨어지지 않았다.'[19] 어느 경우에도 경에서는 그들이 일천제(icchāntika)—구원받을 수 없는 자—였고, 따라서 다르마를 보호하기 위해 그들을 죽이는 데는 아무런 악도 존재하지 않는다고 말하고 있다.[20] 그와 같은 사람은 또 다르게는 '현재와 미래의 선을 가로막는 장애물들을 모두 갖추고 있다'[21]라고 묘사된다. 출가자 혹은 재가자로서 '진실한 다르마를 반복해서 뉘우치는 기색도 없이 비방하거나', 사원에서의 실패를 가져오는 위반을 저지르거나, 살생 등의 다섯 가지 중죄를 뉘우침 없이 저지른다. 그는 악의 화신인 마라(Māra)의 친구이다.[22] 따라서,

생명 있는 존재들은 믿음과 같은 다섯 가지의 선한 뿌리를 지니고 있지만, 일천제는 그 뿌리들을 영원히 끊어 버렸다. 따라서

---

19) 大正12,434c; Yamposaky, 1990:32에 인용.

20) 大正374,XVI, 459a-460b. Yamposaky, 1990:32; Demiéville,1957:378 그리고 Welch,1972:281에 인용됨.

21) 大正12,562b. 이에 대해서는 나의 연구생인 Victor He에게 감사하게 생각한다.

22) 大正12,425a-b, 419a, 412c-422a, Yampolsky, 1990, 31-2에 인용. 불교에서는 마라를 존재를 윤회의 순환 속에 두어 모든 고통과 반복되는 죽음을 겪게 하려는 전도된 욕망을 발전시킨 신의 한 유형으로 본다. 마라는 감각적 욕망의 하늘 맨 위에 머무르는 악을 유혹하는 신으로 욕망과 죽음의 화신이다.

개미 한 마리를 죽이는 것은 잘못이지만, 일천제를 죽이는 것은 잘못이 아니다. [23]

다행히 이 일천제라는 다소 불명예스러운 관념은 이 경의 이후 판본에는 등장하지 않으며 모든 존재가 붓다의 지위를 얻을 수 있다고 말하고 있다. 모든 존재는 불성을 지니고 있으며, 이는 그들이 최고의 깨달음을 얻기 전에는 제거되지도 사라지지도 않는다. [24]

윌리엄스(Williams)는 다르마를 비방하는 사람들에 대한 살생의 허용을 중세 일본에서 일어난 것처럼, 자기 불교 종파에 반대하는 사람들을 죽이는 것을 정당화하기 위해 사용될 수도 있는 구절로 본다(1989: 158-9). 맥팔렌은 '그 주장들은 대승에서나 혹은 보다 일반적인 불교적 원리를 통해서도 결코 수긍할 수 없으며'(1986: 101), 불교의 폭력에의 개입을 정당화하려는 그러한 시도는 드물었다고 비평한다(McFarlane, 1986: 102).

『대반열반경』의 다른 구절에서, 만약 (그들을 지지하는) 비구들을 공격으로부터 보호할 필요가 필연적이라면, 대승의 추종자들은 도덕적 계율을 무시해야 한다고 말해진다. [25] 그렇지만 그 구절은 계속해서 그들은 생명을 빼앗는 무기를 결코 사용해서는 안 된다고 말한다. [26]

---

23) 大正12,562b. 이에 대해서는 나의 연구생인 Victor He에게 감사하게 생각한다.
24) 大正12,573c. Williams, 1989:98, Yampolsky,1957:120-1을 보라.
25) 大正374,Ⅲ,383b-384a, Demiéville, 1957:378-9, Welch, 1972:281, Williams, 1989:161에 인용됨.
26) 大正12,383b-384b, Yampolsky,1990:33-5에 인용됨. Niwano, 1977:27을 보라.

자비로운 도둑질, 비독신 그리고 거짓말

두 번째 계율과 관련하여, 『보살지지경』에서는 보살은 억압적이고 폭력적이고 무자비한 왕이나 관리들을 타도한다고 말한다. 또한 보살은 성전이나 승가에서 훔친 도둑들의 물건을 다시 훔쳐 내고, 승가나 성전의 낭비가 심하거나 부패한 재산관리인의 권한을 제거한다. 이 모든 것들은 공짜로 주어지지 않은 것을 취하는, 즉 도둑질에 관한 계율에 어긋나지만, 그렇게 하지 않는다면 계속해서 다른 사람에게 피해를 주는 사람과 피해를 입을 사람의 이익을 위하는 것이기 때문에 잘못이 없다는 것이다(Tatz, 1986: 71; McFarlane, 1990: 410). 맥팔렌은 이것이 나타내는 바를 다음과 같이 논의고 있다.

> 조직적으로 부정의하고 억압적인 정권에 맞서서, 보살은 그 정권을 전복하는 직접적이고 아마도 폭력적인 행동을 취하는 것이 정당화된다. 물론 만약 보살이 비폭력적으로, 치명적인 비밀 정보의 공개와 같은 것을 통하여 그 정권을 전복시킬 힘을 가지고 있다면, 그렇게 하는 편이 더 좋을 것이다. (1995: 6-7)

세 번째 계율과 관련하여 아상가는 다음과 같이 말하고 있다. 한 재가 보살이 자신과 간절하게 성교하기를 원하는 결혼하지 않은 여인과 성교를 하는데, 그것은 그녀가 (그의 거부로 인한)증오를 피하고 선의 영향력 아래에 드는 것을 돕기 위한 것이다(Tatz, 1986: 71). 여기에는 아무런 잘못도 없고 오히려 많은 까르마적 열매가 있을 뿐이다. 주석가 산타락시타(Śāntarakṣita)와 비구 보디바드라(Bodhibhadra)는 여기에는 '실질적으로' 아무런 잘못도 없다고 말하는데, 왜냐하면 비록 그 행위자가 이 행위를 올바른 방식으로 간주한다고 할지라도 그것은 여전히 건전하지 않은 행위에 가깝기 때문이다(Tatz, 1986: 298-9, n.416). 쫑카파는 만약에 그녀가 독신이라면 그것은 성적 비행의 경우가 아니라고 말하는 것은 옳지 않다고 주석하고 있다. 『유마힐소설경』(Vimalakīrti-nirdeśa Sūtra)에서도 성을 여성 재가보살이 그것을 통해 많은 무지한 사람을 도울 수 있는 가능한 수단으로 본다. '확실한 목적을 가지고, 그들은 남자를 유인하는 성매매여성이 되어, 탐욕의 바늘로 그들을 유혹하여 붓다의 지혜 속에 자리 잡게 한다.'(Ss.291에서 인용)

네 번째 계율과 관련하여 아상가는 보살은 다른 존재를 죽음과 불구로부터 보호하기 위해 거짓말을 하지만, 자신의 목숨을 구하기 위해서는 거짓말을 하지 않을 것이다. 그는 불선한 조언자를 비방할 것이며 어떤 사람을 불선한 행동으로부터 선한 행동으로 바꾸기 위해 거칠고 가혹한 말을 사용할 것이다. 그는 다른 존재를 자신의 영향력 아래에 두고, 선한 방향으로 이끌기 위해 춤과 노래, 이야기, 한가한 수다도 즐긴다(Tatz, 1986: 72).

따라서 위의 내용은 보살이 만약 자비로운 동기를 가지고 행한다면, 몸의 세 가지와 말의 네 가지의 불선한 행위를 저지르도록 허락한다. 그렇지만 마음의 세 가지 불선한 행위, 즉 탐욕과 나쁜 의지, 그릇된 견해는 허락하지 않는다.

누가 그러한 행위를 수행하는가, 그리고 그것들은 의무적인가?

계율의 '능숙한' 위반은 모든 유형의 보살들에게 허용될 수 있는가? 『선교방편경』에서는 선교방편설은 대승 이외의 사람들에게는 비밀로 지켜져야 한다고 말하면서 그것의 잠재적 위험성을 확실히 인정하고 있다(Tatz, 1994: 87; Chang, 1983: 464). 지나푸트라(Jinaputra)는 오직 재가 보살만이 살생 등을 할 수 있고, 출가 보살은 할 수 없다고 주장한다(Tatz, 1986: 327). 이와 대조적으로 쫑카파에 의하면 비구는 자비로운 동기로 살생, 도둑질, 거짓말을 비구로서의 '패배' 없이 행할 수 있지만, 그러한 동기로 성관계를 가질 수는 없는데, 그것은 비구로서의 수행의 기초를 저버리는 것이고 다른 존재에게 아무런 실질적 이익도 없기 때문이라고 주장한다(Tatz, 1986: 212-3). 『대승집보살학론』의 산스크리트 번역본과 구 티베트 번역은 자비로 인한 살인 등은 오직 고귀한 단계에 도달하기 전의 보살들을 위한 것이라고 말하지만(Ss.165), 쫑카파는 고귀한 단계에 든 보살들만이 그렇게 할 수 있다고 보는 신 티베트 번역을 선호하는 것으로 보인다. 그에게 있어 '이 상황은 능력을 지니고 있고, 매우 긴박한 위험으로 가득 찬 보살만의 배타적인 영역'이다. 따라서 우리는 자신의 정신적 성숙 수준을 넘어서서 행동하려고 해서는 안 되며, 그렇지 않을 경우 업의 결과는 나쁠 것이다(Tatz, 1986: 213-14). 그리고 선교방편설이 대승에 부여한 탄력성은 —자비와의 연계와 그것을 남용하였을 때의 나쁜 업의 결과에 대한 경고에 의해— 허용됨으로써 유지된다.

만약 그러한 행위들이 높은 단계의 보살들에게 허락된다면, 그것들은 실제로 의무적인 것으로 생각되는가? 『보살지지경』 자체와 그것의 구 주석들 가운데 몇몇은 만약 그러한 행위가 필요할 때 그것을 하지 않는 것이 잘못이라고 말하지 않지만 새로운 주석은 잘못으로 본다(Tatz, 1986: 211-12). 비록 쫑카파는 자비로운 살생을 하나의 의무로 열거하지 않았지만, 이는 또한 티베트에서 지배적인 관점이 된다(Tatz, 1986: 244). 중국 전통에서는 『보살지지경』의 세 가지 번역본이 그러한 행위를 허용하는 구절을 생략하고 있지만, 현장의 번역은 필요할 때 자비롭게 그것들을 행하지 않는 것을 잘못으로 본다(Tatz, 1986: 296, n. 396).

대승 사상과 실천의 특수한 흐름들

테라바다도 대승도 단일 전통은 아니지만, 테라바다보다는 대승에 더 많은 다양성이 존재한다.

탄트라

6세기부터 인도에서는 보살의 길에서 진보의 촉진을 추구하는 탄트라로 알려진 경전들이 발전되었다. 그리고 그것들은 바즈라야나〔금강 수레〕, 즉 '금강' 혹은 '천둥'과 같은 정신적 탈것, 또는 만트라야나, 만트라〔만다라〕, 혹은 성스러운 말의 힘의 탈것으로도 알려진 것의 기초를 형성하였다. 이 접근법은 수행자 자신의 정신에 이미 내재하고 있는 상응하는 잠재력의 성장을 위하여 주로 성스러운 존재를 불러내거나 시각화하는 것에 초점을 맞춘다. 여기에 들어 있는 중요한 원리는 분노와 같은 불선한 정신상태를 정신에 잠재해 있는 본래적 청정성의 왜곡으로 본다는 것이다. 따라서 그것들은 억압되기보다는 —성스러운 존재로 상징화되는— 긍정적인 에너지들로 성질이 변환된다(Misra, 1984: 153). 구루(Guru) —티베트어 bLama 라마(Lama)로 발음— 로부터의 조심스러운 지도를 필요로 하는 그러한 접근법은 매우 헌신적인 수행자의 경우 한 생애 안에 붓다의 지위에 오르게 할 수 있는 것으로 보인다.

84명의 인도 탄트라의 마하 싯다들(Mahā-siddhas) 혹은 '커다란 성취를 이룬 자들' 가운데 한 명인 능숙한 사라하(Saraha: 9세기?)는 그의 도하코사(Dohā-kośa | Conze et al., 1954: 224-39)에서, 남자는 결혼을 하고 감각적 쾌락을 즐기면서 비구가 되지 않고도 완전한 지혜를 발전시킬 수 있다고 말한다. 여성 동반자를 찾지 못하면 더 이상의 정신적 진보를 이룰 수 없음을 깨닫고 나서 그는 다음과 같이 말했다.

> 나는 비구의 서원을 맹세하였고 또 아내를 찾아 돌아다녔다. 거기서 나는 어떤 구별도 보지 못한다. 어떤 사람들은 의심을 품고 말할 것이다. '이 무슨 부정한 짓인가!' 그러나 그들은 알지 못한다.(Ray, 1980: 235)

그렇지만 그는 구루 아래서의 정신적 수행의 중요성을 엄격하게 강조한다.

탄트라의 한 갈래는 집착을 극복하고 만물을 법신(Dharma-body) 혹은 모든 붓다들의 내면적 본질로 보는 통찰을 돕기 위하여 금기와 관습을 깨뜨리는 수행을 포함시켰다. 헤바즈라 탄트라(Hevajra Tantra)는 세계는 욕망의 속박을 받고 있으나, 욕망에 의해 해방될 수도 있을 것이라고 주장한다. 이는 성적인 요가의 수행을 말하는데, 여기서 욕망의 힘은 몸속에서 이루어지는 여러 가지 과정을 시각화함으로써 조절되어 해방의 힘으로 변환된다. 불교의 영향으로 채식주의가 널리 퍼져 나가고 힌두교의 부흥이 카스트의 순수함이라는 관념을 강화시켰을 때, 그러한 의식은 (불교윤리에 반하여) 고기를 먹거나 술을 마신 후, 공동묘지에서 밤에 신으로 시각화한 신분이 낮은 카스트의 여성을 성적 상대로 삼아 행해졌을 것이다

(Ray, 1980: 237을 보라). 탄트라에서 강조하는 몸의 중요성은 니르바나가 '이 육척의 몸뚱이' 안에 있다고 한 붓다의 말로 거슬러 올라간다(S. I .162). 한편 묘지들은 종종 육체와 죽음의 본질에 대한 명상을 수행하기에 좋은 장소로 생각되었다. 그렇지만 기괴한 느낌을 주는 탄트라 의식은 확실히 하나의 혁신이었다! 그러나 유명한 탄트라의 숙련자 틸로파(Tilopa)가 아주 잘되는 술집을 운영하던 여인을 자신의 제자로 받아들일 때 그 조건으로 상점을 그만두게 하였다는 점은 주목할 만한 가치가 있다(Ray, 1980: 229-30).

금강승은 북방불교의 지배적인 형태가 되었지만, 위에 언급된 접근법들은 단지 제한된 범위에서만 사용된다. 티베트의 네 가지 주요 불교종파 가운데 성적인 요가와 같은 수행에 가장 개방적인 것은 최고로 오래된 종파인 닝마파(Nyingma/rNying-ma)이다. 이 종파의 비구가 아닌 추종자들 중 일부와 환속한 —아마도 일시적으로— 비구들은 파트너와 성적 요가를 수행한다. 그러나 바버(Barber)가 말하는 것처럼,

> 육류와 술, 성적 요가의 사용은 매우 엄격하게 규제된다. 탄트라 요기들은 마음대로 간단하게 술을 마시거나 성교를 할 수 없다. 이것들은 수년간의 훈련 이후에 허용된다. 적절한 정신적 태도를 지닌 자들만이 이 가르침들을 받아들일 수 있다.(1991: 86)

쫑카파에 의해 세워진 티베트의 지배적 종파인 게룩파(Gelug/dGelugs)는 탄트라 수행은 사원에서의 수행과 대승윤리의 건전한 토대 위에서만 행해질 수 있으며(Tatz, 1986: 97,Ⅲ,30-1), '성적 요가'는 육체적으로서가 아니라 시각화로서만 이루어진다고 주장한다.[27]

---

27) Barber,1991:90. 탄트라의 성적 상징과 요가에 대한 유용한 논의를 위해서는

성문승의 계율과 보살의 서원을 따르는 데에 더해 탄트라 수행 자는 여러 가지 사마야(samayas), 즉 탄트라의 서원을 준수한다. 이 것들은 탄트라 수행의 성공에 필수불가결한 것이며, 수행 없이도 열여섯 번의 생애 안에 붓다의 지위로 이끌 만큼 강력한 힘을 지닌 것으로 생각된다. 이 서원을 어기는 것은 낮은 단계의 환생으로 이 끈다. 그 서원의 대부분은 성문승이나 보살의 서원과 일치하거나 그 확장이다. 다른 것들은 비밀을 누설하지 않는 것, 여성을 희롱 하지 않는 것, 자신의 구루에게 공양하는 것 등을 포함하고 있다 (Barber, 1991: 85-90).

정토 불교

동아시아 불교의 한 갈래인 '정토' 전통은 주요한 혹은 유일한 실 천으로 아미타불(Amitābha, p.130)에의 기도에 관심의 초점을 맞추 고 있다(de Bary, 1972: 197-207, 314-44). 일본에는 정토종(淨土宗)과 정토진종(淨土眞宗)이 있다. 이들은 각각 호넨(法然, 1133~1212)과 그의 제자 신란(1173~1263)의 추종자에 의해 세워졌다. 두 종파는 전통적인 대승의 점진적인 발전의 길이 너무 어렵다고 보고, 자신 들을 구원해 줄 아미타불(일본어 아미다)로 돌아섰다.

호넨에게 기도는 핵심적인 종교적 행위였지만 또한 자기 자신의 덕성도 계발해야만 한다는 것이었다. 신란에게 자신의 구원을 위해 해야 할 모든 것은 아미타불에 대한 믿음을 지니는 것이며, 자기 스스로 구원에 기여할 수 있는 척해서는 안 된다. 우리는 구원하는 '타력'으로서의 아미타불에 전적으로 의존해야 하며 '자력'에 의존해

Jackson,1992를 보라.

서는 안 된다. 그는 인간들은 정념과 사악함으로 가득 차고, 무엇이 진정으로 선하고 악한지 모르는 무력한 죄인들이고, 따라서 의도적으로 덕성이나 지혜를 계발하려는 시도는 자만과 아미타불에 대한 믿음의 결여로 이어질 것이라고 생각했다. 호넨은 사악한 사람들도 선한 사람들이 환생하는 아미타불의 정토, 즉 수카바티(Sukhāvati)에 환생할 수 있다고 가르쳤다. 신란은 선한 사람들도 그곳에 환생할 수 있지만 '사악한' 사람들은 더 좋은 기회를 지니고 있다고 가르쳤는데, 이는 기독교의 '죄인의 구원' 개념과 유사한 생각이다. 구원은 어떤 선한 일에 의해서가 아니라 아미타불의 구원의 은혜를 감사하게 받아들임으로써 다가온다. 한 사람의 믿음조차도 은혜로부터 오는데, 이는 아미타불의 모든 곳에 편재하는 힘은 한 사람의 내부에서 불성이 오만과 죄를 극복하도록 자극하는 것으로서 발견될 수 있기 때문이다.

어떤 정토진종의 추종자들은 아미타불에 의해 구원받은 사람들에게는 도덕적 행위가 불필요한 것으로 간주하게 되었다. 이 견해에 반대하여 이 종파의 '두 번째 건립자'인 렌묘(1415~99)는 진실한 믿음은 아미타불의 구원에 대한 감사를 표현하는 도덕적 삶을 사는 청정한 마음을 함의하고 있다고 주장했다. 정토진종의 불교도들에게 윤리는 대부분의 다른 불교종파에서처럼 해방을 향한 길의 한 부분이 아니라 우리는 '이미' 구원받았다는 믿음의 결과이다.

선

이와 다른 방식으로 동아시아 불교의 또 다른 갈래인 선은 윤리적 행위를 점진적인 정신적 계발의 한 부분으로 보는 고전적 견해를 수정하게 되었다. 특히 도겐(1200~53)에 의해 세워진 일본의 조동종에서는 도덕적 덕성이나 명상도 붓다의 지위를 얻을 수 있는 길로 생각되지 않는다. 오히려 그것들은 이미 존재하는 불성을 발전적으로 드러내는 방식으로 생각된다(Fox, 197; Ives, 1992: 54). 따라서 도겐은 '붓다의 씨앗은 살생하지 않음으로써 자라난다'고 주장했다(Aitken, 1984: 24). 선의 '자력' 접근법은 정토종의 '타력' 접근법과 대조를 이루지만, 도겐과 신란은 윤리적 행위가 해방의 결과이지 —자기 내면의 불성에 의해서건 아미타불을 통해서건— 그것을 얻는 길의 일부가 아니라는 점에는 같은 견해를 가지고 있다.

도겐에게 무아의 자비는 자발적인 방식으로 행위할 때, 자기중심성에서 오는 숙고와 욕망에서 자유롭게, 자기 내면의 불성으로부터 자연적으로 표현된다. 규율에 맞추어진 삶은 이 내면의 선이 행위로 표현될 수 있도록 하고(Kasulis, 1981: 97-9), 지혜의 발전은 그 선행이 행해야 할 유일하게 자연적인 것으로 만든다(Brear, 1974: 436-7). 따라서 도겐은 다음과 같이 말한다.

> 붓다의 길을 배우는 것은 자기의 길을 배우는 것.
> 자기를 배우는 것은 자아를 잊는 것.
> 자기를 잊는 것은 수만의 다르마로 깨달음을 얻는 것.
>
> (Aitken, 1984: 152)

보다 일상적인 방식으로 미국의 선 지도자 에이켄은 '자기 자식을 때리고 술을 마시는 사람은 자신의 불성에 대한 확신을 지니지 못했다고 우리는 말할 수 있을 것입니다'라고 말하고 있다(Aitken, 1984: 102). 에이켄은 보통 내면에 숨겨져 있는 완전성을 드러낸다는 의미에서 '선의 목적은 인격의 완성'이라는 야마다 쿠온(Yamada

Kōun Roshi)의 말을 인용하고 있다(Aitken, 1984: 155). 이렇게 하는 가운데 선은 다양한 정도로 전통적 불교의 윤리적 계율을 강조할 뿐만 아니라 올바른 사회적 관계와 '인간적 따뜻함'에 관한 유교적 규범도 강조하고 있지만, 선악의 원리들과 대비되는 '근본적인 존재 방식'에 더 많은 강조점을 두고 있다(Ives, 1992: 3, 37-8).

선은 불살생과 같은 도덕적 계율의 세 가지 측면을 강조한다. 첫 번째는 문자적 측면으로, 성문승적 사고방식과 관련되어 있고, 단순히 의도적으로 어떤 살아 있는 존재도 죽이지 말라는 것이다. 두 번째는 자비로운, 대승적 측면으로, 적극적으로 존재들을 길러 내는 것이다(cf. pp.130-2). 세 번째는 '본질적' 혹은 불성적 측면으로, 이 세계의 공함은 죽음과 아무 관련이 없는 니르바나와 아무런 차이가 없으며, 따라서 궁극적으로 아무도 죽임을 당하지 않고 죽이는 행위도 존재하지 않는다는 것이다. 이 세 가지 측면은 반드시 마음에 새겨 두어야만 한다(Aitken, 1984: 16-17). 선은 때로 '좋아하고 싫어함', '선과 악', '옳고 그름'과 같은 모든 '이원론'의 극복에 대하여 말한다. 이를 통해 선은 그러한 구별이 초월되고 또 다른 의미에서 '선'이라고 불릴 수 있는 방식으로 자발적인 행위를 할 수 있는 경지를 보여 주고자 한다(cf. pp.43-6). 선과 악을 '초월한다'는 말은 절대적 혹은 본래적인 선이나 악은 존재하지 않으며, 선과 악은 서로 상대적이고 우리는 ─자신이나 타인들에 대한─ 강한 집착 혹은 거부가 이 관념들에 근거하고 있다는 것을 알아야만 한다는 관념에 기초하고 있다(Ives, 1992: 47-8).

불성이나 '본래적 깨달음'에 대한 선의 강조로 말미암아 때때로 '정념이 곧 깨달음'이라고 말해지게 되었다. 이는 경우에 따라 도덕 폐기론 혹은 적어도 정적주의로 이끌었다(Faure, 1991: 56, 59, 67, 129). 그렇지만 이는 일반적으로 거부되었다(62-5, 128). 이와 관련된 점에서 선은 '형상 없는 참회'를 강조하는데, 이는 실제의 '현상적인' 위반에 초점을 맞추기보다는 위반과 어리석음의 공함을 인식하는 것을 목적으로 삼는다. 이는 중국에서 만들어진 '육조단경'에서 발견되는데, 어떤 곳에서는 방종에 빠져 버렸다(Faure, 1991: 237-8). 그러한 방종은 붓다들 앞에서 과거의 잘못에 대한 진지한 결의와 참회의 표현을 장려한 도겐에 의해서는 지지받지 못했다.

일련 불교

일본불교의 또 다른 중요한 갈래는 열정적인 개혁가 니치렌(日蓮: 1222~82)에 의해 만들어진 일련종이다(de Bary, 1972: 345-54). 그는 『법화경』의 구원적 진리에 대한 기도를 강조했다. 이 경은 대승의 핵심 경전 가운데 하나로 붓다를 자비롭고 능숙한 방식으로 가르치기 위해 세상에 모습을 나투는 오래전에 깨달은 천상의 존재로 본다. 니치렌에게 '나무묘호렌게쿄'(나무묘법연화경), 즉 '법화경의 진리법에 귀의합니다'라고 낭송하는 것과 이 기도문이 쓰인 작은 액자나 족자(Gogozon) 앞에서 묵상하는 것은 주요한 수행이다. 이 수행은 불성을 활성화시켜 개인과 사회의 도덕적 고양으로 이끌고 붓다의 지위를 얻게 (만든다고) 한다.

정토종처럼 니치렌도 역사가 정신적, 도덕적 타락으로 인해 형식적이고 도덕적인 계율을 지키기가 너무 어려운 '말법의 시대'에 이르렀다고 느꼈다. 정토종은 '타력'의 방식을 이 시기에 맞는 것으로 옹호했지만, 니치렌은 법화경에 적극적으로 기도하는 '자력'의 방식을 옹호하였다. 그는 '묘호렌게쿄'라는 말이 '영원한' 석가모니불의 덕과 행동을 구현하고 있는 것, 그리고 붓다의 씨앗으로 보았다.

이 말을 숭상하는 것은 계율을 지키는 것과 마찬가지이고, 붓다의 의지와 나란한 것이기 때문에 자신과 사회에 평화와 정의를 가져오게 된다는 것이다(Otani, 1991).

제2차 세계대전 후의 20세기 일본에서는 많은 '신종교들'이 번창하거나 발생하였다. 그들은 불교와 신도(神道), 심지어 기독교에 뿌리를 둔 재가 주도의 운동이었다. 그들의 추종자들은 대부분 도시 중산층으로서 경제적, 사회적 좌절감을 느끼고 마구 뻗어 나가는 도시의 익명성을 싫어하고 혼란스럽고 세속화된 사회에서 그들을 이끌어 줄 현대화된 정신적 전통의 필요성을 느끼고 있었다. '신종교들'은 종교적 실천이 건강과 부, 개인적 완성과 성공으로 인도할 것이라고 약속했다. 주요 불교계 신종교들은 구성원들에게 소속감과 개인이 소중하다는 생각을 부여하였다. 그들은 작은 토론 집단으로 조직되었고, 그곳에서 개인적·사회적 문제들이 종교적 신념의 관점에서 토론되었지만, 이 집단들은 또한 잘 조직되고 성공적인 운동의 일부가 되었다.

가장 성공적인 것 중의 하나는 니치렌 소슈(Shōshū)파의 재가 계열에서 기원하였다.[28] 이는 사회 개혁에 대한 니치렌의 강조 때문이었고, 이것이 전후 시기에 호소력을 지녔다. 법화경은 또한 이 경을 경배하는 사람에게 현세적 행복을 약속하고, 재가 보살에게 우월성을 부여하고 있다. 소카가카이(창가학회, '가치를 창조하는 모임')는 니치렌과 법화경의 가르침이 절대적 진리를 대표하는 것으로 보지만, 가치는 법화경에 대한 믿음을 이용하여 적극적으로 창조되어야 하는 것으로 간주한다. 기초적인 가치에는 모든 생명의 존엄성과 업에 대한 존중이 포함된다. 낭송은 가난이나 가정불화, 병과

28) 하지만 공식적인 관계는 1991년에 단절되었다(Wilson and Dobbelaere, 1994: 232-45).

같은 장애물을 극복하는 수단, 그리고 술과 담배를 끊고 행복을 얻는 수단으로 간주된다. 그것은 '인간혁명'을 창조하기 위해 한 사람의 불성을 고양된 자비심, 용기, 지혜, 약동하는 삶의 활력의 형태로 유도하는 것으로 생각된다. 처음에 낭송은 개인적 목적을 위한 것이지만, 다음에는 모든 전쟁의 종식과 같은 국가적 혹은 세계적 문제의 해결을 돕는 방향으로 나아간다(Causton, 1988).

이 운동은 해외에서 매우 성공적으로 교화자를 얻었다. 많은 이들에게 그것의 매력 중의 하나는 형식적이고 도덕적인 계율이나 명령이 없다는 점이다. 그렇지만 사람들이 수행함에 따라 행동은 많은 전통적인 불교적 규범과 일치해 가기 시작하는 경향이 있다(Wilson and Dobbelaere, 1994: 17, 29-30, 57). 또 하나의 호소력은 '자신의 업의 족쇄는 그것들이 마침내 완전히 끊어지기까지는 점진적으로 약화되기 때문에', 그것의 실천이 '모든 부정적인 업을 참회'할 수 있다는 주장이다(Causton, 1988: 231, 182).

출가주의에 대한 대승의 재평가

대승에서 출가주의는 여전히 정신적 발전에 중요한 도움을 주는 것으로 생각되었지만, 점차 재가 불교도의 역할에 주어지는 비중이 늘어나게 되었다. 특별히 출가자를 위한 계율은 단지 마음을 맑게 하는 수단을 의미하고, 일부 비구들이 하듯이 그 자체를 목적으로 삼아서는 안 되게 되었다(Tatz, 1986: 13). 보살은 다른 존재를 돕기 위하여 엄청나게 긴 시간 동안 윤회의 순환에 머무르는 것을 목적으로 삼기 때문에, 초기 학파의 추종자, 즉 성문이 출가수행의 도움을 이용하여 추구했던 것처럼, 가능한 한 빨리 집착의 오염을 극복할 필요가 없다. 따라서 재가 보살은 출가 보살과 나란히 중요한 역할을 담당하며 재가-출가의 구분은 어느 정도 희미해지게 되었다.

북방불교에서 라마(Lama, 티베트어 bLama; 산스크리트 Guru)는 일반적으로 오래전에 출가했거나 특별한 카리스마를 지닌 비구(gelong)나 비구니이지만, 명상이나 높은 단계의 의례를 통달한 재가자도 또한, 특히 닝마파에서는 그러한 존경받는 스승이 될 수 있다. 더욱이 많은 '비구들'은 일생 동안 초심자를 위한 계율만을 따른다. 하지만 그들도 역시 여러 가지 보살의 계율을 따른다(Tatz, 1986: 21).

중국에서 비구들은 완전한 출가 계율과 『범망경』(Brahmajāla Sūtra)에 설명된 '삼취정계' 및 보살계로 이루어진 대승의 규정 모두를 따른다(De Groot, 1893; Dharma Realm, 1981). 이것들은 '열 가지의 무거운 계율'과 48개의 가벼운 계율로 이루어져 있고, 채식주의, 설법, 병자를 돌보는 것, 다른 사람들이 부도덕한 행동을 포기하도록 권고하는 것 등을 적극적으로 요구한다.

일본에서 재가-출가의 구분은 그 중요성이 점차 사라지게 되었다. 천태종을 세운 사이쵸(最澄: 767~822)는 붓다 이후 너무 오랜 시간이 경과한 도덕적·정신적 쇠퇴의 시대에 전통적인 출가 규율은 지키기가 너무 어려운 것으로 여겨 폐기해 버렸다. 그는 공식적으로 완전한 독신을 요구하는 것으로 보이지 않는 부수적인 규율만을 유지하였다. 그렇지만 조동종을 창시한 도겐(1200~53)은 단순하지만 엄격한 생활방식을 강조했다. 그는 '삼취정계'와 '십중대계'를 강조하였지만 또한 운수이(雲水) 혹은 수행 비구를 위한 세심하고 자세한 규율을 만들어 내기도 하였다. 이것은 초심자가 연장자 앞에서 어떻게 존경을 표하며 행동하는지, 쉬거나 식사할 때는 어떻게 행동해야 하며, 심지어 치아를 깨끗이 닦는 방법까지 설명하고 있다. 실천에 있어서 이 규칙들은 어떠한 성적 활동도 못하게 하고 있다. 그러나 매우 신행심이 깊은 정토진종의 창시자인 신란(親鸞: 1173~1263)은 독신생활을 아미타불의 구원력에 의존하지 않고 자신을 구원하려는 쓸데없는 노력으로 보게 되었다. 관세음보살이 그에게 결혼하라고 말하는 꿈을 꾸고 나서 그는 출가주의를 구원에 불필요한 것으로 보고 결혼을 인간적 나약함의 현실적 인정으로 간주하였다. 따라서 그는 일종의 결혼한 상속 비구라는 것을 처음으로 시작했으며 가족을 종교생활의 중심으로 옹호하게 되었다. 이러한 기혼 비구들의 선례는 다른 종파들에서도 가끔씩 따라 하게 되었다.

이 시기부터 일본불교는 또한 보다 현세적인 경향을 발전시켜나가게 된다. 이것은 일반적으로 궁극적 실재가 일상생활의 활동에 편재해 있고, 진실한 믿음(정토와 일련종) 혹은 강력한 깨우침(선)을 지닌 자들에 의해 인식될 수 있다고 보는 것이다. 따라서 비구의 역할은 덜 중심적이게 되고 카리스마가 떨어지면서, 불교는 보다 재가 지향적으로 되었으며 사찰보다는 주로 가정의 예불단에 드리는 기도에 초점이 맞추어지게 되었다.

일본의 불교도는 『유마힐소설경』에서 가르침을 전하는 재가 보살인 유마거사를 매우 존경한다.

> 비록 그는 단지 재가자일 뿐이지만, 청정한 출가 규율을 지키며;
> 비록 가정에 살고 있지만 결코 어느 무엇도 탐내지 않으며;
> 아내와 자식이 있지만, 언제나 청정한 덕성을 드러내며;
> 가족들에게 둘러싸여 있지만, 세속의 쾌락에서 초연해 있으며…
> 도박장에 자주 드나들지만, 도박하는 이들을 바른 길로 인도하며…

기생집에 있을 때는 모든 사람들에게 정념의 허물을 보여 주고;
술을 파는 상점에 있을 때는 모든 사람들에게 더 높은 것을 추구
하라고 설득한다…[29]

그럼에도 불구하고 '모든 재가자가 유마거사가 한 것처럼 집착하
지 않으면서 창부를 찾아가거나 도박을 하고 술을 마실 수는 없다'
는 것은 분명한 사실이다(Barber, 1991: 85).

1868년 메이지 유신 이후 일본 정부는 모든 종파의 비구는 결혼
할 수 있다는 법령을 포고하였고, 그 후 너무나 많은 비구들이 결
혼함으로써 순수한(독신의) 비구들은 이제 대부분 수련 중인 젊은이
들뿐이다. 비구니들은 독신을 유지하고 있다. 출가수행은 이제 재
가자의 장례와 같은 의례를 수행하는 사제 역할을 위한 준비로
여겨지고 있으며, 이들은 종종 사찰을 자신의 아들에게 물려주기
도 한다. 그렇지만 '신종교들'은 사제나 비구를 거의 필요로 하지 않
는다.

결론

대승은 모든 형태의 불교가 공유하고 있는 가치에 그 뿌리를 두
고 있지만, 자비를 매우 강조하여 특정한 상황에서는 보통의 불교
도덕의 제한을 넘어설 수 있다는 생각을 받아들이게 되었다. 여기
서 우리는 기독교에서 유대 율법의 계율로 표현된 제한들을 넘어설
수 있는 핵심적 가치를 '사랑'에 부여하는 방식과의 거친 유사성을

---

29) Tsunoda, de Bary and Keene, 1964:99.

발견한다. 하지만 이것은 불교의 계율과 달리 의례와 윤리적 문제들 모두를 포함한다. 기독교의 소수 종파에서도 비록 결코 비판을 피하지는 못했지만, 때때로 도덕폐기론적 태도가 전개되는 것을 볼수 있다. 일본의 정토진종이나 일련종파에서처럼 정식으로 받은 계율이 폐기될 때조차도 행위의 이상은 넓게 보면 계율과 일치를 유지하고 있다. 따라서 일본의 불교도는 종종 대승의 불자는 계율의 '문자'에 따라서가 아니라 '정신'에 따라서 행동하는 것을 중요하게 생각한다고 말하기를 좋아한다. 탄트라에는 그 형태가 성도덕과 대립되는 것으로 보이는 수행들이 있지만, 그것은 욕망의 힘에 맞서고 초월하기 위한 방법으로 의도된 것이다. 재가-출가의 구분은 여전히 중국과 티베트에서는 중요하지만 일본에서는 낮게 평가되기에 이르렀고, 반면 티베트에서 그것은 특정한 비독신 수행자의 지위를 상승시킴으로써 (그 구분은) 수정되었다.

제4장

자연세계를 대하는 태도와 자세

제4장
자연세계를 대하는 태도와 자세

모든 존재들이 행복하고 또 안전해지기를 바라나이다.

『자비경』(Karaṇīya-metta Sutta), Khp.8

자연 속에서 인간의 위상

불교는 인간을 신이 창조한 특별한 피조물이라거나, 혹은 동물 등에 대한 '지배권' 내지는 '관리권'을 부여받은 존재 등으로 보지 않는다. 다른 모든 유정적 존재와 마찬가지로, 인간도 윤회, 즉 환생의 수레바퀴라고 하는 한정되고 조건 지어진 세계를 떠돈다. 그럼에도 불구하고 인간으로 다시 태어난다는 것을 매우 드물고도 축복받은 것으로 보는데 ─'고귀한 인간의 환생'─, 왜냐하면 깨달음을 향한 중요한 수행이 완수될 수 있는 유일한 장소가 (바로) 인간으로의 환생이기 때문이다. 이러한 연유로 불교는 환생의 유형들, 예컨대─천신, 인간, 동물, 귀신, 지옥의 존재─을 설명하면서 인간을 하나의 그룹으로 분류하는 반면에, 그 밖의 다른 모든 동물(즉, 육지동물, 새, 물고기, 벌레, 곤충: M. Ⅲ.167-9)을 또 다른 그룹으로 분류한다. 다시 말해서 모든 유정적 존재는 '한 배'─즉, 윤회─를 타고 있지만, 인간은 그 배 안에서 특별한 칸막이 속에 들어 있는 존재인 것이다. 그 까닭은 인간이 동물보다 더 큰 자유와 이해능력을 가지고 있기 때문이다(그리고 영적으로 진일보하려는 측면에 있어서는 신보다도 더 큰 동기부여를 지니기 때문이다). 도덕적으로나 영적으로 가장 큰 진보와 퇴보는 인간의 수준에서 이뤄진다. 그렇다고 해서 불교가 동물을 모두 도덕과 무관한 자동기계로 간주한다는 말은 아니다. 불교의 『자따까』에 나오는 이야기들은 원숭이와 코끼리 같은 동물이 고귀한 행동을 하는 것으로 묘사하는 경우가 흔하며, 오계를 지키는 동물에 대한 언급도 포함하고 있다(Vin.II.162). 그럼에도 불구하고 동물이 인간에 비해 선택능력이 훨씬 떨어지는 것만은 분명하다. 그리고 동물이, 예를 들어 탐욕심이 덜하다든지 아량심이 더 넓은 것처럼 유덕하게 그려질 때는 도덕적 발달을 향한 그들의 심사숙고된 욕망을 표현한 것이 아니라 그 동물이 선천적으로 타고난 특성을 표현한 것이거나 혹은 어떤 훌륭한 모범적 인물을 비유하고 있는 것이다(Story: 1976). 더욱이 동물들 사이에는 자유의 상대적 정도나 유덕해질 수 있는 능력과 관련하여 분명하게 등급이 정해져 있다(AKB.IV.97b-c). 곤충은 자유의 정도나 유덕한 능력이, 설령 있다손 치더라도, 거의 없다시피 한 것처럼 보인다.

불교적 우주 속에서 인간이 차지하는 상대적으로 특별한 지위가 의미하는 것은, 인간은 존재에 있어서 동물보다 '더 높은 수준'에 있는 존재로 볼 수 있다는 점이다. 하지만 이것이 동물을 지배하고 착취하는 것을 정당화해 주는 것으로는 보이지 않는다. 인간은 주로 도덕적 행위와 영적인 발전에 대한 그들 자신의 능력과 관련하여 '우월'할 따름이다. 이런 '우월성'을 자연스럽게 표현하는 것은 자신보다 낮은 존재에 대한 착취적인 태도가 아니라 친절한 태도, 즉 "높은 신분에는 그에 걸맞은 책무가 따른다."라는 이상을 실현하는 데 있다(Hall, 1902: 229-47). 이 점은 다음과 같은 성찰에 의해 뒷받침된다. 우리가 현재 인간으로서 갖는 행운의 지위는 일시적인 사건에 불과한 것으로서 과거의 선업에 의존하는 것이다. 우리는 동물의 곤경이 우리 자신과 아무 상관없는 것으로 여길 수 없다. 왜냐하면 마치 동물이 지난날에는 인간으로 환생했었던 것과 마찬가지로, 지금은 우리 자신이 똑같은 경험을 하고 있는 것이기 때문이다(S. II. 186). 더욱이 오래된 예전부터 이어져 내려오는 환생의 수레바퀴 속에서, 언젠가는 곤충으로 떨어질 수도 있는 모든 존재는 지난날 서로가 서로의 가까운 친척이나 친구였었을 수도 있고 은혜를 입었었을 수도 있다(S. II. 189-90). 이 점을 명심한다면 우리는 그 은혜를 현세에서 친절함으로 되갚아야만 할 것이다.

서양의 '자연' 개념은 인간과 인간의 기술을 동식물과 물리적 환경으로 이뤄진 '자연계' 위에, 더군다나 대립적인 것으로 자리매김한다. 금세기에 들어 산업화 등은 환경적으로 많은 문제를 야기했다. 그래서 인간이 '자연'과의 덜 파괴적이고 덜 자멸적인 관계를 이뤄 가기 위해선 과연 인간 스스로가 어떻게 행위하고 살아야만 하는지에 대한 성찰을 하게 되었다. 베트남 비구 틱낫한(Thich Nhat Hanh)의 말처럼, 비록:

> 우리는 다른 동물과 생명 있는 존재를 자연으로 분류하면서 마치 우리 자신은 그 일부가 아닌 것처럼 행동하고 있다. 그래서 우리는 "자연을 어떻게 다뤄야만 하는가?"라는 물음을 제기하는 것이다. 우리는 자연을 ―우리 자신을 대해야만 하는 방식으로― 다뤄야만 한다! 우리는 스스로를 해쳐서는 안 된다; 다시 말해 우리는 자연에 해를 끼쳐서는 안 되는 것이다… 인간 존재와 자연은 (서로) 불가분의 것이다.(Eppsteiner, 1988: 41)

불교의 고전적인 관점은 세계를 '인간'의 영역과 '자연'의 영역으로 나누기보다는, 유정적인 존재와 ―이 속에서 인간은 하나의 유형에 불과하다― 무정적인 환경, 즉 설일체유부의 용어를 빌리자면, 기세간(bhājanaloka)으로 구분하는 것이 더 적절하다고 보고 있다. 이러한 구분 속에서 식물은 무정적 존재가 시작되는 구분선의 출발 지점에 놓일 것이나, 여기엔 모호한 점도 없지 않으며 견해차도 존재한다. 따라서 가장 핵심적인 특성은 유정적인 것인데, 그것은 경험할 수 있는 그리고 고통을 느낄 수 있는 능력이며, 더 나아가 현세나 내세에서 깨달음을 얻음으로써 고통을 초월할 수 있는 능력인 것이다. 유정적 존재의 공동체라는 이러한 개념에 대한 우호적인 이미지가 일본에서는 민화의 한 장르를 이루고 있는데, 거기에선 인간과 신과 그 밖의 다양한 종류의 동물이 붓다의 죽음 앞에서 애도하고 있는 모습을 보여 주고 있다(Suzuki, 1959: 377-80).

서양의 또 다른 이분법은 사실상 '초자연계' ―하나님, 신, 천사 등등의 영역― 와 '자연계' 사이에 존재하는데, 거기서 인간은 양쪽 세계에 약간씩 몸담고 있다. 불교의 관점 안에서 신은 '까르마'라는 자연법칙에 예속된 유정적 존재이다. 신들의 행위는 비록 사물의 정상적인 경로를 거스를 수는 있을지라도 자연법칙을 뒤엎지는 않는다. 물 위를 걷는 것과 같은, 명상에 기초한 염력도 마찬가지 방식으로 이해한다. 즉 그것을 초자연적이라거나 기적 같은 일로 보지 않고, 인간 정신 속에 깃들어 있는 어떤 잠재력이 법칙의 지배 안에서 자연스럽게 현시되는 것으로 이해한다. 열반만을 제외하고 우주 안에 존재하는 모든 것은 연기, 즉 법칙의 지배 안에서 여러 조건에 따라 생멸하는 자연적 과정을 벗어날 수 없다. 이런 의미에서, 아마도 열반만을 제외하고, '초자연적'인 것은 아무것도 없는 셈이다. 따라서 신은, 그리고 인간 역시, 윤회라고 하는 자연적 진행 과정이 펼쳐지는 무대의 일부에 지나지 않는 것이다.

신은 다양한 수준에서 존재하는 것으로 이해되고 있는데, 어떤 신은 인간과 지구를 공유하는 보이지 않는(것이 정상인) 존재로 이해된다. 불교의 경전이 언급하고 있는 신 중에는 큰 나무 안에 살면서(Vin.IV.34-5) 심지어 산천초목을 치료하는(S.IV.302; M.I.306) 신들도 있다: 따라서 우리는 그 신들의 거처를 손상시키거나 파괴함으로써 신들을 노하게 만들어서는 안 된다(Hall, 1902: 248-71). 그밖의 신들은 땅에서 거주한다. 그래서 태국의 관습에 따르면―이런 관습은 분주한 현대식 도시인 방콕에서도 지켜지는데― 이전에 탁트인 지역이었던 땅 위에 우뚝 세워진 빌딩 옆에는 작은 '영당'을 세워 놓지 않으면 안 된다. 이는 땅을 대신해서 신들이 거처할 곳을 마련해 주기 위해서이며: 신들을 배려함으로써 그들의 분노를 사지 않게 하기 위함인 것이다. 이와 흡사하게 라다크에서는 한 해의 첫 수확기에 어떤 행사를 거행하는데, 그 목적은 경작활동으로 폐를 끼쳤을 수도 있는 모든 물고기와 벌레는 물론, 땅과 물의 영령을 달래기 위해서다(Batchelor and Brown, 1992: 43).

그 역시 연기의 일부인 인간은 자신들 행위의 물리적인 측면만이 아니라, 그 행위들의 도덕적·비도덕적 성질을 통해서도 자신들의 환경에 영향을 미치는 것으로 간주된다. 다시 말해서 까르마가 미치는 결과는 사람들에게 때로는 환경을 통해 업보를 가한다. 그래서 흔히 말하기를, 만일 어떤 왕과 그의 백성이 정의롭지 않게 행동한다면, 이는 환경과 거기에 사는 신들에게 나쁜 효과를 미쳐서, 결국 날이 가물고 가축은 야위며 사람들은 허약해져 오래 살지 못하게 되어 버린다(A.II.74-6)고 한다. 정의로운 행위는 그것과는 정반대의 효과를 나타낸다. 붓다 또한 자신의 환경에 긍정적인 영향을 미친 것으로 보여진다: 붓다가 사라쌍수(沙羅雙樹) 사이에 누워 임종을 맞이하면서 마지막 열반에 이르려 할 때, 제철이 아닌 꽃들이 갑자기 피어올라 붓다 위로 떨어지며 경의를 표했다고 전해진다(D. II.137-8). 마찬가지로 대승의 『칠여경』(七女經)에서는 다음과 같은 말이 전해진다. 붓다의 가르침이 끝나자 "백 년 된 고목이 열매와 꽃을 맺고… 장님이 눈을 뜨며… 수백 마리의 날짐승과 들짐승이 한 목소리로 울부짖었다."(Paul, 1979: 24)

따라서 환경은 인간의 도덕적 상태에 반응하는 것으로 이해되고 있다; 즉 환경이란 인간이 단지 거드름을 피우며 돌아다니는 가치 중립적인 무대도 아니요, 인간의 행위에 아무런 반응도 보이지 않는 생명력 없는 그릇도 아니다. 이 점은 분명 생태학적 함의를 지닌다: 인간은 자신들의 행위가 자신들의 환경에 미치는 효과를 모른 체할 수 없는 것이다. 이런 메시지는 이 땅에서 유정적 생명체의 기원과 발달 단계를 설명하고 있는 『기세인본경』[1]에서도 분명하게 함축되어 있다. 생명체의 기원과 발달은 처음엔 신성한 존재가 이전 수준으로부터 하강하면서 시작된다. 그것들은 바다 위에 떠다니는 맛좋은 껍질을 먹으면서 물질적인 신체로 발달하고 나중엔 성적으로 분화하게 된다. 그들이 처한 환경은 처음엔 풍족한 것이었으나 그 풍족함이 줄어들자 그들은 더 탐욕적으로 갈취한다. 그들은 달콤한 버섯을 먹다가 나중엔 덩굴을 먹는데, 이런 것들마저도 자취를 감출 즈음에 그들의 외모는 서로 달라지고 좀 더 아름다운 존재들은 잘난 체하고 오만해진다. 그래서 그들은 빨리 자라는 쌀을 먹고, 매일 자신들이 필요한 양만큼 거둬들인다. 하지만 그들의 게으름은 일주일치 식량을 한꺼번에 거둬들이게 만들고, 그로 인해 쌀은 빨리 자라는 것을 멈추게 되었고, 결국 경작을 하지 않을 수 없게 된다. 그 결과 대지는 경작지로 나눠지게 되고, 그로

---

1) D. III.84-93;cf. Batchelor and Brown, 1992:11-13

인해 재산이란 것이 창안되고, 그 뒤를 이어 도둑이 생겨났다. 여기엔 유정적 존재와 그들 환경이 공진화(혹은 상호의존)한다는 비전이 담겨 있다. 유정적 존재는 자신들이 그들의 환경으로부터 취한 바에 의해 영향을 받는다. 그리고 그 환경은 유정적 존재가 도덕적으로 타락하면 할수록 덜 비옥해지고 덜 청정해진다.

이 모든 것은 연기의 원리에 따라 일어나는 것인데, 그 원리 안에서 만물은 그 자체로서만 존재하지 않는다. 각각의 사물은 그 생멸의 조건을 다른 사물에게 의존하고 있기 때문이다. 동아시아 불교에서는 만물의 상호 관계성이(그리고 인간과 그들 환경의 관계성이) 특히 강하게 강조된다. 『화엄경』에는 화엄종파의 창시자인 법장이 설명해 놓은 '인드라의 보석 그물'이라는 이미지가 들어 있는데, 그 내용은 다음과 같다. 그 무한한 그물 안에는 매듭마다 보석이 놓여 있다. 그래서 보석 하나하나는 다른 모든 보석이 반영되어 있고, 그 다른 보석에는 또 다른 보석이 반영되어 있어서 하나의 보석에 반영된 보석은 그 끝을 알 수 없다(Cook, 1989: 214). 이는 상호의존적 그물망으로 이루어진 실재에 대한 직유법으로 보이며, 그 속에서 각각의 사물은 다른 사물이 그 속에 침투해 들어와 있다고 보는 것이다. 각각의 사물은 다른 모든 사물이 있기에 생겨날 수 있으며, 또한 다른 사물을 그 안에 반영하고 있다. 왜냐하면 하나의 사물을 이런저런 방식으로 조건 짓는 것이 바로 다른 모든 사물이기 때문이다. 그 어떤 것도 자기 홀로 존재할 수 없다. 전체를 위해 나름대로 기여하고 있을 뿐이다. 그래서 경전은 말하기를, "살아 있는 모든 존재와 하찮아 보이는 모든 것들이 다 같이 소중하다. 왜냐하면 한낱 미물일지라도 그 안에 전체의 신비가 담겨져 있기 때문이다." 선종(禪宗)의 비구 승조도 그와 같이 말하기를, "하늘과 땅과 나의 뿌리는 같으며, 만물과 나의 실체는 하나다."(Suzuki,

1959: 353) 쿡(Cook)은 이러한 통찰을 일종의 '범우주적 생태학'으로 보고 있다(1989: 214).

동아시아 불교 지역에서, 그 전통적 이상은 자연과의 조화였다. 이 점은 특별히 선종에 의해 강조되어 왔는데, 암자를 주변 풍경과 조화롭게 짓는다든지, 사원에서 음식물을 낭비하지 않는 행위나, 산수화나, 조경, 그리고 자연을 노래한 시 등에서 그러한 점을 엿볼 수 있다(Suzuki, 1959: ch. II). 그림 속에 등장하는 인간 존재는 자연적 경치의 일부에 지나지 않으며, 서양화에서 흔히 보듯이 자연을 단지 배경으로만 삼고 있는 (자연의) 중심이 아니다(Cook, 1989: 217-8). 자연의 대수롭지 않아 보이는 측면에도 지대한 관심을 보이는 이유는 그것들에 대한 통찰이, 존재의 전체적인 조직을 관통하며 흐르는 형언할 수 없을 정도로 신비스러운 '자연의 본질'을 직관적으로 이해할 수 있게 만들기 때문이다. 그러한 통찰력은 생태중심적인 사고가 온축되고 다듬어진, 하지만 자발성이 깊은 심연으로부터 자연스럽게 흘러나오는 마음을 필요로 한다. 17음절로 이뤄진 일본의 하이쿠 시는 그러한 직관을 표현하는 유명한 매체다 (Suzuki, 1959: ch.7). 다음의 예 가운데, 첫 번째에서 세 번째까지의 시는 바쇼(Bashō, 1634~94), 네 번째 시는 키카쿠(Kikaku, 1660~1707) 그리고 마지막 시는 죠쇼(Jōsō, 1661~1704)의 것이다:

(1) 오래된 연못, 아!
    개구리 한 마리 뛰어든다:
    그 물이 내는 소리!
(2) 마른 가지 위에
    갈까마귀 한 마리가 얹혀 있다:
    가을이 여물어 가는 이 밤.

(3) 이와 벼룩 -
오줌을 갈기는 말
내 베개 옆에서

(4) 작은 개구리 한 마리
바나나 잎에 올라타,
바둥거린다.

(5) 물 아래에서,
누워 자는 바위 위로,
떨어지는 나뭇잎들.

자연 현상에 대한 이와 같은 일체적 교감은, 테라바다 경전인 『장로게』(Thera-gatha) 속에 등장하는 초기 아라한들의 수많은 자작시 속에서도 확연하다. 그 가운데 상당수는 마하가섭의 것으로(시 1062-70) 추정되는데, 그는 선종에서 그들 종파의 첫 번째 스승으로 소개되는 금욕적 인물이다. 그는 기쁨으로 가득 찬 바위에 대한 자신의 감상을 다음과 같이 말하고 있다. "맑디맑은 냇물에 둘러싸여, 그 물로 더위를 식히며, 인다고파카 벌레들로 뒤덮인 채"(시 1063) 코끼리와 공작들의 울음이 메아리치는 속에서 "구름으로 뒤덮인 하늘처럼 아마 꽃에 뒤덮여 있구나."(시 1068):

맑은 물과 너럭바위를 거느리고, 원숭이와 사슴이 찾아들며, 피어나는 이끼로 뒤덮인 그 바위들이 나를 기쁘게 한다. (시 1070)

사리푸트라(Sāriputra)는 단언한다. "숲들은 기쁨에 차 있지만, (평범한) 사람은 거기서 아무런 기쁨도 발견하지 못한다. 욕망을 벗어

버린 자들은 거기서 기쁨을 느낄 것이다; 그들은 감각적 쾌락을 뒤쫓는 자들이 아니다."(시 992) 즉 깨달음을 얻은 자들은 집착함이 없는 방식으로, 감각적이지 않은 방식으로 자연을 이해한다. 실제로 대목갈라나(Mahā-Moggallāna)는 숲 속 한 그루 나무뿌리 곁에 거주하면서 육신의 불결함에 대해 관조하던 자신의 삶에 대해 말하고 있다(시 1146-52). 그는 또한 자연 현상을 두려워하지도 않는다: 산 주위로 벼락이 내리치는데도, "비할 데 없이 숭고한 분의 아들은 그 산의 오목한 곳을 찾아 명상에 잠긴다."(시 1167) 마찬가지로 브후타(Bhūta)는, 밖에선 천둥이 으르렁거리며 비가 몰아치고 이빨 가진 짐승이 울부짖는데도, 한밤중에 동굴 속에서 느긋하게 명상에 잠기는 것에 대해 이야기하고 있다(시 524). 라마네야카(Rāmaṇeyyaka)는 한층 더 차분한 투로 말하길, "새들과 벌레들의 울음소리 속에서도 나의 이러한 마음은, 홀로됨을 향해 정진하고 있기에, 흔들림이 없다."(시 49) 집착함이 없는 데서 오는 기쁨은 탈라퓨타(Tālapuṭa)에 의해서도 재차 표현되는데, 그는 새들의 아름다운 목과 가슴, 꼬리털 그리고 알록달록한 날개깃을 명상적으로 경탄해 마지않는다(시 1135-6). 더욱이 비가 내린 뒤, "숲이 꽃들로 구름처럼 뒤덮일 때, 나 그 산들 가운데 한 그루 나무처럼 누우리라."(시 1137) 이는 다시 말해, 탈라퓨타 자신이 굳건한 마음가짐을 통해 자기 마음속에 뿌리를 내리고 '파묻힘'으로써 이전까지는 갈피를 잡지 못했던 자기 마음의 완벽한 주인이 되겠다는 말이다. 이처럼 초기의 '광야의 수행자들'에게 있어서 환경은 그 자체로 하나의 스승, 특히 끝없는 변화와 무상함을 가르치는 스승일 수 있었다. 비말라(Vimala)의 말처럼, "대지는 비에 젖고, 바람은 불고, 하늘에선 번개가 번뜩일수록, 나의 생각들은 잠잠해지고 나의 마음은 하나로 잘 모아진다."(시 50) 환경은 또한 ―예를 들어 부동심의 이미지로서의 산과 같이— 하나의 모범이 될 수도 있다(시 1000). 그래서 마하나마(Mahānāma)는 "수많은 수목들로 가득 찬 산이 나 자신의 부족함을 일깨워 준다."라고 말한다(시 115). 대체로 말해서, 이와 같은 초기의 성인들이 사랑했던 산과 숲이라는 환경은 하나의 인격이 집착에서 벗어난 기쁨, 두려움 없음, 활력, 완전한 깨달음 등과 같은 자질을 개발할 수 있는 장소인 것이다. 칼루다인(Kāḷudāyin)이 주저 없이 단언하고 있듯이, "산마루에 올라 앉아 있을 때, 시원하고 달콤한 바람이 불어오는 동안 나는 나의 무지를 산산이 흩날려 버리리라."(시 544)

숲에 대한 그와 같은 이해는 대승 불교경전에서도 발견된다. 그래서 시인 산티데바는 숲을 그 어떤 것도 '나의 것'으로 집착하지 않게 만드는 행복한 장소로 칭송한다(Bca. VIII. 25, 27). 그는 자신의 저서 『대승집보살학론』(Śikṣā-samuccaya)에서 『최상수소문경』(最上授所問經 Ugradatta-paripṛcchā)을 인용하며 말하길, 숲에서 수행하는 자들은 자아나 소유에 대한 의식이 하나도 없는 초목을 닮으려고 노력해야만 한다고 했다(Ss. 193). 또한 산티데바는 보살이 다른 사람을 가르치거나 혹은 가르침을 받기 위해 얼마간 숲을 떠나야만 하는 경우에도 '동굴과 숲의 마음'을 간직하고 있어야만 한다고 말한다(Ss. 194).

불교에서는 비구의 공동생활이 늘 중시되기는 하지만, 숲과 산중에서 홀로 갖는 시간 역시 중시되어 왔다. 그러한 시간은 타인이 제공하는 도움들 ―그리고 방해들― 로부터 벗어나서, 특정한 자질을 계발할 수 있는 기회인 것이다. 인간은 그들 자신의 긍정적인 잠재력들 때문에, 많은 부정적 자질도 역시 지닐 수 있다. 그래서 붓다는 동물은 (상대적으로) '속이 훤히 들여다보이는 투명한 존재'이지만, 인간은 그 속을 알 수 없는 '덩어리'라고 말하는 제자의 말에 동의한다(*M.* I.340-1). 따라서 동물이나 자연과 어울려 지내는 시간은 영적인 발전에 도움이 될 수 있는 것이다. 그러한 환경에 대한 붓다 자신의 이해와 교감은 그의 생애에 있어서 중요한 사건들이 벌어진 장소에서도 찾아볼 수 있다. 그는 한 그루의 나무 아래서 태어났고, 깨달음을 얻은 곳도 나무 아래에서였으며, 첫 설교를 편 곳은 동물들이 뛰노는 공원이었고 숨을 거둔 곳도 사리쌍수 나무들 사이에서였다. 그럼에도 불구하고 붓다는 사람들에게 가르침을 전하기 위해, 많은 시간을 마을과 도시들 안이나 그 주변에서 보냈다. 만일 그가 자연의 아름다움을 포착했던 자라고 하더라도, 그 아름다움이 때로 물들지 않도록 몸을 피해 있었을 것이다.

이상의 말을 종합해 본다면, 인간과 동식물 및 대지와의 관계에 대한 불교적 이상은 조화로운 협력이다. 불교는 인간 마음의 조건화된 본성 가운데 부정적인 요소를 극복하고 마음을 닦을 것을 강조한다. 이러한 접근은 자연스럽게 환경에 대한 우호적인 태도를 자연스럽게 요구한다. 이 점은 산에 오르는 것을 산에 대한 '정복'이 아니라 '좋은 친구'로 삼자고 하는 스즈키의 말 속에서도 엿볼 수 있다(Suzuki, 1959: 334).

동물에게 해를 가하지 않기

불상해(不傷害) 내지는 '무가해(無加害)'라는 범인도적 가치의 일례로서(Tähtinen, 1976; Chapple, 1993), 오계의 첫 번째 계율은 살아 있는 존재(글자 그대로 말하자면, 숨 쉬는 존재)에 대한 살생금지다. 가장 중요한 계율로서 그것이 지니는 지위는 스리랑카 주민이 흔히 불교가 자신들에게 요구하는 것은 한마디로 말해서 '동물을 죽이지 않는 것'으로 요약하고 있다는 사실에 잘 나타나 있다(Southwold, 1983: 66). 이 계율을 완전하게 따른다는 것은 어려운 일이긴 하나, 분명한 것은 불교도라면 살아 있는 존재에 대한 의도적인 상해를 최소화하려고 애써야만 한다는 사실이다. 까르마의 법칙은 불살생의 계율을 이행하는 동기로서 동정심을 지지한다: 이것이 의미하는 바는, 우리가 의도적으로 존재들에게 해를 입힌다면 언젠가 그 해가 우리 자신에게 반드시 돌아온다는 것이다. 그래서 붓다가 막대를 가지고 뱀을 괴롭히고 있는 아이들을 보았을 때, "자기 자신의 행복을 추구하면서, 즐겁게 살고 싶어 하는 존재에게 막대기로 해를 입히는 자는 누구를 막론하고 앞으로는 어떠한 행복도 얻을 수 없다."고 말했던 것이다(Dhp.131).

테라바다 불교의 주석가 붓다고사(Buddhaghosa)는 동물보다는 사람을, 혹은 더 작거나 덜 실체적인 동물보다는 더 크거나 더 실체적인 동물을 죽이는 것이 더 나쁘다고 설명한다. 동물들 중에서도 인간에게 우유와 같이 많은 것을 주는 소를 죽이는 것은 나쁘며, 크기만 큰 게 아니라 고귀하기까지 한 코끼리를 죽이는 것은 더 나쁘다. 비구가 지켜야 할 법계 중에서, 동물에 대한 의도적인 살생은 참회가 요구되는 범법행위다(Vin.IV.124-5). 이보다 더한 범죄는 사람을 살해하는 것인데, 그것은 교단으로부터 영구제명을 요구받지만 그런 제명으로도 참회가 불가능한 범죄다. 만일 비구가 물속에 살아 숨 쉬는 어떤 생명체가 들어 있음을 알고서도 그 물을 사용함으로써 자신의 행위로 그 생명체를 죽게 만들었다면, 이 또한 참회를 해야만 하는 범죄행위가 된다(Vin.IV.125); 이런 일을 피하기 위해 비구가 지니고 다니는 전통적인 지참물 가운데 하나가 수채(물을 여과하는 기구)다(Vin.II.118). 땅에 물을 뿌릴 때도, 거기에 그로 인해 다치게 될 생명체가 있다는 것을 알면서도 뿌렸다면 그 역시 비구들에겐 범법행위가 된다(*Vin.*IV.48-9).

동물을 제물로 삼는 것

붓다가 살던 시대에 동물에 대한 명백한 학대는 바라문교의 정교한 희생의례의 일부로 행해지던 동물 살생이었다. 붓다도, 바라문교가 아닌 그 외의 출가수행 단체의 수장을 따라, 이 점에 대해 매우 비판적이었는데 그 이유는 그 희생의례가 지닌 잔인함 때문이기도 했지만 그런 의례가 바라문이 염원하는 목적을 이뤄낼 수 없다고 보았기 때문이다. 희생의례를 행복한 환생으로 이끄는 건전한 행위로 간주하는 바라문교의 견해를 거부하면서, 붓다는 오히려 그것을 정반대되는 특성을 지니는 행위로 보았다(*A.*II.42). 이러한 비판은 동물에 대한 그런 식의 사용을 상당히 감소시키는 결과를 낳았다. 붓다는 동물을 희생 제물로 삼지 않았다는 점에서 옛 바라문교도를 ―아마도 이는 역사적으로 맞을 것이다― 칭찬한다. 그리고 『구라단두경』(究羅檀頭經 Kūṭadanta Sutta)에서는(*D.*I.127-49), 전생에 붓다 자신이 어떤 왕을 위해 집행했던 희생의례에 대하여 기술하고 있다. 거기에선 그 어떤 동물도 살생되지 않고, 희생물을 묶어 두기 위한 기둥 노릇을 하기 위해 그 어떤 나무도 베어지지 않았으며, 그 일을 위해 강제로 부역당하는 노동자도 없었고, 유일한 제물은 버터와 꿀과 같은 품목들이 고작이었다(*D.*I.141). 이러한 기술은 오늘날 동물을 제물로 사용하는 방식과는 분명 정반대되는 것이었음을 의미한다! 실제로 아소카 대왕은 적어도 자신의 수도 안에서 동물을 제물로 삼는 것을 금지했었다(Nikam & McKeon, 1959: 55).

육식

두말할 나위도 없이, 동물이 살생되는 주요한 이유는 먹을거리를 제공하기 위해서다. 불교의 경전들과 불교 지도자들이 내린 조치는 이를 단념시키려는 것이었다. 카니시카 황제에게 보내는 서한 (Mahārāja-kaniṣka-lekha)은 사냥을 좋아하는 황제에게 말하길:

> 왜 그대는 사슴들에게 그처럼 끔찍한 행위를 저지르는가? 그 대의 눈은 어린 사슴의 눈과 닮았다. 그 사슴들이 놀랄 때, 그 들은 눈알을 굴리며 주위를 경계한다. 그러니 그대는 그(사슴) 들에 대해 동정심을 지녀야만 하지 않겠는가? (Jamspal 인용, *ASP*.71-2)

대승의 경전인 『보살지지경』은, 보살의 크나큰 관대함에는 동물을 사로잡기 위한 그물을 나눠준다거나, 동물이 포획되거나 도살될 수도 있는 한 움큼의 땅도 내어주는 행위들이 포함되어서는 안 된 다고 명시하고 있다.[2] 유명한 『자따까』는 어떤 왕에 대한 이야기를 전하고 있다. 그 왕은 사냥을 좀 더 손쉽게 하려는 요량으로, 두 무리의 사슴들을 울타리가 쳐진 공원 안으로 몰아넣었다. 그럼에도 불구하고 왕이나 그의 요리사가 사슴 한 마리를 잡기 위해 들어가면, 많은 사슴들이 쫓겨 도망치는 가운데 여전히 기겁을 하거나 다쳐서 나갔다. 그래서 그 두 사슴무리의 수장은 왕과 협상을 벌였고 더 이상 수렵은 하지 않기로 모두 합의를 보았다. 하루에 한 마리씩 도살당할 사슴은 제비뽑기를 통해 선발되고, 조용히 따라나서기로 한 것이다. 그러던 어느 날, 새끼를 밴 암사슴에게 차례가 돌아

---

2) 48b-49a; Dayal, 1932:175을 볼 것.

왔는데, 그 암사슴은 자기 무리의 수장에게 출산할 때까지만 자신의 차례를 늦춰 달라고 간청했다. 수장은 거절했고, 그 암사슴은 다른 무리의 수장에게 간청하기에 이르렀는데, 반얀(Banyan)으로 불리는 그 사슴은 사실은 전생에 붓다였다. 그 암사슴을 대신할 다른 사슴을 차마 지목할 수 없자, 반얀은 스스로가 (자기 차례가 되기를) 자청했다. 왕이 들어와, 죽을 준비를 하고 있는 반얀을 발견하고는 매우 놀랐다. 왜냐하면 왕은 두 무리의 수장들에겐 사면을 해주었기 때문이다. 무슨 일이 있었는지 자초지종을 들은 왕은 반얀의 고귀한 동정심에 깊이 감동한 나머지 반얀과 암사슴 모두의 생명을 살려주었다. 반얀의 간청이 이어졌고 그에 대한 응답으로 왕은 공원에 있는 다른 모든 사슴들도 살려주었으며, 더 나아가 공원 밖에 있는 모든 사슴들, 네 발 달린 모든 존재들 및 모든 새들과 물고기까지 살려주게 되었다. 그래서 반얀은 자유롭게 돌아다녔다.

그리하여 그와 같이 동물의 목숨을 살려주는 것은, '무외(無畏)의 선물'(abhaya-dāna)로 알려진, 하나의 이상으로서 높이 기려진다. 아소카 대왕은 일 년 중에 56일을, 거의 한 달에 4번을 '살생 없는' 날로 공식 지정했는데, 그날은 그 어떤 물고기도 잡거나 팔 수 없었고 수렵 구역에서조차도 동물을 살생할 수 없었다(Nikam & McKeon, 1959: 56). 아소카 대왕은 사냥 여행을 포기하고 ─사냥은 인도 통치자들이 애호하는 스포츠였음에도─ 대신에 순례 여행을 떠났다. 그는 식용으로 사용되지 않는 광범위한 종류의 동물과 새, 물고기의 살육을 금하고, 수많은 황실 가족에게 식용으로 제공되던 동물에 대한 살육을 과감하게 줄여 나갔고 나중에 아예 금했다(Nikam & Mckeon, 1959: 55-6). 스리랑카에서는 많은 왕들이 동물에 대한 살생을, 전면적으로 혹은 특정한 조건 하에서, 금했다. 중국에서는 우황제가 서기 511년에 낚시 그물의 사용을 금하면서, 자신의 백성들에게 살생을 하지 말기를, 특히 조상께 제를 올리는 날에는 살생을 하지 말라고 애써 타일렀다. 일본에서는 서기 675년에 천무황제가 몇 가지 유형의 사냥 기구들을 사용하지 못하도록 제한하면서 소나 말, 개 그리고 원숭이 고기를 먹지 못하도록 하였다(Chapple, 1992: 57).

초기 불교와 테라바다 불교에서의 육식

불교의 가르침을 염두에 두면, 불교도 사이에서 채식주의(Prasad, 1979; Ruegg, 1980)가 그 가르침만큼 광범위하지 않다는 사실이 종종 당혹스럽기도 하다. 사실 붓다가 강조한 것은 살생을 피하는 것이었다. 그래서 파리를 때려잡는 것이 ―즉각적인 살생행위― 이미 죽은 동물의 사체를 먹는 것보다 더 나쁜 것이다. 채식주의를 옹호하는 것은 특정한 대승 경전들에서만 그러하다. 초기 불교, 그리고 테라바다 불교 지역들에 있어서의 입장은 다음과 같다.

붓다가 살던 시절에 채식주의를 실천하던 이들은, 자신들이 먹는 채소에 생명의 원리나 영혼(jīva)이 깃들어 있다고 보는 차원이었기는 하지만, 자이나교도들이었다. 한번은 자이나교도들이 붓다가 자신에게 공양되기 위해 살해된 동물을 알면서도 먹었다고 비난했다. 공양을 올린 사람은 이를 부인했다. 그리고 붓다는 비구가 '세 가지 점에서 순수'했다면 고기를 먹을 수도 있다고 설명했다: 비구가 특별히 자신을 위해 동물이 살생되었음을 보거나 듣거나 의심하지 않았다면(Vin. I.237-8)이 곧 그것이다. 이러한 주석이(Vin. III.172) 설명하는 바는, 만일 비구가 어떤 동물이 공양자에 의해 최근에 사냥되거나 잡혔거나 도살되었다고 듣거나 봤기에 일말의 의구심이 생긴다면, 그 비구는 반드시 그 고기에 대해 의심스러운 점을 물어야

만 하고 그것이 자신에게 공양되기 위해 살생된 것이 아닐 경우에
만 먹을 수 있다는 것이다(Vin.A.604-6; Bapat & Hirakawa, 1970:
395-6). 다른 곳에서도 붓다는, 비구는 공양자로부터 선물로 음식을
받을 수 있는데, 공양자나 그 밖의 다른 존재를 사랑하는 그의 마
음이 '세 가지 점에서 순수'하기에 결백하다면, 그것을 먹는다고 해
서 더럽혀지는 것은 아니라고 설명한다(M. I .386-71). 하지만 붓다
는 뒤이어 강조하기를, 공양자는 자기 자신이나 비구를 위해 어떤
존재를 살생한다면 매우 나쁜 업을 쌓는 것인데, 그러한 악업은 다
음과 같은 일을 통해 생겨난다: (1) 그 동물을 잡아오라고 명령하
는 것, (2) 그 동물이 목에 줄이 감긴 채 끌려오면서 느끼는 고통과
괴로움, (3) 그 동물을 죽이라고 명령하는 것, (4) 죽임을 당하는
동안에 느끼는 고통과 괴로움, (5) 비구에게 허용될 수 없는 방식
으로 비구에게 고기를 제공하는 것 등. 여기서 주목할 점은, 그 행
위의 악함은 살생을 저지르는 존재의 실제적인 행위와 살생을 당하
는 존재의 고통 모두에 존재한다는 것이다.

비구에게 허용될 수 없는 음식은, 아마도 풍족하지 못했던 시절
에 제공되었던 것이겠지만, 다음과 같은 것들이다: 코끼리나 말의
고기. 이는 사람들이 이들 동물을 황실의 상징으로 여기기 때문이
다; 개고기나 뱀고기. 이는 사람들이 역겨워하기 때문이다; 사자,
호랑이, 팬더, 곰, 하이에나의 고기. 이런 동물들은 자기 고기를 먹
은 사람들의 냄새를 맡고 공격하기 때문이다(Vin. I .219-20). 이러한
금기는 승가에 몸담고 있는 사람들의 신앙을 보존시킴으로써 비구
나 재가신자에게 유익함을 도모하기 위해서이며, 아울러 비구를 위
험으로부터 보호하기 위해서였는데 그 이유는 도덕적인 것이 아니
라 이해타산적인 것이었다.

이상으로부터 분명한 것은, 붓다도 호의를 베푸는 차원에서 제공

된 '결백한' 고기들을 자주 먹었을 것이라는 점이다. 따라서 붓다의 마지막 음식, 글자 그대로 말하면 '돼지—부드럽고 순한'(sūkara-maddava;D.II.127) 음식이, 돼지고기인지 아니면 돼지가 캐낸 버섯류인지에 대한 논쟁(예를 들면 Kapleau, 1981)은 다소 논지가 빗나간 것이다. 실제로 붓다가 채식주의를 비구에게 강요하려는 시도에 저항했었다는 점은 주목할 만하다(Vin.II.171-2). 이는 붓다의 사촌이자 비구인 데바닷타(Devadatta)가 제기한 것으로서, 그는 붓다의 영향력을 자랑스러워하면서도 시샘했던 인물로 알려져 있다. 그는 분열을 조장할 목적으로, 모든 비구는 채식주의자가 되어야만 할 뿐만 아니라, 이전엔 개개인의 선택에 맡겨졌던 금욕적인 수행들, 예컨대, 나무 아래에서 기거하기와 같은 수많은 금욕적 수행을 반드시 지켜야만 하는 것 아니냐고 붓다에게 제안했다. 붓다는 그 제안을 거절하면서, 그러한 수행들은 개개인의 선택에 맡겨져야 하는 것이며, 고기 또한 '세 가지 점에서 깨끗'했다면 수용할 수 있다고 재차 확인해 주었다. 그러자 데바닷타는 자신을 추종하는 무리로 하여금 그러한 계율을 따르도록 만들려고 했는데, 그러한 노력은 엄격함을 높게 평가하는 이들로부터의 후원을 얻기 위함이었다. 다른 곳에서도, 그처럼 개인의 영적인 가치를 순전히 외적인 방식으로 평가하려는 것은 신뢰할 수 없는 것으로 간주된다(A.II.71). 아직 깨달음을 얻기 이전, 금욕적인 수행에 정진하던 시기에 고타마는 '음식을 통한 정화', 즉 대추나 콩, 깨, 쌀 등의 한 종류 음식만을 소량으로 먹고 살기를 주문했던 이들의 가르침을 따르려고 몸소 노력했었다. 하지만 그러한 외향적인 수행은 그 자신을 마르고 허약하게만 만들었다(M.I.80-1). 채식주의와 극단적인 금욕주의의 연계는 다른 인용문에서도 나타나는데, 거기서는 스스로에게 고통을 가하는 금욕적 수행이 포함되어 있다. 그리고 그런 수행에는 나체로 지내기, 일주일 동안 한 번 식사하기, 절대 앉지 않기, 머리카락을 손으로 뽑기 등이 뒤따른다(*M.* I .342-3). 이와 같은 금욕적 행위가 인격을 '정화'시킨다고 보지 않으며(*Sn.*249), 고기를 '오염된 음식' —그 계율을 어기는 것을 '오염된 음식'이라 불렀는데— 으로 간주하는 일도 없었다(*Sn.*242).

이상에서 볼 때 붓다가 채식주의를 심지어 비구들이 알아서 선택할 금욕적 수행의 하나로도 보지 않았음은 주목할 만하다. 비구에게 고기 음식이 차려져 나왔고, 그 음식이 위에서 말한 방식으로 '순수'한 것이라면, 그것을 마다하는 것은 공양자가 공양을 통해 선업을 쌓을 수 있는 기회를 박탈하는 것이 될 것이다. 더욱이 그런 행동은 비구로 하여금 자신들이 먹을 음식을 고르고 선택하도록 권장할 수도 있다. 음식이란 생명을 유지하기 위한 원천으로만 보아야지 선호의 대상으로 보아선 안 된다. 채식주의자가 된다는 것 자체가 영적으로 정화되는 것으로 믿는 것은, 예를 들어 '선행과 맹세에 대한 집착'처럼 영적인 성장을 방해하는 족쇄 가운데 하나로 볼 수 있다. 도덕적으로 우월하다는 느낌이 채식주의자들 사이에서 흔히 발견되는 위험인 것만은 분명한 사실이다: 반드시 그렇지 않을 수 있는데도 말이다! 마찬가지로 채식주의자는 금방 고기를 역겨워하게 될 수도 있는데, 그것 역시 집착의 소극적인 형태로 볼 수도 있다. 어떤 경우가 됐든, 이상의 말들이 암시하는 바는, 고기를 먹는 것보다 조심해야 할 더 나쁜 행위들이 많다는 것이다.

지금까지 논의된 것은, 비구나 비구니들에게 허용되는 것과 관련된 것인데, 그들은 자기에게 공양된 것은 예외 없이 모두 먹어야만 한다는 것이다. 일반 불교도에 대한 고찰도 비슷하긴 하나 똑같진 않다. 일반 신도는 무엇을 먹을 것인지에 대해 좀 더 많이 자기의 사대로 할 수 있다; 식재료는 직접 획득한 것이거나 산 것이기만

하면 된다. 일반 신도는, 자신들의 재력이 허용하는 범위 안에서, 무엇을 먹을 것인지에 대해 대부분 자신들의 선호에 따라 선택한다. 따라서 일반 신도에게 고기 음식을 (아마도 손님 입장일 경우만 빼고) 피하라는 것은, 누군가 호의를 가지고 대접한 것을 마다하라는 것이 아니요, 마찬가지로 일상적인 수준보다 더 '고르고 선택하라'는 것도 아니다. 하지만 채식주의 신도들은 도덕적으로 우월하다는 심판적인 느낌과 고기에 대한 부정적인 집착을 경계해야만 한다. 후자와 관련하여 각별히 조심해야 할 점은 누군가의 손님이 되었을 때 고기를 거절하지 않는 것이다. 어떤 면에선, 일반 신도에게 비구보다 더 채식주의자가 되라고 하는 것도 있을 법한 일이지만, 불교가 지니는 특성상 채식주의가 재가신자들 사이에서 좀 더 일상적인 일이 되도록 그와 같은 방식으로 유도되는 것은 용납되기 어려운 일이다. 비구에게 일반 신도보다 더 높은 수준의 행위를 기대하는 것은 지극히 정상이다. 만일 비구에게조차도 채식주의자가 되라고 기대하지 않는다면, 일반 신도는 당연히 "내가 왜 그래야만 되는데?"라고 생각할 것이다.

대승불교 국가에서는 채식주의가 보편적으로 높이 칭송되기는 하나 실행에 옮겨지는 경우는 드물다.[3] 채식주의자로 자처하는 사람들은 소수지만 —예전의 방콕 통치자 같은— 그리고 대부분의 사람들은 육식에 관한 생각을 떠올릴 때 양심에 꺼림칙함을 느낀다. 금기시하는 날이나 명상기간 동안에 육식을 삼가는 이들도 일부 있지만, 대부분의 신도들은 고기를 먹는다. 태국에서는 자신들이 채식주의 음식을 선호한다고 공표하는 비구는 몇몇에 불과하다 (Bunnag, 1973: 69-70). 미얀마에서는 마하시 사야도우(Mahāsi Sayadaw)

---

3) Gombrich,1971a:260-2; King,1964:281-4; WFBR,1983.

가 비구에게 그들 음식이 '세 가지 점에서 순수'함을 보장하는 가장 안전한 방법이 채식주의라고 권장하며(Mahasi, 1981: 45-7), 일부 비구니들은 다소 금욕적인 수행기간 동안에 채식주의자가 된다(Kawanami, 1990: 27). 대부분의 비구니들이 채식주의자인 스리랑카에서 '신불교도'들은(Protestant Buddhist), 사르보다야 쉬라마다나 운동(Sarvodaya Śramadāna movement)이 권유하고 있듯이(Bond, 1988: 280) 채식주의를 권장하고 있으며, 일부는 육식이 성공적인 참선에 방해가 된다고 보고 있다(Bond, 1988: 200-4).

일반적으로는, 상대적으로 덜 지적이거나 더 작은 동물의 고기를 먹는 것이 선호할 만한 것으로 보고 있다. 그래서 쇠고기를 먹는 것이 가장 나쁜 짓이다(영국 식민지 이전의 미얀마에서는, 1960~1962년 동안 한때 그랬던 것처럼, 소를 살생하는 것이 범죄였다). 따라서 돼지고기를 먹는 것은 덜 나쁜 짓으로, 염소고기나 닭고기를 먹거나 달걀을 먹는 것은 덜 나쁜 행동으로 보고 있다. 그럼에도 불구하고 달걀은 이미 수정된 것으로 간주되기에 달걀을 끓이거나 깨뜨리는 것은 살아 있는 존재를 죽이는 것으로 본다(Terweil, 1979: 188). 이러한 인식은, 적어도 스리랑카에서는, 그 어떤 달걀도 불교 사찰에서 쓰이지 않으며 비구와 일반 신도 중간쯤에 있는 신앙심 깊은 불교도들 사이에서는 부화되기 직전의 달걀이 '불교도의 달걀'로 팔리고 있는 모습으로 등장한다. 제일 덜 나쁜 행동은 물고기를 먹는 것인데, 물고기는 그것을 죽이는 데 거의 수고스럽지 않을 만큼 무지한 생명 형태로 보기 때문이다. 지금까진 생선이 가장 일상적인 육식의 형태인데, 그 이유는 음식의 풍부함을 비유하는 태국의 격언 속에 반영되어 있다. "땅에는 쌀이 있듯이, 물에는 물고기가 있다." 그럼에도 불교의 이상은 물고기를 죽이는 것조차 용납하지 않는다. 이는 『자따까』의 한 대목에서 드러나는데, 거기에서 붓다는 전생에 학이었으며 이미 죽은 것으로 확인된 물고기만을 먹었던 것으로 이야기되고 있다(J. I .206-8).

그렇지만 분명한 사실은 그 어떤 불교도도 음식을 위해 동물을 죽여서는 안 되며, 그 이야기를 다른 사람에게 전해서도 안 된다는 것이다. 그런 행위들은 분명 첫 번째 계율을 파기하는 행위다. 하지만 정육점 주인에게서 고기를 사는 것은 과연 살생을 독려함으로써 그릇된 행위에 가담하고 있는 것은 아닌가라는 의문이 제기된다. 경전에선(A. II.253), 어떤 사람이 살생을 하면서 타인들로 하여금 살생을 하도록 독려한다면 그는 지옥에서 다시 태어날 것이라고 말한다. '독려'만으로도 그런 일이 벌어질 것이라고 명시되어 있는 것은 아니다. 하지만 어떤 경우에서든, 예를 들어 "왜 사냥하러 안 가요?" 라든지 정육점 주인한테서 죽은 동물의 고기를 주문하는 것과 같은 독려는 누가 보더라도 직접적인 행위 형태로 보인다(Mahasi, 1981: 46). 정육점 주인에게 어떤 동물을 죽여 달라고 요청하는 것은, 분명 첫 번째 계율을 깨는 것이다. 서양에서 대부분의 식용 동물은 대형 도살장에서 살생당하고, '정육점 주인'은 그냥 고기만 판다. 불교 국가에서는 그런 대규모 도살장이(아마도 지상에 존재하는 지옥처럼 보일 수도 있을 것이다.) 거의 없기에, 고기를 구매한다는 것이 어떤 동물의 죽음과 직접적으로 연루되는 의도치 않았던 위험에 빠지기 훨씬 쉽다. 아마도 이런 점이 육식의 범위를 줄이는 데 기여하고 있는지도 모르겠다.

자신의 삶을 정육점 주인이나 사냥꾼 혹은 어부로 살아간다는 것은 분명 '그릇된 생계'의 범주에 드는 것으로서(A. II.208), 모든 신실한 불자들이 피해야만 하는 것이다. 불교 사회에서 눈에 띄는 사실은, 정육점 주인이(도살자와 고기 판매자) 대개 불교도가 아닌, 이슬람교도인 경우가 흔하다는 점이다(Spiro, 1971: 45). 살생과 가까이 혹은 살생에 의존해서 살아가는 사람들은, 불교도가 보기에 영혼이 타락한 사람들이며, 버림받은 사람들로 취급해 버리는 경우가 많다. 불교도 어부는 좀 더 흔하다. 하지만 그들은 자신들의 생계방편으로 인해 사회에서 낮은 지위를 갖는다. 1985년 스리랑카에서, '전(全)스리랑카불교회의'(The All Ceylon Buddhist Congress)는 '정부가 수산업부를 만들어 상업적인 조업을 지원해서는 안 될 것'이라고 권고했다(Bond, 1988: 118). 하지만 물고기는 뭍에 사는 동물보다 삶의 형태가 낮다고 보기 때문에 물고기를 살생하는 것은 덜 나쁜 것으로 간주한다. 물고기가 살생된 것이 아니라 단지 물 밖으로 나와 죽은 것이라는 해명이 받아들여지는 경우도 있다. 이는 나쁜 행위라고 인식한 것으로부터 스스로를 격리하려고 애쓴 흔적이 명백한 경우이다. 동남아시아에서는 사람들이 그들 자신의 물고기를 잡는 경우가 흔한데, 이는 분명 첫 번째 계율을 어기는 것이다; 하지만 그것을 통해 생계를 이어가는 것이 아니라면, '그릇된 생계'라고 보지는 않는다.

대승불교에 있어서 육식

대승불교의 전통에 있어서, 산티데바는 모든 사람이 육식을 피해야만 한다는 뜻을 품으면서(Ss.33)『보살계본』(Bodhisattva-Prātimokṣa)을 인용하면서 말하기를, 고기 음식은 비구에게 공양되어서는 안되지만, 이왕 공양된 것이라면, 비구는 먹어야만 한다고 했다(Ss.143). 일부 경전들은 채식주의를 지지하는 논증을 제기하는데, 그런 식의 옹호는 붓다의 강조에 힘입어 만들어진 여론에 의해 조장된 것이 분명하다. 불교도의 육식에 대한 자이나교의 비판 역시 일조한 바 있겠지만, 동정심에 대한 대승의 강조가 핵심적인 역할

을 한 것으로 보인다. 그래서 『대반열반경』(Mahā-parinirvāṇa Sūtra)
은 육식을 '위대한 동정심의 씨앗을 근절하는 것'이라고 말하며
(Kapleau, 1981: 34), 붓다는 분명하게, "내 오늘 여러 제자들에게 명
령하노니 너희는 더 이상 고기를 먹을 수 없다"고 말했다. 뤼에그
(Ruegg, 1980)가 주목하는 바에 따르면, 채식주의가 경전에서 처음으로
강조되었던 것은, 말하자면 모든 존재에게 여래장(Tathāgata-garbha)이
나 불성(佛性)이 내재하고 있다는 관념에 초점이 맞춰진 것이었다
는 점이다. 이러한 개념은 『능가경』(楞伽經 Laṅkāvatāra Sūtra)에서
도 발견되는데, 『능가경』의 마지막 장들은 육식을 반대하는 논증이
줄지어 등장하며.[4] 또한 거기서 붓다는 '세 가지 점에서 순수'한 육
식은 '비난할 수 없다'는 경전에 명시된 사상을 부인한다. 초기 경
전들에 명시된 사상과의 그처럼 직접적인 모순은 대승경전에선 이
례적인 일이다; 수용이 불가능한 사상들은 일반적으로 파기되거나
재해석되거나 아니면 순전히 '선교방편'으로 치부되곤 한다. 『능가
경』에 담긴 논증은 다음과 같이 요약될 수 있다:

1. 모든 존재는 전생에, 자신의 어머니와 같은 가까운 친인척이
   나 친구들이었다. 우리는 모든 존재를 마치 자신의 아이들인
   것처럼, 말하자면 자비심을 가지고 대해야만 하며, 그들을 먹
   어서는 안 된다.
2. 육식을 한 자의 냄새는 존재들을 놀라게 하고, 육식을 한 자
   에 대한 평판을 나쁘게 만든다.
3. 불교도가 육식을 한다는 것은 곧 불법에 대한 평판을 나쁘게
   만들 것이며, 보살은 자신들에게 귀를 기울이는 자들을 잃게
   만들 것임을 의미한다.

---

4) Suzuki, 1932:211-23; 1930:368-71.

4. 고기는 악취를 풍긴다.

5. 육식은 양파와 마늘, 술이 그러하듯(여기서 힌두의 요가사상의 영향이 분명한 듯 보인다) 참선의 정진을 방해하고 잘난 체하는 것으로 이끌게 된다.

6. 육식을 하는 자는 악몽에 시달리며 편하게 잘 수 없다(자비심은 편안한 잠으로 우리를 이끈다고 말해진다); 그(녀)는 소화불량과 건강악화로 늘 불안하다. 보살이 곡류나 콩, 꿀, 기름, 버터, 당밀, 설탕 등을 먹는 것은 까르마적으로 볼 때도 유익할 뿐만 아니라 건강에도 도움이 된다.

7. 육식은 육식동물이나 저급한 계층의 인간 같은 나쁜 환생으로 이끈다; 반면에 채식주의는 좋은 환생으로 이끈다.

8. 어떤 고기도 먹지 않으면 사체를 사고파는 시장도 사라질 것이기 때문에 그 누구도 생명을 파괴하지 않을 것이다.

여기에는 다양한 유형의 논증이 동원된다: (1) 자비에의 호소와 전생에 입은 호의를 되갚아야 할 의무; (2) 사려 깊은 이해타산; (3) 불법을 수호할 필요성; (4) 역겨움; (5) 영적인 실용주의; (6) 정신적, 육체적 건강; (7) 까르마의 효과(6번과 7번 논증); (8) 그리고 절제의 간접적인 좋은 결과들. 『능가경』은 육식을 피하는 것이 업보적인 면에서도 유익하며, 육식을 옹호하는 논증은 허위적이고 붓다는 결코 고기를 먹지 않았다고 결론짓는다.

서기 5세기 초까지, 불교의 심장부인 인도 북동부에서는 하층 계급을 제외하곤 거의 모든 계급이 채식주의자가 되었다(Legge, 1886: 43). 이는 힌두교에 영향을 주어서, 오늘날 상위 카스트의 상당수는 채식주의자인 경우가 많다. 인도 밖에서, 채식주의를 옹호하는 불교의 논증이 눈에 띄는 효과를 거둔 곳은 동아시아 불교에서이다.

우황제는 511년에 여타 동물보호법에 육식을 금하는 내용을 삽입했다. 이는 중국 불교도로 하여금 장기적으로 육식을 감소시키는 결과를 낳는 데 일조했으며, 중국 절과 사원에서는 사실상 육식의 종언을 가져왔다(Welch, 1967: 112-13). 비구와 비구니들에게 그와 같이 채식주의를 요구하는 내용은, 동아시아 불교에서 『범망경』(Brahmajāla Sūtra)으로 알려진, 비구가 지켜야 할 추가적 계율 속에 새겨져 있다(Dharma Realm, 1981; De Groot, 1893). 신실한 재가 신도들 가운데 채식주의는 흔한 일인데, 그들은 채식을 첫째 계율이나 보살의 서원에 함축된 바로 이해한다(Welch, 1967: 365). 축제마다 채식주의자의 향연이 흔하게 벌어지는데, 공산주의 정부가 강제로 많은 비구를 환속시키자 그들 중 상당수가 오늘날 현존하는 채식주의 식당을 열게 되었다. 중국 불교도에게는 대승 비구가 고기를 먹는 것을 목격하는 일이 충격으로 다가오는데, 이는 육식을 비구가 절대로 해서는 안 되는 행동으로 보기 때문이다!

중국의 이러한 태도는 한국과 일본에서도 널리 퍼져 있다. 일본은 19세기 중반에 이르기 전까지 '본질적으로 채식주의 국가'였다는 주장도 있다(Kapleau, 1981: 34). 쇠고기를 먹지 않았던 건 분명하다. 하지만 1868년 일본이 서구에 문호를 개방하면서부터, 서구의 육식습관이 점차 심대한 영향을 미치게 되었다. 사원, 특히 선불교의 사원에서는 엄격한 채식주의자들이 여전히 남아 있기는 하나, 수행 비구에겐 사원을 떠나 있을 때 육식을 허용해 오고 있다(Kapleau, 1981: 27).

북방불교에서는 비록 그 전통은 대승불교지만, 춥고 매서운 날씨와 식물성 단백질을 거의 섭취하기 어려운 여건이 일부 라마승을 제외하고 대부분의 사람들로 하여금 육식을 하게 만들었다(Bell, 1928: 217-34). 육식을 하는 라마승은 죽은 동물이 좋게 환생할 수 있도록 돕는다는 차원에서 의식을 거행해야만 한다. 티베트의 고지대 목초지나 몽골의 스텝지대에서, 일상적인 생계방편은 유목민이되는 것이므로 가축은 이들 지역의 경제에서 중요한 부분을 차지한다. 그럼에도 불구하고 사람들은 종종 포살일에는 육식을 삼가고 —그날은, 티베트가 공산화되기 이전까지만 해도, 도살이 금지되었다— 도살자는 경멸당한다. 동물을 살생하는 아주 직접적인 —칼을 사용하는— 방법은 일반적으로 피하기에, 선호되는 방법이 질식사이다. 테라바다 불교도는 가급적 작은 생명체를 먹으려 하는 데 반해, 티베트인들은 다수의 작은 동물보다 소수의 큰 동물을(소, 양, 염소) 살생하는 편이 더 낫다고 추론한다(Ekvall, 1964: 75). 이는 테라바다 불교 지역에선 물고기들이 풍부하고 티베트에선 소 등이 풍부하다는 점과 맞아떨어진다는 사실은 결코 우연의 일치가 아니다! 물고기와 새를 먹지 않으려는 광범위한 관행 역시 인간의 유해를 처리하면서 동정적인 차원에서 새나 물고기에게 제공하는 관행과 관련된다. 티베트인들은 동물에 대한 자비심으로도 유명한데, 그들은 심지어 꿀을 먹는 것도 양심에 꺼려한다. 그것이 벌들에게서 뭔가를 훔치는 짓으로 보기 때문인데, 그런 견해는 스리랑카에서도 찾아볼 수 있다(Schmithausen, 1991b: 43). 그와 유사한 양심의 가책이 티베트의 은둔 성자 밀라레파(Milarepa)에 관한 일화에서도 발견된다(Mi-la-ras-pa; 1040-1123). 사냥꾼들이 약간의 고기를 그가 은둔하던 동굴 안으로 건네자, 그는 그 고기를 자신이 쐐기풀로 연명해오던 식단을 보충하는 차원에서만 매우 아껴서 사용했다. 하지만 언제부턴가 구더기가 그 고기를 먹기 시작하자, 그는 그마저도 손을 대지 않았다: 그것은 역겨워서가 아니라 구더기를 치우고 그 고기를 먹는다는 것이 구더기로부터 그것을 훔치는 일이라고 느꼈기 때문이다!(Evans-Wentz, 1951: 199)

서구에서는 채식주의가 불교도들 사이에서, 아시아 대부분의 불교도 국가에서 보다 흔하다. 이는 '무가해(無加害)'를 주창하는 불교도가 마땅히 해야 할 바에 대한 서양인의 기대에 기인하며, 서양에서 일반적으로 채식주의가 점증하는 것은 질 좋은 채식 식품을 손쉽게 구할 수 있다는 점과, 동아시아불교의 영향, 특히 미국을 경유한 동아시아 불교의 영향과도 관련 있다. 영국에서는 태국 전통 속에서 수행한 서양 비구에게 음식을 제공할 때, 정작 태국인들은 종종 그 접시에 약간의 고기를 담기도 하는데, 서양인들은 채식만을 공양한다. 이는 점차 태국인들로 하여금 비구에게 채식을 좀 더 많이 공양하게 만드는 효과를 가져 오고 있다.

축산업

아소카 대왕은 이런저런 신성한 날에는, 동물에 대한 낙인이나 거세를 금지했을 뿐만 아니라 어린 염소나 양, 돼지는 물론 그 어미들도 새끼들에게 젖을 먹일 때까지는 살생을 전면적으로 금했다(Nikam & McKeon, 1959: 56-7). 중국에서 『범망경』의 계율은 집에서 기르는 동물을 내다 판다거나, 고양이, 오소리, 누에 등을 사육해서는 안 된다고 말한다(cf. *Uss.*76,82). 테라바다 불교 국가에서는, '고기를 매매'하는 '그릇된 생계'에 도살을 목적으로 가축을 사육하는 것도 포함된다고 보고 있다. 스리랑카의 지방에서는 사람들이 자신들이 기르는 염소는 에둘러 애완동물이라고 부르면서도 닭과 돼지는 도살을 목적으로 기른다(Gombrich, 1971: 261). 미얀마에서는 짐을 나르는 동물들을 제외하곤 동물들을 길들이는 경우가 거의 없다. 돼지나 닭을 사육하는 경우는 소규모로만 이어져 내려오고 있어서 정부는 그 규모를 늘리려고 애써 왔으나 성공적이지는 못했고(Pfanner & Ingersoll, 1962: 345), 축산업자들 가운데 불교도는 거의 찾아보기 힘들다(Spiro, 1971: 45). 태국의 전형적인 농촌에서는, 농촌인구 가운데 대략 3분의 1 정도가 작은 규모로 닭과 돼지를 기르며, 정부의 축산 장려에 썩 내키지 않아하는 반응을 보이면서도, 사육 동물의 숫자가 (점차) 완만한 상승세를 이어오고 있다(예를 들어, 1950년에서 1970년 사이에 그 숫자는 315만에서 500만으로 증가했다). 도축을 목적으로 동물을 사육하는 사람들 가운데 어떤 이들은 그것을 사악한 직업이라고 여기면서도, "먹고살려면 별 수 없다"라고 말한다. 대체로 신앙심이 좀 더 깊은 나이 든 세대들은, 심지어 양계업마저도, 축산업에 종사하는 것을 썩 내켜하지 않는다(Pfanner & Ingersoll, 1962: 355).

티베트의 차가운 기후조건 속에서 목축은 일상적인 생계 형태이긴 하지만 목축하던 동물을 살생하는 것은 필요악으로 간주되고 있다. 목축을 하는 가족들 가운데 연배가 있고 좀 더 신실한 구성원은 살생하는 일을 맡지 않는다. 그리고 동물들이, 예를 들어 낭떠러지에서 떨어지는 것처럼(비록 어떤 경우엔 의도적으로 계획되기도 하지만), 자연스럽게 죽는 것을 선호한다.

일본에서는 동물을 살생해서 먹고 사는 사람들이 그 동물을 위하여 위령제를 지내 주는 것이 흔한 관행이다: 농부는 소를 위해, 어부는 물고기를 위해, 사냥꾼은 사냥감을 위해 제의를 올린다. 이러한 제사는 일종의 감사의 뜻에서, 그리고 어쩌면 사죄의 뜻에서, 그리고 그 동물의 더 나은 환생에 일조한다는 뜻에서 지내진다. 그럼에도 불구하고 그런 제의들은, 심지어 오랫동안 지니던 안경같이 생물이 아닌 친숙한 대상을 위해서도 지내며, 오늘날에는 애완동물을 위해서도 봉행된다(Hoshino & Takeda, 1987: 310).

해충 박멸

해충을 제거하는 일은 분명 불교도에겐 윤리적 문제를 제기한다: 바수반두(Vasubandhu)는 해로운 벌레는 죽어 마땅하다고 말하는 것은 착각이라고 말하며(*AKB*.Ⅳ.68d), 아소카의 칙령에는 유해한 미물의 살생을 금하는 내용이 들어 있다(Nikam & McKeon, 1959: 56). 종종 선호되는 방법은 가능한 한 안전하다 싶을 정도로 멀리 물러나게 한 다음, 그것들을 놓아주는 것이다.[5] 이런 일은 아주 해악이 심하고 치명적인 것들만 제외하곤, 쥐나 생쥐, 벌레 심지어 뱀에게도 해당된다.[6] 그럼에도 불구하고 잉거솔(Ingersoll, 1966: 203-4)이 인용하는 신앙심 깊은 어떤 태국 주민의 견해에 따르면, 1960년에 그 주민은 정부가 방콕에 있는 많은 유기견들 가운데 일부와 몇몇 토끼들을 살생하려 한다는 소식을 접하고는: 그들을 죽이지 않는 편이 더 나을 것이며, 그 개들은 그 개에게 물리는 것이 자신의 업보인 사람들만 무는 것뿐이라고 생각했다는 것이다. 이와 마찬가지로 미얀마에 사는 주민들은 DDT를 살포해서 말라리아를 퍼뜨리는 모기를 살충하는 일에 대체로 마지못해 협조해 왔다(Spiro, 1971: 45). 그럼에도 불구하고 해충을 대하는 태도는 다양하다. 태국에서는 모기를 보는 즉시 죽이는데, 구입할 수만 있다면 살충제를 사용한다(Terweil, 1979: 191). 대체로 태국인들은 정원이나 논 등에 창궐하는 설치류나 해충을 잡아 죽일 것이다(Bunnag, 1973: 143). 하지만 티베트인들은 자신들과 집이나 수도원을 나눠 쓰고 있는 대담무쌍한 쥐나 생쥐에게 해를 가하지 않는다(Ekvall, 1964: 76). 스리랑카에서는, 다소 양심의 가책이나 안쓰러운 마음을 지니기는 하나, 살

---

5) King,1964:280; Ekvall,1964:76
6) Spiro,1971:46,449; Hall,1902:234-6; Southwold,1983:67.

충제를 사용한다; 대부분의 사람들은 —심지어 비구도—(Gombrich, 1971a: 262) 유해한 곤충은 죽일 것이다. 하지만 무해한 곤충이 만들어 내는 무시 못 할 성가심도 잘 참아내며, 그들을 밟지 않으려고 걸음걸이도 조심한다(Southwold, 1983: 67-8). 곰브리치(Richard Gombrich)의 보고에 의하면, 스리랑카의 시골 주민들은, 곤충같이 작은 미물을 죽이면서 "간혹 도시 중산층에게서 나타나는 결벽증적인 반응이나 양심의 가책을 느끼는 반응을 보이지 않는다."(1971a: 262) 하지만 이러한 무반응의 너머엔 어떤 불안감이 깔려 있다. 터웨일(Barend Terweil)이 전하는 보고도 이와 마찬가지다. 태국의 시골 주민들은 곤충보다 큰 동물을 죽일 때 "눈에 띄게 심란해하는 경우가 흔하다"는 것이다(1979: 191). 하지만 분낙(Jane Bunnag)은 태국 중부에 사는 대부분의 사람들은 자신의 가족에게 먹이려고 돼지를 잡을 때는 "그 어떤 양심의 가책도 느끼지 않는 것처럼 보인다"고 말한다(1973: 143).

불교도가 해충을 죽이겠다고 마음먹으면, 그들은 그것을 실행하기 위해 우회적인 방식을 모색할 것이다. 예를 들어, 1950년대 후반에 미얀마를 장악한 과도 군사 정부는 수도 랑군에 많이 방치된 유기견의 숫자를 줄이고 싶어 했다. 그런데 불교도의 감수성에 너무 거슬리지 않게 하기 위해서, 그 유기견을 독살하려는 목적에서 제공된 고기의 일부에만 실제로 독을 집어넣었다. 이러한 조치가 의미하는 바는, 그 독이 든 고깃덩어리를 선택한 것은 그 개들이라고(또한 개들이 그렇게 선택한 것은 그 개들의 지난날의 악업 때문이라고) 주장하는 것이 가능하다(?)는 것이다(cf. King, 1964: 281). 이와 유사하게, 티베트 국경을 이루고 있는 카슈미르 계곡에서는, 불교도가 약탈을 일삼는 늑대를 잡아 없애야만 한다고 느끼면서도 그것을 실행함에 있어서는 개인적 책임을 모호하게 만드는 방식을 꾀한다. 티베트에서는 옷 속에서 발견되는 곤충은 제거만 될 뿐, 살생되지는 않는다. 비록 그 옷을 매우 추운 저녁에 밖에다 걸어 놓기는 하지만, 그럼으로써 그 곤충은 직접적으로 '살생됨'이 없이 죽는 것이다. 그럼에도 불구하고 그런 행위도 여전히 나쁜 까르마적 결과를 야기한다고 보고 있다(Ekvall, 1964: 76). 또 다른 예는, 콩과 같이 사람들이 땅에 심은 농작물이 생쥐 떼에 의해 파괴되고 있는 미얀마에서 볼 수 있다(Pfanner & Ingersoll, 1962: 345-6). 마을 주민들은 비구에게 자문을 구하는데, 그 비구는 쥐들을 살생하는 것은 사악한 일이나 불가피한 일이었다고 말하는 데 있어서 좀 더 '자유로운' 사람이다; 더욱이 그렇게 해서 아낄 수 있었던 농작물에서 나온 수익금의 일부는 종교적인 기부금으로 사용함으로써 유익한 업을 쌓을 수도 있는 것이고, 그럼으로써 악을 상쇄해 주기를 기대해 보는 것이다. 대부분의 농부들은 이런 식의 추론에 동의했다. 이 문제를 다룸에 있어 가능한 또 다른 태도는 다음과 같이 말하는 것이다. 해충을 죽여야만 한다면, 자비의 정신에 입각하여 죽여야만 한다거나, 이것이 모순처럼 들린다면, 적어도 잔인함이 없는 방식으로 죽여야만 한다. 죽은 미물을 위해 위령제를 지내 주는 일본의 관행은 아마도 이와 맥을 같이하는 것으로 보인다(Suzuki, 1959: 379); 흰개미를 박멸하는 회사는 불교적인 관점에서 심지어 위령탑을 세워 주기도 한다(Hoshino & Takeda, 1987: 310). 때때로 어떤 비구는 '살생에 어떤 식으로든 가담해서는 안 된다'는 비구의 세세한 계율로부터 교묘히 빠져나갈 구멍을 찾아내어, 일반 신도에게 '해충은 죽여야만 한다'고 간접적으로 암시하기도 한다. 심지어 곰브리치가 들고 있는 예에는, 어떤 비구가 사찰에서 일하는 어린 하인한테 찬장을 청소할 때 바퀴벌레를 죽이라고 지시한다; 하지만 신실한 그 소년은 그냥 바퀴벌레를 밖으로 쓸어 내기만 한다(1971a: 262).

동물 실험

동물의 생명에 대한 무가해라는 불교의 이상은, 동물을 생산품 실험에 사용한다든가, 의학적 연구와 훈련을 위해 사용하는 것에 대해 분명한 함축을 가지고 있다. 현대 세계는 상당히 많은 동물을 이러한 목적으로 '사용'하고 있다. 불교적인 관점에서 보자면, 이는 고대 바라문교가 동물을 제물로 사용하던 것과 별반 다름없어 보인다. 고대의 경우엔 동물이 종교라는 미명하에 희생되었으며, 현대의 경우엔 '과학'과 '지식'이라는 미명하에 희생된다. 어떤 경우가됐든 그 동기는, 적어도 부분적으로는, 인간 존재에게 이득을 주기 위함이다. 서양에서는 화장품 시험에서 동물을 학대하는 것에 공개적으로 반대하는 풍조가 급격하게 휘몰아쳤다. 아울러 학교 생물학 수업에서 동물을 사용하는 것에 대해서도 어느 정도 우려하는 눈길도 있는데, 거기에선 상당한 혹은 모든 지식이 비디오테이프나 슬라이드 영상 그리고 모형을 통해 얻어질 수 있었다. 최소한 의학적 연구를 위해 동물을 사용하는 것은 공리주의적 논증이 강력하게 후원하고 있다. 하지만 일반적으로 불교윤리는 (대승의 '선교방편' 이론에 대한 특정한 해석만을 제외하곤) 목적이 수단을 정당화한다는 그런식의 원리에 기초하지 않는다. 불교의 전통적인 관점에서 보자면, "동물 실험을 통해 더 좋은 약 등을 얻는 것이 선하다"는 것보다더 분명한 점은 "동물을 살생하는 것이 그릇되다"는 점이다(cf. King, 1964: 281). 하지만 육식에 대한 초기 불교의 태도를 동물 실험 문제에 적용해 본다면, 불교도에게 다른 사람들이 동물 연구를 통해 개발한 약을 섭취하는 것이 허용될 수는 있을 것이다. 대승불교윤리는 양가적인 대답을 내놓을 것이다: 채식주의에서 보여 준 선례는 그런 식의 약물 실험에 반대를 제기하는 것으로 볼 수 있다; 그러면서도 '선교방편'의 원리는 진정 꼭 필요한 것이라면 허용될 수 있다고 암시할 수도 있다. 하지만 '선교방편'의 사례들이 보여 주는 선례들은, 극악한 행위를 저지르려는 자를 살생하는 것에 대해서만 정당화가 가능한 것으로 보고 있는 것이지; 예컨대, 다른 존재를 돕기 위해 무고한 존재를 살생하는 것까지 정당하다고 보는 것은 아니다. 그럼에도 불구하고 서양의 선불교 비구인 케나웨이(Saidō Kennaway)는 현대의 의약물과 외과수술에서의 많은 발전이 동물 실험과 해부에 의존해 왔다는 점을 안타깝지만 인정해야 한다고 보고 있다. 그러면서 다음과 같이 말하고 있다:

> 불교의 관점에서 보자면, 이런 일을 수행할 준비가 되어 있는 사람들은 자신의 행위가 불러올 업이 어떤 것인지 알고 있어야만 하며 또한 받아들일 준비가 되어 있어야만 한다. 그러한 인식과 수용은 그 일을 수행해 가면서 가능한 한 피해를 줄이려 애쓰고, 할 수만 있다면 대안적인 방법을 사용하며, 절대로 꼭 필요한 경우에만 살생을 하며, 따뜻한 존중심을 지니고 그 존재를 대하고, 그로부터 얻은 지식이 확실히 선용될 수 있게 보장하려는 노력으로 이어져야 할 것이다.

물론 많은 실험이, 꼭 필요해서가 아니라, 상업적 경쟁과 비밀주의라는 풍토에서 일어나고 있음은 두말할 나위도 없다. 아울러 현대의 많은 질병은, 예를 들어 흡연이나 음주나 다이어트 등과 같은, 개개인이 선택한 생활 방식의 결과물로 발생한다는 점 또한 지적될 수 있을 것이다. 과연 인간의 어리석음이 빚어낸 산물을 해결하기 위해, 그 대가를 동물이 치러야만 하는 건지 의문이 아닐 수 없다(Story, 1976: 369-71). 하지만 불교적 관점에서는, 그러한 의문이 그런 식으로 고통받고 있는 사람들에 대한 동정적인 도움마저 배제하지는 않는다. 어떤 경우가 됐든, 대부분의 불교도들은 동물 실험에 반대하는, (영국의) '동물해방전선'과 같은 단체가 벌이는, 격정적이고도 폭력적인 수단을 건전하지 못한 것으로 바라본다. 전통적인 불교도의 행실과 좀 더 맥락을 같이하는 조치는, 그대로 두면 동물에게 실험을 하게 될 시설로부터 동물을 사서 풀어주는 것이다. 불교와 자이나교는 유사한 딜레마에 봉착한다. 자이나교도가 제약업에 매우 적극적이면서도 높은 영향력을 발휘하고 있는 인도에서는, 동물이 정말 필요한 경우 약물 실험에 사용되지만, 그렇게 하고 난 다음엔 해당 실험실에서 운영하는 회복 설비에 의해 '원상태로 회복'된다; 그리고 가능하다면, 그 뒤에 야생으로 되돌려 보내진다 (Chapple, 1992: 59).

현대 불교 국가에서 이 문제에 대한 논쟁과 관련된 정보는 빈약하다. 태국에서는 간호대학 졸업생이 마히돌(Mahidol) 대학에 보내지는데, 그 대학은 '동물실험센터'를 운영하면서, 지금은 동물 권리에 대한 논의를 포함한 생명윤리 과정을 포함시키고 있다(Lindbeck, 1984: 25). 일본 역시 실험용 동물을 사용한다. 그리고 많은 회사와 연구 시설은 자신들이 '사용'한 동물의 넋을 기리는 정기적인 위령제를 올리는 것으로 불교 규범과 빚어지는 긴장을 처리하고 있다.[7] 서양의 불교도들 중에서는 영국에 '불교 동물 권리 단체'가 있고 '미국 불교도 동물 보호 단체'가 있다(WFRB, 1984: 73-9). 후자는 공장식 사육이나 올가미 사냥은 물론 동물 실험에도 관심의 초점을 모으고 있다.

---

7) Hoshino & Takeda,1987:310; LaFleur,1992:145.

동물에 대한 적극적인 관심과 도움

제아무리 구체적인 욕망이 많고 그 감수성이 천차만별이라 하더라도, 모든 유정적 존재들은 행복을 좋아하고 고통을 싫어하므로, 『자비경』(Karaṇīya-metta Sutta)은 모든 유형의 존재에게 자비를 베풀라고 말한다. 11세기의 보살 칼파라타(Bodhisattv—āvadāna -kalpalatā)는 "나는 개미 한 마리의 고통조차도 참고 볼 수 없다"고 말한다(Dayal, 1932: 199-200). 그리고 『자따까』에는 주인이 내기에서 이기게 하기 위해 무려 백 대의 수레를 끄는 황소에 관한 이야기가 들어 있는데, 그 황소는 주인이 귀에 거슬리는 음조로 말하지 않을 때에만 움직인다(J. I .191-3). 그러므로 "귀에 거슬리는 말은 동물조차 화나게 만드는 법이다."

19세기에 필딩 홀(Fielding Hall)은, 버마에서는 동물이 인도에서 대우받는 만큼이나 아주 잘 대우받고 있다고 평가했다. 심지어 주인 없는 개조차 잘 먹여지고 또한 아주 순하다. 그는 동물에 대한 버마 사람들의 태도를 마치 '아버지가, 어리석고 어떨 땐 말썽도 부리지만 그래도 사랑스럽기만 한, 어린아이에게 보내는 온유함'으로 묘사하고 있다(1902: 239). 그런데 비록 불교도가 동물에게 친절하라고 권장되긴 하지만, 감정적인 애착을 보내라고 권장되는 것은 아니다. 왜냐하면 그것은 '무집착'이라는 이상에 역행하는 것이기 때문이다. 원론적으로 이것이 의미하는 바는, 자비심이란 것은 개나 고양이만이 아니라 바닷가재처럼 귀엽지도 않고 정이 쉽게 가지도 않는 피조물에게도 골고루 발휘되어야만 한다는 것이다.

사람이나 동물이나 자신들에게 우호적이라고 느끼는 이들에게 더 호의적으로 반응하기 마련이다. 그래서 자비는 사람을 보호하는 것으로 이해된다. 그렇기에, 사람들이 성나 날뛰는 나라기리(Nāḷāgiri)

라는 코끼리에게 죄과를 물으려 하자, 붓다는 죄과를 묻지 말고 자비심으로 그 죄를 덮으라고 말하였는데, 그러자 그 코끼리는 날뜀을 멈추고 붓다에게 머리를 조아렸던 것이다(*Vin.* II.194-6). 또 다른 경우에 붓다는, 비구가 뱀한테 물려 죽은 이유에 대하여, 그 비구가 뱀이나 그 밖의 야생 동물에게 자비심을 발휘하지 못했기 때문이라고 가르쳤다(*A.* II.72-3). 심지어 오늘날에도 태국이나 미얀마, 스리랑카의 숲 속에서 수도하는 비구들은, 먹이를 찾아 헤매는 굶주린 호랑이를 포함하여 숲에 사는 동물에게 이러한 자비심을 베푸는 것을 일종의 보호책으로 발휘하고 있다. 그리고 이것이 효과를 발휘하고 있음을 전하는 이야기는 많이 있다(Tambiah, 1984: 86-7, 88-90).

그림 4. 헌신적인 원숭이와 코끼리와 함께 있는 붓다, 태국 코 사무이의 한 사찰.

동물은 친절한 태도를 지닌 자에게 긍정적인 방식으로 반응하는 것으로 그려지고 있다. 한때, 붓다는 일부 시비를 좋아하는 비구들을 피해 숲속에 은신하고 있었다. 거기서 붓다의 친구는 그에게 공양을 올리던 코끼리 한 마리와 원숭이 한 마리였다.[8] 태국의 14세기 문헌인 '수파싯 프라루엉(Three Worlds According to King Ruang)'에는 다음과 같은 이야기가 전해지고 있다. 아소카 대왕의 선함을 꿰뚫어 본 비둘기와 앵무새들은 그에게 양질의 쌀들을 물어왔고, 들쥐들은 그 쌀의 껍질을 갉아내어 하얀 쌀로 만들었으며, 벌들이 날아와 꿀을 만들고, 곰들은 요리에 쓸 땔감을 가져왔으며, 아름다운 새들이 몰려와 그를 위해 춤추고 노래했다!(Reynolds & Reynolds, 1982: 175)

테라바다 불교 비구가 지켜야 할 계율 중에는, 덫에 걸린 동물이나 물고기를 놓아주는 것이, 만일 훔치고 싶은 욕심에서가 아니라 동정심에서 비롯된 것이라면, 비구에게 허용된다(Vin.Ⅲ.62-3). 『자따까』에는, 이보다 더 적극적으로, 수행자의 신분으로 가뭄 동안에 야생 동물에게 물을 확보해 주는 어떤 보살에 관한 이야기가 전해진다(J. Ⅰ.449-51). 그 일을 하는 동안에 그 보살은 너무 바쁜 나머지 자신을 위한 음식을 마련할 틈이 없었다. 그러자 그 동물들이 감사의 뜻으로 그에게 음식을 모아 주었다. 『자따까 말라』(Jātaka-māla)에서 전하는 이야기에 의하면, 소년 시절 고타마는 사촌 데바닷타(Devadatta)의 활에 맞은 거위를 구해 주고 간호사에게 데려가 건강을 회복시켰다(Chapple, 1992: 53). 대승의 『금광명경』(Suvarṇa-prabhāsottama Sūtra)[9]에 나오는 유명한 일화는 이러하다. 붓다는 전생에 자신의 육신마저도, 자신은 물론 자신의 새끼도 돌

---

8) *Vin.* Ⅰ.352-3; Dhp.A. Ⅰ.58-60
9) *Sub.*202-40; Conze,1959:24-6; 또한 '자따까-말라'를 보라(Khoroche,1989:ch. Ⅰ).

볼 수 없을 정도로 굶주린 암호랑이에게 던져 주었는데, 붓다의 그러한 관대함이 그를 완전한 자기완성으로 이끌어 갔다는 것이다. 동아시아 불교에서는, 『범망경』으로 알려진 보살의 계율에 다음과 같은 말이 있다: 우리는 우리 자신의 육신과 살점과 손과 발을 굶주린 호랑이, 늑대, 사자와 배고픈 영령을 위한 공양으로 기꺼이 바쳐야만 한다."[10] 동물에 대한 이타주의라는 것 역시 매우 단순한 수준에서도 가능하다: 그래서 사람들은 설거지물을 벌레와 그 외 피조물이 먹고 살라고 물웅덩이나 쓰레기장에 내다 버리는 일도 까르마적으로 유익한 일이다(A. I.161)라고 말한다. 대승불교 철학자 나가르주나 역시 왕에게 조언하길, 배고픈 영혼과 개와 새와 개미를 위해 식전과 식후에 음식을 공양할 것이며, 심지어 사람들로 하여금 저잣거리의 공터에다 음식을 가져다 놓게 시키라고 말했다(RPR.249-50).

선승 료관(Ryōkwan: 1758~1831)은 자신을 괴롭히던 이에게조차 자비롭게 대했다. 초겨울 따뜻한 날에는, 자신의 내의에서 이를 조심스럽게 털어 내어 따뜻한 햇볕을 쏘이게 하곤, 이내 그 이를 데리고 들어왔다는 것이다!(Suzuki, 1959: 372) 훨씬 더 이타적인 행위를 인도의 위대한 학승인 아상가(Asaṅga, 서기 4~5세기경)에게서 볼 수 있다. 아상가는, 자비의 구현이라 할 수 있는, 미륵보살의 혜안을 얻겠다는 포부로 12년간 동굴 속에서 명상했다. 성과가 없어 실의에 빠진 어느 날, 그는 구더기가 득실거리는 상처로 인해 괴로워하는 가엾은 개를 보게 된다. 그는 그 개를 돕고 싶었으나, 구더기에게는 피해를 주고 싶지 않았다. 그 상처로부터 구더기를 끄집어내는 것은 구더기에게 피해를 주게 될 것이다. 그래서 그는 대단한

---

10) Dharma Realm,1981,150; Chapple 인용,1992:53.

동정심을 발휘하여 그 구더기를 달래어 자신의 따뜻한 혀 속으로 끌어내었고, 그런 다음엔 자기 살점의 일부를 내주어 거기서 구더기를 먹여 살리려고 했다. 그 순간 그 개와 구더기는 온데간데없이 사라지고, 미륵보살이 그 자리에 서 있었다: 아상가를 상대로 한 미륵의 시험은, 아상가에게서 위대한 사랑을 이끌어 내었고, 나아가 그토록 오래동안 기다리던 깨달음으로 이끌었던 것이다(Thurman, 1981: 22-4).

아소카 대왕의 자비로운 행실 가운데는, 사람과 동물 모두를 위하여, 약초를 재배하는 일과 길가에 우물과 가로수를 개발하는 일이 포함되어 있었다(Nikam & McKeon, 1959: 64). 이는 자비로운 전륜성왕의 의무들 가운데 하나를 따르는 것이다: 동물과 새를 보호하는 일(*D*.Ⅲ.61) 또한 미얀마에서는 소를 위한 '은퇴 요양원'이 눈에 띈다. 가축의 보건에 대한 불교적 배려는 병들거나 부상당한 동물의 살생을 자연스럽게 배제할 것인데, 그러한 살생이 첫째 계율의 지침에 어긋난다고 보기 때문이며, 또한 병든 사람을 살생하는 것과 다름없다고 보기 때문이다. 불교의 자비심은 그러한 동물을 돌보라고 강권하는 것이지 '영원히 잠재우라고' 강권하는 것이 아니다(Schmithausen, 1991b: 46).

불교는 또한 동물의 목숨을 살려주는 일을 까르마적으로 유익한 행위로 간주하는데, 동아시아 불교에서는 『범망경』의 계율이 이런 행위를 요구한다. 중국에서는 불교도가, 특히 축제나 성스러운 날에, 게를 바다로 돌려보내고 새를 하늘로 놓아주며, 닭이 도살되지 않도록 구해 준다(Welch, 1967: 378-82). 이따금씩 가축도 방면되어, 대형 사찰이 돌보도록 보내지는데, 사찰 유지를 위한 기부금 성격일 수도 있다. 그런 사찰은 생선장수 손에서 구출된 물고기를 위한 연못도 갖추고 있는 경우가 있다. 하지만 안타깝게도 그런 동물이 언제나 잘 길러지는 것은 아니다. 동물을 풀어주는 것은, 자비를 체현한 보살인 관음보살을 숭배하는 행위이기도 하고, 혹은 그러한 선업이 자연적 재앙을 막아 주는 효과를 발휘하기를 기원하는 것이다. 그래서 홍콩의 불교도는, 1963년 극심한 가뭄이 닥친 동안에 참새나 자라, 원숭이, 사슴, 거북이, 조개, 게, 뱀, 장어 등을 방생했었다. 그렇게 방생된 동물을 위안하는 의미에서 세 가지 암송을 하게 되는데, 그들이 내세에 더 좋게 환생하도록 돕기 위한 것이다.

미얀마에서는, 사람들이 사찰에서 보호하고 있는 거북이와 물고기에게 먹이를 준다. 그리고 메말라 가는 웅덩이에서 물고기를 구해내 강으로 옮겨주는 것을 선한 일로 간주한다. 집에서 기르는 동물을 풀어주는 것은 까르마적으로 매우 유익한 일로 보며, 특별한 의식 때는 공동체를 보호하려는 의도에서 집단적으로 풀어준다(Spiro, 1971: 271-2). 1962년에는, 점성가들이 세계적인 재앙을 예견하자, 정부가 3일 동안 도살장의 문을 닫게 하고 602마리의 동물을 풀어주었다. 필딩 홀 역시 어떻게 해서 자신이 닭고기 식사를 못하고 지냈는지를 말해 주고 있는데, 누군가가 자신의 요리사한테서 식재료로 쓰일 그 새를 터무니없이 높은 값을 치르고 사 가버렸다는 것이다(1902: 231). 스리랑카에서는 격리된 공동체에서 기거하는 비구들이 이따금씩 정육점 불매운동을 조직하는데, 그렇게 해서라도 생명을 구해 보겠다는 것이다(Gombrich, 1971a: 260). 산속에서 은둔하는 비구들 역시, 다람쥐나 곰 새끼 같은 부모 잃은 동물을 돌봐 준다(Carrithers, 1983: 291). 태국에서는 사람들이 자발적으로 사찰 영내에 살고 있는 개를 위해 시주를 할 수도 있으며(Bunnag, 1973: 119), 수레를 끄는 일에서 이미 은퇴한 동물은 여생을 평화롭게 살도록 내버려 두는 경우도 있다(Terweil, 1979: 192). 어떤 축제 때는 사람들도 장사꾼한테서 새를 사는데, 그 목적은 그들을 방생하는 좋은 일을 해 보겠다는 것이다. 하지만 이런 관습의 안타까운 부수적 효과는, 바로 이런 목적을 위해 새들이 의도적으로 포획된다는 점이다! 사찰 주변에 있는 수로에 방생된 거북이들 역시 때로는 과도하게 밀집되어서, 부양되기에 적절치 못하다(Burns, 1977: 25-37).

식물과 나무 그리고 숲

불교가 태동하던 시기부터 숲은, 다음과 같은 후렴구에서 보이듯이, 비구에겐 명상하기에 이상적인 장소로 상징되어 왔다. "여기 있는 나무 등치, 이 자리가 비었으니. 명상하라, 비구들이여…"(일례로 M. I .118을 보라) 실제로 명상을 전문으로 하는 테라바다 비구는 사실상 숲에 거주하든 그렇지 않든, '숲속 비구'로 알려져 있다(Carrithers, 1983; Tambiah, 1984). 속인에게 숲은 그렇게 반갑지 않은 것일 수도 있다. 하지만 인간의 쓸모를 위해서 작은 숲이나 유실수를 가꾸는 것은 선업을 쌓는 일이다(S. I .33). 붓다에 귀의하겠다는 마음은, 보리수라고 알려진,[11] 고타마가 그 나무 아래에서 깨달음을 얻었던 것과 같은 종류의 나무에 물을 주거나 그 앞에 공양물을 올리는 행위에서도 나타낼 수 있는 것이다.

무가해라는 불교의 이상은 모든 유정적 존재에게 확장되는 것이다. 그렇다면 식물은 어떠한가?[12] 분명 자이나교도는 식물만이 아니라 심지어 광물까지도 생명의 원리 내지는 영혼을 지니며, 윤회

---

11) Harvey,1990b; Gombrich & Obeyesekere,1988:384-410.
12) 초기 불교에서 식물과 유정성에 관한 상세한 논의는 Schmithausen,1991a를 볼 것.

의 일부를 이룬다고 생각했다. 하지만 불교의 경전은 식물로 환생하는 것이,[13] 혹은 식물이 환생하는 것이 가능하다고 말하지는 않으며, 후기의 경전은 명백히 이 점을 부인한다(*AKB.*Ⅳ.36a-b). 그럼에도 불구하고 붓다는 씨앗과 식물의 생명에 위해를 가하는 것을 피했던 것으로 기록되어 있으며(*D.* Ⅰ.5), 비구에게는 나무와 식물에게 피해를 주는 것을 금하는 계율이 있다. 나무를 베어 넘어뜨리거나 다른 누군가에게 그렇게 해달라고 요구하는 일은 비구에겐 (고백을 통해) 참회를 요구하는 위반 행위다(*Vin.*Ⅳ.34-5). 여기서, 그런 계율을 만들게 된 사연은, 베어진 나무에 살고 있던 어떤 신이 붓다에게 불만을 토로했기 때문이다. 게다가 세속인들도 불교 비구가 나무를 베면서 "'한 가지 능력만을 지닌 생명'을 해치고 있다"고 불평했다: 한 가지 능력만을 지녔다는 것은 오로지 촉감만을 지녔다는 뜻으로(*Vin.*A.575), 자이나교에서 발견되는 관념이다. 그리하여 붓다는 비구가 '식물의 성장'을 파괴하는 것을 금지한다. '한 가지 능력만을 지닌 생명'이란 나무와 식물에 붙어사는 수많은 작은 벌레까지 언급하는 것으로 추측해 볼 수도 있다. 하지만 위에서 말한 계율이 설명하는 바에 따르면, 오직 다양한 종류의 식물과 나무만을 언급하는 것이지 거기에 사는 벌레를 말하는 것은 아니다. 실제로, 우기에 비구로 하여금 유랑을 금하는 계율은, 불교 비구가 자라나는 곡물이나 잔디들을 밟고 다니면서 '한 가지 능력만을 지닌 생명'에게 해를 입히고, 작은 피조물들을(글자 그대로 하자면: 숨 쉬는 것들) 파괴하고 있다는 세속들의 지탄을 모면하기 위해서 만들어진 것이다(*Vin.* Ⅰ.137). 앞에 인용한 말에 따르면, '한 가지 능력만을 지

---

13) 한 가지 예외가 『대승집보살학론』(Śikṣā-samuccaya)에서 인용된 '상가락시타(Saṅgharakṣita) 이야기'인데 거기에선 나쁜 비구가 '나무, 잎, 꽃, 과일'들로 환생한다고 언급되어 있다. 하지만 이 역시 그런 비구들이 벽이나 회반죽 같은 무기물로 환생한다는 부조리한 생각을 담고 있기에, 별로 의미는 없다.

닌 생명'에는 나무에 사는 신 또한 해당될 수 없다: 왜냐하면 그 신은 붓다와 이야기를 나누는 것으로 이해되기에, 촉감만을 제외한 모든 감각을 결여하고 있는 것으로 보기 어렵기 때문이다. 나무를 베는 것과 관련된 또 다른 인용문에서, 붓다는 '한 가지 능력만을 지닌 생명'에 대한 사람들의 우려를 언급한 다음에, 사찰에 쓰려고 큰 나무를 베어 버린 한 비구를 꾸짖으면서 말하길, "이 어리석은 사람아, 사람들은 한 그루의 나무 안에서도 생명의 원리를 감지하고 있으니 하는 말이라네."[14](*Vin*.Ⅲ.156) 비구에게는 땅을 파내거나, 누군가에게 그런 일을 청하는 것을 금지하는 계율도 있다(*Vin*. Ⅳ.32-3). 거기에서도, '한 가지 능력만을 지닌 생명'에 대한 염려와, 땅속에서 '생명의 원리(들)을 감지하는' 사람들에 대한 언급이 또다시 등장한다. 이 두 경우에 있어서, 그러한 계율이 만들어지게 된 동기는 대중들의 감수성을 거스르지 말라는 것이 아닌가 싶다. 붓다는 '한 가지 능력만을 지닌 생명'에 대한 믿음을 인정한 적이 없지만, 실제로 비판한 적도 없다. 슈미트하우젠(Lambert Schmithausen)은 이 문제와 관련하여 초기 불경 속에 나타난 증거를 주의 깊게 검토한 끝에, 식물을 유정적 생명체로서 볼 수 있는 '경계선에 놓인 사례'로 간주하면서도, 이론적인 차원에서 그 문제를 해결하려는 관심은 사실상 존재하지 않았다고 주장한다(1991a: 69). 비록 현상을 아주 자세하게 분석하고 있는 『아비담마(Abhidhamma)』에는 '한 가지 능력만을 지닌 생명'에 대한 언급이 없기는 하다. 하지만 실천적으로 보

---

14) 'Jīva-saññino hi moghapurisa manussā rukkhasmin'. I.B. Horner, in Book of the Discipline, vol. I, p.267, 번역하자면 "어리석은 자여, 사람들은 나무 안에서 살아 있는 존재로서의 인식을 지니기 때문이다."가 된다. 하지만 이러한 번역도 가능하긴 하나, 나무 안에서 살아 있는 존재(들)을 manussā ― 즉 사람들이나 인간들― 로 볼 수 있는지는 매우 의심스럽다. 훨씬 그럴 듯한 것은 이것이 '한 가지 능력만을 지닌 생명'에 대해 우려를 표명했던 '사람들'(manussā)을 다시 언급하는 것으로 보는 것이다.

면, 식물은 비구들이 지켜야 할 비폭력의 범위 안에 여전히 포함되어 있었다(Schmithausen, 1991b: 6-7).

나무의 신과 그 나무의 관계는 일반적으로 밀접한 것으로 보고 있다. 어떤 경전에서는, 자신의 나무가 베어지는 과정 속에서 그 신은 피해를 입을 수 있지만, 다른 나무로 옮겨 갈 수도 있다(*Vin.* IV.34)고 한다. 그런데 『자따까』에 나오는 일화에서는, 그러한 신이 자신의 나무에서 다시 태어나는 것으로 말해지고 있으며, 그 나무는 그 신의 '유한한 몸체'이자 '저택'으로 언급되고 있다. 이런 경우에 그 신의 생명은 자신의 저택이 지속되는 한에서만 지속될 것이다(*J.*IV.153-6).

세속인들이 나무를 베는 것을 금지하는 계율은 없다(*Miln.*266). 하지만 친구가 그 그늘 아래 쉬고 있는 나무의 가지를 잘라 내는 일은 그 친구를 배반하는 행위로 간주한다(*J.*V.240; *Pv.*II.9,verse3). 그럼에도 불구하고 어떤 나무가 열매를 풍성하게 맺지 못하도록 방해하는 일은 그 나무의 신에게 나쁜 일을 저지르는 것이라고 보았는데, 그 이유는 배은망덕한 사람이 열매만 실컷 즐기고 그 가지를 잘라내 버렸기 때문이었다(*A.*III.369-70). 이런 경우에는, 사까(Sakka) 신이 그 나무 신을 불러 '나무의 법도'를 지키라고 가르칠 것이라고 말한다: 사람들로 하여금 그 나무의 뿌리와 껍질과 잎사귀와 과실을 취하게 하되 노여워하지 말라. 비구의 이상 가운데 하나가 나무에 대한 완전한 비폭력이라면, 세속인들의 이상 가운데 하나는 나무들 및 그 신들과의 상호 협력적인 조화이다.

비슷한 방식으로, 비구에게 땅을 파헤치는 것을 금하는 것은 세속인들의 실천에 있어서도 마찬가지로 일정한 영향을 미쳐왔다. 티베트에서는 사람들이 땅을 파헤칠 때, 벌레 등이 다치지 않을까 염려하여 주의를 기울인다. 남방불교 국가에서도 이와 마찬가지로,

일부 어떤 사람들은 종교적인 의례가 있는 날엔 벌레와 곤충에게 해를 입히지 않기 위해서 밭갈이를 삼간다. 매우 신심 깊은 세속인들에 대한 이와 같은 이미지는 분명, 비구의 이상을 반영하고 있다. 어떤 초기 경전은(M. II.51-2) 세속인이면서 '아나함' 성자의 지위에 오른 분의 ―그는 전생 붓다의 후원자였다― 행동에 대해 적고 있다.

> 도공(陶工) 가띠카라(Ghaṭīkāra) 사부께서는 금은보화를 멀리하셨던 분으로서… 삽이나 손으로 땅을 파내지 않으신다; 일부러 그분은, 쥐와 개가 파헤쳐 놓거나 가루로 만들어 놓은 흙 두덩이의 흙으로만 그릇을 만드신다.

이는 분명, 절제력이 강한 소수를 위한 이상이다. 하지만 그럼에도 불구하고 그것은 하나의 이상인 것이다!

중국과 일본에서는 식물과 나무의 본성에 관한 논쟁이 훨씬 더 많았다.[15] 대승의 가르침은 '모든 유정적 존재'의 깨달음을 약속한다. 이것은 식물이나 나무, 땅은 깨달음으로부터 배제된다는 것을, 그리고 깨달음의 잠재성을 지닌 불성의 결여를 의미했던 것인가? 중국에서 삼론종의 길장(549-623)은, 식물이나 나무와 같은 비-유정적 존재는 불성을 지니나 마음을 결여하고 있기에, 불성을 체득하여 그 잠재성을 실현할 수는 없다고 주장했다. 반면에 천태종 비구인 챈잔(Chan-jan, 711-82)은, 불성은 모든 현상의 기저에 놓인 불변의 마음이므로 그 어떤 것도, 심지어 흙이나 먼지마저도 불성으로부터 배제될 수 없다고 주장했다. 분명히 만물은, 비록 그것이 토양 속에서 일어나는 아주 작은 움직임일지언정, 적절한 행위를 통

---

15) LaFleur: 1973-4; Shaw: 1985.

해 불성을 향해 나아갈 수 있다. 일본에서는 자연에 대한 일본 특유의 숭배가 그러한 지속적인 논쟁의 밑거름이 되었다. 천태종의 료겐(Ryōgen, 912-85)은 식물도 유정적이며 그들의 성장은 깨달음을 향한 고요하면서도 꾸준한 수행 과정이며 그러한 깨달음은 열매를 맺을 때 찾아온다고 주장했다. 식물의 고요함은 참선 과정인 것이다. 반면에 쇼신(Shōshin, 1189-1204)은 식물과 나무가 유정적임을 인정치 않았다. 그는 더 나아가, 그 어떤 경전이나 논서도 그것들이 깨달음을 얻을 수 있다고 말한 바 없다고 꼬집었다. 하지만 탄트라적인 진종(眞宗)의 설립자 쿠카이(Kūkai, 774-835)는 모든 현상들을, 유정적인 것이든 무정적인 것이든, 마하비로자나 붓다의 영육이 현현한 것으로 보며 따라서 불성에 꼭 필요한 마음이 결여된 것으로 보지는 않는다. 조동선의 설립자 도겐(Dōgen, 1200-53)은 훨씬 더 나갔다. 그는 현상계 전체를, 궁극적인 것으로서의 불성을 포함하고 있거나 현현하고 있는 것이 아니라, 그 자체가 불성인 것으로 보았다. 『열반경』같은 대승 경전은 벽이나 돌이 불성을 지닌다는 점을 부인했음에도 불구하고, 그는 그것들이 다른 모든 것처럼 불성이라고 단언했다. 끊임없이 변화하는 공허한 현상들의 총체는 다름 아닌 불성이며, 그 안에서는 어떠한 것도 무정적인 것이라고 부르는 것이 불가능하다. 그에게는, '한 잎의 풀에도 생명 있는 존재들의 세계가 담겨 있으며' 이는 물이나 공기, 불, 땅, 막대기 안에서도 마찬가지다(Batchelor & Brown, 1992: 12). 자연의 각 양상은 궁극적 실재의 일부로서 내재적 가치를 지니며, 빗소리나 원숭이 울음소리를 완전히 자각하도록 스스로를 정진하는 것이야말로, 물아일체적 자각의 순간에 이 점을 통찰하는 길이다. 그는 말한다:

바다는 말하고, 산은 혀를 갖고 있다—그것은 일상적인 붓다의 언설이다… 만일 그대가 그러한 말들을 들을 수 있고 할 수 있다면, 그대는 전 우주를 진정으로 이해하는 자가 될 것이다.(Nishiyama & Stevens, 1975: 104-5)

도겐에게는, 자연시인 사이교(Saigyō, 1118-90)처럼, 자연과의 조율이 해탈에 이르는 길이었다.

자연보호와 환경주의

아소카 대왕은 아무런 명분도 없이 숲에 불 지르는 것을 금지했었다(Nikam & McKeon, 1959: 56). 그리고 중국인에게 널리 알려진 『범망경』은 구릉이나 산림이나 들판 등에 불을 놓아서는 안 된다고 말했다. 그럼에도 불구하고 다양한 종들과 그 서식지에 대한 보호는 근대 이전까지만 해도 불교문화권이 상당한 관심을 기울여야만 했던 주제가 아니었다. 왜냐하면 어차피 불교의 가치가 의미하는 것은, 환경을 과도하게 착취하지 않는 것이었기 때문이다. 카빌싱(Kabilsingh, 1988)이 지적하는 바에 따르면, 스리랑카의 작지만 사람들이 많이 밀집해 사는 섬에서는 야생 생물이 실제로 지구상의 다른 많은 지역에서처럼 제거되지 않았는데, 이는 주로 종교적인 감수성 덕분이다. 고대 불교의 수도였던 아누라다푸라(Anurādhapura)와 폴로나루와(Polonnaruwa)와 같은 곳들은 야생 생물 보호구역으로서의 역할을 수행했다. 사냥은─ 일부 가난한 사람들이 멀리 떨어진 지역에서나 하는 것으로서 ─(Gombrich, 1971a: 261), 마치 미얀마에서의 사냥이 비불교도들한테서만 기대할 수 있는 일인 것처럼, 거의 드문 일이다(Spiro, 1971: 45). 공산화 이전의 티베트에서는 야생의 푸른 양과 야크, 사슴 떼와 철새 무리가 티베트 유목민과 함께 유랑했었다(Kabilsingh, 1988: 19). 고기를 먹기 위해 동물을 사냥하는 일도 없진 않았지만, 티베트 중심부에는, 특히 수도나 사찰 혹은 성지 주변에는 드넓은 자연-보존지가 많이 있었다(Ekvall, 1964: 76).

하지만 많은 불교 국가의 상황이, 그 형태가 소비주의가 됐든 공산주의식 국가 자본주의가 됐든, 서구적 가치들의 영향으로 말미암아 변화를 겪고 있다. 티베트에서는, 중국의 티베트 자연 자원에 대한 착취가 결국 상당한 정도로 티베트 야생 생물에 대한 도륙과 산림 파괴로 이어졌다. 태국에서도 또한, 자유방임적 자본주의 경제와 소비주의 그리고 급격한 경제적 변화가 환경에 해로운 영향을 미치고 있다. 1945년까지만 해도 국토의 75%가 산림지대였다; 1989년에 이르러 그 비율은 15%로 내려갔다. 점증하는 담배 농장과 타피오카 농장, 그리고 한때는 맹그로브 습지였던 곳에 만들어진 가재 양식장 등과 같은 농업 관련 산업의 확대와 목재 벌채가 그 원인이었다. 또한 산림벌채에 대한 정부의 제재는, 자신들의 체류지로부터 장작이나 숯을 얻기 위해 그리고 경작지를 마련하기 위해 나무를 베던 주민들에게 나쁜 선례를 제공했다. 1970년대에는 수많은 새들이 DDT에 중독된 물고기를 먹고 목숨을 잃었으며, 밀림에 살던 야생 닭들은 사냥으로 멸종되었다. 강력한 처벌에도 불구하고 숲에서의 밀렵은 늘어만 갔다. 해마다 40종에 달하는 5만여 마리의 새들이 숲에서 잡혀 나와 식재료로 사용되었으며, 350종에 달하는 37만 5000여 마리의 새들은 ─일부는 보호종을 포함해서─ 음식과 무관한 목적을 위해 사용되었다(MacAndrews & Sien, 1979: 108). 1960년에 제정된 야생 생물 보호법은 보호종으로 지정된 야생 생물을 살생한 데 대하여 500달러의 벌금이나 일 년의 징역을 부과했었다. 하지만 부분적으로는 허술한 집행으로 인해 야생 생물이 여전히 감소하자, 그 벌금은 1972년에 이르러 두 배로 올라갈 수밖에 없었다.

미국의 테라바다 비구인 비구 보디(Bhikkhu Bodhi)는, 전 세계적인—오염, 자원고갈, 잠식, 산림남벌이라는 형태로 진행되고 있는—'생태위기'의 근원은 '인간의 복지를 위한 수단이 고도의 생산과 소비 속에(Sandell, 1987:vi)', 즉 무한한 물질적 '진보'라는 이상 속에 자리 잡고 있다는 가정에서 비롯된다고 단언한다. 그는 말하기를:

> 서구 산업사회에 특수한 수많은 가정은: 행복과 복지는 우리의
> 물질적 욕구와 감각적 욕망의 만족에 있다; 즉 인간의 자연에
> 대한 근본적 정향은 복종을 겨냥한 일종의 투쟁과 갈등이다; 즉
> 자연은 우리의 욕망을 충족시키기 위해 공헌하도록 만들어지거
> 나 정복되어야만 한다는 것이다.(p.vii)

그래서 보디는, 서양의 개발 모델이 휩쓸고 있는 오늘날, 불교 국가의 지도자에게 분명하게 새로운 방식으로 불교적 관점이 지니는 실천적 함축이 설명될 필요가 있다고 본다. 클라스 샌델(Klas Sandell)이 말하고 있듯이, 불교의 이상은 자연에 대한 지배 —혹은 수동적인 복종이 아니라 자연과의 협조력이다(1987: 36). 외적인 자연을 극복해 보겠다고 추구하는 것은 인간의 탐욕과 집착을 표현하는 것이기 십상이다. 티베트와 접경을 이루고 있는 인도의 관할 구역 라다크의 전통적인 불교적 삶을 연구했던 헬레나 노르베리-호지(Helena Norberg- Hodge, 1991)는, 그들의 삶이 인간 존재와 지구 사이의 공진화에 기초해 있었지만(Batchelor & Brown, 1992: 43), 1974년에 그 지역이 개방되기 시작하면서부터 현금 경제가 발달하고 관

광객들이 쇄도하자 이러한 균형이 깨져 버렸다고 지적한다. 라다크의 주민들이 현대 세계에 적절히 적응하는 것을 돕고자, 그녀는 '라다크 생태 개발단체'(1983)의 창립을 후원해서 온실이나 태양열 화덕, 수력 양수기 등과 같은 환경친화적인 기술을 주민들에게 소개했다. 물질적인 성장이 이득을 가져온다는 점은 조금도 의심할 나위가 없지만, '가장 큰 부(富)는 만족'(Dhp.204)이며, 갈애야말로 고통의 근원이라는 불교의 성찰이 그런 점을 완화시켜줄 필요가 있다. 프랑스에 거주하고 있는 베트남 사회활동가 틱낫한의 말처럼, "우리는, 오늘날 대다수 사람들의 삶을 지배하고 있는, 중압감과 갈애들로 가득 찬 현대적 삶의 방식에 반기를 들겠다고 결심하지 않으면 안 된다. 그로부터 벗어나는 유일한 길은 덜 소모하는 것이다."(Batchelor & Brown, 1992: 108) 이러한 관점을 따르는 불교도 운동이 바로 스리랑카의 '사르보다야 쉬라마다나 운동'(Sarvodaya Śramadāna movement)이다. 1958년에 시작된 이 운동의 목표는, 농촌 사람들로 하여금 현대화된 도시 사람들의 비정함을 극복할 수 있는 자신들만의 능력과 잠재력들을 깨우쳐 그들의 삶을 개선하는 것이다. 그들이 겨냥하는 것은 자급 경제에 토대를 두고, 물질주의적 가치관이 만들어 낸 '환경오염'으로부터 벗어난 제대로 된 개발이다. 따라서 그들은 깨끗하고 안전하고 아름다운 환경을 포함한 열 가지 '기본 필수품'과, 수로를 청소하고 도로나 풍력펌프, 생물가스 발전기 등을 건설하는 것을 포함한 여러 가지 활동들에 초점을 맞추고 있다(Macy, 1983; Batchelor & Brown, 1992: 78-86). 아울러 그들의 진영에서 내세우는 입장들에는 환경을 보호하고 산림을 회복시키는 계획도 포함되어 있다(Ariyaratne, 1995: 9).

현대화가 급속도로 진행되고 있는 태국에서조차 사찰 구역 내의 야생 생물과 물고기는 손상되지 않고 남아 있는 경우들이 적지 않아서, 그런 지역들은 작은 자연-보존지로서 남아 있다. 그래서 방콕 인근의 왓 필롬(Wat Philom)에는 태국에서 마지막으로 남은 열린부리 황새의 번식지가 있는데, 수천 마리의 열린부리 황새들이 그곳에서 가을과 겨울을 지낸다(Kabilsingh, 1988: 17-18). 1966년부터 이어져 온, 비구를 교육시켜 공동체 개발에 일조하기 위한 프로그램은 자연 보존에 관한 조언을 포함시켜 왔다. 더욱이 세파에 찌든 도시인들이 아짠 차(Ajahn Chah)와 같은 대선사들이 기거하고 있는, 북동부 지역의 숲 속에 (도시와) 멀찌감치 떨어져 있는, 사찰의 진가를 이해하기 시작했다. 그들이 그런 곳을 방문하는 것은 좀 더 많은 내적인 평화와 지혜를 개발하기 위해서지만, 그 숲에 대한 진가를 발견하게 되는 데 도움이 됐음은 의심할 나위가 없다. 오늘날 태국에서는 적극적인 환경보호 운동이 펼쳐져 오고 있는데, 황실 가족의 구성원과 대중 가수, 정부 관료, 비구 그리고 많은 일반인들이 참여하고 있으며, '태국 야생 생물 기금'은 불교와 자연보호 계획을 후원하면서 특히 자연 및 환경보호와 관련된 불교의 가르침을 부각시키기 위해 노력한다. 그런 가르침과 관련된 내용에는 비구로 하여금 낡은 승복을 재활용하라든지(*Vin.* II.291) 대소변으로 물이나 푸른 잔디를 오염시키지 말라든지(*Vin.* IV.205-6) 그리고 평온한 환경을 유지하라는 이상에(*A.* V.15) 대한 지침이 포함되어 있다. 태국-티베트 '불교의 자연 인식 프로젝트'는 환경과 관련된 불교 설화나 가르침을 담은 저서 3000권을 배포해 왔다. 그것은 조만간 태국에 있는 모든 사원들과 대학 교수들에게 배포하기 위해 5만 권을 넘을 전망이다. 텔레비전과 시청각 프로그램 역시 계획되어 있다. 비슷한 문헌이 인도에 있는 티베트인들에게 배포되고 있으며, 그 프로젝트는 한국과 일본까지 확대하는 것을 목표로 삼고 있다. 홍콩에 거주하면서 그 프로젝트를 설립하고 운영을 담당하고 있는 낸시 내쉬(Nancy Nash)는, 이전에 불교도는 자연을 소극적으로 보호해 왔지만, 이제는 그 일을 수행하는 데 있어서 보다 공공연하게 적극적일 필요가 있다고 말한다(Sandell, 1987: 73-5). 내쉬 자신도 달라이 라마가 강조한 '보편적 책임'에서 영감을 받았다. 망명 중인 달라이 라마는 1989년 노벨 평화상 수락 연설에서 자신의 포부를 드러내어 말했다. 다가올 미래에 티베트 고원은 '비폭력 지대'가 될 것이며, 그 지대는

세계에서 가장 큰 자연공원 내지는 생물권으로 변모하게 될 것이다. 야생 생물과 식물의 생명을 보호하기 위해 엄격한 법률이 강제될 것이다; 적절한 생태계에 손상을 주지 않게 하기 위해, 자연 자원에 대한 착취는 신중하게 규제될 것이다; 그리고 사람들이 거주하는 지역에서는 지속 가능한 개발 정책을 채택할 것이다. (Piburn, 1990: 24; Batchelor & Brown, 1992: 112-113)

태국에서는 주요한 관심사가 삼림 황폐화의 결과에 쏠렸는데, 삼림의 황폐화는 토양의 부식과 더 뜨겁고 더 짧아진 우기, 그리고 우천 시에 범람하는 홍수 등으로 이어졌다. 1978년, 정부는 상당량의 원목 수출을 금지시켰고, 비록 빨리 자라는 유칼리나무의 단작 인공림을 선호하기는 했으나, 삼림 복원 프로젝트를 가동시켰다. 1989년 이 나라는 세계 최초로 목재 벌채를 완전히 금지시켰는데, 이는 불법적인 벌채로 인해 홍수와 토사로 350명이 목숨을 잃은 후 이어진 대중들의 성토가 촉발시킨 것이었다. 이는 벌채 산업이 안정적으로 가져다주는 강력한 이익에 어긋나는 조치가 취해진 것이었으며, 그 뒤에 그러한 운동은 미얀마나 라오스, 캄보디아 같은 삼림이 풍부한 인접 불교국가로 옮아갔다. 태국 정부는 말레이시

아, 인도네시아, 베트남으로부터의 목재 수입도 허용하고 있다.

　태국 북부 지역엔 특별한 골칫거리들이 있다. 그곳에서는 각종 아편을 재배하는 산악부족이 화전 경작을 해오고 있는데, 그 화전이 삼림을 파괴하고 저지대로 물이 유입되는 것을 방해하는 결과를 낳고 있다. 1970년대부터 산중에서 수도하던 비구 아짠 퐁삭(Phra Ajahn Pongsak Tejadhammo)이 목격한 바에 따르면, 담배회사가 그 지방의 저지대 삼림의 상당 부분을 파괴하고, 그런 다음엔 그 지역민들이 나머지까지 모조리 파괴해 버린다. 그러면 그곳으로 흘러들어온 '흐몽'이라는 산악부족이 고지대에 있는 분수령 지역의 삼림을 '베고-불태우는' 그들만의 방식으로 파괴하기 시작한다. 이러한 관심이 결국 퐁삭으로 하여금 1980년대부터, 치앙마이 인근에 있는 매소이 계곡의 주민들을 조직하여 삼림을 보호하고 이제는 메말라 버린 그들의 땅과 분수령에 숲을 다시 조성하는 것을 돕게 만들었다. 그것이 목표로 삼는 것은, 강물을 끌어들여 물을 대서 식량을 지속가능하게 공급함으로써 주민들의 생계에 이득이 되도록 돕는 것이다. 아짠 퐁삭이 주민들에게 가르친 것은 그들이 물과, 따라서 식량을 얻기 위해 의존할 곳이 바로 숲이라는 점과, 그러므로 감사한 마음으로 숲을 보호하고 육성하는 일은 그들 자신의 의무라는 점이다. 숲은 마치 제2의 어버이처럼 여겨져야만 하며, 숲에 사는 동물은 그 마을 주민들의 형제와 자매들처럼 바라보아야만 한다. 그는 자연과의 조화가 참다운 불교윤리의 토대이며, 숲이 건강하게 기능하는 것이야말로 자연적 균형의 핵심이며 그러한 균형에는 인류도 포함될 뿐만 아니라 인류에게도 이로움이 되는 것이라고 역설한다. 숲은 '사람들의 육체적·정신적 삶의 건강한 조화'를 보장해 준다(Batchelor & Brown, 1992: 92). 그는 불교와 자연에 대한 존중을 굳건하게 연계시킨다:

진리를 향한 붓다의 말씀과 가르침들인 다르마는, 또한 자연을 향한 설법이기도 하다. 이는 진리와 자연은 같은 것이기 때문이다. 자연은 진리의 현현이며 가르침들의 현현이다. 우리가 자연을 파괴할 때, 우리는 진리를 파괴하는 것이고 그 가르침들을 파괴하는 것이다. (Batchelor & Brown, 1992: 99)

아짠 퐁삭은 마을 주민들이 먹고살기 위해 땅을 소유해야만 하며, 그렇지 않으면 그들은 계속해서 숲을 파괴하게 될 것이라고 강조한다. 그는 마을 주민들에게 그들의 환경을 구제하기 위한 정부 보조금 등에 기대지 말고, 자립적이고도 상호 협력적인 노력을 경주하라고 권유한다. 그러한 과업이 토대를 마련하는 곳은 (스리랑카의 사르보다야 운동에서처럼) 집단적 의사결정과 노동력의 기부다. 1985년에 이르러 274개 마을이 참여한 운동이 500m²에 이르는 숲을 다시 가꾸어 냈으며, 8000m²를 재조성하기로 계획을 세웠다. 그 뒤로 많은 마을 주민들이 나무를 가꾸고, 무너진 경사면을 계단식으로 정비하고, 수천 종의 씨앗을 심고, 저수지와 수로를 정비하는 일에 참여해 왔다. 1992년에는 1000여 개가 넘는 마을들이 참여했고, 연관된 사람들은 9만 7000명에 달했다(Swearer, 1995: 128). 또한 삼림지역은 보호를 목적으로 울타리를 쳐 왔는데―이는 정부 보호림을 침해한다는 명목으로 아짠 퐁삭을 기소하려는 시도로 이어졌다! 정부는 흐몽족에게 분수령 지역에 사는 것을 허용하면서, 아편 대신에 국가가 수매해 주는 양배추를 재배하게 했다(이는 정부의 희망사항이었다). 하지만 아짠 퐁삭은 이러한 조치가 너무도 단순한 형태의 '동정심'이라는 이유로 반대했다. 아짠 퐁삭은 그들을 저지 대로 데리고 내려와 ―거기서는 아편이 자랄 수 없다― 땅을 나눠 주는 편이 낫다고 본 것이다. 이는 또한 그들이 사용하는 살충제가 수로를 오염시키는 것도 막아 줄 것이다.

1990년 UN 환경계획의 '지구촌 명예로운 인물 500인 명부'는 ―태국의 수상과, 자신의 땅을 새들의 안식처로 탈바꿈시킨 태국의 한 주민과 더불어― 아짠 퐁삭을 포함시켰다(Tangwisuttiji, 1990). 이제는 다른 지역의 많은 비구들이 아짠 퐁삭을 모범으로 따르고 있으며, 수많은 사찰들이 삼림을 재조성하기 위하여 땅을 적극적으로 사들이고 있다. 아짠 퐁삭의 실천주의는 삼림 지역에서 채광을 허용하는 것에 대한 저항에 동참할 것을 포함해 왔다. 그는 1990년에 결성된 '생명과 환경의 보존과 발전을 위한 비구들'이란 단체를 건립한 주역이다. 이 단체는 남부 지방에 댐 건설이 예정된 지역처럼 생태적으로 위험에 처한 지역을 대면하게 되었는데, 그 댐 건설로 인해 오래된 광활한 우림 지역이 수몰될 처지에 있었다. 비구들은 이를 막기 위해 순번제로 그 숲에서 거주하는 것으로써 실천에 돌입했다. 1991년에는 파타코른(Phra Kru Udom Patakorn)이 북동쪽 자신의 지역에 있는 마지막으로 남은 오래된 삼림 지역의 나무들에게 승직을 내리기까지 하였는데, 이는 그 나무들이 유칼리나무로 이식되는 과정에서 베어져 나가는 것을 막아 보기 위해서였다. 안타깝게도 아짠 퐁삭은 1993년에 승복을 벗었다. 그가 비구로서 승적 박탈에 해당하는 위반을 저질렀다고 고소되었기 때문이었다. 하지만 그는 팔계를 지키는 재가신자로서 여전히 자신의 과업을 수행해 오고 있다(Swearer, 1995: 128).

태국의 활동가들도 '일본 열대림 보호 네트워크'(Japan Tropical Forest Action Network)와 일정 정도의 교류를 이어 왔다. 미약하나마 환경보호 운동이 점증하고 있는 일본은 세계 열대림의 재목 가운데 45%를 수입하고 있으며, 그것을 주로 콘크리트 건물의 일회용 합판 덧문으로 사용하고 있다. 일본은 그럼에도 불구하고 자국의 산림을 보호하면서, 공해 억제나 에너지 절약과 재활용 측면에서 훌륭한 실적을 보유하고 있다.

1986년에는 환경문제를 논의하기 위한 초-종파 간 회담이 이탈리아 아시시에서 소집되었다. 거기서, 예를 들어 (티베트) 불교 대표자는 불교도들이 생물의 서식지를 보호하는 데 최선을 다할 뿐만 아니라 위기에 처한 종이 멸종되는 일이 없도록 보장해야만 한다고 선언했다(Harris, 1991: 101). 해리스(Ian Harris)는 다소 회의적인 어투로, 환경주의가 불교 속에 얼마나 깊이 뿌리내리고 있는지 의문을 제기하면서, 그것은 주로 서구에서 유래된 유행적인 관심에 반응한 것이라고 주장한다. 하지만 최근에 불교도 사이에서 제기된 자각적인 관심은 ─서구가 처음으로 경험했던─ 근대화의 파괴적인 충격에 대한 인식에 주로 기인한 것으로 볼 수 있다. 해리스는 *D*.Ⅲ.74-5를 인용하면서 미래의 황금시대를 묘사하고 있는데, 거기선 인간이 심대한 갈등의 시기를 거치면서 도덕적 퇴보를 경험한 이후에 그로부터 교훈을 얻어 다시금 도덕적으로 높은 수준에 이르게 됨으로써 세계는 번창하는 것으로 그려지고 있다. 그리하여 "도시와 마을은 수탉이 이 마을 저 마을로 날아다닐 수 있을 만큼 서로 가깝게 놓여 있다. 이 완벽한 세계에서는 오직 도시와 교외라는 환경만이 남아 있다. 밀림은 완전히 정복되고 만 것이다."(Harris, 1991: 108) 해리스는 이것을 하나의 비전으로 이해하고 있는데, 그 비전 속에서 문명이란 '야생에 대한 총체적인 파괴'와 함께 간다. 그리고 더욱이 갈등의 시기에 사람들은 살인과 피살을 모면하고자 밀림과 산속으로 은둔할 것이라고 말해지고 있다. 아마도 이것이 함축하는 바는 고도로 도덕적인 사회에서는 야생이 '정복'되어야만 하는 것이 아니라, 사실상 필요가 없어진다는 것이다;[16] 그리고 어떤 경우에든 도시적 환경은 준-야생 공원 등의 형태로 자연을 여전히 여기저기에 박아 놓을 것이다.

하지만 불교가 과연 종들을 보호하는 데 특별히 강력한 이유를 지니고 있는지에 대해 의문을 제기하는 것은 분명 타당하다. 불교의 관심은 언제나 그것이 어떤 종이 되었든, 유정적 존재의 고통에 초점이 맞춰져 왔다. 변화무상한 영겁의 세계 속에서 종들은 (현재 통상적인 수준보다 좀 더 급격하게 일어나기는 하겠지만) 멸종하게 될 것으로 예상된다. 그럼에도 불구하고 각각의 죽어 가는 종들은 고통받는 개체로 이뤄져 있고, 불교의 관심은 분명 이들에게 초점을 맞춰야만 한다. 불교 원리는 고래라는 '종'을 구하는 데는 강력한 지원을 보내지 않을 수도 있지만, 고래들을 구하는 데는 지원을 보낸다! 하지만 위기에 처한 어떤 종(의 구성원)을 구하는 것이 다른 종의 구성원에 대한 살생과 연루되는 지점에서는 불교가 지원을 보내지 않을 것이다. 더욱이 전통적인 불교 윤리는 마지막 남은 코뿔소를 살생하는 것을 개체수가 많은 어떤 동물, 말하자면 소 한 마리를 살생하는 것보다 더 나쁜 것으로 보지 않으며, 굳이 그렇게 보려고 하지도 않을 것이다. 하지만 그 종을 절멸시키려는 목적에서 의도적으로 코뿔소를 살생하는 것은 훨씬 더 나쁜 것으로 보일 수 있는데, 그 이유는 그것이 매우 파괴적인 행위일 뿐만 아니라 많은 사람들을 경악하게 만들기 때문이다. 특수한 종이 사라진 세계도 여전히 고통받는 존재의 (인과적으로) 조건 지어진 세계이다. 만일 인간 종이 멸종한다면 ─적어도 우주의 이쪽 편에서는─ 깨달음의 능력을 지닌 존재로 태어날 수 있는 가능성이 사라져 버리게 되는 것이다. 그 밖의 다른 종에 대해서 그와 같은 가능성을 기대

---

16) 해리스는 자신의 견해를 Harris,1994a,1994b,1995a,1995b와 1997에서 개진하고 있는데, 슈미트하우젠은 1991b와 1997에서 환경주의적 관심에 대한 불교의 지지에 대해 좀 더 긍정적인 견해를 취하고 있다.

할 수는 없다고 하더라도, 최소한 고등동물은 어떤 미덕을 발휘할 수 있는 것으로 보인다. 따라서 그들이 사라진다는 것 역시 존재의 영적인 진보를 방해하는 것이 될 것이다. 따라서 어떤 동물에 대해선, 그들을 죽이는 것이 그 종을 멸종으로 몰고 가리라는 점을 알면서도, ―비록 그 멸종을 의도한 것은 아니더라도― 그 종을 살생하는 것은 멸종의 위험에 처하지 않은 종을 해치는 것보다 사실상 더 나쁘게 보일 수 있다.

위험에 처한 종 가운데 하나가 호랑이인데, 호랑이의 일부를 먹으면 남성다움이 유지된다는 중국인의 전통적인 신념이 그들을 위협하는 한 요소를 차지하고 있다. 그래서 여전히 호랑이는 인도와 방글라데시에서 대만으로 ―아마도 '애완동물'로― 수입되고 있는데, 인도와 방글라데시에서 호랑이의 숫자는 점차 감소하고 있다. 1986년에 보고된 바에 따르면 불교 지도자들은 중국인의 설날에 호랑이가 잡아먹히는 것을 막아 보고자 12마리의 호랑이를 매입할 계획을 세우기도 했다. 위험에 처한 또 다른 종은 다양한 유형의 고래들인데, 전 세계가 포경을 일시 중지했음에도 불구하고 일본인은 과학적 방법을 동원하여 고래 사냥에 적극적으로 나서고 있다. 일본인의 고래 사냥은 몇 가지 요소들이 만들어 낸 합작품으로 볼 수 있다. 일본이 섬이라는 사실은 바다를 거대한 음식 제공자로 바라보게 되었음을 의미했다. 육식에 대한 불교적 관심이 해산물에 대한 전통적인 선호를 강화시켰을 수도 있다. 왜냐하면 물고기를 생명의 형태 중에서 등급이 낮은 수준으로 봤기 때문이다. 캐플로(Philip Kapleau)가 전하는 바에 따르면 어떤 고래잡이는 "만일 고래가 돼지나 소처럼 죽기 전에 시끄럽게 소리를 질렀다면, 나는 절대로 쏘지 못했을 것입니다. 고래는 아무런 소리도 지르지 않고 죽습니다. 마치 물고기와 같을 따름입니다."라고 말한다(1981: 47). (사실

고래는 고통을 받으면 소리를 지른다: 하지만 물 위에 있는 사람들이 그 소리를 들을 수 없는 것뿐이다.) 선박이 더욱 강력해지고 세속주의가 증가함에 따라 훨씬 많은 고래들이 살생되었다. 전후(戰後) 시기에, 이는 당초 미군정에 의해 부추겨졌는데, 굶주림에 허덕이는 일본 사람을 먹여 살리는 데 일조하기 위해서였다. 하지만 오늘날 고래 고기를 먹는 사람들은 많지 않으며, 고래의 사체는 주로 애완동물의 사료나 공산품에 쓰인다. 평균적인 일본 사람은 고래를 살생하는 것이 소를 살생하는 것보다 더 나쁘다고 보지 않는다. 물론 신심 깊은 불교도는 둘 다 살생하고 싶어 하지 않겠지만 말이다. '모든 유정적 존재'에 대한 불교의 관심과 일본의 포경, 그리고 위령제를 중시하는 일본을 놓고 본다면, 이따금 불교 비구가 고래잡이에 의해 살생된 고래를 위해 위령제를 지내는 것도 놀라운 일은 아니다(Hoshino & Takeda, 1987: 310). 캐플로의 전언에 따르면, 1979년에 선종 사찰에서 올려진 위령제 같은 경우는 정부 관리와 거대 포경 기업의 임원이 참석했다(1981: 46-50). 안타까운 일은 그러한 공양이 포경에 대한 자중자애의 뜻을 담고 있기보다는, 사람들의 양심의 가책을 달래 주는 방편에 더 가까워 보인다는 점이다.

아시아를 벗어나면, 불교도는 환경 문제에 적극적이었다. 프랑스에서는 베트남 비구 틱낫한이 종교적 중개자와 사회/평화 운동가로 이뤄진 접현종(接現宗, Tiep Hien Order)을 창립했다. 그 종회의 계율 가운데 하나는 "인간과 자연에 해로운 직업을 생업으로 삼지 않는다."이다(Eppsteiner, 1988: 151). 틱낫한은 자신을 따르는 사람들에게 그들과 세계의 상호관계 및 세계에 대한 그들 자신의 의무를 일깨우는 시를 사용하도록 가르친다. 예를 들어 수도꼭지를 틀 때나 물을 마실 때 그들은 되새겨야만 한다:

이 손 안에 흘러넘치는 물
쓸모 있게 사용해야 하지 않을까
이 지구별을 보존하려면. (Bachelor & Brown, 1992: 106)

틱낫한의 말처럼, "우리 자신들은 태양, 식물, 박테리아와 대기 등과 같은 내가 아닌 요소들로 이뤄져 있는 것이다."(Badiner, 1990: 177). 비슷한 취지로 배첼러(Stephen Batchelor)는 말한다,

우리는 우리 스스로를, 각각 분리된 사물들로 가득 찬 분리된 세계 속에서, 분리된 자아들로 존재한다고 느낀다. 우리는 서로 분리되어 있다고 느끼고, 우리를 지탱해 주는 환경과 분리되어 있다고 느끼며, 우리가 사용하고 즐기는 사물들과도 분리되어 있다고 느낀다. 우리는 그 사물들이 무엇을 위해 존재하는지 인식하지 못하고 있다: 지금의 우리를 이루고 있는 부분들은 그들로부터 온 것이다. (Batchelor & Brown, 1992: 32)

인드라의 그물(Indra's net)이라는 이미지는 서양과 아시아를 망라한 불교 현대화론자들에 의해 자주 언급되는데, 그들은 생태적 실천주의에다가 만물의 심오한 상호관계성이라는 비전에 기초한 불교적 동기를 불어넣고 싶어 한다.[17] 여기엔 다음과 같은 분명한 논리가 있다. 우리는 우리가 의존하고 있는 다른 존재들과 환경을 존중해야만 하며, 자연 안의 나머지 부분(우리 이외의 것)에 대한 우리 자신의 부정적 행위는 뒤이어 우리에게 영향을 미친다는 점을 깨달아야만 한다. 이 점을 깨닫지 못하고 자연을 남용하는 자에겐 인간 존재로서 존경이나 도움을 베풀어선 안 될 것이다.

---

17) 예를 들어 Badiner, 1990:61; Batchelor & Brown, 1992:II, 35; Macy, 1991; Sandell, 1987을 보라.

결론

불교에 있어서 인간은 인과로 조건 지어지는 세계 속에 살고 있는 유정적 존재로 구성된 공동체의 일부이다. 그리고 그런 세계에서 고통은 불가피한 것이다. 인간은 인간 이외의 자연 위에 관리자로서 군림하는 것이 아니라, 인간보다 덜 지적인 다른 유정적 존재의 이웃으로서 간주된다. 인간의 정신적인 잠재력은 인간이 다른 종의 구성원보다 더 가치 있을 수 있음을 의미하지만, 바로 그 잠재력은 모든 존재에 대한 자비로운 관심을 통해 드러나고 고양되는 것이다. 다른 존재를 고의로 살생하거나 해치는 것은, 그들도 우리처럼 연약한 존재이며 행복에 대한 열망을 지닌다는 사실을 무시하는 처사이다. 유정적 존재에 대하여 간접적으로 해악을 야기했을 때, 불교가 의도의 윤리를 강조한다는 것은 곧 그런 행위가 필연적으로 비난받을 만한 일은 아님을 의미한다. 하지만 자비심에 대한 불교의 적극적 강조가 의미하는 바는, 존재에 대한 해악의 원인을 제거하는 것이야말로 칭송받을 만한 가치가 있다는 것이다.

An Introduction to
Buddhist Ethics
Foundations, Values and Issues

제5장

경제 윤리

제5장

경제 윤리

> 갈애는 가장 큰 병이고…만족은 가장 큰 부(富)이다.
> 『담마빠다』(Dhammapada) 203-4

경제 윤리는 광범위한 문제들를 포괄한다: 일이나 사업 활동의 유형, 일 일반에 접근하는 방법과 구체적으로는 사업 기획, 소득의 사용, 부에 대한 태도, 부의 분배, 자본주의와 공산주의 같은 정치경제체제에 대한 비판, 그리고 이론과 실천에 있어서 그것들에 대한 대안 제시 등이 곧 그것이다. 불교적 맥락에서의 경제 윤리는 또한 그러한 문제들을 재가 시민, 정부 그리고 승가와 관련지어 고려하도록 하고 있다.

세속인의 경제 윤리

붓다의 가르침 속에는, 재가 신도가 어떻게 하면 자기 수입을 가장 잘 산출하고 지출할 수 있는지에 대한 조언이 포함되어 있는데, 이에 대한 다양한 관점이 *S.*IV.331-7(그리고 A.V.176-82)에 잘 담겨 있다.

1. 부를 창출하는 방법에 대해서, 폭력을 사용하지 않고 (담마에 따라) 도덕적인 방식으로 하는 것은 칭송할 만한 일이며 그 반대로 하는 것은 비난할 만한 일이다.
2. 자기 일의 생산물을 사용하는 것에 대해서, 다음과 같이 사용하면 칭송할 만하다:
   (a) 자기 자신에게 마음 편하게 흔쾌히 베푼다.
   (b) 타인에게 나눠 주며, 관대하고 선업을 쌓는 행위에 사용한다.

따라서 자기 자신에게 볼썽사납게 하거나 남에게 인색하게 구는 것은 비난받을 만한 것이다.

3. 부가 도덕적인 방식으로 만들어졌다고 하더라도, 그리고 자신과 남들에게 유익하게 쓰였다고 하더라도, 부에 대한 자신의 태도가 탐욕적이고 갈애적인 나머지 그 어떤 만족도 느끼지 못한다거나 영적인 발전에 귀 기울이지 않는다면, 여전히 비난받을 만한 것이다.

이러한 지적은 본장의 앞부분을 이해하는 데 유용한 틀을 구성한다.

정명(正命): 올바른 생계

팔정도 가운데 '생계'와 관련된 부분은 우리의 생계수단이 불명예스러운 것이어서는 안 되며, 그렇지 않을 경우 다른 생명체에게 고통을 야기하는 것이라는 내용을 담고 있다. '그릇된 생계'는 다음과 같은 것을 거래하는 것이다: 무기(무기 판매원이 되는 것), 생명체(도살을 위해 동물을 가두는 것)[1], 고기(도살업자나 고기 판매업자, 사냥꾼이나 낚시꾼이 되는 것), 술이나 독약(A. Ⅲ.208) 등. 이런 것들을 거래하는 것은, 특히 도살업자나 사냥꾼이 되는 것은, 불교 사회에서 사회적 경멸을 받으며, 나쁜 환생으로 이어질 것이라고 말해진다. 또한 그릇된 생계는 속임수나 탐욕에 기초한(M. Ⅲ.75), 즉 두 번째 계율을 파계할 수밖에 없는 생계 유형으로 보고 있다: 이는 직접적으로나 속임수를 통해 훔치는 일인 것이다. 자신의 부를 증가시키는 방법을 알 수 있게 되는 것은 좋은 일이다. 하지만 도덕적 고려에는 눈감은 채 '속임수, 사기, 거짓말을 통해 돈을 버는 것은: 속된 말로 돈지갑에서 자기 존재감을 느끼게' 되어 버리는 것은 '외눈박이'가 되어 버리는 것과 같다(A. Ⅰ.129-30). 초기 경전들은 '그릇된 생계' 유형의 목록을 짧게만 언급하고 있지만, 현대적 맥락에서 불교도는 그 목록에 그 밖의 다른 것을 추가할 수 있을 것이다(Whitmyer, 1994). 예를 들어, 동물 실험; 살충제 개발; 무기 산업에 종사하는 것; 그리고 어쩌면 광고업에 종사하는 것도, 그것이 탐욕이나 증오·미망 등을 부추기고 진실을 왜곡하는 것으로 보인다면, 포함될 수 있다(Saddhatissa, 1971: 52). 서양의 선사(禪師) 에이켄(Aitken Roshi)의 말에 의하면, 망언을 금하는 계율은 평범한 광고업에 종사하는 것은 물론, 그런 광고가 내뱉는 거짓말을 그대로 받아들이는 것도 그 거짓말과 공범이 되었음을 보여주는 행위로서 이 역시 해서는 안 되는 일임을 함축하고 있다는 것이다(1984: 52).

『길상경』(Maṅgala Sutta)은 불화(anākulā) 없이 일하는 것을 가장

---

1) 태국 비구 Ven. Payutto는 여기에 성매매여성을 관리하는 것도 포함된다고 보고 있다(1993:61).

큰 축복이라고 주장하는데, 그러한 불화는 피고용인들 사이에나 피고용인과 고용주 사이에서 얼마든지 생겨날 수 있는 것이다. 『시갈로바다경』(Sigālovāda Sutta)은 말한다. 무릇 사람이란 하인과 피고용인을 돌봄에 있어, "그들의 체력에 따라 일을 조정해 주고, 음식과 급여를 제공하며, 그들이 아플 때는 그들을 돌보아 주고, 맛있는 것을 그들과 나누며 정시에 퇴근하도록 해야만 한다."(D.Ⅲ.191) 그들은 이에 상응하여 근면하고 정직해질 것이며 자신의 고용주를 높이 칭송할 것이다. 대승의 초기 경전인 『살차니건자경』(Ārya-satyaka-parivarta)은 정의로운 통치자는 다음과 같은 사람을 꾸짖어야 한다고 말한다.

> 자신의 아내와 아이들, 하인과 하녀, 일꾼들과 적절히 나눠 갖지 않는 사람들이나, 다른 이들을 과도하게 부리거나 불명예스러운 일을 수행하도록 요구함으로써 다른 이들의 생계를 어렵게 만드는 사람들.

왜냐하면 그와 같은 일들은 '그릇된 생계'이기 때문이다(ASP.198). 인도에서 아소카 대왕은 노예제를 지지했으면서도, 자신의 비문칙령 11번째 조항에서는 노예와 하인들이 잘 대우받아야만 한다는 점을 강조했다(Nikam & McKeon, 1959: 45). 근대에 들어와서 태국에서는 노예제가 1872년 이전까지 합법적인 것으로 남아 있었지만, 서양의 노예매매에서 발견되는 것과 같은 비인간적인 처우는 결코 일어나지 않았다.

세속적 성공에 일조하는 도덕적이고도 영적인 자질들

초기 경전들은 윤리적 생계에 성공하는 것을 하나의 축복으로 보고 있으며, 한 개인의 도덕적·영적인 자질은 그러한 성공을 어떤 식으로든 방해하기는커녕 어떤 식으로든 기여하는 것으로 보고 있다. 그처럼 성공을 고무하는 자질은 다음과 같은 것을 포함하고 있다(cf. Rājavaramuni, 1990: 39-40):

(1) 붓다에 대한 믿음 속에서 도덕적 가르침을 준수하고, 관대하고도 인색하지 않은 태도를 지니며, 다섯 가지 방해물들(감각적 쾌락에 대한 욕망, 나쁜 마음씨, 게으름, 동요, 우유부단함)이 가져오는 나쁜 결과를 이해하는 것(A. II.66-7)

(2) 도덕적인 생활과 나태하지 않음(D. II.85)

(3) 조심성(appamāda)(S. I.86)

(4) '적절한 장소에 처하고, 선한 사람과 어울리며, 자기 자신을 완벽하게 적응시키는 것과 이전에 있었던 까르마적으로 유익한 행위들'(A. II.32; cf. Sn.259-60)

하나의 예로 현대의 동남아시아에서는 이런 삶에서의 성공이 현생의 지식과 그것의 적용은 물론 전생의 선업에 달려 있다고 본다(Spiro, 1966: 1165; Nash, 1965: 162). A. IV.281-5에 나오는 구절은 이런 삶에서의 성공과 행복이 다음과 같은 것에서 나오는 것이라고 단언한다:

(a) '활력의 성취': 다시 말해, 그 일이 어떤 일이든, 자신의 일에서 솜씨를 발휘하고 근면하며 탐구하는 정신을 지니는 것.

A. II.67에 나오는 비슷한 구절은 '담마(올바르고 적절한 것)'에 어긋나지 않게, 정력적인 노력을 통해 부를 획득하고 자기 손으로 부를 축적하며, 땀 흘려 부를 일궈 내고, 법도에 따라 부를 취한 그처럼 고귀한 제자'에 대해 말하고 있다.

(b) '조심성의 성취': 자신의 재산을 잘 간수해서 왕이나 강도, 화재나 수해, 그도 아니면 마음씨 나쁜 상속인의 수작에 그 재산을 잃어버리지 않게 해야 한다.

(c) 선하고 유덕한 사람과 어울림: 그리하여 믿음과 덕, 자비심과 지혜 등과 같은 그들의 자질을 본받는다.

(d) '균형 잡힌 생활'의 유지: 성공에 지나치게 의기양양하거나 실패에 의기소침하지 않기. 또한 사람은 무릇 수입을 초과하는 지출과 부의 맹목적인 추구를 피해야만 한다. 여인과의 방탕함이나 음주, 도박, 그리고 사악한 사람과의 친교로 부를 잃어버리는 일은 피해야만 한다.

비슷한 방식으로, 『시갈로바다경』은 부를 낭비하는 여섯 가지 방식들에 관하여 이야기하고 있다:

과음에 빠지거나 나태를 야기하는 약물에 탐닉하는 것… 부적절한 시간에 거리를 배회하거나, 공연장을 찾아다니고, 도박에 빠져버리고, 나쁜 친구를 사귀는 것, 그리고 몸에 밴 게으름. (*D*. III. 182)

그런 다음, 이런 것들 하나하나가 지니는 불이익이 어떤 것인지 상세하게 설명하고 있다(pp. 182-3). 예를 들어, 음주는 그의 돈을 소모시키고 다투게 만든다; 밤중에 거리를 배회하는 사람은 그 자신과 그의 가족을 무방비 상태로 만든다; 공연장에 자주 들락거리는 사람은 오락거리를 찾는 데 몰두하게 된다; 도박하는 사람은 자기 돈을 잃고, 적을 만들며 신용도 잃게 된다; 나쁜 친구를 사귀는 사람은 못된 길에 빠져든다; 게으른 사람은 자기 일을 미루면서 생각한다: "너무 추워"라거나 "너무 더워"; "너무 일러"라거나 "너무 늦었어"; "난 너무 배고파"라거나 "난 너무 바보야"라고! 그런 식으로 사람은 자신이 이미 벌어 놓은 것을 다 써 버리고, 새로운 소득을 만들어 내지 못한다. 『시갈로바다경』 또한 부를 사용함에 있어서 주의할 점에 대해 조언하면서, 부의 4분의 1은 자기 자신의 안락과 편의를 위해 그리고 그 절반은 자기 사업이나 직업을 위해 사용해야만 하며, 나머지 4분의 1은 불행한 시기에 대비하여 저축해야만 한다(D.Ⅲ.188)고 말한다. 따라서 빚을 지는 것은 스트레스를 받는 일이므로(A.Ⅲ.350), 빚을 지지 않는 것이 행복의 원천이다(A.Ⅱ.69-70).

수입의 적절한 사용

앞에서 말한 자기 삶에 있어서의 '균형'이라고 하는 이상에 따르면, 구두쇠나 자신의 부를 낭비하는 사람 모두 만족하기 어려운 것으로 보인다(A.Ⅰ.87). 구두쇠는 자기 자신이나 남들 모두에게 활기를 불어넣지 못한 채, "내 거야!"라는 말만 외치면서 자신의 부를 지키기에 급급한 사람으로만 보인다(J.Ⅲ.299-302). S.Ⅰ.89-91은 일생 동안 형편없는 음식을 먹고 보잘것없는 옷을 입으며 살다가 아무런 유언도 없이 세상을 떠난 백만장자에 대해 기술하고 있다: 그의 부는 아무에게도 이로움을 주지 못했으며, 그래서 왕이나 강도에게 빼앗기고, 화재나 수해로 인해 사라지거나 그 자신이 아무런 애정도 못 느꼈던 상속인에게 물려주게 되었던 것이다. 다른 곳에서는, 어떤 부유한 구두쇠의 부를 '마치 악령이 출몰하는, 그래서 어떤 사람도 갈증을 채우지 못하는 저수지'로 기술하고 있다(J. I.353-4). 부란 오로지 사용될 때에만 이로움이 생기는 것인데, 그럼에도 불구하고 많은 사람들은 부를 거머쥐고서 죽을 때가 되어서야 부와 갈라서게 된다. 역설적이게도, 사후에 자신의 부로부터 이로움을 얻는 유일한 방법은 자신이 죽기 전에 그것을 관대하게 써버리는 것이다: 왜냐하면 그러한 사용으로 선업이 쌓이기에, "주는 것이야말로 잘 저축하는 것이다."(S. I.31-2) 대승 철학자 나가르주나는 말한다:

> 부를 사용함으로써 지금 여기에 행복이 있게 되고,
> 기부를 함으로써 미래에 행복이 있게 되는데,
> 사용하지도 못하고 잃어버리거나 사라져 버리면,
> 비참함만이 남게 되거늘, 어찌 행복이 들어올 수 있겠는가?
>
> (RPR.315)

A.II.67-8[2]은 부의 적절한 사용에 관해 논하면서 말하길, 우리는 부가 제공하는 기회를 놓쳐서는 안 되며 반드시:

(a) 자기 자신에게나, 자신의 가족, 친구, 동료, 하인과 피고용인에게 행복을 가져다주어야 한다.
(b) 친지나, 손님, 고인이 된 친족과 신에게 공양을 바쳐야 한다.
(c) 유덕한 수행자와 바라문에게 선물을 바쳐야 한다: 최선의 기

---

2) Cf. A.III.45-6; S. I.89-91; A.III.76-8; Saddhatissa,1970:143.

여는 성스러운 환생으로 이끄는 것이다.

그래서인지 분낙(Jane Bunnag)이 오늘날 태국 중심부에서 관찰한 바에 따르면, 많은 관계들이 보호자와 피보호자의 형태를 띠며 (1973: 13) "수많은 피보호자들과 그 밖의 피부양자들, 그들 가운데 일부는 가난한 친척이 될 수도 있는데, 그들을 후원하는 것은 부유한 개인의 의무로 부과되어 있다."(1973: 11)

관대함은 다음과 같은 경전들에 의해서도 권장된다:

> 비구들이여, 만일 사람들이 선물을 나누는 것이나 가져다주는 과보가 어떤 것인지를 나처럼 알기만 한다면, 그들은 선물을 나누지 않고 써 버리는 데서 기쁨을 느끼지 않을 뿐만 아니라 인색함이라는 얼룩이 마음을 물들게 하지도 않을 것이다. 비록 그것이 그들에게 남은 마지막 푼돈이거나 마지막 남은 음식 한 조각이라고 할지라도, 그들은 그것을 나눌 수 있는 누군가가 곁에 있기만 하다면, 그것을 나누지 않고 써 버리는 데서 기쁨을 느끼지는 못할 것이다.(*It.* I 8)

어떤 경전은 말한다. 사람들이 제아무리 작은 선물이라도 그것이 가져올 까르마적 열매를 깨닫게 되자, "수행자와 바라문, 부랑자나 방랑자나 빈민을 향한 기부는 광범위하게 펼쳐지게 되었다; 그들은 자신의 안뜰에서 마실 물을 제공하고, 자신의 문틀에다 자리를 마련했던 것이다."(*Vv.* I) 공적인 일, 예를 들어 우물을 파거나 약효가 있는 식물을 심는 일과 같은 공적인 일 역시 불교 경전 속에서 권장되고 있는데(*S.* I .33), 중국의 비구 인수(Puan Yinsu(1115~69)는 '다리를 건설하는 일은 사람들에겐 평화를 가져다주고 천상을 기쁘게 만드는 붓다의 행위'라고 힘주어 강조한다(Faure, 1991: 128). 붓다의 재세 당시에 '가난한 이들을 먹이는 자'로 불리던 아나타핀디까(Anāthapindika)나 비샤카(Visākhā) 같은 위대한 기부자에 관한 이야기도 대중에게 널리 알려져 있다. 중국의 세속 불교에 막대한 영향을 미쳐 왔고 여전히 그와 같은 영향을 미치고 있는, 대승의 『우바새계경』은(Chappell, 1995: 2) 길 위에 드러누워 있는 병든 이방인을 보면 재가신자는 언제나 그들을 돌보기 위해 가던 길을 멈추고 그들이 머물 수 있는 자리를 찾아 줘야만 한다고 말한다(*Uss.*83). 보시(dāna)라는 미덕의 일부로서, 재가 보살은 다음과 같은 사회복지 활동에 참여해야만 한다:

의학을 배우고, 병원을 짓고, 도로를 보수하고, 순례자를 위한 접견소를 건설하고, 우물을 파고, 유실수를 심으며, 다리를 세우고, 수로를 정비하고, 동물을 보호하고, 지친 순례자를 안마해 주고, 우산으로 그늘을 만들어 주고, 사람들에게 귀이개를 제공하고 비탄에 잠긴 이들을 위로하기 등등. (Chappell, 1995: 8)

하지만 다른 사람을 돕는 것이 보상을 얻기 위한 방편으로 행해져서는 안 되는데, 왜냐하면 그것은 기부가 아니라 거래이기 때문이다(p.10).

불교의 보시와 그 사회-경제적 영향

불교도는 관대한 행위가 가져오는 선업(혹은 '공덕을 쌓는 것') 등에 지대한 관심을 보일 수가 있다. 미얀마, 태국, 스리랑카 같은 상좌부 국가에서는 무시하지 못할 시간과 돈과 노력이 개인적으로나 공적으로, 시주를 한다든가 수계식과 카티나(Kathina)[3] 의식에 후원을 한다든가 혹은 사찰이나 스투파(Stūpa: 기념비적인 성지/탑)를 건립하는 것과 같이, 공덕 쌓기를 염두에둔 활동에 쓰인다(Lester, 1973: 139). 예를 들어 팬너(David Pfanner)와 잉거솔이 평가한 바에 따르면, 1960년에 미얀마의 하위계층민은 처분 가능한 순수 현금 가계수입 가운데 평균 4~6%를(그렇게 되면 연간 평균 1000차트 내지는 200달러가 된다) 그러한 활동에 썼다고 하는데, 스피로(Melford Spiro)는 ―아마도 이를 평가함에 있어서 더 광범위한 활동을 포함시켰을 터인데― 1961년에 미얀마의 상위계층민에게서는 그 숫자가 약 30%까지 이른다는 점을 발견했다(1971: 459). 일례로 부모들은 자기 아들의 수계식을 위해 일 년 내내 저축을 하고, 그 행사를 위해 200~5000차트를 지출한다(Spiro, 1971: 456).[4] 그래서:

부를 그 자체만의 목적으로서 축적하는 것은 미얀마에서는 칭송받지 못하지만, 공덕을 쌓으려는 목적에서 부를 축적하는 것은 높게 평가된다. (Pfanner & Ingersoll, 1962: 345)

버마의 지방경제가 공덕을 획득하는 하나의 수단으로서 부를 축적하려는 압도적인 목표에 의해 움직여진다는 말은 전혀 과장된 것이 아니다. (Spiro, 1971: 459)

내쉬(Manning Nash)는 1960년대 미얀마의 부유층은 종교활동에

---

3) 매년 우기에 실행되는 비구들의 안거가 끝난 뒤 승복이나 그 밖의 필수품들을 기부하는 것을 말함: Swearer,1995:22-5를 보라.
4) 팬너와 잉거솔은 미얀마 하위계층에게 그 평균비용은 75달러 내지는 375차트였다고 말한다(1962:348).

절대적으로나 상대적으로 더 많은 액수를 지출했다고 지적한다: 연간 가처분 소득의 14%를 지출하는데 이는 중간계층의 4%와 빈곤계층의 2%와 비교된다(1965: 160). 이는 미얀마인은 자신들의 기본 수요를 충족시키고 나면, 종교활동에 자신들이 할 수 있는 데까지 지출하는 경향이 있음을 나타낸다. 미얀마인의 상식적인 견해에 따르면 중요한 것은 보시의 양이 아니라 의도라 할지라도, 지금 부유한 사람은 과거의 선업 때문이며 미래를 위해 더 많은 선업을 쌓을 수 있는 더 많은 기회 또한 지닌다는 것이다(Pfanner & Ingersoll, 1962: 345). 하지만 태국에서는 더 가난한 사람들이 부유한 사람들보다 자신들 수입의 더 많은 비율을 지출한다(Pfanner & Ingersoll, 1962: 357). 이는 태국의 경제가 많이 발전했기 때문에[5], 여유 있는 사람들이 잉여자금을 소비재나 투자에 써 버리는 경향이 있기 때문이다(Bunnag, 1973: 127-8, 164-5). 덜 부유한 사람들은 자신들의 처지를 부분적으로는 과거의 업보 때문이라고 생각한다. 그래서 보시를 통해 보다 많은 선업을 쌓음으로써 스스로를 돕고자 하는 것이다.

마웅(Mya Maung, 1964)은 미얀마의 전후(戰後) 빈약한 경제적 성과는 투자가 아닌 종교적 활동에 대한 높은 지출에 기인했다고 주장하지만, 링(Trevor Ling)은 제2차 세계대전 속에서 국가의 황폐화와 농촌 지역의 부채와 벼의 일모작이라는 영국의 유산이 중요한 요소로 작용했다고 주장한다(1979: 107-11) ―그리고 1962년 이후에는 압제적인 마르크스주의 정부의 영향도 일조한 바 있다고 덧붙일 수 있을 것이다. 식량 부족을 겪지 않는 어떤 나라에서, 종교적 활동에 대한 사람들의 자발적인 지출이 그 나라 경제에 일정한 영향

---

5) 1989년에 연 성장률은 9%에 달했으며 이는 전 세계에서 가장 빠른 성장이다: 1989년 11월 24일 가디언지; 하지만 1990년대 후반, 그것은 다른 많은 아시아 국가들과 함께 급격히 떨어졌다.

을 미쳤을 것이라는 고찰은 어느 정도 진실일 수 있다. 하지만,

> 그 돈이 [투재로 돌려졌었더라면 ―결과적으로 초래되었을―
> 미얀마의 경제를 과연 대다수의 미얀마 불자들이 선호했을지는
> 의심스럽다.(Ling, 1979: 113)

팬너와 잉거솔의 지적에 따르면, 사람들은 그러한 행위로 인해 장차 이득을 볼 것이라고 생각할 뿐만 아니라, 그들은 사적으로나 공적으로 그러한 행위로부터 상당히 직접적인 만족감과 즐거움을 취하고 있다(1962: 348). 레스터(Robert Lester)는 그 점을 다음과 같이 표현한다:

> 그 이상이란 비구와 신도가 서로에게 보시하는 것이고, 그들의
> 보시가 물질적이나 정신적인 안녕을 현세에서나 내세에서 증진
> 시킨다는 것이다. (1973: 156)

따라서 그와 같은 행위는 일종의 행복에 대한 투자처럼 보인다. 어찌 됐든, 승가로 몰리는 돈은 사찰에 필요한 물품을 위해 쓰이는 가운데 여전히 경제를 촉진하는 데 일조한다(Pfanner & Ingersoll, 1962: 357-8). 승가는, 일부의 주장처럼, 경제에 있어서 비생산적인 배수구가 아니라 문화적 지속성과 안정성의 중심이며, 윤리적으로 건전한 사회의 후원자인 것이다. 그러므로:

> 불자가 경제적 발전의 추구보다 신실한 기부가 더 중요하다고
> 믿는다는 것은 사실이 아니다. 오히려 그들은 그러한 기부들이
> 사회적 관계들을 진전시키는 가장 효과적인 방법이라고 믿는

다.(Sizemore & Swearer, 1990: 16)

오늘날 태국의 비구는 신자의 욕망을, 학교나 작은 다리나 병원을 세우는 것과 같은 공동체 발전 프로젝트에 쏠리게 하려고 일상적으로 애쓴다. 더욱이 동남아시아에서는 일반적으로, 유익한 까르마를 쌓는 것을 지향하는 활동이 범공동체적인 행사로 여겨질 수도 있기 때문에 (예컨대) 수천 명의 재가신자 손님에게 식사를 제공하는 것 등은 여기에 포함될 것이며(Pfanner & Ingersoll, 1962: 348), (이는) 나아가 "사람들에게 그들 사이에 존재하는 사회적 유대를 재확인하고 강화시키는 기회를 제공하게 된다."(Bunnag, 1973: 178)

종교적 기부가 지니는 경제적·사회적 영향은 이만하면 충분히 알아듣겠지만, 그런 기부가 덜 유복한 자를 돕는 일에 쓰일 소득을 다른 데로 돌린 것은 아닌가라는 의구심은 어떠한가? 분낙이 전하는 바에 따르면, 태국에서는 친족이나 피의탁자를 후원하는 것과 같은 사회적 책무를 다하면 그 부산물로 선업이 쌓인다고 보고 있지만, 종교적인 맥락에서 보시를 하는 주요한 동기는 선업을 더 많이 쌓기 위한 것이다(1973: 178). 그런 보시가 선업을 쌓는 데 좀 더 유리하다고 보고 있으며, 이것이 일반적으로 의미하는 바는 불교도가 가난한 사람들을 직접 후원하기보다는 비구나 사찰이 관계된 사회복지활동의 후원을 더 많이 선호한다는 것이다. 그렇지만 대승의 『우바새계경』은 이러한 경향을 승인하지 않으며, 재가자 보살은 승가와 부모나 스승과 같은 '은혜 영역'에 앞서 가난한 자에게 보시해야만 한다고 말한다(Uss.41; cf.93). 후자에게 보시하는 것은 연민에서 나온 것으로서, 고통의 원천을 제거하는 것이자 은혜와 미덕을 증장시키는 것이다. 전자에게 보시하는 것은 친절함을 되갚는 것으로서, 행복의 원천을 증장시키는 것이자 지혜를 드높이고 고뇌를 덜어 내는 것이다(Uss.62).

하지만 테라바다 세계에서 종교적 보시는 다양한 방식으로 재분배적 효과를 갖게 된다. 비구에게 공양된 음식은 일반적으로 말해 비단 비구만이 아니라 사찰에서 안식처를 마련하기 위해 찾아오는 수많은 사람들에게도 이득을 준다. 그리하여 사찰은 '극빈자나 고아, 학생이 기거하면서 충분한 음식을 얻고, 비구로부터 도덕적이고도 교육적인 훈련을 받는 장소'가 되는 것이다(Rājavaramuni, 1990: 38). 태국에서 와트(wat)나 사찰은

> 노인에게는 여생을 보내는 장소를, 그리고 도시에서 공부하는 시골 소년에게는 그들이 기숙하는 장소는 물론, 가난한 집안 출신의 데크 와트[dek wat; 사찰 일을 보조하는 소년]에게는 가정을 제공한다. 더욱이 몇몇 사찰에서는 가정과 친족이 없는 재가 신도나 지병을 앓고 있는 사람들이 공공 임시 숙박시설이나 강당(sala)을 영구적으로 차지하고 있으며, 낯선 마을을 지나가는 [남성]세대주는 지역의 사원들 가운데 한 곳에서 밤을 보내는 것이 가능하기도 하다.(Bunnag, 1973: 126-7)

더욱이 동남아시아의 테라바다 불교 지역에서는 좀 더 부유한 주민들이 더 가난한 사람들의 수계식과 같은 종교활동을 후원하리라고 기대되기에, 전통적으로 소득 불균등은 일어나지 않았다 (Pfanner & Ingersoll, 1962: 348). 또한 분낙이 주목한 바에 따르면 태국에서는 명백한 '종교적인 노동 분배'가 일어나고 있는데, 그래서 대부분의 비구는 덜 부유한 계층에서 나오며(1973: 48) ─그리고 비구로서의 기간이 끝난 뒤에는 더 나은 교육과 그로 인해 더 높아진 취업 전망을 지닌 채 재가 신도의 삶으로 복귀하게 된다(1973:

127). — 더 부유한 사람들은 승가에 기부를 함으로써 종교에 대한 자신들의 관심을 보여준다. 뿐만 아니라 해마다 열리는 카티나 행사나 기부 가두행진 때에는 종종 비구 기부자들이 참가하는데, 이들은 도심에서 출발하여 지방으로 행진하면서 도시 지역의 사찰보다 기부를 덜 받는 지방 사찰에 기부금을 보시하는 경우가 많으며, 데, 이는 소득 재분배 효과를 갖는다(Tambiah, 1976: 456-7).

부에 대한 불교의 태도

불교에서 부는 악이 아니다: 중요한 것은 그것을 어떻게 만들고 어떻게 사용하느냐이다. 하지만 비록 부가 도덕적인 방식으로 만들어지고 자신과 타인에게 이익이 되도록 사용되었다 하더라도, 부에 대해 탐욕적인 태도를 가져서는 안 된다는 것이다:

> 재물은 어리석은 자들을 파멸시키지만, 내세를 추구하는 사람들을 파멸시키지는 않는다; 재물에 대한 갈애 속에서, 어리석은 자는 (마치 그가 파멸시킨) 타인들처럼, 자신도 파멸시킨다. (*Dhp*.355)

만족과 욕심이 없음을 미덕으로 칭송하면서, '가장 큰 부는 만족'이다(*Dhp*.204). 금욕적으로 살고 싶어 하는 재가신자에게, 만족이라고 하는 최고 이상은 어쩌면 가티카라(Ghatīkāra) —과거 카사파 붓다의 시대에 살았던 것으로 전해지고 있다— 설화 속에 표현되어 있는 것 같기도 하다. 그는 나이 들고 눈먼 자신의 부모를 계속해서 봉양하고 싶었으므로 비구가 되지는 않았지만, 도공이 되어 사람들에게 자기가 만든 제품을 공짜로 가져가게 하면서 돈을 쓰지 않고 살았다. 그럼에도 불구하고 그의 솔직한 자비심은 왕을 고무시켜 그에게 음식을 제공하게 만들었으며 그의 '고객들'은 그에게 쓸 만한 재료들을 날라다주게 만들었다(M.A.Ⅲ.284-5).

어떤 사람의 부가 늘어나든지 줄어들든지 간에, 그 이상은 평정심을 유지하고 후회함이 없는 삶인데 이를 위해서는 부를 도덕적이고도 비탐욕적인 방식으로 얻지 않으면 안 된다. 그러므로 대승에서는 재가신자 보살이 세상일에 전적으로 참여하기는 하나, 집착함이 없는 방식으로 그렇게 참여한다. 그래서인지 유마(Vimalakīrti) 보살은 "모든 일에서 이익을 취하되, 결코 거기에 빠져드는 법이 없는" 것으로 묘사되고 있다.[6]

일반적으로 말해 불교는 극단들 사이에서 중도를 취할 것을 권장한다:

(a) 가난 속에서 사람들은 제대로 된 삶을 위한 수단을 충분히 얻지 못한다: "세상 속의 가장에게 가난은 고통이다."(A.Ⅲ.350), "세상에서 비참한 일은 가난과 빚이다."(A.Ⅲ.352) 그리고,

(b) 재물 그 자체를 물질적으로 추구하는 일이다.
첫 번째 극단과 관련된 것이 다음에 나오는 이야기다.[7] 어느 날 붓다는 그가 보기에 조금만 하면 깨달음의 경지에 이를 것으로 보이는 한 가난한 농부를 가르치기 위해 특별히 30마일이나 되는 길을 나섰다. 부유한 시민 한 무리가 붓다의 가르침을 듣기 위해 모여들었지만, 붓다는 그 농부가 도착할 때까지 (설법을) 미루고 있었다. 그가 도착했을 때, 그는 잃어버린 황소를 찾다 곧바로 달려온 길인지라, 지치고 허기져

---

6) Vimalakīrti-nirdeśa Sūtra에서 인용, Tsunoda et al.,1964: Ⅰ.101.
7) Dhp.A.Ⅲ262-3; Payutto,1994:88-9.

있었다. 붓다는 그 남자가 자신의 설법을 이해할 수 있는 적절한 상태가 아님을 알아차리고, 사람들에게 일러 그에게 남은 공양물로 배고픔을 달래게 해달라고 요청했다. 그가 배를 채우고 휴식을 취하고 나자 붓다는 그때서야 설법을 시작했고 그 결과 그 남자는 수다원(stream-entry)의 경지에 이르게 되었다. 그때 붓다는 "굶주림은 가장 큰 병이다."라는 말로 시작하는 경구를 짓는다(Dhp.203).

다음 페이지에서 설명하는 것처럼, 가난은 도둑질과 일반적인 비도덕성 그리고 사회적 불안을 부추기는 것으로 보인다. 더욱이 가난과 갈등상태에서는, 도덕적이고도 영적인 삶을 이끌어 가기가 훨씬 더 어렵다: 영적인 분발을 권장하는 여건이란 개인은 젊고 건강하며, 음식엔 부족함이 없고, 사람들은 서로 친절하고, 승가는 화목한 상태이다(A.Ⅲ.65-6).

두 번째 극단과 관련하여, 불교는 물질적 안녕을 그 자체로서 목적이 아니라 인간 행복을 위한 수단에 불과한 것으로, 그리고 도덕적이고도 영적으로 발전하는 삶을 위한 뒷받침으로만 보고 있다. 언제나 '더 많은 것'을 동경하는 것은 자기 삶의 토대를 갈애에 두는 것이며, 충족을 모를 때부터 행복은 불가능하게 되는데, 왜냐하면 그는 결코 만족할 줄 모르기 때문이다. 그래서 전통적인 불교의 가치는 탐욕적이고 소비적인 사회의 가치와 긴장을 이룬다. 브루스 모건(Bruce Morgan)의 보건에 따르면, 급속도로 근대화한 태국에서는 승가의 경제적 발전을 위한 통상적인 지원에도 불구하고, 그와 동등한 관심이 역동적인 경제활동 속에서, 결코 만족되지 않고 언제나 높아지기만 하는, 쉼 없고 끝없는 욕망과 욕구의 생산에 모아진다. 문제가 되는 것은 삶의 특정한 기준이 아니라 이러한 기준들

의 변화가 만들어 내는 형태, 정도, 효과이다. (1973: 72)

부의 수준이 많이 다른 사회들을 불교는 수용하는 것으로 볼 수 있다. 하지만 더 많은 것을 그 자체로서 끝도 없이 추구하는 것만큼은 용납될 수 없다.

시즈모아(Russell Sizemore)와 스웨어러(Donald Swearer)는 적어도 테라바다 불교는 "'중도'를 제안하거나 부의 취득과 포기를 변증법적 관계 속에서 바라본다"고 주장한다.[8] 이것이 비구에게 의미하는 바는, 재가신자가 부유하면 부유할수록 기부금은 더 늘어나면서 그들의 부유함이 비구들로 하여금 부에 집착하지 않는 태도를 유지하도록 도와준다는 것이다(Sizemore & Swearer, 1990: 3). 세속인들에게:

> 부라는 것은 언제나 무집착을 배양하고 새롭게 드러낼 수 있는 기회임과 동시에, 다르마에 어긋나는 자기 탐닉을 향한 유혹이 되고 나아가 세속적 존재의 그물망 속에 내재하고 있는 확장된 덫으로 이끄는 것이기도 하다.(Reynolds, 1990: 69)

> 집착함이 없다는 것은 물질적인 것을 소유하고 사용하나 그것들에 사로잡히거나 이용당하지 않는다는 것이다. (Sizemore & Swearer, 1990: 2)

> 재가신자에게나 비구에게, "부를 소유하고 사용하는 데 있어서 도덕적으로 음미해야 할 점은 그 양이 아니라 방식이다."(Sizemore & Swearer, 1990: 17)

---

8) 1990: I ; cf.Reynolds,1990:63-4,68.

통치자들을 위한 경제 윤리

『전륜성왕사자후경』(Cakkavatti-sīhanāda Sutta)[9]은 과거의 신비스러운 전륜성왕에 관해 짤막하게 기술하고 있다. 그들 하나하나는 온정적인 통치자였던 것으로 보이는데, 자신의 아들에게 자신처럼 담마에 어긋남이 없이, 정의롭게 혹은 정도(正道)를 벗어나지 않고 통치하는 방법을 조언한다. 어떤 경우엔 그 아들이 궁핍한 자에게 보시하는 것만 빼곤, 자신의 아버지가 일러준 대로 모두 이행한 경우가 있었다. 그 불이행의 결과로 처음엔 나이 든 자들이 가난해졌다. 그 결과 도둑질이 발생했다. 도둑 하나가 붙잡혀 왕에게 불려왔을 때, 그 도둑은 자신이 가난해졌기 때문에 훔쳤다고 설명했다: 그래서 그 왕은 그 도둑에게 그 자신과 가족을 부양하고 사업을 시작하여 수행자와 브라만에게 공양을 할 수 있도록 얼마간의 음식을 주었다. 그런데 다른 사람들이 이 소식을 듣게 되자 도둑질은 늘기만 했다. 그래서 왕은 다음번 도둑을 처형함으로써 본보기로 삼았다. 그러자 그 처형이 도둑들로 하여금 무장하게 만들고, 증인을 없애려는 의도에서 강도질을 한 사람을 살해하는 일로 이어졌다(D. III.64-8). 붓다는 이 일을 다음과 같이 요약한다:

> 그리하여, 궁핍한 자들에게 재물을 보시하지 않음으로 인해 가난이 만연했고, 가난이 커짐으로 인해 보시되지 않은 것을 빼앗는 일이 늘어났으며, 도둑이 늘어남으로 인해 무기의 사용이 늘어나고, 무기 사용이 늘어남으로 인해 목숨을 빼앗는 일이 늘어난 것이다—그리고 목숨을 빼앗음으로 인해 사람들의 수명은 줄어들고 그들의 미덕도 줄어들었다. (D.III.68)

---

9) D.III.58-77; 이에 대한 논의는 Fenn,1996:100-8을 보라.

그러므로 가난이 자라나도록 방치하는 통치자는 범죄와 사회적 갈등의 씨앗을 뿌리는 것이나 마찬가지이다. 구조적인 가난은 법과 질서를 위협하고, 이로 말미암아 사회적 응집력과 개인적 도덕성 모두에 방해가 된다(Fenn, 1996: 107).

이와 관련된 메시지가 D. I .134-6에 있는 『구라단두경』(Kūṭadanta Sutta)에 나와 있다. 여기서 붓다는 부유하고도 강력한 어떤 왕에 대한 이야기를 하고 있는데, 그 왕은 지난날 불교 이전의 바라문 종교의 관행에 따라 아낌없이 제물을 바침으로써 자기 미래의 안녕을 도모하고 싶어 했다. 그래서 그 왕은 자신의 바라문 조언자에게 ―그 조언자는 나중에 붓다로 환생하는데― 이 일을 어떻게 진행시키면 좋을지를 물었다. 그 바라문은 대답하기를 왕국이 조만간 도적과 강도에 의해 파괴될 것이라고 꼬집었다. 이러한 상황은 투혹 혹은 그 밖의 억압적인 조치로 해결될 수 있는 일이 아닌데, 그러한 조치에서 살아남은 자들이 (오늘날 게릴라 소탕 조치들에서 빈번히 일어나는 것처럼) 계속해서 문제를 야기할 것이 틀림없기 때문이었다. 그래서 그 바라문은 '골칫거리를 완전히 제거할 수 있는' 대안을 제시했는데, 거기엔 농작물을 재배하고 가축을 키우는 사람에게는 씨앗과 사료를 베풀고; 상인에게는 자금을 베풀고; 공직자에게는 적절한 생활급여를 지불하는 일 등이 포함되어 있었다:

> 그러면 그 사람들은 자기 생업에 전념하면서 왕국에 해를 끼치지 않을 것입니다. 폐하의 세입은 크게 늘어날 것이며 영토는 평온해져 도적들에게 유린되는 일이 없을 것입니다. 그리고 백성들은 진정 즐거운 마음으로 자식들과 노닐며 담장 없는 집에서 살게 될 것입니다.(D. I .136)

그리하여 왕은 이런 충고를 실행에 옮겼고 이어지는 조언에 따라 막대한 제물을 바치긴 했으나 그것은 살아 있는 동물이 아니라 버터와 기름으로 만들어진 것이었으며, 그 어떤 나무도 베어지지 않고 그 누구도 강제 부역되지 않았다(D. I.141). 비록 곰브리치(Gombrich, 1988: 83)는 이 구절이 의미하는 바는 주로 바라문교의 제물에 대한 것이며, 그가 알기로는 인도의 그 어떤 왕도 상인에게 자금을 빌려주는 그런 일은 하지 않았다고 논평하고 있지만, 여전히 그러한 구절은 불교의 이상을 드러내고 있다—그리고 그것은 수많은 20세기 불교도에 의해 빈번하게 인용되고 있다.

위의 두 경전이 담고 있는 핵심적인 메시지는, 만일 통치자가 가난이 창궐하도록 방치한다면 이는 사회적 분쟁으로 이어질 것이며, 따라서 이런 일이 벌어지지 않도록 하기 위해 가난한 자를 돌보고 경제의 다양한 부문에 투자하는 일까지도 통치자의 책임이라는 것이다. 『대선견왕경』(大善見王經 Mahā-sudassana Sutta)에 기록된 바에 따르면, 전생에 붓다는 화려한 도시의 정의로운 왕이었는데, 아름다운 연꽃 연못을 세우고 그 근처에서 궁핍한 사람들에게 먹을 것과 마실 것, 탈것과 쉴 곳, 돈과 심지어는 결혼 배우자까지 마련해 주었다(D. II.180). 테라바다 불교와 무관한 초기 경전인 『마하바스뚜』는 왕의 의무에 대규모 이민자 집단을 수용하고 부유한 자들을 보호하는 것은 물론, 가난한 자들에게 은혜를 베푸는 것도 포함된다고 말한다(I .276). 대승 철학자 나가르주나(Nāgārjuna)는 자신이 지은 『보행왕정론』(Rāja-parikathā-ratnamālā, RPR)에서 우다이(Udayi) 왕에게 다음과 같이 조언했다. 왕은 의사를 후원하고 기숙사와 휴게소를 세우고 메마른 도로 가에는 우물을 공급해야만 한다. 그리고,

눈먼 사람들, 아픈 사람들, 비천한 사람들,
보살피는 사람이 없는 사람들, 비참한 사람들 그리고 지체가 부
자유한 사람들이
모두 똑같이 방해 없이 음식과 물을 얻을 수 있게 해야만 한다.

(verse 320)

언제나 자비로운 마음으로 아픈 사람들과 보호자가 없는 사람들,
고통으로 신음하는 사람들, 비천하고 가난한 사람들을 돌봐야만
하며
그들이 굶지 않게 각별히 신경 써야만 한다.

(verse 243)

박해받는 사람들, (재난의) 희생자들,
병들고 괴로워하는 사람들, 그리고 다스리는 지역 안에 있는 세
속적 존재들에게
세심한 배려를 베풀어야만 한다.

(verse 251)

힘들어하는 농부들에게는 씨앗들과 먹고 살 음식을 제공하고,
세율을 낮춰서 과도한 세금이 부과되지 않도록 해야만 한다.

(verse 252)

네 나라에서나 다른 나라들에서
도둑과 강도를 없애야만 한다.
가격을 공정하게 책정하고
(품귀현상이 일어날 때는) 이윤의 수준을 유지해야만 한다.

(verse 254)

서만(Robert Thurman)은 이러한 조언을 '자비로운 사회주의가 지배하는… 복지국가'의 윤곽을 나타내는 것으로 이해한다(1985: 128).

티베트의 많은 스승들이 좋아하는 책자이기도 한 『살차니건자경』(ASP.) 혹은 '진리를 전하는 자의 고귀한 담론'으로 알려진 초기 대승 경전에서는 다음과 같이 말하고 있다:

> 정의로운 통치자는 자기 자신과 자신의 소유물의 덧없음에 대한 깨달음을 얻고 난 뒤에야… 자신의 영토를 다스리면서, 그 소유물에 집착함이 없이 그것들을 사용할 것이다. 이것을 통치자의 '사려 깊음'이라 부른다. (ASP.187)

저장된 식량을 왕에게 속한 것으로 봐서는 안 된다. 그것들은 백성의 노동으로 만들어졌기 때문이다. 또한 더 이상 백성에게 속한 것으로 봐서도 안 된다. 왕이 '유일한 관리인으로 위임'되었기 때문이다(ASP.201). 그래서 『마하바스뚜』는 왕의 의무 가운데 국고와 곡식창고를 돌보는 데 있어 주위를 잘 살피고 게으름을 피우지 않을 것이 포함되어야만 한다고 충고한다(Mvs. I.277). 『살차니건자경』은 계속해서 말하길:

> 통치자로서 그는 온당치 않은 재물이나 심지어 온당한 재물일지라도, 부적절한 시기나 심지어 적절한 시기일지라도 그것이 가난한 자들에게 해로움이 되는 것이라면 사용해서는 안 된다. 작황이 좋지 못하거나 기근이 발생하여 백성을 괴롭힌다면 통치자는 그들을 보호해야만 한다. 또한 그는 강도와 도적들, 다른 나라의 군대들, 그리고 백성들 서로서로가 야기하는 해악과 악행들로부터 백성을 보호해야만 한다. 그는 모두를 이롭게 해

야만 한다. 가난한 이들에게는 재산을 나누어 주고 무례한 자들
에겐 합법적인 처벌을 내려야만 한다. 그러므로 이러한 통치자
에겐 사려 깊음과 자비심이 매우 중요한 것이다.(ASP. 188)

가난한 사람들은 그들의 가난이 자연적 재해나 도난, 해충의 약
탈과 같이 그들이 어떻게 할 수 없는 요소에 기인한 것이라면 세금
이 면제되어야 마땅하다. 하지만 노름이나 매춘과 같은 것에 돈을
낭비함으로써 가난해진 사람들은 세금을 내게 만드는 것이 마땅하
나, 왕은 그들에게 일부를 환불해 주어야 한다. 그것은 그러한 환
불이 그들의 삶의 방식을 수정하도록 만드는 조건이 될 수도 있음
을 함축하기 때문이다(ASP. 202). 세금 납부를 거절하는 사람들은
정확히 말해서 도둑질을 하는 것은 아니지만, 엄밀히 말해서 인색
함이 만들어 낸 부덕한 행위를 저지르고 있는 것이다(ASP. 201). 세
금 납부를 거절하는 사람들을 납부하도록 압박하는 통치자는 도둑
질을 하는 것이 아니라, 자신의 의무를 수행한 것에 대한 자기 임
금을 거두어들이는 것에 가깝다.(ASP. 201-2).

14세기 태국의 왕자 리타이(Phya Lithai)는 자신의 저서 『루앙왕
이 전하는 세 가지 세계』(Traibhūmi-kathā)에서 신화적인 전륜성왕
의 이야기를 전하고 있는데, 그 전륜성왕은 다른 왕에게 조언하여
말하길 세금으로 작물의 10%만을 징수하되, 백성들이 쌀을 충분히
갖고 있지 못하다면 아무것도 징수해서는 안 되며, 자신의 선임자
보다 더 많은 세금을 징수해서도 안 되는데 그 이유는 후임 왕에게
나쁜 선례를 남기지 않게 하기 위해서다(Reynolds & Reynolds, 1982:
151). 통치자를 위해서, 혹은 군대에 복무하기 위해서 징집된 자에
겐 충분한 음식이 제공되어야만 하고,

그들에게 어떤 일을 배정할 때는 적절한 양만을 배정해야 한다
―즉, 그들을 과도하게 부려서 그들 스스로가 기꺼이 하고 싶어
하는 일 이상을 억지로 하게 만들어서는 안 된다. 나이 든 사람
들이 있다면 그들을 부려서는 안 된다― 즉, 그들의 뜻에 따라
하도록 내버려 두어야 한다.(p.151)

더욱이 왕은, 장사하는 데 자금이 필요한 사람에겐 무이자로 자
금을 빌려줘야만 한다(p.151-2).
『살차니건자경』은 말하길, 정의로운 통치자는

오직 받은 공물만으로 자신의 재정을 늘리는 데 반하여, 교활함
과 온갖 기만을 통해 부를 취하려고 애쓰는 정의롭지 못한 통치
자는 자신의 재정을 늘릴 수 없게 될 것이다.(ASP.211)

정의로운 통치자의 도덕적인 행위는 또한 그런 행위의 업이 무
르익어서, 그의 나라에 때맞춰 비가 내리고 작황이 좋게 되며 우박
이나 병충해로 인한 피해가 없게 되고 위험한 야생 동물이 줄어들
고 악의를 품은 적이 사라지는 결과를 낳게 된다.[10]
불교도 왕은 위에서 언급한 높은 이상에 어느 정도까지 부합하
면서 살았는가라는 관점에서 보면 정말 각양각색이지만, 종종 불교
도는 그런 왕의 모범으로 인도의 아소카 대왕을 동경하곤 한다. 스
리랑카에서도 사람들은 광범위한 관개수로공사를 토대로 풍요로운
농경을 이루고 종교적인 번영과 자비의 시대를 이끌었던 중세의 왕
들을 회고한다. 스리랑카의 『소연대기』(Cūlavaṃsa)는 우파티싸 1세
(Upatissa I: 363-409)에 관한 이야기를 "절름발이와 힘들게 사는 여

---

10) *ASP.*211; Reynolds & Reynolds,1982:153과 A.II.74-6를 참조할 것.

인을 위해, 장님과 병든 이를 위해 왕은 대규모 요양소와 구호소를 건립했다."라고 전하고 있다(37장 182-3절). 마힌다 2세(Mahinda II)에 대해선 다음과 같이 전하고 있다: "왕은 구걸을 수치스럽게 생각하는 가난한 사람들을 남모르게 지원했고, 그 섬에는 자신들의 분수에 따라 왕으로부터 지원을 받지 않은 자가 없었다."(48장 146절) 전하는 바에 따르면, 마힌다 4세는(Mahinda IV, 956-72 혹은 1026-42)

> 구호소를 세우고…걸인에게 구호품과 휴식처를 제공했다. 그는 모든 병원에 약물과 침대를 나눠 주고 감옥에 있는 범죄자에게 주기적으로 음식을 제공했다. 그는 원숭이와 멧돼지, 영양과 개에게 연민하는 마음에서 밥과 떡을 그들이 원하는 만큼 나눠 주었다. 왕은 네 개의 사찰에다 벼를 산더미처럼 쌓아 두고, 가난한 사람은 자신들이 원하는 만큼 가져갈 수 있다는 명령을 덧붙였다. (54장 30-3절)

경제적 분배 정의

자신의 백성들 사이에서 빈곤을 퇴치해야만 하는 통치자의 책무는 "사회 안에서 부의 분배 정의 문제에 대해 불교는 어떤 태도를 보이는가"라는 논제를 불러일으킨다. 시즈모아와 스웨어러는 불교가 더 관심을 쏟는 부분은 부의 분배적 정의라는 문제가 아니라 부의 취득과 사용 유형이라고 지적한다(1990: 2). 그들이 보기에 불교는 도덕적 덕이 부를 가져다주는 것으로 보고 있으며, 부는 이전에 베풀었던 자비의 귀결이자 증명으로 간주한다는 것이다. 그럼에도 불구하고 가난한 사람을 돕는 것은 선업을 쌓는 것으로 여기며, 장

차 그와 같은 도움을 받는 것 역시 까르마적으로 받아 마땅한 것이라고 생각한다:

> 까르마에 기초한 인과응보라는 교의가 사회에 현재 시행하고 있는 부와 가난의 분배에 대한 철저한 도덕적 설명과 정당화로 이해되도록 할 때, 그것은 재분배에 대한 도덕적 비판 그 자체를 무력화시켜 버린다. 결국 자신들의 현세 사회를 보다 정의롭게 만들고자 하는 불교도의 관심은 '도덕적 공과에 보다 정확하게 부합하는 부의 분배'가 아니라 '동정과 자비와 같은 덕목과 무집착의 원리'에 기대는 것이었다. (p.12)[11]

따라서 '불교의 사회·정치 철학에 있어서 중심적인 개념은 보시인 것이지 구조적 정의에 관한 어떤 개념이 아니다.'(p.13) 그리고 '거기엔 부의 사용과 관련하여 도덕적 비난을 가할 수 있는 질서 정연한 사회와 부의 재분배에 관한 규범들이 있다.'(p.19)

많은 불교도들이 어떻게 생각하고 있는지와 관련하여 앞서 말한 것이 대체로 사실이라고 할지라도, 그것은 불분명한 많은 가정들을 내포하고 있는데, 적어도 그런 해석이 불교경전에 얼마만큼 부합하는 것인가와 관련해서 그러하다. 경전은 자비와 같은 도덕적 덕이 업보의 결과로서 부로 이끌고 인색함은 가난을 가져온다고 분명하게 주장하고 있지만, 그 어디에도 부와 가난의 유일한 원인이 그것들이라고 말하지는 않는다. 실제로 까르마적 원인은 여러 가능한 화근들 가운데 하나에 불과하다고 말하고 있다는 사실이 암시하는 바는, 경전은 위의 해석을 공인하지 않고 있다는 것이다. 그러므로 어떤 사람의 부와 가난은 과거의 까르마에 기인할 수도 있지만, 어

---

11) Ornatowski, 1996:202 와 Ash, 1994를 참조할 것.

디까지나 그것은 한 가지 가능성에 지나지 않는다. 따라서 모든 가난과 부가 까르마적으로 받아 마땅한 것이라고 가정하는 것은 옳지 않다. 업을 '예외 없는 도덕적 원인규명'으로 가정하는 것은 사실상 까르마에 기초한 숙명론에 가까운 것으로서, 그것은 불교의 원래 시각에서 보자면 참이 아니다. 그러므로 보다 정의로운 사회를 위해 노력하도록 불교도를 설득하는 주요 무기가 자비, 무집착, 동정 등에 호소하는 것임에는 틀림없지만, 이것이 곧 정의 그 자체에 호소하는 것과 불화를 일으킬 필요는 없는 것이다. 펜(Mavis Fenn)이 지적했던 바에 의하면, 위에서 인용한 『전륜성왕사자후경』에는 가난이 까르마적으로 받아 마땅한 것이라는 언급이 없으며[12], 왕이 간헐적인 개인적 기부로 가난에 대처하는 것은 효과가 없는 것으로 보고 있다: 즉, 왕은 가난이 구조화되는 것을 예방함으로써 좀 더 체계적이고도 효과적으로 대응해야만 하는 것이다(Fenn, 1996: 107). 더욱이 『전륜성왕사자후경』과 함께 『구라단두경』은 '사회정의의 간단명료한 개념과 부합하는 견해와 ―모두는 그들 자신과 타인을 돌보는 데, 그리고 종교적인 삶을 가능하게 만드는 데 요구되는 충분한 자원을 지녀야만 한다― 이러한 가치가 정치 체계 내에 담겨야만 한다는 개념'을 표명하고 있다(Fenn, 1996: 108).

그럼에도 불구하고 분배적 정의의 관념은 적어도 어떤 가난과 부는 업의 결과라는 관념에 의해 묻혀 버릴 수가 있다. 까르마적으로 받아 마땅한 재물이라는 개념은 14세기 태국의 저작물『루앙왕이 전하는 세 가지 세계』에서 볼 수 있다. 거기서 말하는 바에 의하면 붓다 재세 시에 조티카(Jotika)라는 부자는 질투심 많은 왕 아쟈타사뚜(Ajātasattu)도 그의 재물을 강제로 빼앗을 수 없었는데, 왜

---

12) 1996:102, 121, 그리고 Fenn, 1991.

냐하면 그의 재물이 과거 그의 위대한 까르마적 열매에 기인한 것이었기 때문이다(Reynolds & Reynolds, 1982: 197-9). 더욱이 적어도 테라바다 불교 국가에서는, 타인에게 자기 부의 정당성을 설득시키고자 하는 사람은 다음과 같은 것을 모두 또는 일부라도 언급한다: (a) 그 부는 과거 자신들의 까르마적으로 유익한 행위에 기인한 것이라는 관념, (b) 그 부는 도덕적으로 형성된 것이라는 관념, (c) 그 부는 자기 탐닉적인 욕망의 결과물이 아님을 현세의 자비로운 행위가 입증해 준다는 관념(Reynolds, 1990: 73). 사실 부유한 사람은 공동체나 승가에 관대하게 기부함으로써 까르마적으로 유익한 행위들을 실행할 수 있는 좀 더 많은 기회를 지니는 것으로 간주된다. 랴자바라무니(Phra Rājavaramuni)의 말처럼:

> 부유한 사람은 사회적 선을 호전시키거나 악화시키는 데 있어서 가난한 사람보다 훨씬 더 많은 일을 할 수 있다… 부의 취득은, 그러한 취득과 동시에, 공동체나 사회의 복지를 증진시키는 것이라면 인정될 수 있다.(1990: 45)

랴자바라무니는 부가 사회 구성원 모두의 복지를 위해 사용되는 한 '그것이, 개인이든 공동체든 사회이든, 누구에게 속하느냐는 아무 문제가 안 된다'고 주장한다(Rājavaramuni, 1990: 53). 그러므로 비록 불교는 경제적 평등 그 자체를 향한 핵심적인 동력은 지니고 있지 않더라도,

(a) 유복한 사람은 그 공동체의 다른 구성원에게 자비로울 책무를 지닌다; 그리고

(b) 통치자는 백성들 사이에서 가난을 몰아내려고 애쓸 책무를
지닌다.

비록 국가에 대한 승가의 관계가 '부의 현상유지적 분배를 후원
하는 기조를 유지하면서, 사회 변화에 대한 개량적이고도 협조적인
접근 방식'을(Ornatowski, 1996: 213) 전형적으로 보여 주는 것이기는
하지만, 수도원은 위에서 살펴본 바와 같이(pp.194-5) 전통적으로
그들 스스로가 재분배적 효과를 가져왔다. 오늘날 라자바라무니는
'이러한 전통을 현재의 상황에 맞춰 개선하고 수정하는 것'이 바람
직하다고 제안한다(Rājavaramuni, 1990: 38).

사원 경제

비구와 비구니들의 원래 이상은 소박한 형태의 삶을 살아가는
데 필요한 소유물을 최소한으로만 지닌 채, 돈벌이가 되는 직업을
통해서가 아니라 신자의 보시로 생계를 유지하는 사람이었다(D.
I.12). 비구가 자신의 소유물로 취급할 수 있는 개인적인 '필수품'
에 대한 공식적인 목록은 다음과 같다: 상의, 하의, 겉옷 한 벌, 허
리띠 한 개, 사발 한 개, 면도칼 한 개, 바늘 한 개, 물거르개 한
개, 지팡이 한 개, 이쑤시개 한 개. 관행상 어떤 비구들은 이와 더
불어 신발, 수건, 여벌의 작업복, 등짐 가방, 우산, 책, 필기구, 시
계, 스승의 초상화 등과 같은 물품들을 지니기도 한다. 이러한 삶
의 방식은 속세의 제약으로부터 벗어나 영적인 성장을 이룰 수 있
는 위대한 기회를 제공하는 것이라고 칭찬받는다(M. I.179). 예를
들어, 속세가 제공하는 감각적 쾌락은 향유할 만한 것이기는 하나,

그것을 얻기 위해 세속인은 힘들게 일해야 하고, 그러는 가운데 (예컨대 농사를 지으면서) 극단적인 날씨로 해를 입기도 하며, 경우에 따라선 실패로 인해 슬픔에 잠기기도 하고, 부를 잃지는 않을까 하는 근심에 빠지며, 그 부를 소유하는 데서 비롯된 분쟁에 휘말리기도 한다(M. I .85-7). 속세를 등진 삶의 축복은 남들이 기꺼이 제공한 것을 아무 죄도 짓지 않고 만족스럽게 먹을 수 있다는 점과, 화재나 전쟁이나 도둑질로 인해 잃어버릴 그 어떤 소유물도 지니지 않으니, 아무런 집착이나 걱정 없이 떠돌아다닐 수 있다는 점이 포함된다(J.IV.252-3). 대체로 인간의 행복이라는 면에서 감각적 쾌락은 이익보다는 불이익이 더 크다고 말한다. 속세를 등지는 것과 결부되는 무소유와 독신생활에 가치를 부여한다는 것은 통상적인 사회적 질서 속에 내재하는 제약을 암묵적으로 비판하는 것이며(Fenn, 1996: 108) 인간 존재가 되기 위해선 단지 기본적인 욕구만이 필요함을 역설하는 것이기도 하다(Fenn, 1996: 100).

하지만 비구의 소박함은 일반 신자의 공양을 필요로 한다. 어떤 비구가 지니는 미덕은 그를 이러한 공양을 받을 만한 더 가치 있는 사람으로 만드는 것으로 간주되며, 실제로 붓다는 보시를 받는 자의 으뜸으로 시발리(Sivali)라는 비구를 칭송한 적도 있다(A. I .24). 그래서 남·북방불교에서는 승가의 금욕적 성향과, 보다 금욕적이고 검소한 비구에게 보시함으로써 더 많은 선업을 쌓고 싶어 하는 속인의 욕망 사이에 구조적인 긴장이 도사리고 있다. 예를 들어 태국에서는, 도시에 거주하면서도 평판이 좋은 비구는 냉장고를 받을 수도 있으며 심지어 자가용 자동차도 받을 수 있다. 하지만 그가 자신의 평판에 어긋남이 없이 산다면, 그것들을 사용하되 초연하게 사용할 것이며(그 자신이 직접 차를 몰고 다닐 수는 없을 것이다), 그것들로부터 얻는 이득을 다른 비구에게 돌릴 것이다. 방콕의 비구는 재가신자의 예식을 거행해 주거나 점성가로서 혹은 설교가나 참선 지도자로서의 성공적인 활동 덕분에 많은 공양물을 축적할 수도 있다. 그러나 의복, 담배, 향, 초, 과자나 현금 등과 같은 이런 공양물들은 종종 같은 사찰에 있는 제자와 나눠 갖거나, 젊은 비구나 수련생, 사찰에 거주하는 소년의 교육을 지원하는 데 쓰임은 물론, 어떤 비구의 고향 지역에 있는 기부금이 덜 들어오는 지방 사찰에 보시하는 데 사용되기도 한다(Tambiah, 1976: 459):

> 고귀한 자의 책무(noblesse oblige)라는 일반적인 윤리가 그러한 물질적인 재화의 공평한 분배를 보장한다; 받은 선물로만 봤을 때 좀 더 인기 있는 비구는 자비로울 책무도 더 진다; 사찰 내에서나 재가 신도를 대함에 있어 사적인 자유의 박탈은, 모든 비구가 자신의 개인적인 소유물을 오용하지 않게 만드는 강력한 제재로 작용한다… 그래서 더 존경받는 비구일수록 세대주가 세속적인 재물을 더 갖다 바친다는 사실이 불러일으키는 딜레마는 어느 정도 해결되는데, 그럴수록 그 비구는 물질적 재산에 무덤덤한 태도를 유지해야만 하며, 그것들을 누구에게가 되었든지 간에 가능한 한 나누어 주어야만 한다. (Bunnag, 1973: 68; cf.p.33)

분낙은 그러한 이상으로서 존경받고 있는 사례로 어떤 주지승에 대하여 기술하고 있는데, 그는 학교를 짓도록 돕고, 수많은 수련생과 동자에게 먹을 것과 입을 것 그리고 학교 기자재를 후원하는 데 자신의 돈을 아낌없이 써 버린 사람이었다(1973: 72).
일반적으로는 직업을 지닌 신자를 통해서이지만, 사찰 스스로가 여러 기부를 통해, 예를 들면 땅을 기부함으로써 경제적으로 적극적일 때가 종종 있었다. 하지만 20세기 들어 불교 사찰의 토지 소유는 눈에 띄게 감소하게 되었는데, 공산주의 정부의 몰수나 토지 개혁의 결과였다. 테라바다 불교 국가에서, 특히 스리랑카에서는 괄목할 정도로 사찰 토지소유제도가 발전 일로를 걸어왔는데, 스리랑카의 불교 역사서들은 왕이 학승이 됐든 수도승이 됐든 뛰어난 비구에게 과하다 싶을 만큼 많은 공물을 내렸던 사례들을 많이 기록하고 있다(Kemper, 1990: 155-6). 그런 연유로 9세기에서 12세기 사이에, 대형 사찰은 광대한 사유지를 소유하고 있었다. 그리고 거기엔 농장이나 복합 관개 시설만이 아니라 사찰에 의존하고 있는 마을들과 그 마을 주민들의 노동력 가운데 일부를 좌지우지할 수 있는 권리도 포함되어 있었다. 사찰 재산과 관련하여 왕이 주도한 개혁이 간헐적으로 있기는 하였지만, 그런 개혁을 촉발시킨 것은 사찰의 부 그 자체가 아니라 ─사찰의 부는 인정될 만하다고 보았다─ 도덕 기강의 해이나 부가 너무 소수의 손아귀에 집중된다는 점이었다(Kemper, 1990: 153-61).

중국에서도 마찬가지로, 당나라(618~907) 중엽에 이르면 불교 사찰은 중요한 지주들 가운데 하나로 자리 잡게 되는데, 그들은 황실의 일원과 귀족 혹은 부자의 기부를 통해서(Ch'en, 1973: 126-7), 그리고 소득 향상은 필요하나 융자금을 갚을 수 없었던 농부들이 저당 잡힌 땅을 차압하거나 토지를 사들임으로써 그렇게 될 수 있었다(Ch'en, 1973: 130-1). 하지만 경제적으로 필요할 때는 국가가 그러한 땅을 정기적으로 몰수해 버렸다(Ornatowski, 1996: 217).

고대 비구의 규약 가운데 어떤 것들은(하지만 테라바다의 규약은 아니다) 남아도는 기부금을 대출해 주고 이자를 청구하는 것을, 그 수익이 불교적인 활동을 활성화하는 데 쓰인다는 조건하에서 허용했었다. 그래서 인도에서는 그런 대부금을 마련한 최초의 기관이 불교 사찰이었을지도 모른다(Ch'en, 1973: 158-9). 중국에서는 당대에 이르러, 사찰이 중요한 경제 주체가 되었다(Ch'en, 1973: 157-73). 그들은 대규모 시장을 관리하고 묘목과 씨앗 그리고 일정량의 자금을 대여했으며 수력 제분기와 유압기를 관리했다. 그 수입의 일부는 그런 활동에 재투자되었으므로, 이는 가히 자본주의의 한 유형이라고 부를 만했는데 오르나토프스키(Gregory Ornatowski)는 이를 '공동체적 자본주의'라고 불렀다(1996: 219). 나머지 수입은 사찰을 수리하거나 극빈층 및 굶주린 사람들을 돕거나 붓다에게 공양하는 데 쓰였다(Ch'en, 1973: 163). 또한 사찰은 비구와 다른 여행자를 위해 기숙사를 운영했다; 대형 사찰의 경우에는 요금을 받지 않았다(Ch'en, 1973: 171-7).

일본 사찰 역시 그런 상업적인 활동과 교역에 참여하게 되었으며, 공산주의 이전의 티베트에서는 사찰이 교역과 기부 관계로 이뤄진 거래망의 중심에 자리한 핵심적인 경제 단체였다. 비구는 개인적으로 소떼와 곡물 씨앗과 같은 것들에 투자했는데, 대부분의 자금은 비구나 신자로 이뤄진 사찰 최고관리자에게서 받은 것이었으며 자금의 운영도 그들이 담당했다. 이들 최고관리자는 사찰에 소속된 농부나 임차인이 부역하는 토지로부터, 목장과 숲과 용수를 사용할 권리로부터, 중국 및 인도와 교역하면서, 목동과 거래하는 사찰 소유의 가축으로부터, 그리고 대출금과 투자금으로부터 많은 수익을 올려야 할 책임이 있었다.

불교와 자본주의: 베버의 '프로테스탄트 윤리'라는 명제

자신의 저서 『프로테스탄트 윤리와 자본주의 정신』(1904, 독일어판; 1930, 영어판)에서 독일 사회학자 베버(Max Weber)는 영향력 있는 명제를 개진하면서, 칼뱅주의의(Calvinist) 형태로 드러난 프로테스탄트 기독교가 '자본주의 정신'과 조화를 이루는 핵심적인 가치와 태도의 원천이었다고 주장했다. 그리하여 그것은 16세기부터 18세기 중엽에 이르는 유럽의 특정한 역사적 환경 속에서, 근대의 핵심을 이루는 기업가적이고 자본주의적인 활동을 이끌어 냈다. 베버에게 그것의 원천은 16세기에, 구체적으로는 청교도와 칼뱅주의자들 사이에서 '재투자' 자본주의가 발흥한 것이었으며, 그 속에서 수익은 이윤을 낼만한 기업에 끊임없이 재투자되었는데, 그것은 이전의 비체계적인 '모험' 자본주의를 초월하는 것이었다. 그럼에도 불구하고 그것이 가져온 경제적 성공은 머지않아, 그러한 성공을 가져오는 데 일조했던 바로 그 금욕적 미덕을 잠식해 들어갔다(Ling, 1980b: 577).

자신의 생전에 경제적으로 덜 발전된 아시아를 바라보면서 베버는, 자신의 저서 『인도의 종교』(1916, 독일어판; 1958, 영어판)와 『중국의 종교』(1917, 독일어판; 1951, 영어판)에서, 이는 '프로테스탄트 윤리'의 핵심적인 두 가지 요소 가운데 하나를 똑같이 결여하고 있는 힌두교와 불교, 유교 때문이었음을 보이려고 애썼다. 그 두 요소란:

(1) '현세적' 내지는 '세속적' 금욕주의로서, 이는 현세에서의 규율된, 합목적적, 합리적 행위를 강조했는데 그런 일의 결실에 대하여 금욕적인 태도를 지님으로써, 그것에 대한 향유를 나중으로 미룰 수 있었고 수익을 재투자할 수 있었으며, 그로 인해 경제적 선순환의 기초를 다지게 되었다;

(2) 종교적으로 중요한 의미를 지니는 것으로서의, 즉 가톨릭 사제의 '소명'에 버금가는 종교적 소명으로서의 일에 대한 관념.

베버는 불교가 속세와 세속적 욕망을 폄하하는 탈세속적인 비구적 이상을 지니며, 이성적으로 의도된 활동을 명상에로 제한하면서 (1963: 267), 재가신자에게는 자기 규율이라는 합리적 경제윤리의 토대가 되기에는 너무 모호한 것만을 조언하는 것으로 보고 있다 (1958: 199, 217-18, 222). 베버도 아소카 대왕의 불교가 사회복지를 강조하고 있음을 인정하고 있었지만, 이상하게도 이 점을 불교의 원래 정신에 부합하는 것이 아니라 역사적으로 우연적인 일로 치부해 버렸다(1963: 268; 1958: 226-8). 그는 좋은 까르마를 쌓기 위해 여유 자금을 사용하려는 욕구가 재가신자의 경제활동을 촉발시킨다는 점도 인정했지만, 이것이 자본주의적 재투자를 후원하지는 못했다고 말했다.

베버는 자신이 살았던 시대의 학자들이 알고 있었던 대로 정통적인 고전적 형태의 불교와 그 밖의 아시아 종교에 초점을 맞춰 비판하면서, 그것들로부터 20세기 행동주의적 결과를 연역해 내려고 애썼다. 오늘날의 학자들도 이들 종교가 지니는 복잡성에 대하여 훨씬 많은 것을 알고 있다. 그리고 더욱이 베버가 살았던 시대 이후로 그 종교들에서는 개혁운동이 일어났었다. 드 실바(Padmasiri De Silva)는 베버를 반박하면서, 불교가 사회를 변화시키는 데 아무런 긍정적 역할도 하지 못하는 것으로 이해하는 것은 잘못되었다고 주장한다. 왜냐하면 불교는 비록 탈세속적인 측면을 지니고 있기는 하지만, 진정한 사회윤리 또한 지니고 있기 때문이다(1976: 6-7). 까르마라는 교의를 숙명적으로 받아들이는 것은 오해에 불과한 것이며(p.7) '무아(無我)'라는 것은 '개인의 인격적 완성이나, 사회 개혁 혹은 심지어 국가 건설을 향한 건강한 욕망'의 뿌리를 잘라 내는 것이 아니라, 이기심과 탐욕을 감퇴시켜 상호협력에 도움을 주는 것이다(p.8). 비록 불교의 관행이 미신적인 요소를 포함하게 된 경우도 있기는 하지만, 그럼에도 불구하고 불교의 원리는 그 역시 미신에 대해 비판적이다(p.8). 그래서 드 실바는 테라바다 불교에는 사회 윤리를 위한 어떤 토대도 없었다고 말하는 베버주의자의 주장을 비판하면서, 그런 주장은 (주로) 사회 내에서 좋은 삶과 환생을 지향하는 재가 신도의 불교와 (이상적으로) 세속과의 인연을 끊으려는 비구의 불교 사이에 존재하는 연속성과 관계성을 간과했기에 때문에 일어나는 것으로 이해한다.[13]

불교는 분명히 위에서 살펴본 바와 같이 세속인을 위한 근면한 노동윤리를 담고 있다. 하지만 링의 말처럼, 청교도와는 달리 "미얀마의 불교도는 세속적인 즐거움을 향유되어야 할 은혜로 바라보고 있다."(1979: 113) 따라서 "불교는 근대의 자본주의적 가치의 대두를 방해하지 않는다. 비록 그것을 제안하지는 않더라도."[14]라고 말한 에반스(Hans Dieter Evans)의 지적은 시의 적절한 것처럼 보인다. 인도불교 및 힌두교와 관련한 베버의 명제를 반성적으로 성찰하면서 탐비아(Stanley Tambiah)는 간디와 1950년대 미얀마 수상 우 누(U Nu)의 불교 사회주의에 주목하는데, 우 누는 인도의 가치가 자본주의 정신에 이바지하는 것이 아니라 '세속적 금욕주의와 사회주의 정신'에 이바지한다고 주장했다(1973: 16). 탐비아는 미얀마를 주목하면서, 베버는 옳았지만 그것은 그가 전혀 예견치 못했던 방면에서 옳았다고 말한다. 왜냐하면 미얀마에서 "불교적 관념은 자본주의적인 경제활동을 경시하는 일종의 사회주의적 복지 정책을 정당화시키고 촉구하는 것으로 표면화되었기 때문이다."(1973: 18) 링은 불교적 가치가 "자본주의 경제에서는 자연스러운 표현방식을

---

13) De Silva,1976:10-17. Spiro,1971,는 'Kammatic' 불교와 'Nibbanic' 불교 사이의 그와 같은 분열에 대한 유명한 해설가이다.

14) *Modernization in South-East Asia*(Oxford:Oxford University Press, 1973), p.161, De Silva, 1976:20에서 인용함.

발견하지 못한다"는 데 동의한다(1979: 111).

태국, 미얀마, 스리랑카에서는 상인이나 매매업자나 기업가나 대금업자 등이 담당했던 상업적 역할이 욕심과 탐욕과 결부됨으로써 전통적으로, 특히 지방에서는, 낮은 사회적 지위를 인정받아 왔었다. 명예와 지위의 전통적 위계 속에서[15] 농부는 좀 더 존경받았는데, 그들은 생필품을 공급하기 때문이었다. 그보다 높은 자리는 도지사, 공직자, 교사, 장교와 같은 직업이 차지했는데, 그들은 공동선에 기여하기 때문이었고, 특히 왕과 귀족은 같은 이유에서이기는 하지만 그들의 지위가 전생의 좋은 까르마에 기인한다고 보는 또 다른 이유도 있었다. 최고의 존경은 비구와 신실하고 자비로운 신자에게 주어졌다. 이것이 의미하는 바는, 태국에서 재정과 산업에서 매우 적극적이었던 이들이 태국의 여성과 함께 중국계 소수민족이었는데(Kirsh, 1975: 173-6), 그들은 완전하게 계를 수지한 비구니도 될 수 없었고 직업상으로도 주목받지 못했다. 태국의 남성은 전통적으로 높은 명예를 얻는 공직에 관심을 두었고, 여성은 좀 더 '세속적인' 경제적 역할에서 활동하도록 방치했다. 그럼에도 불구하고 태국의 승가는 경제적 역할을, 공동선에 기여하는 것이라는 식으로 좀 더 긍정적인 말로 기술하기 시작했으며, 영리추구적이고 상업적인 활동에 거부감을 갖는 태국의 남성은 점차 줄어들게 되었다(Morgan, 1973: 74-5).

티베트에서는 전통적으로 주로 양모를 수출하는 소규모의 중산층 무역 공동체가 있었다(Bell, 1928: 109). 하지만 이 나라에 있는 대부분의 사람들은 목축 사회인데도 부분적으로는 빈번하게 무역과 매매에 종사했으며, 위에서 보았다시피, 대규모 사찰은 스스로

---

15) 태국에 대해서는 Kirsh, 1975:190-1와 Morgan, 1973:74. 미얀마에 대해서는 Maung, 1964:760. 스리랑카에 대해서는 Ling, 1980b:584를 볼 것.

를 부양하기 위해 무역업을 했었다(Bell, 1928: 125-6).

매매업자는 이미 불교가 확립된 수많은 농경 사회에서 의심의 눈초리를 받아 왔었다는 사실은 되돌아볼 만한 가치가 있다. 이런 의심이 농경 사회의 본성에서 기원한 만큼, 불교로부터는 어느 정도나 기원한 것일까? 일찍이 인도불교에서는, 사실상 불교에 매료된 특별한 사람들 가운데에 상인이 있었다. 왜냐하면 종교적 결실이, 마치 자신들 영역에서의 경제적 결실처럼, 개인적 노력의 결과라고 하는 불교의 개방적 특성 때문이었다(Gombrich, 1988: 80-1). 실제로 붓다의 후원자로서 대단히 존경받는 사람은 아나타핀디까(Anāthapiṇḍika)였는데, 그는 세띠(빠알리어 seṭṭhi; 산스크리트 śreṣṭhī) 내지는 부유한 거상이었다. 일을 함에 있어서, 붓다가 장려했던 근면과 사려분별이라는 미덕이 상인에게 호소력을 불러일으켰던 것이다. 오계에 대한 설명은 비단 술에 취하는 것만이 아니라 무책임하거나 낭비적인 지출 또한 비판한다:

> 그 기본적인 논조는 명백히 부르주아적이다. 그리고 그러한 태도가 초기 불교와 상인 계급 사이에 존재했던 친근감과 밀접하게 연관되어 있다는 가설은 반박하기 힘들다. (Reynolds, 1990: 71)

더욱이 『자따까』에 나오는 한 구절은(J. I.120-2) 투자와 재투자를 지향하는 기업가의 활력을 응원하고 있는 것으로 보인다. 그것은 죽은 쥐를 선술집에 고양이 먹이로 팔아 나중엔 부자가 되었다는 어떤 가난한 남자에 대해 이야기하고 있는데, 그 비결은 재화와 용역을 공급할 기회마다 그는 일련의 통찰력 있는 투자를 결정한 덕분이었다는 것이다. 그래서 "현명한 사람은 적은 돈을 모아 솜씨 좋게 사용함으로써 마치 작은 조각들로 불을 일으키듯이 스스로를 만들어 간다."라고 말한다. 그리고 *A. I.*116-7에서는, 부자는 어떤 소매상이 믿을 만하고 이익을 낼 만큼 통찰력 있다고 생각되면 ― 이러한 자질은 정신적으로도 비슷한 자질이다― 그 상인의 사업에 투자할 것이라고 다시 한 번 더 말한다.

오르나토프스키는 경제윤리에 관한 불교의 핵심적인 개념이 함축하는 것은 '애매모호하다는 것이고 또한 특정한 사회문화적, 역사적 상황 속에서 그 개념을 해석하는 것에 상당히 의존한다는 것이다'(1996: 201):

> 세속인들을 위한 불교의 경제 윤리학은 자본주의의 발달에 본래적으로 적대적인 것이 아니라, 실제로는 초기 인도 불교에서 그리고 중세 중국과 일본에서 상인 계급들 사이에 존재했던 원시적 자본주의를 지지했으며, 이 점은 '상업에 종사하는 재가신자 윤리'에서나 불교 사찰 스스로의 직접적인 경제 활동에서도 보이는 것인데, 그러한 것들은 경제 활동에 일대 혁신을 가져왔고 대체로 사회 안에 흐르는 상업적 성향을 암묵적으로 지지하는 것이었다. (Ornatowski, 1996: 202)

키예스(Charles Keyes, 1990)는 근대 태국에서, 북동부 지역의 타이-라오족 사람들 사이에서 매매업자에 대한 전통적인 의심에 어떤 변화가 일어났는지를 추적했다. 1950년대 이후 그들의 삶의 방식은 대체로 부의 평등이 담보된 생계형 농업에서, 국내와 국제적인 시장 쪽으로 다소 기울기 시작하면서 방콕에서의 노동 시대를 맞게 되는데, 이는 부의 훨씬 더 큰 불평등을 초래하게 된다. 북동부는 전통적으로 태국에서도 가장 가난한 지역이었다. 그리고 정부가 나라 전체의 경제 개발을 밀어붙이는 상황 속에서 북동부 지역도 점차 더 부유하게 되었지만 다른 지역만큼 빠른 것은 아니었다 (p.181). 방콕에서 북동부 지역인이 불이익을 받는 집단의 일원으로서 깨달았던 바는, 자신들은 관리의 신분을 꿈꾸는 것이 불가능하며, 그들이 보기에 한때 가난한 중국인이 모범을 보인 것처럼 그들을 따라, 상인의 지위를 꿈꿔볼 만하다는 것이었다(p.188). 사회·경제적 변화 속에서, 이전에 확실했던 것이 흔들리게 되면서, 어떤 북동부인은 베버주의자들의 '세속적 금욕주의'에 버금가는 '불교 노동 윤리 가운데 일부'를 발전시켜 나갔다(p.188). 이는 '현세적 무집착'이라는 형태를 띠게 되는데(p.187), 그것은 무집착과 '자신의 기본적 욕구를 극복하려는 목적에서 욕구충족을 삼가는' 능력을 선호하는 북동부 사람들 사이에서 높이 평가되는 가치에 낯설지 않은 것이었다(p.186). 북동부인들은 스스로를 태국의 다른 지역 사람보다 초연함에 있어 훨씬 더 강인하다고 여기는데, 부분적으로는 그들이 모진 경제적 환경에 대처하는 데 익숙해졌기 때문이다(p.189). 또한 북동부 남자들 가운데 높은 비율이 일정 기간을 비구로서 지내는 반면에, 여자들은 자녀들이 결혼하거나 비구가 되거나 사망할 때 자녀와 이별하는 과정에서, 그리고 출산 이후에 '자궁을 말리기 위해' 며칠 동안을 '불 옆에 눕는' 관례 속에서 무집착을 익힌다: 그런 관행은 그 시기 동안 단단한 음식을 먹지 않고 열기를 견뎌야 하기 때문에 일종의 금욕적 고행인 것이다(p.187). 더욱이 북동부 사람들에게는 '담마 집단(dhammic mūtham)' 운동이 대중적인데, 그것은 '담마의 명령을 받기' 위하여 담마의 고양 능력에 가까이 다가서려는 사람들의 운동이다. 그 구성원은, 술에 대한 계율만이 아니라 절약과 근면함에 대한 계율까지 담고 있는 오계에 대해 조심스러운 준수를 강조하면서, 즉각적인 쾌락으로 이끄는 행위는 폄하한다(p.187). 그래서 오늘날 대부분의 북동부 주민들 속에서, 일부 타이-라오족 가정은 방앗간이나 운송회사나 상점을 운영한다(1990: 173). 이것들을 운영하는 사람들은, 세속적 행복의 향상이 덧없다는 점을 인정하면서도, 자신들의 삶이 더 나아지기를 추구한다(1990: 186). 그런 사업으로 성공한 사람에 대한 다른 사람들의 태도는 이중적이다. 다른 사람들은 그들이 보여 준 부지런함과 재빠름에 높은 존경을 보내지만, 어떤 이들은 그들이 부에 사로잡혔다고 의심하기도 한다. 하지만 그런 혐의는 그들이 자기들의 부를 최소한 일부라도 까르마적으로 유익한 것이라고 여겨지는 자비로운 활동들에 사용한다는 사실을 거론하면 상쇄될 수 있다(p.183). 이와 마찬가지로 스리랑카에서도, 상업에 종사하며 살아왔던 저지대 마을 사람들은 일부 사람들에 의해 여전히 의심의 눈초리를 받는다. 하지만 이 역시 그들의 새로운 부가 숭고한 행위에 사용될 때 존경의 시선을 받는다(Ling, 1980b: 584).

일본의 경우

20세기에 일본의 자본주의가 성공했다고 본다면, 그 배경을 베버주의의 명제를 염두에 두고 고찰해 보는 것도 시의적절할 것이다. 도쿠가와의 치세(1600~1867) 동안에 일본은, 유럽 식민 세력의 간섭적인 손아귀에서 모진 고초를 경험한 후, 매우 내향적이고도 어느 정도는 외국에 대해 혐오적이었다. 이 시기는 거의 400여 년에 걸친 내란 뒤에 맞이한 평화 시대였다. 비록 국가 이데올로기는 신유학이었지만, 불교도 통치자에 의해 공식적인 후원을 받았다. 쇼군, 혹은 무인 통치자가 사회를 관리했고 사무라이라는 무사계급이 이를 도왔다. 사회는 빈틈없이 통제되는 중앙집권화된 국가였는데,

이는 국가의 통일과 힘을 고양시키기 위해 필요한 것으로 받아들여졌다. 이 시기에 도시는 규모 면에서 늘어났으며, 상업은 전국 규모로 새롭게 통합된 시장 속에서 발전해 가고 있었다. 하지만 도쿠가와 사회는, 적절한 사회적 위계질서와 연장자 및 상급자에 대한 존경을 강조하면서 봉건적 구조를 유지하고 있었다. 유교는, 살아 있는 동안 자신의 위치에서 자손과 돌아가신 선조, 부모와 봉건 군주를 포함한 집단의 이익을 위해 근면하게 일할 것을 강조했으며(Duus, 1976: 171-2), 사회는 주로 세습적인 네 개의 상이한 계급으로 나뉘어 있었다(Duus, 1976: 11). 점차 쇠약해져 가는 신분질서 속에서 그것들은:

(1) 사무라이: 전통적으로는 무사였지만, 오늘날은 많은 면에서 공직자와 비슷하다. 그들의 역할은 사회의 선에 앞장서는 것이었고, 또한 그런 일에 헌신하는 집단으로 인식되었다. 나머지 세 집단은 일반평민으로 이뤄져 있다:

(2) 농부: 그들의 역할은 식량, 즉 일차적인 생활필수품을 생산하는 것이었다.

(3) 장인: 그들의 역할은 농기구와 같은 여러 가지 이차적인 필수품을 생산하는 것이었다.

(4) 상인: 그들의 역할은 물건을 교환하는 것이었다. 유교나 불교 모두 교역을 높이 평가하지는 않았다. 왜냐하면 그것은 생산과 무관한 것(유교)이었고, 탐욕을 부추기는 것(불교)으로 보였기 때문이다.

하지만 머지않아 흡사 베버주의의 '현세적 금욕주의'와 같은 것이, 단순히 내세적인 목표가 아니라 현세에서의 성공을 목표로 삼는 절제된 태도의 형태로, 또한 타인의 호평과 물질적인 보상이라는 형태로 모습을 드러냈다(Duus, 1976: 172). 즐기는 것은 좋은 것이지만, 그 대가로 근면과 검소를 잃어버려서는 안 되는 것이었으므로, 슬로건은 "많이 일하고, 많이 벌고, 쓰는 건 조금"이었다(Duus, 1976: 171). 유교는 생산을 장려하면서 소비는 장려하지 않았다(Bellah, 1957: 109). 자신의 봉건군주와 국가에 대한 헌신적 봉사와 충성이라는 사무라이 윤리가 강조했던, 집단에 대한 헌신의 강조 또한 유교에서 유래했다. 불교에서 나온 것은, 조동선(曹洞禪 Sōtō Zen) 비구의 행동에서 볼 수 있는 것처럼 현세에 적극적으로 관여하면서도 자기를 버리는 초연함에 대한 강조였는데, 묵조선 비구는 사람들에게 가깝게 다가가 다리나 용수지와 배수지를 건설하는 것과 같은 문제를 해결하는 데 도움을 주었었다(Ives, 1992: 63). 킹(Winston King, 1981)은 쇼산(Suzuki Shōsan: 1579~1655)이 신봉했던 노동 윤리에 대해 기록했는데, 쇼산은 사무라이로서 그의 나이 사십에 조동선 비구가 되었지만 도교와 유교 그리고 신도(神道)에서도 영향을 받은 인물이었다. 그는 일상의 평범한 일도, 그것이 무엇이 되었든, 불교의 가르침을 마음속에 새기고 올바른 자세로 임한다면 불성에 이르는 수행방법이 될 수 있다고 주장했다. 따라서 청교도와 다르지 않게 평범한 직업을 영적인 수행의 수준으로 끌어올리려고 노력했다:

농사일 자체가 붓다의 행동이다. 오직 너의 의도가 사악할 때만 그것은 비천하고 부끄러울 따름이다. 너의 신앙심이 굳건하고 흔들림 없을 때, (너의 일은) 보살의 일이다… 네가 농부로 태어났다는 것은 하늘[16]로부터 세상을 양육하는 사람이 되라는 공적

---

16) 유교적인 용어로 우주의 자연적·도덕적 질서를 의미한다.

인 임무를 부여받은 것이다… 하늘의 도리를 위해 공적으로 봉
사하듯이 네 일을 수행하라… 오곡을 생산하고 붓다와 가미
(kami: 신도의 신들)를 숭배하라. 모든 사람의 생명을 떠받치겠
다고 맹세하고 심지어 벌레와 그 밖의 피조물을 위해 공양을 올
리겠다고 서원하며, 괭이질을 할 때마다 매번 '나무아미타불, 나
무아미타불'을 암송하라. 다른 잡념들을 버리고 낫질 하나하나
에 마음을 모으라.(1981: 213)

이는 유교적 이상 및 신도의 신들에 대한 암시와, 아미타불에 귀
의하는 극락정토 및 손에 쥐어진 일을 일종의 움직이면서 하는 명
상처럼, 일념을 다해 수행할 것을 강조하는 선(禪)을 결합시키고 있
다. 자신의 과업을 공동체를 지탱하는 것으로 간주하는, 그리고 그
일에 헌신적으로 몰두하는 그와 같은 사고방식은 아집을 버리는
데, 따라서 깨달음에 이르는 데 도움이 되는 것으로 보인다. 세상
은 그곳에 집착해서는 안 될 덧없고 무상한 곳이지만, 이 점을 직
시하면 세상 안에서 모두의 이익을 위해 자기를 버리는 행위가 늘
어날 것이다(King, 1981: 218). 따라서 일을 한다는 것은 풍부한 수
확을 보장하고, '하늘'과 신도의 신들의 가호를 보장하게 될 것이
다. 더욱이 상인은 필요한 물품을 사람들에게 실어 나르기 위해서,
그리고 이윤을 얻기 위해서라도, 단 그 일이 불공정하고 탐욕스럽
게 수행되지만 않는다면, 열심히 일하지 않으면 안 된다(p.213).
　정토진종(淨土眞宗, Jōdo Shin Pure Land)은 부정직이나 과도한 이
윤을 비난하면서도, 장인과 상인의 일을 남들이 필요로 하는 것들
을 채워 주는 것으로 보았다. 그래서:

남에게 이득을 줌으로써 그들은 스스로 이득을 취할 권리를 부

여받는다…남에게 이득을 준다는 정신은 보살의 정신이다… 따라서 상인과 장인의 행실이 바로 보살의 행실이다. 대체로 상인과 장인의 사업 비밀은 보살행을 통하여 신임을 얻는 데 있다.
(Bellah, 1957: 120에서 인용)

상인에게 영향을 준 정토진종의 문집에는 다음과 같은 준칙이 들어 있었다:

아침, 저녁으로 부지런한 활동을 마음속에서부터 소홀함이 없도록 하라.
가업에 열심히 임하라.
쓸데없는 사치는 자제하라.
도박은 하지 마라.
많은 것을 취하기보다 적은 것을 취하라.
(Bellah, 1957: 119에서 인용)

이처럼 부지런한 노동은 마음을 흐트러지지 않게 하고 아미타불에게 사의를 표하는 데 모두 도움이 된다. 오미(Ōmi) 지방의 상인들은 이러한 정토진종 사상에 많은 영향을 받았고 그들의 근면함과 노동, 소박한 삶의 방식, 그리고 낭비에 대한 혐오는 유명하다(Bellah, 1957: 120-1). 그런 방법으로 그들은 부자가 된 경우가 흔했다. 그리하여 도쿠가와 시대의 불교 가르침은, 상인을 포함하여 사람들로 하여금 위대한 헌신과 강인한 의지를 이어갈 것을 권장했다.
하지만 도쿠가와의 치세가 막바지를 향해 가면서, 불교와 유교를 '외래' 종교로 외면하고, 신도를 진정한 '민족적' 종교로 강조하게 되었다. 일본에 있어서 1853년은, 자국에게 외교통상의 문호를 열도록 만든 미국 군함에 의해 갑작스럽게 내향적인 시대로부터 깨어나는 굴욕을 목격한 해이기도 하다. 이는 도쿠가와 정권이 막을 내리는 데 일조했다. 천황 체제의 재정립은 메이지 시대(1868~1912)의 도래를 알렸으며, 그때 일본은 바깥세상에 문호를 개방함과 동시에, 경쟁자나 위협으로 간주했던 서구를 배우고 익혀 빠른 속도로 근대화를 추진해 나갔다.

산업화는 국가의 지도하에 추진되었다. 산업화가 겨냥한 것은 '부국강병'이었으며, 그것을 통해 일본은 외세에 맞서 자신의 입지를 세우고, 불평등하다고 인식한 무역 협정을 교정할 수 있으리라고 기대했다.[17] 사무라이의 상거래 관여에 대한 법적 제약이 철폐되었고, 이전의 봉건체제에서 누리던 그들의 지위도 박탈되었기 때문에, 사무라이는 자신들의 막대한 에너지를 상업과 개혁에 쏟아부었다. 그런데도 마나리(Hiroshi Mannari, 1996: 2-3)는 사무라이와 무관한 배경을 지닌 경제 수장의 비율이 1880년에는 사실상 77%였고, 1920년과 1960년에는 63%였다고 보고했다. 따라서 봉건체제의 종식은 사무라이와 무관한 활력도 풀어놓았던 것이다.

자신의 봉건군주에 대한 충성은 국가에 대한 충성으로 전환되었고, 국가의 상징인 황제에게로 모아졌다(Saniel, 1965: 128). 신도가 고무한 민족주의의 물결 속에서, 신도는 황제의 신성성이라는 이념을 떠받치고 있었고, 유교는 국가의 아버지로서 황제에 대한 충성을 강조하는 데 동원되고 있었다. 『도쿠가와 시대의 종교: 산업화 이전 일본의 가치』라는 자신의 저서 속에서 벨라(Robert Bellah)는, 도쿠가와 시대의 현세적 금욕주의와 메이지 시대의 제도적 변화가 어떻게 해서 유럽 청교도에서의 발전과 유사한 방식으로 일본 자본

---

17) Davis, 1989:308; Saniel, 1965:133.

주의의 발전을 이끌었는지, 그에 대한 분석을 베버에 착안하여 시도하고 있다. 유럽의 자본주의는 자유방임적이었던 반면에, 일본의 자본주의는 국가 관리적이면서 천황에 대한 충성심을 장착하고 있었는데, 그것은 베버가 자본주의의 성공적인 발전에 필수적인 것으로 보았던, 경제 활동에 있어서의 전반적인 합리성을 도출하게 되었다.[18]

자본은 국가가 조세를 통해 생산해 냈다. 하지만 사람들은 일정 기간 그 혜택을 볼 수 없었음에도 불구하고 상급자, 궁극적으로는 천황에 대한 충성이라는 가치가 아무런 저항도 없이 그들로 하여금 국가와 미래의 이익을 위해 열심히 일하도록 만들었다(Saniel, 1965: 136). 머지않아 1881년에 불어 닥친 재정적 위기로 인해 국가는 국영 기업들 가운데 일부를 영향력 있는 가문들에 매각했는데, 그로 인해 자본주의는 더욱 뿌리 깊게 퍼져 나갔다(Saniel, 1965: 139-41). 개인 소유의 대기업과 중소기업은 대체로 가족윤리에 기초하여 경영되었는데, 이는 소유주의 실제 가족 구성원뿐만 아니라 회사에 입사하게 된 사람들도 모두 회사에 충성할 것을 권장했다.

유교와 불교 모두에 기초한 일본의 핵심적인 가치는 '보은(報恩)'이라는 관념이다(Davis, 1989: 307-8). 어떤 사람이 이 세상에 태어나자마자, 그(녀)는 가미, 붓다, 부모, 조상, 국가와 천황으로부터 은혜를 입은 것으로 본다: 태어난 이후에는 마을, 은인, 고용주, 이웃으로부터 은혜를 입는다. 생명, 양육, 보호, 지도와 같은 이러한 은혜에 대하여, 개인은 감사와 사랑과 충성으로 보답해야만 한다. 유교는 이를 상급자와 하급자 사이의 관계로 보았다. 그리고 개인들

---

18) 하지만 나중에(1963) 벨라는 천황에 대한 충성이, 일본 사회구조와 가치의 심층적 재정립을 방해하는 데 일조함으로써, 경제발전과 완전한 근대화 및 민주화를 저해하는 비합리적인 요소를 포함한다고 보게 된다.

로 하여금 여러 은혜를 입었다고 생각되는 상급자에게 순종하도록 길렀다. 이는 여전히 일본의 노동윤리의 핵심이다. 하지만 분낙 (Bunnag)은 태국에서도 ―순종과는 별도로― 이와 유사한 태도가 있음을 기술하고 있는데, 거기에선 많은 관계들이 종종 나이 차이에 기초한 보호-피보호자의 관계이다. 그러므로

> 연장자는 필요한 사람이 생기면 물질적인 도움은 물론 조언과 도덕적 지침을 줄 것이라고 기대된다. 그때 손아랫사람은 그 보답으로 그의 충고를 유의해서 들어야 하고, 일반적으로 자신의 상급자를 위한 막일꾼으로 처신함으로써 좀 더 확실한 자신의 경의를 표해야만 한다.(Bunnag, 1973: 13)

데이비스(Winston Davis, 1989)는 불교가 대체로 일본의 근대화와 발전에 '수동적 방조'와 순응의 과정을 방해하지 않음으로써 기여했다고 주장한다. 메이지의 복고는 불교에 대해서 국교의 지위를 박탈하고 상당한 박해를 가한 것은 물론, 예를 들어 내세적이 되게 만든다는 이유를 들면서 가혹하게 비판했다. 이런 맥락에서 불교는, 불교가 도덕적 훈계나 선행 그리고 신의 가호를 상기시킴으로써 국가에 유용한 것임을 강조하려 애쓰곤 했다. 하지만 어떤 개혁가들은 일본에서 불교가 국수주의에 초점을 맞추려 하는 것과는 별개로, 불교 그 자체에 내재하는 근대화에 관심을 보이기도 했다. 불교가 강조하는 사회적 조화는 급진적인 사회적 변화의 수레바퀴가 부드럽게 돌아가도록 도움을 주었다. 불교가 검소와 노동을 종교적 헌신의 표현으로 가치를 부여하는 것 역시 유익한 것이었다. 사이치(Ashari Saichi: 1851~1933)는 그 이전에 쇼산(Suzuki Shōsan)과 다르지 않게, "내가 하는 일이 곧… '나무아미타불'이다"고 말했

다(Davis, 1989: 309). 불교도는 천황에 대한 충성을 지지했고, 러일전쟁과 같은 것을 정당화시켰다. 노동자의 곤경에 대해선 동정심을 표현했지만, 그들을 돕기 위해 그만큼의 적극적인 조치를 취하지는 않았으며, 가난은 종종 나쁜 까르마의 탓으로 돌려졌다. 어떤 면에서 불교도는 유대인이나 모르몬교도처럼, 경제적으로 활동적인 소수자처럼 같이 행동했다.

따라서 불교는, 이상에서 살펴본 바와 같이, 근면하고 검소한 노동 형태를 지지하는 요소를 담고 있었으므로, 그것은 특정한 조건 하에서는 기업가적인 활동을 지향하는 사회적 압력에, 비록 그런 압력을 최초로 유발시킨 것은 아닐지라도, 긍정적으로 대응할 수 있었으며, 그로 인해 상인과 기업가를 탐욕의 눈초리로 의심하던 불교의 경향을 극복할 수 있었다. 그럼에도 불구하고 불교는, 베버가 온당치 않게 경시했던, 사회 복지에 대한 중시를 강조하고 있으며, 자본주의적 활동은 순전히 개인적 이익에 기초해서가 아니라 공동체의 이익에 의해 정당화되어야만 한다고 주장한다. 이 점은 중국 당대 사찰의 상업적 활동 속에서, 태국의 최근 경제발전 속에서 그리고 자비와 무집착이 수반된 부는 허용될 수 있다는 일반적인 강조 속에서 잘 살펴볼 수 있다.

'불교적 경제학'

그럼에도 불구하고 수많은 ―주로 테라바다― 불교의 저술가들은, 제2차 세계대전 이후에 대부분의 아시아 정부들에 지배적인 영향을 미쳐왔던 자본주의 내지는 마르크스주의에 기초한 경제학과는 다른 독자적인 '불교 경제학'을 지향하려고 노력해 왔다. 이와 같은 수많은 노력들에 자극제가 된 것은 가톨릭 저술가 슈마허(E. F. Schmacher)의 짧은 논문 '불교의 경제학'이었는데, 그는 1950년대 미얀마의 경제 고문이었으면서 서구의 발전 모델을 비판하고, 중재적인 기술을 옹호하는 사람이었다. 이 논문은 원래 1966년에 출간되었지만, 그의 저서 『작은 것이 아름답다: 사람이 중시되는 경제학 연구』(1973)로 재출간되었다. 그의 지적에 따르면, '근대화'라는 것은 사실상 '지방경제의 붕괴와, 도시와 농촌에서의 실직이라는 높은 파고, 영혼과 육체 모두에서 발육되지 못한 도시 무산계급의 성장'으로 이끄는 경우가 적지 않다(1973: 56). 따라서 그가 개탄하는 것은, 미얀마와 그 외의 다른 나라들이 "불교적 삶의 방식은 불교적 경제학을 요구할 수도 있다"는 생각을 할 여지도 없이, 서구에서 건너 온 발전계획을 간단하게 받아들이고 말았다는 점이다. 그는 주장하길, 발전이 올바른 방향으로 나아가기 위해서 필요한 것은 '물질주의자의 경박함과 전통주의자의 부동성 사이에서의 중도'이며(p.5), 그러한 비전을 발전시키기 위해서는 그가 보기에 미얀마인의 불교적 삶에 함축되어 있는 경제학을 뚜렷하게 드러내는 것이었다(p.48).

태국과 스리랑카의 테라바다 불교에서는 비구와 재가신자들 가운데 대다수가, 현상유지와 잘 어울리는 다소 보수적인 형태의 불교와 정부의 개발 노력을 지지하고 있다. 그럼에도 불구하고 근대화, 서구화, 세속화의 맹공으로 인해 '불교적으로 정의된 도덕 공동체'가 유실되고 있음을 염려하는 이들이 있다(Swearer, 1996: 196). 스웨어러가 보기에 이들은:

a) 신-전통주의자: 흡사 근본주의적인 운동을 펼치는 사람들로서 이들은 '이상화된 개인적 신앙심으로의 복귀'를 옹호하는데,

그것은 경제, 사회, 문화적 문제점과 긴장이 지니는 구조적 본성을 무시하거나 아니면 오해'한다.

b) 진보적 개혁주의자, 이들은 근대 세계의 문제점과 맞서 싸우면서, 그것들을 해결하는 데 도움이 되고자 전통적인 믿음과 관행을 창조적으로 해석하려고 노력한다.(1996: 196)

태국에서는, 다소 귀에 거슬리는 분파주의적 운동을 펼치면서도 태국 사회의 다양한 방면에 도덕주의적 비판을 제기하고 있는 산티 아속(Santi Asok | Swearer, 1995: 136-9)과, 그리고 명상과 도덕적 갱생을 강조하면서 미디어를 이용해 스스로를 전파시켜 정치, 군 지도자 사이에서 후원자를 확보하고 있는 매우 성공적인 운동인 담마카야(Dhammakāya | Swearer, 1995: 114-15)가 신-전통주의자에 해당한다. 개혁주의자로서는 '불교 경제학'이라는 사상을 분명하게 드러내고 표명하려는 이들이 포함된다.

스리랑카에서는 카루나틸라크 박사(Dr H. N. S. Karunatilake)가 중앙은행 연구이사 시절에 자신의 저서 『이 혼란스러운 사회』에서, 군데군데 다소 이상적인 비전을 제시하긴 했지만, '불교가 제기하는 담론에 기초한 근대 세계에 어울리는 경제 체제를 제안'하려고 노력했다(Karunatilake, 1976: iii). 그는 인도 아소카 대왕의 치세와 (pp.29, 73) 과거 싱할라(Sinhalese) 문명의 대규모 관개수로공사가 (p.74) 불교적 경제 원리를 예증하고 있다고 본다. "불교적 경제 체제는, 집단생활 속에서 상호 협력적이면서도 조화로운 노력의 발전에 그 기초를 두고 있다. 이기심과 탐욕적인 일상은 개인의 성장 속에서 제거되어야만 한다."(p.29) 또한 스리랑카에서는 심리학자이자 철학자인 드 실바(Padmasiri De Silva)가, 자신의 저서 『가치 지향과 국가 건설』(1976)이라는 소책자와 『불교 경제학 탐구』(1975)

라는 소논문 속에서, 그가 보기에 불교가 다방면에 걸쳐 사회적 진보에 기여한 부분을 개략적으로 소개했다.

태국에서는, 탁월한 학승인 파유토(Ven. P. A. Payutto)[19]가 『불교 경제학: 시장을 위한 중도』(1994)라는 저서 속에서 불교 경제학에 대한 비전을 보여주었다. 거기서 그는 근대 경제학이 경제적 거래를, 판매되는 것의 본성과 거래의 사회·환경적 효과에 대한 윤리적 고찰과 분리된 채 검토하고 있다고 비판한다. 그는 사회적으로 무질서한 곳에 대한 투자의 기피, 위조품이 판매되었을 때 소비자의 불만족, 불량식품이 판매되었을 때 근로자들 사이에서 발생하는 보건 악화와 의료 비용 등, 태국에서 종종 일어나는 그와 같은 비윤리적 행위가 지니는 경제적 효과를 강조한다(Payutto, 1994: 24).

또한 태국에서는, 테라바다 불교의 ―사회·경제학적으로 관련된 것도 포괄하는― 핵심적 가르침에 대해 혁신적인 근대적 해석을 제공한 비구가 있었는데, 그가 바로 비구의 면학과 명상을 이끄는 수장이었던 붓다다사 비구(Buddhadāsa Bhikkhu: 1906~93)였다. 비록 그의 산사(山寺)는 권력의 중심부와는 멀리 떨어져 있었지만, 판사와 교사, 교육자와 의사 등을 포함한 태국의 많은 고학력자들에게 그리고 1970년대 학생 민주화 운동에 영향을 미쳤다(Santikaro, 1996: 180-2). 붓다다사는 '근대적 사회 구조의 만연한 비도덕성과 이기심'을 단도직입적으로 비판하면서(Santikaro, 1996: 147), 방콕의 부자와 지방 변두리 사람의 자비심을 비교하면서 둘은 가까워질 수 없는 것으로 보았다(Swearer, 1989: 175). 불교의 정신적인 핵심을 강조하면서도, 그는 그것과 사회적 관심사가 별개의 것이 아니라고 느꼈다(Santikaro, 1996: 155). 왜냐하면 사회적 문제를 해결하기 위

---

19) 비구 직함인 Phra Dhammapiṭka와 그 이전에는 Phra Debvedi와 Phra Rājavaramuni 로도 알려져 있다(Swearer, 1995:139).

해서 우리는 그것의 근본적인 원인인 도덕적 오염을 파악해야만 하기 때문이다(Swearer, 1989: 170). 그래서 그는 기아, 문맹, 질병과 같은 것을 한 사회 내에서 진정한 종교와 도덕 원리가 결핍된 간단한 징후로 보았다(Swearer, 1989: 171).

붓다다사는 불교를 포함한 모든 종교가, 그 창시자들이 대체로 사회의 선을 겨냥했기에, 근본적으로는 사회주의적이라고 느꼈다. 따라서 그는 자본주의와 연계되고 '자유민주주의'와 결부된 개인주의를 반대했으며, 그것이 태국 사회를 갉아먹고 있다고 보았다(Swearer, 1989: 172). 자본주의와 공산주의를 모두 반대하면서도, 그는 사회적 문제의 해결책으로 ─이는 앞서 살핀 탐비아(Tambiah)의 분석과 맥락을 같이한다(pp.207-8)─ 그가 담마적 사회주의(Dhammic Socialism)라고 불렀던 일종의 종교적 사회주의를 주창하기에 이른다. 붓다다사가 보기엔, 마르크스주의와 공산주의의 형태를 띤 '세속적인' 형태의 사회주의 ─이것들은 폭력적이고 적의가 가득 찬 것이 될 수도 있다─ 와는 전혀 별개의, 진정한 사회주의가 있다. 그는 이것이 담마, 즉 사물의 상호의존적인 본성에 뿌리박고 있다고 보았다(Swearer, 1989: 195). 이러한 주장은, 인간이란 개인주의에 기초하여 행위하는 것이 아니라, 상호의존적이며 서로 도와야만 하는 사회적 존재라는 사실에 의존하고 있다(Santikaro, 1996: 166-69; Swearer, 1989: 173). 그 주장이 수반하는 것은, 만족에 관한 불교의 가르침이 말하는 것처럼, '자신의 정당한 몫 이상을 취하지 말라 ─ 필수적인 것만을 사용하여 그 나머지 것들은 다른 사람들이 사용할 수 있도록 하라'는 것이다(Swearer, 1989: 172). 그것은 자연에 따르는 삶으로서 우리가 진정으로 필요한 것만을 취하는 것이다(Swearer, 1989: 173). 그는 그와 같은 사회주의가 새로운 것이 아니라 불교의 정수리에 늘 존재해 왔던 것으로서, 불교는 '탁월하고도 특별한 사회주의 체계'를 지니고 있었다고 생각했는데(Santikaro, 1996: 165-6), 왜냐하면 그가 보기에 승가의 운영은 언제나 사회주의적이었으며, 아소카 대왕이나 수코타이와 아유타야 시대(14세기~18세기)의 태국 왕은 진정한 '사회주의적' 통치자였기 때문이다. 따라서 공산주의와 자본주의와는 달리, 진정한 사회주의는 태국의 불교 정신에 낯선 것이 아니었다. 그는 다음과 같이 주장했다:

> 우리가 불교에 대한 믿음을 확고히 하면, 바로 우리 안에 사회주의적 성향을 지니게 될 것이다. 우리는 우리의 동료 인간 존재를 고통 속에 빠져 있는 친구들로 보게 되고…, 따라서 그들을 저버리지 못한다. (Swearer, 1989: 195)

더욱이 그는 보살의 개념을 '사회주의적'인 것으로 이해했다. 그는 『기세인본경』에서 자연적 사회주의가 자연적으로 풍부한 음식을 저장하기 시작하면서 몰락하게 된 경위를 보았다: "우리의 문제점은 누군가가 곡식이나 그 밖의 음식을 비축하자는 생각을 가졌을 때, 그로 인해 남들에게 부족함을 야기했을 때 시작되었다."(Swearer, 1989: 174) 그리하여 이는 최초의 왕을 선출하는 것으로 이어졌으며, 그는 '사회주의적' 원리에 따라 통치했다(Swearer, 1989: 187-8).

파유토와 붓다다사는 태국에서 학식을 갖춘 재가신자이자, 중요한 또 다른 진보적 개혁가인 시바락사(Sulak Sivaraksa)에게도 영향을 미쳤는데(Swearer, 1996: 215), 그는 베트남의 평화운동가 틱낫한 비구에게서도 영향을 받았다(Swearer, 1996: 225). 시바락사는 '작가이자 출판인, 강사, 국제회의 순회 참여자, 평화·인권 운동가, NGOs (NGO: 비정부 기구)의 창설자, 불교 사회 비평가, 지적 도덕주의자' 등으로 소개되어 왔다(Swearer, 1996: 200). 그는 태국이 미국식 자본주의에 기초한 근대화와 그것이 초래한 물질주의로 빠르게 흘러 들어가는 것에 대하여 신랄한 비판을 개진했다. 그에게 있어서 "불교는 협력과 만족을 격려하는 데 반해, 근대적 발전은 경쟁과 성공을 부추긴다."(Sivaraksa, 1986: 182) 그도 태국에서의 근대화가 잠재적으로 좋은 측면도 있음을 받아들이지만, 그가 느끼기에 실제로 그 근대화가 주로 야기한 것은 소수의 사치와 다수의, 특히 농부와 도시 근로자의 빈곤이었다(1986:xv). 늘어난 부채는 상당수의 농부를 방콕으로 이주하게 만들었고, 거기서

> 만연한 실업은 많은 사람들을 범죄에 의존하도록 강요한다. 나이 어린 소녀는 하인, 공장 노동자로 일하거나 어쩔 수 없이 몸을 판다. 어린이는 작은 점포에서 가혹한 조건하에 불법적인 노동을 한다. 일부는 심지어 해외로 팔려 나가기도 한다. 남성은 눈물겹게 낮은 임금을 받고 중노동을 한다. (Sivaraksa, 1992: 32-3)

근대화는 또한 오염, 도시의 추악함, 빈민굴과 함께 문화적 와해도 가져왔다(1986: 20, 57-8). 그래서 시바락사는 ―그는 고어(古語)인 샴국어 사용을 선호하면서― 태국 전통 문화의 보존과 지속을 위해 노력했지만, 사회정의를 고양하기 위해 사회에 불가피한 변화를 위한 노력도 아울러 기울였다(1986:xxiii). 스리랑카의 저술가이자 운동가인 카루나틸라크(Karunatilake)와 아리야라트네(Ariyaratne)처럼 그도 아소카 대왕과 초기 승가들, 그리고 신실하고 자비로운 지난 시대의 왕들을 되돌아보면서, 진정한 불교 사회에 영감을 불러일으키는 모델로 삼았다(Swearer, 1996: 213).

경제학의 목적과 소비주의 비판

'불교 경제학'의 뼈대를 이룬 저자들은 빈번히 경제학에 대한 불교적 접근의 독특한 목적을 강조하곤 한다.

> 불교 경제학은 근대 물질주의 경제학과 매우 상이한 것임에 틀림없다. 왜냐하면 불교도는 문명화의 본질을 인간 욕구의 증폭에서가 아니라, 주로 인간의 노동을 통해 형성되는… 인간 성격의 정화에서 찾고 있기 때문이다. (Schmacher, 1973: 50)

> '경제개발'이라고 하는 것은 다방면에서 원만한 인격과 행복한 인간 존재의 발전을 요구하는 보다 광범위한 배경과 상반되는 것임이 분명하다. (De Silva, 1975: 5)

파유토(Ven Payutto)는 소비란 '목적을 위한 수단으로만 바라봐야 하며 그 목적이란 인간 잠재력 개발'(1994: 43) 내지는 '개인과 사회와 환경 안에서의 복지'(1994: 35)라고 주장한다. 그래서 그는 '올바른 소비'와 '그릇된 소비'를 구별한다: 전자는 재화와 용역을 '진정한 복지를 위한 욕구 충족'을 위해 사용한다. 그리고 후자는 재화와 용역을 감각을 만족시키고 자기를 만족시키기 위한 욕구 충족에 사용하면서, 자신의 능력을 자신이 원하는 것을 채우는 데에만 제한한다(1994: 43). 카루나틸라크(Karunatilake)는 '지금의 경제 질서는 영구적이고도 무한한 경제적 팽창이 가능하고도 바람직하다는 명제에 기초하고 있으면서도'(1976: 29) 인간에게는 '그를 만족시킬 삶의 기준에 대해 함구'하고 있다고(p.79) 주장한다. 이것이 재생 불가능한 자원에 대한 무분별한 사용을 낳고 있는데, 그러한 사용은 미래

세대에게는 불공정한 것이고(p.63) 그러한 사용을 가능케 하는 토대는 욕망을 경제학의 근본적인 공리로 인정하는 데 있다(pp.18, 28).

그래서 시바락사는 태국이 '오늘날 세계의 지배적 윤리'인 '소비주의라는 종교'에 빠져 들어가는 것을 비판한다(1992: 3). 왜냐하면:

> 소비주의라는 종교는 탐욕과 증오와 미망을 강조한다. 그것은 사람들로 하여금 진보와 근대화라는 허울 좋은 이름하에 그들 자신의 고유하고도 자립적인 문화를 업신여기도록 가르친다. 우리는 소비주의와 물질주의의 그러한 힘들을 전복시키기 위해서 소박하게 살아갈 필요가 있다. (1992: 114)

> 기대치를 높이는 것 자체는 본질적으로 아무런 잘못이 없다. 하지만 이전에 행복했던 사람들이 구체적인 이익 없이는 아무것도 할 수 없다고 믿어버리게 되는 것은 유해한 것이다. (1992: 30)

그래서 이러한 저자들은 끊임없는 소비의 증진을 목표로 삼는 삶의 근본적인 토대에 의문을 제기한다. 시바락사는 사람들이 자신들이 필요로 하지 않는 것들을 위해 열심히 일하면 일할수록, 그들은 점점 더 불안해지고 조급해지며 결코 여유를 찾지 못하게 된다고 말한다(1986: 44). 더 구체적으로 슈마허는, 근대 경제학이 '최적의 생산 양식으로 소비를 극대화시키려고 애쓰는' 반면에, 불교 경제학은 '최적의 소비 양식으로 인간의 만족을 극대화시키려고 애쓴다'고 말한다(1973: 53). 그의 지적에 따르면, 그가 알고 있었던 미얀마는 미국에 비해 노동-절약적 방책을 거의 가지고 있지 않았지만 삶에 대한 중압감이나 긴장을 훨씬 덜 가지고 있었다(p.53). 따라서 소비를 강조하는 접근방식을 주의 깊게 살펴보면,

불교 경제학자에겐 이러한 접근방식이 과도하리만치 비합리적이라고 보여질 수 있다: 왜냐하면 소비란 단지 인간 복지를 위한 수단에 불과하기 때문에, 그 목표는 소비의 최소화로 복지의 극대화를 성취하는 것이 되어야만 하기 때문이다.

(Schumacher, 1973: 52)

불교 경제학은 주어진 목적을 최소한의 수단으로 성취하는 방법에 관한 체계적 연구다. (p.53)

마찬가지로 드 실바(De Silva)는 주장하길:

국가 발전을 위한 모든 계획은 단순한 '생산 극대화'를 넘어 '최선의 인간 발전'으로 나아가야만 한다. (1976: 36-7)

토론토 대학 환경연구소 소장이자 불교도인 팀머만(Peter Timmerman, 1995)은 사실상 근대의 소비주의적 사회는 '역사상 최악의 물질주의적 문화'라고 도발적으로 주장한다. 왜냐하면 소비주의적 사회는, 물건에 사려 깊게 가치를 부여하지도 않으면서 오로지 그것들을 성적 능력, 권력, 이미지가 만들어 내는 망상의 충족에만 사용하고 그 다음엔 폐기해 버리기 때문이다. 그 속에서 생산(그리고 소비)을 향한 처절한 욕구는 일종의 불안과 의심에 의해 만들어진다. 왜냐하면 소비주의적 사회는 존재 속에서 벌어진 커다란 틈을 끝없이 이어지는 화려한 물건의 물줄기로 채우려는 시도이기 때문이다. 하지만 조심스러운 접근방식은 사물의 풍부한 특수성에 가치를 부여한다. 그래서 슈마허는 미얀마인의 관습에 대한 관찰을 토대로 다음과 같이 주장한다. 예를 들어 의복의 이상은 질긴 소재를 사용하되 고생스럽고 복잡한 박음질 없이, 재단하지 않은 천을 몸에 걸치되 그 시간과 노력을 아껴 두었다가 그 위에 자수를 놓으면서 예술적인 창조성을 발휘하도록 하는 것이다(1973: 52).

붓다다사에게 영향을 받은 태국의 저술가 삿타-아난드(Suwanna Satha-Anand)는 다음과 같이 주장한다. 서구 경제학에서는,

> 욕구는 주어진 것이다. 욕구를 '문제 삼거나, 통제하는' 것은 경제학의 영역에 들어 있지 않다. 경제학의 본질은 욕구를 충족시키는 것이다. 이와는 반대로 불교는 행복에 이르는 하나의 방편으로 욕구에 굴레를 씌우는데,

왜냐하면 욕구를 감소시키는 것이 만족을 더 쉽게 성취하도록 만들어 주기 때문이다(1995: 7). 여기서 파유토는 쾌락의 성취를 목표로 하는 욕망(taṇhā)과 지혜에 기초하여 복지를 목표로 삼는 의도(chanda)를 그럴듯하게 구별한다. 전자에 의해 내몰릴 때, 경제적 활동은 볼품없이 되어 버리는 반면에, 경제적 활동을 후자가 인도하도록 하면 훌륭한 것이 된다(1994: 34-5). 그가 보기에 근대 경제학이 기초하고 있는 전제는, 욕망의 충족을 통하여 행복을 추구하는 것이 사람들의 목적이라는 것이다. 하지만 이것은 그 목적이란 것이 언제나 지평선 너머에 있음을 의미하는 것이다. 욕망이라는 것은 결코 지속적인 만족에 도달할 수가 없기 때문이다.

공통된 주제는 한 국가의 GNP(국민총생산)와 1인당 소득을 경제적 성공의 주요한 척도로 간주하는 것에 대한 비판이다. 왜냐하면, 이러한 척도는 재화와 소득이 어떻게 분배되었느냐는 문제를 간과하기 때문이다(Karunatilake, 1976: 45)—늘어난 소득 가운데 80%가 인구의 10%에게 몰릴 수도 있다(Sivaraksa, 1986: 59). 또 다른 이유

는, 그러한 척도는 불필요한 재화나(Karunatilake, 1976: 40), 예를 들어 군 장비, 술, 위험한 약물이나 화학물질, 동물 가공물 등과 같이 유해한 생산품을(p.84) 계산에 포함시키고 있기 때문이다. 라다크의(Ladakhi) 전통 문화의 옹호자인 노르베리-호지가 강조한 것처럼, GNP에 초점을 맞추는 것은 전통적인 자급자족 양식을 와해시키고 파괴시키는 경제적 거래를 긍정적인 것으로 부가시키는 것이기도 하다(1991: 147). 발전의 양적인 척도를 강조하는 것은 생산 증대와 같은 경제적 요소와 정치적인 요소에 관심을 집중시키고, 그 속에서 경제 전문가는 탐욕을 조장하는 재화의 증대를 강조하고, 정치인은 적개심을 조장하는 권력을 강조한다고 시바락사는 주장한다. 경제 전문가와 정치인은 한통속이며, 양적인 개념으로 성과를 평가함으로써 무지를 조장한다(Sivaraksa, 1986: 57).

자본주의와 마르크스주의의 발전 모델 비판

위에서 논의한 많은 저술가들은 자본주의와 공산주의 혹은 마르크스주의 모두에 대해서 그 일부 요소를 긍정적으로 인정하면서도, 비판적인 측면이 있다는 데 동의한다. 카루나틸라크(Karunatilake)는 자본주의적, 마르크스주의적 발전 계획 모두를 다음과 같이 보고 있다. 그것들은 모두:

순전히 삶의 물질적인 측면과 부의 소유, 부의 분배 그리고 개인이 받을 만한 자격을 갖춘 재화와 용역에 관심을 쏟는다. (1976: 23)

따라서 그것은 사회 성장의 중요한 요소로서 인간의 내적인 발전을 무시한다. 그래서 경제 성장에는 범죄와 도덕적 타락이 따라다닌다(p. ii). 붓다다사에게 '자본주의와 공산주의는 ―특히나 역사적으로 최근의 형태는― 근본적으로 그것들이 이기적이라는 점에 있어서 똑같으며', 둘 다 사회 전체가 아니라 하나의 계급에만 관심을 보인다(Santikaro, 1996: 167). 그에게는 '담마 사회주의'가 양쪽의 결함들을 피하는 중도였다(Santikaro, 1996: 178; Swearer, 1989: 193).

우선 자본주의에 대해, '불교 경제학자들'은 몇 가지 장점을 지니는 것으로 보고 있다:

(1) 자본주의 체제는 통상 민주적이며, 많은 문제에서 자유 선택을 허용한다. 따라서 종교의 자유와 자기 개발을 위한 기회를 허용하고 있다.(Karunatilake, 1976: 22-3)

(2) 그것은 '개인의 창발성과 정당한 방법에 의한 부의 획득, 그리고 안락한 생활이나 자선이나 남을 돕는 데 부를 분별력 있게 소비하기'와 같은 불교적 가치에 열려 있다.(De Silva, 1976: 20). 그리고 노동자에게 좀 더 많은 동기를 부여하고, 중앙 통제적 국가가 산업체를 비효율적으로 경영하는 것을 피하게 해준다.(Karunatilake, 1976: 107-8)

부정적인 측면은:

(1) 온건한 견해에 따르면, 자본주의는 '인간의 소유욕과 탐욕을 먹고 산다'(De Silva, 1976: 21); 시바락사는 다소 격렬하게, 자본주의는 늘 이기심에 의해 동기가 부여되므로, 거기에 사회주의적 요소를 가미한다고 해서 개선될 수 있는 것이 아니라고 말한다.(1986: 64). 실제로 붓다다사는 자본주의를 내재적으로 비도덕적인 것으로(Santikaro, 1996: 166), 그리고 사회

구성원 모두의 선에 기초하지도 않으므로 심지어 완전하게 민주적이지도 않은 것으로 간주한다.(Santikaro, 1996: 177)

(2) 자본주의 경제학은 욕망과 필요를 구별하지도 않고(Karunatilake, 1976: 60), 인간의 욕망은 끝없는 것으로서(p.8), 그것들의 만족에 대한 정당한 제약은 오로지 결핍뿐이라고 가정한다.

(3) 따라서 가난한 사람들의 필요는 간과되는 반면, 다른 사람들의 욕망은 ―그것도 인위적으로 조장된 것일 수 있는데(Karunatilake, 1976: 57)― 한시적으로 충족된다.(p.60)

(4) 자본주의는 공공의 복지가 아니라 이윤을 강조하고, 노동자의 임금 수준을 낮게 유지할 것을 강조한다.(Sivaraksa, 1986: 60). 노조가 강력하지 못하고, 정부 공직자가 정말 정직하지 않고 능률적이지 못하며, 소비자 단체가 바로 코앞에서 감시하지 않는다면, 자본주의는 사람들을 갈취할 것이다.(pp.62-3)

(5) 자본주의는 자신이 큰소리로 찬탄해 마지않는 '선택의 자유'를 능수능란한 광고를 통해 훼손한다.(Sivaraksa, 1986: 63)

(6) 공산주의와 마찬가지로, 자본주의는 종교를 착취하고 약화시킨다(Sivaraksa, 1986: 126): '공산주의는 종교를 마약인 것처럼 뿌리째 뽑으려고 달려들지만, 자본주의는 종교 지도자가 무슨 일이 일어나는 줄도 모르게, 교묘한 속임수로 종교를 서서히 죽인다'(Sivaraksa, 1986: 133); '불교는 자본주의에 의해서 죽어 가고 있다 ―천천히, 확실하게'(Sivaraksa, 1986: 199).

공산주의와 마르크스주의의 좋은 점은:

(1) 그것들은 필수적인 재화와 평등에 초점을 맞추는 경향이 있다.(Karunatilake, 1976: 24; Buddhadāsa in Swearer, 1989: 174) 그래서 분배를 강조한다.(De Silva, 1976: 21)

(2) 그것들은 탐욕과 피고용자에 대한 착취를 올바르게 비난한다.(De Silva, 1976: 20)

(3) 마르크스의 저서는 어떤 측면에서는 고귀한 인본주의를 담고 있다.(De Silva, 1976: 18-29) 그러기므로 좀 더 관용적인 형태의 마르크스주의는 불교와 협력할 수 있다: '마르크스주의의 용기와 비전 그리고 투쟁에 불교의 온유, 활력, 환희, 평화로운 비폭력 등을 겸비하면 좋을 것이다.'(Sivaraksa, 1986: 208)

부정적인 측면은:

(1) 그것들은 억압적이고 폭력적인 수단을 사용한다.(Karunatilake, 1976: 24; De Silva, 1976: 26)

(2) 그것들은 증오와 갈등을 조장하거나, 목적이 수단을 정당화한다고 믿으면서(De Silva, 1976: 29), 부정직한 수단을 사용하는 경향이 있다(De Silva, 1976: 21). 붓다다사에게 그것들은 '노동자의 복수'에 지나지 않는다.(Santikaro, 1996: 167)

(3) 그것들은 무기 생산이나 조달에 너무 많이 지출한다.(Karunatilake, 1976: 23)

(4) 그들은 인간에게 자유를(Sivaraksa, 1986: 53), 혹은 사람들에게 '자신들의 완전한 인간성을 실현할 수 있도록'(Sivaraksa, 1986: 54) 허용하지 않는다.

(5) 그들은 종교에 대해 불관용적이다.

(6) 그들은 압도적으로 유물론적이고(Buddhadāsa in Santikaro, 1996:

167), 유물론적 철학을 지니고 있으며, 그릇되게도 경제 결정론을 주장하면서(De Silva, 1976: 28) 경제·사회적 구조의 변화는 심리적 변화를 보장한다고 믿고 있다.(De Silva, 1976: 28)

(7) 그들은 노동자에게 거의 동기를 부여하지 않으며, 비효율적인 중앙 집권적 국가-주도 산업을 발생시킨다.(Karunatilake, 1976: 107-8)

전반적으로 봤을 때, 자본주의는 탐욕이라는 결함에 빠지기 쉽지만 직접적 증오에 기초한 강압은 모면할 수 있는 것으로 간주되는 반면에, 공산주의는 증오와 강압이라는 결함에 빠지기는 쉬워도 나눔의 이상을 지지하는 것으로 간주된다. 둘 다 불교적 '중도'와는 다르다. 그리고 자본주의는 부지불식간에 완만한 잠식을 통해, 공산주의는 직접적인 억압을 통해 둘 다 종교를 훼손한다.

위에서 논의한 대부분의 저자들은 적극적으로 '불교적인 경제학'을 위한 처방을 제안하고 있지만, 그것들을 모두 다루기에는 지면이 허락하지 않는다. 하지만 그들의 주된 강조점은 기존의 경제 모델들에 대한 비판 속에 명시적으로 드러난다. 거듭 되풀이되는 명제는 다음과 같은 것들이다: 소박함과 필수적인 욕구의 강조; 가난의 모면; 고실업을 벗어나게 하는 적절한 기술; 재생 가능한 자원의 사용; 무기 제조와 같은 유해한 활동의 회피; 가능한 한 국가적 자급자족; 협동조합의 활용; 전통적 가치의 구심점으로서 지방의 중요성; 그리고 지방 경제 부양의 필요성 등. 붓다다사가 제기한 구체적인 비전은, 협력과 자비를 강조하는 사회와, 개인적으로나 공동적으로 이뤄지는 공동체의 선을 위한 활기 넘치는 활동에 관한 것으로 보인다. 암시적으로, 그런 사회의 조세 제도는 소득 불평등의 완화를 목표로 삼는다. 그 정부는 진정으로 유덕한 사람에 의해 이끌어져야만 하지만, 독재적으로 되어 버리면 전복될 수 있다. 하지만 정부가, 비록 국민의 부패한 마음의 표현을 확고하게 억누르는 가운데 대중적 지지를 얻지 못하더라도, 담마에 기초해서 정당성을 확보할 수는 있을 것이다(Swearer, 1989: 172-3, 185, 193; Santikaro, 1996: 174-7). 시바락사는 파워 엘리트와의 연합으로 오염되지 않은, 원래 형태의 그리고 현재적 형태의 승가를 '인간 사회의 이상'(Sivaraksa, 1991: 160)으로, 즉 '불교의 창조 신화에 묘사된 퇴보의 과정'을 반전시킬 수 있는 '광범위한 반체제 문명'의 원형으로 간주한다.[20] 그는 또한 다음과 같은 것을 포괄하고 있는 일종의 '세계 연방제'를 옹호한다: 유엔 총회의 보조기구로서 세계 의회; 초국가 회사를 규제하고 세금을 물릴 수 있는 제도; 북반부와 남반부 사이의 경제 정의; 국제적인 무기 거래의 억제; 전 세계적인 군비 축소 관리청; 영구적이고도 강력한 국제평화유지군과 강력한 국제사법부(Sivaraksa, 1992: 113-15) 등.

현대 세계에서의 불교와 경제학

현대 세계에서, 한 나라의 실제적인 경제와 개발 과정에 적합한 불교적 준거 틀을 세우려는 시도가 다양하게 있어 왔다. 남방불교 국가들에서 이러한 시도는 1950년대 미얀마의 경우 정부가 주도했고,[21] 스리랑카에서는 비구도 참여한 재가신자 주도의 비정부 개발 운동이 성공적인 사례라고 할 수 있으며, 태국에서는 정부의 개발

---

20) Sivaraksa, 1991:161; 여기서 그는 『기세인본경』을 언급하는데 그에 관해서는 p.153을 볼 것.
21) King, 1964:241-50, 264-7; Sarkisyanz, 1978; Maung, 1970.

노력을 비구를 포함한 일반인이 보충하고 보완해 나갔다.[22] 북방과 동방 불교 국가들 가운데 공산주의의 지배를 받지 않은 나라에서는, 불교가 경제에 대개는 덜 혁신적인 방식으로 영향을 미쳤다. 북방불교 문화권에서는 소박하고 전통적인 삶의 방식이라는 핵심적인 요소로서(Norberg-Hodge, 1991), 혹은 소박함과는 거리가 먼 동아시아의 역동적인 경제 속의 여러 요소로서 영향을 미쳤다. 서양에서는 '서양불교의 친구들'(p.103을 보라)이 '올바른 생업'에 착안하여 그들 자신만의 대안적 경제를 개발하려고 노력해 왔다(Subhuti, 1994: 219-64). 위에서 말한 것과 관련하여, 스리랑카와 일본의 사례를 논의해 볼 것이다.

스리랑카의 사르보다야 쉬라마다나(Sarvōdaya Śramadāna) 운동

스리랑카는 영국의 지배하에서 식민 시대를 경험했으며, 1948년 독립으로 이끄는 데 일조한 요소들 가운데 하나가 불교의 부활이었다. 경제는 주로 농업 중심이었고 1770만 인구(1995) 가운데 4분의 3이 지방에서 살았으며, 1995년의 연간 1인당 GNP는 500달러 수준이었다.[23] 정부는 민주적이었으며, 정부의 개발 노력은 대체로 지방을 목표로 삼아 왔지만, 그럼에도 불구하고 1978년에 마련된 '자유무역 지역'이 의류산업을 이 나라의 가장 큰 외화 수입원으로 만들었고 1997년에는 고용인원이 35만 명에 달했다.[24] 보건과 무상

---

22) Suksamran, 1977; Piker, 1973; Swearer, 1995, 118-23; Gosling, 1985; Sivaraksa, 1992:48-50.
23) *Small World: The Magazine of Intermediate Technology*, issue 19(1995), 8.
24) *Guardian* 지, 1997년 11월 7일.

교육에서 훌륭한 진전이 이루어졌고 기대수명은 남성 68세, 여성 72세에 달했다.[25]

많은 측면에서 스리랑카는 제3세계 국가에 하나의 모델을 제시했다. 왜냐하면 높은 수준의 복지를 성취할 수 있게 된 소농계급이 정부의 노력에 감사하고 있기 때문이다. (Swan, 1983: 127)

독립 이래, 그리고 특히 1956년 붓다오신날(Buddha Jayanti) 이래[26], 스리랑카 사람들은 불교의 부흥과 소박한 삶의 방식이, 과거 식민지 이전에 존재했었다고 보았던, 번영을 가져오게 될 것이라고 생각해 왔다.(Bond, 1988: 106-7)

이상적인 과거에 대한 어렴풋한 모습, 그 속에서 정치권력은 빈곤을 물리치기 위해 '계획을 세우고' 적극적으로 개입하여 마침내 일반적인 번영을 창조해 내는, 그러한 모습이 오늘날 탁월한 불교 비구와 학자들 사이에 광범위하게 공유되어 있다.(Tambiah, 1992: 108)

따라서 모두가 공통적으로 염원하는 것은 평등주의적, 비경쟁적, 마을-중심적 복지 국가였다(Tambiah, 1992: 106). 그래서 정치인은, 서구의 낯선 과학적 물질주의와 연계된 공장보다는, 고대에서처럼 대규모 관개수로공사를 벌이는 것을 선호했다(Bond, 1988: 121). 어떤 공장들은 중재적인 기술의 사용을 선호했는데, 예를 들어 'Durable Car Company' 같은 경우는 스리랑카에서 여전히 대중적인 1960년

---

25) *Small World: The Magazine of Intermediate Technology*, issue 19(1995), 8.
26) 그 해는 붓다 사후 2500년이 되며, 나아가 불교를 부흥시킬 시점이라고 간주되었다.

대 스타일의 자동차 Morris Minor의 예비부품을 수공으로 제작하고 있는데,[27] 그 자동차 보유자는 자동차 제작업자가 '발 빠르게 새로운 모델을 출시하여 기존 모델을 구식으로 보이게 하려는 기획'에 반감을 표시한다. 하지만 근대적 경제와 도시화의 충격은 그럼에도 불구하고, 교육받은 젊은이들 사이에서의 고실업의 형태로 그리고 인구의 대다수를 차지하는 지방 사람과 영어 교육을 받는 도시 엘리트 사이에서 점점 더 벌어지는 의사소통의 간격으로 사람들의 피부에 와 닿고 있다.

1983~4년 페라데니야(Peradeniya)의 대학 도시에 살고 있는 사람들 가운데 대표적인 인물인 37명의 비구들에 대한 연구에서, 카츠(Nathan Katz)는 90%가 불교를 자본주의와 양립 불가능하다고 보지만, 비록 50%는 불교와 마르크스주의가 양립 불가능하다고 보면서도, 민주적 사회주의와는 양립 가능한 것으로 보고 있음을 발견했다. 그 당시 정부의 자유 시장 정책에 대해서는,

절반이 자유 시장은 전통적인 가치와 대립된다고 느끼면서, 5분의 1만이 지지를 보냈다. 상당히 많은 사람들이 자유 시장 정책과 결부된 국가 부채의 상승에 우려를 표했는데, 다른 사람들은 그런 정책들이 초래한 것으로 보이는 소비주의와 탐욕을 경계했었다. (Katz, 1988: 144)

4분의 3의 주민들은 '관광산업이 우리 사회에 미친 영향은 타락밖에 없다'는 데 동의했다(Katz, 1988: 146).

거의 4분의 3의 주민이(Katz, 1988: 144) 사르보다야 쉬라마다나

---

27) B. Datta, 'The Buddhist, the Businessman', *People and the Planet*, World Wide Fund for Nature magazine, 4(1) (1995), 28-9.

(Sarvōdaya Śramadāna), 혹은 '모두의 각성을 위한 힘 나누기' 운동[28]으로 알려진 중요한 운동에 찬성했는데(5%는 찬성하지 않았다), 드 실바와 시바락사 역시 찬성을 보냈다. 이 민중에 기초한 자립적 지방 개발운동이 추구하는 것은, 전통적인 정신적·사회적 가치를 불러일으켜 재강조하고, 포장된 도로나 새로운 학교와 같이 어떤 마을이 필요로 하는 것을 모두가 확인하게 하고 적극적으로 의사를 개진토록 함으로써 낙후된 마을의 경제·문화적 발전을 촉진시키는 것이다. 그것은 또한 마을 주민들로 하여금 자신들의 상품을 위해 그들 자신의 판매 협동조합을 발전시켜 중개인에게 덜 의존적이 되도록 고무하기도 한다.[29]

그 운동을 이끈 사람은 아리야라트네(A. T. Ariyaratne)인데, 그는 일류 고등학교에서 과학 교사로 있던 1958년에 제자들을 데리고 멀리 떨어진 가난한 마을에 머물면서 일하는 것으로 이 운동을 시작했었다(Macy, 1983: 13, 24). 이를 계기로 수백 개의 학교가 주말 근로 캠프를 조직하게 되었고, 그 운동이 본격화되어 활성화됨으로써, 1973년에는 스리랑카의 2만 5000여 개 마을 가운데 4000곳에서(p.25), 그리고 1980년대 말에는 8000곳에서 전개되었다(Bond, 1995: 5). 예를 들어 1980년에서 1981년 사이에, 그 운동은 3400개의 근로캠프를 운영했으며 1990년대 중반에 이르러서는, 그 운동의 시작 이래 80만 명을 웃도는 자원봉사자를 모집했으며, 400만 명을 넘는 사람들의 삶에 영향을 미쳤다(Swearer, 1995: 117). 그것은 스리랑카에서 가장 큰 비정부 기구이며, 존스(Ken Jones)가 기술했던 것처럼, '어쩌면 오늘날 세계에서 사회 참여적 불교의 가장 크고도

---

28) Macy, 1983; Bond, 1988:241-98; Bond, 1996:121-46; Moore, 1981; Goulet, 1981; Kantowski, 1980; Ariyaratne, 1978, 1979, 1980, 1995.를 보라.
29) Swearer, 1995:120-3. 태국에서 비구들의 주도로 마을주민들이 세운 협동조합들이 소개되어 있다.

광범위한 사례'일 것이다(1989: 25). 그것은 도로와 우물과 풍력 펌프를 건설하고, 수로를 청소하고, 유치원 교육, 예방접종, 급식을 위한 프로그램을 실행하고, 판매 협동조합과 공동취사장, 마을 매점, 고아원을 운영하면서 전과자와 함께 일한다(Macy, 1983: 21). 아리야라트네는 사르보다야의 혜택을 받지 못한 사람들이 '인간 존재로서 자신들의 가치를 긍정하도록 도우며, 그들로 하여금 동일한 기반 위에서 사회가 지닌 물질적·비물질적 자원을 다른 사람과 공유하도록 돕는' 활동으로 이해한다(1995: 11).

그림 5. 사르보다야 쉬라마다나 운동의 창시자 아리야라트네, 왼쪽은 이 운동을 연구한 조지 본드 교수.

운동의 방법은 다음과 같다(Macy, 1983: 26-7). 어떤 마을이 사르보다야(Sarvōdaya) 활동가가 방문할 수 있도록 초청하면, 거기서 그 (녀)는 그 지역의 주지 스님과 다른 지도자에게 조언을 구해, 통상은 사원에서 그 마을의 '가족회의'를 조직한다. 거기서 '마을 각성'이라는 이념을 소개하고, 마을 주민들이 보기에 자기 마을을 진정으로 개선할 수 있을 것이라고 확인한 프로젝트를 실행에 옮기기위해 쉬라마다나(Śramadāna), 즉 '힘 나누기' 운동 캠프를 조직할것을 주민들에게 제안한다. 목표는, 그것을 성취했을 때 자신감을불러일으킬 수 있도록, 예를 들어 포장도로의 건설과 같이 현실적인 것이 되어야만 한다. 그리고 그 프로젝트를 효과적으로 입안하는 데는 한 달 내지 두 달 정도의 기간이 필요함을 강조한다. 성공적인 운동 캠프는 마을 사람들에게, 서로 함께 더군다나 사르보다야 자원자와 함께 일하는 가운데, 협동적이고 역동적인 새로운 삶의 방식을 체험할 수 있는 기회를 부여한다. 그 지역의 비구나 힌두 사제는 통상 적극적으로 참여한다. 식사는 공동으로 하고 하루에 세 번 '가족 모임'을 갖는데, 그때는 토론이나 이야기를 나누고노래를 부르고 춤을 추기도 한다(Macy, 1983: 53). 불교의 보시 정신이 일터에서는 곧 나눔이라고 보기에, 나눔에 대해서는 특별하게강조하고 있다(Macy, 1983: 55-61):

(1) 노동에 관해서는, 모두가 참여하여 장애물을 걷어 내도록 돕는다: 남녀노소와 신분이 다른 사람 모두; 그리고 마을 주민과 방문 중인 공직자도 함께한다. 이는 또한 연대감을 불러일으키고 그 프로젝트에서 하나의 버팀목이 되어, 나아가 그것이 미래에도 지속되도록 권장하게 된다.
(2) 음식에 관해서는, 아주 가난한 사람은 예외로 하고 모두가기여하도록 유도한다.

(3) 생각에 관해서는, 공동체의 모든 부문이 모임에서 발언할 수 있게 격려한다.

(4) 말에 관해서는, 사람들은 상냥한 언사를 사용하고, 비방적인 형식의 연설을 없애고, 모두가 서로를 가족을 부르는 호칭으로, 예를 들어 '엄마'나 '동생' 등으로 부른다. 그러한 상호 존중은 여성들로 하여금 제대로 존중받고 안전하다고 느끼게 만든다. (p.405와 Macy, 1983: 80-3을 볼 것)

쉬라마다나 다음에는 젊은이나 어머니, 어린아이, 농부, 어르신을 위한 조직이 만들어질 수도 있는데, 이들은 유치원이나 판매 협동조합과 같이 그들 자신만의 프로젝트를 조직해 나간다. 이러한 과정은 지역의 새로운 지도력이 대지주, 대부업자, 상인, 정당 대표자의 영향력을 상쇄하거나 그로부터 벗어날 수 있게 돕는다.

그 운동의 목표는:

(1) 전체론적이고 통합적인 접근방식을 취하는 것이다. 그 속에서 개인과 사회, 환경에 이익이 되도록 전통과 변화 사이의 중도를 추구하며, 물질적 개선과 정신적 개선을 조화시켜 (Macy, 1983: 46), 개인의 변화와 상호 협력적인 사회로의 변화를 시도한다(Bond, 1988: 263). 그래서 아리야라트네는 말한다. "사회를 변화시키려면 우리 스스로를 정화시켜야만 한다. 그리고 우리가 필요로 하는 정화는 사회 내에서의 활동에 의해 유발되어야만 한다."(Bond, 1988: 274에서 인용) 그러므로 "세상에서의 노동은 개인을 정화시키면서 더 나은 세상을 창조하고, 더 나은 세상은 그 보답으로 '각성'을 위한 더 큰 힘을 보태 준다."(Bond, 1988: 264)

(2) 새로운 인격을 세우는 것이다. 그러기 위해 개인적으로나 공동적인 차원 모두에서 각성과 자신감을 불러일으키고(Macy, 1983: 32), 성품을 계발하고 공동체의 삶을 고양시키기 위해 정명(正命)을 이용한다(Macy, 1983: 46). 그 운동의 기치 가운데 하나는 '우리는 도로를 세우고, 도로는 우리를 세운다'인데(Macy, 1983: 52), 그에 대해 어떤 지역 책임자는 "우리가 세운 도로는 휩쓸려 떠려갈 수 있지만 우리가 세운 마음가짐은 그럴 수 없다"고 말한다.(Macy, 1983: 54)

(3) 풀뿌리 민중 운동이 되도록 하는 것이다. 의사결정은 마을 사람들이 자신들의 경험과 요구를 분명히 말함으로써, 그리고 그들의 기존 가치 체계 내에 은연중에 들어 있는 계발시킬 만한 가치를 펼쳐 보임으로써 아래로부터 수렴된다.(Macy, 1983: 20,24)

(4) (3)을 위한 토대로서, 인간 복지와 완성을 위한 10가지 기본적인 요구를 강조한다: 안전한 물, 균형 잡힌 식단, 주거, 옷, 연료; 보건; 의사소통과 교육; 깨끗하고 안전하고 아름다운 환경; 그리고 문화적이고도 정신적으로 만족할 만한 삶(Macy, 1983: 27; Bond, 1988: 267) 아리야라트네는 이러한 요구를 '정신·문화적 삶의 질을 가늠하는 지표'이자, 서구의 개발 기획자가 제시하는 '물질적 삶의 질의 지표'가 가져온 당연한 귀결로 이해한다.(Bond, 1988: 282에서 인용)

(5) 부족함이 없는 경제를 목표로 삼는 것이다. 그러한 경제는 소비에서 분에 넘치지 않고 자립적이며 자원과 환경을 보존한다.(Macy, 1983: 41-2) 따라서 그 목표는 '빈곤도 없고, 풍족함도 없는 사회다. 이는 붓다가 주창했던 바로 그 중도다. 그러한 사회는 자연이나 가치 체계나 문화를 파괴할 필요가 없

다.'(Ariyaratne, 1995: 16) 그것의 목표는 언제나 수단에 불과
할 수밖에 없는 경제적 성장이 아니다. 서구적 발전 모델의
표준 속에서 '야망과 이윤만을 위한 노동이 아니라 조화와 삶
의 질에 역점을 두는 올바른 생계(정명)가 목표인 것이
다.(Bond, 1988: 267)

사르보다야는 자본주의와 사회주의가 경제적 활동에만 초점을
맞춘다는 이유로 모두를 비판한다. 전자는 탐욕을 고무하는 결함을
지니고 있으며, 후자는 그 접근방식에서 풀뿌리 민중적이기보다는
지나치게 상명하달식이다(Macy, 1983: 13-14, 45-6). 아리야라트네는
주장한다:

자유 시장 개방경제 속에서, 우리 사회의 종교적 유산과 정신적
유산은 휩쓸려 나가 버리고, 개인의 경쟁 본능과 소유 본능만이
활개 칠 수 있는 여지를 남겨 놓았다. (1995: 9)

이로부터 그는 '알코올 중독과 약물 중독, 범죄와 어린이 성매매'
등과 같은 문제가 대두된다고 그는 주장한다(p.9). 그는 또한 개발
의 중심에 사람을 놓고, 경제적 성장은 목적이 아니라 수단으로 간
주하는 새로운 개발 패러다임이 필요하다고 천명하는 1994년 UN
인간개발보고서를 지지하면서, 분권화는 대세이며 의사소통 기술을
활용하여 공동체가 권력의 중심으로부터 벗어나 그물 모양으로 재
편되어야 한다고 주장하기에 이른다(Macy, 1983: 17-18, 43-5). 그는
식민지 시대에 ―이 시기 동안에 상호 협력과 나눔에 기초를 둔 자
립적 경제는 개인주의와 경쟁이 훨씬 더 만연한 도시 중심적 경제
에 자리를 내주게 되었다― 그늘 속으로 자취를 감춰 버린 지방의

전원적 가치의 정수가 회복되기를 바란다(Macy, 1983: 22). 지방 사회와 그 가치는 독립 이후의 시기에, 주로 지주나 지방 기업가, 중개인에게 이득을 가져다준 정부 주도의 지방 개발 조치로 인해 가중적인 압력을 받고 있는 것으로 보인다(pp.22-3). 이와 아울러 아리야라트네는 기계와 '흡사 기계와 같은 인간'이 전통적인 예술과 공예를 끝장내 버렸다고 주장한다(Bond, 1996: 131). 그는 더욱이 식민지 시대가 비구의 사회적 역할, 즉 괄목할 만한 비구 라훌라 (Walpola Rāhula)가 이전에 높이 칭송해 마지않던 견해를 뿌리째 흔들어 버린 것으로 보고 있다.

그 운동은 퀘이커 교도(Quaker)의 노동 캠프와, 인도에 설립된 간디주의자의 사르보다야 운동에서 부분적으로 영감을 받았다 (Macy, 1983: 29). 간디주의자의 영향은 그 운동이 자기를 버리고 인류를 위해 봉사할 것을 강조하는 데서, 비폭력적인 새로운 사회 질서라는 목표를 세우고 있는 데서, 그리고 '부족함이 없는 경제'를 강조하면서 새로운 질서의 핵심으로 촌락에 주목하는 점 등에서 엿볼 수 있다(Bond, 1996: 122-3). 또한 간디의 현세적인 금욕주의, 즉 현세와 지금의 사회를 변화시키는 것에 초점을 둔 무집착적인 활동은 그 운동에서도 눈에 띈다(Bond, 1988: 255, 275). 비록 사르보다야가 불교 부흥운동의 일환임에는 분명하나 그 지도자들은 그것을 '불교적인' 운동으로 부르고 싶어 하지는 않는다(Bond, 1988: 255-61). 불교의 윤리적 원칙에 기초하고 있으면서도, 그 운동은 그러한 원칙이 불교에만 독특한 것은 아니고, 그 밖의 다른 영감에도 기대고 있으며, 다른 종교의 구성원 사이에서도 이 운동은 마찬가지로 실행될 수 있음을 강조한다. 하지만 그 운동은 불교적 상징을 사용하고 있어 불교도에게는 불교적 운동으로 인지되고 있다. 본드 (George Bond)는 그 운동을 단지 개발 운동이 아니라 '효능과 근대화의 문제를 해결하기 위해 오늘날의 세계에 불교적 이상을 적용하려는 조심스럽게 계획된 시도'로 보고 있다(George Bond, 1988: 261).

사르보다야는, 불교가 내세적이면서 정신적인 가르침 그 이상임을 강조하기 위해, 초기 불교경전에 호소하면서 스스로를 초기 불교의 사회 윤리를 회복하는 것으로 이해하고 있다(Bond, 1988: 242-3, 248-9). 그 운동은 다음과 같은 경전의 정신과 의도에 주목하고 있다.[30]

(1) 『구라단두경』(Kūṭadanta), 사회 불안의 요인으로서 빈곤에 관하여
(2) 『시갈로바다경』(Sigālovāda), 타인에 대한 의무에 관하여
(3) 『대길상경』(Mahā-maṅgala)(Sn. 258-69), 자기근면, 자기규율, 친지들의 부양, 만족, 인내 등과 같은 현세에서의 축복이 되는 자질과 38가지 행위에 관하여
(4) 『패망경』(敗亡經 Parābhava)(Sn. 91-115), 나쁜 친구, 게으름, 나이 든 부모를 돌보지 않는 것, 부를 나누지 않는 것, 오만, 도박, 간음, 권력에 대한 갈망 등과 같이 삶을 실패로 이끄는 행위들에 관하여

『담마빠다』(Dhammapada) 주석서에 나오는 마가(Magha)에 관한 일화는 사르보다야 회원들 사이에서 즐겨 회자되는 이야기다. 그 이야기는 중요한 천계(天界)를 지키는 33명의 신의 우두머리인 사카(Sakka)가 그러한 지위를 얻은 것은, 전생에 마가(Magha), 즉 아낌없는 자비와 인내의 인간으로 살면서 베푼 선한 행위들 덕분이라

---

30) Bond, 1988:249, 252-3.

고 전하고 있다. 그는 사람들의 표정이 어둡고 사나운 어떤 마을에 살면서 그 마을에 행복을 가져다주기로 마음을 먹었다. 그래서 그는 마을을 청소하고 난 다음에 길을 부드럽고 평평하게 닦았다. 다른 사람들은 그가 일하는 모습을 보고는 하나둘씩 그에게 모여들어 33명이 되었는데, 그가 자신은 '천계에 이르는 길을 걷고 있는 중'이라고 말했기 때문이었다. 그 마을의 촌장은 그의 영향력을 시기한 나머지 왕에게 그와 그의 동료들은 도둑들이라고 밀고했다. 그들을 코끼리로 밟아 죽이려 시도했으나 그것은 실패로 끝났는데, 마가와 그의 동료들이 코끼리를 향해 그리고 촌장과 왕을 향해 자애로움을 발산했기 때문이었다. 그 뒤에 그들은 그 마을의 교차로에 아름다운 쉼터를 세웠는데, 여성들이 그 기획에 적극적으로 동참하게 되었다. 그리고 그들 모두 33개의 천계에서 다시 태어나게 되었던 것이다.

그 운동은 개인, 마을, 국가, 세계적 차원에의 변화가 서로 연계되어 있음을 강조한다; 1981년도에 그 운동은 제3세계 발전과 산업 사회에서의 '비개발'에 관심을 보이는 국제 사르보다야 쉬라마다나 (Sarvōdaya Śramadāna International)를 출범시켰다(Jones, 1989: 251). 사르보다야는 그것의 임무를 다음과 같이 보고 있다.

진리, 비폭력, 자기희생이라는 가치에 기초하면서 참여 민주주의라는 이상에 의해 운용되는 새로운 지구촌 사회 질서를 창조하는 것이다. 그러한 질서 속에서 높이 평가되는 것은 권력과 자원의 분권화, 기본적 의무와 권리의 옹호, 인간의 기본적 필요의 충족, 건강한 환경에 대한 보호와 보살핌, 비폭력적 갈등 해결과 종교적·언어적 차이에 대한 관용 등이다. 경제 원리는 자원의 나눔과 신중하고 사려 깊은 사용에 바탕을 둔 일종의 지

속 가능한(빈곤도 없고 풍요도 없는) 사회가 될 것이다. (Bond, 1995: 4)

레이놀즈(Frank Reynolds)는 사르보다야 쉬라마다나가 더 큰 평등을 지향하면서 사회의 구조적 변화를 목표로 하는 개혁주의 운동이자 진보적인 입장을 취하는 것으로서, 더 큰 평등을 모색하면서 좀 더 제한된 운동을 지지하는 다소 보수주의적인 입장과는 다른 것이라고 이해한다(1990: 75). 본드는 사르보다야를 '참여 불교'(1996: 134)의 한 형태 내지는 '개인 해방에 이르는 길은 사회 해방을 통해 도달할 수 있다는 주장'(1996: 122)으로 이 세상을 규정하는 '불교적 사회 해방 운동'(1996: 121)으로 묘사한다. 메이시(Joanna Macy)는 이를 불교적 형태의 '사회적 복음'으로, 그리고 기독교의 '해방신학'에 비견되는 것으로 보고 있다(1983: 87). 그것은 매우 사회적인 방식으로 불교의 가르침을 표현한다: 탐욕과 증오와 어리석음은 사회적 차원에서 만들어질 수 있고, 사성제의 분석은 사회에 적용될 수 있으며, 고통은 부패하고 갈등으로 가득 찬 마을로, 열반은 협력적이고 조화로운 마을로 대체될 수 있다고 강조한다(Macy, 1983: 34-7). 그럼에도 불구하고 아리야라트네는 사성제에 대한 분석이 이러한 사회적 해석법으로 한정되는 것은 아님을 인정한다(Bond, 1988: 273); 그것은 단지 사르보다야가 '각성'의 세속적 측면에 초점을 맞추고 있다는 것뿐이다(Bond, 1988: 270-1).

아리야라트네는 많은 신도들이 미래의 환생을 위해 까르마적 열매를 낳는 것에 관심을 두고 있는 것처럼, 주로 내세적인 목표를 지니고 있는 스리랑카 불교와 같은 형태를 거부한다(Bond, 1988: 255). 그는 까르마란 사람들의 삶에 영향을 주는 요소 가운데 하나에 불과하며, 따라서 사람들은 현세에서 자신들의 삶을 책임지기 위해 할 수 있는 모든 것을 다해야만 한다고 역설한다(Bond, 1988: 272). 그는 보시 혹은 선물이라고 하는 전통적인 가치를 주로 승가를 후원하는 것에서 쉬라마-다나(Śrama-dāna), 즉 자신의 시간과 노동과 활력을 모두의 이익을 위해 바치거나 나누는 것으로 재정립한다. 그는 사회에 무관심한 비구의 활동과 신도들에게 까르마적 열매를 낳는 의례에만 관심을 보이는 비구의 활동 모두를 비판한다(Bond, 1988: 255). 오히려 사람들은 사회 변화를 위한 자신들의 잠재력을 이끌어낸다는 측면에서 자신들의 사찰을 '충분히 이용'해야만 한다(Bond, 1988: 282). 그래서 그 운동은 붓다가 최초의 여섯 명의 아라한 비구에게 사방으로 떠나라고 훈계하는 구절을 자주 인용한다:

> 비구들이여 중생의 축복을 위해, 중생의 행복을 위해, 세상을 연민하는 마음에서, 신과 인간의 복지와 축복과 행복을 위해 길을 떠나라…그리고 처음도 자애롭고, 중간도 자애롭고, 정점에서도 자애로운 담마를 가르쳐라. (*Vin.* I.21; *D.* II.48)

이와 유사하게, 아리야라트네는 이따금 사르보다야의 접근방식을 대중들의 각성을 돕기 위해 세상 속에서 일하는 보살의 접근방식에 비유한다. 그 운동은 신도들이 이끌지만, 마을 차원에서 그리고 더 넓은 차원에서, 1000여 명이 넘는 비구들이 근로자로 참여하고 있다(Macy, 1983: 64). 그 운동은 스스로를, 식민 시대에 잃어버린 비구의 광범위한 사회적 책임들을 '복원'시키는 데 일조하고 있는 것으로, 그리고 불교의 사회적 함의를 비구가 폭넓게 이해하는 데 일조하고 있는 것으로 이해한다.

영국의 불교학자 곰브리치와 스리랑카의 인류학자 오베예세케레는 그 운동에 심히 비판적이다. 그들은 그 운동이 많은 노력을 요구하는 탈세속적인 행로를 세속적인 활동의 하나로 격하시킨다고 주장한다(1988: 246). 하지만 스리랑카에서는 사르보다야 활동이 비구와 신도에 의해 '많은 노력을 요하는' 명상 활동의 증가와 공존하고 있다. 그리고 사르보다야는 명상에 참여하고 싶어 하지 않는 많은 사람들 속에서 또 다른 유형의 많은 노력을 요하는 활동을 촉구해 오고 있다. 곰브리치와 오베예세케레는 또한 식민지 시기 이전의 촌락 생활에 대한 사르보다야의 비전이 '감상적이고 이상화된' 것이어서 부적절한 것으로 간주한다(1988: 244). 그 운동의 지도자가 도시 중산층 출신임을 감안한다면(pp.246-7), '촌락 생활과 스리랑카의 과거 문명에 대한 그것의 비전은' 그 운동이 촌락에 유포시키려고 애쓰는 유산계급의 가치 형태 속에서 '그 어떤 사회적 실재도 지니지 않은 환상'(p.250), 즉 유산계급의 투영에 다름 아니라는 것이다(pp.246-7). 아울러 그들은 사르보다야에 관한 많은 영어 저술들이 '그 운동을 자비로운 사회 질서에 대한 자신들의 이상주의적 환상이라는 견지에서 바라보고 있는, 마음씨는 좋으나 순진한 서구 지식인'에 의해 저술된 것이라고 주장한다(p.245). 그들은 사르보다야가 타인의 복지를 위한 불교도의 봉사 의식을 일깨운 성과에 대해서는 인정한다. 하지만 '나머지 사르보다야 프로그램은 순진하면서도 비현실적이어서 보시금 기부자한테서 나오는 대대적인 지원이 철회되어 버린다면 계승될 희망이 거의 없는 것들'(p.245)이라고 주장한다. 그들에게 아리야라트네의 '분리된 촌락은 사회적 갈등과, 우리 인간을 구성하고 있는 일부인 악덕과 우둔함을 거의 인정하지 않는다.'(p.251) 아리야라트네의 비전이 이상주의적인 것은 분명 하지만, 그는 분명히 촌락 생활의 악덕을 인정하고 있으며, 그가 옳게 보았든 잘못 보았든, 적어도 그가 보기에 스리랑카 촌락

생활 속에 함축되어 있는 그동안 무시되어 왔던 힘들을 끌어내어 그러한 악덕을 교정하려고 노력한다. 그렇지 않았다면, 그의 운동은 긍정적인 측면은 없고 단지 근대화에 저항하는 면모만을 보여 주었을 것이다. 고대 스리랑카 문명에 대한 그의 선홍색 그림은 분명히 과장된 측면이 있으며 따라서 고무적인 비전으로 보는 것이 최선일 것이다. 하지만 이는 분명히 좋은 결과를 낳고 있는 것으로 생각된다. 그 운동은 기부자의 후원이 감소하더라도 그에 적응할 만큼 충분히 실용적인 면모를 보여 주고 있다. 하지만 그런 실용주의가 그 운동을 추동하는 활력을 무디게 만들어 버리는 부적절한 타협까지는 가지 않기를 기대해 본다.

근대 일본 경제에 있어서 불교적 요소들

제2차 세계대전에서 패전한 이래 일본은 20세기 전반 동안 일본을 매료시켰던 군사정권의 기획에 등을 돌리기 시작했다. 힘든 재건의 시기를 보낸 뒤, 일본은 지속적인 경제 성장을 경험했다. 시골 지방에서 전통적 형태의 불교와 신도가 여전히 영향력을 발휘해 오고 있는 반면에, 도시에서 불교와 신도는 사람들에게 돈을 받고 의례를 집전해 주는 것을 통해 어떤 측면에서는 세속주의에 적응하고는 있지만 오히려 세속주의에 밀려나기도 했다. 또한 불교와 신도는 도시에서 종종 불교적 토대를 지닌 수많은 '신(新)종교'에게도 자리를 내주고 있는 형편이다. 이러한 신종교의 등장은, 근대적 도시인의 소속욕구와 물질적 안정에 대한 추구욕구를 드러내 준다. 신종교는 전통적인 종교적 장식들 가운데 많은 것들을 누락시키면서, 근대적인 의사소통 수단 등을 사용하며, 신도가 주도하는 운동이다. 가장 성공적인 것은 창가학회(Sōka Gakkai), 즉 '가치창조 학회'로서, 이는 일련(Nichiren) 불교의 한 형태인데, 1992년에는 일본 국내에서 (인구 1억 2000만 명 가운데) 800만~1000만 명에 이르는 추종자를 가졌으며 해외에서는 대략 120개국에서 126만 명을 개종시켰다(Metraux, 1996: 365, 372).

창가학회는 두 개의 고등학교와 명망 있는 소카(Sōka) 대학을 포함한 교육 기관 및 두 개의 예술 박물관과 몇 개의 출판사, 그리고 대중적인 신문사를 후원하고 있다. 창가학회는 또한 상당한 자금과 자산을 축적하였고, 금전 거래 가운데 어떤 것은 비판의 대상이 되기도 했다(Metraux, 1996: 365). 창가학회는 '시민 생계 논의 센터'를 운영하고 있는데, 이 센터는 무료로 법률적 조언을 제공하고, 주거, 사회 치안, 교육, 공해 등과 같은 문제에 대한 고충을 정부에 전달하는 통로로서 활약하고 있다. 또한 창가학회는 자본주의적 가치와 사회주의적 가치를 통합하려고 노력하는 노조와 학생운동도 지원해 오고 있다.

일본 사람들은 거의 일중독에 가까울 정도로 열심히 일하는 것으로도 유명하지만, 1984년 일본 수상은 일본인들이 너무 열심히 일해서 여가와 정신적 문제를 위한 시간이 충분치 못하다는 우려가 있다고 말했는데, 이는 '그 나라의 정신적 풍요의 축적이 무엇보다도 중요한 것이기'[31] 때문이었다. 1985년에는 노동부 장관이 근로자들을 독려하여 그들의 유급휴가 자격을 더 많이 활용하도록 촉구했는데 —1983년에는 연간 14.8일 유급휴가 가운데 평균 8.8일만을 사용했다[32]— 이는 '근로자의 인성 회복'[33]을 위해서였다. 1994

---

31) *Guardian* 지, 1984년 10월 4일자.
32) 연간 12일의 국경일을 포함한 수치임.
33) *Guardian* 지, 1985년 2월 26일자.

년에 이르러, 일본의 공휴일 수가 증가하여 선진국 사이에서도 공휴일이 가장 많은 나라 가운데 하나로 기록됐다. 1984년에 일본 수상은 일본 국민이 보건, 실직, 재산 등에 대해 어떻게 느끼고 있는지에 초점을 맞춰 자국민의 행복을 점검하기 위해 '순수 국가 만족 지수'를 개발하겠다는 구상을 발표했었다.[34] 실제로 1990년에 세계 주요 도시를 상대로 이뤄진 삶의 질 조사에서 일본 도시는, 비록 서구 여러 나라에 비해 가옥은 질적으로 더 형편없고 공간적으로 더 협소했음에도 불구하고, 최상위 도시들 가운데 하나로 등장했다.[35]

　일본 경제에 있어서, 대기업에서 종사하는 (대략 전체 노동력 가운데 3분의 1) 피고용인은 매우 좋은 대우를 받고 있다. 그 기업은 평생 동안 일자리를 제공하면서, 피고용인의 교육과 사회적·물질적 복지를 후원하려고 애쓴다. 그 보답으로 기대하는 것은 회사에 대한 헌신이다. 그런 접근 방식의 뿌리는 유교의 가족 중심적 이상들과, 피고용인을 후원하는 것과 관련된 불교의 이상(pp.100과 188을 볼 것), 그리고 벼농사의 필요성에서 유래한 일본의 집단 중심적 윤리이다. 사무기기와 카메라 제조업체인 캐논(Cannon)[36]은 근로자에게 광범위한 복지 혜택을 제공하는데, 연간 350만 파운드 가까운 비용이 그들을 위한 교육센터와 교육과정에 지출된다. 캐논이 공표한 경영철학은 영혼이 담긴 소리로 들린다: 근로자들에게 배포된 책자에서는 이렇게 말한다:

---

34) *Guardian* 지, 1984년 10월 4일자.
35) *Guardian* 지, 1985년 1월 17일자.
36) Kwannon이라 불리기도 하는데, 이는 관세음보살의 일본식 이름이다.

캐논에서 우리는 오로지 최고 품질의 상품만을 제조하면서 사회의 개선을 위한 쉼 없는 기여에 헌신한다… 캐논에서 우리는 지속적인 번영을 구가하는 이상적인 회사의 건설을 위해 헌신한다… 우리는 조화의 정신으로 상호 신뢰와 이해를 돈독히 하기 위하여 상호 협조할 것이다… 우리의 가치는 자기 개발을 위한 건강과 행복이 될 것이다.[37]

'지속적인 번영'에 대한 언급이 무상(無常)에 대한 불교의 강조와 어울리지 않는 것으로 들리기는 하나, 여기서 표명된 다소 경건한 희망은 불교적 이상의 반향이다. TDK의 최고경영자는 자신의 성공적 기업에 대한 영감은 불교라고 공언한다:

이윤 창출은 두말할 나위 없이 중요하다. 하지만 그것이 궁극적인 목적은 아니다. 인성을 만들어 가는 것이 훨씬 더 중요하다. TDK에서 우리는 노동의 의미를 찾는 것에 커다란 중요성을 부여한다. 내가 보기에 관계를 소중히 여기는 것에 관한한, 일본이 둘째가라면 서러운 나라로 보인다. 그리고 이러한 (인식의) 기저에는 불교가 있다.[38]

일본의 자본주의적 '경제 기적'은 이른바 '아시아의 용'이라고 불리는 한국, 대만, 싱가포르가 열심히 그 뒤를 쫓고 있는데, 이들은 모두 유교적/불교적 가치의 혼합을 공유하고 있다. 경제적으로 활동적인 중국계 소수민족을 가진 태국도 마찬가지다. 일본에서처럼, 한국의 경제 성장은 정부 주도로 이뤄졌고 대기업을 통해 물꼬가

---

37) *Guardian* 지, 1984년 12월 13일자.
38) *Japan Times*, 1981년 12월 7일자, Davis, 1989:304에서 재인용.

트였다. 국민들은 매우 열심히 일했고 복지제도는 빈약했으나 가정과, 규모가 큰 경우엔, 고용인들로부터 지원을 받았다. 1962년에서 1984년까지 GNP 평균 성장률은 8.5%였다.[39] 태국도 비슷한 성장률을 보였다. 하지만 1997년 가을, 많은 '아시아 호랑이들'의 성장 거품이 태국을 시발점으로 수그러들었다. 한국의 통화(원화)는 1997년 12월에 달러 대비 50%까지 추락했다. 그래서 한국을 돕기 위해 국제통화기금의 구제금융이 요청되었다. 〈가디언(Guardian)지〉의 한 사설은(1997년 12월 13일) 다음과 같이 적었다:

> 월스트리트 저널(Wall Street Journal)은 이 모든 비극적 사건을, 피고용인과 고객을 주주보다 앞세우는 아시아의 '공동체주의적 자본주의'의 평생 고용주의가 맞은 부고(訃告)로, 그리고 영국과 미국에서 실행되고 있는 단기 고용주의의 총체적인 정당화로 보고 있다.

과연 이것이 올바른 분석인지는 더 지켜볼 일이다. 결정적인 요소는 과도한 대출인 것으로 보인다. 그리고 긴축의 시기가 지나면 보다 완만한 성장이 뒤따를 것으로 예상된다.

결론

이 장은 불교를 경제적인 문제에 무관심한 것으로 간주하는 것이 잘못되었음을 분명하게 보여 준다. 왜냐하면 붓다는 재가자에게 그들의 경제적 활동에 대한 지침을 내렸기 때문이다. 더욱이 재가

---

39) *Guardian* 지, 1986년 4월 9일자.

자들과 비구 모두가 지지하는 금욕적 생활은 불교 국가의 경제에 있어서 중요한 부분을 차지했으며 일반적으로 유지되고 있다. 재가 자나 비구 모두에게 불교가 강조하는 것은 경제 활동에 대한 도덕 적 틀에 관한 것이며, 특히 비구가 지지하는 자비의 중요성을 강조 하는데, 비구는 사회의 도덕적 기풍을 세우는 데 일익을 담당하고 있다. 근대에 들어와 아시아 불교 국가는 공산주의와 자본주의라는 정치-경제적 쌍둥이 이데올로기에 의해 영향을 받아 왔다. 불교에 대한 공산주의 체제의 가혹한 위협과 그들이 휘두른 폭력을 감안한 다면, 불교도가 공산주의의 결점을 깨닫고 있는 것은 놀라운 일이 아니다. 자본주의적 정신의 여러 요소가 불교에 낯선 것은 아니지 만, 그것의 소비주의적 태도는 낯설다. 그리고 불교도는 자본주의 가 단지 사적인 소득이 아니라 공공선에 기여하는 것일 때 자본주 의에 대해 불편해하지 않는다. 공산주의와 맹목적인 자본주의 모두 는 불교적 문화와 가치를 인정하려 들지 않았으며, 그리하여 그것 에 대한 대안으로 '불교 경제학'에 관한 생각을, 특히 테라바다 불 교 국가 사이에서, 촉발하기에 이른다. 불교 경제학은 다양한 처방 을 내놓게 되는데, 그것들은 '올바른 기술'의 사용과 가난한 자에 대한 돌봄을 견지한 상호 협력적인 공동체주의와 사회주의를 겸한 모델에 광범위하게 어울리는 것이다. 이러한 처방들이 경우에 따라 서는 대체로 이상주의적이거나 충분히 개발되지 못한 것일 수 있지 만, 그러한 접근방식이 지니는 취지를 실행에 옮기려는 시도들 또 한 이뤄지고 있다. 불교적 관점에서, 세상과 인간의 인과에 얽힌 본성을 감안한다면, 인간의 모든 행위가 그러하듯이, 이러한 시도 들이 어느 정도의 난관에 봉착한다는 것은 놀랄만한 일이 아니다.

불교가 근대 사회에 영향을 줄 수 있는 기회가 거의 없었던 공산 주의 국가를 제외하고는, 불교 국가 가운데 테라바다 불교 국가는 전통적, 저소득 사회에서부터 첨단 기술적이고, 부유한 사회에 이르기까지 폭넓게 분포되어 있다. 이에 반해 대승불교 국가는, 예를 들어 부탄과 같은 북방불교의 경우 일반적으로 저소득 사회의 가장자리에 위치하거나, 혹은 동방불교의 경우에는 대체로 부유한 사회의 가장자리에 놓여 있다. 그러한 스펙트럼의 어느 한쪽 끝단에서 불교도가 근대성과 그것의 경제를 포용하는 최전선은 있었던 것은 아니었지만, 불교의 여러 요소는 근대성의 비윤리적 측면을 거부하거나 중화시키는 데 있어서, 혹은 근대성의 진정한 혜택이 확산되도록 돕는 데 있어서 중요한 역할을 담당해 왔다. 그들은 또한 노동에 대하여 이를 단지 소득을 얻는 방편으로서가 아니라 품성도야의 장으로서 가치를 부여하는, 하나의 접근방식에 기여해 오고 있다.

An Introduction to
Buddhist Ethics
Foundations, Values and Issues

제6장

전쟁과 평화

제6장

전쟁과 평화

이 세상에 있는 적의(敵意)들은 결코 적의에 의해 멈추지 않는다.
그것들을 멈추게 하는 것은 오직 무적의(無敵意)뿐이다.
이는 옛날부터 내려온 법칙이다.

『담마빠다』(Dhammapada) 5

일반적으로 불교는 비폭력 또는 평화와 밀접하게 연관된 것으로 보인다. 불교의 가치체계 속에서 강력한 어조로 주장되는 것은 이 두 가지 모두가 분명하다. 그럼에도 불구하고 이것이 불교도는 언제나 평화로웠다는 것을 뜻하는 것은 아니다: 불교 국가는, 세계 도처에서 전쟁이 발발하는 흔한 이유들로 인해, 전쟁과 갈등에 있어서는 (남들 만큼의) 이력을 보유하고 있기도 하다. 그렇지만 폭력을 정당화하는 그 어떤 개연성 있는 '불교적' 근거를 찾기란 어려우며, 불교는 갈등을 해결하는 데 있어 특별히 풍부한 자원을 가지고 있다. 대체로 불교가 아시아의 많은 지역에서 인간을 감화시키는 일반적 효과를 거두어 왔음은 눈으로도 확인할 수 있다. 불교는 통치자와 호전적인 자의 과도함을 누그러뜨리고, 거대한 제국이(예를 들어 중국) 상당한 내적인 갈등 없이 존립하는 데 기여했으며, 비불교도에 대한 전쟁을 촉발한 경우는, 있다고 하더라도, 거의 드물다. 더욱이 전쟁이 한창일 때도, 불교 사원은 평화의 천당으로 남아 있는 경우가 많았다.

갈등의 원인에 대한 불교적 분석

불교는 유해한 모든 행위―탐욕, 증오, 어리석음―의 뿌리가 인간 갈등의 밑바탕에 놓여 있는 것으로 보고 있다(Nyanaponika, 1978: 50). 그것들 가운데 어떤 것에 사로잡힐 때, 인간은 '나는 힘이 있고 나는 힘을 원한다'고 생각할 수 있으며, 그로 인해 타인을 박해하기에 이른다(A. I.201-2). 갈등은 종종 물질적인 것에 대한 집착에서 비롯된다: 쾌락, 재산, 영토, 부, 경제적 우월, 정치적 우위 등등. M. I.86-7에서 붓다는 말한다. 감각적 쾌락이 좀 더 큰 감각적 쾌락에 대한 욕망으로 이끌고, 그러한 욕망은 통치자를 포함한 모든 종류의 사람들 사이에서의 갈등을 낳고, 그리하여 마침내 다툼과 전쟁에 이르게 한다. 대승 시인 산티데바가 자신의 저서 『대승집보살학론』에서 『수무변문다라니경』(修無邊門陀羅尼經 Anantamukha-nirhāra-dhāraṇī)을 인용하며 말한 것처럼, '살아 있는 존재들 사이에서 갈등이 일어나는 곳 어디에서나, 그 원인은 소유욕이다.'(Ss.20) 현실적인 탐욕심과는 별도로, 제5장에서 살펴본 바와 같이, 물질적 박탈감이 갈등의 핵심적인 원천으로 간주된다.

이와 아울러 붓다는, 사변적 내지는 확신에 찬 견해, 교조적 억측, 그리고 심지어 올바른 견해이기는 하나 개인적으로는 진리라고 생각하지 않는 견해에 대한 집착이 야기하는 부정적 효과에 대해서도 자주 언급했다(Sn.766-975; Premasiri, 1972). 자기 시대의 지성계를 둘러보면서, 붓다는 '견해들의 논쟁, 견해들의 밀림'이라는 말을 사용했다. 견해들에 대한 집착이 종교적·이념적 전쟁(침략전쟁이든 방어전쟁이든)과 십자군 원정, 유혈 혁명, 가스 처형실 등을 초래했다고 볼 수도 있다. 실제로 20세기에 벌어진 수백만 명의 죽음은, 자신들의 행위를 '정당화해 주는' 특정 이데올로기에 집착한 사람들

로 인해 야기되었다: 히틀러, 스탈린, 크메르 루주와 각종 테러리스트들이 곧 그들이다.

증오와 갈등의 시기에는 아마도 선전에 의해 선동되기 마련인 증오가 어떤 물건이나 쟁점에 대한 집착에서 유래할 수도 있다. 사람들은 비록 평화롭게 살기를 원하지만, 그렇게 사는 데는 실패한다: 사람들은 어떤 쟁점에 대해서 그 주변만을 맴돌며 생각을 거듭한다. 그런 겉도는 생각은 점점 더 심해지다가, 그들의 생각이 어떤 구체적 물질에 초점을 맞출 때에야 비로소 그치게 되는데, 그러한 물질은 그들을 욕망으로 이끄는 것이며, 따라서 사람들을 '좋아하는' 사람과 '싫어하는' 사람으로 구분하게 만들고, 탐욕과 허영 그리고 종국에는 증오로 이끌게 된다(*D*.Ⅱ.267-7). 증오와 밀접하게 연관된, 두려움 역시 악행을 유발하는데, 그러한 행위가 정당화되든 안 되든 상관하지 않는다(*D*.Ⅲ.182).

갈등을 부채질하는 왜곡된 인식 또한 미망의 분명한 형태이다. 불교에 따르면 가장 심각한 어리석음은 '나는 존재한다'라는 발상이다: 즉 나는 그 어떤 대가를 치르고서라도 보호되어야만 하는 영구적이면서도 실체적인 자아 내지는 '나'를 지닌다는 느낌/ 태도/ 본능적 반응이 그것이다. 자신들의 자아상을 세우는 과정의 일부로서, 사람들은 자기동일성 가운데 상당 부분을 '나의 조국', '나의 공동체', '나의 종교', 심지어 '나의 젠더'에 투여한다. 이러한 '실체'가 위협당하거나 해를 입는다고 여겨질 때, 사람들은 그들 자신이 위협당하거나 해를 입는 것으로 느낀다. 그리하여 어떤 의미에서는 한 사람이 자기중심적 몰입에 빠지지 않게 도움을 주는 집단과의 관계성이, 그 자체가 '해를 입는 것이' 가능한 집단적 차원의 '자기'를 형성하는 토대가 되어 버린다. 하지만 한 개인이 '자아'와 같은 확고부동한 본질을 지닌 것은 아니듯이, '조국'이나 '공동체' 같은 통상적인 집단도 그 어떤 대가를 치르고서라도 수호될 필요가 있는 영구적인 본질을 결여하고 있는 것임은 분명하다: 세계의 정치 지형이 세월을 거듭하면서 국경이 움직이고 정치적 실체가 흥하고 망함에 따라 어떻게 변하고 있는지 살펴보라. 불교 공동체와 관련하여 붓다는 자신의 추종자에게 그 공동체가 모욕당할 때 분노를 느끼라고 부추긴 적이 없다. 누군가 붓다나 담마나 승가의 명성을 더럽히더라도, 수행자는 화를 내서는 안 되며, 누군가 그것을 칭송하더라도 그들은 우쭐해서도 안 된다. 양쪽 경우 모두에 있어서, 그것은 청정한 마음에 장애가 될 수 있다. 오히려 그들이 해야 할 일은, 말해지는 것 속에, 진리가 있기만 하다면, 어느 정도나 진리인지를 냉정하게 검토하고 또 인지해야만 하는 것이다(D. I.3).

갈등을 부추기는 또 다른 요인으로 주목하는 것은, 자기 공동체의 다른 구성원이 ―통치자이든 친구이든― 끼치는 나쁜 영향이다. 그리하여 A. II.74에서는 말하길, 왕이 부덕한(adhammikā) 방식으로 행동하면, 그것은 자기의 대신이 그와 같이 행위하도록 영향을 끼치며, 이는 바라문과 가장(家長)에게로 퍼져 나가, 도시민과 마을 사람들에게까지 미치게 된다고 말한다. 즉 위에서 썩은 물은 아래로 흘러 내려가 사회 전체로 쉽게 스며들 수 있는 것이다. 아첨꾼 역시 사람들이 악행을 저지르게 하거나 혹은 악행을 확고히 하는 데 영향을 미칠 수 있다(D.III.185-6).

갈등에 대한 해결책

경제적 수단

제5장에서 살펴본 바와 같이, 가난이 범죄와 도덕적 쇠퇴의 근원이라는 개념은, 『구라단두경』(Kuṭadanta Sutta)에 나와 있는 것처럼, 가난을 모면하기 위한 경제적 조치가 범죄를 예방하는 데 도움이 될 수 있다는 생각과 서로 연관되어 있다. 경제적 불만이 갈등 속에 잠재하는 요소인 한, 따라서 이것이 함축하는 바는 그런 불만에 대한 대처가 갈등을 해결하는 데 도움이 될 수 있다는 것이다.

협상과 전쟁의 상호 피해 강조하기

한때 붓다는 석가족(Sākiyas) ─붓다가 속한 공국의 일원인─ 과 코리야족(Koliyas) 사이의 전쟁을 예방한 것으로 전해지고 있다.[1] 그 두 부족은 자신들의 영토를 사이에 두고 흐르는 강에 둑을 쌓아 그 물을 사용했었는데, 강의 수위가 떨어지자 양측의 농부들이 자신들의 작물에 필요한 물을 더 원하게 되었다. 그래서 그들은 언쟁을 벌이고 서로 모욕을 주고받았는데, 권력자들이 이런 모욕 소식을 듣고는 전쟁을 준비하게 되었다. 그때 붓다는 자신의 명상 능력으로 이를 감지하고는, 그 지역으로 날아가 그 강 위를 선회하였다고 전해진다. 그의 인척들이 붓다를 보고는 무기를 집어던지고 절을 올렸다. 하지만 붓다가 무엇 때문에 갈등이 일어났느냐고 묻자, 처음엔 아무도 대답을 하지 못하다가 이윽고 어떤 농부가 물 때문

---

1) *Dhp.A.*III.254-6; *J.*v.412-14.

이라고 말했다. 그러자 붓다는 전사귀족으로 하여금 그들이 매우 하찮은 가치를 지니는 것 —물— 을 위해 매우 가치 있는 것 —전 사귀족의 목숨— 을 희생하려 했음을 깨닫도록 했다. 그리하여 그 들은 전쟁을 단념했다.

수세기에 걸쳐, 왕들이 전쟁을 끝내기 위한 협상에 불교 비구를 동원한 경우가 많았었다. 대승 경전이 분명하게 주장하는 바에 의 하면, 불교도는 전쟁 중인 당사자가 보다 기꺼이 그들의 대립을 조 정하여 종결짓도록 하는 데에도 역시 힘써야만 한다. 그래서 『유마 힐소설경』(Vimalakīrti Nirdeśa Sūtra)은 보살에 대해 다음과 같이 말 한다:

> 전쟁이 일어났을 때, 그는
> 상냥함과 연민을 가르쳐
> 살아 있는 것들의 마음을 돌려놓아
> 그것들이 평화롭게 살게끔 만든다.
> 서로의 적들이 전선 위에 도열해 있을 때,
> 그는 둘 모두에게 같은 힘을 나눠 준다.
> 자신의 권위와 권능으로, 그는
> 그들이 화해하고 조화롭게 살지 않을 수 없게끔 만든다.[2]

비폭력적인 도덕적 자세

어떤 『자따까』 설화에(*J.* II.400-3; cf.*J.* I.261-8) 나오는 보살은, 침 략군이 가까이 왔다는 소식을 전해 듣는 왕이었던 것으로 전해진

---

2) Luk, 1972. 낫 한(Nhat Hanh)은 약간 다르게 번역한다, 1975:95.

다. 그는 대꾸하여 말한다. '나는 남에게 해를 입혀서 지켜질 수밖에 없는 왕국을 원하지 않는다.' 다시 말해, 병사를 시켜서 자신의 왕국을 방어하지 않겠다는 것이다. 그의 바람은 이행되었고, 왕국의 수도가 침략자에게 포위되었을 때, 그는 성문을 열라고 명한다. 침략자가 들어오고 왕은 퇴위당해 수감되었다. 그는 독방 안에서, 침략해온 왕(훗날 그는 자신의 부당한 행위로 말미암아 까르마적으로 고통을 당할 것이다)에게 위대한 자비를 베풀고, 이는 그 왕으로 하여금 자신의 몸이 불타오르는 듯한 느낌을 경험하게 한다. 그 뒤 이 사건은 그로 하여금 자신이 유덕한 왕을 감금하는 잘못을 저질렀음을 깨닫게 만든다. 결국 침략한 왕은 그를 풀어주고 그 왕국에서 평화롭게 떠난다. 이 이야기의 메시지는 그 왕의 비폭력적인 자세가 많은 사람들 ―적군과 아군 모두― 의 목숨을 어떻게 해서든 구해 냈다는 것이다. 이러한 접근 방법과 맥을 같이하는 것이 다음과 같은 구절들이다:

분노는 사랑으로 다스리고, 악은 선으로 다스리고, 인색한 사람은 보시로 다스리고, 거짓말쟁이는 진실로 다스려라.
(*Dhp.*223)

그가 전쟁터에서 수백만 명의 사람을 정복했을지라도, 자기 자신을 정복하는 그가 사실상 더 고귀한 승리자다. (*Dhp.*103)

J. II.3-4에는, 두 구절 가운데 앞 구절의 내용이 전생에 베나레스(Benares)의 브라마다타(Brahmadatta)로 살았던 붓다의 정책이었다고 전하면서, 선을 선으로 갚고 악을 악으로만 갚았던 어떤 왕과 대조시키고 있다.

물론 그러한 접근 방법이 언제나 목숨을 구해 주는 것은 아니다. 그리고 실제로 (위에서 본) 석가족 사람들은 침략자에 대항하여 스스로를 방어하지 않았는데, 그때 그들은 몰살당했던 것으로 전해진다. 17세기에 또다시, 무슬림 터키인들이 쳐들어와 불교의 사원과 대학을 짓밟았을 때에도, 비구들은 아무런 저항도 하지 않았던 것으로 보인다. 하지만 비폭력적 저항은 목숨을 구해 낼 수 있다. 몇 해 전, 한 영국인 비구와 그의 재가 동료들이 인도에서 도적 떼의 습격을 받았다. 그 재가자들은 저항을 했고 모두 죽임을 당했다. 불경을 암송하며 죽음을 준비하던 그 비구는 혼자만 살아남았다…. M.III.268-9에는 두려움을 모르는 비구 푼냐(Puṇṇa)에 관한 이야기가 전해진다. 푼냐는 붓다에게 자신이 수나파란타(Sunāparanta) 사람들 사이에 기거하면서 그들을 가르쳐 보겠다고 말했다. 붓다가 그들은 흉포한 자들이어서 푼냐를 욕보일 수도 있다고 지적하자, 푼냐는 대수롭지 않게 대답하길, 자신은 그들이 실제로 손으로 때리지만 않는다면 그들을 좋은 사람들로 바라보겠노라고 말했다. 그런데도 그들이 그렇게 한다면, 자신은 그들이 흙덩이를 던지지는 않았으니 좋은 사람들로 대할 것이다. 만일 그들이 그렇게 한다면, 그들이 막대기로 때리지 않는 한 좋은 사람으로 대할 것이고, 더 나아가 칼로 치더라도 죽이지만 않는다면 좋은 사람으로 대할 것이라고 말했다. 끝에 가서 그는, 그들이 자신을 죽인다고 하더라도 이는 단지 만신창이 상태로 흉물스럽게 변한 육체만을 죽게 만드는 것이라고 말했다. 그리하여 그는, 수나파란타 사람들 사이에서 많은 제자를 양성하기 위해 떠났던 것으로 전해지고 있다! 인도 역사에서, 불교가 힌두교 왕에게 박해를 받은 경우는 간혹 있지만, 불교도 왕이 다른 종교인을 박해했다는 기록은 없다. 반대로, 불교도 왕이 침략자를 물리치려고 하지 않았던 기록 또한 역사에서는 찾아

볼 수 없다! 한 개인은 자신의 목숨을 걸고라도 힘에는 힘으로 대응하지 않을 수 있지만, 자기 국가의 명운을 걸고 이를 성공적으로 해낼 수 있는 통치자는 정신적으로 아주 천재적인 사람이 아니면 안 될 것이다!

증오를 잠재우고 인내를 계발하기 위한 성찰들

불교의 핵심적 가치 가운데는 '사무량심'으로 알려진 것이 있다: 자비, 연민, 공감적 기쁨과 평정. 이와 맞물려 있는 것이, 『칸티바디 자따까』(Khanti-vādi-Jātaka)에 예증되어 있는, 인내 내지는 관용(빠알리어 khanti; 산스크리트 kṣānti)의 미덕이다. 이 모든 가치는 갈등의 해소와 직접적으로 관련되는데, 그것을 실천하는 것이야말로 처음부터 갈등이 덜 일어나게끔 만들어 준다.

자비심을 계발하는 방법 가운데 일부로, 테라바다 불교의 주석가인 붓다고사는 자신의 저서 『청정도론』에서 증오나 분노를 잠재우기 위한 다양한 성찰을 제시하고 있다(Vism. 298-306). 그것들은 여러 정황 속에서, 증오나 분노와 같은 감정의 파괴력을 제거하는, 따라서 갈등의 심리적 단초를 잠재우는 방법으로서 가치 있는 것이라 할 수 있다. 누군가에 대하여 악의를 품지 말 것을 강조하는 기독교와는 대조적으로, 불교 특히 테라바다 불교에서는 악의가 유해한 효과를 지니므로 자기 마음속에 품지 말 것을 강조한다. 붓다고사의 몇 가지 성찰은 다음과 같은 정신을 반영한다: '적에게 혹은 증오하는 이에게 해를 입히는 것은 적이나 증오하는 이에게 해가 될 수도 있고 안 될 수도 있으나, 악을 지향하는 마음은 자신에게 더 큰 해악을 가져올 수 있다.'(Dhp.42) 한 가지 예를 들자면:

다른 사람이 너를 괴롭히려는 목적에서 비위를 거스르는 행위로 너를 자극한다 할지라도, 무엇 때문에 분노가 일어나도록 허용하는가? 그리고 그가 네게 하도록 만든 바를 따라 하려고 하는가? 네가 분노를 일으킨다면, 너는 그에게 상처를 줄 수도 있고, 주지 않을 수도 있다; 그럼에도 불구하고 분노가 일으킨 그 상처로 인해, 너는 분명히 당장 그 대가를 치르게 되리라. (*Vism*.300)

다시 말해서, 누군가 우리를 공격하거나 학대할 때, 실로 지속적인 해악은 우리가 분노나 폭력으로 대응할 때 발생한다. 적이 바라는 것은, 우리가 추하고, 고통받고, 불운하게 되고, 가난하고, 명성도 없고, 친구도 없으며 극락왕생도 못 하는 바로 그러한 것들이다. 하지만 우리 스스로가 분노의 먹이가 되어 버린다면 바로 이러한 일들이 일어난다(*A*.IV.94). 남들에게 화를 내는 것은 누군가를 때리기 위해 불에 달군 막대를 드는 것에, 혹은 맞바람을 향해 재를 뿌리는 것에 비유된다: 우리는 당장의 불쾌한 감정과 미래의 까르마적 결과를 통해 우리 스스로를 고통스럽게 할 뿐이다. 그 계기는 다른 사람이 제공할지라도, 그런 행위는 우리 자신의 것이며 우리에게 직접적으로 해를 끼친다. 분노는 가해자의 공격에 의해 조건 지어진 것이지만, 그렇다고 결정되어지는 것은 아니다. 거기엔 언제나 상반된 반응이 있기 마련이다: 자기-억제력을 좀 더 계발하고 '나'와 '내 것'에 대한 집착을 잠재움으로써, 점점 더 자신을 통제할 수 있게 만드는 반응도 있다. 물론 이것을 가지고, 다른 이들도 화를 내지 않기 위해 자기 억제력을 발휘해야만 한다는 근거에서, 다른 이들을 비방하는 구실로 삼아서는 안 될 것이다. 대부분의 사람들은 화를 내지 않을 만큼 충분히 성숙하지 않았다. 따라서 비방은 잘못을 저지른 사람들에게 도움이 안 되는 것은 물론, 일반적으로 화를 직접 부추기는 것이 될 것이다.

좀 더 구체적인 방식으로, 붓다고사는 만일 다른 사람이 우리를 해치려고 하는 것이 우리 자신의 분노 때문이라면, 그 분노를 가라 앉히는 것이 현명한 처사라고 제안한다. 혹은 만일 우리가 눈에 띄는 것 자체가 타인의 분노를 부채질한다면, 잠시 동안 눈에 띄지 않는 것이 최선이다. 그러면 노기가 가라앉을 수도 있으니 말이다. 아울러 그는 우리에게, 지금 당장 혐오스러운 사람도 그가 가지고 있는 좋은 자질만을 주목하고, 혹은 모든 존재는 무수한 환생들 속에서 서로가 가까운 친척이거나 친구였음에 틀림없었다는 점을 성찰해 보라고 권한다: 그렇다면 이제 우리가 해야 될 일은 그들의 친절을 상기하는 것이다(S. II.189-90; cf. Ss.21). 인간은 과거에 다양한 인종이나 문화 속에서 환생했었을 수도 있으므로, 그러한 성찰은 서로를 낯선 '타인'으로 바라보는 두 민족이 벌이는 종족 분쟁의 상황에서 특히 관련되어 있는 것으로 보인다.

아울러 붓다고사는 제안한다. 우리는 무상함을 성찰해야만 한다. 그리고 누군가를 해친 적이 있는 사람의 현재 마음상태는, 그가 유해한 행위를 저질렀을 때와는 다르기 십상이라는 점을 인정해야만 한다(물론 이 점은 한때 적으로 간주되었던 나라나 집단이 과거 세대에 저지른 행위에 훨씬 더 들어맞는 말이다). 그리고 우리는 심지어 화내는 사람을 물리적 요소와 정신적 과정이 축적된 것으로 볼 수도 있다: 그를 화나게 만드는 것은 그것들 가운데 어떤 '부분'일까? 우리는 또한 전생에 붓다가 그 어떤 도발에도 대단한 인내를 보여 줬던 사례에서 영감을 얻거나, 자비심으로 마음에 여유를 가졌을 때 찾아오는 11가지 종류의 좋은 결과를 —악몽에 시달리지 않는 숙면, 타인의 호의, 온화한 안색과 쉽사리 마음을 집중할 수 있는 것 등 — 음미해 볼 수도 있을 것이다(A. V.342). 다른 모든 것들이 여의

치 않다면, 자신이 적대시하는 이에게 선물을 주거나, 선물을 받아 들이는 것도 도움이 되는 일이다.

대승의 저술가인 산티데바는 자신의 저서 『입보리행론』에서, 인내에 관해 많은 이야기를 하고 있는데, 그러한 인내는 자비의 정신에 가깝다. 놀랍고도 곰곰이 생각하게 만드는 음미케 하는 방식으로 그는 말하길:

> 어떤 것이 개선될 수 있다면 그것에 대해 불만을 지닐 이유가 무엇인가? 그리고 어떤 것이 개선될 수 없다면 그것에 대해 불만을 갖는 것은 무슨 소용이 있는가? (Bca. VI.10)

더욱이:

> 적이나 혹은 심지어 친구가 부적절한 행위를 저지르는 것을 보았을 때, 그 일은 다른 조건들에 의해 일어난 것이라는 생각이, 나의 기분을 편안한 상태로 유지시켜 준다. (Bca. VI.33)

어리석은 자가 남들을 해치는 것을 보고 분노하는 것은, 불이 다른 것들을 불태우는 것을 보고 분노하는 것과 비슷하다(Bca. VI.39). 누군가가 자신의 증오심 때문에 다른 이를 몽둥이로 때린다면, 그에 대해서 분노하기보다는 그가 자신의 증오심을 촉발한 것에 대해 분노하는 것이 더 의미가 있다(Bca. VI.41). 누군가가 우리에게 해악을 저지른다면, 우리가 이전에 다른 이에게 가한 비슷한 해악의 까르마적 결과로 봐야 한다(Bca. VI.42). 더욱이 우리가 남들로부터 해악을 입을 수 있는 유일한 이유는, 우리를 지금의 모습으로 환생시킨 우리의 집착 때문이다:

나의 고통을 유발한 것은 그의 무기와 나의 육신이다. 따라서
그가 무기를, 나는 육신을 제공한 것이나 마찬가지이니, 나는
누구한테 화를 내야 마땅한가? (*Bca.*VI.43)

우리를 공격한 이들에게 분노로 반응하는 것은 자멸적이다. 왜냐
하면 그들이 저지른 짓으로 인해 그들은 지옥에서 환생하게 되지
만, 그것들을 인내심을 가지고 견뎌 냄으로써 우리는 까르마적으로
지금의 고통으로 이끈 지난날의 악으로부터 벗어날 것이기 때문이
다(*Bca.*VI.47-8). 더욱이:

만일 내가 현재의 간단한 고통마저도 견딜 수 없다고 한다면,
장차 지옥 같은 괴로움의 원천이 되는 분노를 참지 말아야 할
이유가 있는가? (*Bca.*VI.73)

사실상 적(敵)은, 인내를 실행할 수 있는 좋은 기회를 제공하므로
유익한 보배와 같은 존재로 바라봐야만 하고, 따라서 공경해야만
한다(*Bca.*VI.107-11). 그러므로 도발에 직면하여 인내를 발휘했다면,
우리는 이러한 인내의 눈에 보이지 않는 결실을, 우리를 공격한 자
와 나눠 가져야만 한다(*Bca.*VI.42).

관용과 용서

위에서 말한 것과 같은 취지로, 어떤 경전의 구절은 관용과 용서
가 지닌 놀라운 잠재력과 힘을 소개한다. 어떤 구절은 신들(devas)
과 권력에 굶주린 아수라(asuras) 사이의 갈등을 담고 있다(S.
Ⅰ.220-2). 패배한 아수라의 수장 베파시티(Vepacitti)는, 어느 날 신

들의 수장 사카(Sakka) 앞에 불려가서는 그를 저주한다. 사카가 화를 내지 않자, 그의 마부가 그의 관용이 두려움 때문이냐 아니면 나약함 때문이냐고 물었으나 그는 대답한다: 둘 다 아니다 라고. 나는 단지 어리석은 자와 말을 섞고 싶지 않을 뿐이다. 더 나아가 그는 다음과 같이 설명한다. 어리석은 자의 말을 멈추게 하는 데는, 그의 분노와 말의 맹공에 맞서 가혹한 조치로 대응하는 것이 아니라 스스로 온화함을 유지하는 것이 최선이다. 이것이 우리의 상대자로 하여금 우리의 나약함에 덕을 봤다고 생각하게 만들지 않을 것이다. 왜냐하면 관용적인 인내(khanti)는 진정한 힘의 상징이며 어리석은 자의 기만적인 '힘'과는 다르기 때문이다:

> 욕을 들은 자가 욕으로 되갚는 것이야말로 더 나쁘다. 욕을 들었을 때, 욕으로 대응하지 않는 자는 두 배의 승리를 쟁취하는 것이다. 그는 자기 자신과 상대방 모두의 안녕을 도모하는 것이고, 그의 분노를 알고 있는 상대방은 마음속으론 그의 평정심을 우러러 본다. (S. I.222; Vism.324)

S. I.162에는 한 바라문이 자신의 친척이 불교 비구가 되어 버렸다는 이유로 붓다를 모욕하고 학대할 때 똑같은 구절들이 사용된다. 붓다는 그에게 대꾸하기를, 그가 자신을 찾아온 친지에게 음식과 마실 것을 준비했는데, 그들이 그가 마련한 것을 사양한다면 어떻게 하겠느냐고 묻는다: 그러면 그 음식과 마실 것은 누구에게 속하는 것이냐? 그가 '그것들은 우리 것'이라고 대답하자, 붓다는 말하기를 '그대가 모욕하고 학대하고 비방하는 데 사용한 것을 우리는 아무것도 사용하지 않았다는 것은, 우리가 사양했다는 것이다. 그러니 바라문이여, 이제 그것은 그대에게 남아 있구나.' 그리고 붓

다는 계속해서, 자신은 그의 노기 띤 말에 화를 내는 것으로 그를 '응대'하지 않을 것이라고 말하며 위의 구절들을 내놓는다.

Vin. Ⅰ.342-9(cf. Niwano, 1977: 18-24)에서는, 비구 규율의 핵심에 대한 해석을 둘러싸고 논쟁을 벌이는 비구의 두 당사자들에게 붓다가 다음과 같은 이야기를 들려주고 있다. 카시(Kāsi)의 왕 브라마다타(Brahmadatta)는 나약한 왕국을 정복하고 나중에 그곳의 전임 왕과 왕비를 처형한다. 전임 왕은 죽기 바로 전에, 브라마다타에게는 아직 정체가 알려지지 않은, 자신의 아들 디가부(Dīghāvu)에게 말한다. '증오는 증오에 의해 사라지지 않는다: 디가부야, 증오는 증오하지-않음에 의해서 사라지는 것이다.'(*Vin.* Ⅰ.344-5) 하지만 디가부는 자신의 복수 계획을 거두지 않는다. 그는 노래를 배워서 브라마다타 왕의 주목을 끈 뒤에 그의 종복으로 들어가 신임을 얻는 자리까지 올라간다. 그는 왕과 함께 사냥을 갔을 때 왕이 자신의 무릎을 베고 잠들자 그를 죽일 기회를 잡는다. 왕을 죽이기 위해 칼을 세 번이나 빼 들었지만, 자신의 아버지가 자신에게 남긴 유언을 떠올리고는 세 번 모두 단념한다. 그때 왕이 악몽에 놀라 깨어나자, 디가부는 자신의 정체를 드러낸다. 왕은 그에게 목숨만 살려 달라고 간청했다. 그런데 디가부는 그저 왕에게 자신의 목숨을 살려 달라고 간청한다. 그리하여 그들은 서로를 살려 주기로 합의한다. 그러자 디가부는 다음과 같이 말한다:

우리 부모님은 어떤 왕에게 죽임을 당하셨지만, 만일 그 왕의 목숨을 빼앗는다면, 그 왕의 안녕함을 바라는 자가 나의 목숨을 빼앗을 것이고 또한 나의 안녕함을 바라는 자가 그의 목숨을 빼앗을 것입니다; 따라서 증오는 증오로 멈춰질 수 없을 것입니다. (*Vin.* Ⅰ.348)

그러자 브라마다타는 그에게 그의 왕국을 돌려주고 자신의 딸과 결혼시킨다. 그런 다음, 붓다는 다투고 있는 비구들에게 몇 가지 시구로 가르치는데(*Vin.* I .349), 그 가운데 일부가 *Dhp.*3-9에서도 발견된다.

'그는 나를 학대했고, 그는 나를 때렸고, 그는 나를 좌절시켰고, 그는 나를 강탈했다'는 생각을 품고 있는 자들의 증오는 가라앉혀지지 않는다.
'그는 나를 학대했고, 그는 나를 때렸고, 그는 나를 좌절시켰고, 그는 나를 강탈했다'는 생각을 품고 있지 않는 자들의 증오는 가라앉혀진다.
이 세상에서 증오는 증오에 의해 결코 멈춰지지 않는다; 오직 증오하지-않음(즉 자비)만이 증오를 멈춘다. 이것이 고금의 법칙이다.
그리고 다른 이들은 우리가 여기서 끝난다는 것을 알지 못한다; 하지만 그것을 아는 자는, 그것으로 인해 그들의 싸움을 사라지게 한다.

불교의 모든 전통은 결함 ―바로 자기 자신의 결함, 또는 타인의 결함 역시― 에 대한 인정과, 그것을 되풀이하지 않으리라는 다짐을 높이 평가한다. 대승 역시 명백한 사죄를 역설하고 있다. 아상가는『보살지지경』의 윤리를 논하는 장에서, 보살은 자신이 야기한 잘못에 대해 사죄해야만 하고 다른 사람이 정당하게 제의한 사죄를 수용해야만 한다고 적고 있다(Tatz, 1986: 74, 75). 일본에서는 사죄가 관계를 회복하는 방법으로 흔히 사용되며, 사죄하고 참회하는 이들은 법정에서 좀 더 가볍게 처벌받는다(LaFleur, 1992: 147).

테라바다 불교의 율장에서는, 하의갈마(下意羯磨 paṭisāraṇiya)의 전형적인 조치를 위한 조항이 들어 있다. '조정' 내지는 과실을 원상회복시키기 위한 글자 그대로의 '되돌림'이 곧 그것이다. 이를 시행해야만 하는 대상은, 재가자를 조롱하거나, 재가자의 공물을 거부 또는 불평하거나, 재가자에게 붓다와 담마와 승가에 대해 헐뜯거나, 재가자들 사이에 불화를 일으킨 비구이다(Vin. II.17-20). 그런 경우에 비구는 꾸짖음을 당하고, 자신의 잘못을 상기해야만 하며, 그 잘못으로 비난받아야만 한다. 그런 다음에 승가는 그 비구가 용서를 청하기 위해 재가자를 만나러 가는 것을 허락해야 한다. 만일 그 비구가 용서를 청할 자신이 없다고 느끼면, 승가는 유능한 비구를 주선해서 그를 대신해 용서를 청하도록 동행시켜야만 한다. 그는 필요하다면 온갖 방법을 동원해서라도 용서를 구하려고 애써야만 하는데, 다음과 같은 형식의 말들을 차례차례 사용한다:

'가장이시여 저를 용서하소서, 저는 당신께 화해를 청합니다' … '가장이시여, 이 비구를 용서하소서, 그는 당신께 화해를 청합니다' … '가장이시여, 제가 당신께 화해를 청하오니, 이 비구를 용서하소서' … '가장이여, 승가의 이름으로(제가 화해를 청하오니), 이 비구를 용서하소서.'(Vin. II.20)

이 모든 것이 용서를 이끌어 내는 데 실패한다면, 잘못을 저지른 비구는 엉덩이를 깔고 앉아 합장으로 그 재가자에게 경의를 표하고 자신의 잘못을 인정해야만 한다. 그럼에도 불구하고 한 가지 말해두어야 할 것은, 테라바다 불교의 관점에서 볼 때, 만일 사죄하는 것이 어떤 사람에게 강압적인 것이 되어 버리면, 그것은 자기-선전의 교묘한 형태로서 '나와 내 결함들'에만 주목을 끄는 것으로 보일 수도 있다는 것이다.

상황을 진정시키기

불교의 비구 공동체 내에서 매우 소중하게 여기는 것은 화합이며, 그 공동체 내에서 발생하는, 예컨대 비구의 규율 문제와 관련된 논쟁과 같은 불화를 해소하는 시스템을 발전시켜 왔다. *M.* II.247-50에서[3], 붓다는 논쟁을 해소할 수 있는 일곱 가지 방법이 있다고 가르친다: 공인된 원리가 함축한 것에 기대어 합의에 이를 것; 이것이 실패한다면 다수결 투표를 할 것[4]; 비구가 죄를 지었으나 저지른 기억을 하지 못할 때는 너그러이 봐줄 것; 어떤 사람이 제정신이 아닌 상태에서 저지른 명백한 잘못은 너그럽게 용서할 것; 약속을 통해 되풀이되지 않으리라고 인정한 잘못은 유보해 둘 것; 심각한 잘못을 부인하다가 마지못해 인정한 비구의 징계는 반대심문을 통해 면밀히 검토할 것; 그리고 마지막엔 '풀로 잘 덮어 줄 것'. 이 마지막 방법은 두 당사자가 공개적으로 다투었을 경우에 사용되어야 한다. 양측은 각자 현명한 비구를 한 명씩 뽑아야만 한다. 그리고 이들 각자는 이처럼 불미스러운 방식으로 처신하는 자기편과 자기 스스로의 단점을 인지해야만 한다. 이는 비록 심각한 잘못은 안 되겠지만, 다소 경미한 잘못은 덮고 넘어갈 수 있게 한다. 어떤 주석은 이것을, 마치 배설물에 마른 풀을 덮어서 그 위를 지나가는 이가 더럽혀지지 않게 하려는 것과 같다고 이해한다. 낫한(Nhat Hanh)은 이 방법에 대해 다른 자료를 근거로, 소위 '짚으로 진흙 덮기'라는 또 다른 해석을 제기한다. 두 명의 존경받는 선임

---

3) Cf. *Vin.* II.93-104 와 Nhat Hanh, 1987:74-9, 'Mukh.10과 Sseu Fen Lin(T.1428)' 인용.

4) 선호되는 방법은 합의다. 하지만 그렇게 하지 못한다면 다수결 투표도 사용될 수 있다. 하지만 이는 사소한 문제나, '무법(non-Dhamma)을 공언한 사람들'이 다수를 이룬다고 여겨지거나 알려진 경우, 혹은 (지역의) 승가가 그 문제로 인해 분열될 것 같은 경우에 사용되어선 안 된다(*Vin.* II.84-5).

비구들이 선발되고, 각자는 (다투는) 두 비구를 대신해서 말한다. 그들은 저마다 관련된 사람들의 마음을 누그러뜨리는 말을 하는데, A비구가 B비구를 이해하도록 돕는다:

그러면 한쪽의 고참 비구가 그쪽의 비구를 보호하기 위해 무엇인가를 말하기는 하나, 다른 쪽 비구의 기분을 풀어주는 방식으로 말한다. 그렇게 함으로써, 그들은 두 비구의 마음속에 자리 잡았던 격한 감정을 사라지게 하고 그들로 하여금 승가가 제안하는 판결을 받아들이도록 만든다. (Nhat Hanh, 1987: 77)

물론 그와 같은 절차들은 같은 목적을 공유한 채, 뜻이 맞는 사람들로 이뤄진 공동체에서 잘 작동할 것이다. 그럼에도 불구하고 몇 가지 특징은 다른 종류의 갈등에도 사용될 수 있을 것이다. '정언(正言)'의 일부로서, '불화를 일으키는 언사'를 삼가는 것은 갈등을 진정시키거나 모면하는 데도 똑같이 관련된다. 이를 실행하는 사람은

분열된 사람들을 화해시키고, 우애를 촉진시키는 사람으로서, 화목을 좋아하고 화목을 반기며 화목 속에서 기뻐하는 사람이자 화목을 촉진시키는 말의 대변인이다. (M. I .288)

폭력적인 세상에 대한 비폭력적 성찰들

불교의 가르침과 원리 중에 폭력 사용과 관련된 것은 다음과 같다:
(1) 첫 번째 계율, 즉 유정적 존재를, 직접적으로든 다른 이를 내세워서든, 의도적으로 해치거나 살생하지 않겠다는 다짐

(2) 자비와 연민에 대한 강조

(3) 열반에 이르는 팔정도 가운데 하나로, '정명(正命)'의 이상은 다른 것들에게 고통을 야기하는 방식으로 살아가는 것을 금한다. 구체적으로 열거된 '그릇된 생계'의 유형 가운데는 '무기를 거래'하면서 살아가기가 있다.(A. V.177)

이런 강조점을 감안한다면, 전쟁과 폭력과 유사한 형태가 정당화 될 수 있을까? 불교도의 행로가 목표로 삼는 것은, 고요한 마음속에 뿌리내린 내적인 힘과 통찰력 위에 세워진 완벽하게 비폭력적인 상태다. 하지만 ―자기 방식을 폭력을 통해 관철하려들지도 모르는 세상에 살고 있는, 아직 완전하지 못한 사람들에겐― 다른 사람들은 과연 방어적 폭력으로 대응해야만 하는 것인지 아닌지가 여전히 딜레마로 다가올 수밖에 없다. 평화주의는 이상일 수 있다. 하지만 실제로 불교도는 ―다른 집단처럼 이따금 공격적인 폭력에 가담하는 것은 물론이고― 자기나 자기 조국을 지키려고 폭력을 사용하는 것이 다반사다. 평범한 불교도는 완벽한 비폭력적 대응이 자신들에겐 아직 불가능하다고 느낀다. 왜냐하면 특히 그들은 여전히 다양한 것에 집착하고 있고, 따라서 때로는 그것들을 방어하기 위해 폭력이 필요하다고 느낄 수 있기 때문이다. 물론 그들이 비구나 비구니가 됨으로써, 그런 것들을 포기할 수도 있다. 하지만 그들은 그런 수준까지 헌신할 준비가 되어 있지 않다고 생각할 것이다.

이렇게도 볼 수 있다. 경전에 전쟁과 참혹한 폭력에 관해 성찰하는 구절이 즐비하다는 것은, 비폭력적인 이상과의 대화를 통해 세상의 상식이기도 한 '폭력은 때론 불가피하다'는 견해를 뒤집어 보려고 하는 것이다. 여기서 붓다는 그 자신이 전사귀족(khattiya) 계급 출신이었던 사람으로서 말하고 있다. S. I.82-3과 83-5에 나와 있는 짧은 두 대화 속에서, 붓다는 두 가지 전투에 관해 설명을 추가하고 있는데, 그 전투는 사악한 왕 아자타사투(Ajātasattu)가 자신의 삼촌이자, '모든 선한 것들의 벗'이라 불리던 붓다의 추종자이기도 한 파세나디(Pasenadi) 왕의 영토를 침범하면서 시작된다. 첫 번째 전투에서는, 파세나디가 패하여 퇴각한다. 그리고 붓다는 그의 비참함에 대해 다음과 같이 성찰한다:

> 승리는 증오를 낳고; 패자는 고통 속에서 산다. 고요한 자의 행복한 삶은 승리와 패배에 마음을 두고 있지 않다. (S. I .83; Dhp.201)

이것이 분명하게 함축하는 바는, 정복은 패자에게서 비극을 낳고, 그러한 비극은 언젠가 정복자를 굴복시키겠다는 욕망과 증오로 이어진다는 것이다. 두 번째 전투에서는 파세나디가 이긴다. 파세나디는 사로잡힌 아자타사투의 목숨은 살려주지만 그의 모든 무기와 군대를 몰수한다. 여기서 붓다는 다음과 같은 주석을 달고 있다:

> 사람은 강탈할 수도 있다.
> 그것이 자신의 목적에 도움이 되는 한.
> 하지만 다른 사람들을 강탈하면,
> 강탈당한 사람들이 (나중에) 강탈한다.
> 악의 열매가 무르익지 않는 한,
> 어리석은 자는 자신이 기회를 잡았다고 생각한다.
> 하지만 악이 무르익으면, 그 어리석은 자는 고통스러워한다.
> 학살자는 (자기 쪽으로) 학살자를 부른다.
> 정복자는 정복자를 부르고,
> 학대하는 사람은 학대를 당하고,

격분하는 자는 분노한 사람을 불러들인다.
따라서 업의 성숙에 의해,
강탈한 자는 강탈을 당하게 된다. (S. I .85)

방어적 폭력의 정당화는 논외로 하더라도, 이것이 지적하고 있는
것은, 침략이 방어적 폭력이라는 반격으로 이어지기 일쑤고, 그러
한 방어적 폭력은 침략자에게 까르마적인 결과로 볼 수 있다는 것
이다. 그런 식의 대응은, 정당화되든 안 되든, 일어난다. 그래서 침
략을 말리는 것이다. 하지만 대체로 평화의 애호자이자 수호자이기
도했던 파세나디 왕도 책망으로부터 자유로울 수는 없다. 패배한
적의 목숨을 살려 주는 것은 분명 선한 일이다. 하지만 그에게서
군대를 빼앗아 나라를 방어할 수 없게 만든 것은 분쟁의 불씨를 비
축해 놓는 것으로 보인다. 칸티팔로(Khantipalo)는 다음과 같이 논
평한다:

마지막 두 구절을 한 마디로 요약하면, 갈등을 해소하는 방법
으로서 전쟁의 쓸모없음이다 … 붓다는 말썽꾸러기 조카의 군
대를 몰수하는 파세나디의 조치가 얼마나 무익한 것인지를 보
았다. 그 조치가 가져온 결과는 아자타사투로 하여금 코살라
(Kosala)를 정복하리라는 결심을 굳건히 하게 만들었으며, 결국
엔 그렇게 했다. 우리 시대에는, 제1차 세계대전 이후 독일에게
요구된 막대한 배상금이 또 다른 좋은 예이다 ―우리의 복수는
히틀러와 제2차 세계대전이 보여 주듯, 그들의 복수를 불러온
다. (Khantipalo, 1986: 14)

우파디아야(Kashi Upadhyaya)는, 그 구절이 평화를 사랑하는 수호자는 적당하게만 선할 뿐, 완벽한 비폭력의 이상에는 못 미치는 것으로 묘사하고 있다고 논평한다(1971: 537). 반면에 해리스(Elizabeth Harris)는, 그 구절이 있는 그대로의 세상 속에서 펼쳐지는 '정치적 현실의 수용'을 보여 주고 있으며, '침략에 맞서 나라를 수호하는 파세나디의 수호자 역할은 불가피하고도 칭송할 만한 것으로 받아들여지고 있다'고 말한다(1994: 18). 아마도 문제의 핵심은 과연 '승패에 마음을 두지 않는' 사람이 왕으로 남아 있을 수 있는지, 아니면 비구로 출가해서 그런 이상을 실천하기 위해 전적으로 탈세속적 관심사만 추구해야 할 것인지이다. 그 구절만으로는 분명하지 않다. 파세나디의 조치가 '칭송할 만한' 것으로 묘사되고 있다는 해리스(Harris)의 말은 분명 잘못되었다. 어쨌든, 파세나디는 자신의 감정과 상황에 따라 한정된 방식으로 처신한 것으로 간략하게 그려지고 있다. 다른 곳에서 파세나디는 왕으로서의 자신의 역할에 ─그것이 탐욕과 정복과 같은 것을 부추기는데도─ 몰두할 수밖에 없는 자신의 처지에 대하여 붓다에게 한탄한다. 그래서 붓다는 그에게 그 자신도 다른 이들과 마찬가지로 언젠가 나이 들어 죽는다는 점을 상기시켜줌으로써, 다시금 그의 마음이 건전한 행위에 집중될 수 있도록 도와준다(S. I .101-2).

그럼에도 불구하고, 파세나디처럼 다소 타협적인 사람이 아니라 정말로 신실한 불교도 왕이 무력 없이 통치하는 것이 과연 가능하냐는 문제는 여전히 남는다. S. I .116-7에서, 붓다는 '담마(Dhamma: 정의, 덕, 옳음)에 따라 통치하는, 살생하거나 살생을 야기하지 않고, 정복하거나 정복을 야기하지 않고, 비탄하거나 비탄을 야기하지 않는' 통치자가 과연 가능한 것인지 의문을 던진다. 그런데 자신의 질문에 답하기 전에, 유혹의 신 마라(Māra)가 그 앞에 나타나 붓다에게 붓다 자신이 그런 왕이 되어 보라고 부추긴다. 마라가 왜 그렇게 부추기는지 의심해 보면서, 통치자는 불가피하게 감각적 쾌락에 빠질 수밖에 없고, 그것은 고통을 야기하므로, 따라서 '굴레에서 벗어난 자'는 그런 방향으로 끌릴 수 없음을 붓다 스스로 깨닫는다. 아마도 이것이 함축하는 바는, '굴레에서 벗어난 자'가 왕이 되는 것은 적절하지 않다고 하더라도, 다른 사람들에겐— 비록 감각적 쾌락에 집착함으로써 부패할 위험이 있음을 언제나 명심할 필요는 있지만— 비폭력적 통치가 여전히 가능하다는 것이다.

실제로 붓다는 그가 전생에 비폭력적인 전륜성왕 통치자였었다고 말한다(A.IV.89-90; cf.D. I .88-9; D.III.59):

사방의 주재자인 담마(Dhamma) 왕은 자기 왕국의 안전을 확립했다 … 그리고 나는 1000명이 넘는 아들을 두었는데, 그들은 영웅이었고, 영웅적인 재능을 지녔으며 적군의 군대를 정복했다. 나는 바다로 둘러싸인 땅에 거주하면서 몽둥이나 칼을 쓰지 않고 담마로써 정복해 나갔다.

이는 전륜성왕이 군대를 지니지 않았기 때문이 아니다. 『전륜성왕사자후경』에는 자신의 전륜성왕 부친이 퇴임하여 비구가 되자, 각 지역으로 자신의 군대를 보내는 것과 함께, 잠재적인 적이 기꺼이 그의 신하가 되고, 다섯 가지 윤리적 계율을 따르라는 자신의 충고를 받아들임으로써, 통치를 확립한 어떤 통치자의 이야기가 나온다(D.III.62). 따라서 폭력이 반드시 필수적인 것은 아니다. 이럴 수 있었던 이유는, 그가 담마에 따라 통치하면서, 모든 백성을 범죄와 가난으로부터 보호하고, 종교적인 백성들에게 무엇이 건전하고 건전하지 않은지를 조언하는 모습을 처음으로 보여 주었기 때문이었다(*D.*III.61). 물론 범죄를 다루는 것은 어느 정도 폭력의 사용을 함축한다. 하지만 그렇다고 반드시 살생까지 포함하는 것은 아니다. 실제로 『기세인본경』에는 인간 사회에서 처음으로 왕이 선출되는 이유는 범죄자를 다루기 위해서라고 말한다: 하지만 그 왕은 (살생이 아니라) 처벌, 징계, 유배에 의해서만 범죄자를 다룬다(*D.*III.92).

따라서 초기 불경이 표현하는 것은 비폭력적 통치에 대한 이상이다. 하지만 그것은 이례적인 사람만이 그것에 따라 완벽하게 살 수 있는 하나의 이상이라는 점을 인정하는 것처럼 보인다. 그래서 해리스는 초기 경전을 검토한 뒤에 다음과 같이 주장한다:

> 재가자는 조화로운 곳에서 폭력을 유발해서는 결코 안 되며, 무고한 사람을 상대로 폭력을 사용해서도 안 된다는 점은 분명하다. 재가자가 자신들이 돌보는 사람들을 보호할 수 있는 유일한 방법이 방어적 폭력을 사용하는 것일 때, 그들을 보호하려 들어서는 안 된다는 점은 분명치 않다… 타인의 목숨을 보호하기 위해선 폭력이 정당화된다고 느끼는 사람은, 실로 그 결과를 고려해 봐야만 한다. 그는 지금 위험천만한 [까르마적] 결과를 무릅쓰고 있는 것이며, 그 결과 속에서 그 자신의 행위는 불가피하게 결실을 맺을 것이란 점을 상기해야만 한다… 그런 사람은 동기를 평가해 볼 필요가 있다… 하지만 그런 사람은 여전히, 그 위험이란 것이 더 큰 악을 예방하기 위해 직면할 만한 가치가 있는 것으로 판단할 수 있다는 사실이다.(E. J. Harris, 1994: 48)

그런 다음에 폭력이 사용된다고 해도, 그것을 불교가 이를 이해할 수는 있겠으나 실제로 승인할 수는 없을 것이다. 이 점은 자기 방어의 현명한 형식에 대해 이야기하고 있는 경전에서 살펴볼 수 있다. 『담마빠다(Dhammapada)』 주석서에는 어떤 여인에 관한 이야기가 등장하는데, 그녀는 일찍이 자신이 목숨을 구해 준 자기 남편에 의해 살해당할 처지에 놓이게 되었다. 그녀가 기지를 발휘하여 그에게서 벗어난 뒤 그를 벼랑으로 밀어 버리자, 이를 지켜보던 어떤 신이 '여자도 남자만큼 지혜로울(paṇḍita) 수 있구나'라고 말한다. 붓다나 비구가 아니라 신이 이런 말을 할 때, 거기엔 그 행위와 연루된 폭력을 직접적으로 승인하는 바가 없다.

인도의 대왕 아소카(Asoka: 268~239 BCE)는 불교도로부터 불교 사회윤리의 위대한 모범으로(pp.115-17을 볼 것) 폭넓게 존경을 받고 있지만, 부분적으로는 비폭력에 대한 그의 강조 때문이기도 하다. 한편으로는 자신의 백성들에게 불교의 이런저런 도덕규범을 장려하면서, 그 자신은 영토를 폭력적으로 팽창시키던 선대 왕의 관행을 포기했다. 실제로 힌두교의 『마누법전』(Manu-smṛti)(7.169-70)에 의하면, 왕은 자신의 신하가 모두 동의하고 그의 권력이 최고조에 이르렀을 때에만 전쟁을 해야 한다고 주장하고 있으며, 아울러 힌두교의 『마하바라타』(Mahā-bhārata)는 왕이 적을 살해하는 것에는 아무런 악도 없다고 주장한다.[5] 불교에 귀의하기 이전에 아소카 대왕은 재임 초기에 칼링가 지역을 정복했으나, 그의 '칼링가 금석칙령'[6]은 그것이 야기한 대학살을 떠오르게 하여 실로 공포의 상징이었다. 그래서 그는 ─아주 강력한 제국의 우두머리였음에도 불구하고─ 그런 식의 정복을 포기하기로 마음먹는다. 그러면서도 그는 자신의 군대를 유지시키는 가운데 하나의 칙령을 세워, 국경 근처에서 말썽을 일으키는 사람들에게, 자신은 비록 그들을 상대로 무

---

5) Śānti-Parvam 15.14, 15.54; Tähtinen, 1976:91-2.
6) Nikam & McKeon, 1959:27-30

력을 사용하는 것을 원치 않으나, 만일 그들이 자신의 영토를 약탈한다면 필요할 경우 무력을 사용할 것이라고 경고했다. 그는 제국의 영향력을 확대하려는 목표를 버리지 않았지만, 그 목표를 추구하면서 그는 사절을 보내 '담마(Dhamma)에 의한 정복'이 일어나게, 즉 자신의 통치 방식의 영향력을 확산시켜 동맹을 형성하게 만들었다. 이에 대한 가장 유명한 사례가 스리랑카와의 연합이었는데, 거기서 그의 아들이자 비구인 마힌다(Mahinda)는 테라바다 불교 형식의 불교를 전파했다.

아마도 아소카 칙령의 영향을 받고, 그 뒤엔 티베트에 영향을 준 듯한, 대승의 초기 경전 『살차니건자경』은 정의로운 통치자는 협상, 회유, 강력한 동맹을 통해 전쟁의 회피를 도모해야만 한다고 가르친다. 자신의 나라를 지키기 위해 싸워야만 한다면, 적을 무찔러 승리를 쟁취하려고 애써야 하지만 오직 그 목적은 자기 국민을 보호하는 것이어야 하며, 아울러 모든 생명을 보호할 필요가 있음을 명심하면서, 그 자신과 자신의 재산에만 관심을 두어선 안 된다. 이런 방법으로, 그는 살인에 통상적으로 따르는 나쁜 까르마의 결과를 모면할 수 있다(ASP.206-8). 전쟁 중에 그는, 도시나 마을을 불태운다거나, 저수지나 유실수나 작물을 파괴하는 것으로 자신의 분노를 드러내서는 안 된다. 그것들은 그 고장의 신이나 동물을 포함하여, '아무런 잘못도 저지르지 않은 수많은 유정적 존재가 공통으로 사용하는 생명의 원천'이기 때문이다(ASP.197; cf.70).

군인의 본분

'무기 거래'라는 '그릇된 생계'는 무기 거래상에 해당하는 것이지

군인을 지칭하는 것은 아니지만, 그것은 분명히 군인과 관련성이 있다. 힌두교의 『바가바드기타』(Bhagavad Gītā)에서 발견되는 사상, 예를 들어(II.37과 32), 만일 사회에서 주어진 자기 역할이 전사 귀족의 역할이라면, 부름을 받고 전투에 나가는 것은 자신의 종교적 의무이며, 전투에서 죽은 자는 천상으로 직행한다는(Upadhyaya, 1971: 513-37) 등의 사상은 불경에 담겨 있지 않다. 붓다의 입장은 어떤 직업군인이 과연 전투에서 죽은 병사는 천상에서 환생할 수 있는지를 그에게 묻고 있는 한 경전에서 엿볼 수 있다. 붓다는 묵묵부답으로 대응하지만, 그 군인이 계속해서 묻자, 그런 사람은 사실상 지옥에서 환생하거나 동물로 환생한다고 설명한다(S.IV.308-9). 『바가바드기타』는 군인으로서 진정 사심 없는 사람도 여전히 살인을 할 수 있다고 주장하지만(V.10;III.30), 빠알리어 경전은 진정 사심 없는 사람 ―속박에서 벗어난 사람(Arahat)― 은 고의로 뭔가를 살생할 수 없다고 보고 있다(D.III.133).

테라바다 불교의 비구 계율에는, 비구가 군대의 전투를 보러 가거나, 군대 속에 머물거나, 모의전투나 군대의 열병을 구경하는 것이 금지되어 있다(Vin.IV.104-7). 더욱이 경전에서는 비구가 군대와 전투가 포함된 각종 '저속한 문제'를 입에 담아서는 안 된다고 말한다(D. I.7,178). 재가 신도와 비구를 위한 대승의 계율집이면서, 중국에서 영향력을 발휘하게 된 『범망경』(Brahmajala Sūtra)은 보살의 절을 받는 이들은 전쟁에 어떤 식으로든 참여해서는 안 된다고 주장한다. 그것은 누군가를 감금하거나, 어떤 종류가 됐든 무기를 비축하거나, 그 어떤 형태의 무장봉기에 참가하는 것 등을 금지한다. 그들은 전투의 구경꾼이 되어서도 안 되고, 살생을 해서도 안 되며, 다른 사람이 살생하도록 시켜서도 안 되고, 살생의 수단을 손에 쥐어도 안 되고, 살생을 찬양해서도 안 되고, 살생을 돕는 이를 인정

해서도 안 되며, 괴상망측한 주문으로 살생을 도와서도 안 된다.[7]

(이 문제에 관해) 설일체유부의 견해를 제시하고 있는 세친(世親)은 매우 분명한 태도를 보인다. 군대가 살생을 할 때, 그 안에 있는 모든 군인은 직접 살생을 한 사람처럼 죄가 있다는 것이다. 왜냐하면 그들은 공통의 목적을 나눠 가짐으로써 서로가 서로를 격려하기 때문이다. 심지어 어쩔 수 없이 군인이 된 사람마저도, 사전에 '내 목숨을 구하기 위한 경우라 할지라도, 나는 살아 있는 존재를 죽이지 않으리라'고 결의를 다져 놓지 않았다면, 그 또한 죄가 있다 (*AKB*.IV.72c-d). 주목할 점은, 이것이 어떤 개인의 유죄가 공유됨에 의해 경감된다고 말하지 않는다는 점이다: 모두가 똑같이 죄를 나눠 갖는다. 마치 살생을 한 당사자에게 죄가 붙어 다니듯이 말이다. 하지만 불교가 의도와 동기를 강조한다는 점을 감안한다면, 방어적 폭력은 공격적 폭력보다 덜 나쁘다고 말해야 할 것이다.

그런데도, 불교국가인 태국에서는 장교가 매우 존경받는다: 하지만 그것은 그들의 군인다운 용감함 때문이라기보다는 국가를 운영하는 데 일조하는 그들의 역할 때문이다. 2년간의 군대 복무기간은 모든 남성에게 요구된다(Tambiah, 1976: 489). 심지어 이것은 불교 비구인 사람들에게도 적용되는데, 그 이유는, 단기간 동안만 비구로 지내는 경우는 흔할 뿐만 아니라 힘든 일도 아니기 때문이다. 그래서 장기간 비구로 지낼 사람에게만 면제가 허용된다. 전직 비구는 아누사사나참(anusasanachams) 내지는 군종으로 고용되어 병사의 종교적·도덕적 문제를 교육하는 경우가 드물지 않다(Tambiah, 1976: 305).

대부분의 불교도는 '자기 방어를 위한 살인'을 금하는 계율을 파

---

7) Demiéville, 1957:353, De Groot, 1893:46f에서 인용.

기할 준비가 되어 있다. 그리고 많은 사람들이 필요한 시기가 되면 공동체의 수호에 동참해 왔다. 그럼에도 불구하고 어떤 사람은 말한다. 불교도는 전쟁 중에 딜레마에 빠지는 것이 아니냐고 말이다. 아마도 불교도의 대답은 이럴 것이다:

(1) 싸움을 피한다. 혹시 비구가 되더라도. 그리고 가능하다면 평화를 촉구한다.(베트남 전쟁 동안 불교 비구가 했던 것처럼)

(2) 싸운다. 하지만 그 의도는 적을 죽이는 것이 아니라 자신의 국민과 국가와 종교를 구하기 위해서다. 제2차 세계대전 중에 일부 영국의 불교도들은 평화주의자로 남아 있었지만, 다른 사람들은 히틀러의 독일에 맞서 싸우는 것이 자신의 의무라고 느꼈다.

(2)번 경로를 취하는 것이 살인이라는 악을 모면하는 것으로 볼수는 없다. 하지만 공격적인 살인보다는 덜 나쁘다. 불교도 군인은 또한 자신이 저지른 살인의 악을 그것을 상쇄하는 선행으로 희석시키려 노력해야 할 것이다. 자신의 의지에 반하여 징집되었다면, 살해당하는 것보다 살해하는 것을 더욱 두려워해야 한다 ―살인이 나쁜 까르마적 결과를 가져 올 것이기 때문이다. 정부 관리에겐, 그들이 만일 불교도라면, 그러한 딜레마는 더 심할 것이다. 불교의 원리는 폭력을 피하고 설사 폭력을 사용한다고 하더라도 최소화하기를 권장할 것이다(King, 1964: 278). 하지만 그것이 언제나 그렇게 실행되는 것은 아니다. 예를 들어 스리랑카 정부가 타밀 반군에게 행사한 폭력은 때로는 너무 잔혹한 것이었고, 일반적인 폭력과 별반 달라 보이지도 않았다.

폭력에 대한 불교적 정당화와 가담

스리랑카

테라바다 불교에서는 폭력을 정당화하는 그 어떤 공인된 경전도 찾아볼 수 없지만, 일부 후대의 저술은 그 문제와 연관이 있다. 스리랑카에서는 한때 『칼리온』(Calyon)이라고 알려진 수많은 연대기가 불교도 왕의 행적과 기원전 250년에 불교가 그 섬에 출현했을 때부터 그 이후의 운명에 대해 주목하고 있다. 그것들 가운데 가장 중요한 것이 『마하방사』(Mahā-vaṃsa | Geiger, 1980)라는 것인데, 그것은 기원후 5~6세기경에 비구 마하나마(Mahānāma)에 의해 만들어진 것이었다. 그 책의 4분의 1이상이 두타가마니(Duṭṭhagāmaṇi, Sinhala Duṭṭhagāmaṇi: 101~77 BCE) 왕의 치세와 관련된 것이고, 그를 싱할라 부족의 가장 위대한 영웅으로 추앙하고 있다(그의 치세 동안에 싱할라족 거의 대부분이 불교도가 되었고, 그 섬의 대다수 사람들도 불교도가 되었다). 그 책의 25장은 어떻게 그가 엘라라(Eḷāra)를 무찔렀는지를 전하고 있는데, 엘라라는 불교도가 아닌 타밀족의 장수로서, 인도 남부에서 그 섬을 침략해 들어와 북쪽 지방에 정착지를 건립하고 44년간 유지시켰던 사람이다. 엘라라는 무자비한 군주가 아니었으며, 심지어 불교를 어느 정도 보호하겠노라고 제안하기까지 했지만, 『마하방사』는 그가 그 섬에서 불교의 안녕을 계속 위협했던 것으로 묘사하고 있다. 두타가마니는 '통치권을 차지'하려고 싸운 것이 아니라 불교라는 종교의 수호를 위해 싸운 것으로 그려진다. 따라서 그의 조치는, 비록 (지연된 조치로서) 방어적인 것으로 볼 수 있다고 하더라도, 불교 역사에서 거의 '성전(聖戰)'에 가까운 것이다.

그 연대기는 불교 수호를 위해 비구가 두타가마니 군대에 어떻게 동참했는지, 그리고 불교의 유물이 어떻게 해서 창칼 끝에 파괴되었는지를 전하고 있다. 비구는 승복을 벗고 군인이 되도록 부추겨졌으며, 그중 어떤 이는 장군이 되었다. 타밀족을 격퇴한 이후에 그 왕은 그가 야기한 많은 죽음들 앞에서 근심에 빠졌는데 ―마치 아소카가 칼링가를 물리치고 그랬던 것처럼(p.253)― 현명한 비구들(Arahats)이 그를 다음과 같이 안심시켰다고 전해지고 있다(25장.108-11).

> 그런 행적이 극락으로 향하는 당신의 행보에 장애가 되진 않습니다. 오, 왕이시여, 당신은 1.5명밖에 안 되는 사람들을 죽게 만들었습니다. 어떤 사람은 쉴 곳을 찾았고[다시 말해 불교도가 되었고], 다른 사람은 오계 또한 받아들였습니다. 나머지 사람들은 잘못된 생각을 품은 무도한 자들로서 짐승같이 죽었습니다. (혹은: 짐승으로 보였습니다.) 당신은 다방면에 걸쳐 붓다의 가르침을 밝게 비추어 줄 것입니다. 그러니 근심을 멈추어 주십시오. (Gombrich, 1988: 141)

이것은 ―사건이 있은 지 수세기가 지난 후에 쓰인 점을 감안한다면, 인도 남부로부터 새롭게 등장한 위협에 직면해 어떤 의도를 가지고 기술된 것이다― 유덕한 사람을 죽이는 것보다 부덕한 사람을 죽이는 것이 덜 나쁘다는 것으로서, 교의를 성찰해 보더라도 다소 정도를 벗어난 것이다: 원래의 교의는, 동물을 죽이는 것보다 사람을 고의로 죽이는 것이 언제나 더 나쁘다는 것이다. 어쨌든, 그 왕은 남은 기간 동안 공동체에 유익한 선행들로 자신의 지난 행적들을 개선해 보려고 노력했으며, 그리하여 사후 극락 왕생했던 것으로 전해지고 있다.

두타가마니는 사실상 그 섬을 최초로 통일했었다: 하지만 『마하방사』는 그를 상대로 싸웠던 이 타밀족이 전부는 아니며, 남쪽 끝에서 엘라라 왕국에 이르기 전까지 그는 32명의 왕들과 전투를 벌였다고 말하고 있다(Tambiah, 1992: 134). 따라서 그의 행적을 단순히 싱할라족의 국가와 불교를 수호하기 위한 것으로 기술하려는 그 연대기의 시도는 다소 과장된 것이라고 볼 수 있다. 싱할라족과 불교를 나란히 놓고 타밀족과 위협적인 외부 세력을 병치하는 것은 아마도 후대의 작품이었을 것이다. 초기에는 인종과 문화가 혼융되어 있었다. 그것이 약화되기 시작한 것은 단지 5세기에 이르러서의 일이다. 그 당시 인도 남부의 강력한 세 왕국들이 인도 남부의 힌두교 사회에 대한 불교의 영향력을 약화시키는 데 성공했고, 그 섬에 있던 싱할라 왕국의 정치적 안정을 위협하면서 불교가 궁지에 몰렸다는 현실적인 두려움을 조성했다(Manogaran, 1987: 22-3). 인도 남부의 호전적인(Śaiva) 힌두교 국가들이 5세기, 9세기, 11세기, 13세기에 걸쳐 그 섬을 침공했으며 그것은 정말 파괴적이었다.

20세기의 스리랑카에서, 사회·정치적 문제들에 대한 불교 비구의 참여를 옹호하는 영향력 있는 저서는 라훌라(Walpola Rāhula)의 『비구의 유산』(*Bhiksuvage Urumaya* | 1946; Rahula, 1974)이다. 이 저서는 식민지 시대라는 상황 속에서 싱할라-불교도의 '종교적-민족주의'와 '종교적-애국주의'에 대해 이야기했으며(Tambiah, 1992: 27-8), 엘라라 장군과 맞선 두타가마니의 출정을 '불교의 전진'을 가로막고 있던 '외부의 속박으로부터 국가와 종교를 해방시키기' 위한 일종의 '십자군 원정'으로 불렀었다(Rahula, 1974: 20):

이때부터 싱할라족의 애국심과 종교는 불가분하게 연결되었다. 그 당시 비구와 재가자 모두에게 있어서 압도적 다수가 당연한 듯 받아들였던 종교적-애국주의는 종교와 국가의 해방을 위해 사람들을 살해하는 것마저 흉악한 범죄가 아니라고 생각했다. (p.21)

이른바 아라한이라고 추정된 사람들이, 살해된 대부분의 타밀족들은 완전한 인간이 아니었다고 말했다는 『마하방사』의 주장에 대해[8] 라홀라는 다음과 같이 말한다:

그럼에도 불구하고 그것은 붓다의 가르침에 완전히 어긋나는 것이다. 기원전 2세기에 살았던 아라한들이 과연 그런 진술을 했었는가에 대해 오늘날 우리들이 긍정하거나 부정하기는 쉬운 일이 아니다. 하지만 기원후 5세기에 살았던 『마하방사』의 저자 마하나마 상좌가 그것을 『마하방사』에 기록했었다는 점만은 의심의 여지가 없다. (Rahula, 1974: 22)

그는 그러한 기록이, 그 당시 책임감 있는 비구들은 그와 같은 이념을 받아들였으며, '자신들 스스로가 국가에 헌신하는 것을 종교에 헌신하는 것만큼 성스러운 의무로 간주했었다'는 점을 보여주는 것이라고 주장한다(p.22).

곰브리치가 1960년대에 싱할라족 비구를 인터뷰했을 때, 그는 다음과 같은 사실을 발견했다.

(전부는 아니더라도) 그들 대부분은 두타가마니에게 제안된 그런 견해를 모두 인정하기를 꺼려했다. 왜냐하면 그들은 그것이 불교 윤리와 어울리지 않는다고 보았기 때문이다. 하지만 이미 틀

---

8) 이 문제와 관해선 Obeyesekere, 1988을 또한 볼 것.

에 박혀 버린 생각들이 너무 강해서 쉽사리 폐기하지는 못했는데, 왜냐하면 그러한 생각들 가운데 일부는 엄연히 역사적 사실이었기 때문이다.(Gombrich, 1988: 142)

비구들에게 두타가마니가 치른 전쟁의 윤리성에 대해 물었을 때, 그 대답들은 약간씩 달랐지만 전형적인 대답은, 두타가마니가

타밀족을 살해한 것은 죄악[pava]이지만, 그렇게 큰 것은 아니다. 왜냐하면 그의 주된 목적(paramārtha)이 사람을 죽이는 것이 아니라 불교를 살리는 것이었기 때문이다; 즉 그는 완전한 의도를 가지고 살인하지는 않았다. 하지만 그가 자기 죗값을 치르지 않을 것이라고 말하는 것은 … 잘못된 것이다.[9]

단 한 명의 비구만이, 그 왕이 '자신의 궁극적인 목적은 자신의 행위를 옳게 만들어 준다고 생각한 점'에서 잘못을 범했다고 말했다. 그것은 누가 봐도 잘못이었다. 그가 '죄'를 범하지는 않았다고 말한 비구는 단 둘이었다. 그중 하나는 친절하지만 아주 단순한 비구였는데 그는, 그 왕이 타밀족이 잘못된 견해를 품었기에 그들을 살해한 것은 '죄'가 되지 않는데 왜냐하면 종교를 살리기 위한 살인은 그르지 않기 때문이라고 말했다. 다른 비구는 두타가마니가 그런 것처럼, 불교를 수호하기 위한 것이었다면 살인은 '죄'가 되지 않는다고 주장했다(Gombich, 1971a: 258).
스리랑카는 1983년부터 —인종 간 유혈 폭동이 일어날 때면—

---

9) Gombrich, 1971a:257. 나는 '죄'라는 말보다는 '악'이라는 말로 번역하기를 더 좋아한다. 왜냐하면 '죄'라는 것은 창조주인 신을 거역하는 행위라는 뜻을 함축하기 때문이다. 오늘날 스리랑카의 인종갈등 상황에 두타가마니의 전설을 사용하는 것에 대한 더 많은 정보는 Bartholomeusz, 1999를 참조할 것.

종종 뉴스에 등장하고 있는데, 그것은 그 섬의 북동부 지역에 자리한 타밀주의 독립을 놓고 전투를 벌이는 정부와 무자비한 게릴라들 사이에서 벌어지는 갈등이 빚어낸 화염 때문이다(de Silva et al., 1988). 그 갈등은 인구의 74%에 육박하는 다수 싱할라족 사람들과 18%를 차지하는 소수 타밀족 사이에서 벌어진다. 그 주요 쟁점들은 언어 사용의 문제, 농민 재이주 지역의 문제, 지방 자치권의 문제 등이다. 싱할라어는 국어의 지위를 차지하기에 이르렀고, 타밀어를 사용하는 이들은 이것이 자신들에게 교육이나 공무원 채용 등과 관련하여 불이익을 줄 것이라고 느껴 왔다. 농민 재이주 계획은 싱할라족 사람들을 불모지로 이주시키는 것과 관련되는데, 그 지역은 아주 오래전에는 싱할라족 사람들이 거주했었지만, 지금은 인구가 타밀족 사람들과 균형을 이룰 정도로 역전된 지역들이다. 타밀 지역에 대한 지방 자치권은, 비록 극단주의자들이 완전한 분리 국가를 추구해 오고는 있으나, 경제적 박탈을 극복하기 위해 추진되어 왔다. 이런 쟁점들 사이에서 벌어지는 긴장은, 스리랑카의 빈약한 경제적 성과와 인구 증가의 부담에 의해 —그럼에도 불구하고 이 나라는 보건과 교육에 대해서는 좋은 기록을 보유하고 있다— 날이 갈수록 악화되고 있는 실정이다.

그러한 갈등은 종교적 차원까지 지닌다. 싱할라족들은 주로 불교도이며, 불교는 그들의 정체성을 확인해 주는 주요 요소이기도 하다. 왜냐하면 그 섬의 장구한 불교의 역사와 싱할라족들이 테라바다 불교의 보존과 전파에 상당한 정성을 기울여 왔다는 사실 때문이다. 타밀족은 주로 힌두교지만, 그들에게 종교는 문화적 정체성으로 강조되는 요소는 아니다. 싱할라 불교도들은 자신들을 옛 전통을 지키면서 절멸의 위기에 처한 소수자들로 간주한다. 비록 그들은 자기들 나라에서는 다수지만, 인도 남부의 타밀족에게 당한 무수한 침략의 역사가 그들을 불안하게 느끼도록 만든다. 어떤 저명한 비구는 1987년 유에르겐스마이어(Juergensmeyer)와의 인터뷰에서 다음과 같은 말을 사용한다. 지정학적으로 '작고… 나약한 싱할라 불교 사회는… 거대한 바다에 둘러싸여 있는 한 방울의 눈물 방울이자 모래알이다.'(Juergensmeyer, 1990: 58) 적어도 영국 기독교도들에겐, 이런 마음자세가 다음과 같은 각본을 연상하게 만들 수 있다. 만일 아일랜드 크기의 영국(스리랑카에 비유)과 스칸디나비아 반도(남동 아시아에 비유)가 기독교(불교에 비유)의 섬으로 남아 있으면서, 한때 기독교의 보루였다가 대부분의 사람들이 이슬람으로 전향한 유럽(인도의 힌두교에 비유)과 대치하고 있다면, 영국 남동부에 이슬람교도들이 거주지를 가지고 있다는 현실이 어떤 걱정거리를 만들어 낼 것임은 분명한 사실이다. 더군다나 이슬람 유럽으로부터 침략당한 역사까지 있다면 말이다! 더욱이 개신교 형태의 기독교(테라바다 불교에 비유)가 이제는 영국과 스칸디나비아에만 존재한다면, 이는 그러한 우려를 더욱 심화시킬 것이다. 물론 이스라엘의 유대교가 처한 상황과 유사한 점도 있다. 거기서도 역시 종교를 위한 보호구역이 필요하다고 인정되고 있으니 말이다.

1848년 영국으로부터 독립한 이후에, 싱할라 불교도들은 당연히 식민지 시대를 끝내고 자신들의 문화를 부활시키고 강화시키기 위해 노력했으며, 아울러 그들은 타밀족이 상대적으로 특권적인 소수로 남아 있는 식민지적 잔재를 청산하려고 노력해 왔다. 하지만 그들의 민족주의를, 과거 싱할라 불교 문명에 대한 자각에 기초한 불교적 정체성을 중심으로 확립하려 했던 것의 부작용이 주로 비불교도인 타밀족들을 그러한 이상에서 배제시키는 것으로 여겨져 버렸다. 각계각층의 사람들에게 '불교'가 싱할라족 사람들 및 섬의 모든 영토와 빠르게 동일시됨으로써, 불교적 가치들은 왜곡되었다.[10] 『마하방사』는 불교가 스리랑카에서 번성하리라는 붓다의 예언을 담고 있지만, 이러한 예언은 전적으로 그리고 오로지 불교도만이 부흥하기를 바라는 일부 사람들에 의해 잘못 받아들여졌다. 이런 사고방식은 불교도로 하여금 자신들의 다수자로서의 지위를 활용하고 타밀족을 소외시키도록 만들었으며, 타밀족은 아직도 특권적인 소수민족으로 간주되고 있다. 싱할라당의 정치인들은 '대중들의 인기에 영합'해 왔으며, 종교에 기대어 정치자금을 마련하면서, 지역주의 정치를 양산하고 있다(Bond, 1988: 121-2). 싱할라당은 집권당이 타밀족의 고충을 논의해 보려는 쪽으로 움직일 때면, 빈번히 반대의 입장을 취해 왔다. 하지만 이에 반대하는 불교도들도 있다: '실론 전(全)불교도회의'와 '청년불교도연합'은 정부에 정당제도를 폐지하라는 결의문을 전달했다(Bond, 1988: 118). 정치 노선에 따라 분열된 승가 역시 보탬이 되지 않았다. 하지만 그런 분열에 반대하는 견해가 점증하고 있다.

양측에 있는 극단주의자들만 없었더라면 ―'타밀족에 대한 양보'에 드러내 놓고 반대하는 일부 불교 비구들을 포함하여― 온건파들은 양측의 관심에 귀를 기울이고 과거의 잘못에 대해 서로 용서하도록 격려함으로써 인종 문제를 해결할 수도 있었을 것이다. 불교를 수호하려는 충정 속에서, 싱할라 불교도들은 자신들이 '수호'하고자 하는 것의 '내용'에 좀 더 많은 관심을 기울일 필요가 있으며, 그것을 담아낼 강력한 정치적 '그릇'의 필요성에는 다소 관심을 덜 가질 필요가 있다. 비폭력과 관용이라는 불교의 가치가 재차 강조될 필요가 있으며, 마찬가지로 필요한 것이 불교적 민족주의에 대한 좀 더 다원주의적인 모델이다(Tambiah, 1992: 125). 탐비아의 지

---

10) 인도에서 힌두교 근본주의의 일종인 'Hindutva'의 대두를 참조할 것.

적에 따르면, 이 나라의 과도한 중앙집권화는 영국 식민통치의 유산으로 식민지 이전 시대에는 그런 자취를 찾아볼 수가 없다(pp.179-80). 영국 통치 이전의 왕국들은 '별자리 모형'에 토대를 두었는데, 그것은 하나의 구심점을 중심으로 주변 왕국이나 이주 집단과 역동적으로 상호작용하는 것으로서, 고정되거나 배타적인 민족-국가가 아니었다(pp.174-5). 탐비아는 고대 싱할라족의 역사에 대한 이상화가, '선명하게 불교적 특징을 지닌 다문화적이고도 다원주의적인 문명을 누렸던' 비교적 최근의 중세 및 식민-이전 시기에 대한 관심을 소홀하게 만들었다고 주장한다(p.149).

1990년대 막바지에 이르러 쿠마라퉁가(Kumaratunga) 여사 정부는 온건파 타밀족들과 대화를 이어 가면서 동시에 '타밀엘람해방호랑이(LTTE)' 반군을 소탕하려고 노력했다. 1997년 11월에 그녀는 또한, 지방들이 경찰과 부동산 그리고 세입 등의 실질적 권한을 보유한 연방제 구조로 국가를 재편하려는 개혁안을 제출한 바 있다. 싱할라 민족주의자들과 일부 저명한 비구들이 이에 반대하고 있지만, 국민들이 이를 국민투표로 찬성하게 되기를 염원해 봐야 할 것이다. 왜냐하면 수년에 걸쳐 울려 퍼진 조종(弔鐘)은 최소 5만 번에 이르고, 군사비용은 정부 지출의 4분의 1에 육박하고 있으며, 경제가 위축되어가고 있기 때문이다.

동남아시아

태국 사람들은, 1970년대 동안에, 공산주의자의 봉기로 인해 매우 큰 위협을 느꼈으며, 베트남(1975)·라오스·캄보디아가 공산주의 세력에 의해 몰락한 이후 침공의 공포로부터 두려움을 느꼈다.

많은 사람들은 이것을 국가와 불교 그리고 군주제에 대한 심각한 위협으로 간주했다: 그것은 태국 사회를 지탱하는 세 개의 지주들이다. 그리하여 베트남 전쟁이 치러지는 동안에, 태국에는 공산군 지역을 폭격하고 베트남과 캄보디아 지역으로의 병참선 역할을 하던 미국 공군기지들이 들어섰다. 이런 맥락에서, 유명하지만 호전적인 반공주의 비구 키티부도(Kittivuḍḍho)는(Suksamran, 1982: 132-57) 어떤 잡지와의 1976년 6월 29일자 인터뷰에서, 공산주의자나 좌익을 죽이는 것은 '비난받을 만한' 일이 아니라고 말했다.

> 그러한 살인은 인간(khon)을 죽이는 것이 아니다. 국가와 종교 그리고 군주제를 파괴하는 사람은 누구나 완전한 인간이 아니라 마라(mara; 악)이기 때문이다. 우리의 의도는 분명히 사람을 죽이는 것이 아니라 악마를 죽이는 것이다. 이는 모든 태국인들의 사명이다. (Suksamran, 1982: 150 인용; Sivaraksa, 1986:98 참조)

여기서 우리는, '실제로는 인간이 아닌 인간들'이라는 『마하방사』의 불길한 개념이 메아리치고 있는 것을 듣는다. 그는 계속해서, 비록 자신은 살인이 불교의 가르침에 어긋난다는 점을 인정하지만, 그와 같은 살인은 '과실'은 미미하되 이를 그것을 상쇄하는 '공덕'은 상당히 많이 짓는 것이라고 말하는데, 그는 그것을 비구에게 공양물로 바치기 위해 생선을 잡아 요리하는 것에 비유한다. 그의 인터뷰는 태국 언론의 격분을 불러 일으켰는데, 거기서 그는 어리석게도 살육행위를 부추긴다고 비난을 받았다(Suksamran, 1982: 150-1). '최고 원로원'은 당연히 살인을 '정당화'하려는 그의 시도를 규탄했지만, 승가의 권위자들한테 계율을 위반했다는 명목으로 그에 대한 징계를 요청한 것은 부정적인 결과를 낳았다(Keyes, 1978: 158-9).

사실은, 한 가지 작은 예외만 제외하면, 비구가 어떤 견해를 표명하는 것을 금지하는 율장 규정은 없다.

키티부도는 비구들을 향한 연설 속에서 자신을 변호했는데, 거기서 그는, 자신이 인터뷰에서 했던 말의 진의는 사악한 이데올로기로서의 공산주의를 죽이는 것은 '비난받을 만한 것'이 아니라는 점이었다고 말했다(Suksamran, 1982: 153). 하지만 그는 군 장교들을 향한 연설에서, 공산주의를 죽이는 것은 비구들이 할 일이지만 공산주의자들을 죽이는 것은 장교들의 할 일이라는 점을 분명히 했다. 그에 앞선 연설에서, 키티부도는 '국가와 종교 그리고 군주제'에 대한 심각한 위협에 직면하면, 자신은 승복을 벗고 (공산주의) 적들을 살해하겠노라고 분명하게 말했다(p.154). 병사들을 향한 연설 속에서 그는, '4200만 태국인들의 행복을 보장하기 위해 5000명의 사람들을 죽이는 것'은 정당하며, 따라서 그런 행위를 행하는 것은 칭찬받을 만한 일이지 지옥에 떨어지는 일일 수는 없다고 말했다(p.155).

우리의 국가와 종교와 군주제를 보존하고 싶다면, 때론 이런 제도들의 생존을 위해 실라(도덕성의 규칙)를 희생시키지 않으면 안 된다.

그는 이것을, 더 큰 선을 위해 더 작은 선을 희생시키는 것으로 보았다(p.155) 불교의 봉축일에 행한 연설에서, 그는 다음과 같은 말을 이어 갔다. 비구들에 대한 공산주의의 폭력 때문에라도,

태국에서 과거를 청산하고 모든 공산주의자들을 살해할 것을 결의하자 … 공덕을 쌓고 싶은 이들은 공산주의자들을 죽여야만 한다. 그들을 죽이는 자는 위대한 공덕을 성취할 것이다 …

태국인이 그들을 죽이지 않는다면, 그 공산주의자들이 우리를 죽일 것이다. (Suksamran, 1982: 155에서 인용)

태국에서는 그에게 동조하는 사람들도 생겨났는데, 바로 그들이 1976년 10월에 3년 동안이나 민주주의를 중단시킨 군사 쿠데타를 이끌었다. 그리고 경찰과 우익 일당은 대학을 장악하고 있던 소위 '학생-좌익분자와 공산주의자'에 대한 유혈 진압을 개시했다. 이는 태국 정치에서 불행한 시대였다.

미얀마에서는 천년왕국의 관념이 대중적인 차원에서 공유되어 왔다. 그것은 미래의 이상향에 대한 기대인데, 그러한 이상향은 전륜성왕이나, 보살, *Setkya-Min Buddha-Yaza*, 즉 '무기의 제왕이자 붓다-군주', 혹은 혼돈을 극복하고 세상에 담마의 규율을 확립할 불가사의한 힘의 미래 왕들과 동일시되는 다양한 지도자들에 의해 달성될 것이라고 고대해 마지않았다(Sarkisyanz, 1978: 90; Spiro, 1971: 172). 대중들의 불만이 무르익으면, 영적인 힘을 지닌 자가 누군지 확인될 것이고, 1839년, 1855년, 1858년 그리고 1860년에 그랬던 것처럼, 왕이나 영국 점령자에 대항하는 농민 봉기를 초래할 것이다. 그런 관념들은 또한 1886~9년에 영국을 상대로 한 게릴라 저항과 1922년의 농민 봉기, 그리고 1930~1년에 일어난 농민전쟁과도 연계되었다(Sarkisyanz, 1978: 90). 따라서 대중들은 반란을 지지하는 데 불교의 이상을 사용해 왔던 셈이다. 하지만 필딩 홀 (Fielding Hall)은 자신이 미얀마에 머무르는 동안 반란들이 일어나긴 했지만, 비구들이 그들과 뭔가를 함께하는 것을 본적이 한 번도 없었다고 주장한다(1902: 56-7).

미얀마, 태국, 캄보디아, 라오스에서는 여러 왕국들이 흥망을 거듭하고 이들 사이에 갈등이 끊이질 않았다(Ling, 1979: 135-47). 전쟁이 벌어지는 동안 불교의 사원들은 파괴되었고, 유명한 불상들이나 유적들은 전리품으로 노획되곤 했다(Tambiah, 1976: 121). 이는 불상이나 유적들이, 그것들을 지닌 사람에게 이로움을 가져다주는 상서롭고 신비한 힘의 원천으로 간주되었기 때문이다. 버마에서는 11세기에 아나우라타(Anawratā) 왕이 테라바다 불교의 경전 필사본을 쟁취하기 위해서 버마 남부의 타톤(Thaton) 왕국을 침공하는 일이 벌어졌는데, 타톤 왕은 아나우라타 왕국이 테라바다 불교로 전향했을 때 그 필사본을 주기를 거절했었다. 또한 1767년에는 버마의 군사가 아유타야(Ayutthaya)를 유린하고 샴(오늘날 태국)의 수도로 쳐들어가 대부분의 불교 사원들을 파괴했다. 이런 참상을 읽고 있자면, 살생을 금하는 불교의 최고 계율이 무시되어 버리면, 불교의 병사들도 전시엔 때로는 모든 금기사항들을 잃어버리고 매우 폭력적이 될 수도 있다는 것이 과연 사실인지 의아해질 것이다. 하지만 이것을 비불교도와의 유사점으로 보는 것은, 예컨대 유럽의 기독교인이 16세기에 이르기까지 혹은 그 이후로도 전쟁 중에 보인 엄청난 폭력들을 간과하는 것이기에, 공정하지 못하다.

성내지 않음과 조화에 대한 불교의 강조는, 태국과 미얀마 사회에서, 분노나 증오, 적개심을 면전에 대놓고 드러내는 것을 경우 없는 짓으로 치부하고 어떤 식으로든 피하려고 하는 데서 잘 나타난다. 그런 사람들은 자제력과 평정심의 부족을 보여주는 것으로 여겨진다. 그러므로:

샴인들[태국인들]은 조그만 증오심도 마음속에 품을 수 없는 사람들이다. 그리고 내가 방콕에 머무르는 동안 나는 두 명의 샴인들이 주먹을 날리거나 심지어 말다툼을 벌이는 경우를 단 한

번도 본 기억이 없다.[11]

적개심은 농담이나 갈등이 일어날 만한 자리를 벗어남으로써 모면되거나, 혹은 우스갯소리나 '혀를 날름 내밀기' 같은 간접적인 방식으로, 또는 간접적인 모욕이나 간혹 적개심을 표현하는 교묘한 수단들로 표현되고 있었다(Ling, 1979: 141-3). 서양의 구경꾼들은 간혹 여기에 토를 달기를, 태국 사람들은 정말 어쩔 수 없어 화를 낼 때면, 전혀 예기치 못한 방식으로 갑작스럽게 폭력을 행사한다고 말한다. 그러한 분노의 '갑작스러움'은 억제된 적개심을 표출한 탓으로 치부되곤 한다. 하지만 이런 견해는, 화가 일어날 때 태국인들이 보여주는 미세한 징후를, 모든 태국인들은 읽어 낼 수 있겠지만, 서양인들은 이것을 읽지 못한 데에 근거할 것이다: 따라서 분노를 진짜로 느닷없이 '폭발'시키는 경우는 전혀 없다. 미얀마인들과 태국인들은 영국인들보다 더 참지 않는다. 비록 스리랑카에서는 참는 것이 좀 더 일상적이긴 하지만 말이다. 스리랑카에서 마틴 사우스월드(Martin Southwold)는 그것이 그 섬의 높은 살인율과 연관이 있는 것으로 보고 있다(1983: 73-4). 그는 어업 공동체에서 살인율이 높은 경향이 있음에 주목하고, 과연 이것이 어부들이 물고기를 살생함으로써 살인을 금지하는 첫째 계율을 정기적으로 어기는 데 익숙해진 나머지 자신들을 이미 악행을 저지르는 자들로 느끼게 되었기 때문에, 첫 번째 계율을 어기는 데 있어서 덜 꺼림칙하게 생각하기 때문이 아닐까라고 의구심을 품는다.

---

11) F.A.Neale, *Residence in Siam*(London, 1852), p.148, Bunnag, 1973:1에서 인용.

중국

이미 주지하다시피 대승 경전들은, ―어쩔 수 없는 상황들에서 살인이 연민으로부터 동기화되고 '선교방편들'로 수행된다면,― 살인을 허용하는 구절들을 포함하고 있다. 폭력에 대한 그와 같은 정당화가, 과연 동아시아 불교도의 관행 속에 어느 정도나 반영되어 있을까? 중국에서는 비구의 계율을 적은 목록 가운데, 의도적으로 사람을 해친 비구는 승가에서 영구적으로 제명된다는 계율을 세 번째가 아니라 첫 번째 계율로 올려놓고 그 중요성을 강조하고 있다(Demiéville, 1957: 348). 시간이 흐르면서, 불교도는 자주 '군 복무를 회피하는 자'로 주목받게 되었고, 불교도가 아닌 사람들은 불교의 비구가 징집에서 면제되는 사실에 불만을 토로했다(Demiéville, 1957: 355-6).

그럼에도 불구하고 중국 북부에 살고 있는 비중국인들이 불교를 채택한 주요 이유는 전시에 신비스러운 도움을 얻고자 하기 위해서였다(Demiéville, 1957: 355): 하지만 자신들의 이해관계와 맞물려 있던, 비구들은 그들을 보다 평화로운 방식으로 이끄는 데 일조했다. 수세기에 걸쳐, 중국과 일본의 군대는 불교의 상징과, 깃발, 무드라(mudras)와 만다라를 자신들의 군사행동에 힘을 싣고 적군에게 공포감을 심어주기 위해 사용했었다. 고전적 불교의 '네 명의 위대한 수호왕들' 가운데 하나인 바이슈라바나(毗沙聞天; Vaiśravaṇa)는 중국 당대(唐代)에, 전투에서의 승리를 보장하고 담마를 수호하기 위한 탄트라 의식의 중심이 되었으며, 일본에서는 병사의 수호신이었다. 아울러 중국과 일본의 불교도는 자신들의 만신전(萬神殿)에 불교와 상관없는 전쟁-신들을 포함시켰는데, 예를 들어 신도의 하치마나(八幡神; Hachimana) 신은 보살과 동일시되었다(Demiéville, 1957: 376). 간혹 중국 왕들은 폭력에 '불교적' 정당화를 부여했다.

581년에 문제가 수(隋) 왕조를 확립한 다음, 그는 스스로를 전륜성왕으로 선포하면서, '우리는 전쟁의 무기를 향과 꽃 같은 제물로 간주한다'고 말했다. 그는 보살의 서원을 하고, 자신의 전투가 불교를 융성하게 만들 것이라고 주장했으며, 불교의 아낌없는 후원자가 되었다(Welch, 1972: 297).

중국에서는 비구가 간헐적이긴 하지만 폭력에 연루되곤 했다:

> 일본에서 그랬던 것처럼, 중국에서는 역사에서 빼놓을 수 없는 기정사실까지는 아니었지만, 불교도가 선동 내지는 고무시킨 모반과 반란, 조직적인 농민 봉기들은 여러 시대에 걸쳐 빠짐없이 일어났다. 그런 시대는 일본의 경우와 마찬가지로, 중앙집권적 국가의 쇠퇴와 일치하는 것으로 보인다. 중앙 권력이 그 통제력을 잃기 시작하고, 종교가 사회를 따라 봉건화되었을 때, 사람들은 비구들을 무장 대열을 조직하기 위해 태어난 사람으로 간주하고 그들을 농민 대열의 우두머리로 앉힌다. 그리고 종종 반란을 꾀하는 귀족이나 자치를 원하는 지방 관리들과의 연대를 촉발시키기도 했다. (Demiéville, 1957: 357)

일본

일본에서 불교도는 중국에서보다 더 국가의 운명에 노골적으로 개입했다; 실제로 불교와 국가의 연대는 538년 불교가 이 나라에 들어왔을 때부터 그러했다. 10세기 헤이안 시대(794~1184) 동안에, 사회 질서가 무너지기 시작했고 강력한 중앙 정부는 도쿠가와 시대(1603~1867)가 열리기 전까지 확립되지 못했다. 그 사이에, 봉건사회는 파벌과 지역의 영주들에 대한 충성(경쟁)이 만연된 사회로 변모해 갔다. 하지만 국가의 통일을 성취하려는 기획이 그러한 파벌들로 하여금 패권을 장악하도록 부추겼다(King, 1993: 39). 이때는 또한 소헤이(sōhei) 혹은 승병들이 국가와 명운을 같이하는 사람들의 일부로 인정되던 시대이기도 했다(Renondeau, 1957; Demiéville, 1957: 369). 이렇게 된 이유 가운데 하나는, 사회가 불안하고 정치권력이 정권장악을 위해 떨쳐 일어나던 시대에, 사실상 사찰은 권력의 핵심이었고 토지를 기부받았기 때문이다. 또 다른 요인은, 일본의 불교도가 이런저런 종파나 지파와 자신을 강력하게 동일시하게 되었고, 그런 종파들은 거의 (예외 없이) 파벌들로 변해 갔으며, 그 결과 다른 불교 국가보다 분파주의적 차이들이 훨씬 강하게 팽배하게 되었다는 사실이다(Demiéville, 1957: 369-70).

헤이안 시대에, 욕심 많고 억압적인 귀족은 대중들에게 세금과 부역을 과도하게 요구했는데, 그것이 세금과 부역에서 면제되던 불교 사찰들에서 피난처를 찾게 만들었다. 사찰에 기거하던 많은 사람들은 이름만 '비구'일 뿐, 사찰에 기부된 땅을 개간하는 데 동원되었다. 또한 그들은 이러한 땅들을 국가나 귀족에 맞서 무력으로 지켜 내는 데도 활용되었는데 나중에 무장 비구들은, 귀족 출신이거나 왕실과 연계되어 있기 일쑤였던 자신들의 주지승에 맞서 반란을 일으켰다.[12] 1100년에 이르러, 광범위하고도 확고하게 뿌리내린 천태종에 기반을 둔 대형 사찰들은 모두 자신들의 이익을 수호하기

---

12) gakuryo學侶 내지는 gakushō學匠로 알려진 사찰의 엘리트들은 사실상 비구들이었고, 학업에 전념했다. 일반적으로 사찰의 병력들은 shuto衆徒로 알려진 다른 비구들에게서 채용되었는데, 그 가운데는 kokumin國民으로 알려진 속인 피고용자들도 물론 있었다. 14세기부터 shuto衆徒의 숫자가 gakuryo學侶를 능가했으며 나중엔 kokumin國民이 shuto衆徒의 숫자를 능가하게 되었다(Demiéville, 1957: 371-2).

위해 군대를 보유했다(King, 1993: 41). 천태종의 핵심적인 경전은『대반열반경』(Mahā-parinirvāṇa Sūtra)이었는데, 그것은 '다르마(Dharma)의 수호를 위한' 폭력을 허용하는 대목들을 몇 가지씩 포함하고 있다. 사태가 이렇게 전개되는 것과 더불어, 지방의 군사 귀족은 왕실에 반란을 일으키기 시작했다(Demiéville, 1957: 370). 그리하여 봉건적 갈등과 파벌 대립이 일어났는데, 그 속에서 파벌들과 황실, 파벌들과 봉건 영주들, 그리고 파벌과 파벌 사이에 싸움이 벌어졌다. (Demiéville, 1957: 371).

험악했던 가마쿠라 시대(1192~1333) 동안에, 중앙집권적 국가 권력은 거의 완전히 사라지고 말았다. 통치는 쇼군(Shōgun)과 무사계급에 의해 이루어졌다. 하지만 무사계급은 사람들 사이에 불교가 파급되는 것을 도왔으며 그 뿌리를 깊이 내리게 하는 데 기여했다. 선(禪)이 지니는 명상적이고도 윤리적인 자기수행과 죽음 앞에서의 초연함은, 무사들로 하여금 1274년과 1281년 두 차례에 걸쳐 시도된 몽고의 침략에 맞서는 데 도움이 되었다(Suzuki, 1959: 64-79). 일본 임제선(臨濟禪 Rinzai Zen)의 창시자 에이사이(1141~1215)는 수도 가마쿠라에 있는 쇼군의 보호를 얻어 냈고, 임제선의 비구들과 무사 간의 제휴가 오랫동안 확고하게 지속되는 데 기여했다. 임제선의 비구들은 일부 무사들에게 냉정을 잃지 않고, 죽음을 두려워하지 않는 자기 수련된 전사가 되는 방법을 가르치기 시작했다. 이는 특정 집단 사람의 삶의 방식에 불교를 적용하는 형태로서, 일종의 '선교방편'의 사례로 볼 수 있다. 또한 그 무사들은 선의 규율과 소박함 그리고 솔직담백함 등을 수용했다.

새로운 종파로서 일찍이 천태종을 창립한 사람이자, 호전적이고 국수주의적인 개혁자이기도 한 니치렌(1222~82)은 불행하게도, 정부로 하여금 불교의 다른 종파들을 억압하도록 요청했는데, 그런 종파들이 일본이라는 국가를 좀먹고 있다고 보면서, 이러한 입장을 뒷받침하기 위해 『대반열반경』에 있는 여러 구절들을 인용했다. 천태종은 정토종, 특히 정토종의 지파인 정토진종(淨土眞宗)과 갈등을 빚게 된다.

아시카가(足利) 시대(1333~1573)는 거의 혼란으로 점철된 시대 가운데 하나였는데, 두 명의 천황이 동시에 다스리다가 뒤이어 적대적으로 전쟁을 일삼던 쇼군들에 의해 다스려졌다. 정토진종은 비구와 일반 신도로 무장을 하고서 아미타불의 가호 속에 성실한 '참된 신앙'을 수호하는, 요새화된 사찰을 중시하게 되었다. 그들은 자신들이 죽음을 당하더라도 아미타정토에서 환생할 것이라고 믿었으므로, 전투에서 신들린 듯이 싸울 수 있었다. 16세기에 정토진종은 농민봉기를 조직하고 이끌었으며, 일본의 한 지방을 통치하기에 이르렀다(Demiéville, 1957: 373). 이 세기는 또한, 니치렌 불교도가 정토진종과 천태종의 본부를 기습하는 광경도 목격하게 된다.

천태종은 밀교적인 진언종이 그랬던 것처럼, 계속해서 병력을 유지했다. 1409년에 천태종의 비구들은 다음과 같은 내용의 책을 발간하면서 료겐(Ryōgen: 912~85)의 생각이라고 주장했다:

교양 있는 문화가 없이는, 상급자에게 애정을 표현하는 그 어떤 예(禮)도 있을 수 없다; 무력이 없이는, 하급자를 감명시키는 그 어떤 덕도 있을 수 없다. 따라서 교양 있는 문화와 무력이 상호 보완적으로 될 때에만, 세상의 질서는 바로잡히게 된다. (Demiéville, 1957: 377)

그들은 계속해서, 자신들의 시대에 진정한 다르마가 타락했기에 사람들은 종교를 숭상하지 않는 것이라고 말했다. 따라서 덜 유능한 비구들로 구성된 슈토(shuto)들에게는, 사찰의 영지 내에서 벌어지는 무질서를 예방하고 '이단적인' 종파가 침투하지 못하게 막음으로써 학문과 명상을 위한 편리를 유지하는 것이 필수적이었다(Demiéville, 1957: 377). 대략 그 무렵부터 료겐의 일대기는 그가 천태종의 비구에게 대승의 참뜻을 '이단들'로부터 수호하기 위해 무기를 들 것을 권유하는 것으로 비춰지게 되었다(Demiéville, 1957: 377-8).

하지만 아시카가 시대 동안에 선종의 사찰은 평화와 문화, 교육과 예술의 천국이었으며 임제선은 특별한 영향력을 발휘했었다. 선종의 비구는, 비록 그들이 무사의 훈련을 돕고 필요할 때 무사의 보호를 받기는 했지만, 군사적 대립에는 참여하지 않았다(Faure, 1991: 231; King, 1993: 29-32). '무심(無心)', 즉 차별적 생각에서 벗어난 즉각적인 반응이라는 선의 이상은 검도와 궁도 같은 선의 손길이 닿은 무예들에 영향을 주었다. 죽음과 삶마저도 공허하고 본질없는 현상이라는 그러한 생각은(p.144 참조) 또한, 전투에서 망설임을 없애고, 죽음에 대한 두려움을 제거하는 데 도움이 되었다. 스즈키(Suzuki)는 무심에 관한 중세 일본의 시 한 수를 인용하는데, 다음과 같은 구절이 담겨 있다.

> 하지만, 때리기 위해 때리는 것이 아니요, 죽이기 위해 죽이는
> 것이 아닐 것이니.
> 때리는 자와 맞는 자 ―
> 그들 모두는 아무런 실재도 없는 한갓 꿈에 불과한 것을. (1959: 123)

7세기 중국의 선 경전, 즉 『최상승론(最上乘論)』은 실제로, 살해당한 사람이 공하다거나 덧없는 것으로 인정되지 않는다면 그런 살생 속에는 악만이 존재한다고 설명한다. 우리가 어떤 '사람'이나 '살

아 있는 존재'를 공성에서 나온 것으로 보는 한, 우리는 개미 한 마리도 죽여서는 안 될 것이다. 하지만 이런 인식을 넘어선 자는 죽일 수 있다: 마치 태풍이나 절벽의 붕괴처럼 자연적 사건이 죽음을 초래하는 것과 비슷한 방식으로(Demiéville, 1957: 382) 말이다. 그러나 진정으로 공(空)을 아는 자는 죽일 수 있다는 주장은 받아들이기 어려워 보인다: 그런 사람들은 자신들과 자기 '편'들도 마찬가지로 공함을 또한 알아야만 한다!

무사들은 말년에 은퇴하여 사원에 머무르면서 좀 더 성찰적인 삶을 이어 가곤 했는데, 좀 더 적극적인 전사들은 그들의 피로 얼룩진 경력을, 전생의 업으로 인해 무사 가문에서 태어났기 때문에 어쩔 수 없이 수반하게 된 것으로 치부하곤 했다. 이처럼 왜곡된 '숙명적 업보론'은, 일본에서 자신의 가문과 전통에 대한 충성을 극단적으로 강조하는 가운데 강화되었다(King, 1993: 33).

결국 두 명의 막강한 쇼군이 무장한 사찰들을 소멸시켰는데, 그 과정에서 히에이산(比叡山)에 위치한 천태종 본사들이 파괴되었으며, 비단 승병뿐만 아니라 사찰에 기거하던 무고한 사람들도 수천 명이나 목숨을 빼앗겼다(King, 1993: 53-4). 이러한 '평정'이 도쿠가와 시대(1603~1867)의 안착에 기여했는데, 그때 국가는 군사 독재하에 통합되었다. 이 시기에 일본은 외부 세계로부터 들어오는 몇몇 무역상만을 제외하고 모든 문호를 폐쇄해버렸다. 기독교는 이미 16세기에 포르투갈인이 일본에 가지고 들어왔었다. 어떤 통치자들은 기독교가 불교 사찰의 힘을 빼줄 것으로 선호하면서 강압적으로 유포시키기도 했다. 이제 기독교는 외국 세력의 배관 구실을 할 수도 있는 것으로 여겨져 무자비한 박해를 당하게 되고, 소수의 비밀스러운 종교로서 사투를 벌이게 된다. 1614년에 불교는 국교로 인정됐고 국가라는 몸체의 일부가 되었다.

수세기에 걸쳐 귀족적 전사 계급은 무사보다는 사무라이 —원래는 하층 직업 군인을 일컫는 용어— 로 알려지게 되었다(King, 1993: 125). 이전 시대의 전사들은 제한적으로만 선의 영향을 받았지만, 무술을 지도하는 데 선의 이론과 실천의 적용, 그리고 전사와 정신적 가치를 결부시키는 것은 주로 도쿠가와 시대에서 두드러지는 현상인데, 당시 일본은 사실상 훨씬 더 평화로웠으며 사무라이들은 좀 더 여유로워졌다. 그 때문에 효과적인 전투와 관련된 이전의 '무예들'이 정신적·도덕적 도야와 관련된 '무도(武道)'로 탈바꿈하게 되었고(McFarlane, 1990: 403), 그 하나의 예가 '검도(劍道)'다. 그런 '도(道)'들 속에서 강조되는 명상적 몰입, 규율과 엄격함, 스승과 제자 사이에 이루어지는 직접적인 무언의 교감 등이 선의 영향을 잘 보여 준다(Shōhei, 1987: 228).

이미 태생이 사무라이인 사람에 대한 선의 가르침 속에서, 다쿠안(Takuan Sōhō Zenji: 1573~1654)은 그들이 선의 사고방식으로 무장하기를 바랐다. 그는 『부동지신묘록』(不動智神妙錄)이라는 자신의 저술 속에서, 무심(無心)에 대해 다음과 같이 말한다:

> 무심이라는 마음은 … 본래의 마음과 같은 것이다; 그것은 응집, 고착, 차별, 개념화와 그와 같은 것들을 벗어던진 마음이다 … 이러한 무심의 마음을 철저하게 실천할 수 있다면, 한 가지 것에 머물지 않을 것이며, 한 가지 것을 잃지도 않을 것이다.
> (McFarlane, 1990: 407)

이처럼 같은 유연한 대응은, 일상적 삶에서나 무사의 정신 속에서, 진지한 숙고나 수련 속에서, 의심할 나위 없이 가치를 지니는 것이었다. 다쿠안은 선의 원리를 무사도에 적용시키는 데 반대하지

않았다:

> 높이 처들어 올려진 칼은 그 자체로서는 아무런 의지도 없으니,
> 그것은 공(空)으로 가득하다. 마치 번개의 섬광과 같다. 검에 쓰
> 러져 죽을 자는, 검을 휘두르는 자가 그러하듯, 그 역시 공이
> 다… 네 마음을 네가 치켜든 검에 머물게 하지 마라, 네가 하려
> 는 것을 잊어버려라, 그리고 적을 베어라. 네 마음을 네 앞에 있
> 는 자에게 집착케 하지 마라. 그들 모두는 공이다. 하지만 네
> 마음이 공에 사로잡히지 않도록 조심하라. (Aitken, 1984: 5)

이런 관념들은 도덕적으로 위험스러운 것으로 들린다. 그러나 다
쿠안은 이미 태생적으로 싸움에 임할 수밖에 없는 이들에게 적합한
가르침을 제시했으며, 아울러 연민과 인간적 온정의 미덕을 강조했
다. 생명을 빼앗든 구하든 간에, 어떤 경지에 이른 사람은 완벽한
몰입 상태에서 행위하며, '무엇이 옳고 그른 건지 예의주시하지 않
아도 옳고 그른 것을 알아차릴 수 있다.'(McFarlane, 1990: 411; 1994:
201) 머지않아 다쿠안의 저술들은 일본의 많은 무예들에 교과서적
인 영향을 미치게 되었지만, 유교 윤리와 진언 의례들 또한 선과
나란히 영향을 발휘했다(McFarlane, 1994: 189).

선은 무사도라고 알려진 무인-윤리에 영향을 준 것들 가운데 하
나가 되었다(McFarlane, 1990: 403-4). 무사도는 또한 이전의 무인적
가치들과 유교에서도 영향을 받은 것인데(Kammer, 1978), 자신의
봉건 영주에 대한 충성과 자기희생, 가문의 명예에 대한 찬양, 힘
과 기술, 두려움 없음, 자기통제, 죽음 앞에서의 평정심, 자비로운
마음 등과 같은 자질들을 강조했다.[13] 도쿠가와 시대에, 배움에 대

---

13) Maliszewski, 1987, 226; Ackroyd, 1987; King, 1993:123-56.

한 유교적 가치 또한 강조되었는데, 이는 부분적으로는 사무라이가 다른 사회계급을 얕잡아보는 경향들을 배가시켰다. 최악의 모습은, (자기에게) 경의를 표하지 않는 일반인을 칼로 베어 버리는 행위로 표출되었다.[14] 그럼에도 불구하고 인본주의와 귀족의 책무에 대한 유교적 가치와 불교적 자기희생 역시, 사무라이가 전문적 분야 안에서 그 나라의 유능한 관리가 되게 하는 데 기여했다.

그때나 지금이나 진정한 무예 수련에는 일반적으로 불교와 유교 그리고 도교에서 빌려온 가치들이 스며들어 있고, '겸손, 인내, 협력, 규율, 자기통제, 청정한 정신과 육체적 건강'과 같은 자질들을 심어 주면서 아울러 '시합의 즐거움과 승패를 떠난 성취의 기쁨'을 느낄 수 있도록 격려한다(McFarlane, 1990: 415). 과거 영웅들에 대한 이야기들은 그러한 가치들을 실어 나른다. 예를 들자면 아기를 인질로 붙잡고 죽이겠다고 위협하는 무법자로부터 아기를 구해 낸 검객 히데쯔나(Kami-idzumi Hidetsuna: d.1577)에 관한 이야기가 그러하다. 히데쯔나는 그 무법자의 신임을 얻기 위해 스스로를 비구로 위장하고 유술(柔術)로 그를 제압한 뒤, 정의를 위해 그 마을 주민들에게 그를 넘겨주었다(McFarlane, 1994: 190, 200). 하지만 모든 무예인들이 그런 가치들을 따른 것은 아니었으며, 무사도는 '끝까지 복수할 의무'(King, 1993: 153-6)나 '생명을 가벼이 여기는 것'과 같은 비불교적 요소도 일부 간직하고 있었다.

18세기부터 새로운 형태의 신도가, 외국에서 온 불교와 유교의 '인공물'과는 차별화되는, 일본의 '진정한 종교'로서 발전해 가기 시작했다. 이는 결국 1868년에 도쿠가와 막부를 종식시킨 쿠데타를 이끌었고, 천황체제를 복원시키면서 메이지 시대를 열었다. 뒤이어

---

14) 당시 일본의 사회 체계는 성층적인 계급 체계였다(p.211을 볼 것).

일본은 서구 세력에게 문호를 개방하고 급격히 근대화의 길로 나아 갔다. 신도가 고무시킨 민족주의의 여파로 일본은 나중에 한국, 러시아, 중국과 전쟁에 돌입했으며 제2차 세계대전 동안에는 미국, 영국과도 전쟁을 치렀다.

메이지 시대의 출발과 함께 비판과 박해를 받았던 불교의 여러 종파들은 그 뒤, 정부를 적극적으로 후원하게 되었고, 20세기 초엽 일본에 맴돌던 반기독교적·반사회주의적 분위기 조성에 기여했다 (Ives, 1992: 64-67). 일본의 대주지인 소엔 샤쿠는 러일전쟁(1904~5) 에 대한 자신의 설교들 속에서, 폭력을 인정하고 폭력과 타협하기 까지에 이른다. 여기서 그는 '숭고한 대승의 가르침들과 선종의 실용주의와 일본의 민족주의를 매력적이지만 당혹스러운 이념들의 혼합으로 결합시킨다.'(McFarlane, 1986: 102) 그는 러일전쟁을 일본이 '문명과 평화, 계몽에 적대적인 악들'에 맞서 아무런 사심 없이 교전 중인 전쟁으로 묘사하고, 일본 병사들이 죽음을 맞이할 때 '붓다에 대한 고상한 생각들'(Aitken, 1985: 146에서 인용)을 떠올리게 되기를 기원했다. 제도권 불교의 경계를 벗어나 불과 몇 사람만이 그 전쟁에 반대했다(Davis, 1989: 327). 선종과 정토종의 기관들은 일본이 중국과 치른 전쟁을 재정적으로 지원했으며(Davis, 1989: 327), 선종의 어떤 거물은 선의 수련이 전투를 위한 준비라고 지도함으로써 1920~30년대에 확산되어 가던 군국주의에 일조했다. 일설에 의하면 하라다 소가쿠(1870~1961)는 다음과 같이 말했다고 전한다. 군인은 언제나 자신에게 부여된 것이 무엇이든지 간에 그것을 행함에 있어서, 진격할 때나 총을 쏠 때나, 자신의 과업과 '완벽하게 혼연일체'가 되어야만 한다. 이는 '최고의 반야를 분명하게 표현하는 것이자, 선(禪)과 전쟁을 통합시키는'(Ives, 1992: 65에서 인용) 것이다: 불교적 가치에 대한 놀라운 왜곡이다(그리고 Victoria, 1997을 보라). 그리고 또한 1938년에는 정토진종의 세습적인 수장이 외무장 관으로 등장하는 모습을 지켜볼 수 있다. 그리고 중일전쟁 중에는 종무국(宗務局)의 지휘 아래 불교의 여러 종파들이, 1937년에 포고 된 '영적 동원'에 공식적으로 참여했다(Demiéville, 1957: 373-4). 제2 차 세계대전 동안에 대부분의 불교 종파들은 전력을 다해 국가를 후원하기로 동의했다. 겉으로 보기에 창가학회는 하나의 예외였는 데, 그것은 이러한 단일 전선에 참여하기를 거부했다.

무사도의 규율은 민족주의적 형태를 띤 신도에 의해 일반화되었 다. 그 속에서 자기이익에 대한 총체적인 억제와 천황에 대한 충성 심이 결합되었다. 그러한 맹목적인 충성심은 이전에 기대했던 정도 를 넘어서고 있었다. 무사도 속에서, 죽음을 하찮게 여기는 선은 여 전했고, 이는 제2차 세계대전의 종전 국면에 가미카제 조종사들의 훈련에 동원하게 되었는데, 당시 일본인들은 거의 자포자기 수준이 었다. 그와 같은 조류는 죽음이 항복이란 불명예보다 선호할 만한 것이라는 생각과 함께, 포로가 된 일본 군인들의 집단 자살은 물론 전쟁포로에 대해 자행된 만행에 일정 부분 기여했다(Ackroyd, 1987: 583; King, 1993: 211-18).

제2차 세계대전 이후부터 일본은 '자위대'의 해외 전투를 금지하 는 헌법을 유지해 왔다. 일례로 걸프전 동안, 비록 서구의 정부들 은 일본이 좀 더 적극적인 역할을 해달라고 압력을 가했지만, 일본 의 군 병력은 비군사적인 지원 역할만 담당하는 것이 허용되었다.

현대 세계에서 평화를 위한 불교도의 활약

미얀마에서는 아웅산 수치(Aung San Suu Kyi)가 자국의 억압적인 마르크스-국가주의적 군사 정권에 대한 용기 있는 저항으로 주목을 끌고 있다. 그 군사 정권은 1990년 선거에서 그녀가 속한 정당이 당당히 거둔 승리를 인정하지 않았다(Suu Kyi, 1995). 태국에서는, 술락 시바락사(Sulak Sivaraksa)가(pp.218-19를 볼 것) 평화와 인권 공동체 발전과 초교파적 대화를 위한 민중적 비정부 기구를 여러 개 창립하고 군사정변에 반대했다(Sivaraksa, 1986: Swearer, 1996: 198). 베트남에서는 틱낫한이 1964~75년 전쟁을 반대하고 난민을 도우려는 노력들에 힘을 보탰다. 1973년 프랑스로 망명한 그는 불교와 평화에 관한 왕성한 저술가이자, '참여 불교'의 강력한 옹호자이다(pp.112-13 및 185; King 1996; Nhat Hanh, 1987을 볼 것). 또 다른 망명객 달라이 라마는 불교적 가치에 대한 전-세계적 상징이 되고 있다. 인도 북부에 위치한 티베트 '망명 정부'의 우두머리로서, 그는 중국으로부터 티베트 영토에 대한 그들 자신의 통치권을 되찾으려고 줄기차게 노력하면서도, 한 치의 흔들림도 없이 그 어떤 폭력 사용도 반대하면서, 점점 더 상호의존적으로 되어 가는 세상 속에서의 보편적 자비와 책임의 필요성을 강조하고 있다(Cabezōn, 1996). 평화를 위한 불교 활동가들은 일본, 스리랑카, 캄보디아에서도 찾아볼 수 있다.

일본 니치렌에 뿌리를 둔 종파들의 평화 활동들

전후 일본에서는, 수많은 불교 종파들이 평화운동 분야에 적극적으로 참여해 왔다. 이 분야에서 가장 주목받는 종파들은 니치렌 전통에 뿌리를 둔 것들로서(pp.145-6을 볼 것), 그 신도가 대략 일본 불교도의 30%에 달한다. 언뜻 보기엔, 니치렌의 창립자 니치렌 다이쇼닌(Nichiren Daishōnin: 1222~82)이 호전적인 인물로서 불교의 다른 종파를 '일본의 파괴자'라고 공격하고 심지어 자신의 시대에 정권으로 하여금 그들을 탄압하도록 요청했었다는 사실을 감안한 다면, 그 전통이 그처럼 평화 지향적으로 되리라고 기대하지 못할 것이다. 그럼에도 불구하고 니치렌은 일본의 사회복지를 개선할 비전을 지니고 있었다. 비록 그 자신이 내세운 '다른 것들을 인정할 수 없는 진정한' 불교를 통해서이기는 하지만 말이다.

'일본산묘법사(日本山妙法寺)'는 니치렌의 소규모 비구 단체로서, 세계 평화를 위한 운동에 헌신하면서 군비 경쟁과 핵무기에 반대하고 있다. 그 창립자 니치다쯔 후지이(Nichidatsu Fujii: 1885~1985)는 살생을 금지하는 계율을 강력하게 역설했으며, 그는 1933년 인도에서 만난 간디로부터 깊은 인상과 큰 영향을 받았다(Fujii, 1980: 45-78, 127-9). 후지이에게는 '납득할 만한 살생이란 없다.'(p.237) 그리고 그는, 포악한 왕을 살해할 때와 같이 '수만 명을 살리기 위해 하나를 죽이는 것은 용서될 수 있다'는 니치렌의 생각을 위험한 원리로 보았다. 왜냐하면 그런 원리는 살인자로 하여금 자기 방어를 위해 쉽사리 악용될 수 있을 것이기 때문이다. 그래서 후지이에게는 '단 한 사람도 살생하지 않고 다수를 살리도록 애쓰는 것이 무엇보다 중요한 것이다. 선하든 악하든 결코 남들의 목숨을 빼앗지 말아야 한다.'(p.238) 제2차 세계대전 중인 1944년에, 그는 전쟁에 대한 그리고 평화의 증진에 대한 평소의 결심을 위해 단식에 들어갔다(p.326).

그림 6. 일본의 일본산묘법사가 영국의 밀튼 케인스에 세운 '평화탑'의 입구(Moghadas Sadeg의 호의로 싣게 됨).

'일본산묘법사'는 히로시마와 나가사키를 포함하여 일본에 60여 개가 넘는 '평화의 탑'을 건립했으며, 그 가운데 두 개는 인도에, 또 하나는 스리랑카에 세웠다. 1970년대 말엽에 그 단체의 몇몇 비구들이 영국에 도착했고 '핵무기 철폐 캠페인' 행진에 참여하게 되었다. 1980년 그들은 서양에서는 처음으로 밀튼 케인스에 불탑 봉헌을 개시했다(Fujii, 1980: 284-91.) 비엔나(1983), 매사추세츠(1985), 런던(1985)이 뒤를 이었고, 마지막으로 템스 강변에 위치한 '바터시 파크'에 34미터짜리 웅장한 조형물이 들어섰다. 반전(反戰)과 반핵(反核) 시위를 적극적으로 펼치는 것은 물론, 그들은 탑의 현존과 그 안에 봉안된 불교 유물의 영적인 힘이 갈등으로 찢어진 이 세상에서 평화의 횃불로 작동할 것이라고 주장한다.

전후 일본에서는, 도시인의 종교적 욕구에 부응하여 많은 '신종교들'이 생겨나거나 번성했다. 그것들의 대부분은 신도들이 주도하고 있으며, 많은 것들이 그들의 뿌리를 니치렌 불교에 두고 있다.

그 가운데 하나인 창가학회 혹은 '가치 창조회'는 특히 성공을 거두었다. 1930년에 교육개혁을 위한 단체로 출발한 그 단체는 한때 일련정종(日蓮正宗)의 작은 하부조직 가운데 평범한 일원이었다가, 그 지파의 비구들이 '자식'이 '부모'보다 더 강력해진 것을 깨닫게 되자, 1991년에 그로부터 따로 떨어져 나왔다. 제2차 세계대전 동안에 창가학회의 두 지도자들이, 전쟁에 몰두하는 것을 비판하고 니치렌의 다른 지파들을 자신들의 세력으로 규합한 다음 일본정부의 명령에 복종하기를 거부하다가 투옥을 당했다. 감옥에서 살아 돌아온 지도자 토다 조세이(Toda Jōsei: 1900~58)는, 일본의 패망에 이은 전후 일본의 곤경은 일본이 신도를 선전하고 니치렌의 '참다운' 신앙을 무시했기 때문이라는 주장을 굽히지 않았다(Metraux, 1996: 369-70, 377, 383).

전후 시기에 창가학회는 토다가 이끌었고, 그 다음엔 이케다 다이사쿠(Ikeda Daisaku: 1928~)가 이끌었는데, 그 역시 개종을 부추기는 선봉에 섰다. 그 운동은 힘들고 변화하는 시대에 도시민의 요구를 성공적으로 대변했으며, 처음엔 다소 공격적인 개종 방법을 사용하면서 급속도로 성장했다. 그때부터 창가학회는 자신들만이 종교적 진리를 담보한다는 견해를 여전히 버리지 않고 있어서 그 어떤 다른 종파나 종교와 종교적인 문제에서 협력을 거부하고 있지만, 환경이나 평화, 예술이나 문화적 교류와 관련된 문제에 대해서는 문호를 개방하고 협력해 오고 있다(Metraux, 1996: 392-3).

이케다는 '평화 순례'를 많이 다녀왔다. 순례 도중에 그는 치열한 격전 지역에서의 긴장 완화 내지는 비무장을 제안하거나, 세계적인 종교 지도자 혹은 고르바초프 같은 정치 지도자를 만나서 범문화적인 중대사를 논의했다(Metraux, 1996: 372, 380-1).[15] 그 운동은 중국

---

15) Toynbee & Ikeda, 1989와 Ikeda, 1981을 볼 것.

과 러시아 어린이의 학교 교환을 주선해서 사람들 사이에 놓여 있던 장벽을 허무는 데 노력하고(Metraux, 1996: 377, 380), 인권이라는 이념을 심어주었다. 그것은 UN과 UN 산하의 '고등난민위원회'를 열성적으로 후원하고 있는데, 후자를 위한 막대한 성금 총액을 늘여 가면서 아시아와 아프리카에 있는 난민 캠프를 시찰하기도 했다 (Metraux, 1996: 379-80).

창가학회는 평화 교육에 매우 적극적이다. 왜냐하면 세계의 평화를 가져오는 데 힘을 보태고 싶어 하기 때문이다. 이케다는 다음과 같이 주장한다:

> 오늘날의 군사력은, 인간들에게 여러 세대에 걸쳐서 익숙해진 '자기 방위 군대'와는 전혀 다른 것으로 이해해하지 않으면 안 된다. 나는 오늘날 세계 속에서, 군사력을 정당화시켜 주는 그 어떤 근거도 보지 못한다… 나는 진정한 자기 방어를 위해 수행되는 전쟁의 사례들은 거의 없다고 확신한다. (Toynbee & Ikeda, 1989: 208)

현대적 무기의 본성과 비용을 감안한다면,

> 무기를 통한 자기 방어는 그 한계에 다다랐다… 이제는 첫 번째 원리로 되돌아갈 때다… 우리의 새로운 출발점은 한 국가만의 생존권이 아니라 전 세계 사람들의 생존권이 되어야만 한다. (p.210)

달라이 라마처럼, 창가학회는 세계가 상호 의존적인 하나의 네트워크이며 조화롭게 운영되는 법을 배워야만 한다는 점을 강조한다

(Metraux, 1996: 377-8). 그것은 핵무기를 절대적인 악으로 간주하고 그것들을 폐기하기 위해, 그리고 그것들을 사용하고 싶어 하는 인간 본성의 '사악한' 측면을 극복하기 위해 노력한다. 일본 교육제도의 주류는 일본군이 제2차 세계대전 중에 그리고 중국에서 자행한 수많은 잔혹상들을 그럴듯하게 미화시키고 있기 때문에, 창가학회는 그 전쟁의 사실적인 사진들을 충실히 수록한 일련의 서적들을 출판함으로써 그와 같은 불균형적 시각을 교정하려고 노력해 왔다. 그 목표는 반전(反戰) 정서를 함양하고 일본이 과거의 잘못을 되풀이하지 않게 보장하려는 것이다. 그것은 또한 전쟁, 특히 핵전쟁의 참상에 관한 사진 전시회를 개최해 오고 있다(Metraux, 1996: 379).

니치렌에 기초한 또 다른 신종교 운동은 입정교성회(立正佼成會)이다. 1938년에 창립한 입정교성회는 법화경과 붓다에 대한 신앙, 조상에 대한 경배, 팔정도와 보살 수양에 담긴 윤리적 측면의 실천을 결합시키고 있다. 그것은 또한 평화운동에도 적극적이며, 제2차 세계대전에 대한 일본인의 참회에 관심을 가지고 있는데, 그러한 참회는 일본 정부에 의해 결정적으로 그리고 완전하게 표명된 적이 한 번도 없었다. 1970년대에 입정교성회 청년단체 회원들이 필리핀에 '우정의 탑'을 세웠는데, 그것은 일본인들이 거기서 자행한 고통들을 보상해 보려는 노력의 일환이었다. 그들의 지도자 니쿄 니와노(Nikkyō Niwano)가 1975년 싱가포르를 방문했을 때, 그는 일본인에 의해 살해된 시민을 위한 추모탑을 우연히 지나게 되었다. '우리는 차에서 내려 그 탑 앞에서 마음 깊은 곳에서 우러나온 기도를 올렸다.'(Niwano, 1977: 116) 또한 그는 진주만에 대한 일본의 침공에 대해서도 깊은 사죄를 표시했으며, 중국에서는 1930년대 일본 병사가 거기서 저지른 약탈 행위에 대해 사죄했다(Niwano, 1977: 120, 138).

개별적인 일본인들 또한 전쟁 중에 일본인이 저질렀던 행위에 대해 자신들의 참회를 표명해 왔다. 일본 제국 경찰청에서 통역사로 일했던 나가세 다카시(Nagase Takashi)도 그 가운데 한 사람이다.[16] 비록 그는 자발적으로 그 전쟁에 참전했고, 천황에 대한 절대 복종을 믿어 의심치 않았었지만, 자신의 동료들이 버마-샴 철도를 건설하던 연합군 포로에게 가했던 잔학행위에 대한 목격담과 종전 뒤에 들어서 알게 된 사망자의 숫자가 그에게 심경의 변화를 불러 일으켰다. 일본으로 귀국한 뒤 그는 참혹한 장면들의 회상과 결부된 마음의 상처로 고통스러워하다가, '나 자신을 심판하고, 전쟁 동안에 우리가 저지른 범죄를 ―평생에 걸쳐― 참회하리라'고 맹세하게 된다. 1963년이 되어서야 그는 태국에 있는 콰이강의 다리 인근 지역을 찾아 갈 수 있었다. 그리고 1995년까지 그는 여든여섯 번이나 그곳으로 되돌아가 보았다. 1976년부터 그는 그곳에서 이전에 포로였던 사람들과 일본인들의 연례적인 모임을 조직하고, 회상의 정원을 조성했으며, 태국에 남겨진 수천 명의 아시아 포로 노역자들 가운데 일부의 자손들에게는 장학금을 수여했다. 1986년에는 '죽은 이들을 위로하기 위해' 평화의 불당을 건립했으며, 임시적이긴 하지만 태국 테라바다 불교의 전통에 따라 비구의 서품을 수계 받았다. 그는 이전에 포로였던 사람들로 하여금 우정을 느끼게 만들었고, 그 가운데 한 명은 그에 대해 '내가 지금까지 만난 가장 예외적인 사람들 가운데 하나'라고 기술하고 있다.

---

16) John Ezard, 'War & Remembrance', *Guardian* 지, 1995년 7월 27일자, 그리고 로맥스(Eric Lomax)의 The *Railway man* (London, Jonathan Cape, 1995)를 볼 것.

스리랑카에서 갈등을 완화시키는 하나의 힘으로서 사르보다야 쉬라마다나 운동

스리랑카의 인종갈등에 기여한 불교적 측면을 자신의 저서 속에서 비판적으로 다루면서(p.260), 탐비아(Stanley Tambiah)는 다음과 같은 것들에 초점을 맞춘 과거에 대한 '이상화'를 언급하고 있다. (1) 복지 지향적 통치의 이상을 보여주는 것으로 경전에 등장하는 전륜성왕에 대한 관념 (2) 과거 싱할라 불교 문명을 상호 협력적이며 '평등주의적'인 전원사회로 그리고 있는 것처럼 보이는 연대기들 (1992: 60). 탐비아 ―그는 타밀족 사람으로 동남 아시아에서 주목받는 불교 인류학자다― 는 고대의 이상에 기대어 현대 사회를 구성해 보려는 시도를 삐딱한 눈으로 바라본다; 그는 그러한 이상이 '오직 싱할라만의 민족주의'와 지나치게 결부되어 있다고 보기 때문이다. 하지만 그런 연결이 필연적인 것은 아니다. 그리고 그 이상이 인종적 보호주의와 승리주의로부터 분리될 수만 있다면, 그런 식의 비전에는 진정으로 긍정적인 요소도 들어있다.

그러한 이상을 길어 오면서, 사실상 스리랑카의 사회 화합에 기여하는 운동이 사르보다야 쉬라마다나라고 하는 자립적 지역 개발 운동이다. 하지만 이 운동은 불교도만의 속 좁은 조직은 아니다. 왜냐하면 그것은 마하트마 간디와 퀘이커 교리의 이상들로부터도 영향을 받았기 때문이다. 그 운동의 창립자이자 지도자인 아리야라트네는, 평화를 위한 그의 노력이 인정을 받아, 노벨 평화상 후보에 올랐으며 입정교성회로부터는 '니와노 평화상'을 수상하기도 했다.

이 운동의 핵심적인 목표는, 사람들로 하여금 지역의 편의시설을 개선하기 위해 서로 협력하도록 격려함으로써, 사람들 사이의 장벽들을 ―카스트[17], 정당, 부, 나이, 성별, 인종, 종교, 그 어떤 것에 기초한 것이든— 무너뜨리는 것이다. 여기서 특별히 강조하는 것 가운데 하나는 여성이 제 목소리를 내고, 자신들의 세상을 만들어 가는 데 보다 적극적이 되도록 하는 것이다. 1980년대 말엽에 그 운동은, 타밀반군 게릴라가 장악한 지역에는 정부의 손길이 미치지 못했기 때문에, 전국 각지에서 활동이 가능한 유일한 조직이었다 (Bond, 1995: 5). 싱할라 지역과 타밀 지역에서 온 사람들은 서로의 지역을 방문하면서, 타밀족 사람들은 불교 사원을 방문했고 싱할리 족 사람들은 힌두교 사원을 방문했다(Burr, 1995: 14; Macy, 1983:50). 타밀족 사람들은 사르보다야(Sarvōdaya)에서 중요한 지도자 자리들 을 차지해 왔으며, 거기서 일하는 타밀족 사람들은 그것을 싱할리 불교 단체가 아니라 스리랑카 단체로 이해한다(Bond, 1996: 136). 사르보다야 운동 캠프에서는 다양한 종교 의식들이 거행되는데, 제 일 먼저 의식을 거행하는 사람들은 언제나 그 지역의 소수 종교인 들이다(Macy, 1983: 50). 많은 불교 비구들이 아리야라트네의 신자-주도 운동에 동참하고 있다. 하지만 거기에 참여하지 않는 승가의 다른 구성원들 가운데는 타밀족에 대한 '양보들'에 반대하는 강경한 입장을 피력하는 사람들도 있다. 타밀족이 우세한 지역에서 일하는 비구도 있다. 그리고 그들은 보안군에 의해 체포된 친인척을 염려 하면서도 겁을 먹고 있는 타밀족들이 그 친인척을 상봉할 수 있도 록 도와주려고 애쓰고 있다(E. J. Harris, 1998: 111-13).

스리랑카에 대한 아리야라트네의 비전은, 사람들이 그들 자신과 다른 사람들의 좋은 자질을 이끌어내도록 서로 힘을 모으는 공동체 의 지방분권적인 네트워크다. 하지만 대부분의 싱할라 사람들처럼 그도 스리랑카가 두 국가로 쪼개지는 것을 보고 싶어 하지는 않을

---

17) 불교 가르침에는 카스트를 종교적으로 지지하는 그 어떤 내용도 없지만, 스 리랑카에는 은근한 형태의 카스트제도가 여전히 존재하고 있다.

것이다. 그의 이상은, 적극적인 관용과 같은 불교에 근거를 둔 이상에 기초하여, 내적인 다양성을 배려하는 국가에 관한 것이다. 또한 그가 마하트마 간디에게서 영감을 받았듯이, 이러한 이상의 중요한 뿌리는 힌두교에서도 기원을 두고 있다.

1983년 폭동들이 일어났을 때 아리야라트네는 즉각―하지만 성공적이지는 못했다― 대통령에게 야간통행금지령을 선포할 것을 요청했고, 나아가 일방적으로 난민 캠프들을 설치했다(Burr, 1995: 14). 폭동이 끝난 후 사르보다야는 전국회의를 조직했고 거기서 2000여 명의 종교 지도자들과 시민 지도자들은 갈등을 진정시킬 방안들을 모색했다. 그 회의는 사르보다야에 영향을 받아 '국가 평화와 화합을 위한 국민 선언문'을 도출해 내면서, '증오를 버리는 것만이 증오를 멈추게 한다'는 점과 '진리와 비폭력의 원리에 기초한 우호적 대화'의 필요성을 역설했다(Bond, 1995: 6). 그때, 남부 싱할라 사람들이 우세한 지역에서부터 타밀엘람해방호랑이 게릴라 반군의 아성인 자프나에 이르는 평화 행진이 제안되었다. 하지만 수천 명이 행진을 개시했음에도 불구하고 행진은 정부의 충고에 따라 중단되었다(Bond, 1996: 137). '그 뒤 몇 해 동안, 중앙 고원 지대에서 짧은 평화 행진이 뒤를 이었다. 아울러 그 운동은, 서구 기부자들이 보내온 구호자금과 물품을 난민들에게 전달하는 핵심적인 통로가 되기도 하였다.'(Bond, 1995:6-7) 1994년에는 아리야라트네가 인종갈등의 해법을 찾아보고자 자프나를 방문했다(Bond, 1996: 137).

1995~8년을 겨냥한 사르보다야의 전략적 계획은, 그 운동을 ―'국가 재통합'의 역할을 담당하고, 인종갈등 해결에 불을 지피는 '달성하기 어려운 삶의 기대들'과 가난이라는 문제에 대처하면서, 지속적으로 난민과 고아들을 지원하는 것으로― 생각하고 있었다. 이는 가난과 소비주의를 피하면서, 물질적으로나 문화적으로 기본적

인 인간 욕구의 충족을 강조하는 이 운동의 기조와 맥락을 같이하는 것이었다. 세 가지 우선적인 계획들 가운데 하나는, '갈등 해결과 평화 안착을 위한 역할을 보다 당당하게 수행'하는 것이다(Burr, 1995: 5). 아리야라트네는 인종갈등의 해법이 교육과, 양쪽 공동체의 보통 사람들을 하나로 묶는 것에 있다는 점을 강조한다(Burr, 1995: 14). 그는 상대방의 희생을 대가로 승리를 쟁취하는 것은 결국 승자와 패자를 만들어 내는 것이 아니라 패자와 패자만을 만들어 낸다고 역설한다(Burr, 1995: 15). 이와 같은 맥락에서 그 운동은, 경험적 연구에 기초하고 아시아기금의 후원을 받아 일련의 강습회를 기획했는데, 그것을 통해 600명의 사르보다야 비구들이 자신들의 마을에서 갈등 조정과 명상에 참여하도록 훈련받았다(Burr, 1995: 6; McConnell, 1995 참조). 첫 번째 강습회에 대한 버르(Burr)의 보고에 따르면, 그 강습회에서 참석자들은 다양한 종류의 '갈등'에 대한 자신들의 지식을 공유하고, 그것들을 진지하게 평가한 다음, 갈등이 때로는 긍정적인 결과를 지닐 수도 있는 범위까지 성찰했다(pp.7-9). 당시엔 갈등의 원인에 대한 불교적 차원의 논의들이 있었는데, 탐욕과 무지, 견해에의 집착과 가난이 차지하는 역할을 강조했다. 갈등을 해결하기 위해서는 갈등을 주의 깊게 조사하고, 중립적으로 기술하며, 모든 관련 당사자들의 욕구와 이해에 대한 공감도 필요하다는 사실이 강조되었다. 또 한 가지 필요한 것은, 공격적이거나 수동적인 것보다는 자신감을 회복하는 것이다(pp.10-13).

캄보디아를 치유하기 위한 불교적 행위

베트남 전쟁 기간 동안에 미국의 파괴적인 폭격이 지나간 뒤, 캄보디아는 1975년에 모택동주의에 영향을 받은 크메르 루주의 공산주의 정권 앞에서 제물로 전락했다. 그들이 공언한 목표는 외부의 영향으로부터 벗어난 자립적이고 평등주의적인 농업적 유토피아의 건설이었다. 실제로 이것이 의미하는 바는 기존 문명의 철거였다: 도시 거주자는 철저하게 집단산업화된 환경 속에 사는 농부가 되기 위해 시골로 추방되었다; 병원은 텅 비워졌고, 오직 민간 의술만이 허용되었다; 종교적 관습은 사형으로 처벌될 수도 있었다; 많은 부분들에서 가족생활은 황폐화되었고, 살아남은 가족 안에서도 아이들에게 어른들을 능가하는 권한들이 주어졌다. 크메르 루주는 자신들에게 도전하는 사람들과, 그리고 '순수하게 농민의 혈통'이 아닌 사람들을 조직적으로 처형해 나갔다. 그들은 소수 인종 출신과, 정규 교육을 받은 자, 그리고 그들이 '기생충'으로 간주했던 비구와 비구니를 솎아 냈다. 그리하여 200만~300만 명의 사람들을 굶주림과 질병과 중노동과 고문과 처형으로 목숨을 빼앗는 '킬링 필드'가 등장하게 되었고, 그것은 기근과 이산가족 및 자포자기와 억압이라는 유산을 남겨 놓았다(Ghosananda, 1992: ix-xi). 크메르 루주 통치가 종식되었을 때, 그 나라의 3600개 불교 사찰들 가운데 거의 대부분이 파괴되었고, 5만여 비구들 가운데 대략 3000명만이 살아남았다; 상당수의 비구니들 역시 죽임을 당했다(Ghosananda, 1992: 7-12).

다행스럽게도, 베트남 국경 지역에 대한 크메르 루주의 공격은 베트남의 캄보디아 침공을 불러왔고, 일부 크메르 루주 반대자들의 도움 속에, 1979년 캄보디아는 베트남의 손아귀에 들어갔다. 우리는 1980년대에 들어 크메르 루주와 새롭게 등장한 민족주의 세력 사이에, 그리고 거기에다 베트남의 후원을 받는 정부 사이에서 끊임없이 벌어지는 군사적 대립을 지켜봐야만 했다. 1989년에는 UN의 압력으로 베트남이 철수하면서 그 자리를 자신들의 하수인 역할을 하는 정부에 물려주었다. 1991년에는 모든 당파들이 UN이 중재한 평화 협정에 서명하면서 4당 임시 정부를 허용하고, 1993년 선거 때까지 이어 갔다. UN이 중재한 협정은, 국가 화해의 절차 안에 크메르 루주를 포함시켜서 크메르 루주의 폭력을 종식시켜 보고자 의도했던 것이었지만, 그들은 계속해서 자신들의 군사작전을 이어 갔으며, 특히 캄보디아 서쪽에 있는 태국 국경 근처에서는 1998년 들어 그들의 기세가 다할 때까지 지속되었다.

캄보디아의 국가적 치유와 회복을 위해 노력한 핵심적인 인물은 마하-고사난다(Mahā-Ghosānanda)이다. 그는 마하트마 간디에 비유되어 온 영향력 있는 비구이자, 1996년 노벨 평화상 후보로 올랐던 인물이기도 하다. 영화 '킬링 필드'의 주연이었던 디스 프란(Dith Pran)은 고사난다에 대해 다음과 같이 말한다:

> 자신의 모든 가족을 대학살로 잃었음에도 불구하고, 그는 한 번도 비통함을 내비친 적이 없다. 그는 캄보디아 불교의 상징이자, 붓다의 온유함과 관용과 평온함을 체화한 분이다.(Ghosananda, 1992: x)

그림 7. 캄보디아의 출가 지도자이자 평화운동가 마하 고사난다.

콘필드(Jack Kornfield)는 다음과 같이 말한다. 자신이 알고 지낸 20년 동안에, 그는

나에게 마음으로부터 우러나오는 향기로운 너그러움과 불굴의 용기를 보여 주었다. 그와 함께 있는 것만으로도, 그로부터 흘러나오는 미소와 전염성 강한 자비를 경험하게 되는데 이것만으로도 사람들의 영혼을 치유하게 된다.[18]

---

18) Ghosānanda, 1992:vii. 이 인용문은 Ghosānanda 자신에 의해 인용된 것이 아니라 『Ghosānanda의 가르침』이라는 책의 머리글에서 따온 것이다!

고사난다는 캄보디아에서 연합군이 일본군을 공격했을 때, 전쟁의 고통을 목격한 뒤 비구가 되었다(Rojanaphruk, 1995: 69). 그는 계속해서 캄보디아와 인도에서 공부하고 태국에서 명상을 익혔다(Ghosananda, 1992: 15-16). 1967년 인도 비하르(Bihar)에 기근이 발생했을 때, 그는 구호팀과 함께 일했으며(Gosling, 1984: 62) 후지이 니치다쯔(Fujii Nichidatsu)로부터 평화와 비폭력의 기술을 익혔는데(p.271을 볼 것), 후지이 자신은 간디에 의해 부분적으로 영감을 얻었었다(Ghosananda, 1992: 15).

1978년 크메르 루주의 패망 이후에, 고사난다는 태국에 있는 사께오(Sa-Kaeo) 난민 캠프로 가서 자비에 관한 붓다의 말씀이 담긴 책자들을 나누어 주었다(Ghosananda, 1992: 18). 그는 대나무 사원을 짓기 시작했는데, 크메르 루주가 그 캠프로 몰려와 사람들에게 살고 싶으면 협조하지 말라고 위협했음에도 불구하고 그 개원식에는 2만 명의 사람들이 참석했다. 고사난다는 그 사람들에게『담마빠다』의 구절을 되풀이해서 낭독했다.

이 세상에서 증오는 증오에 의해 결코 멈춰지지 않는다; 오직 증오하지-않음만이 증오를 멈춘다. 이것이 고고금으로부터 내려오는 법칙이다. (*Dhp.*5)

그는 사람들에게 '나라의 평화는 오직 개인의 평화에서 시작될 수 있다'는 점을 부단히 상기시켰다(p.x). 이와 같은 맥락에서 그는 불교, 이슬람교, 기독교 종파 지도자를 위한 정기 주례 모임을 개최하고, 그들에게 평화와 화해를 위해 함께 일하자고 권유했다. 1980년 4월과 5월에는 각지에 흩어져 있는 캠프에서 대략 12만 명의 난민들이 격일제로 치러진 명상과 평화를 위한 기도회에 참여했다. 대부분은 불교도들이었지만, 기독교도와 이슬람교도들도 참여했다(Gosling, 1984: 59). 고사난다가 지은 '평화를 위한 기도문'엔 다음과 같은 말이 담겨 있다:

> 캄보디아의 아픔은 깊습니다.
> 이런 아픔에서 위대한 자비가 나옵니다.
> 위대한 자비는 평화로운 마음을 만들어 냅니다.
> 평화로운 마음은 평화로운 사람을 만들어 냅니다.
> 평화로운 사람은 평화로운 가정을 만들어 냅니다.
> 평화로운 가정은 평화로운 공동체를 만들어 냅니다.
> 평화로운 공동체는 평화로운 나라를 만들어 냅니다.
> 평화로운 나라는 평화로운 세상을 만들어 냅니다.
> 모든 존재들이 행복하고 평화롭게 살게 하소서.
> (Ghosananda, 1992: 28)

계발 훈련을 받은 태국의 비구들은, 캠프들 안에서 그리고 평화로운 시절에 사찰을 건립할 때면 힘을 보탰고, 학교와 성인 교육 프로그램을 체계화했다(Gosling, 1984: 60). 하지만 1980년에 태국 군대가 난민 캠프 사께오 I에 있는 사람들을 캄보디아 국경 너머로 몰아내려 했다. 그들은 그 캠프가 크메르 루주의 지원부대로 이용되는 것을 막고 싶었기 때문이었다. 그리고 그들은 그 캠프가 영구 존속되는 것도 원하지 않았다. 캄보디아로의 복귀가 의미하는 고난과 위험을 익히 알았기에, 고사난다와 그 외 다른 사람들은 그 캠프를 신성한 사원으로 선포해 버렸다. 이것이 태국 정부를 만족시키지는 못했지만, 결국은 3만 5000명 거주민들 가운데 단지 7500명만 그 캠프를 떠나도록 설득한 격이 되었고, 떠난 사람들은 대부분은 크메르 루주였다(Gosling, 1984: 67-8).

고사난다는 많은 캄보디아 난민 캠프와 세계 각지에 있는 재정착 공동체들을 방문했고, 그 속에서 일하면서 그곳에 사원을 짓고 캠프 지도자가 정신적, 교육적, 문화적 보호 프로그램을 구축하도록 도왔다. 그는 1980년 기독교 사회운동가 피터 폰드(Peter Pond)와 함께 캄보디아에서 '평화를 위한 범종교적 사명'을 결성했다. 그들은 수백 명의 살아남은 비구와 비구니들이 정착하도록 도움을 주었다. 그리하여 그 비구와 비구니들은 자신들의 맹세를 새롭게 다지는 한편, 전-세계에 퍼져 있는 캄보디아 사찰들에서 주도적인 역할을 할 수 있었다. 신도들의 지원을 업고 고사난다는 미국과 캐나다에만 30여 개가 넘는 사찰들을 세웠다. 그는 캄보디아에서는 그보다 훨씬 많은 사찰들의 재건을 도왔으며, 비구와 비구니들에게 비폭력의 기술과 인권을 감시하는 기술들을 교육하는 데 팔을 걷어붙이고 있다(Ghosananda, 1992: 20).

UN이 후원하는 평화 회담에, 그는 비구들의 대표단을 이끌었고 양보와 비폭력을 주창했다(Ghosananda, 1992: 20). 크메르 루주 인사를 임시 정부에 참여시키는 것에 대해 사람들이 반대했을 때, 그는 얼굴에 미소를 머금고 이렇게 말했다:

우리는 지혜와 연민, 모두를 지녀야만 합니다. 우리는 행위는 비난해야 하지만, 행위자를 증오해서는 안 됩니다. 우리의 사랑으로, 모두의 평화를 보장하기 위해 우리가 할 수 있는 모든 것을 해나갈 것입니다. (p.21)

이와 관련하여 다음과 같은 언급들도 있다:

건전하지 못한 마음을 가진 자도 [우리의 자비 속에] 포함되어야 합니다. 그들은 자비를 그 누구보다 더 필요로 하는 사람들이니 말입니다. (p.68)

내가 누군가를 선하게 대한다면, 그(녀)는 선함을 배울 것이고, 그런 다음엔 남들을 선하게 대할 것입니다. 내가 선하게 대하지 않는다면, 그(녀)는 증오와 분노를 품을 것이고, 그런 다음엔 다른 사람들에게 그것들을 전달할 것입니다. 세상이 선하지 않다면 내가 해야만 할 일은, 나 자신이 선해지도록 좀 더 노력하는 것입니다. (p.54)

그는 간디의 비폭력적 이상을 인용하는데, 그러한 인용이 염두에 두고 있는 것은

'적대시하는 자들'이 아니라 '적대'를 종식시키는 것이다. 이는 중요하다. 우리는 적대자를 존중해야 한다. 우리는 분명 그(녀)의 인간적인 본성을 신뢰하고, 악의(惡意)는 무지에서 비롯되고 있음을 이해한다. 서로의 장점을 인정함으로써 우리는 서로 만족스러운 평화를 성취한다. 간디는 이것을 '두 사람의 승리'라고 불렀다.[19]

그는 평화적 화해를 느리지만 꾸준히, 단계를 밟아 나아가는 것으로 이해한다. 이런 과정 속에서 '화해란 권리와 요구조건을 포기하는 것을 뜻하는 게 아니라, 우리의 모든 협상들에서 사랑을 활용

---

19) Ibid., p.62. 다른 사람들의 희생을 담보로 하는 승리를 추구하는 것이 아니라 서로 함께 승리할 수 있는 상황에 대한 아리야라트네의 함축적인 이상을 참조할 것(p.277)

하는 것을 의미한다', 그렇지 않으면 증오와 보복이 악순환되는 길 밖에 다른 방법은 없다(p.69). 지혜가 동반되지 않은 비현실적 연민과 관련하여, 그는 살생을 단념하게 된 어떤 용왕에 대한 이야기를 들려준다. 어린아이들이 자신을 공격하자, 그 왕은 어떤 보살로부터, 폭력은 사용하지 않으면서도 여전히 그들을 꾸짖을 수 있으며 필요하다면 불을 뿜어줄 수도 있을 것이란 조언을 듣는다!(p.33)

1993년 선거가 임박한 시기에, 고사난다는 ―당시 69세였다― 태국 국경 근처에서 출발하여 크메르 루주 영토를 지나, 수도 프놈펜에 이르는 19일간의 평화 행진을 이끌었는데 8000명의 인파가 그 행렬에 동참했다. 그 행진 대원들은 집중 공격을 받고 포로가 될 위협에 놓이기 일쑤였기에 UN 병력은 그들의 안전에 신경을 많이 썼었다. 하지만 마침내, 그들의 결의와 믿음은 승리를 얻어 냈고, 크메르 루주는 그들이 무사히 지나갈 수 있도록 허락했는데, 그들이 지나간 자리에는 평화의 분위기가 번져 나갔다. 그 나라의 평화는, 오직 사람들이 두려움 없이 거리와 도로를 활보할 수 있을 때, 그래서 그들의 마음속에 평화가 깃들 때 비로소 도래한다는 것이라는 것이 고사난다의 생각이다. 고사난다는 캄보디아에서 평화 행진을 많이 했다. 1994년 4~5월에 그는 800명의 비구 및 비구니들과 함께, 전투로 시달리는 북서부 지역을 지나 바탐방에서 앙코르와트까지 175킬로미터를 걸었다. 그 도중에, 정부군이 그 행진을 따라가면서 지뢰밭을 빠져나오도록 안내도 했지만, 숲속에서 날아든 로켓포에 비구 한 명과 비구니 한 명이 목숨을 잃었다(Rojanaphruk, 1995: 67). 그는 캄보디아와 그 밖의 모든 지역에서 지뢰 사용을 금지시키자는 캠페인에서도 주도적인 역할을 했었고, 스리랑카의 평화 협상들을 지원하기 위해 범-종교적 대표단을 이끌기도 했다. 그는 석가족과 코리야족의 갈등을 해결하려던 붓다의 노력을 인용하는데, 그것은 불교도로 하여금 갈등을 해결하는 데 도움을 주도록 하기 위해 현장으로 들어갈 것을 요청하기 위해서였다(Ghosananda, 1992: 62-3).

고사난다는 평화의, 그리고 평화를 향한 중도(中道)의 중요성을 가르치는데, 그것은 칭찬과 비난, '네 것'과 '내 것' 등과 같이 대립적인 것의 다툼을 피하는 것이다(Ghosananda, 1992: 37-8). 평화를 향한 길에 대한 그의 생각에는 다음과 같은 것이 담겨 있다:

> 무위(無爲)는 모든 행위들의 원천이다. 우리의 마음을 평화롭게 하는 것 외에 세상의 평화를 위해 우리가 할 수 있는 것은 거의 없다. 그리고 또한, 우리가 평화로워졌을 때, 우리는 침묵을 하게 된다―명상과 기도를 통해.

화해는 공감을 요구한다. 그것은 경청의 기술을 필요로 한다. 경청하기 위해서 우리는 우리 자신을 버려야만 하고, 우리의 말까지 버려야만 한다. 우리는 우리의 평화로운 본성을 들을 수 있을 때까지 경청해야만 한다. 우리가 우리 자신에게 귀를 기울일 때, 타인에게도 귀 기울이는 법을 배우고, 새로운 생각이 자라난다. 거기에 열린 마음과 화합이 존재한다. 우리가 서로를 신뢰하게 되었을 때, 우리는 갈등 해결을 위한 새로운 가능성을 발견한다. 우리가 경청을 잘할 때, 평화가 자라나는 소리를 듣게 될 것이다.

화해는 주의 깊음[내적·외적 세상을 조심스럽게 살피는 것]을 요구한다. 질투와 독선, 무의미한 비판에는 평화가 있을 수 없다. 우리는 전쟁을 만들어 내는 것보다 평화를 만들어 내는 것이 훨씬 더 중요하다고 다짐해야만 한다.

화해는 무아를 요구한다. 그것은 확고하게 뿌리내린 무아다. 평화를 이루기 위해선 팀워크와 협동이 필수적이다. 우리가 평화에 이르는 길을 알고 있는 유일한 사람이라고 느끼는 한, 우리 자신이 평화를 위해 할 수 있는 것은 아무것도 없다. 진정으로 화해를 중재하는 자는 명성이나 영광, 명예가 아니라 오직 평화만을 위해 분투할 것이다. 명성, 영광, 명예를 위한 분투는 우리의 노력에 해로움만 끼칠 것이다.

화해는 지혜를 요구한다. 평화는 의식적으로 선택된 길이다. 그것은 목적지 없는 방랑이 아니라 한 단계씩 밟고 넘어가는 여정이다.

화해는 평정과 비-이분법과 무집착이라는 중도에 다름 아니다. 화해는 지혜와 공감의 완벽한 균형을 의미하고, 인도주의적 요구와 정치적 현실의 완벽한 일치를 의미한다. 그것은 양보를 하지 않아도 공감이 이뤄지고, 타협하지 않아도 평화가 이뤄지는 것을 의미한다.

자비는 평화에 이르는 단 하나밖에 없는 길이다. (pp.51-2)

결론

불교에 대한 이 정도의 개관만으로도 불교의 전통이 갈등 해결에 필요한 막강한 원천을 지니고 있음을 알게 된다. 하지만 이러한 원천과 그것과 관련된 이상이 때로는, 좀 더 잘 알려지고 보다 완전하게 적용될 필요가 있음도 보여 준다. 일본의 불교도는 비록 지금은 평화를 촉진하기 위해 적극적이기는 하지만, 20세기 초의 폭력적인 일본 민족주의를 저지하는 데는 별다른 일을 하지 못했다. 식민지 이후 시대는 몇몇 불교 국가들에 불안정성과 사회적 재건이라는 유산을 남겨 놓았다. 그리고 어떤 지역에서는 불교도가 아닌 인종 집단을 배제시키려는 종교적 변질이 재현될(스리랑카), 평등주의가 증오로 변질될(캄보디아), 그리고 반제국주의적 민족주의가 외국혐오증으로 변질될(미얀마) 위험성이 존재해 온 것도 부인할 수 없는 사실이다. 역설적으로 이는 무지와 교조주의가 수많은 인간 고통의 근원이라는 불교의 가르침을 예증하는 좋은 예이다.

우리는 불행하게도 불교도가 때로는, 전쟁 중에 자신의 적을 마라의 화신이라든지 인간보다 못한 악인인 것처럼 마라화하려는 경향을 목격하고 있다. 이 점은 두타가마니 왕의 이야기에서, 키티부도에서, 그리고 몇몇 중국의 갈등들 속에서 엿볼 수 있다.[20] 선종에서도 어떤 가르침들은 적들에 대한 비인간화를 허용하는 것으로 해석될 수 있는 위험이 도사리고 있다. 미얀마와 중국, 일본에서 우리는 불교가 압제적인 통치자에 맞선 농민 봉기의 요인이었음을 보게 된다. 그런 압제자는 전륜성왕과 미래 붓다의 도래라는 통속적으로 왜곡된 개념들에 의해 고무되곤 했다. 하지만 일반적으로, 비폭력이라는 자신들의 이상에 따라 사는 것 앞에서 불교도가 보여준

---

20) Demiéville, 1957:358,367; Welch, 1972:280-1.

실패는, 정치적으로 불안정한 시대가 가중시킨 해소될 수 없는 인간의 두려움과 집착 탓으로 되돌려질 수 있을 것이다.

20세기에 불교도는 공산주의와 마르크스주의자의 폭력에 맞서 투쟁하는 모습을 보여 준다. 비록 키티부도는 종교적 문화를 그들이 위협했기 때문에, 그들과 폭력으로 맞서는 것을 옹호했지만, 다른 지도자들은 비폭력으로 그들과 맞섰다. 티베트와 캄보디아, 미얀마에서 그러했고, 베트남에서는 공산군과 그 적대자인 미군을 중재하기도 했다.

우리는 아리야라트네, 아웅산 수치, 술락 시바락사, 마하 고사난다, 후지이 니치다쯔(Fujii Nichidatsu), 이케다 다이사쿠(Ikeda Daisaku), 니쿄 니와노(Nikkyō Niwano)와 같은 사람들의 목소리를 듣는다. 그들은 자신들을 따르는 불교도들에게, 조용하지만 확고하게 완전한 비폭력과 관용이라는 붓다의 정신을 상기시킨다. 틱낫한과 달라이 라마는, 자신들의 국민들을 돕는 일에서나 세계를 향한 저술과 활동 양자 모두에서, 이러한 정신을 몸소 실천하고 있다.

오늘날 불교 평화 운동가들 가운데서 달라이 라마, 아웅산 수치는 노벨 평화상을 수상했고, 아리야라트네, 고사난다, 틱낫한은 후보에 올랐었다. 그들과 앞서 언급한 다른 사람들 속에서, 우리는 몇 가지 중복되는 특징들을 찾아 볼 수 있다. 한 가지는 후지이, 아리야라트네, 고사난다, 달라이 라마에서 보듯이 간디와 간디의 방법론을 칭송한다는 것이다. 비록 간디는 자이나교와 기독교 모두로부터 영향을 받은 힌두교도지만, 그의 이상과 행위는 불교의 가치와도 부합한다. 또한 그는 사람들에게 비폭력적 행위의 효과를 각인시키는 데 상당히 기여했다. 그래서 위에서 언급한 모든 평화운동가들은 압제자에 맞서 흔들림 없이 비폭력과 비-분노의 자세를 지켜 나간다. 또 다른 특징은, 틱낫한, 달라이 라마, 고사난다, 아리야라트네, 수치, 시바락사에게서 보듯이, 갈등하고 있는 양 당사자들 모두에 대한 공감이라는 이념이다. 또 다른 특징은, 고사난다, 틱낫한, 달라이 라마에게서 보듯이, 평화는 개인 안에서 시작해서 밖으로 퍼져 나간다는 점을 강조한다는 것이다. 대승불자들 —창가학회, 틱낫한, 달라이 라마— 에 의해 강조되는 특징은 상호 의존성이다. 우리는 또한, 아리야라트네, 고사난다, 틱낫한, 달라이 라마, 시바락사에게서 보듯이, 견해들에 대한 교조적인 집착을 피할 것과 타인들의 관점에 마음을 열어둘 것을 강조하는 모습도 보게 된다.

An Introduction to
Buddhist Ethics
Foundations, Values and Issues

제7장

자살과 안락사

제7장

자살과 안락사

죽음이 아름답다고 칭송하는 비구는 그가 누구이든지 간에…
공동체 안에 머물지 못한다.
『율장』(Vinaya-piṭaka) III.73

자살에 반대하는 고려 사항과 논증들

불교는 삶 속에 많은 고통들이 존재하고 있다는 점을 강조하고 있
지만, 이는 역설적으로 어떤 불교인이 절망에 빠지지 않도록 설득하
는 데 도움을 줄 수 있다. 만일 삶 속에서 고통이 있을 것으로 예상
된다면 특정한 문제들을 너무 개인적인 것으로 간주할 이유가 줄어
든다: 왜냐하면 세상과 그러한 문제들은 서로 공모하고 있는 것이기
도 하기 때문이다. 또한 현상을 무아라고 보는 관념 위에서 성찰하
는 것은 어떤 불교인이 유쾌하지 않은 경험에 의해 의기소침하지 않
도록 하는 데 도움을 줄 수 있다. 무상의 원리 위에서 성찰하는 것
은 그(녀)로 하여금 모든 나쁜 일들은 조만간 끝이 날 것이라는 사실
을 깨닫게 해줄 것이다. 까르마의 원리 위에서 성찰하는 것은 그(녀)
가 새로 분별없는 행위를 함으로써 다가올 고통의 씨앗을 뿌리기보
다는 그 자신이 이전에 한 행위의 결과를 통하여 ―아마도 진행 중
에 있는 삶의 본질에 대해 무언가를 배울 수 있을지도 모르는데―

좀 더 인내하면서 살고자 해야 한다는 것을 의미할 것이다.

물론 매우 무거운 고통에 직면한 어떤 사람은 사후에는 참기 어려운 고통과 같은 것은 없을 것이라고 기대하고 스스로 죽을 수도 있을 것이다; 그러나 이런 행위로 인해 일이 더 나빠지지 않을 것이라는 아무런 보장도 없다. 불교적 관점에서 보면 다음번의 환생은 다른 짐승들의 먹이가 되거나 잡아먹히는 동물, 절망한 귀신, 또는 지옥에 떨어질지도 모를 일이다; 따라서 자살은 현재의 삶보다 더 '참을 수 없을 정도로 고통스러운' 어떤 것을 계속 초래할 수도 있을 것이다. 인간의 몸으로 다시 태어나는 경우에도 여러 가지 형태의 심각한 고통들이 있을 수 있다.

세 가지 형태의 갈애 가운데 하나는 소멸에 대한 갈애(vibhāvataṇhā)이다: 즉, 불유쾌한 상황을 제거하고 싶은 것이다. 어떤 사람의 삶 전체의 상황이 그것에 대해 '싫어!'라고 말할 정도로 고통스러운 것으로 인식된다면, 그것은 자살함으로써 그 정점에 이를 수도 있을 것이다. 그러나 이는 그 사람으로 하여금 여러 번의 환생을 거치도록 만드는 갈애이기 때문에 자살을 고무하는 마음의 상태는 그와 같은 문제들을 그대로 간직한 채, 이루어지는 또 다른 윤회의 주요한 원인이 되고 말 것이다. 그래서 삶의 고통으로부터 벗어나고자 하는 시도로서의 자살은 ―불교의 원리들에 따르면― 아무런 소용도 없는 일이다. 자살은 어쩌면 인간으로 태어난 것보다 못한 또 다른 환생을 수반할 따름인데, 여기서 고통은 모르긴 몰라도 줄지 않고 계속될 것이며 ―만일 업에 기인하는 것이라면― 아마도 더욱 강화될 것이다. 흥분된 정신상태로 죽는 것은 다음 생으로의 나쁜 이행을 초래할 것으로 보이기 때문에, 자살은 나중에 나쁜 환생을 가져올 것으로 보인다. 티베트의 전통에서 자살을 하는 사람의 의식은 ―그것을 돕기 위한 제례의식을 필요로 할 만큼― 부정적인 업들로 인해 괴로워하거나 무겁게 짓눌려 있는 것으로 간주된다 (Sogyal, 1992: 301, 376).

　실제로 인간의 삶은 많은 어려움을 내포하고 있지만, 삶을 단축 시킨다는 것은 희귀하고도 '소중한 인간으로의 환생' 속에서나 존재 하는, 정신적 발달을 위한 잠재력이 사라져 버리고 말 것이라는 것 을 의미한다. 자살은 스스로 이 기회를 놓치도록 할 뿐만 아니라 다른 사람들로부터 우리가 그들에게 가져다줄지도 모를 이익을 빼 앗아 가버린다. 이러한 태도는 한 초기 경전에 반영되어 있는데, 거기서 비구 마하-카사파(Mahā-Kassapa)는 어떤 유물론자로부터 다 음과 같은 질문, 즉 만약 ―윤회가 존재한다면― 비구들과 같은 도 덕적인 사람들은 자신들의 선행에 대한 까르마적 결과를 얻기 위해 왜 자살하지 않느냐? 는 질문을 받고 있다. 카사파는 두 부인을 남 겨 놓고 방금 죽은 바라문의 우화를 통해 대답한다. 한 부인은 상 속을 받을 예정인 아들을 두고 있고, 다른 한 부인은 임신이 꽤 진 행된 상태에 있었다. 아이의 성별을 알기 위해, 또 만일 그 아이가 아들이면 그에게 돌아갈 유산의 일부를 차지하기 위해 후자는 자신 의 배를 갈라 열어 보였다. 하지만 그 부인과 아들은 죽었다. 카사 파는 도덕적인 사람들은 '아직 익지 않은 것의 성숙을 서둘러 추구 하지 않는다'라고 말한다. 왜냐하면:

> 덕망 있는 은둔자들이나 바라문들, 즉 훌륭한 성품을 가진 사람 들의 목적은 삶에 의해 얻어진다. 그와 같은 사람이 여기서 머 무르는 시간의 길이와 비례하여, 그들이 만들어 내는 풍부한 까 르마적 열매는 세계에 대한 자비심으로부터 많은 사람들의 복 지, 곧 많은 사람들의 행복을 위해 수행하고 있다는 점이다. (*D*. II.330-1; *Miln*.195)

이에 덧붙여 우리는 ―특별히 덕을 갖고 있지 않은 사람에게조차도― 자살은 친구들이나 친척들에게 슬픔을 가져다주는 행위이며, 따라서 ―어떤 다른 이유에서가 아니라면― 삼가야 할 행위라고 말할 수 있을 것이다.

자살과 계율들

자살은 첫 번째 계율을 파괴하는 것으로 여겨지는 경우인가? 불교는 자기 자신에게 해악을 끼치는 행위를 도덕적으로 건전하지 않은 것으로 보기 때문에, 그리고 자살은 이렇게 보일 수 있으므로 우리는 불살생계를 파괴하는 것으로 생각하고 싶을 것이다. 첫 번째 계율에 대한 경전의 논의들은 자살을 거의 언급하지 않고 있지만, 자기 자신을 죽이는 것은 다른 사람을 죽이는 것만큼이나 흔한 살인 행위이므로 자살을 이 계율을 어기지 않는 것으로 볼 이유가 거의 없다. 그러나 대승불교철학자인 나가르주나가 쓴 것으로 추정되는 『대지도론』(Mahā-prajñā-pāramitā-śāstra)은 다음과 같이 말하고 있다.

율장에서 자살은 살아 있는 존재에 대한 공격 〔prāṇātipātā, 즉 첫 번째 계율의 위반〕이 아니라고 말해진다. 잘못(āpatti)과 까르마적 열매(punya)는 각각 다른 사람에게 행해진 옳지 않은 일(para-viheṭhana)이나 다른 사람들에게 이로움을 준 일(para-hita)로부터 나온다. 우리가 까르마적 열매를 얻거나 악행을 범하는 것은 자기 자신의 몸을 보살피거나 자기 자신의 몸을 죽임으로써 이루어지는 것이 아니다. 그것이 율장에서 왜 자살은 살아 있는 존재에 대해 공격을 한 잘못이 아니라 미혹이나 집착, 그리고 증오에 의해 훼손된 것이라고 말해지는가 하는 이유이다.[1]

이는 율장의 한 인용절이 —비록 그와 같은 단락을 추적해 보지는 않았지만— 자살은 첫 번째 계율의 위반이 아니라고 말하고 있다는 것을 넌지시 암시해 준다. 그러나 그 인용절은 여전히 자살은 건전하지 않은 행위이며, 건전하지 않은 행동들의 뿌리와 결합되어 있는 것으로 받아들이고 있다. 그러므로 티베트의 전통에서 첫 번째 계율은 —계율의 토대는 다른 사람에게 해악을 끼쳐서는 안 된다는 것이므로— 오직 다른 사람을 죽이는 것에만 적용되는 반면, 자살은 그럼에도 불구하고 살인만큼이나 심각한(Mullin, 1987: 148), 가장 중대한 나쁜 행동들 가운데 하나로(Yuthok, 1995: 46, 48) 여겨지고 있다.

에반스(David Evans)에 따르면 첫 번째 계율은 어떤 사람에게서 생명 —그들이 이것을 가치 있는 무엇이라고 생각할 때— 을 빼앗지 않는 데 관심을 가지는 것이라고 주장하는데, 이는 자살의 경우에는 적용되지 않는다(1987: 98). 누구나 인정하듯이, 계율의 일반적인 근거는 다음과 같은 것이다: '네가 다른 사람이 너에게 하면 좋아하지 않을 것을 너도 다른 사람에게 행하지 말라.'(S.v.353-5) 그러나 이것은, 예컨대 피학증 환자가 자신이 고통을 좋아하는 만큼 다른 사람을 괴롭히기 위해 돌아다니는 것을 허용하지는 않는다. 그는 두말할 필요도 없이 —자신에 대한 따뜻한 마음씨를 발달

---

1) K12, p.149a E. Lamotte의 프랑스어 번역, 1949:740-2에서 번역함. 이와 약간 다른 영어 번역에 대해서는 Lamotte, 1987:106을 볼 것. 라모트는 1949:740-2의 각주에서 율장 안에 들어 있는 자살의 쟁점과 관련된 여러 단락들에 대해 언급하고 있다. 유사한 것이 Uss.171에서도 발견된다.

시킴으로써— 자기 자신을 더 좋아하는 것을 배워야 한다. 마찬가지로 만일 어떤 사람이 그 자신의 생명을 소중하지 않게 여긴다고 하더라도, 이는 그가 다른 사람을 죽이기 위해 돌아다니는 것을 허용하지는 않는다. 그렇다면 이 계율의 근거는 (a) 사람들이 일반적으로 좋아하지 않는 것과 (b) 자신의 존재의 여러 측면들에 대한 나쁜 의지(소멸에 대한 갈망과 결합된)를 극복하고, 자기 자신을 위해 따뜻한 마음씨를 가질 것을 배운다는 맥락 안에서 고려되지 않으면 안 된다.

실제로 붓다가 자살을 심각하게 간주했다는 사실은 교단 속의 삶에서 '패배'(pārājika)를 수반하는 몇 가지 가운데 하나인 다음과 같은 계율, 즉 교단으로부터 영원한 추방이라는 계율에서 찾아볼 수 있다. 이 특별한 규범은 두 가지 사건의 맥락에서 만들어졌다. 첫 번째는 붓다가 '신체의 불결함': 즉, 피부 속에 들어 있는 신체는 오히려 아름답지 않으며, 따라서 집착의 대상이 되는 것은 가치 있는 일이 아니다!(S. v.320-2)라고 설법한 것을 두고 그 의미를 오해한 나머지 자기 자신을 죽인 몇몇 비구들이나 다른 사람을 끌어들여 그들을 죽이게 한 사건이다. 두 번째 사건은 일부 나쁜 비구들이 어떤 재가 신자를 설득하여 자살하도록 만들었고, 결과적으로 그들이 그의 아내를 유혹할 수 있었던 사건이다. 그들은 '죽음의 아름다움을 칭송했고', 나아가 그는 좋은 사람이므로 좋은 환생을 얻게 될 것이라고 주장했다. 그래서 그는 죽기 전까지 일부러 몸에 나쁜 음식을 먹었다(Vin. Ⅲ.72-3). 이와 같은 두 가지 사건이 야기했다고 전해지는 그 규범은 다음과 같다:

고의적으로 어떤 사람에게서 생명을 빼앗는 비구나 그 비구의 칼잡이가 되기 위해 두리번거리는 비구, 혹은 죽음의 아름다움을 칭송하는 비구, 또는 '여보시오, 자, 이 사악하고 험난한 삶이 도대체 당신에게 무슨 소용이 있단 말이오? 당신은 사는 것보다 죽는 것이 더 낫소'라고 말하면서 어떤 사람을 선동하여 죽음에 이르게 하는 비구, 혹은 고의적이고 의도적인 여러 가지 방식으로 죽음의 아름다움을 칭송하거나 어떤 사람을 선동하여 죽음에 이르게 하는 비구는 그가 누구이든지 간에: 그 비구는 또한 패배한 자이며 따라서 공동체 안에 머물러서는 안 된다. (*Vin.* III.73)[2]

이 규범은 분명히 살인, 어떤 사람을 도와 자살을 하게 하는 것, 혹은 자살을 선동하거나 칭송하는 것 등에 관심을 보이고 있다. 라모트(1987: 105)는 ―이에 대해 주석을 달면서― 자살 그 자체가 위반이라는 말은 없으며, 따라서 불교윤리의 관점에서 보면 자살은 아무런 잘못도 없다는 점을 강조하고 있다. 하지만 이는 그릇된 결론인 것으로 보인다. 이와 관련된 규범은 교단 공동체, 즉 승가로부터의 추방을 야기하는 행위에 대해 관심을 보이고 있다. 만일 (승가 구성원이 아닌) 어떤 사람이 자기 스스로 죽었다면, 이런 문제는 일어나지 않는다.

그럼에도 불구하고 드미에빌(Demiēville)은 화지부(Mahīśāsakas)의 율장을 보면(Taishō 1421, II,7b-c), 붓다는 위의 선언을 하기 전에 자살은 중대한 위반이며, 이는 단지 패배를 불러올 완전한 위반에 조금 못 미칠 따름이라고 말한다는 사실을 보고하고 있다(1957: 350). 이 경전은 계속하여(8a) 다음과 같이, 즉 ―몇몇 친구들이 어떤 병든 비구로 하여금 천상에 다시 태어나도록 하기 위해 스스로 죽게 내버

---

2) 『보살지지경』(Bodhisattva-bhūmi)에서도 보살의 자비심은 어떤 사람에게 자살이나 자해를 할 도구를 제공해서는 안 된다고 말하고 있다(49a; Dayal, 1932: 175).

려 두자고 제안했을 때, 그 비구는 자살이 신성한 삶 속에서의 끊임없는 수행을 가로막는다고 대답하고, 어쨌든 자신은 현재의 삶 속에서 그것을 실천하기 위해 몸을 회복할 것이라고─ 말하고 있다. 또한 심각한 부상을 입은 어떤 재가 신자들은 ─이 세상에서 겪는 고통은 사람들에게 불교적인 행위 방식을 수행할 것을 가르치고 있다고 말하면서─ 자살하기를 거부하고 있다(Demiéville, 1957: 350-1).

하지만 성공하지 못한 자살 시도는 교단 규율의 위반인가?[3] 테라바다 율장의 *Vin.*Ⅲ.82에는 '불만족 때문에 고통스러워하다가(anabhiratiyā)' ─이는 성적 욕망과 관련된 것으로 보이는데[4]─ 영축산에 올라가 절벽 아래로 떨어지는 한 비구에 대한 설명이 나오는데, 이는 자살하기 위한 시도가 분명했다. 그는 비록 살아남았지만 어떤 다른 사람 위에 떨어짐으로써, 그 사람을 죽게 만든다. 그러자 그 비구는 ─어떤 사람을 죽게 만들었으므로─ 자신이 추방을 불러올 위반을 범했는지의 여부를 두고 고민한다. 하지만 이것은 적절하지 않은 것으로 생각되는데, 왜냐하면 그는 다른 어떤 사람을 죽일 의도를 전혀 가지고 있지 않았기 때문이다. 이윽고 붓다는 '비구여, 우리는 자기 자신을 내던져서는 안 되느니라(na··· attānaṃ pātetabbaṃ)', 자기 자신을 내던지는 사람에게는 그가 누구이든지간에 그릇된 행동을 한 위반이 존재하게 된다고 말한다. 다시 말해 패배를 수반할 위반은 아니지만 그것에 근접하는 어떤 것이 있는데, 여기에는 두 가지 등급이 있다는 것이다. 하나는 심각한 위반이고, 다른 하나는 잘못을 저지른 위반이 곧 그것인데 후자가 덜 심각한 것이다. 다음과 같은 경우, 즉 영축산에서 돌을 던짐으로써

---

3) Wiltshire,1983:130 참조.
4) *Vin.A.*467에 의해; 그리고 *Vin.Ⅱ.*110에서도 설명되고 있듯이, 한 비구는 그와 같은 고통을 참지 못해 실제로 자신의 성기를 칼로 잘랐다.

본의 아니게 사람을 죽게 만든 일부 비구들의 경우는 정확하게 이와 동일한 방식으로 다루어진다. 이는 두 가지 경우에 있어서 위반은 다른 사람들의 안전과 관련하여 비난받을 만한 부주의함의 하나로 여겨졌다는 것을 암시하고 있으며, 나아가 첫 번째 경우의 위반은 그것이 자살을 시도한 경우라는 사실에 있지 않았다.

그렇다면 하나의 가능성은, 시도하기는 했지만 실패한 자살에 대해 특별하게 언급하고 있는 교단의 규범이 전혀 없다는 점인데, 그 이유는 교단의 규범이란 단지 그들의 목적을 달성한 행위들에 대해서만 관심을 보이고 있기 때문이다.[5] 그러나 이것은 항상 그런 것만은 아니다. *Vin.* II.76에서는, 만일 어떤 비구가 함정을 파서 사람을 빠뜨려 죽이려고 한다면 ―그 사람이 죽어 버리면 그는 단지 패배하는 데 그치겠지만― 그 사람이 (죽지 않고) 다친다고 하더라도 여전히 중대한 위반을 범한 죄가 있으며, 또한 그 사람이 함정에 빠졌으나 다치지 않았다고 하더라도 그릇된 일을 행한 위반의 죄가 있다고 말한다.

그럼에도 불구하고 ―이미 말한 바 있듯이― 위의 규범에 의하면 우리는 자신의 몸을 절벽 아래로 내던져서는 안 된다고 말하고 있으며, 실제로 'na··· attānaṃ pātetabbaṃ'라는 구절은 보다 일반적으로 말하면, '우리는 자살을 해서는 안 된다'는 것을 의미할 수도 있다. 실제로 *Miln.*195-7에서는 덕망이 높은 사람은 자살을 해서는 안 된다고 주장하면서 이 규범을 인용하고 있는데, 왜냐하면 그들은 세상 사람들에게서 자신들이 베풀 수 있는 혜택을 빼앗아 가버리기 때문이다. *Vin.* III.82에 대한 주석(*Vin.* A. 467)은 다음과 같이 말하고 있다.

---

5) 키온은 1995년 11월 13일자의 전자우편에서 이런 입장을 암시한 바 있다.

(1) 그리고 여기에서는 스스로 몸을 내던져서도 안 되지만 다른 어떤 수단, 심지어 먹는 것을 중단함으로써 죽음에 이르러서도 안 된다: 누군가가 병이 들어 있고, 그리고 의약물과 시중 드는 사람이 있을 때 죽고자 하는 욕구 때문에 음식물을 거부하는 것은 잘못을 저지르는 행위임이 분명하다.

(2) 그러나 큰 병이 있고, 오랜 시간 동안 앓았으며, 시중드는 비구들도 지치고 넌덜머리가 나서 '이제 우리가 그를 병으로부터 자유롭게 해주는 것이 어떨까?'라는 말을 하는 어떤 사람에 대해서: 만일 그가: '간호를 받아 온 이 몸은 지속되지 않으며, 나아가 비구들도 지쳤다'라고 (생각하고) 먹기를 중단한 채 약을 복용하지 않는다면 그것은 허용 가능하다(vaṭṭati).

(3) 누군가가 '이 병은 지독하고 생명활동들은 지속적이지 않으며, 그리고 내가 이러한 특별한 (명상적) 단계에 도달했다는 것(visesādhigamo)을, 마치 내가 거기에 손을 얹을 수 있을 것처럼 훤하게 본다'라고 (생각하고) (먹기를) 중단한다면: 그것은 확실히 받아들일 수 있다.

(4) 더군다나 병들지 않았지만 종교적 절박감(saṃvega-)이 일어나 '음식을 구하는 것은 사실상 하나의 장애물이다: 나는 오직 명상의 대상에만 정신을 집중할 것이다'라고 생각하는 사람이, 명상의 대상이라는 이름으로 (먹기를) 중단하는 것은 허용될 수 있다.

(5) 그가 특별한 (명상적) 단계에 도달했다고 선언하고, 먹기를 중단한다면: 그것은 허용될 수 없다.(숫자는 필자가 추가한 것임)[6]

---

6) 바팟(Bapat)과 히라카와(Hirakawa)가 번역한, 빠알리 율장 주석서의 한문번역본 (1970:327-8)을 참조할 것.

이것은 자기 자신을 절벽 아래로 내던지는 것에 대한 금지를 모든 방법으로 자살하는 것에까지 확장하고 있는데, 자이나교의 성인들이 그랬듯이 자기 스스로 굶는 것과 같은 '수동적'인 방법조차도 (1) 금지하기에 이르렀다. 그러나 그것은 몇 가지 사례의 자기 굶주림은 허용 가능하다는 사실을 인정하고 있다. 그것은 어떤 사람이 오로지 명상을 수행하고 싶은 마음으로 꽉 차 있기 때문에 음식을 장만할 시간이 없을 때 허용될 수 있지만(4), 어떤 사람이 자신은 이미 특별한 명상의 상태에 도달했으므로 더 이상 아무것도 할 것이 없다고 생각한다면, 그것은 허용될 수 없다(A.IV. 22)(5). 그것은 —만일 어떤 사람에게 병이 들었지만 도움을 주는 사람이 가까이 있다면(1)— 허용될 수 없다. 그것은 두 가지 다른 사례의 병에서는 허용될 수 있다: 심각하고도 오래 지속된 병, 그리고 그 비구가 자신을 돌보는 사람들을 고생시키지 않기 위해 스스로 죽고자 할 때 (2)와 지독한 병이 있고 그 사람은 명백히 죽어 가고 있으며 또한 그가 평소 자신이 목표로 삼아 왔던 명상적 상태에 도달했다는 것을 아는 경우가 곧 그것이다(3). 여기서 자기 굶주림은 보다 중요한 과업의 의도하지 않은 부수적 결과이기 때문일 때(4), 자비로운 행위의 일부일 때(2), 혹은 죽음이 이미 임박했거나 더 이상 먹는 것은 소용없고 심지어 명상하는 일을 마무리하는 것조차 허용하지 않을 때(3) 허용 가능한 것으로 보인다.

초기불교 문헌 역시 아라한의 지위에 도달하지 못하여 좌절한 나머지 자신의 목을 뼀으나, 아마도 그들의 현명하지 못한 행위에 대한 후회를 동반한 죽음의 과정을 목격함에 따라 마지막 순간에 가까스로 완전한 통찰력에 도달함으로써 아라한의 지위에 오른 사람들의 몇 가지 사례에 대한 논의를 담고 있다. 하지만 이러한 사례들은 자살을 어떤 방식으로 허용 가능하게 만드는, 그러한 것으로는 보이지 않는다(Keown, 1996). 대승불교의 문헌도 다음과 같은 예들: 즉, (1) 보살은 굶주리고 있는 호랑이 가족을 포함하여 다른 사람들을 구하기 위해 자신의 목숨을 버리고 있으며(Conze, 1959: 24-6; Khoroche, 1989: 8; Ss.24-8,37-8,51), (2) 사람들은 예경의 표시로 자신의 몸을 산 채로 불태우고 있는(Kato et al., 1975: 305-7) 예들을 포함하고 있다. 전자는 '자살'이 아니라 영웅적인 이타주의를 칭송하는 것으로 간주될 수 있는 반면, 후자는 자신의 생명을 보다 높은 이상에다 완전히 바칠 것을 촉구하는, 약간은 부주의한 방식으로 ―비록 중국의 몇 가지 사례는 이를 글자 그대로 받아들였지만― 여겨질 수 있다(Yünhua, 1965). 중국의 전통도 ―유교의 영향을 받아― 사회 안에서 개선된 상황을 불러일으키기 위한 자비로운 항의 행위의 일환으로 스스로 목숨을 끊은 사람의 사례와 또한 일상적인 자살 시나리오와는 큰 연관성이 없는 사례들을 포함하고 있다. 하지만 베트남 전쟁 기간 동안 우리는 불교인들이 자신의 몸에 불을 붙여 죽음에 이른 제법 많은 유명한 사례들을 목격한 바 있는데, 이는 크게 보면 이러한 전통과 부합된다고 본다(Nhat Hanh, 1967: 9,37-8, 118-19; Rahula, 1978: 114).

안락사

불교의 관점에서 볼 때 죽음은 ―하나의 삶으로부터 다른 삶으로 넘어가는 전환의 시점에 서 있기 때문에― 가장 중요하면서도 다루기 힘든 문제인 '삶의 위기'이다. 어떤 사람의 이전의 업이 정해 놓은 범위 내에서, 죽음에 이른 그 사람의 마음의 상태는 뒤따라올 환생의 종류를 결정할 중요한 요소로 간주된다(Sogyal, 1992:

224). 그러므로 불교는 어떤 사람이 '좋은 죽음'을 맞이하도록 돕는 것이 목적인 호스피스 운동의 많은 이상들을 지지한다(de Silva, 1994). 그래서 샌프란시스코 선 센터에서는 1971년 이래 죽어 가는 사람을 위한 시설을 제공해 왔으며, 나아가 1987년에는 호스피스 종사자를 위해 본격적인 교육 프로그램을 시작했다.[7] 영국에서는 1986년 죽음과 사별, 그리고 죽어 가는 사람과 관련된 불교의 관념을 탐구하고 —만일 요청이 있다면— 죽어 가는 사람과 사별한 사람을 기꺼이 방문하고자 하는 불교인의 네트워크를 개발하기 위해 불교호스피스재단이 만들어졌다. 그 이상은 뒤에 남게 될 사람들에 대한 걱정 없이(A.Ⅲ. 295-8), 그리고 고요하면서도 상기되지 않은 가운데 의식이 있는 상태에서 죽는 것이다. 그렇다면 (아마도) 약물에 취한 채 의식이 없는 상태에서 죽고 싶은 사람은 없을 것이다. 마음의 동요나 성내고 부정하는 것으로부터 벗어나 자신의 지난 행동을 후회하기보다는 즐거운 기분으로 좋은 일을 떠올리면서 평온한 상태에서 죽는 것은, 미래의 생명으로 잘 건너갈 것이라는 것을 의미한다. 분명한 것은 자신이 죽고 있음을 아는 것이 가장 좋다는 사실이다. 왜냐하면 그런 다음에야 비로소 사람들은 죽음을 받아들이게 되고, 자신의 가족들과 —다가오는 죽음에 대해 열린 마음으로 솔직하게 서로 감정을 주고받으면서— 거리낌 없이 말할 수 있게 될 것이기 때문이다.[8] 불교 문화권에서 죽어 가는 사람의 가족과 친구들은 '좋은 죽음'이 될 수 있도록 최선을 다한다. 차분하고도 즐거운 마음의 상태가 되는 것을 돕기 위해 불교 비구가 초청되

---

7) T. D. Schneider, 'Accidents and Calculations: The Emergence of Three AIDS Hospices', Tricycle: The Buddhist Review, I (3) (Spring 1992) 78-83.
8) Sogyal, 1992:177-8. 그럼에도 불구하고 일본의 의사들은 종종 가족주의적이거나 권위적인 방식으로 행동하며, 따라서 환자들에게 그들이 죽어 가고 있다는 사실을 알려주지 않는다(Becker,1990:553).

어 조용한 염불을 하기도 한다. 그 염불 가운데 일부(남방불교에서는 parittas로 알려져 있음)는 죽는 사람을 보호하는 효과를 가진 것으로 알려져 있으며, 또한 —만일 그 사람이 금방 죽을 것으로 보이지 않으면— 회복을 돕는 것으로 받아들여지고 있다. 죽어 가는 사람에게도 그(녀)가 자신의 삶 속에서 행했던 좋은 일들이 떠오르게 될 것이며, 결과적으로 그 사람은 좋은 것을 찬찬히 되돌아보는 이러한 행위에서 기쁨을 느낄 수 있다(Terweil, 1979: 256). 비구들역시 죽어 가는 사람 덕분에 생계를 유지할 수 있다고도 할 수 있는데, 그(녀)는 —(비구와) 까르마적 결과가 좋을 행위를 공유하는가운데— 죽음에 이르게 된다. 북방불교에서 죽어 가는 사람은 그(녀)가 죽음의 시점에 접근하여 통과할 무렵 —통상 '티베트 사자의서'라고 알려진— 『바르도 퇴돌』(Parto Thötrol; Bar-do thos-grol)을읽고 있을 것이다. 이 책은 그 사람이 자신의 육신과 가족에 달라붙어 있는 집착을 극복하도록 도와주기 위해 삶과 삶 사이의 기간동안 겪은 경험을 거쳐 지나가도록 안내하고, 또한 그(녀)가 삶과죽음의 과정에 대한 속 시원한 통찰력을 얻을 수 있게 해주거나 적어도 불필요한 나쁜 환생을 피할 수 있게 해준다. 동방불교에서 정토종 신자들은 죽어 가는 사람의 침상 밑에 아미타불의 그림을 갖다 놓고, 그 사람의 손에다 아미타불의 손과 연결된 실을 쥐어주기도 한다. 이것은 그 사람이 아미타불의 정토에 떨어졌다는 생각을가지고 평화롭게 죽도록 돕기 위한 것이다.

'Euthanasia'는 그리스어 'eu'와 'thanatos'로부터 유래한 것인데,글자 그대로 '좋은 죽음'을 의미한다.[9] 「콘사이스 옥스퍼드 사전」(1976)에서 정의하고 있듯이, 그것은 '점잖고 편안한 죽음'을 의미한

---

9) 일본에서 'euthanasia'에 해당하는 단어는 '안라쿠시(安樂死)'인데, 이는 실제로불교에서 말하는 정토의 다른 이름이기도 하다.

다; 이는 특히 치료가 불가능하고 고통이 심한 질병의 경우에 행한
다. 논리적으로는 호스피스 병원에서 안락한 보살핌을 제공받으면
서 죽는 것이 이 정의에 들어맞는 것으로 보일 수 있을지 모르지
만, 이렇게 죽는 것은 그 용어가 정상적으로 사용되는 방식이 아니
다. 왜냐하면 안락사는 어떤 행위나 행위하지 않음의 의도된 결과
가 곧 죽음인 환자를 포함하고 있는 경우에 적용되는 것으로 보이
기 때문이다. 그래서 '능동적인 안락사'와 '수동적인 안락사'라는 용
어가 생겨났다. 능동적인 안락사는 치명적 주사를 놓는 것과 같은,
고의적인 적극적 행위에 의해 의도적으로 죽음을 재촉하는 것이다.
수동적인 안락사는 고의적 태만에 의해 의도적으로 죽음을 야기하
는 것인데, 예컨대 정맥주사로 처방된 영양 공급을 포함하여 음식
물을 제공하지 않거나, ―만약 그렇게 하지 않는다면― 죽음을 지
연시킬지도 모르는 의학적인 치료를 억제 또는 제거하는 것 등이
있다(Hämmerli, 1978: 191).

안락사의 수단이 무엇이든지 간에, 그것은 또한 이의 결과로 죽
게 되는 환자의 의지가 개입된 성질에 따라 구별될 수도 있다
(Keown, 1995a: 168-9):

1. 비자발적인 안락사는 환자의 소원에 반하여 시행되는 것이다.
   이것은 나치가 정신질환자들 및 다른 '부적합한 사람들'을 대
   상으로 저지른 것이며, 보편적으로 비난받고 있다. 그것은 살
   인과 똑같은 것에 지나지 않는다.
2. 자발적인 안락사는 환자가 그 행위를 요구하는 곳이나 ―이는
   의사에 의해 이루어지는데― 의사가 환자에게 그(녀)의 삶을
   종식시킬 수단을 제공하는 곳에서 ―이는 의사의 도움을 받는
   자살의 경우이다― 일어난다.

3. 우리가 전(pre)-자발적인 안락사라고 부를 수도 있는 곳에서, 환자는 —만일 그(녀)가 앞으로 정신적인 능력을 상실하게 되면, 이러이러한 의학적 조건하에서— 자신의 생명을 끝내기를 원한다는 취지로 '생전 유서(living will)'를 작성한다. 그러나 의학적 조건이 그렇게 돼서 이 행위가 이루어질 때 그 환자는 죽은 것이 확실하다고 간주될 수 있는 경우에도 —예컨대, 그것이 시신의 폐를 부풀어 오르게 하고 있는데 인공호흡기의 스위치를 끄는 것(아래를 보라)— 이것은 사실상 안락사의 사례가 아니다.

4. 비-자발적인 안락사에서 환자는 그(녀)의 생명을 종식시키는 것에 동의하거나 혹은 거부할 능력이 없으며 —혼수상태가 되었거나 알츠하이머병이 진전된 상태 또는 비정상적인 뇌를 가진 유아이기 때문에— 따라서 생명을 중단시킬 결정은 아마도 법원의 허가를 얻어 친척들과 상의한 의사가 주도해야 할 것이다. 이 마지막 유형에 대해 말하자면, 이러한 유형의 안락사는 —그것에 의해 어떤 사람이 '죽었다'고 선언될 수 있는— 기준의 문제를 야기하는데, 이는 아래에서 논의될 것이다. 당연히 죽었다고 일컬어질 수 있는 몸을 대상으로 이루어진 행위는 어떠한 종류의 안락사도 아니다.

안락사를 거부하는 불교적 이유들

적극적 안락사는 —비록 네덜란드에서는 기술적으로 불법이긴 하나 수용되고 있다고 하더라도[10]— 일반적으로 의료전문가와 여론

---

10) 그리고 1994년, 죽음 및 죽는 것을 다루는 미시간위원회는 —만일 말기 환자

의 저항감을 불러일으키고 있는 반면, 상당수의 사람들은 어떤 형태의 수동적 안락사는 기꺼이 묵인할 준비가 되어 있다. 그러나 불교는 의도를 행위의 도덕성에 관한 판단에서 결정적인 것으로 보고 있기 때문에 능동적 수단과 수동적 수단 사이를 ―만일 이러한 수단들이 죽음을 야기하거나 재촉하는 것을 의도하는 것이라면― 굳이 구별하려고 하지 않을 것이다. 붓다가 자살을 칭송하거나 돕는 비구 또는 비구니를 강력하게 비난하는 것은 이와 관련이 있다. 어떤 사람을 고의로 죽이는 것은 ―심지어 그(녀)가 이를 요구하고 있다고 하더라도― 같은 방식으로 살인과 함께 다루어진다. 키온에 의해 지적되었듯이(1995a: 170), 첫 번째 계율을 따르는 사람은 '살아 있는 것을 죽이지 않으며, 살아 있는 것이 죽게 되는 원인을 제공하지 않으며, 살아 있는 것을 죽이는 것을 승인하지 않는다.'(D. III.48) 어떤 사람이 죽게 됨을 요구하는 것은 '살아 있는 것이 죽게 되는 원인을 제공하는 것'에 해당할 것이며, 따라서 그 계율을 깨뜨리는 셈이다. 이는 ―만약 그 요구가 '생전 유서'의 형태를 띠고 있다고 하더라도― 변함없는 사실이다. 만일 의사가 안락사를 시행하도록 요구받았다고 하더라도, 이는 그(녀)를 살인 행위의 책임으로부터 벗어나게 해주지 않는다. 생전 '유서'의 경우에도, 그 환자가 ―비록 지금은 의사소통을 할 수 없지만― 자신의 마음을 바꾸지 않았다는 어떠한 확신도 없다. 영원한 자아는 존재하지 않는다는

가 6개월 이내에 죽을 것으로 여겨지면― 안락사는 미시간에서 합법화되어야 하며, 나아가 죽음에 이르는 행위를 주도하는 사람은 환자 자신이어야 한다고 권고했다(the Guardian Newspaper, 28 April, 1994). 1994년 12월 오리건주는 존엄한 행위로서의 죽음을 받아들였는데, 여기서 의사들은 건전한 정신을 가지고 있으면서 안락사를 요구하는 말기질환 환자들에게 치사량의 약물을 처방할 수 있게 되었다(the Guardian, 6 December 1994). 오스트레일리아의 북쪽 주들 또한 의사조력 자살을 허용하기에 이르렀지만, 이후 연방 정부는 이를 파기했다.

점을 강조하는 불교는 종종 사람들의 견해와 의도가 매우 가변적이라는 인식을 불러일으킨다.

요즘 심한 통증에 시달리는 사람을 위한 자발적 안락사는 —특히 그것이 능동적 안락사의 경우라면— 가끔 '자비로운 살인'으로 간주되기도 하며, 어떤 사람들은 동물에게서와 마찬가지로 인간에게도 이것이 허용되어야만 한다고 주장한다.[11] 하지만 불교인들은 동물들에게서조차도 이를 수행하기를 꺼린다. 불교가 자비를 강조하고 있다는 사실은 그와 같은 행위를 허용할 것이라고 생각될 수도 있지만, 율장에 나오는 몇 가지 에피소드들은 이것이 사실이 아님을 보여 준다(Keown, 1995a: 60-4, 171-3 참조). 이러한 모든 에피소드에서 이와 관련된 비구들은 교단적인 삶에서의 패배를 가져온 행위에 대해 죄가 있다는 말을 듣는다. 첫 번째의 경우, 비구들은 '자비심에서' 아픈 비구에게 죽음의 아름다움을 칭송하며, 그 결과 환자 비구는 어떤 밝혀지지 않은 조치를 취하고 죽는다(Vin. III.79). 주석(Vin. A. 464)에 따르면 비구들은 그에게 자신의 덕의 결과로 좋은 환생을 얻기 위해 죽을 것을 촉구했고, 그러자 그는 먹는 것을 중단하고 마침내 죽었다고 전한다. 두 번째의 경우 —비난받는 한 남자를 포함하고 있는데— 이 집행자는 어떤 비구가 자신의 고통과 기다리는 동안의 비참함을 연장하지 않기 위해 자기에게 부탁을 하자마자 그 비구를 죽인다(Vin. III.86). 세 번째의 경우는 팔다리가 잘린 한 남자의 경우를 포함하고 있다. 어떤 비구가 그 남자를 돌봐 주고 있는 친척들에게 그가 죽기를 원하는지를 묻자 그들이 이에 동의했을 때, 비구는 버터우유를 먹일 것을 처방하는데, 이 우유는 그 남자를 죽게 만든다(Vin. III.86).

---

11) 죽어 가는 사람들과 많은 일을 함께 한 바 있는 불교 명상수행자인 레빈(Stephen Levine; 1992)은 일정한 조건 아래에서의 자발적 안락사를 지지한다.

이와 같은 모든 사례들에서, 행위의 동기는 자비로운 것이었다고 생각될 수 있지만 그 행위는 여전히 비난받고 있다. 여기서 키온은 ―법원에서 그렇게 하듯이― 동기와 의도 사이를 유용하게 구별하고 있다(1995a: 62). 동기는 어떤 행동의 궁극적인 목적과 관련되는 반면, 의도는 어떤 행동의 보다 직접적인 목표, 즉 궁극적인 목적을 달성하는 과정에서의 목표와 관련된다. 그러므로 유산을 차지하기 위해 살인하는 사람은 돈을 획득하려는 동기와 또한 죽이려는 의도도 함께 가지고 있는 셈이다. 키온은 위의 사례들을 불교는 생명을 궁극적인 가치, 즉 '기본적인 선'으로 삼고 있으며, 따라서 생명은 심지어 우정이나 자비심과 같은 다른 기본적인 가치의 이름으로도 결코 희생되어서는 안 된다는 것을 보여 주고 있는 것으로 간주한다. 이는 동기로서 자비심을 품고 있지만, 그 과정에서 죽음을 의도하는 것은 수용할 수 없다는 것을 의미한다. 이것은 ―비록 대승불교도에서 때때로 '방편'은 만일 그 동기가 자비심이라면, 죽이는 것을 수용할 수 있다고 주장할지 모르지만― 이 문제를 바라보는 한 가지 방식이다. 그러나 대승경전에 나오는 '자비심에서 비롯된 살인'의 사례들은 언제나 그 희생자가 다른 사람들에 대해 어떤 사악한 행위를 하는 것을 막기 위한 것이다: 그 사례들은 다른 사람들에 대한 고통을 막고 또한 그 희생자에 의해 일어날 나쁜 업을 막기 위한 것이다. 그러한 사례들은 안락사의 시나리오에는 딱 들어맞지 않는다.

아무튼 어쩌면 '자비로운 살인'에 대한 불교적 태도를 해석하기 위한 더 좋은 방법은 다음과 같은 것일지도 모른다. 어떤 행동은 ―만일 그것이 욕심과 미워함 혹은 어리석음(貪/瞋/癡)에 뿌리를 두고 있는 것이라면― 건전하지 못한 것이다. 여기서 '뿌리를 두고 있는'이란 표현은 어떤 행위의 의도와 그것의 동기 혹은 이 두 가지 모두를 언급하고 있는 것으로 볼 수 있다. 자비심의 바탕 위에서 죽음을 옹호하는 것은 어리석음에 뿌리를 두고 있는 건전하지 못한 행위로 보일 것이며, 따라서 이와 관련된 자비심은 현명하지 못한 것이었다. 『아비달마구사석론』(Abhidharma-kośa-bhāsya, *AKB*, IV.36c-d)에 의하면 살인은 무지를 포함한, 다양한 뿌리로부터 일어날 수 있다고 한다.[12] 후자의 사례들에는 페르시아인이 그랬던 것처럼, 동물의 희생과 나이 들고 병든 부모를 죽이는 것이 있다. 프루덴(Pruden)이 번역한 이 경전의 한 각주(*AKB*, p.735-6)는 『비바사론』(*Vibhāṣā*, p.605c16)이 일부 서양 사람들이 ―만일 아버지 또는 어머니가 노쇠하거나 고통에 시달리고 있다면― 부모를 죽이는 것은 좋은 일이며, 그 결과 부모는 새로운 장기기관을 얻게 되어 고통 없는 삶을 누릴 것이라고 생각했다고 말하고 있는 것으로 인용한다. 이는 확실히 고통을 겪고 있는 사람을 죽임으로써 고통을 없애려고 하는 것은 어리석음이라는 사실을 함축하고 있다. 실제로 『우바새계경』(Upāsaka-śīla Sūtra)에서는 ―만일 어떤 사람이 자기 부모에게 자살도구를 주어 스스로 죽게 한다거나 부모 가운데 한 사람을 다른 한 사람의 명령에 따라 죽인다면― 부모를 죽인 흉악한 위반이 여전히 저질러졌다고 말하고 있다(*Uss*, 179).

　고통을 겪고 있는 부모를 죽인 것은 왜 어리석음에 바탕을 둔 행위인가? 병든 비구의 경우, 이 주석서는 보다 적절한 조언이 있다고 설명한다: '길과 열매가 나타났듯이, 당신이 덕망이 있는 사람이라는 것은 놀라운 일이 아니다: 그러므로 주거지 등에 집착하지 말고, 붓다와 법과 승가(佛法僧)를 받드는 마음을 품을 것이며 몸은

---

12) 그 외의 다른 것에는 욕심과 미워함 및 잘못된 견해들이 있다. 마지막 것 때문에 살인을 하는 것은 ―이는 자살과 죽기를 원하는 어떤 사람을 죽이는 것 등을 포함할 것인데― 명백히 어떤 사람이 죽으면 소멸한다는 견해에 뿌리를 두고 있을 것이다.

정신집중을 발달시켜라.'(*Vin*. A. 464; Bapat and Hirakawa, 1970: 326 참조) 이것은 다음과 같은 사실, 즉 사람은 죽는 과정을 (자신에 대해) 성찰할 기회로 이용해야 한다는 것을 암시하고 있는데, 이는 무상한 어떤 것에 ─예컨대, 그것이 육신이든, 다른 사람이든, 소유물이든, 혹은 세속적인 성취이든지 간에─ 집착하고 있는 잘못을 분명하게 보여 주기 위한 것이다. 죽는다는 것은 몸과 마음을 구성하는 요소들의 실제가 사실은 무상과 고와 무아임을 알려 준다; 그러므로 죽음은 이러한 것들에 대한 통찰력을 얻을 기회인 것이다. 강요된 죽음은 이러한 기회를 막아 버린다.

테라바다 불교에서도 또한 '어떠한 살생 행위라도 악의적인 생각이나 고통에 대한 반감 없이 수행될 수는 없다'는 점을 공통적으로 드러내 보이고 있다(Ratanakul, 1988: 310). '자비로운 살인'의 경우, 의사의 자비심에서 나온 동기는 선이다. 하지만 그것은 환자의 고통에 대한 혐오감과 뒤섞여 있는데, 이는 그 의사를 혼란스럽게 만들며 결과적으로 '그는 고통에 대한 자신의 반감을 이를 구체화하고 있는 사람에게로 옮겨 놓게 되는 것이다'(같은 책, p.310). 테라바다의 경전에 근거를 두고 있는 다니구치(Taniguchi)도 ─만일 격심한 고통에 시달리고 있는 한 어머니가 아들에게 자신의 생명을 끊어줄 것을 부탁하고 그 아들이 그렇게 한다면, 이 두 사람은 죽음이 유일한 탈출구라는 어리석음을 공유하는 것이자 아들의 행동은 어머니에 대한 집착과 그녀의 고통에 대한 혐오감으로부터 동기부여된 것─이라고 말한다.[13] 이러한 이유들로 인해 라타나쿨(Pinit Ratanakul)은 태국에서 안락사는 ─능동적인 것이든 수동적인 것이

---

13) Shoyu Taniguchi, 'A Study of Biomedical Ethics from a Buddhist Perspective', MA thesis, Graduate Theological Union and Institute of Buddhist Studies, Berkely, Calif., 1987, pp.90-3, Florida, 1993:43에서 인용함.

든— 도덕적으로 정당화하기 힘들다는 공감대가 높아지고 있다고 말한다(1990: 27). 그럼에도 불구하고 그는 —서양에서와 마찬가지로— 간호사들이 '과다한 양의 치명적인 약물이 제공되고, 규범에 바탕을 두지 않은 명령들(즉, 인공호흡기로 소생술을 시행하지 말라)이 문서화되거나, 생명 보조 장치의 제거 및 치료를 중단하라는 명령들이 일어난 사례들'을 보고한 바 있다는 사실에 주목하고 있다(1986: 219). 비록 그가 이와 같은 관행이 전통적인 태국 불교의 가치와 갈등을 일으킨다고 말하고는 있지만, 그러한 행위의 맥락에 대한 자세한 내용을 제공하지 않고 있어 그것들에 대한 적절한 도덕적 판단을 내리지 못하게 하고 있다.

또한 병든 사람을 죽이는 것이 실제로 그(녀)의 고통을 종식시킬 것인가라는 문제가 있다. 한편으로는, 착한 사람이라고 하더라도 다음 생에서 즐거운 환생의 몸을 받을 아무런 보장이 없는데, 이는 나쁜 까르마가 축적되어 있다가 그(녀)를 따라다닐 수도 있기 때문이다(같은 책, p.25를 보라). 다른 한편에서는, 만일 병든 사람의 고통이 까르마에 기인하는 것이라면, 그(녀)를 죽이는 것은 그 고통을 종식시키지 못할 것으로 보인다. 왜냐하면 까르마가 야기한 고통은 죽고 나서 까르마의 힘이 다할 때까지 계속될 것이기 때문이다. 그러므로 지금 여기서 고통을 다루는 것이 더 좋은데, 왜냐하면 우리는 여전히 인간으로 환생한 몸을 가지고 있고 또한 그 고통을 더 잘 다룰 수 있기 때문이다. 그러나 모든 고통이나 질병이 까르마 때문이라고 주장되지는 않는다. 왜냐하면 그것은 바람과 짜증, 무기력, 이것들의 결합, 환절기, 스트레스 등으로부터 갑자기, 혹은 까르마의 무르익음으로부터 일어날 수도 있기 때문이다(같은 책, p.23을 보라).[14] 죽음과 까르마에 관하여 테라바다의 주석가 붓다고사는 죽음이란 (1) 정상적인 인간 수명의 자연스러운 종말 때문이거나, 혹은 (2) 까르마가 결정해 놓은 특정 개인의 수명의 자연스러운 종식 때문이거나, 혹은 (3) 정상적인 수명을 방해하는 까르마 때문에 살해당하는 것과 같은, '때 이른(akāla) 죽음'일 수도 있다고 말한다(*Vism.* 229; *Kvu.* 543-4 참조). 이것은 나이가 많은 사람들을 제외한, 모든 죽음은 까르마 때문이라는 것을 함축한다. 그러나 모든 질병이 까르마에서 기인하는 것은 아니라고 말하는, 경전의 구절에 의하면 몇몇 때 이른 죽음은 까르마 때문이 아니라는 것을 함축한 것으로 보일 수 있다. 실제로 『업시설론』(業施設論 Karma-prajñapti-śāstra; *ch.* xi, *AKB.* II.45b에서 인용되고 있음)에 의하면 죽음은 삶이나 즐거움의 대상 또는 이 양자 모두를 있게 한 까르마가 다했기 때문에 일어나거나 혹은 해악의 원인, 예컨대 과식을 피하지 않았기 때문에 일어난다고 말한다. 일부의 죽음은 까르마적 열매와 아무런 관계가 없다는 사실은 또한 *Miln.*150-4에서도 함축되어 있다. 이 경전은 병을 치료하고 생명을 구하는 어떤 경우에 있어서 힘을 발휘하고 있는 것으로 보이는 불교주문, 즉 빠리타스의 효험을 논의하고 있다. 빠리타스는 어떤 사람이 자기 수명의 자연적인 종말에 다가서고 있거나 혹은 그 질병이 까르마 때문일 때에는 작용하지 않는다(같은 책, 151); 그것은 오직 한창 때에 있는 사람이거나 신앙을

---

14) 레스코(Lesco)는 의사인 예세 돈덴(Yeshe Donden)을 포함한 몇 가지 티베트 자료를, 티베트인들은 모든 감정들과 병은 —그것을 일어나게 만든 직접적인 원인이 무엇이든지 간에— 까르마에 기인하고 있는 것으로 본다는 취지로 인용하고 있다(1986:53-5). 그러나 이것은 까르마가 모든 병의 구체적인 원인이라는 것을 의미하기보다는 단순히 우리가 까르마로 인해 —인간으로 다시 태어나기만 한다면— 인간적인 병과 감정들을 가질 수 있을 것이라는 관념에 바탕을 두고 있는 것일지도 모른다. 하지만 대승불교 철학의 유식학파에서는 모든 경험들을 구체적인 까르마의 '씨앗들'로부터 나오는 것으로 보고 있다. 중국의 전통에서 지의(Chih-i)의 『마하지관』은 병의 다양한 원인을 열거하고 있는데, 그 가운데서 오직 한 가지만 까르마의 성숙에서 비롯된 것이라고 말한다(Ikeda, 1994:69-70)

가지고 있는 사람에게만 작용한다(같은 책, 154). 이는 한창 때에 있는 사람이 ―비록 까르마 때문에 죽도록 예정되어 있는 것은 아니라고 하더라도― 그와 같은 염불의 치료적 속성을 결여하고 있기 때문에 죽을 수도 있다는 것을 인정하는 셈이다.

만약 모든 병과 죽음이 까르마에 기인하는 것이 아니라면, 어떻게 될까? 첫째, 어떤 병을 까르마의 '당연한' 결과로서 단순히 수동적으로만 받아들여서는 안 된다는 점이다. 의사와 친척은 환자의 목숨을 구하기 위해 할 수 있는 모든 일을 다 해야만 한다. 어떤 병이 말기인 것이 분명하다면, 그것은 확실하지는 않지만 ―특히 나이가 많은 경우에는― 까르마 때문인 것처럼 여겨지게 된다. 만일 그 병이 까르마 때문이라면, 안락사에 의해 죽음을 앞당기는 것은 병과 관련된 고통을 종식시키지 못할 것이다. 왜냐하면 까르마는 사후에도 고통이 계속되는 원인이 될 것이기 때문이다. 만일 그것이 까르마 때문이 아니라면, 환자가 '죽음의 과정을 처음부터 끝까지 지켜보고', 이로부터 무엇인가를 배우는 것은 여전히 중요한 일이다. 환자가 의식이 없어서 아마도 '죽음의 과정을 처음부터 끝까지 지켜볼' 수 없는 사람들의 경우는 아래에서 논의될 것이다.

물론 우리는 안락사에 의해 죽는 것이 그 환자의 까르마 때문일 수도 있다고 말할지 모른다. 이는 원칙적으로 사실일 수 있을 것이다. 그러나 (우리가) 안락사를 용서하지 못하는 것은 어떤 살인이 그 희생자의 까르마 때문에 일어났다고 해서 그 살인자를 용서하지 못하는 것과 마찬가지이다. 그렇다면 지혜로운 자비심은 안락사를 포함하지 않을 것이다.

그럼에도 불구하고 자발적인 안락사를 지지하는 것으로 보일 수도 있는 하나의 불교적 고려는 맑은 정신상태 속에서 죽는 것의 중요성이다: 즉, 고요하고, 의식이 있는 가운데 죽음의 과정을 처음부터 끝까지 지켜볼 수 있다는 것이 곧 그것이다(Becker, 1990: 553-5). 만일 어떤 사람이 그(녀) 자신은 머지않아 죽을 것이 확실하다는 사실을 알고 있다면, 그리고 고통이 점점 심해지고 있어 자기를 무의식적으로 만드는 약물에 의해서만 고통을 숨길 수 있다면, 그(녀)는 나중에 지속적인 무의식 상태나 고통을 유발하는 상태에서 가기보다는 맑은 정신상태 속에서 ―여기서는 이성적으로 차분해질 수 있고, 나아가 죽음의 과정으로부터 배울 수도 있다― 좀 더 빨리 가기를 선택할 수도 있을 것이다. 하지만 적어도 오늘날 (그와 같은) 이분법은 잘못된 것이 되고 있다. 모르핀이 진통제로 사용되었을 당시, 그것은 아주 쉽게 환자를 무의식적으로 만들 수 있었다. 요즘에는 의식을 최소화하는 진통제들이 나와 있는데, 이는 무의식적인 상태도 아니고 고통을 유발하는 상태도 아니지만 그것으로부터 곧 바로 깨어날 수 있는 반-의식상태를 허용하기 위한 것이다(Hämmerli, 1978: 192). 어느 정도까지 고통은 여전히 경험될 것이며, 나아가 이와 같은 약물들은 메스꺼움을 야기하기도 하고 결국에는 마지막 무의식 상태에 이르게 할 것이다.[15] 하지만 안락사가 이를 단축시켜 버리는 것은 ―비록 어려운 것이긴 하나― 배우는 경험을 중단시킬 것이다. 더군다나 만일 그 사람이 사실은 가까운 장래에 죽을 운명이 아니라면, 안락사는 인간 생명의 잠재력을 내팽개쳐 버리는 셈이 될 것이다. 키온도 '가능하다면 정신이 있는 상태에서 죽는 것이 중요하지만, 많은 사람들은 잠을 자는 동안 ―우리가 미루어 짐작하건대― 그것 때문에 자신들의 정신적 진보를 크게 방해받는 일 없이 평화롭고도 자연스럽게, 그리고 무의식적인 상태에서 죽고 있다는 사실을 인정하지 않으면 안 된다'라는 균형

---

15) 이 점을 지적해준 것에 대해서는 전직 간호사였던 나의 연구조교 리즈 윌리엄스(Liz Williams)에게 고마움을 전한다.

잡힌 의견을 제시하고 있다(1995a: 185). 다시 말해, 흥분된 상태에서 죽는 것이 좋은 일은 아니지만 무의식적인 가운데 죽는 것도 이를 피하지는 못한다는 것이다. 더욱이 *S*. v.369-70에서는 정신적인 자질 측면에서 수행을 제대로 한 사람은 ―비록 그(녀)가 도시의 소란스러움 때문에 혼미한 상태에서 죽는다고 하더라도― 다시 좋은 환생을 얻을 것이라고 말하고 있다.

그렇다면 불교적인 원리에서 볼 때, 안락사는 비윤리적인 것이자 추천할 만한 것이 되지 못한다. 하지만 이것은 다른 사람의 도움이나 묵인 없이 전적으로 자기가 주도한 안락사도 ―즉, 치유하기 힘든 병의 경우에 자살하는 것― 불법적일 것이라는 결론을 수반하지는 않는다. 실제로 불교국가들 가운데서도 오직 스리랑카만이 ―영국의 영향 때문에― 자살 시도를 범죄로 다루고 있을 따름이다. 정신적으로 좌절한 나머지 자살을 감행한 찬나 비구의 경우(*M*. III.263-6), 아라한 사리뿟따(Sāriputta)는 그를 만류하기 위해 자신이 할 수 있는 모든 일을 다 하지만, 그가 자살하려고 한다는 소식을 들었을 때 사리뿟따나 붓다 가운데 어느 누구도 찬나가 자신의 계획을 수행하는 것을 막으려고 하지 않았다. 왜냐하면 그는 정신이 온전한 상태에서 자살을 시도하려고 했기 때문이다. 결국 그는 그렇게 했지만 죽는 동안 아라한이 되었다고 한다(Keown, 1996). 자살은(환생을 동반한다고 하더라도) 비윤리적인 일이지만, 인격체는 여전히 비윤리적인 행위를 할 권리를 가지고 있다. 하지만 그(녀)는 자신의 행위가 친척이나 친구들에게 절망적인 결과를 가져다줄지도 모른다는 사실을 인정해야만 하는데, 이것은 자살을 하지 않아야 할 추가적인 이유를 제공해 준다.

여기서 하나의 연관되는 사례는 ―1983년 캘리포니아대법원에 진통제와 위생치료를 받으면서 굶어서 죽는 것을 허용해 달라고 요청했던— 엘리자베스 부비아(Elizabeth Bouvia)의 사례이다. 그녀는 운동신경을 거의 통제할 수 없는 뇌성마비와 사지마비로 고통을 받고 있던 26세의 여성으로, 자신은 '쓸모없는 몸속에 갇혀 있다'고 느끼고 있었다(Nakasone, 1990: 72). 오랫동안, 그리고 심각한 고민 끝에 그녀는 죽음 이외의 어떠한 선택도 만족스럽지 못할 것이라고 생각했다. 법원은 다음과 같은 이유, 즉—그녀는 말기 환자가 아니며, 그녀의 죽음은 자신의 부모와 다른 장애인들에게 절망을 가져다줄 것이며, 그리고 그녀는 의사에게 히포크라테스의 선서가 규정하고 있는 치료의 의무를 중단하라고 요구할 수 없다는— 이유로 그녀의 요구를 거절했다(Nakasone, 1990: 72). 여기서 불교적 원리는 말기 환자가 아닌 입장에서 스스로 굶어 죽는 것은 옳지 못한 행동임을 말해줄 것이다. 의사들이 —만약 통증 치료가 처방되고 있다면— 그녀를 굶도록 하는 것이 잘못인지의 여부는 명확하지 않다. 만일 그 환자가 원한다면 스스로 먹을 수 있고, 그리고 건전한 정신을 가지고 있다면, 아마도 그녀는 죽는 것이 허용되어야 할 것이다. 하지만 그녀가 스스로 먹을 수 있다면, 죽고 싶은 마음이 덜 생겼을지도 모르는 일이다. 여기서 문제는 그녀가 전적으로 다른 사람들이 먹여 주는 것에 의존하고 있었다는 사실이다. 이것은 그녀가 스스로 죽는 것을 허용해 달라고 했다기보다는 —자신에게 음식을 주지 않음으로써— 다른 사람들이 그녀를 죽여주기를 원했다는 것을 의미한다. 이것은 다른 사람들에게 비윤리적인 행위를 해줄 것을 부탁하는 것이며, 이는 불법적인 것을 하는 것도 완전히 받아들일 수 있는, 하나의 비윤리적인 행위인 셈이다.

의도적이지 않은 죽음의 경우들

불교적 원리는 진짜 안락사의 경우에는 비윤리적이라는 결론을 내리고 있지만, 이는 안락사로 잘못 간주될 수도 있는 사례들까지 비윤리적이라는 것을 의미하지는 않는다. 그와 같은 하나의 사례에서 죽음은 어떤 행위의 결과로 일어나지만, 그것은 그 행위가 의도한 목표가 아니었다. 이와 같은 서술 아래에 들어갈 몇 가지 시나리오가 있다. 첫 번째는 말기 환자를 위한 고통 완화와 관계가 있다. 통증이 격심한 곳의 고통을 완화하는 약물은 점차 그 환자를 죽일 수도 있을 것이다. 몸이 약에 대한 내성을 발달시킴에 따라 복용량은 점점 더 늘어나야 할 것이며, 마침내 중독의 수준에 이르게 되고, 그 결과 환자는 약 때문에 죽게 된다(Hämmerli, 1978: 192). 그러한 경우에 키온(1995a: 175)은 의도와 선견지명 사이에 그어져야 할 유용한 구별이 존재한다는 사실을 지적하고 있다. 우리는 한 사람의 행동의 부작용이 어떤 결과를 가져올지도 모른다는 사실을 알고 있으나 ―만약 그의 목표가 그와 같은 결과에 도달하는 것이 아니라면― 우리는 그것을 의도하고 있는 것이 아니다. 예컨대, 우리는 자동차를 운전하는 것이 곤충을 죽일 것이라는 사실을 알고 있을지 모르나 ―우리가 곤충을 죽이기 위해 운전하는 것이 아니라면― 이것은 우리들의 의도가 아니다. 그와 같은 구별이 불교에서 인정되고 있다는 사실은 어쩌면 율장에 나오는 한 사례가 입증해 주고 있는지도 모른다. 여기서 한 병든 비구가 다른 비구들이 준 약의 결과로 죽는다(*Vin.*Ⅲ. 82-3). 그들은 ―만약 그 환자의 죽음을 야기할 생각이 없었다면― 아무런 위반의 죄가 없다고 주장되지만 ―만일 이것이 환자를 죽이려는 의도였다면― 패배를 수반하는 위반에 조금 못 미치는 중대한 위반의 죄가 있다고 주장된다(*Vin.*Ⅲ. 82-3).

진통제의 의도하지 않은 부작용으로서의 죽음은 반 룬(Van Loon; 1978, 76-7)과 바나드(Barnard; 1978, 208)가, 그리고 수용 가능한 경우의 '수동적 안락사'는 —위에서 설명되고 있듯이, 비록 죽음이 의도된 목표인 경우에 대해서는 안락사라는 용어의 사용을 유보하고 싶어 하는 것처럼 보이지만— 플로리다(Florida; 1993, 46-7)가 보여주고 있다.

다른 시나리오에서, 어떤 환자는 자신이 부족한 의료자원을 독차지하고 있거나 혹은 높은 의료비로 인해 가족을 파산시키고 있다는 느낌을 가질 수도 있을 것이다. 그래서 그는 —다른 사람들에 대한 자비심으로부터— 위에서 언급된 율장의 주석서 사례에서와 마찬가지로, 자유의사에 따라 더 이상의 생명수단을 포기하려고 했을 수도 있다(Ratanakul, 1988: 312). 물론 어떤 사람이 다른 사람들에 의해 그와 같은 이타적인 행위를 수행하라는 압박감을 느끼지 않아야 한다는 사실은 매우 중요하다. 만일 이것이 사실이라면, 압박을 가한 사람들은 사실상 살인자에 해당할 것이다. 만일 말기 환자가 단순히 먹는 것을 마주할 수 없다면, 그가 먹는 것을 돕고, 나아가 필요하다면, 정맥주사로 음식물을 제공하는 것은 다른 사람들의 의무일 것이다.

또 다른 시나리오, 즉, 어떤 질병이 상당히 진전된 단계, 예컨대 암의 경우에는 —만일 그것이 고통스럽거나 병을 치유해 줄 것이라는 기대를 할 수 없으며, 결국 쓸모없는 것이거나 무의미한 것이 되고 말— 지나치게 부담스러운 치료를 계속해야 할 것인가라는 문제가 발생한다.[16] 환자 또는 그와 상의한 의사는 또 한 차례의 화학요법은 받을 만한 가치가 없다고 결정할 수도 있을 것이다. 왜냐

---

16) Keown, 1995a:176; Hämmerli,1978:192-3; Barnard, 1978:205-8 참조.

하면 그것은 남은 기간 동안의 삶의 질을 손상시키고, 나아가 실제로 죽음을 막지도 못할 것이기 때문이다. 여기서 치료를 계속하는 것은 '꺼져 가고 있는 생명에 결사적으로 매달리거나 무상의 힘을 거슬러 도리깨질을 해대는 것'이다(Anderson, 1992: 41). 소걀 린포체(Sogyal Rinpoche)는 다음과 같이 단언하고 있다:

> 생명유지 장치나 인공호흡기는 결정적인 죽음의 순간에 방해와 짜증, 그리고 심란함의 원인이 될 수 있다… 일반적으로 단순히 죽는 과정을 연장하는 데 그치는 생명유지 치료는 죽어 가는 사람에게서 불필요한 집착과 분노 및 절망감 등에 불을 붙이는 데 그칠 위험성이 있으며, 이는 만일 그(녀)가 그렇게 하는 것을 처음부터 원하지 않았다면 더욱더 그렇다. 친척들은… 만일 사실상 회복될 가망이 전혀 없다면, 그들이 사랑하는 사람의 생명이 가지고 있는 마지막 날들과 시간들의 질은 단순히 그 사람을 계속 살아 있게 하는 것보다 더 중요한 것일지 모른다는 점을 성찰해 봐야 할 것이다. (1992: 372)

칼루 린포체(Kalu Rinpoche)는 스스로 생명유지 장치를 제거하기로 한 말기 환자는 까르마적으로 볼 때 나쁜 것도 아니고 좋은 것도 아닌 행위를 하고 있다고 말한 바 있다(Sogyal, 1992: 374). 그러나 이것은 아마도 앞서 작성한 '생전 유서'에 따라 이루어져야 할 것이기 때문에 매우 조심스럽게 말하지 않으면 안 될 것이다. 그리고 이 유서는 환자의 현재 소망을 더 이상 표현하고 있지 않다는 위험성이 존재한다.

죽는 것과 관련하여 많은 일을 했던 엘리자베스 퀴블러 로스(Elizabeth Kübler Ross) 박사는 죽음에 접근하고 있는 사람이 거쳐야 할 다섯 단계를 열거하고 있다: (1) 충격과 부정 (2) 분노 (3) 신 및 운명과 타협하기 (4) 의기소침 (5) 수용이 곧 그것이다.[17] 죽음에 접근하고 있는 사람들을 위한 불교적 상담은 이 수용의 과정을 돕고 그들에게 내려놓을 것을 가르치기 위한 것이다(M.III.258-62 참조); 다시 말해 앞으로 나타날 두려움과 분노, 부정, 절망 등의 감정을 인식해야 하지만 그것에 얽매이지 말고, 나아가 죽어 가는 몸과 생명 혹은 친척에게도 집착하지 않도록 하는 것이다(S. v.408-10). 명상수행 학파들은 어떤 사람으로 하여금 죽음을 내려놓도록 하는데, 따라서 그(녀)가 이를 위한 준비를 하도록 가르친다; 실제로 죽음의 불가피성에 관한 명상들이 있다(예컨대, Vism. 229-39). 하지만 죽는다는 것은 어떤 사람이 ―비록 그(녀)가 아직 그렇게 하지 않았다고 하더라도― 집착을 내려놓기를 배워야 하는 시간이다. 어떤 사람이 집착을 많이 하면 할수록, 그리고 그(녀)가 자신의 임박한 죽음을 부정하면 할수록, 그(녀)나 그(녀)의 친척들에게 죽음은 더욱더 어려워질 것이다. 이 과정을 ―하나의 조건 지어진 현상의 자연스러운 종식으로서― 받아들이기로 마음먹는 것은 보다 쉬운 사라짐을 준비하기 위한 것이다. 암으로 죽어 가고 있는 자기 어머니의 마지막 2주 동안을 처음부터 끝까지 돌보면서 지켜보았던 불교 명상교사 자키 제임스(Jacqui James)가 표현한 바 있듯이,

올바로 죽는 방법을 배우는 것은 집착을 내려놓는 방법을 배우는 것과 모든 사물들의 자연적인 흥망성쇠를 지켜보는 방법을 배우는 것, 그리고 삶은 계속되는 시작과 끝남, 즉 계속되는 태어남과 죽음의 과정이라는 것을 배우는 것과 동일한 것이다. 당

---

17) *On Death and Dying*(New York, Macmillan, 1970), pp.38-137, Ikeda, 1994:97-8
에서 인용함.

신이 이와 같은 순환적 운동을 명확하게 보게 된다면 죽음에 대한 두려움은 더 이상 존재하지 않는다. 이러한 사실을 배웠다면 당신은 어떻게 죽을 것인가를 배웠을 뿐만 아니라 어떻게 살 것인가도 배운 셈이다. (James and James, 1987: 150)

영국의 헴멜 헴프스테드(Hemel Hempstead) 근처에 있는 아마라바티 불교센터는 오늘날 많은 사람들이 좋은 환경 속에서 죽으려고 가는 장소이다. 그곳에서 죽은 한 비구니의 경우, 그녀를 보살펴 주었던 다른 비구니들이 그녀와 같은 방에 있었던 것을 하나의 특권이었다라고 말했는데, 왜냐하면 그 비구니는 다가오는 죽음과 더불어 마음이 편안해지는 것을 배웠고, 나아가 다른 영혼들과 함께 들어가기 위해 위로 솟구쳐 올라가는 영혼의 빛을 내뿜었기 때문이다(Sucitto, 1988). 태국 비구인 메타난도(Mettānando)도 암과 사투를 벌이면서 이 때문에 극도로 흥분되어 있던 한 여성에 대해 말하고 있다. 간단한 명상을 배우고 난 뒤, 그녀는 행복해졌고 의사들이 자신에게 부여했던 두 달보다 더 많은 여섯 달 동안이나 생존했다. 그리고 나서 그녀는 행복하고도 평화롭게 죽었는데, 이는 그녀를 지켜보았던 의사와 간호사에게 깊은 인상을 남겼다(1991: 208).

말기 질환에 대한 치료가 소용없는 곳에서, 치료를 수행하지 않는 것은 자연적 원인에 따라 예정되어 있는 죽음을 약간 지연시킬 기회를 포기하는 것일지도 모르지만 그것을 촉진시키지는 ―치료가 없다면 자연스럽게 일어날 것보다 더 빨리 일어나게 만드는 것― 않을 것이며, 따라서 죽음은 그것의 목표가 아니다. 그러므로 그렇게 하는 것은 자살이나 살인을 포함하지 않을 것이며, 따라서 도덕적으로 수용 가능할 것이다. 남아프리카의 심장의사인 크리스티안 바나드(Christiaan Barnard)는 그러한 경우를 수동적인 안락사의 하나이지만 수용 가능한 것으로 보는데, 이는 플로리다가 ─특히 만일 치료 때문에 가족이 파산을 당하거나 그 지방의 병상이 모자라는 것과 같은 추가적인 요인이 있을 경우─ 수용 가능하다고 했던 것과 마찬가지이다(1978: 208-9, 211). 자, 그렇다면 치료를 중단하는 것은 ─수동적인 안락사에서 그랬던 것처럼─ 죽음의 지연을 막기는 하겠지만, 만일 그 의도가 죽음을 야기하는 것이 아니었다면, 치료를 중단하는 것은 위에서 살펴본 수동적 안락사의 완전한 정의에 부합하지는 않는다. 또한 이것은 퀴블러 로스의 견해인 것 같기도 하다. 그녀는 자신이 '자비로운 살인'이라고 부르는 모든 안락사에 반대하지만, 어떤 환자가 ─만일 그(녀)가 의학적인 도움의 범위를 벗어나 있다면─ 평화롭게 죽는 것을 허용하는 것은 수용 가능하다고 생각한다(1989/90).

그와 같은 경우에 관해 다니구치(Taniguchi)는 테라바다의 관점을 가다듬으면서 다음과 같이 말한다: '만일 우리가 죽는 것을 선택하거나 생명을 유지시켜 주는 의학적 치료를 거부한다면, 우리는 자신이 겪고 있는 고통의 상태에 대해 공격하기로 했거나, 혹은 유쾌한 상태에 열정적으로 집착하고 있거나, 혹은 죽음은 고통을 피하는 하나의 방법이라는 사실에 현혹된 것이 틀림없다.'[18] 이것은 ─만일 치료가 얼마간의 효과를 가져 올 수 있을 때 거부되었다면─ 참일 수도 있겠으나, 그렇지 않은 경우라면 굳이 거부될 필요가 없을 것이다. 태국의 의사인 피닛 라타나쿨 역시 말기 환자가 특별한 치료를 거부하고 죽을 때조차도, 그렇게 하는 것은 나쁜 까르마가 '제 갈 길을 달려가' 다음 생으로 계속 이어지지 못하도록 하는 것

---

18) Shoyu Taniguchi, 'A Study of Biomedical Ethics from a Buddhist Perspective', MA thesis, Graduate Theological Union and Institute of Buddhist Studies, Berkely, Calif., 1987, pp.89-90, Florida,1993:42에서 인용함.

을 가로막는, 현명하지 않은 행위라고 주장하며(1988: 309), 달라이 라마는 까르마가 야기한 고통을 가령, 축생의 삶 속에서 감당해 내기보다 더 유리한 위치에 있는, 현재의 인간적 삶 속에서 직면하는 것이 가장 좋다고 주장한다(Sogyal, 1992: 375). 하지만 이것은 도덕에 관한 것이 아니라 어떤 행위의 현명함에 관한 명제이다. 여기서 세 가지 점이 지적될 수 있다. 첫째, 모든 병이나 죽음이 까르마에서 기인한다는 것이 확실하지 않다는 점이다. 둘째, 까르마의 관념은 통상적으로 진통제가 까르마적 열매의 흐름에 '개입하게' 되기 때문에 이를 복용해서는 안 된다는 것을 함축하고 있는 것으로는 보이지 않는다는 점이다. 셋째, 어떤 병이 (쓸모없는) 치료를 하지 않은 채 제 갈 길을 달려가도록 허용하는 것은 까르마적 열매의 흐름을 거의 방해하지 않을 것이라는 점이다. 그러므로 어찌됐거나 죽음이 곧 도래할 심각한 말기 질환의 경우에 무의미한 치료를 (더 이상) 하지 않는 것은 수용 가능할 것이다. 실제로 이 율장의 주석서는 때때로 그와 같은 환경에서 먹기를 중단하는 어떤 사람에 대해서는 이를 허용 가능한 것으로 보고 있다. 우리는 그러한 경우를 동기가 있거나 의도가 있어서 죽는 것이 아니라 평화로워지기 위해서 죽는 경우이며, 따라서 어떤 사람이 그렇게 하고 있든지 그렇게 하고 있지 않든지 간에 이미 진행되고 있는 죽음의 과정 속에서 자신의 마음을 더 잘 가라앉힐 수 있는 경우로 볼 수 있다. 이에 대해 달라이 라마는 어느 정도 지지를 보내고 있다:

> 만일 죽어 가는 사람이 긍정적이고, 고결한 생각을 할 기회를 가진다면, 그들이 단지 몇 분간만이라도 더 사는 것은… 중요한 일이다… 만일 긍정적인 생각을 할 기회가 없고, 거기다가 단지 어떤 사람을 계속 살아 있게 하기 위해 친척들이 많은 돈을 지

출하고 있다면, 그것은 아무런 의미가 없는 일인 것처럼 보인
다. (Anderson, 1992: 41; Sogyal, 1992: 372)

이것은 치료하지 않는 것을 지지할 것이다. 하지만 그것은 오직
치료가 '긍정적이고, 고결한 생각'을 하기 어렵게 만드는 곳에서만
그렇다.

무의미하고 값비싼 치료를 하지 않는 것이 비-자발적인 경우에는
어떤가? 라타나쿨은 기형아의 경우를 들고—이들은 물론 정신적으
로도 심각한 장애가 있는 아이들일 텐데—, 그들을 치료하지 않거
나 죽도록 내버려 두는 것은 태국 불교에서 도덕적으로 수용하기
힘들다고 말한다(1990: 27). 일본에서도 때때로 심각한 뇌 이상을
가진 유아들이 사랑하는 부모들의 바람에 따라 몇 년 동안 보살핌
을 받는다(Becker, 1990: 54). 그러한 유아들에게 음식물 공급을 중
단하는 것은 받아들이기 어렵다는 것이 분명한 사실이다. 이들의
조건을 개선하거나 건강한 상태를 유지하기 위해서는 어떠한 일도
마다하지 않아야 한다. 따라서 예컨대, 다운증후군을 가진 어린이는
모든 도움을 받아야만 할 것이다. 어떤 어린이의 조건이 감염이나
다른 의학적인 합병증과 끊임없이 싸워야 하고 또한 이것이 고통스
럽고 많은 비용이 들며 부족한 의료자원과도 밀접한 관련이 있다면,
그 어린이는 예컨대, —만일 그 부모가 이를 원한다면— 감염치료
를 하지 않는 방법 등을 통해 죽는 것이 허용되기도 할 것이다.

무의미한 치료를 피하는 것에 대한 또 다른 시나리오는 심장발
작을 일으킨 말기 환자의 심폐소생술을 하지 않는 것이다(Keown,
1995a: 174-5). 심폐소생술을 하지 않는 것은 —만일 그 환자가, 어
쩌면 이전에 작성한 '생전 유서'에서 이를 원하지 않는다고 했다면
— 허용 가능하겠지만, 그것은 또한 —만일 그 환자가, 스스로 이

문제에 대해 의사표현을 하지 않았다고 하더라도, 이미 명백한 말기 질환 단계에 접어들었다면— 허용될 수도 있을 것이다. 병원 '응급치료'팀의 불필요한 기계음 속에서 죽는 것은 확실히 혼란스러운 경험이다! 만일 그 환자가 소생술을 받기를 원한다고 명시적으로 말했다면 심폐소생술을 하지 않는 것은 받아들일 수 없을 것이다. 또한 환자가 소생되기를 원하지 않는다고 말한 바 있는 진짜 말기 질환자를 소생시키려고 하는 것도 도덕적인 일은 아닐 것이다. 햄멀리(Hämmerli)는 가망 없는 경우의 생명을 가능한 한 오랫동안 연장시키려고 하는 의사는, 실제로는 '훌륭한' 의사로 보이기 위해 자기 스스로 떳떳하지 못한 양심을 다루고 있을지도 모른다고 주장하고 있으며(1978: 182), 바나드는 이를 어쩌면 이기적인 마음에서 실패한 의사가 되기를 원하지 않는 경우라고 보고 있다(1978: 204).

죽음의 기준을 정하는 문제

어떤 행위가 전혀 의도적인 살인이 일어나지 않은 경우로 받아들여질 수 있는 또 다른 유형의 사례는 그 행위가 환자가 죽은 다음에 일어난 것으로 보일 수 있는 경우이다. 그렇다면 이것은 '살아 있는' 것과 '죽은 것'에 대한 기준의 문제를 제기한다. 특히 이러한 쟁점을 야기하는 시나리오의 유형은 '지속적인 식물인간 상태'(PVS)에 있는 환자의 경우이다. 여기서 어떤 사람은 뇌의 신피질이 손상을 입었기 때문에 혼수상태에 빠져 있다. 만일 이런 상태가 오랫동안 계속되면, 그 손상은 돌이킬 수 없는 것으로 간주될 수 있다. 그러나 —만일 뇌간이 손상을 입지 않았다면— 그 사람은 도움을 받지 않고도 숨을 쉬고(비록 인공호흡기가 하나의 보조 장치로 추가될 수는 있지만) 소화를 시킬 수 있으며, 그(녀)의 심장은 뛸 것이며(비록 그것을 조절하는 데 도움이 필요할 수는 있겠지만), 그리고 그(녀)의 몸은 동공의 팽창과 통상 음식을 삼키는 것과 같은 어떤 반사작용을 유지할 것이다. 하지만 감각은 작동하지 않는 것처럼 보이며, 나아가 어떠한 자발적인 운동도 이루어지지 않는다(Keown, 1995a: 160; Mettānando, 1991: 210). 그러나 만일 어떤 사람이 의식적인 인식을 하고 있다는 아무런 조짐도 없고 또한 영원히 결정할 능력이 없다면, 두 가지 문제가 일어난다:

(1) 그 환자는 여전히 가치를 지닌 하나의 '인격체'인가?
(2) 그 환자는 살아 있는가?

어떤 사람은 '인격체가 아닌' 사람의 생명을 가치가 없는 것으로 간주하고자 하며, 따라서 그런 사람을 죽이는 것은 비윤리적인 것이 아니다. 그러나 불교는 생명의 가치를 인격성에 존재하는 것으로 보지 않는다(Keown, 1995a: 27-30). 이것은 태내에 있는 동물이나 인간은 가치를 가지고 있으며 따라서 죽임을 당해서는 안 된다는 사실에 의해 입증되고 있다. 일부 불교인들은 여전히 의지작용이 없거나(Van Loon, 1978) 인식/감정이 없는 생명은[19] 가치가 없다고 말할 것이다. 하지만 논란의 여지가 있는[20] 이러한 기준을 받아들인다고 하더라도, 환자의 마음이 내적인 휴식을 취하고 있는 경

---

19) Geoffrey Redmond(of the Foundation for Developmental Endocrinology, Cleveland, Ohio), 'Application of the Buddhist Anatma Doctrine to the Problems of Biomedical Ethics', the conference of the International Association of Buddhist Studies, Paris, 1991에 제출된 논문, p.p.19-20, 22, 33.
20) Keown, 1995a:32-7, 143-4, 160-1. 그와 같은 기준은 마취상태하에서 무의식적이고 감각이 없는 사람을 죽이지 않는 것에 대한 근거로서도 불충분한 것으로 보일 것이다.

우에도 이러한 성질이 —비록 감소된 형태로라도— 존재하지 않는다는 것을 알 방법은 전혀 없는 것으로 보인다. 불교는 의식이 정상적인 방식으로 움직이지 않는 수많은 명상적 상태를 수용하고 있다. 그것은 또한 '형태가 없는' 환생도 인정하는데, 이런 경우 의식은 어떤 종류의 몸을 수반하지 않는다. 그러므로 신체적 테스트가 언제나 현재의 의식 상태를 발견할 수 있을 것이라고 확신하기는 어렵다. 실제로 아직 남아 있는 의식은 —가능하면 좋은 환생에 이르기 위해— 죽음을 준비하고 있는, 이 죽는 과정에 반영되고 있을지도 모른다(Mettānando, 1991: 210). *Vism.* 554에서도 어떤 사람이 죽고 있을 때, 눈과 다른 감각기관은 작동을 멈추지만, 접촉감각과 정신기관 및 생명의 기운은 '심장 밑바닥'에 그대로 남아 있으며, 의식은 죽음을 준비하고 있는 과정 속에 남아 있다고 말한다.

그렇다면 PVS 상태에 있는 환자는 살아 있는 것인가? 불교의 기준에 따르면 그(녀)는 살아 있는 것으로 생각된다. 키온(Keown, 1995a: 145-58)은 이와 관련된 경전 자료를 훌륭하게 재검토하고 있다. 두 개의 단락(*S.*Ⅲ.143과 *M.*Ⅰ.296)은 다음과 같은 세 가지, 즉: '생기(āyu)와 열 및 식별하는 의식(viññāṇaṃ)'이 없으면 육체는 죽었으며, '나무토막처럼 의지가 없는(acetanaṃ)' 것이라는 사실을 확인해 주고 있다. '생명'과 열은 마치 램프의 불빛과 불꽃처럼 서로 의존하고 있으며, 나아가 다섯 가지 감각기관도 열에 의존한다고 설명되어 있다(*M.*Ⅰ.195). 이 '생명활동(āyu-saṅkhāras)'은 —우리가 '정체성과 감정의 정지'라는 명상적 상태에서 죽지 않는다면— 느껴지는 상태가 아니다(*M.*Ⅰ.296).[21] 이것은 정신의 모든 기능을 중단시키고, 나아가 그것에 이르는 과정에서 숨 쉬기를 멈춘 고도의 수

---

21) 비록 『분별론』(Vibhaṅga)에서는 —그것이 종종 의식과 결합하듯이— 때때로 감정과도 결합된다고(Vibh.125) 말하고 있지만 말이다.

행자가 도달하는 상태이다(M. I .296과 301). 아무런 생기나 열도 없고 감각기관도 '완전히 해체된' 죽은 몸과 달리, 정지된 상태에 있는 사람은 생기와 열을 지니고 있으며, 또한 그(녀)의 감각기관은 '식별가능하다'. 이와 같은 상태에서도 의식이 일어나고 있는가의 여부는 애매모호하게 남아 있으며, 서로 다른 불교학파들은 (각각) 서로 다른 견해를 갖고 있다. 중지 상태에 대한 연구에서 폴 그리피스(Paul Griffiths)는 그것을 어떤 사람이 죽은 것처럼 여겨질 수도 있는 상태로 보고 있는데(M. I .333; Vism.380), 왜냐하면 그(녀)는 숨을 쉬지 않으며, '심장박동과 혈압, 체온 및 신진대사 일반의 수준이 모두 매우 낮은 수준으로 떨어졌으며', 정신적으로는 서구의 의학 옵서버들이 전신강경증 환자의 깊은 혼수(cataleptic trance)에다 비유할 수 있는 그런 상태에 빠져 있기 때문이다(1986: 10-11). 그것은 7일까지 지속된다(Vism.707).

위의 내용은 전혀 숨을 쉬지 않으며 눈에 띄는 어떠한 정신적 활동도 없지만, 여전히 살아 있는 상태에 있는 것이 가능하다는 입장을 불교가 견지하고 있다는 것을 보여 준다. 지속적인 식물상태는 중지의 상태와 똑같은 것은 아니지만 그와 같은 성질의 일부를 공유하고 있다. 하나의 차이점이라면 PVS 상태에 있는 사람은 다른 사람의 도움을 받지 않고도 계속 숨을 쉬고 있다는 것이다. 그렇다면 불교는 분명히 그와 같은 상태에 있는 사람을 죽은 것으로 간주하지 않을 것이며, 따라서 그런 사람들로부터 정맥주사나 튜브로 제공하던 음식공급을 중단하는 것은 그(녀)를 죽이는 것이 될 것이다.

이러한 유형의 유명한 사례는 토니 블랜드(Tony Bland)의 경우인데, 그는 1989년의 축구장 참사에서 인파에 깔려 PVS에 빠졌다. 1993년 영국 상원은 그에게 튜브로 제공되는 음식은 쓸모없는 치료의 일종이며, 따라서 —설사 이렇게 함으로써 그가 죽음에 이른다고 하더라도— 튜브가 합법적으로 제거될 수 있을 것이라고 명령했다. 얼마 후 그는 진정제를 많이 맞은 상태에서 죽었다(Keown, 1995a: 159-68). 이는 영국의학협회가 1988년에 제출한 안락사 보고서의 권고와도 일치하는데, 그것은 적극적 안락사에는 반대하지만, 말기 환자들로부터 무의미한 치료를 —인위적인 음식공급 수단도 이에 포함된다고 봄— 제거하는 것은 허용했다.[22] 그러나 키온(Keown, 1995a: 162-4)은 음식물을 제공하는 것이 '무의미한 치료'로 간주될 수 있는지에 대해 일리 있는 반박을 하고 있다. 첫째, 그는 음식물의 제공은 —비록 그것이 간호사에 의해 이루어진다고 하더라도— 만약 그것이 어떤 병을 치료하기 위해 특별히 선택된 종류의 것이 아니라면 의학적 치료로 간주될 수 없을 것이라는 점을 지적하고 있는데, 위의 사례는 이 경우가 아니었다. 설사 그것이 '치료'로 간주된다고 하더라도, 그것의 유일한 목표는 단지 생명을 유지하는 것이었다. 음식물의 공급이 생명을 유지하는 데 성공하고 있었으므로, 그것은 '무의미한 치료', 즉 그것의 목표에 도달하지 못한 치료로 간주될 수 없었다. 상당히 유사한 1995년의 사례에서 아일랜드 대법원은 23년 동안 혼수상태로 누워 있던 한 여성이 —비록 그녀는 PVS 상태에 있지 않고, 여전히 사람들을 인식할 수 있었지만— 음식물을 공급하는 튜브를 제거하게 할 수 있다고 판결했다. 그 근거는 튜브로 음식물을 공급하는 것은 그녀의 신체 통합성에 개입하는 강제적이며 비상식적인 음식공급 수단이라는 것이었다.[23] 그러나 이 법원에서 반대의 입장에 선 한 판사의 견해가 옳은 것처럼 보인다: 즉, 그 행위는 굶김으로써 죽음을 야기하도록 의도된 것이었다는 것이다. 만일 어떤 사람이 스스로의 힘으로 먹

---

22) The *Guardian* newspaper, 6 May 1998.
23) 같은 신문, 1995년 7월 28일자.

을 수가 없다면, 어떤 수단을 동원하든지 간에 그 사람을 돕는 것은 다른 사람들의 의무이다.

PVS 상태의 환자가 아직 살아 있으며, 따라서 굶겨 죽여서는 안된다고 말하는 것은 그(녀)를 살아 있게 하기 위해 통상적이지 않은 의학적 치료를 무한정으로 사용해야만 한다고 말하는 것이 아니다. 그와 같은 상태에 있는 환자는 감염에 매우 취약하다. 키온이 주장하고 있듯이, '그렇다고 해서 생명을 보존하기 위해서라면 어떤 대가를 치르고서라도 끝까지 시간을 끌어야 할 의무가 존재한다는 말은 아니다'(1995a: 167). 그런 사람은 의학적 도움의 범위를 벗어난 것으로 볼 수 있으며, 따라서 어떠한 의학적 치료도 소용없을 것인데, 왜냐하면 그와 같은 치료는 건강을 회복시킬 수 없을 것이기 때문이다. 만일 친척들이 감염과 같은 의학적 합병증을 치료하기를 원한다면, 그것은 —의료자원을 정말로 이용할 수 없는 경우가 아니라면— 치료되어야 마땅하다. 만일 그렇게 하지 않는다면, 즉 환자의 조건이 치료받지 않은 채 계속 흘러간다면, 이는 당연히 그 환자의 죽음을 초래하게 될 것이다.[24]

하지만 뇌간이 죽어 버렸기 때문에 외부의 도움이 없다면 호흡을 할 수 없고(뇌간이 살아 있는 사람은 통상적으로 할 수 있는) 따라서 아무런 반사작용도 하지 못하는 환자에 대해서는 어떤가?: 그렇다면 그들은 죽은 것으로 간주되어야 하며, 결과적으로 어떠한 행위도 더 이상 그들을 '죽이는' 것으로 간주될 수 없는가? 키온은 (1995a: 151-8) 뇌간의 죽음은 불교에 의해 올바른 죽음의 기준으로 받아들여져야 할 것이라고 주장한다. 그는 *Vin*.Ⅲ.73은 죽이는 것

---

24) Mettānando, 1991:209-11 참조. 그는 —만일 의료자원이 집중적인 치료를 받고 있는 다른 사람들을 위해 필요하다면— 생명유지 장치를 포함하여, 치료를 잠정 중단하는 것에 대해서만 말하고 있다.

을 '생명력(jīvit-indriya)을 꺾는 것'이라고 정의하고 있으며, *Vin. A.* II.438-9는 이를 정신능력이라기보다는 ―이것은 어쨌든 육체적 능력에 의존하고 있는데― 육체적 생명력으로 구체화하고 있다는 사실을 지적하고 있다(1995a: 148). *M.* I.296에 대한 주석은 '생기'(āyu)를 이러한 정신적 생명력과 동일시하고 있는데(M.A. II.351), 『아비담마』는 이를 다음과 같이 정의하고 있다:

> 이러한 물질상태들 가운데서도 생기(āyu)란 영속성, 연속성, 지속됨, 운동, 유지, 계속 진행됨, 활력, 생명능력 등이다. (*Dhs.* sec. 635)

붓다고사에 의하면 그것은 '동시에 발생하는 유형의 물질들을 유지하려는 특징을 가지고 있으며, 그 기능은 그와 같은 유형의 물질들을 발생시키는 것이다. 그것은 물질들의 현존재의 확립 속에서 표현되고 있다'라고 말한다(*Vism.* 447). 그것은 '생명의 숨'(prāna)과 동일시되지만(*AKB.*IV.73ab), 육체적인 숨과 명백하게 동일한 것은 아니다. 왜냐하면 '생명'으로서, 그것은 과거의 업 때문에 수정 순간 곧바로 일어나는 것으로 보이기 때문이다(*AKB.* II.45b). 그러므로 생기는 숨쉬기와 같은 어떤 유기체적 구조나 기능과 명백하게 동일한 것은 아니지만, 키온이 말하고 있듯이, '생명의 기본적인 생물학적 과정'을 의미하는 것으로 보인다(*Keown*, 1995a: 149). '생기'와 열은 램프의 불빛과 불꽃에 비교되고 있듯이, 그것들은 생물학적인 과정을 계속 '불타오르게 하는 것', 즉 기능하게 하는 두 가지 과정으로 보일 수 있다.

키온은 불교의학과 불교의 영향을 받은 아유르베다(인도의 전통의학) 속에 나오는 숨의 의미에 대해 언급하기를, 그것은 '호흡의 전

(全)-신체적 과정으로부터 몸의 내적 기능을 조절하는 것으로 생각되는 미묘한 에너지의 흐름에까지' 이르고 있는 것으로 보고 있는데, 이는 '호흡과 심장박동, 동공 넓히기, 소화, 배설, 월경 및 그 외의 다른 많은 신체적 기능'을 조절하기 위한 것이다. 이러한 능력을 가지고 있는, 그것은 자동제어시스템과 밀접하게 관련되어 있는 것처럼 보인다(1995a: 149).[25] 그는 계속(같은 책, p.151)하여 메타난도(1991: 204)가 '이러한 상호 관련된 신체기능의 덩어리는 오늘날 우리가 뇌간의 핵에 의해 유지되는 신체기능이라고 인식하고 있는, 숨으로 귀속되었다'고 말하고 있는 것으로 인용한다. 키온은 —'생기'와 열은 항상 함께 발생하므로— 너무 오랫동안 신체의 열을 상실하는 것은 '초기 자료들이 죽음을 결정하는 수단으로서 제공했던 유일한 경험적 기준'인 것처럼 보인다고 주장하고 있지만(1995a: 151), 그는 뇌간의 죽음을 생명의 종식을 의미한다고 보는 메타난도와 같은 입장에 서 있다. 메타난도는 이를 숨과 의식이 사라짐을 수반할 것이라고 보고 있으며(1991: 206), 키온은 그것을 신체의 열이 전혀 존재하지 않는 것으로 보고 있는데, 이는 아마도 그가 뇌간을 열이 존재하는 원인으로 보고 있기 때문인 것 같다(1995a: 152). 키온은 초기 불교경전들이 '죽음은 살아 있는 유기체가 보여주고 있는 통합된 유기적 기능의 되돌릴 수 없는 상실'로 본다고 주장하고 있는데(1995a: 155), 이는 *M. I .296*에서 죽음은 '감각기관의 해체'를 포함하고 있다고 말하는 것과 마찬가지이다. 종종 '신체의 와해'라고 불렀던, 죽음에 이르면 감각기관의 작용은 '그것이 살아 있는, 자기 통제적 유기체에서 그랬던 것처럼 더 이상 조정되지 않게 된다'(1995a: 156). 그는 뇌간이 그와 같은 '조정하는 기능'을

---

25) 티베트 불교사상에서 의식은 신체 속의 많은 채널들을 돌아다니면서 순환하는 숨과 바람을 타고 오르내리고 있다고 말한다(Sogyal, 1992:248-9).

수행하고 있으며, 만일 그것이 없다면 ―비록 구성요소가 얼마 동안 더 살 수 있다고 하더라도: 즉, 심장은 한 시간까지 계속 박동을 하고(1995a; 155), 심지어 이것이 멈추고 난 다음에도 한 시간여 동안이나 살아 있으며, 또한 신체의 근육은 다시 여섯 시간 동안이나 살아 있다고 하더라도(Barnard, 1978: 201)― '그 유기체는 하나의 통합된 전체이기를 그만둔 것이자 더 이상 살 수 없는' 것으로 간주하고 있다. 그러므로 되돌릴 수 없는 뇌간의 죽음은 죽음, 즉 통합된 유기적 기능의 종식이 일어났다는 것을 결정하는 기준이며, 이것은 의식이 육체를 떠나는 것과 동시에 일어난다(Keown, 1995a: 158). 키온은 실제로 '생명'/'생명능력'을 뇌간과 동일시하고 있지 않지만, 이를 그것과 밀접한 것으로 보고 있다.

결론

전체적으로 볼 때 불교는 인간의 생명을 자살에 의해 내던져져서는 안 되는 소중한 성질로 간주하며, 따라서 사람들은 다른 사람이 자살하는 것을 선동하거나 도와줘서는 안 된다고 주장하는 것으로 볼 수 있다. 안락사의 시나리오는 불교적 자비의 함축적 의미에 대한 하나의 척도를 제시하고 있지만, 불교의 핵심적인 반응은 어떤 사람이 ―비록 매우 어려운 환경에 처해 있지만― 자신의 '소중한 인간으로의 환생'에 대해 그것을 미리 종식시키기보다는 오히려 최선을 다하도록 계속 돕는다는 것이다. '생명이 있는 곳에 희망이 있다'는 격언이 적절하겠지만, '인간의 생명이 있는 곳에, 반성하고 배울 기회가 있다'는 것이 불교가 강조해야 할 격언일지도 모른다. 하지만 말기 질환의 어떤 시점에서는 그것의 마지막 짧은 단계에 이른 생명의 질을 감소시키는 무의미한 치료를 제거하는 것이 적절할 수도 있을 것이다. 또한 점차 고조되는 통증을 다음과 같은 방식, 즉 죽음을 인식하지만 의도하지는 않은, 그리고 추구하지는 않지만 점점 증가하는 약물 투입량의 부작용이라는 방식으로 다루는 것이 적절할 수도 있을 것이다. 죽어 가는 사람을 위해 죽음을 가져올 의도를 포함하지 않는 도움을 주는 것은 그것이 어떤 것이든 수용할 수 있다고 본다.

An Introduction to
Buddhist Ethics
Foundations, Values and Issues

제8장

낙태와 피임

제8장

낙태와 피임

인간으로 다시 태어난다는 것은 대단히 어려운 일이다.

『담마빠다』(Dhammapada),182

태아의 생명

낙태를 논의하기에 앞서 태내에 있는 생명의 본질에 관한 불교적 관점을 검토해보는 것이 좋을 것 같다. 불교의 환생 관점에 따르면, 인간의 생명은 태아가 발달함에 따라 점진적으로 나타나는 어떤 것으로 여겨지지 않는다.[1] 의식은 이 단계의 발생속성으로 간주되지 않으며, 그것 자체가 ─테라바다 경전 모음집의 한 단락에서 표현되어 있듯이─ 생명이 발생하기 위한 조건 가운데 하나로 여겨지고 있다.

'아난다야, 의식(viññāṇaṃ)이 어머니의 자궁 안에 들어오지 않았다면 감각을 가진 신체(nāma-rūpaṃ)가 거기에 형성된 것일까?' '그렇지 않습니다, 존자여.' '어머니의 자궁 안에 들어온 의

---

1) 비록 수정란을 가리키는 접합체(zygote), 처음 8주간의 자궁 내 존재를 가리키는 배아(embryo), 8주 이후를 가리키는 태아(foetus) 등의 용어가 있지만 아래에서는 배아와 태아를 구분하지 않고 자궁 내에 있는 모든 성장 단계의 존재를 가리키는 데 사용할 것이다.

식이 그것으로부터 벗어나려고 했다면 지금과 같은 상태로 감각을 가진 몸이 발생했을까?' '그렇지 않습니다, 존자여.' (*D*. II.62-3)

그러므로 이전의 존재로부터의 의식의 유입은 자궁 안에서 —나중에 유정체(nāma, 글자 그대로 이름)가 될— 정신적 능력을 갖춘 하나의 신체(rūpa)가 생겨나고 발달하기 위한 하나의 필수적인 조건인 셈이다: 즉, 감정, 정체성, 의지, 감각적 자극과 주의력 등이 곧 그것이다(*S*.II.3-4). 교단의 규범은 인간의 생명을 수정 순간부터 시작하는 것으로 간주하고 있다; 완전한 출가를 위한 최소한의 나이인 20살(*Vin*.I.78)은 그 순간부터 계산되는 것이지 자궁을 떠나는 것으로부터 계산되는 것이 아니다:

> 어머니의 자궁 안에서 최초의 마음이 일어나는 순간, 즉 최초의 의식이 나타나는 바로 그 순간부터 출생이라고 계산되어야 한다. 나는 여러 비구들에게 태아(*gabbha-vīsaṃ*)일 때부터 계산하여 20살이 된 사람에게 출가자가 될 것을 허락하노라. (*Vin*. I.93).

Vin.III.73(*Vin*.A.437)의 이와 유사한 한 단락에 대한 테라바다의 주석은 이때를 '최초로 다시 연결하는 마음(paṭisandhi-cittaṃ)으로부터'라고 실명하고 있는데(*Vism*.499참조), 위에서 나온 *D*.II.62-3의 단락(*D*.A.502)에 대한 주석에서와 마찬가지로 이 개념을 자궁 안으로 떨어지거나 들어온 의식을 가리키는 것으로 사용하고 있다.[2] '다시 연결하는' 마음 또는 의식은 이전의 생명이 끝난 직후 새로운

---

2) 또한 *Ps*.I.52; *Vism*.528, 600을 보라.

생명에 연결되는 의식을 지칭하는 주석서의 용어이다(*Vism.*460,554). 그것은 '일어나는'(uppath) 마음과 동격인데, 이는 테라바다 경전의 논서에서도 동일한 방식으로(*Ps.* I.312-13) 서술되어 있으며 감정을 포함한 모든 다른 인격성-요소들을 수반한다고 말해지고 있다(*Vibh.*411).

현대의 생물학 지식은 생명의 시작에는 두 가지 중요한 사건이 존재한다는 것을 보여 주고 있다.

> (a) 정자와 난자의 수정인데, 이것은 대개 성교가 있은 지 5분에서 1시간 사이에 난관, 즉 나팔관 속에서 일어난다(Keown, 1995a: 78);[3]
>
> (b) 수정된 난자가 자궁의 내벽에 착상하는 것인데, 이것은 6~7일 이후에 일어나며 이 무렵에는 100개 이상의 세포가 존재한다; 이 난자가 착상을 마무리하는 데에는 8~9일이 걸린다(Keown, 1995a: 76-7).

불교는 어느 지점에서 '다시 연결하는' 의식이 일어나는 것으로 보는가? 이에 대해 중요한 초기 경전 하나는 인간의 생명이 시작되기 위해서는 이 모든 것이 충족되어야만 하는 세 가지 조건을 서술하고 있다.

> 만약 여기서 부모의 성교가 있고, 이때가 어머니의 시기이며, 그리고 중음신(gandhabba)이 출현한다면: 태아가 내려오는 것은 바로 이러한 세 가지 조건의 결합으로부터이다[그런데 단지

---

3) 정자가 난자 외막을 통과해 수정이 이루어지고 약 24시간 후에 23개의 염색체 두 쌍이 결합한다(Keown, 1995a:82).

첫 번째 조건이나 혹은 첫 번째 및 두 번째 조건만 충족된다면 그것은 일어나지 않는다. 그런 다음, 비구들이여, 어머니는 아홉 달 내지 열 달 동안 자신의 무거운 짐 때문에 노심초사하면서 태아를 자궁 안에 간직하게 된다. 아이가 태어나게 되면 그 어머니는 자기 자신의 생명 피, 즉 모유를 먹여 키운다. (M. I.266)

여기서 보듯이, 어머니의 적절한 때에 성교라는 적절한 육체적 조건과 함께 중음신의 출현이 있어야만 한다. 후자의 개념은 다시 태어날 준비가 되어 있는 어떤 존재를 가리킨다(M.A. II.310). 발전된 테라바다의 견해에 의하면 ―그들은 생명 사이의 중간 기간을 받아들이지 않기 때문에― 여기서 '중음신'이란 방금 죽은 어떤 사람의 의식이 순간적으로 옮겨간 것에 대해 말하는 방식에 불과한 반면, 설일체유부론자들은―대승주의자들 역시 그렇다― 중음신(산스크리트 gandharva)을 생명들 사이의 존재를 가리키는 이름으로 본다(AKB.II.4, 10, 13-15, 40). 사실은 테라바다의 경전 모음집에서도 ―중음신을 새로운 환생에 '떨어져' 들어가기를 바라는 불안정하고 조심성 없는 일종의 '영혼'으로 간주함으로써― 그와 같은 생명들 사이의 어떤 상태라는 관념을 지지하는 작지만 실질적인 증거물이 존재한다(Harvey, 1995: 98-108).

하지만 '태아의 하강'(gabbhassāvakkanti)[4]을 일어나게 하는 것은 무엇인가? 분명히 그것은 태어날 때 자궁으로부터 나오는 것을 가

---

4) *Miln.*123의 인용에서는 gabbassa avakkhanti. 그 의미는 '태아의' 또는 '자궁 속으로의' '하강'(avakkhanti)일 수 있다. gabbha가 '태아'나 '자궁'을 의미할 수 있고, 어미 -assa는 'of'나 'to'를 의미할 수 있기 때문이다. 밀린다팡하의 주석서(M.A. II310)는 전자를 선호하는데, 이는 이어지는 문구에서 gabbha가 분명히 태아를 의미하는 것으로 볼 때 타당하다.

리키는 것은 아니다. 왜냐하면 위의 인용절은 이를 그 다음에 오는 것으로 보고 있기 때문이다. 그것은 수정된 난자의 '하강'을 착상이라고 언급하고 있는 것일 수 있는가? 이는 위의 인용절로 미루어 볼 때 별로 지지를 받지 못할 것처럼 보인다. 왜냐하면 글자 그대로 '하강'은 어떤 것도 의미할 필요가 없기 때문이다. Avakkanti는 대체형인 okkanti를 가지고 있는데, 이것의 동사형인 okkamati[5]는 잠에 '빠져들다'라는 뜻으로 사용되고 있다(*Vin.* I .15). 이 단어는 단순히 '들어가다'라는 것을 의미할 수도 있다. 따라서 키온이 현대적 용어로 '우리는 중간존재의 하강이 수정 순간이라는 것을 발견할 모든 이유를 가지고 있다'(Keown, 1995a: 78)라고 주장할 때 그는 옳은 것으로 보이는데, 이는 그것으로부터 다른 모든 것들이 유래하는 매우 분명한 최초의 시점이 된다(Keown, 1995a: 79).

낙태와 불교의 원리들

태아의 생명에 대한 불교적 관점을 고려해 볼 때 낙태를 야기하는 것이 중대한 행위로 보이는 것은 놀라운 일이 아니다:

> 어떤 사람이 출가수행자가 되면 그는 살아 있는 존재로부터 — 비록 그것이 단지 개미에 불과하다고 하더라도— 의도적으로 생명을 빼앗아서는 안 된다. 출가자가 어떤 인간에게서 생명을 빼앗는다면 그것이 무엇이든지 간에 —심지어(antamaso) 태아를 파괴한 것(gabbha-pātanaṃ upādāya)이라고 하더라도— 그

---

5) 이의 미래형은 위에 인용된 *D.* II.2-3에서 자궁으로 '떨어지는' 의식에 대해 사용된다.

는 (진정한) 출가자가 아니며 석가족의 아들이 아니다. (*Vin.*
I.97)

의도적으로 낙태를 야기한 출가자에 대한 처벌은 승가로부터의
영원한 추방이다:

출가자가 어떤 인간에게서 의도적으로 생명을 **빼앗으려고** 한다
면 그가 누구이든지 간에… 그는 또한 〔승가의 삶에서〕 패배한
사람이며, 그는 공동체 안에 머물러서는 안 된다… 인간존재란
다음을 의미한다: 마음이 처음으로 일어났을 때부터, 의식이 어
머니의 자궁 속에서 처음 발현되었을 〔때〕부터 죽을 때까지,
그동안 그는 인간존재로 불린다. (*Vin.* III.73)

테라바다의 율장으로부터 인용된 구절들은 티베트에서 사용된
설일체유부의 율장 속에 그와 상응하는 것이 보이는데, 이는 명백
히 비구와 비구니들이 낙태에 개입하는 것을 금지하고 있다(Stott,
1992: 173-4, 181). 이러한 인용절들은 재가 신자보다 비구와 비구니
들에게 어울리는 것이지만, 만약 어기면 추방을 불러일으키는 규범
은 중대한 문제를 포함하고 있는 것이다. 그러므로 여기서 낙태를
야기하는 것은 한 인간을 죽이는 사례로 여겨지고 있음이 분명한
데, 이는 모든 재가 신자에게 적용되는 오계 가운데 첫 번째 계율
을 신각하게 위반한 것이다. 데이비드 스톳(David Stott)은 ―티베트
의 전통을 대변하고 있는데― 낙태는 그릇된 것일 뿐만 아니라 설
일체유부의 윤리 및 모든 존재를 자비심으로 품을 것을 강조하고
있는 대승불교의 윤리에도 어긋나는 것이라고 강력하게 주장한다.
따라서 그는 낙태를 하거나 그것을 시행하는 것, 또는 어떤 사람에

게 낙태를 하라고 조언하는 것은 나쁜 일이라고 말한다(1986: 15).

불교윤리의 모든 측면들에서 그렇듯이 의도는 하나의 중요한 요소이다. 이것은 *Vin.*Ⅲ.83-4에 나오는 일련의 사례들에서 찾아볼 수 있는데, 여기에는 어떤 여인이 한 비구에게 ―자기 자신을 위한 것이거나 경쟁관계에 있는 다른 부인을 위한― 낙태준비에 대해 묻고 있다.[6] 만약 그 비구가 여인의 요구에 응한다면, 다음과 같이 될 것이다:

(a) 만약 그 아이가 죽는다면, 그는 ―설사 후회한다고 하더라도― 패배한 것이다.

(b) 만약 그 아이가 죽지 않고 어머니가 죽는다면, 이것은 중대한 위반으로 (패배보다는 덜한) 일시적인 자격정지를 불러온다: 이는 이러한 결과가 비구에 의해 의도된 것이 아니기 때문임에 틀림없다.

(c) 아무도 죽지 않더라도 동일한 것이 적용된다.

(d) 둘 다 죽는다면, '위와 동일하다(pe)': 이는 확실히 (b)-(c)의 경우에서 한 판단보다는 다시 (a), 즉 패배의 경우에서 한 판단을 참조하지 않으면 안 되는데, 왜냐하면 의도한 대로 아이가 죽었기 때문이다.[7]

(e) 만약 그가 단순히 그 여인에게 (자기 배를) 짓누르거나 불에 그슬리게 함으로써 낙태를 야기하는 방법을 말해 주었을 뿐이라도, 그리고 그 아이가 죽는다면 그는 패배한 것이다.

---

6) 비구의 의료행위에 관해서는 Keown, 1995a:1-5를 보라.

7) 맥더모트(McDermott), 1998:166-7는 이러한 해석에 찬성하는 주장을 하고 있고, 개인적인 대화에서 데미언 키온도 이를 지지했다. 이 지점에서 텍스트의 구성이 다소 축약되어 있다는 점에 주목해야 한다. 여기서 패배 말고 다른 판단이 의도되었다면 주석에서 그 문제를 분명히 다루었겠지만 그렇지는 않다.

(e)의 경우에서 이 주석서는 ─만약 그 아이가 낙태되었지만, 그가 추천한 사람으로부터 (배운) 다른 방법을 사용하여 그 여인이 낙태를 했거나 동일한 방법을 그 여인에게 적용하는 다른 사람에 의해 낙태가 이루어졌다면─ 그 비구는 패배한 것이 아니라고 말하고 있다.[8] 여기에서 다시 (b)에서와 마찬가지로, 여인은 비구가 자기에게 하라고 말한 것을 수행하지 않고 있으며, 따라서 그 위반은 덜 심각하다.

불교적 원리가 낙태 그 자체를 심각한 문제로 간주하는 핵심적인 이유는 인간의 생명을 ─도덕적·정신적 발달을 위한 모든 잠재력과 더불어─ 어떤 존재가 환생의 라운드를 돌아다니다가 포착한 매우 희귀하고도 소중한 기회로 보기 때문이다. 어떤 존재가 인간의 자궁 안에서 발판을 얻은 다음 곧바로 죽임을 당한다는 것은 이러한 드문 기회를 파괴하는 것이다. 그렇다면 다음과 같이 말해질 수 있을지도 모르겠다: 모든 환생은 과거의 까르마에 기인하므로 (예를 들어 *Miln*.128) 인간으로 환생할 업을 가진 존재는 ─만일 누군가로부터 낙태를 당한다면─ 다른 인간의 자궁을 찾을 수 있지 않을까? 이는 가능한 일이긴 하지만 우리가 더 이상 낙태를 '용서' 하지 못하는 것은 다음에 인간으로 환생할지도 모를 성인어른을 죽이는 것을 용서하지 못하는 것과 마찬가지이다. 어쨌든 그 안에서 어떤 존재가 죽게 되는 마음의 상태는 다음번의 환생에 영향을 미칠 수 있으며, 나아가 낙태되고 있다는 정신적 외상의 충격은 태아에게 분노와 공포를 야기할 수도 있을 것이다. 이는 태아가 지난번에 지향하고 있던 것보다 좋지 않은 환생을 얻을지도 모른다는 것을 의미하는데, 따라서 어느 때인가 인간으로 환생할 기회를 상실

---

8) *Vin.A*.468-9; 또한 Bapat과 Hirakawa, 1970:320을 보라.

하는 셈이다. 그런데 낙태된다는 사실 그 자체는 태아의 과거 까르마 때문이라고 말할 수 있을지도 모른다. 그러나 다시 낙태를 용서하지 못하는 것은 —만일 어떤 사람이 어른을 죽인다면— 이것은 그 죽음이 그 어른의 과거 까르마에서 비롯된 것이기 때문에 허용 가능하다고 말할 수 없는 것과 마찬가지이다.

낙태의 심각함을 고려해 볼 때 그것이 초래할 까르마의 결과를 묘사하고 있는, 어떤 단락들을 발견하는 것은 놀라운 일이 아니다. 그래서 『자따까』(J.v.269)에는 어머니를 죽인 자들 및 간통한 자들과 더불어 지옥에 떨어진 낙태장수들의 이야기가 나온다. 『페타바투』(餓鬼事經 Petavatthu)에서는 질투심 많은 나이 든 부인들이 젊은 부인들로 하여금 유산하게 하거나 낙태를 하게 만든 두 가지 이야기(하나는 2개월째의 태아이고 다른 하나는 3개월째의 태아임)가 들어 있다.⁹⁾ 두 경우에 있어서 그 부인들은 자신들이 그것을 행하지 않았다고 거짓 서약을 하고 있는데, 이들은 그와 같은 행위와 거짓말 때문에 지독한 냄새가 나는 귀신으로 환생을 거듭하고 있다. 그들은 또한 자기 자식을 먹어 치워야 하는 고통을 당하고 있는데, 이는 그들이 —만일 자신들이 하는 서약에 거짓이 있다면— 그렇게 하겠다고 맹세했기 때문이다.

태아의 나이와의 연관성

법률 속에서 낙태는 가끔 어떤 달수에 이른 태아에 대해 특정한 근거에 바탕을 두고 허용되고 있는 것이 사실이기도 하다. 잉글랜드와 웨일스에서 낙태는 28주까지 이루어질 수 있는 반면(비록 태아

---

9) Reynolds and Reynolds, 1982:98과 *Dhp.A.*45-53을 보라.

는 23주째부터 생존 가능하긴 하지만), 프랑스에서 낙태는 10주까지만 허용된다. 이러한 영역에서 불교적 관점은 무엇인가? 위의 이야기에서 업의 결과, 즉 업보는 그 태아가 2개월째이든 3개월째이든 동일한데, 맥더모트(McDermott)는 이를 낙태된 태아의 나이란 불교에서는 그와 같은 행위의 심각함에 영향을 미치지 않는다는 증거로 보고 있다(1998: 160-1). 키온 또한 태아의 죽음을 야기하는 것은 어른을 죽이는 것만큼이나 중대한 위반이라고 주장하며(1995a: 93), 스톳은 다음과 같이 주장한다. 태아는:

> 아무리 작다고 하더라도 '영혼이 부분적으로 깃든' 존재이거나 '잠재적인' 존재가 아니라 구체화된 어떤 유정체이다. 그러므로 어떤 서양불교인이 태아가 작으면 작을수록 낙태의 심각함도 적다라는 주장을 하기는 어려울 것이다. (1992: 176)

그러나 경전상의 증거에는 다소간 애매모호함이 있다. *Vin*.Ⅲ.73을 보면 낙태를 야기하는 것이 살인을 한 경우로 여겨진다는 것은 명백하며, 나아가 *Vin*.Ⅰ.97에 나오는 주석(p.313을 보라)에서는, 만일 태아가 단지 칼라라(*Vin*.A.437-8) —그것은 머리카락 끝에 매달린 기름방울(*S.A*.Ⅰ.301)과 같은 것이라고 말해진다— 와 같은 첫 번째 단계에 있다고 하더라도, 그와 같은 위반은 일어난 것이라고 말하고 있다. 그러나 *Vin*.Ⅰ.97은 —'심지어(even)'란 단어를 사용함으로써— 마치 개미를 죽이는 것이 동물을 죽이는 것 가운데 가장 경미한 경우인 것처럼 태아를 죽이는 것은 인간을 죽이는 것 가운데 가장 경미한 경우라는 것을 함축하고 있다. 물론 이것조차 하나의 심각한 위반으로 여겨지지만 —그것은 실제로 다른 인간을 살인한 것과 동일한 교단 차원의 처벌, 즉 추방을 수반한다[10]— 이는 그 외의 다른 살인행위들이 도덕적으로 더 심각하게 여겨지는 것을 막지는 못한다.

트레버 링(Trever Ring)은 —태국과 스리랑카의 견해에 대한 한 연구에 토대를 두고— 다음과 같이 말한다.

> 일반적으로 테라바다 불교국가에서 낙태에 따라붙는 도덕적 오명은 태아의 크기와 더불어 증가한다고 말할 수 있다. 이는 생명을 빼앗는 행위의 심각함은 희생대상이 되는 존재의 크기, 복잡성, 그리고 심지어 존엄성과 함께 증가한다는 일반적 불교개념의 한 측면이다. 개보다 모기를 죽이는 것이 상대적으로 덜 심각하며, 코끼리보다 개를 죽이는 것이 덜 심각하다; 코끼리의 생명보다 사람의 생명을 빼앗는 것이 더 심각하며, 나아가 모든 것들 가운데 가장 심각한 것은 비구의 목숨을 빼앗는 것이다. 그러므로 한 달 된 태아의 생명을 종식시키는 것은 막 태어나려고 하는 아이의 생명을 종식시키는 것보다 덜 심각한 일일 것이다. (1969: 58)[11]

여기서 우리는 어쩌면 —본문에서 인용된 바 있듯이— *M.A.* Ⅰ.198에 나오는 주석서 단락이 암시하는 바를 엿볼 수 있을지도 모른다. 키온은 이 단락에서 크기라는 기준은 오직 동물들에게만 적용되며 품성의 정도가 결정적인 것으로 여겨지는, 인간에게는 적용되지 않는다고 주장한다(1995a: 96,99). 그는 모든 인간의 생명은

---

10) 또한 동물의 살생을 다루고 있는 *Vin.*Ⅳ.124-5에서는 비구가 지닌 의도나 지식과 같은 문제에 따라 처벌이 달라질 뿐 동물의 종류에 따른 살생에 대해서는 논의하지 않고 있다.

11) 이와 별도로 그는 콴(khwan) 혹은 영혼이 생후 3일 후에 아이에게 제대로 확립될 때 그 아이는 제대로 '인간'이 된다는 태국의 비불교적인 대중 신앙을 인용하고 있다(p.58).

동등한 가치를 가진 것으로 여겨지지만, 특별한 품성은 어떤 사람에게 추가적인 가치를 부여한다고 주장한다(p.97). 그러나 문제의 단락은 ―심지어 똑같은 교단의 처벌이 적용된다고 하더라도― 다른 동물보다 어떤 동물을 죽이는 것이 도덕적으로 더 나쁘며, 다른 사람보다 어떤 사람을 죽이는 것이 도덕적으로 더 나쁘다는 사실을 인정한다.

이제 태아의 경우로 돌아와 보면, 그들은 크고 작은 품성을 지닌 환생한 형태의 존재일 수 있지만 ―낙태를 고민하는 사람은 이를 인식할 수 없기 때문에― 이것은 낙태를 하는 그(녀)의 잘못의 정도를 평가하는 데 있어서 유관한 고려사항이 될 수 없다. 크게 보면 태아의 나이/크기는 인식 가능하며, 나아가 위의 단락은 크기의 기준을 인간에게는 적용하지 않고 있지만 그것은 나쁜 동기와 사용된 수단의 강도가 그 행위를 더욱 나쁘게 만들 수 있다고 말한다. 그런데 논의의 여지가 없는 것은 아니지만, 5개월 된 태아를 ―자궁수축을 유도함으로써― 낙태하는 것은 가령, 2개월째 되는 태아를 ―자궁 밖으로 긁어냄으로써― 낙태하는 것보다 훨씬 더 강력한 수단을 동반한다. 이는 낙태를 한 사람의 행위는 그 낙태가 시점상 더 나중일 때, 그리고 여성의 행위가 ―만일 더 큰 폭력적 수단이 사용될 것이라는 것을 알면서도― 낙태를 요구할 때 더 나쁘다는 것을 의미할 것이다. 어쨌든 시간이 지난 다음의 낙태에 대해 말하자면, 그 여성은 태아와 더 발전된 관계를 가지고 있을 것이며, 이는 이 단계에서 낙태를 하고자 하는 그녀의 동기가 아마도 ―낙태를 관철시키기 위해서는― 더 강력하면서도 어쩌면 더 사악하지 않으면 안 될 것이라는 것을 의미한다.[12] 그러므로 크기 자체만이 아

---

12) 이렇게 말하는 것은 낯선 사람보다 친척이나 친구처럼 적극적인 관계를 맺고 있는 사람을 죽이는 것이 더 나쁘다는 의미를 함축하고 있는 것으로 보인다.

니라 이러한 두 가지 근거 위에서 볼 때 늦은 시기의 낙태는 ㅡ비록 일찍 하는 낙태 역시 심각한 행위이긴 하지만ㅡ 이른 시기에 하는 낙태보다 더 나쁜 일일 것이다. 이러한 두 가지 요점은 피닛 라타나쿨 박사의 한 언명에도 내포되어 있는데, 그는 태국의 불교인은 다음과 같이 믿고 있다고 주장한다.

> 그들은 그것의 발달 단계와 관계없이 인간생명의 독특함과 소중함을 믿고 있다… 어떠한 형태의 인간생명이라도 파괴하는 것은 나쁜 까르마의 결과를 낳을 것이다….
> 이러한 결과의 무게는 죽임을 당하는 존재의 크기 및 성질뿐만 아니라 행위자의 의도 및 노력의 강도와 같은, 여러 가지 요소들에 달려 있다… 유도된 낙태의 경우, 낙태된 태아의 발달 단계는 낙태를 자행한 사람들이 받을 까르마의 결과의 정도에 영향을 미친다. 이와 같은 다양한 단계들은 또한 그것 자체가 곧 까르마의 결과의 무게에 영향을 미치는, 서로 정도가 다른 태아의 잠재력을 함축하고 있다. (1998: 56)

그래서 그는 태국 여성들이 나중에 하는 낙태를 선호하기보다 초기에 하는 낙태를 선호하는 것으로 본다. 이를 선호하는 것은 ㅡ부분적으로는ㅡ 나중에 하는 낙태가 다른 사람들로부터 숨기기가 더 어렵기 때문이기도 하지만, 그것이 유일한 고려 사항은 아니다.

이처럼 불교는 낙태를 성인이 된 인간을 죽이는 것과 유사한 것으로 보는 것이 분명하지만, 그렇다고 해서 그와 같은 모든 행위가 똑같이 나쁘다는 것을 의미하지는 않는다. 하나의 비유로서 미국의

어디에서도 명시적으로 제시되고 있지는 않지만 의도적으로 부모를 살해하는 것이 끔찍한 행위로 여겨진다는 사실은 친척을 죽이는 행위 역시 정도는 덜할지라도 매우 나쁘다는 것을 함축하고 있는 것으로 보인다.

법에서 살인자는 그 행위가 일어난 환경과 그것의 동기에 따라 다른 판결을 받을 수 있다는 점을 주목해 보라. 자기-방어에서나 혹은 전쟁에서 살인을 한 사람들도 다르게 다루어지고 있다. 그러므로 확실히 다른 형태의 의도적 살인에서와 마찬가지로 낙태에서도 나쁨의 정도가 다를 수 있다.

그럼에도 불구하고 위에서 인용한 율장의 단락들로 미루어 볼 때, 고의적인 낙태는 언제나 동물을 죽이는 것보다—이는 가령, 불교에서 고상한 동물로 여겨지는 코끼리를 죽이거나 오늘날 가장 발달한 동물로 여겨지는 침팬지를 죽이는 것을 포함할 것이다— 더 나쁘다는 사실이 분명하다. 내가 낙태는 태아의 나이에 따라 더 나빠진다고 말할 불교적인 근거가 있다고 생각함에 따라, 우리는 낙태가 새로 태어난 갓난아기를 죽이는 것만큼 —비록 임신의 마지막 몇 달 동안은 그 차이가 미미한 것일 수 있겠지만— 나쁘지 않다고 말할 수 있을 것이다. 그러므로 우리는 —다른 조건이 같다면— 낙태의 악은 침팬지를 죽이는 악과 아기를 죽이는 악 사이의 중간쯤에 놓여 있다고 말할 수 있을 것이다.

로버트 플로리다(Robert Florida)는 보다 미숙한 태아를 낙태시키는 것이 덜 나쁘다고 주장하는데, 이는 고통을 적게 주는 결과를 가져오며, 야기된 고통의 정도는 어떤 행동이 얼마나 나쁜가에 대한 기준이기 때문이다(1998: 10). 하지만 그는 여기서 너무 나아가고 있다. 왜냐하면 불교는 어떤 사람을 고통스럽게 죽이는 것에 대해 여전히 반대할 것이기 때문이다. 어떤 사람이 죽임을 당하는 데에서 고통을 느낀다는 사실은[13] —비록 어떤 살인이 더 많은 고통

---

13) 키온(1995a:35-6)이 감각을 살아 있는 존재의 '본질'로 보는 것에 반대하는 주장을 하는 것은 적절할지 모르지만, 부과되는 고통의 정도를 살생에 포함된 악에 대한 평가와 무관한 것으로 보는 것은 분명히 너무 멀리 나아간 것이다.

을 불러일으킬 때 그것을 더 나쁘다고 보는 것이 적절하다고 할지라도— 살인이라는 악의 일부분에 지나지 않는다. 태아가 고통을 느끼는 정도에 대해 말하자면, 과학적인 증거는 이를 —호르몬 스트레스 수준의 급상승에 의해 알 수 있듯이— 23주 또는 이보다 더 일찍 발생하기 시작하는 것으로 보고 있다.[14] 불교경전은 고통을 자궁 내의 어떤 단계에서 일어나는 것으로 보며(*Vism.*500) 약간의 접촉감은 처음부터 존재하는 것으로 보고 있지만(*Vibh.*413;*AKB.* II.14b), 더 발달한 태아가 고통에 더 민감하며, 따라서 나중에 하는 낙태는 —태아가 마취되지 않았다면— 결과적으로 더 나쁜 일이라고 말하는 것이 타당할 것처럼 보인다.

매우 미성숙한 태아를 죽이는 것조차 불교윤리에 어긋난다는 사실은 생식치료와 태아연구에도 함축적인 의미를 가진다. 시험관 수정, 즉 IVF는 남편이나 기증자의 정자를 사용하여 난자를 자궁 밖에서 수정시킨 다음, 그것을 자궁 안으로 옮겨 자라나게 한다. 스톳(D. Stott)에 의하면 IVF는 이론상 불교에서 수용 가능할지도 모르지만, 실제로는 수용할 수 없다고 주장하는데, 왜냐하면 그것은 10개의 난자까지 수정시킨 다음 그 가운데 가장 '좋은 것' 하나만 이식하는 것을 포함하기 때문이다. 나머지는 버려지거나 연구에 사용되며, 즉 죽거나 다음번의 사용을 위해 냉동되는데, 이렇게 하는 것은 실제로 수정란을 죽일 위험성이 크다. 그는 양심을 가진 불교인이라면 수정된 난자가 —비록 잠재적인 장애를 지닌 것이라고 해도—모두 이식된다는 전제하에서만 그 과정에 참여할 수 있다고 주장하는데, 왜냐하면 '장애를 가진 존재도 장애가 없는 존재와 마찬가지로 소중하기' 때문이다(1986: 13-14). 그러나 어떠한 IVF 센터에

---

14) *Guardian*, 8 July 1994.

서도 이러한 조건들을 다루면서 시술하고 있지는 않으며, 나아가 의사들이 부부가 원하는 바를 따를 것이라는 어떠한 보장도 없다 (Keown, 1995a: 137).

의사들은 배아의 연구가 향상된 피임법과 유전적 이상의 완화, 불임치료, 그리고 유전적인 병이나 그 외의 다른 질병들에 대한 치료법을 가져올지도 모른다고 생각한다. 그러나 그와 같은 연구는 수많은 배아를 죽이고, 나아가 다른 사람의 이익을 위하거나 혹은 심지어 어떤 경우에는 새로 발견할 수 있게 된 비정상을 가진 태아의 낙태를 재촉하기 위해 아주 어린 인간의 생명을 파괴하는 것을 포함한다. 스톳이 말하고 있듯이:

> 언제부터 붓다가 다른 존재의 이익을 위해 한 존재를 죽이는 것을 옹호했는가? 우리는 당연하다는 듯이 우리 자신과 다른 사람들을 더 행복하게 만들기 위해서라면 어떤 부자를 죽여야만 한다고 주장할 수 있을지도 모르겠다. 물론 그와 같은 '자비심'은 붓다가 가르친 어느 (한쪽으로) 치우치지 않은, 무제한의 자비심은 아니다. (1986: 14)

이제, 대승불교는 그 안에서 살인이 더 큰 죽음을 막기 위한 하나의 '방편'으로서 허용 가능한 어떤 시나리오를 생각하고 있다. 그러나 그와 같은 경우에 대부분의 경전들은 이를 허용할 수 있는 특별한 환성을 서술하는 데 매우 조심스러우며, 오직 그 자신이 큰 살인과 연관된 어떤 사람을 죽이는 데에만 관심이 있다. 태아의 경우에 경전들은 아무런 죄가 없는 방관자이며, 따라서 낙태를 정당화하기 위해 고전적인 '방편' 논법을 사용하는 것은 적절하지 못한 일이 될 것이다.

낙태를 찬성할 수 있는 근거들

세계의 여러 법률체계에서, 그리고 이 쟁점에 관한 논쟁에서 법적으로 허용 가능한 낙태의 근거로서 다양한 이유가 수용되거나 혹은 거부되고 있다. 이러한 이유는 그들의 관심사에 따라 다음과 같이 그룹지어질 수 있다:

(1) *산모의 신체적 건강에 대한 위협*
   (a) 만일 임신을 지속시키는 것이 그 산모의 죽음을 가져온다면
   (b) 임신을 지속시키는 것이 그 산모의 신체적 건강에 해를 끼치겠지만, 죽음을 야기하지는 않는다면
(2) *산모의 정신적 건강에 대한 위협*
   (a) 임신이 강간이나 근친상간에 기인한다는 사실로부터 발생하거나 혹은 미성년자가 임신한 경우
   (b) 만일 그 임신이 현재의 의학적 조건 때문에 산모의 정신건강을 위협한다면
(3) *태아의 건강과 관련된 문제들*
   만일 태아가 기형이거나 인체면역부전바이러스(HIV)-양성과 같은 심각한 의학적 조건을 지니고 있다면
(4) *사회-경제적 요인들*
   (a) 그 여성에게 재정적 긴장을 야기하는 경우
   (b) 현재의 아이들을 부양하는 데 있어서 긴장을 야기하는 경우
(5) *여성의 '선택권'*
   그 여성은 만일 그녀가 원한다면, 낙태를 하기 위한 '선택권'을 가지고 있다. 왜냐하면 그녀는 자신의 몸에 무엇이 일어날 것인가를 결정할 권리를 가지고 있기 때문이다.

(6) *사회의 필요성*

만일 그 나라가 인구 과잉이며, 낙태가 이 문제를 줄이는 데 일정한 역할을 한다면

이러한 근거들 가운데 일부는 1967년의 영국 낙태법에서 찾아볼 수 있는데, 그것은 다음과 같은 근거에서 낙태를 허용하고 있다.

임신한 여성의 생명에 대한 위험이나 임신한 여성 혹은 현재의 가족 구성원인 어떤 아이들에 대한 신체적 건강 및 정신적 건강에 대한 상해의 위험이 임신이 종료되는 것보다 더 클 것이라는 근거에서나, 혹은 만일 그 아이가 태어난다면 심각한 장애가 될 만큼 신체적이거나 정신적인 비정상으로 인해 고통을 당할 것이라는 실질적 위험성이 존재할 경우 등이다.

위에서 ―일부의 낙태들은 환경이나 관련된 의도에 따라 다른 것보다 더 나쁠 수 있으며, 따라서 어떤 낙태는 종종 매우 유감스러운 '필요악'으로 여겨질 수도 있다고 논의되었던 점을 가정한다면 ― 이러한 '근거들'과 관련 있는 불교적 고려 사항은 무엇인가? 산모의 생명이 임신에 의해 위협받는다면, 어떤가? 고전 힌두교에서 낙태를 유발하는 것은 ―산모의 생명을 구하기 위해 필요한 경우를 제외하고는― 강력한 비난을 받았으며(Lipner, 1991: 60), 키온도 그러한 상황에서 '불교는 낙태가 도덕적으로 허용 가능하다고 보는 힌두교 법학자들의 견해와 뜻을 같이할 것이 확실한 것처럼 보인다'라고 주장한다(1995a: 193). 스리랑카에서 이것은 법적 낙태를 위한 유일한 근거이다. 미국의 테라바다 비구인 냐나소바노(Nyanasobhano)[15] 역시 불교적 관점으로부터 낙태를 강력하게 반대하고 있는 한 논문

에서, 그와 같은 근거에서라면 낙태는 허용 가능하다고 ─비록 그것이 단순히 산모에 대한 의학적인 위험을 줄이기 위한 것에 지나지 않으며, 상황도 분명하지 않다 하더라도─ 주장한다. 그와 같은 경우의 낙태는 여전히 상당한 정도로 해로운 것이지만, 자기-방어를 위한 살인에서처럼, 환경에 따라 완화될 수도 있을 것이다(1989: 26-7). 유사한 견해가 티베트의 전통에서 발견되는데, 여기서 위대한 스승 간덴 트리 린포체(Ganden Tri Rinpoche)는 산모의 생명이 경각에 달려 있는 것이 확실한 경우에는 낙태를 허용할 수 있지만, 단지 그 어머니의 정신건강에 대한 약간의 암시적 위험이 있는 경우라면 낙태를 허용할 수 없다고 주장한다.[16] 이러한 추론은 ─비록 고대 테라바다의 경전들은 의학적인 이유로 낙태를 할 가능성을 예견하지 못하고 있지만─ 낙태가 외간남성과의 사이에서 임신을 한 기혼 여성에 의해 일반적으로 시행되고 있던 것이거나 혹은 다른 부인이 자신의 남편에게 상속자를 선물하는 것을 막으려고 했던 질투심 많은 여성 등에 의해 행해지고 있던 것으로 보는 것 같다 (McDermott, 1998: 170).

그런데 낙태를 가능하게 하는 근거들의 적절성을 따지는 한 가지 방법은 우리가 소위 '아기와 침팬지 테스트'라고 부르는 것을 사용하는 것이다. 내가 위에서 낙태의 악은 아기를 죽이는 것과 침팬지를 죽이는 것 사이의 어느 지점에 놓여 있다고 주장한 바 있듯이, 그렇다면:

(1) 만일 유아를 죽이는 것이 하나의 '필요악'이라는 것을 의미할 어떤 환경이 있다면, 이것은 유사한 근거에서 낙태에도 그럴

---

15) Leonard Price, 1987년에 수계를 받음.
16) Lesco, 1987:217

것이라는 것을 함축한다.

(2) 유아를 죽이는 것을 '정당화'하지는 않지만 침팬지를 죽이는 것은 정당화하거나 정당화할 수도 있는 환경들에서, 유사한 경우의 낙태는 하나의 '필요악'으로 간주될 수도 있을 것이다.

자, 만일 한 여성의 생명을 구하는 것이 그녀의 아기를 죽이는 어떤 것을 하지 않으면 안 된다는 것을 의미하는 제한적인 환경이 ─아마도 비극적인 사건에서 그럴 것인데─ 존재한다면, 그녀의 아기를 죽이는 것은 비극적인 일이긴 하지만 ─비록 그 여성이 이타적 입장에서 자신의 아이를 구할 수 있었을지 모른다고 하더라도─ 받아들여질 수 있을 것이다. 그러므로 산모의 목숨을 구하기 위한 낙태는 비유하자면, 하나의 비극적 필연성에 해당할 것이다.

만일 어떤 여성의 병이 아기를 죽여서 그 아기의 장기 하나를 얻음으로써 치료될 수 있다면, 이것은 정당화될 수 있을까? 결코 아니다. 만일 죽임을 당하는 것이 침팬지였다면(만일 그것의 장기가 유전적으로 인간의 몸에 맞도록 만들어질 수 있다면) 정당화될 수 있을까?[17] 불교적 근거에서 볼 때 ─만일 그 병이 치명적인 것이 아니라면─ 확실히 '아니다.' 만일 그 병이 치명적일지도 모른다면, '아마도' ─특히 다른 어떤 종도 가능한 기증자가 될 수 없다면─ 가능할 것이다. 그러므로 어떤 여성의 신체적 건강의 손상을 막기 위한 낙태는 ─만일 그 병이 치명적일지도 모른다면─ 하나의 '필요악'에 불과할 것이다.

강간의 경우는 어떤가? 낙태를 제한하는 태국의 법(1956)에서, 낙태는 오직 산모의 생명에 대한 위협이나 그녀의 신체적 건강에 대

---

17) 이것이 실제로 가능한지의 여부는 상관이 없다. 여기서 고려하고 있는 것은 윤리적 사고를 명료하게 하기 위한 가정적 상황이기 때문이다.

한 심각한 위협, 또는 강간의 경우라는 근거 위에서만 허용되고 있는데, 이것은 또한 그 여성이 13세 이하이거나 성매매를 하는 18세 이하, 또는 18세가 넘었지만 자신의 뜻에 반하여 성매매를 하는 경우 등을 망라하고 있다(Hall, 1970: 122). 강간과 낙태의 문제에 대하여 경전들은 ―비록 강간으로 인한 낙태의 사례가 전혀 언급되고 있지 않다는 사실 그 자체가 흥미로운 것이긴 하지만― 전혀 아무런 언급도 하지 않고 있다. 냐나소바노는 ―강간과 근친상간으로 인한 임신의 공포와, 나아가 용감한 사람이라면 그러한 임신을 계속 유지할 필요가 있다는 점을 인정하는 한편― 이것은 어떤 여성이 자신의 몸 안에 있는 죄 없는 아이를 고려하여, 이타적 입장에서 걸을 수도 있는 '여분의 거리'라는 점을 함축하고 있다. 비슷한 관점에서, 필립 레스코(Philip Lesco)는 다음과 같이 말한다:

> 그녀의 고통은 이 문제를 해결하는 수단으로서 자신의 몸 안에 있는 인간의 생명을 빼앗는 것을 정당화하는가? 불교인들은 이에 대해 반대할 것인데, 그것은 인간으로의 환생에 높은 가치를 부여하고 있는 입장에 기반을 둔 것이다. (Lesco, 1987: 216)

다니구치 쇼요는 다양한 불교적 근거에서 낙태를 반대하고 있으며, 나아가 그녀는 강간이나 근친상간이라는 근거에서 낙태를 허용하는 것은 '폭력이 생명을 발생시킨 곳에서 또 다른 개인을 향해 다른 종류의 폭력을 다시 허용하는 것'이라고 주장한다(Taniguchi, 1987: 78).

'아기와 침팬지 테스트'가 암시하는 것은 무엇일까? 만일 아기에게 어떤 물질을 주입하여 살해한 다음에 그것으로부터 이러한 물질을 추출함으로써 정신적 외상치료제를 개발할 수 있다면, 이것은

―만일 그 치료제가 강간을 당하고 임신을 하게 된 어떤 여성의 외상을 부분적으로나마 완화시킬 수 있고, 그리고 더 나아가 사용된 아기가 그 강간범이 버린 것이라면― 정당화될까? 확실히 그것은 아니다. 아기가 아니라 침팬지가 사용되었다면 어떨까? 글쎄, 한편으로 보면, 정신적 외상은 치명적인 것이 아니다. 다른 한편에서 보면, 강간당해 임신을 하게 된 여성은 그 임신으로 인해 강간과 강간범을 끊임없이 떠올리게 될 것이며, 태아에 대한 증오심도 계속 일어날 것이다. 이 경우는 정신적 건강에 잠재적으로 중대한 위협이 되는 것 가운데 하나이다. 정신적 건강에 대한 중대한 위협은 일종의 심리학적 '죽음'(그것 자체만으로도 자살의 위험을 높일 수 있다)을 야기할 수도 있으며, 따라서 그와 같은 경우에 침팬지 혹은 태아를 죽이는 것은 종종 하나의 '필요악'이 될 수도 있을 것이다.

임신한 여성의 정신적 건강에 대한 다른 경우의 위협에 대해서는 어떤가?: 이것은 아이를 죽이는 것을 정당화할 수 있는가? 결코 아니다. 침팬지에 대해서는 어떤가? 만일 강간이 없었다면, 이와 관련된 정신적 외상을 9개월 동안이나 떠올리지 않아도 될 것이다. 만일 정신적 건강에 대한 위협이 아이의 출생 이후에 일어난다면, 그 아이는 입양될 수 있을 것이며, 따라서 ―그것이 침팬지이든 태아이든 간에― 살인은 결코 정당화되지 못할 것이다. 하지만 만일 그 여성의 정신적 건강이 ―그녀가 입양을 위해 아이를 포기할 경우에― 또한 심각하게 위협을 받는다면, 낙태는 하나의 '필요악'이 될 수도 있을 것이다.

약간 손상된 태아의 경우에는 어떤가? 레스코는 ―다운증후군이나 척추피열을 가지고 태어난 어린이들에게도 '의미 있는 삶'이 가능하기 때문에― 불교는 그와 같은 개체를 낙태하는 것에 대해 강력하게 반대한다고 주장한다(1987: 216). 다니구치는 다음과 같은 수사적인 질문을 던지면서 그러한 인격체는 매우 가치 있는 것일 수 있다고 말한다: 심각한 장애가 있지만 '자비심(mettā)'으로 충만한 인격과 올림픽 금메달리스트이지만 시기심과 탐욕으로 가득 찬 인격 가운데 어느 쪽이 인간으로서의 자격을 더 갖추고 있는가?'(1987: 82) 우리는 ㅡ불교가 고통을 모든 삶의 일부로 보고 있다는 사실을 전제한다면ㅡ 손상된 인간존재를 낙태시키려고 하는 한 가지 요인은 오직 '완전한' 것이 되고자 하는 욕구와 기분 좋은 일이 아닌 것으로부터 숨고자 하는 욕구일지 모르지만, 그것이야말로 인생의 현실적 측면들이라는 말을 덧붙일 수 있을 것이다.

피닛 라타나쿨의 보고에 따르면 태국의 여성들은 어떤 비정상을 가진 태아를 임신하고 있다는 것을 알게 되었을 때에도, 통상 아기를 낳을 때까지 몸에 지니고 있으며, 다운증후군을 가진 아이들은 거의 낙태되지 않는다고 한다(1998: 58-9). 그는 이를 그들이 아기의 장애를 그 아기 및 그들 자신의 나쁜 까르마에서 기인하는 것으로 보기 때문이며 ㅡ이는 논리적으로 불교의 원리로부터 도출될 것이다ㅡ 낙태를 함으로써 자신들의 나쁜 까르마를 증가시키는 것을 원하지 않기 때문인 것으로 본다. 또 다른 요인은 아기의 나쁜 까르마가 ㅡ그것 때문에 계속하여 더 큰 문제를 초래하는 것을 허용하기보다는ㅡ 현세에서 소멸되도록 하는 것에 대한 선호이다(Ratanakul, 1998: 59). 장애를 가지고 태어난 아이들을 계속 보살피는 사람들은 그들의 양육과 그 외의 다른 좋은 행위가 그 아이와 자기 자신의 나쁜 까르마를 모두 극복해 주기를 바라고 있다. 그럼에도 불구하고 낙태의 악을 모면한 일부 여성들은 계속하여 새로 태어난 아기들을 병원에다 버리고 있다; 1992~4년 사이에 그렇게 버려진 아기들이 7만 명에 이르는데, 이 가운데 상당수는 HIV 양성 반응자인 어머니들의 ㅡ그와 같은 경우에는 상당수가 낙태되고 있지만— 아이들이다(Ratanakul, 1998: 59). 실제로 HIV 양성 반응자인 어머니에게서 태어난 아기의 약 30%만이 테스트에서 바이러스에 감염된 것으로 등록되고 있으며, 이 숫자는 아이의 나이가 18개월이 될 무렵이면 12%로 감소하는데, 전자의 수치가 높은 것은 아이의 감염보다 어머니의 감염 효과 때문인 것으로 보인다.[18]

하지만 태국의료위원회의 부위원장인 솜삭 박사(Dr. Somsak)의 보고에 따르면 '적지 않은 경우, 임신기간 동안 독일홍역에 감염된 여성들은 귀머거리가 되거나 심장 결함을 가지고 태어날지도 모르는 눈먼 아기를 낳는 것을 피하기 위해 낙태를 선택하고 있다.'[19] 여기서 한 가지 연관된 고려 사항은 —비록 불교는 인간으로의 환생을 정신적 발달을 위해 드물고도 소중한 기회로 보고 있지만— 완전하게 '소중한 것'이 되기 위해 우리는 정신적 성장을 뒷받침하는 맥락에서 우리의 모든 감각을 필요로 한다는 것일 수도 있을 것이다. 그러므로 아기가 결함이 있는 감각을 가지고 있을 경우, 그것을 낙태하는 것은 여전히 나쁜 반면, 그렇지 않을 경우에 낙태를 하는 것보다는 덜 나쁜 것으로 여겨질 수도 있을 것이다. 레스코도 테이삭스병을 가진 태아의 경우를 고려하고 있는데, 이 병에 걸린 태아는 자궁 밖으로 나온 지 얼마 되지 않아 곧 죽고 말 것이다. 이런 시나리오를 염두에 두고 있는, 그는 낙태는 일종의 안락사로 간주될 수 있을 것이라고 주장한다(1987: 216). 그러나 불교적 원리는 진정한 경우의 어떠한 안락사도 지지하지 않으며, 오히려 그러한 아기의 출생을 허용하고 그들의 제한된 삶을 지지할 것처럼 보인다.

---

18) *Bangkok Post*, 2 May 1990, 5 June 1994. 이 신문과 *The Nation*에서의 모든 인용에 대해 Louis Gabaude에게 감사한다.
19) *Bangkok Post*, 5 June 1994.

'아기와 침팬지 테스트'와 관련하여, 만일 우리가 그 자체로서 기형이거나 심각한 의학적 조건을 가진 아기를 죽이는 것이 정당화될 것인가를 묻는다면, 불교적 원리에서 볼 때 그 대답은 ─어쩌면 우리가 그 아기를 계속 살아 있게 만드는 매우 어려운 방법을 피할수 있을지는 모르나─ '결코 아니다'가 되어야만 한다. 같은 시나리오에서 침팬지에 대해서는 어떤가? 나는 같은 추론이 적용되어야 한다고 말하고 싶다. 따라서 손상된 태아를 낙태하는 것은 하나의 '필요악'이 되지 못할 것이다.

그 어머니와 현재의 아이들에게 재정적 부담을 주는 임신의 경우는 어떤가? 가족에게 미치는 경제적 긴장을 감소시키기 위해 아기를 죽이는 것이 정당화되는가? 아니다. 그와 같은 근거에서 가족의 일원이던 침팬지를 죽이는 것은 정당화되는가? 침팬지에게 새로운 가정을 찾아줄 필요는 있을지 몰라도, 죽여서는 안 된다. 따라서 사회-경제적 근거에서 하는 낙태는 정당화되지 못한다. 스톳은 ─우리가 불행하고 가난하기 때문에 다른 존재를 죽인다는 것이 과연 도덕적으로 얼마나 허용 가능할 것인가? 라고 반문하면서─ 그와 같은 이유로 낙태를 수행하는 것은 '자비로운' 것이 아니라고 주장한다(1986: 14-15). 마찬가지로 냐나소바노는 다음과 같이 말한다,

> 지금 우리가 고통을 겪고 있다는 사실은 ─만일 우리가 다른 어떤 존재에게 해를 끼친다면─ 우리로 하여금 미래의 해악으로부터 면제되도록 해주지 못한다. 장기적으로 보면, 우리는 더 많은 고통을 야기함으로써 고통으로부터 헤어날 수 없게 된다. (1989: 19)

불교적인 원리에 따르면, 그 둘을 결합시킨 것은 태아의 까르마

와 그 어머니의 까르마이며, 따라서 이러한 관계를 강제로 끊고, 원하지 않은 어떤 것을 청소해 버리는 것보다는 이것이 수반하는 책임을 받아들이는 것이 최선이라는 결론에 이른다. 더욱이 태아를 죽이는 것은 태아에게 해를 끼치는 것일 뿐만 아니라 그 어머니에게 자신이 낙태를 함으로써 피하고자 했던 것보다 더 큰 고통을 가져올 씨앗을 뿌리는 셈이 될 것이다.

만일 가난한 가정에 예상치 못한 신생아가 태어났다면, 그 신생아를 죽이는 것이 옳은가? 우리는 확실히 '아니오'라고 말할 것이다: 만일 그 가족이 아이를 돌보려고 하지 않는다면, 입양을 위해 넘겨질 수 있다. 왜 똑같은 것이 원하지 않은 임신으로 태어난 아이에게는 적용되지 않는가? 물론 입양을 위해 아이의 양육을 포기하는 것은 수년간에 걸쳐 그 아이에게 무슨 일이 일어나고 있을까? 라고 노심초사하는 형태로, 그 자체로서의 고통을 야기한다. 그러나 이로 말미암아 아이의 생명과 입양 부모의 행복이 훨씬 더 커진다면, 입양은 또 다른 선택으로 보일 것이다. 어쨌든 원하지 않은 임신으로 태어난 아이는 ―모든 것이 변화할 수밖에 없는 세상의 이치에서 볼 때― 수용될 수 있고 또 사랑받을 수 있을 것이며, 설사 그렇게 되지 않는다고 하더라도 입양은 여전히 하나의 선택지로 남아 있다(Nyanasobhano, 1989: 21). 더욱이 우리는 다른 사람이 입양하도록 아이를 포기하는 것은 보시(dāna)의 한 형태로서, 즉 그들에게 아이를 주는 것으로 볼 수 있을 것이다. 여기서 우리는 불교 사원이 종종 고아를 보살펴 왔다는 사실에도 주목할 필요가 있다. 어떤 환경에서는 아이를 세상에 나오도록 하는 것이 '불공정'하다고 말하는 견해와는 반대로, 불교는 다음과 같이 말할 것이다: 그것은 자신의 까르마에 따라 조만간 어떤 모양 혹은 어떤 형태로 태어날 것이다. 따라서 이미 그렇게 진행되도록 정해져 있는 환경 안에서 아이를 위해 우리가 할 수 있는 한 최선을 다하는 것이 더 좋은 일이다.

여성은 '자신의' 몸으로 원하는 것을 할 권리가 있다는 사고에 토대를 둔, 여성의 낙태 '선택권'에 대해서는 어떤가? 불교는 이에 대해 ─정신적 과정 및 신체적 과정의 '주인'이라고 할 수 있는 자아는 존재하지 않는다는 점을 강조하면서─ 다음과 같이 반박할 것이다:

> 비구들이여, 이 몸은 너의 것도 아니고 다른 사람들의 소유도 아니다. 그것은 마음으로 하고자 했거나 몸으로 수행한 것의 결과, 즉 전생의 까르마의 (산물)로 간주되어야 할 것이다. (*S.* II.64-5; *Dhp.*62 참조)

그래서 다니구치는 다음과 같이 말한다:

> 만일 어떤 여성이 낙태할 경우에 ─'태아는 내 자궁 안에 있기 때문에 나의 것이며, 따라서 그것에 대해 내가 하기를 원하는 모든 것을 할 수 있다'라고 말하면서─ 자신의 몸의 사용권을 주장할 수 있다면, 그녀는 또한 하루가 지난 아이의 생명에 대한 권리도 (그렇게) 주장할 수 있다… 실제로 이렇게 하는 것은 있을 수 없는 일이다. (Taniguchi, 1987: 78)

다시 말해 키온이 지적하고 있듯이(1995a: 106) 태아는 임신한 여성의 '일부'가 아니라 '다른 사람의 몸 안에 임시로 집을 짓고 사는' 또 다른 살아 있는 존재이며, 그것의 생명은 '선택권'에 의해 간단하게 일축되는 것이 아니라 적절한 고려를 받아야 마땅한 것이다.

그렇게 하는 것은 전적으로 건전하지 못한 세 가지 행위의 뿌리인 탐(貪), 진(瞋), 치(癡)의 세 가지 마음으로 행위하는 것일 수 있다:

> 욕심(탐), 즉 열정적 집착은 어떤 사람이 그 상황에서 오직 자기 자신의 이익만 고려하는 마음 뒤에 놓여 있을 것이다. 그것은 또한 '내가' 태아를 소유하고 있으며, 따라서 그에 대해서는 '내가' 하고 싶은 대로 할 수 있다는 생각을 강화할 것이다. 증오심 (진)은 누군가로 하여금 불안감을 인식하게 된 원인, 즉 태아를 제거할 마음을 품도록 할 것이다. 어리석음(치)은 어떤 사람의 이해력을 어둡게 하여 태아가 하나의 살아 있는 존재라는 사실을 부정하도록 만들 것이다. (Florida, 1991: 41-2)

만일 그 여성의 이익이 언제나 태아의 이익을 능가할 것이라고 주장한다면, 불교적 원리는 다음과 같이 말할 것이다: 그러나 낙태의 까르마적 열매 때문에, 낙태를 하는 것은 ―그것을 종용하는 환경이 극단적인 것이 아니라면― 실제로 그 여성에게 장기적 이익이 되지 않는다, 라고.

냐나소바노가 말하고 있듯이, '어떤 여성은 자신의 경우에는 낙태가 정당화된다고 확신할 수 있을지 모르지만, 업의 법칙을 설득시킬 수는 없다'(NIBWA, 1988: 9). 장기적 관점에서의 까르마적 열매와는 별도로 그 여성은 낙태로 인해 일어날지도 모를 과다출혈과 불임, 감염, 혹은 죄책감, 자괴감 또는 우울증으로 고통을 당할 수 있을 것이다. '아기와 침팬지 테스트'로 되돌아가 보면: 어떤 여성이 자신의 어려운 환경 때문에 아이나 침팬지를 죽이기로 하는 것이 정당화될까? 확실히 아니다. 따라서 한 번 더 말하지만, '선택권'은 낙태를 정당화시켜 주지 못한다.

낙태를 어떤 나라의 과잉인구를 감소시키는 수단으로 사용하는 것에 대해 말해 보면, 이것은 피임과 비교해 보았을 때 하나의 극약 처방인 것으로 보인다. 공산주의 국가인 중국에서 '아이 하나 갖기 정책'은 여성들이 종종 자신의 의지에 반하여 낙태를 받아들인다는 것을 의미한다. 이것은 태아의 살인을 어머니에 대한 공격과 결합시키는 것이며, 따라서 하나의 야만적 관행임이 분명하다. '아기와 침팬지 테스트'를 사용해 보면: 어떤 여성이 그 나라의 과잉인구를 감소시키는 것을 돕기 위해 아이를 죽이는 것은 옳은 일일까? 아니다. 그녀가 침팬지를 죽이는 것은 ―만일 침팬지 숫자가 너무 많은 것으로 보인다면― 정당화될까? 아니다. 코끼리들은 종종 그러한 이유로 도태되거나/죽임을 당하지만, 적어도 인간의 경우에 인구는 피임법으로 조절될 수 있다(비록 이것을 쉽게 이용할 수 있도록 만들 필요가 있긴 하지만). 따라서 인구조절은 낙태를 정당화시켜 주지 못한다.

그러므로 불교윤리의 원리에서 보면, 낙태는 다음과 같은 경우에 하나의 '필요악'으로 간주될 수 있을 것이다:

(1) 산모의 생명에 대한 실질적인 위협
(2) 산모의 생명에 대한 예상 가능한 위협
(3) 강간이 초래한 커다란 정신적 외상
(4) 그 대안이 ―자신의 아기를 입양 때문에 포기하지 않으면 안 됨으로써― 정신적으로 쇠약한 여성을 더 큰 충격에 빠뜨릴 경우

(2)~(4)의 경우는 주의 깊은 의학적/심리학적 평가를 필요로 한다. 그 여성은 의학적인 충고에 반하여 낙태하지 않을 것을 선택할 권리를 가질 수도 있지만, 의학적인 근거가 불충분한 곳에서 낙태

할 것을 선택하지 않을 권리를 가질 수도 있을 것이다. 물론 심리
학적인 평가를 해보면 그녀 자신은 그러한 근거들을 확인하는 일과
연관되어 있을 것이다. 낙태가 늦어지면 늦어질수록 —상기 (1)의
근거는 늦은 시기의 낙태를 초래할지도 모르지만— 상황은 더 나빠
진다.

피임

불교적 원리가 낙태에 대해 강력하게 반대할 것을 충고한다면,
피임에 대한 불교의 태도는 무엇인가? 링은 태국과 스리랑카에서
불교인이 식량획득 가능성에 비례하지 않는 인구증가는 가난과 범
죄를 초래할 것이라고 생각한다는 사실을 발견했다(1969: 54). 예컨
대, 태국에서 피임은 광범위하게 이루어지고 있다. 방콕에는 가족
계획 활동의 기금 마련을 돕는 〈양배추와 콘돔〉이라고 불리는 레
스토랑이 있으며, 나아가 가족계획 교육은 방콕의 클롱(klongs; 운
하) 위에 여러 가지 색깔을 띤 콘돔에다 바람을 넣어 띄우는 것을
포함한다. 1968년의 한 연구는 가임기의 기혼 여성 가운데 71%가
피임에 찬성하고 있다는 것을 발견했다(Ling, 1969: 57에서 인용함).
스톳도 티베트의 라마승인 켄첸 트랑구 린포체(Khenchen Thranggu
Rinpoche)가 '나는 수정을 막는 것을 큰 잘못이라고 보지 않는다'
(http://www.daum.net/?t__nil_logo=daum)라고 말하고 있는 것으로
인용하고 있다(Stott, 1992: 174).

실제로 불교는 —결혼을 종교적인 의식으로 보지 않기 때문에—
사람들이 '밖으로 나가서 번식시켜야' 한다고 말하지 않는다. 그러
나 인간적 충동의 본성을 전제한다면, 불교가 아무리 독신으로 사

원에서 사는 이상적인 삶을 고수한다고 하더라도 결혼을 해서 아이를 낳고 싶은 사람이 모자라는 일은 없을 것이다. 피임이 인간의 생명을 파괴하기보다는 그것을 막는다는 사실을 고려해 볼 때, ─낙태가 그런 것처럼─ 피임에 대한 불교의 반대는 한정되어 있다.

그럼에도 불구하고 일부 형태의 '피임'은 사실상 (1) 수정된 난자의 착상을 막음으로써 이루어지는 것이지 (2) 배란이나 수정을 막는 것이 아니다. 그러므로 그것들은 초기단계의 낙태를 대신하는 것이다. 첫 번째 범주에서, 피임약 '모닝애프터 필'은 명백한 유산 촉진제이지만, 자궁 내 장치(IUD)나 피임링도 주로 착상을 방해하는 작용을 하고 있다. 대부분의 '피임약'들은 적은 분량의 에스트로겐을 ─이는 수정을 막을 수 있다─ 함유하고 있지만, 또한 프로제스토겐도 ─이는 수정된 모든 난자가 착상되는 것을 막는다─ 함유하고 있다. 두 번째 범주에서는, 많은 분량의 에스트로겐 함유 '피임약'과 콘돔, 페서리, 월경주기법, 불임시술, 정관수술 및 ─만약 개발된다면─ 남성용 피임약 등이 있다(Stott, 1986: 18; Keown, 1995a: 122-3). 따라서 스톳은 첫 번째 그룹의 방법을 불교의 입장에서는 반대할 수 있다고 본다.

현실적으로 불교인이 초기 낙태를 야기하는 '피임법'에 대해 우려하는 정도는 다양하다. 윙(W. F. Wong)의 보고에 따르면 스리랑카에서 지적 수준이 높은 불교인의 견해는 IUD와 '모닝애프터 필'은 이러한 근거에서 수용할 수 없다는 것이라고 한다.[20] 그러나 링(Ling)의 보고에 의하면 ─태국의 의학연구자들이 IUD와 피임링은 수정된 난자의 조기 파괴를 야기할 수 있다는 사실을 알게 되었을 때에도─ 그들은 그것의 사용을 중단해야 한다고 생각하지 않았다

---

20) 'Re: Contraception, Abortion and Buddhism' 'Buddha-L' 인터넷 포럼, 8 November 1995, '스리랑카 불교학 교수와의 집단토론'에서 인용.

는 것이다(1969: 58). 실제로 태국에서 있었던 1965년의 한 연구는 IUD(리퍼스루프)는 가장 대중적인 피임법(77%)이며, 그 뒤를 어떤 형태의 피임약(13%)과 콘돔(9%)이 잇고 있다는 사실을 발견했다.[21] 하지만 1967년 무렵에는 IUD를 사용하고 있는 여성들보다 피임약을 사용하는 여성들의 숫자가 두 배나 더 많았다(Ling, 1969: 57). 그래서 그곳에서는 출생조절방법으로 IUD보다 피임약이 훨씬 더 광범위하게 선호되었던 것으로 보인다. 그럼에도 불구하고 IUD 역시 여전히 폭넓게 사용되고 있다. 이것은 놀라운 일이지만, 아마도 피임약에 대한 건강상의 우려와 콘돔은 믿을 수 없다는 부담감, 그리고 매우 이른 시기의 낙태는 늦은 시기의 그것보다 낫다는 생각에 토대를 두고 있는 것 같다. 다른 한편, 그것은 다음과 같이 말하는 추론방식에 토대를 두고 있을지도 모른다: 어쨌든 수정된 난자의 대부분은 착상하지 못하며; 어떤 의학적 조건들은 이를 보다 더 가능하도록 만들 수 있으며; IUD를 사용하는 것은 그와 같은 의학적 조건을 고의적으로 설치하는 것과 유사하다. 그러나 문제의 소지는 남아 있는데, 이것은 하나의 의도적인 인간행위로서 윤리적 평가로부터 자유로울 수 없을 것이라는 점이다.

불교인들은 가끔 피임 그 자체에 대해 우려하고 있다는 의사표현을 하고 있을 뿐, 매우 강력한 근거에 토대를 두고 그렇게 말하고 있지는 않다(Ling, 1969, 1980b):

(a) 그것은 난잡한 성관계를 장려한다: 하지만 그것이 낙태보다 선호되는 것은 확실하다.

---

21) Planning Committee for the International Conference on Family Planning Programs, Geneva, August 1965, *Family Planning and Population Programs* (Chicago and London: University of Chicago Press,1966), p.98.

(b) 그것은 스리랑카의 타밀족에서 보는 것처럼, 어떤 국가 안에서 비-불교적 인종집단의 비율 증가를 허용한다(본문 pp.258-60 참조): 하지만 이것은 갈등이 첨예한 분위기 속에서 이루어진, 불충분한 증거 위에 토대를 둔 판단이다.

(c) 그것은 더 많은 존재가 인간으로 환생하는 것을 막는다: 하지만 만일 인구과잉이 지금의 상황이라면, 현재의 인간들이 정신적으로 발달할 조건들은 줄어들 것이다; 어쨌든 인구는 여전히 증가하고 있다.

불교문화 속에서의 낙태

티베트인들 사이에서

티베트불교는 낙태란 인간의 생명을 빼앗는 것이며, 따라서 옳지 못하다고 본 인도불교의 견해를 견지해 왔다. 이에 대해 필립 덴우드(Philip Denwood)는 다음과 같이 말한다:

오늘날 티베트어를 사용하고 있는 지역에서 출생한 모든 사람들은 낙태를 아무런 잘못도 저지른 적이 없는, 살아 있는 존재를 죽이는 것으로 간주하며 이에 대해 공포심을 가지고 있다. 그것이 어떤 인센티브를 가져올지는 알기 어렵다. 다시 말해 인구의 압박이 있은 적도 없었으며, 따라서 나는 낙태가 산모의 생명을 구하기 위한 기술로 알려진 것에 대해 의아스럽다는 생각이 든다.[22]

---

22) 개인적인 대화, 19 July 1983.

데이비드 스톳은 —네팔과 인도에 살고 있는 티베트 난민들 사이의 일반 불자와 종교당국자로부터 얻은 일화적인 증거로 미루어 볼 때— 이들의 공동체 안에서 낙태는, 비록 인도에서 합법적이라고 하더라도 '조금도' 이루어지고 있지 않다고 보고하고 있다(Stott, 1992: 177). 스톳은 또한 그가 질문한 다양한 종교권위자들은 예외 없이, 낙태는 '유덕한 일이 아니거나' 혹은 '명시적으로 금지되어 있는' 것이라고 주장했다는 사실을 확인해 주고 있다(1992: 174, 180). 1978년 라마승 로도(Lodo)는 샌프란시스코에 있을 때, 한 친구가 낙태를 고려하고 있다는 보고를 한 어떤 사람에게 다음과 같이 말했다:

> 당신이 할 최선의 일은 그녀가 낙태를 하지 않도록 이야기하는 것이다. 왜냐하면 그것은 하나의 인간존재를 죽이는, 심각한 부정적 결과를 가져올 행위이기 때문이다. 어떤 인간존재의 몸은 너무나 소중한 것이므로 —당신이 그녀에게 이야기하여 아기를 몸속에 지니고 있다가 나중에 입양을 하도록 한다면— 더 좋을 것이다.[23]

1985년 무렵 미국에서 영향력 있는 티베트의 라마승 초 트룽파(Chogyam Trungpa)의 조직인 다르마다투(Dharmadhatu)는 불교입양 에이전시를 시작할 계획을 세웠으며, 여성들로 하여금 예컨대 입양과 같은 낙태의 대안을 고려하도록 설득하는 가정 서비스위원회를 만들었다(Spring Wind, 1986: 172).

그럼에도 불구하고 티베트 불교인들은, 낙태한 적이 있는 사람들

---

[23] Lama Lodo, Bardo Teachings(Ithaca, N.Y.:Snow Lion Publications,1987), p.41. Keown, 1995a:103에서 인용.

을 위해 정신적 도움을 주는 것은 여전히 적절한 것으로 본다. 스톳은 우리가 그들에게 자비심을 가져야 한다고 주장하는데, 왜냐하면 그들은 결국 심신의 고통을 겪을 것이기 때문이다: '우리는 우리 자신을 소중하게 여기듯이, 낙태의 죄를 범한 사람과 그들의 태어나지 못한 희생자를 모두 소중하게 여기지 않으면 안 된다.'(1986: 15) 계속하여 그는 낙태한 사람을 위한 자기-정화의 방법을 옹호하고 있는데, 이는 절실한 참회의 힘을 이용하는 것이다(Stott, 1986: 15). 그러나 그와 같은 정화는 ―만일 우리가 사전에 계획된 낙태를 했다가 나중에 자기를 정화하려고 한다면― 효과가 없을 것이다; 왜냐하면 어떠한 일이 있어도 다시는 낙태를 하지 않겠다는 후회와 결심은 ―그것은 낙태의 일부분인데― 믿을 만한 것이 못 되기 때문이다(1986: 15). 티베트 전통의 불교에서 출가한 미국의 비구니 스님인 상계 카드로(Sangye Khadro)도 이와 마찬가지로 자기-정화의 방법이 낙태 이후의 고통과 죄책감을 치유하는 방법이라고 주장했으며(NIBWA, 1988: 13-14), 나아가 소걀 린포체는 그러한 행위를 ―선행의 까르마적 열매를 그 아기의 미래의 깨달음에 바치는 것이라고 말하면서― 권장하고 있다(Sogyal, 1992: 376).

남방불교 국가들

링은 ―산모의 생명이 위험에 처했을 때에만 낙태가 합법적인― 스리랑카에서, 낙태에 대한 반대가 태국보다 더 빈번하게 표현되고 있으며, 피임의 수용이 더 공개적으로 이루어지고 있다는 사실을 발견했다(1969: 57-8). 예를 들면, 사르보다야 쉬라마다나(Sarvōdaya Śramadāna) 농촌개발운동은 낙태에 대해 급진적으로 반대하고 있다(Macy, 1983: 86). 그럼에도 불구하고 여성의 신체적·정신적 건강에 대한 위협이라는 이유로 그 법을 '자유롭게 하여' 낙태를 허용하려는 약간의 움직임이 있다.[24] 하지만 그 법은 바뀌었다고 생각되지 않는다. 제인(Jane)과 매닝 내쉬(Manning Nash)에 따르면, 미얀마에서 어린이들은 혼인 관계 외에서는 거의 태어나지 않는데, '왜냐하면 임신은 곧 결혼을 의미하거나 낙태는 혼한 선택수단이거나 둘 중의 하나이기 때문'(1963: 252)이라고 한다. 산파가 태아를 죽을 때까지 압박함으로써 이루어지는 낙태는 '젊은 사람들의 강요된 결혼에 비해 더 좋은 것으로 여겨져 자주 시행되었는데'(같은 책, p.265), 이는 결혼이 두 당사자들에게 자율권의 상실을 포함하는 것으로 여겨진다는 점을 염두에 두고 있다. 이것을 제외하고 —다른 부분에서는 강력한 불교국가인 이곳에서— 낙태에 대한 다른 정보는 거의 찾아볼 수 없다. 하지만 '궁극적인 관점(lokuttara)에서 본 좋은 것과 세속적 존재의 상대적인 관점(loki)에서 본 필요한 것 사이의 구별은 미얀마인의 태도 속에… 스며들어 있다'라고 말하는 멜포드 스피로(Melford Spiro)의 언급은 주목할 만한 가치가 있다 (1971: 450).

만일 태국에서 미혼 여성이 임신을 하게 된다면, 이는 환영받지 못할 일이다. 하지만 대부분의 경우 그 아이는 태어나서 가족의 일원으로 받아들여지거나, 혹은 그 여성은 아이의 아버지가 동의한다면 그와 결혼한다(Hanks and Hanks, 1963: 442). 트레버 링(Trevor Ling)은 가임기의 여성 960명에 대한 1968년의 한 연구에서 —산모의 생명을 구하기 위해 필요한 경우라면 91.8%가 낙태에 찬성하고 있고, 95.6%는 단순히 가족의 크기를 제한하기 위한 수단으로서의

---

24) R. J. Cook and B. M. Dickens, *Abortion Law in Commonwealth Countries* (Geneva: World Health Organization, 1979), p.75, 86.

낙태에 대해서는 반대하고 있으며, 그리고 미혼 여성을 위한 낙태
에 대해서는 12.7%가 찬성하고 있다는 사실을 보고하고 있다(1969:
57-8). 현존하는 1956년의 태국 낙태법은 오히려 제한적이지만(본문
p.321), 그것은 잘못 시행되고 있고, 따라서 수많은 불법적인 낙태
가 이루어지고 있다. 태국에 대한 1981년의 한 평가서는 약 5000
만의 인구 가운데서 합법적이든지 불법적이든지 간에 매년 약 30
만 명, 즉 인구 1000명당 6명꼴로 낙태가 이루어지고 있다고 한다.
키온이 지적하고 있듯이, 이것은 태국에서의 낙태가 '미국의 같은
숫자에 해당하는 시민들의 수보다 약 50% 높게 이루어지고 있다'
는 것을 의미한다(Keown, 1998: 4). 이 비율은 또한 당시 태국과 거
의 같은 인구수를 가지고 있던 영국이나 웨일스보다 거의 두 배나
되었다.[25)]

낙태율의 비교는 사용하는 여러 가지 척도에 의해 주어진다: 가
령 인구 1000명당, 가임기의 여성 1000명당, 그리고 정상적 출생
1000명당의 비율 등이 곧 그것이다. 1981년 태국의 낙태 숫자는
가임기의 여성 1000명당 37명에 이르렀다(Florida, 1998: 23). 같은
기간 동안 다른 나라들의 숫자는 다음과 같다: 캐나다 11.1명; 미국
24.2명; 헝가리 35.3명; 싱가포르 44.5명; 일본은 공식적으로는
22.6명이었으나 아마도 65명에서 90명 사이였을 것으로 보인다
(Florida, 1998: 23). 하지만 만약 우리가 태국의 낙태율을 정상적 출
생 1000명에 대한 비율로 본다면 다른 그림이 나온다. 1981년 태
국에서 낙태는 임신의 10%에서 멈췄는데(Florida, 1998: 23), 이는
─우리가 임신의 10%가 자연유산으로 끝난다는 사실을 추정해 본

---

25) 1977년 잉글랜드와 웨일즈에서 102,677건의 합법적인 낙태가 있었고(그 법률은
    1967년에 급진적으로 개정되었다), 1989년에는 170,463건으로 급격히 상승했다는
    사실에 기초함(The Observer, 5 January 1997).

다면, 미국에서는 1976년 정상적 출생 1000명당 312명의 낙태가 이루어진 반면— 태국에서는 정상적 출생 1000명당 약 125명의 유산율에 해당한다는 것을 의미한다.[26] 이것은 인구 1000명당 낙태비율은 태국이 미국보다 높지만, 그 이유는 —태국 여성이 미국 여성보다 임신을 중단시키려고 하는 경향이 적은 반면— 그들이 높은 임신율을 가지고 있기 때문이다. 이 숫자는 —만일 태국 여성이 피임법의 사용은 늘리고 있지만, 상대적으로 임신의 중단을 꺼리는 경향이 남아 있다면— 인구 1000명당 낙태율은 떨어질 것이라는 것을 암시해 준다. 실제로 우리는 1994년 태국의 낙태 숫자가 상당히 줄어들었다는 것을 알고 있는데, 왜냐하면 태국의료위원회가 당시 태국에서는 약 10만 명의 낙태가 있었고[27] 이는 해당연도의 영국과 웨일스에서 이루어졌던 17만 4000명과 비교된다고 보고했기 때문이다.[28]

200개의 태국병원에서 이루어진 낙태에 대한 1993년의 한 연구는 2351건의 낙태 가운데 단지 8%만이 합법적이었으며, 그 사례들의 65%에서 낙태는 의사가 아니라 전통적 출산보조원에 의해 행해졌다는 것을 보여 주었다.[29] 도시의 중심부에서는 낙태한 사람들의 상당수가 젊고 결혼하지 않은 사람들인데, 이는 미혼모가 된다는 것에 따라다니는 무거운 사회적 불명예를 반영하고 있으나 성매매 여성은 낮은 낙태율을 보여 주고 있으며(Odzer, 1998), 전체적으로 보아 대부분의 낙태는 농촌의 기혼여성이 행하고 있다(Florida, 1998: 23-4).

---

26) *The Observer*, 5 January 1997.
27) *Bangkok Post*, 9 January 1992.
28) *The Observer*, 5 January 1997.
29) *Bangkok Post*, 30 June 1994.

1981년에 태국 국회는 현존하는 낙태법을 '자유화하기' 위한 법안을 토의했는데, 이는 불법적으로 시술되는 낙태로 인한 건강상의 위험을 피하고자 하는 바람에서 비롯된 것이며 다음과 같은 근거들에 토대를 두고 (12주까지의) 낙태를 허용하기 위한 것이었다:

(1) 산모의 정신적 건강에 대한 위험성
(2) 예상되는 신체적 기형이나 아이의 정신적 발달지체
(3) 사회적 이유나 재정적인 이유들
(4) 처방된 피임법의 실패(WFBR, 1981: 24).

그 법안에 반대한 사람들은 ―이들은 불교인과 로마 가톨릭 및 무슬림을 포함하고 있는데― 그것이 수요에 따른 낙태를 초래할 것이라고 주장했다. 1981년 9월, 그 법안은 상원의 심리를 남겨둔 채, 하원에서 통과되었다(기권 219표와 함께 찬성 79표, 반대 3표). 그러나 12월에 상원은 이 법안을 141 대 1로 부결했는데, 그것은 다양한 종교단체들과 개인들이 벌인 강력한 캠페인에 대한 응답이었다(WFBR, 1981: 52). 하원은 국회 의제에서 이 쟁점을 다시 거론하지 않기로 했다.[30]

1981년 현재 기존의 법률 아래에서 어떠한 의료 종사자도 기소되지 않았지만(Florida, 1998: 24), 이러한 분위기는 1994년 들어 변화하게 되는데, 이때 몇몇 클리닉들은 낙태된 태아들을 길가에 버린 것이 발견된 이후 불시단속을 당했다. 동시에 정부는 성교육을 강화하고, 나아가 아이를 돌볼 수 없는 여성을 위한 보호시설을 개선하고자 노력했다.[31] 그 당시 태국의 신문에서는 낙태에 대한 많

---

30) *Bangkok Post,* 30 February 1982.
31) 태국 신문 *The Nation,* 27, 28, 31 May 1994.

은 논쟁이 있었다. 그래서 라타나쿨은 높은 비율의 불법 낙태는 불교인의 시급한 관심사가 되고 있다는 사실을 확인해 주고 있다 (1998: 53). 그는 다음과 같이 주장하고 있다:

> 태국의 불교인은 그들의 생활 상황이 낙태할 결심을 피할 수 없는 것처럼 보이게 만드는 여성을 비난하지 않는다. 여성들이 원하지 않은 임신과 가난의 결과, 미성숙, 피임의 실패나 심각한 결함이 있는 태아 및 산모의 건강 위협 등과 직면한 딜레마에 대한 우려의 목소리가 있지만, 낙태를 단순히 여성의 생식적 선택의 문제로만 분리하는 것에 대한 거부의 목소리도 있다. (1998: 63)

태국인에게 낙태는 생명이나 선택에 대한 권리의 언어로 논의되고 있는 것이 아니라 '환경이 허용하는 만큼 모든 상태와 단계 및 상황에서 일어나는 수많은 인간적 고통들을 완화시킬 의도를 가진, 이익과 손해'의 언어로 논의되고 있는데, 이는 여성들로 하여금 낙태를 할 필요가 있다고 느끼게 만드는 환경을 줄일 것을 강조하고 있다(Ratanakul, 1998: 64-5).

낙태한 이후에 태국 여성은 후회와 슬픔에 휩싸이는 경향이 있으며, 따라서 ―업의 결실을 낳는 행동을 하고 이를 자신들의 단명한 아이와 공유하려고 함으로써― 그들의 심리적 고통을 완화하고, 나아가 죽은 아이를 돕기 위해 노력한다(Ratanakul, 1998: 57). 일본에서처럼(아래를 보라) 이를 위한 어떠한 특별의식도 존재하지 않는데, 왜냐하면 이렇게 한다는 것은 낙태에 대한 관심을 끌고 어쩌면 부분적으로나마 이를 타당한 것으로 보이게 할 수도 있기 때문이다 (Florida, 1998: 25-6). 하지만 비구를 공양하고, 잡은 새를 놓아주거

나 사찰이나 자선기관에 기부하기 등과 같은 일반적인 의식은 이용
되고 있다. 불교는 죄책감을 품는 것을 권장하지 않는다는 사실을
고려해 볼 때, 그와 같은 행위들이 여성들의 마음을 어느 정도 완
화하는 것은 유용한 일이다.

동방불교의 국가들, 특히 일본

중화인민공화국에서 낙태법은 공산주의자들의 통제를 받고 있는
데, 인구의 압력을 완화시키기 위한 그들의 '한 아이 갖기 정책'은
낙태가 때때로 강제적이며 원했던 바가 아니라는 것을 의미한다.
일본에는 대단히 자유로운 낙태법이 있으며, 따라서 일본의 불교인
이 낙태와 어떻게 관계를 맺어야 할 것인가에 대한 논의도 많이 있
었는데, 특히 라플뢰르(Robert Lafleur)의 『Liquid Life: Abortion and
Buddhism in Japan』(1992)이 눈에 띈다.[32] 일본에서 윤리는 유교와
불교 및 신도로부터 유래하는데, 요즘에는 세속적 영향도 받고 있
다. 전통적으로 유교는 가족과 올바른 사회관계의 정립에 많은 중
요성을 부여해 왔으며, 신도는 자연과 의식의 순수성 및 국가를 강
화하는 데 관심을 가지고 있었다. 그러므로 고전적 불교윤리는 일
본 불교인의 도덕적 시각에 영향을 미친 여러 요소들 가운데 하나
에 지나지 않는다.

일본이 제2차 세계대전에서 패배한 이후, 병사들이 가정으로 돌
아오자 베이비붐이 일어났는데, 그 결과 경제적으로 커다란 곤경에
처해 있던 시기에 인구과잉이 될지도 모른다는 공포심이 일어났다.
원하지 않은 아이들이 많이 생겼고, 따라서 갑작스럽게 낙태와 영

---

32) 이에 대한 비판적 논평은 Tanabe, 1994를 보라.

아 살해가 증가했다(LaFleur, 1990: 135). 인구증가에 대한 우려는 ―
불법 낙태의 위험성을 염려한 의사들의 지원을 받고 있었는데―
1948년 '우생학적 보호법'의 통과를 가져왔다(Hall, 1970: 261). 모든
정당의 지지를 받았던, 이 법안은 정신적 건강으로 해석될 수도 있
는 '산모의 건강'을 포함하여(LaFleur, 1992: 135) 여러 가지 이유로
처음 5개월 동안의 낙태를 허용했다.[33] 1949년의 법은 계속하여 경
제적 이유에서 행해지는 낙태를 허용했으며(Hall, 1970: 261), 나아
가 1952년의 수정안은 이 문제에 있어서 의사의 판단력을 전적으
로 ―자신들의 결정을 어떤 정부 당국에다 정당화할 필요 없이―
보장했다(LaFleur, 1992: 135). 그래서 세계에서 가장 느슨한 낙태제
도 안에서 낙태는 쉽게 그리고 저렴한 가격으로 이루어질 수 있었
다(van der Tak, 1974: 30). 낙태는 사람들이 선호하는 출생조절 수
단이 되었으며, 요구에 따른 낙태도 ―비록 기술적으로는 불법이었
지만― 가능해졌다.

보고된 낙태 숫자는 1949년의 24만 6104건에서 1955년의 117만
143건으로 정점에 이르렀지만(Hall, 1970: 262), 축소된 보고는 ―세
금을 피하고 싶은 개인 의사들 때문인데― 이 숫자가 실제로는 175
만 5000건에서 433만 건 사이를 나타내고 있다는 것을 의미했다
(van der Tak, 1974: 31). 다시 말해:

(1) 1955년 인구 1000명당 13.1명(실제로는 20명에서 48명까지)의
   낙태율(van der Tak, 1974: 31), 이는 1981년 태국의 인구 1000
   명당 6명과 비교된다.
(2) 1959년 정상적 출생 1000명당 676명(Hall, 1970: 262) 혹은 어

---

33) *Guardian,* 27 January 1996.

쩌면 2000명(van der Tak, 1974: 31), 이는 1981년 태국의 약 125명과 1976년 미국의 312명과 비교된다.[34]

그러므로 1959년 일본에서는 아마도 건강한 태아의 3분의 2가 낙태당하고 있었을지도 모른다! 바드웰 스미스(Bardwell Smith)는 1988년 일본에서는 매년 100만 건의 낙태가 이루어지고 있다는 조심스러운 평가를 내놓았다: 이는 영국의 약 3배이며 같은 시기의 미국보다 3분의 1이나 높다(1992: 70). 일본 여성들은 종종 40세가 되었을 무렵 두 번의 낙태를 하게 되는데, 이것은 결혼 전에 했거나 일단 두 아이가 태어난 다음에 했을 가능성이 크다(1992: 71).

고야 요시오(Koya Yoshio)는 1954년에 낙태를 경험했던 여성들 가운데 단 27%만이 피임을 실천했다고 지적하고 있지만(1954: 288), 1960년 이후 피임법의 사용이 증가하면서 낙태는 감소하기 시작했다(van der Tak, 1974: 31). 1971년에 이르자 여성들의 53%가 현재 피임법을 사용하고 있으며, 이 가운데 73%는 콘돔을 사용하고 있고 33%는 월경주기법을 사용한다고 보고했는데, 이는 그 부작용으로 인한 의학적 반대 때문이거나(van der Tak, 1974: 33-4)[35] 혹은 의사들이 낙태로부터 얻는 수입을 잃을지도 모른다는 두려움 때문에 사실상 피임약과 IUD를 제대로 처방해 주지 않았기 때문이다(LaFleur, 1992: 136). 더욱이 가식 없는 피임방법은 성문제를 다루는 것에 대한 거부감 때문에(이에 대해 유교는 전통적으로 매우 쑥스러워했다) 학교에서 다루어지지 않았고, 결과적으로 이 분야에서의 무지가 지속되고 있다(Smith, 1992: 71). 여성들은 피임용 페서리의 사용을 꺼리고 있는데, 이는 아마도 남성 산부인과의사가 설치해야

---

34) *The Observer*, 5 January 1997.
35) 정부는 1999년 마침내 경구 피임약 판매를 허용했다(Guardian, 3 June 1999).

되기 때문이었을 것이다(Smith, 1992: 70).

라플뢰르는 일본에서 낙태율이 높은 한 요인은 일본 사람들이 태아들에 대해 그들을 '되돌아간다'는 대중적 관념에 기댄 채 ─이는 도쿠가와 시대(1603~1867)에 이미 구체화되었던 것인데─ 태아를 생각하게 된 사고방식이라고 주장한다. 라플뢰르는 '많은 일본인들, 특히 현대 일본인들은 태아나 신생아의 '전생'에 대해 잘 모른다는 입장을 취하기를 선호하지만', 그들은 태아에 대해 어떤 종류의 이전의 삶으로부터 오는 것이라는, '어렴풋한 느낌'을 가지고 있다고 주장한다(1992: 26). '되돌아간다'는 관념은 그들이 선호하는 이와 같은 부정확한 견해와 잘 부합하며, 나아가 나중에 이 세상에 다시 오기 위한 ─아마도 동일한 가정으로─ 대기 기간임을 함축하고 있다(같은 책, p.26). '그러한 의미에서, 낙태된 태아는 '끝났다'라기보다는 약간 다른 세계에서 자신의 때를 기다리라는 요청을 받고 '연기되고' 있는 것이다'(LaFleur, 1992: 27). 물론 그러한 관점은 인간으로 환생하는 것을 희귀하고도 소중한 것으로 보는 고전적인 불교 관념과 커다란 갈등을 빚는다. 마찬가지로 태아의 지위에 대한 대중적인 견해도 잠재적으로 보면 이에 대한 고전적인 불교의 견해와 일치하지 않는다. 여기서 핵심적인 용어는 미즈코(水子), 즉 '물-아이' 혹은 '물-아이들'인데, 이것은 유산되었거나 낙태된 태아를 가리키는 데 사용되는 용어이지만, 본래 그것은 사산이나 태어나자마자 죽은 아이에게도 적용되었다(Hoshino and Takeda, 1987: 308; LaFleur, 1992: 16, 23). 이 용어는 그것의 '지위가 아직 유동적인', 즉 이 세상에서 살아남을 가능성이 여전히 의문인 존재라는 것을 암시하고 있다(LaFleur, 1992: 29): 미즈코의 형태는 아직 이 세상에서 '굳어지지' 않았기 때문에, 이를 형태가 없는 상태로 '되돌려 보내는' 것이 가능한 것으로 여겨진다(같은 책, 24). 전통적으로 부모들은 일종의 미즈코 연옥에서 잠시 휴식을 취한 다음 아이가 되돌아오기를 희망하거나 미즈코가 조상들 사이에 있는 더 좋은 세상이나 카미, 즉 붓다들 사이에 있는 정토로 되돌아가는 것을 돕는 의식을 거행한다(같은 책, p.27). 미즈코를 유동적 존재로 보는 관념은 —만일 그것이 단순히 무상이나 태아 또는 어린 아기가 직면한 특별한 위험이라는 것을 반영하고 있다면— 전통적인 불교 개념과 어긋날 필요가 없다. 그러나 그 관념이 태아를 고의로 '돌려보내는 것'을 허용하는 정도에 따라 고전적인 불교 관념과 커다란 갈등을 빚게 된다. 따라서 키온은 '미즈코의 개념이 아이 낳기에 관한 서양의 민간설화보다 —아이는 황새가 데려다준다는 것과 같은 것— 더 중요한 것을 지니고 있는 것은 틀림없지만, 그렇다고 하여 훨씬 더 중요한 것은 아닐지도 모른다'라고 논평한다(1998: 207).

실제로 우리는 일본 여성이 자주 낙태에 의존하지만, 그들 가운데 상당한 숫자가 계속하여 정서적인 문제를 겪고 있으며 때로는 몇 년 후까지도 이어진다는(Smith, 1992: 68) 사실을 발견한다. 이러한 현상은 부분적으로는 도시지역의 일본에서 전통적인 가족이 쇠퇴함으로써 악화되고 있으며, 결과적으로 개인은 그와 같은 문제들을 점차 다른 사람의 광범위한 지지 없이 혼자서 해결하지 않으면 안 된다.[36] 처음에는 낙태할 때 유감을 품지 않던 여성들조차도 나중에는 슬픔과 애도하는 마음, 그리고 아마도 죄책감을 느끼게 될 것이다(Smith, 1992: 72). 1975년 무렵 이래, 불교 성직자들은 이러한 감정들을 다스리는 것을 돕기 위한 의식들을 대중화하기 시작했으며, 사람들은 날이 갈수록 '자신들이 낙태에 대해 느끼고 있는 죄책감을 완화하고 마음의 고통을 덜기 위해' 이러한 의식을 추구하

---

36) Smith, 1992:67; Hoshino and Takeda,1987:315 참조.

게 되었다(LaFleur, 1992: 4).

그러한 의식들은 미즈코 쿠요(水子供養): 즉, 미즈코(水子)를 위한 추모식(供養)으로 알려져 있다. 이 의식은 낙태된 태아나 유산된 아이들의 영혼을 살찌우고 돕기 위해 애쓰고 있으며, 따라서 그 어머니와 어쩌면 그 아버지까지도 위로하게 된다(Smith, 1992: 73). 엘리자베스 해리슨(Elizabeth Harrison)에 의하면 그와 같은 의식들은,

해당 신에게 호소하여 죽은 아이의 복지를 도모하고, 공덕을 (그) 아이의 까르마를 산정하는 데 보태서 죽은 아이가 하루빨리 축복받은 환생으로 다시 태어나기를, 그리고 죽은 아이의 영혼을 달래 그들이 살아 있는 나머지 가족들의 삶에 좋은 영향을 미칠 수 있도록 하기 위해(1998: 93)

의도된 것이라고 기술하고 있다. 이 의식은 한 달에 한 번, 혹은 죽은 아이의 기일에 한 번씩 개별적으로 거행될 수도 있고, 아니면 보다 일반적으로는 수많은 미즈코를 위한 어떤 의식의 일부로 거행될 수도 있다(Smith, 1992: 73). 시간이 지날수록 의식은 점차 사찰 안으로 옮겨가고 있으며, 스님들이 '부모들'의 모임을 집전하게 되었다(LaFleur, 1992: 149). 의식의 형식들은 다양하지만, 그것은 지혜의 완성을 담고 있는 경전(반야심경)을 자비의 상징인 관세음보살에게 암송하고, 나아가 지장보살에게 찬불가를 바치는 것을 포함한다. 또한 위패가 새겨져 사찰이나 집 안에 있는 묘에 설치되기도 한다. 그 외의 다른 특징들은 설법과 충고의 말이 추가되는 정도다.[37]

지장보살(산스크리트어 Kṣitigarbha)은 미래의 붓다인 미륵이 이

---

37) Smith, 1992:74; 보다 자세한 내용은 Brooks, 1981:123-5를 보라.

땅에 내려와 가르치기 전까지 인간을 돕기로 서원을 세운 보살로 알려져 있다. 그는 여행자와 어려움에 빠진 사람 및 여성과 어린아이의 보호자로 간주된다. 특이하게도 일본에서 그는 죽은 아이들, 특히 일찍 죽은 아이들을 ―중세 일본에서 그 아이들은 한동안 일종의 연옥 상태에서 괴로운 삶을 살고 있는 것으로 알려지게 되었는데― 돌보는 것으로 여겨지고 있다(LaFleur, 1992: 58, 63-4; Brooks, 1981: 123). 죽은 아이를 대신하여 붓다에게 공양물을 바치고, 지장보살이나 유아의 조각상을 사서 사찰 마당의 특별구역에 갖다 놓는다; 죽은 아이의 기일에는 울긋불긋한 지폐가 그 상 위에 매달리게 될 것이다(Pye, 1983: 27). 라플뢰르가 지적하고 있는 것처럼 ―지장보살이 머리를 깎은 스님으로 나타나고 있는 데서도 알수 있듯이― 그는 어린아이처럼 보이며, 따라서 지장보살상은 낙태아와 그것의 수호 보살임을 표현하고 있는 것임이 명백하다(LaFleur, 1992: 8, 53). 가족들은 사찰에 와서 조각상을 물로 닦고 꽃이나 장난감도 공양물로 바치는데, 이는 죽은 아이와 대화하는 하나의 수단이다(같은 책, 9-10). 이 조각상은 비옷을 입고 있거나 야구복장, 또는 뜨개질한 숄을 걸치고 있을 수도 있다(Brooks, 1981: 125)

일부 사찰들에서는 다른 수입이 감소함에 따라 미즈코 공양 의식에 지불하는 비용이 유용한 살림수단이 되고 있다. 어떤 사찰은 그와 같은 의식을 제공하기를 꺼려하지만, 다른 사찰들은 이를 목숨을 빼앗긴 아이들과 사찰 모두에게 도움이 되는 기능을 수행하는 것으로 보고 있다(Smith, 1992: 68) 가마쿠라에 있는 사찰 하세데라에서는 그와 같은 의식이 이 사찰의 주요한 활동이 되었다: 1983년 무렵 이 사찰의 묘지는 미즈코를 위해 약 5만 개의 지장보살상을 갖게 되었다(LaFleur, 1992: 8, 53). 거의 전적으로 낙태아를 위해 오직 미즈코 공양만 거행하는 일부 '사찰들'도 ―실제로는 묘지나 추모공원에 불과한데— 문을 열었다(같은 책, pp.5-6). 이러한 사찰들은 상당히 상업적인 방식으로 운영되고 있는데, 예컨대 2피트쯤 되는 높이로 줄지어 서 있는 지장보살상을 팔거나 심지어 사람들이 자기들을 대신하여 의식을 거행하도록 하고 이에 드는 비용을 지불할 수 있도록 하는 방식이다(같은 책, 149).

　미즈코 공양 의식은 죽은 태아에게 사죄함으로써 죄책감을 달래고자 한다. 사찰에서는 종종 미즈코를 추모하기 위해 사람들이 그들의 미즈코에게 (나무로 만든 주걱에다) 간단한 편지를 써놓기도 한다. 일본에서는 사죄가 관계 회복을 위해 많이 사용되고 있고 또한 사죄와 감사의 차이는 서로 희미하기 때문에 미즈코에 대한 태도는 곧 자궁 안에서 태아가 있던 곳을 없애 버린 데 대한 사죄와 감사의 말을 뒤섞어 놓은 것으로 보일 수 있다(LaFleur, 1992: 147). 그 의식의 일부로 죽은 태아에게 쓴 편지는, 예컨대 '얘야, 미안하단다. 너는 단지 우리에게 너무 일찍 왔을 뿐이야'라거나 '제발 어리석은 네 아버지를 용서해 다오…'라는 말을 담고 있다(Brooks, 1981: 122-3). 어떤 사람은 이 관습이 단지 그들이 저지른 행위를 보상받기 위한 출발에 불과하다고 생각한다(Harrison, 1998: 114). 그러나 오늘날 일부 여성들은 단지 그것이 '행해지는 것'이 되었기 때문에 이 의식을 치르고 있을 따름이며(같은 책, p.112), 낙태 경험이 있는 많은 여성들이 미즈코 공양 의식에 참여하고 있지만, 그들은 여전히 소수에 불과하다(Harrison, 1998: 112).

그림 8. 낙태아나 사산아들에게 바쳐진 지장보살상이 있는 일본의 묘지
(Elizabeth Harrison의 호의로 싣게 됨).

사죄를 하고 죄책감을 누그러뜨리기 위함과 아울러 미즈코 공양이 인기를 끄는 또 다른 이유는 두려움을 다스리기 위한 것이다. 홀대받은 망자는 우라미, 즉 비통함이나 원한을 품을 수 있고(Brooks, 1981: 135), 따라서 위험하게 되어 살아 있는 사람에게 타타리, 즉 복수하기를 원한다는 관념이 신도로부터 생겨났다(LaFleur, 1992: 8, 53). 이는 ─낙태의 까르마적 열매에 대한 불교적 관념과 결합되어─ 여성들이 종종 초기 단계의 낙태를 훗날 잦은 질병과 재정적 어려움, 또는 가족 간의 갈등을 야기하는 원인으로 본다는 것을 의미한다(Smith, 1992: 78). 미즈코 공양 의식은 그 아이를 잠재적인 위협이자 갈 곳 없이 떠도는 영혼으로부터 ─중국의 유교사상에서 나온 관심사인 조상들 사이에 거처를 마련한─ 마음씨 따뜻한 보호자로 바꾸기 위한 것으로 여겨진다(Smith, 1992: 82). 앤 브룩스(Anne Brooks)는 스즈키 박사의 말을 인용하여 미즈코 공양을 하는 사람의 단 10%만이 두려움 때문에 그렇게 한다고 했지만, 그녀 자신은 이것이 너무 낮은 평가수치라고 생각했다(1981: 136).

1970년대 중반부터 미즈코 공양 의식을 광고하는 행위는 ―미디어와 다른 곳에서― 여성들의 두려움을 이용할 뿐만 아니라(Harrison, 1998: 114:138; Harrison, 1998: 97) 죄책감을 고조시키는(LaFleur, 1992: 162) 어리석은 상업주의에 빠진 사찰이라는 비판을 불러일으켰다. 이 의식을 전문으로 봉행하는 지치부 시의 자운사에서 지장보살상은 1125파운드이며 연간 유지비는 31파운드이다.[38] 브룩스는 낙태당한 태아의 영혼이 야기하는 질병과 그 외의 다른 문제들을 언급한 다음, 8달러에서부터 700달러에 이르는 지장보살상의 주문 양식을 담고 있는 광고 하나를 인용하고 있다(1981: 140). 교수 및 언론인과 같은 43명의 전문직업인들에게 질문을 하는 과정에서, 라플뢰르는 그들이 현행 낙태법에 대해 전혀 반대하지 않으면서도 오직 태아를 위한 소박하고 저렴한 의식만을 지지한다는 사실을 발견했다(1992: 164-6).

주류 사찰들은 1970년대 중반에 이르러서야 지역 신자의 요청으로 마지못해 이 의식을 거행하기 시작했다: 왜냐하면 그렇게 하지 않는다면 그들은 새로 생긴 기업형 사찰로 가 버렸을 것이기 때문이다. 그러나 그런 사찰들은 위의 비판들에 민감하다. 정토종과 정토진종에서는 이 의식을 봉행하는 것을 극도로 꺼려 왔는데, 특히 태아가 복수를 하려 한다는 개념에 대해 비판적이다. 그들은 이를 불교 관념과 긴장관계에 있는 것으로 본다(LaFleur, 1992: 163-4); 실제로 주요한 정토진종의 하위 종파 가운데 하나는 길가에다 미즈코

---

38) *Independent on Sunday*, 12 September 1993.

공양을 비난하는 메시지를 내걸었다(Harrison, 1998: 98). 마찬가지로 신문기자이자 정토진종 비구의 아내인 오치아이 세이코(Ochiai Seiko)는 미즈코 공양을 비-불교적인 것으로 간주하며, 차라리 태아의 복수를 막기 위한 액막이(exorcism) 같다고 말한다. 그러나 그녀는 ―낙태법을 우익의 반-자유주의로서 개혁한다는 어떠한 주장에 대해서도 반대했다. 그녀는 ―태아와 동물 및 쌀의 생명을 포함한― 생명은 존중받아 마땅하지만, 산다는 과정은 '우리가 계속하여 다양한 종류의 그와 같은 존재들의 생명을 '빼앗는 것'은 필연적'이라는 결론에 도달했다고 생각했다(LaFleur, 1992: 170).

다른 한편, 밀교 계통 진언종의 지도자이자 일본불교협회의 초대 의장이었던 미우라 도묘(Miura Domyo)는 미즈코 공양 의식을 권장하긴 했지만, 이를 낙태 그 자체의 심각함을 완화시켜 주는 것으로는 보지 않는다:

아이가 세상에 나오기 전에도 불교인들은 의식이 생겨나는 바로 그 순간부터 이를 하나의 생명으로 간주한다… 수십억 개의 정자로부터 나온 하나의 정자가 하나의 난자와 결합하여 생명이 시작된다. (Keown, 1995a: 110에서 인용함)

그에게 태아를 하나의 '물-아이'로 보는 개념은 낙태를 정당화시켜 주지 못한다(Keown, 1998: 207-8). 마찬가지로 위에서 논의된 바 있는 자운 미즈코 공양사는 낙태를 고의적이고 비자연적인 것이자(LaFleur, 1992: 171) 심각한 까르마적 열매를 가져올 것이라고 보며(같은 책, p.223), 따라서 낙태법을 강화하기를 원한다(같은 책, p.169).

하지만 일본의 불교 단체들은 일반적으로 사회적 쟁점들에 대해 공개적인 '입장'을 밝히고 싶어 하지 않는다(LaFleur, 1992: xiii). 라플뢰르는 대부분의 주류 불교종파들은 합법화된 낙태를 지지하는 것처럼 보인다고 주장한다(1992: 192): 그들은 '관대하며, 그리고 낙태를 위한 도덕적 공간을 마련해 주고 있다'(같은 책, p.195). 그는 자신의 책에 대해 1995년 노리코 카와하시(Noriko Kawahashi)가 쓴 논평을 인용하고 있는데[39], 여기서 노리코는 몇 사람의 조동선 스님들과 그 논평에 대해 토론을 벌였다고 말하고 있다. 그들은 서로 의견이 달랐다. 한 스님은 어떤 여성이 낙태에 대해 자기 스스로 결정을 하는 것은 '죄'(츠미)라고 말한 반면, 다른 한 나이 든 스님은 라플뢰르가 낙태를 —일본의 전통은 불교인들로 하여금 낙태를 '죄'라기보다는 고통의 관점에서 생각하는 것을 허용한다고 주장한다는 점에서— 권리에 대한 것으로 다루고 있다고 생각했다(LaFleur, 1995: 194).

1978년 전일본불교회는 —불교인들은 일반적으로 낙태에 대해 비난의 목소리를 내지 않고 있지만(같은 책, 137), 『아비달마구사론』에 의하면 '생명은 수정하는 순간부터 존재하며 따라서 그것이 살 권리를 갖는 것을 방해받아서는 안 된다'라고 말한다는— 사실을 지적한 바 있다.[40] 그러나 그것은 또한 —대승불교는 생명에 대한 존중을 옹호하고 있지만, 이 역시 '인간이 자기 자신을 보호하거나 영양분을 공급하기 위해 어떤 형태의 생명을 희생시키는 것은 불가피한 것이라고 가르친다'—라고 말했다:[41] 예컨대, 농부들은 해충을 죽이지 않으면 안 된다. 그것은 계속하여 '우리는 모순적인 요구들로 가득한 현실을 우리 자신의 업으로 받아들여야만 한다. 그러나

---

39) *Cross Currents*, 13(1995) 371-8.
40) Japan Buddhist Federation, *Understanding Japanese Buddhism* (Tokto: Kyodo Obun Center Co.,1978), p.162, Brooks, 1981:133에서 인용.
41) P.158-9, Brooks, 1981:137에서 인용.

동시에 우리는 보편적 원리를 지속적으로 반추해 보아야 하며 이상을 위해 노력하지 않으면 안 된다.'[42] 브룩스는 미즈코 공양 의식을 현실과 이상 사이를 중재하는 하나의 방식으로 보는데, 이는 겉으로 드러나는 행위의 도덕성보다는 마음의 상태와 태도를 강조하는 일본 불교에서 특징적으로 나타나고 있는 하나의 방식이다(1981: 138).

실제로 라플뢰르는 미즈코 공양의 일부인 사죄를 사람들이 '자기 자신들의 인도주의적 감성을 유지하도록' 돕는 것으로 보며, 결과적으로 그들은 스스로 따뜻하고 감수성 있는 사람들로 여길 수 있게 되는 것이다(1992: 155). 그러므로 미즈코 공양 의식은

> 많은 일본인들이 낙태의 관습을 너그럽게 대하고 ―개인적으로나 집단적으로― 여전히 자기 자신들을 도덕적이며 심지어 '감수성 있는' 사람들로 여기는 것을 가능하게 만든다… 다시 말해, 이 의식을 통해 그들의 도덕적 선택지는 무조건적으로 낙태를 금지하거나, 혹은 정확히 반대편에서 태아를 아무런 죄의식 없이 처리해도 좋은 비활성물질로 여기는 것에 한정되지 않게 된다는 것이다. (LaFleur, 1992: 58)

이 의식의 언어는 명확하게 태아를 어떤 사물로 다루지 않으며, 따라서 '부모들'은 지장보살상을 '따뜻하게' 유지하기 위해 스웨터를 입힐 뿐만 아니라 팔랑개비나 다른 장난감들을 제공함으로써 자신들의 '부드러움'을 보여 준다(같은 책, pp.158-9). 라플뢰르에 의하면 일본 사람들은 통상적으로 '태아 조직'과 같은 태아 대상의 완곡어법을 사용하지 않는다: 그들은 낙태할 계획을 세우고 있을 때조차

---

42) P.166, Brooks, 1981:138에서 인용.

도 태아가 하나의 아이라는 사실을 인정한다. 그러므로 첫 번째 계율과의 충돌은 그와 같은 용어 사용에 의해 은폐되지 않는다(LaFleur, 1992: 11). 미즈코 공양 의식이란 용어를 사용함으로써, '여성은 자신의 몸 안에서 발달한 어떤 유대감을 인정하는 데 있어서 자유롭다. 그와 같은 감정은 그녀가 낙태할 결심을 막을 필요가 없다.'(LaFleur, 1992: 213) 이런 감정들은 부분적으로 한국(Tedesco, 1998)과 대만의 불교인들이 ―대체로 이곳에서도 낙태에 대한 느슨한 태도가 발견되고 있다― 일본의 미즈코 공양 관습에 적응하기 시작한 이유가 될 수 있을 것이다.

일본의 낙태 상황을 되돌아볼 때 ―적은 정도이기는 하지만 테라바다 불교 국가인 태국에서도 나타나고 있는― 이론과 실천 사이의 간격을 만드는 것은 무엇인가? 이는 당신이 다른 사람들에게 하라고 말하는 것과 반대의 방식으로 행동하는 위선인 것처럼 보일 수 있으나 그것은 아니다. 하지만 여기서 요점은 낙태가 옳지 못하다는 것을 인정함으로써, 사물에 대한 올바른 견해가 존속되며, 그리고 그것 자체가 곧 건전한 행위양식: 즉, 건전한 정신적 행위라는 점이다(같은 책, p.57). 낙태를 하는 것은 분명히 건전하지 못한 신체적 행위이며, 나아가 건전하지 못한 언어적 행위를 초래할 수도 있으나 그것은 낙태를 하고도 이를 건전하지 못한 행위라는 사실을 인정하지 않는 것보다는 덜 나쁘다. 왜냐하면 이렇게 하는 것은 훗날 옳지 못한 견해, 즉 그릇된 정신적 행위 양식을 포함할 것이기 때문이다(같은 책, p.48). 상황을 이렇게 해석하는 것은 불교적 원리의 관점에서 보면 합리적인 반면, 그것이 개략적인 윤곽을 그리고 있는 접근법은 인도에 기반을 두고 있는 율장(교단의 규율)과는 서로 다른 강조점을 갖고 있다. 여기서 강조점은 ―비구나 비구니가 되기를 선택한 사람들을 위한 것인데― 자기가 동의한 규범과 일치하는, 겉으로 드러나는 신체적인 행위와 언어적인 행위에 대한 것이다. 이것은 명백히 마음을 수행하기로 작정한 삶의 방식의 일부이지만, 교단의 규범 그 자체가 견해나 신념들에 —심지어 언어적으로 표현되었다고 하더라도— 관심을 갖는 것은 아니다.[43] 그러나 여기서 두 가지 접근법은 어떤 사람의 견해는 진정으로 주장되어야만 하며 또한 강제될 수 없다는 것과, 그리고 율장은 올바른 견해의 중요성을 훼손하지 않는다는 점을 인정하는 데 있어서 입장을 같이한다: 율장은 일종의 법적 규범으로서 어떤 사람의 견해에 초점을 맞추고 있지 않다는 것은 정의로운 것이다.

그렇다면 미즈코 공양은 낙태가 옳은 일이 아니라는 사실을 인정하는 한(그뿐만 아니라 죽은 태아를 도우려고 애쓰는 한) 좋은 관습이지만, 이러한 요소는 —만일 그 의식이 어떤 실질적인 불교적 가치를 지니려면— 계속 보존되어야만 한다. 또한 이 의식은 낙태를 한 적이 있는 사람들로 하여금 '그와 같은 경험이 흔적으로 남겨놓은 어떤 끝나지 않은 일과 화해하는 것을' 돕는 데 유리할 수도 있을 것이다(Keown, 1998: 213). 그러나 이 의식이 나쁜 까르마적 결과를 약하게 만들기를 기대하기보다 그 까르마를 완전히 깨끗하게 청산하는 것을 기대하는 것은 그 의식에 대해 너무 많은 것을 기대하는 셈이 될 것이다. 어떤 사람이 —그것을 하고 난 다음에 '사죄할' 하나의 의식 '장치'로서— (또) 낙태하기를 계획하는 것은 사죄와 유감의 신뢰성을 훼손하는 일이 될 것이다. 앤 브룩스의 보고에 따르면 미즈코 공양 의식을 집행하는 사람들 중에서도 일부는 귀의자들에게 진정으로 불교의 윤리적 교의를 가르치지만, 다른 사람들은 단지 문제가 되는 부분을 다른 데로 돌리고 마음의 평화를

---

43) 한 가지 예외: 감각적 욕망에는 전혀 잘못된 것이 없다는 견해: 위의 p.55 n.27을 보라.

얻게 하는 의례적 방법만 제공하고 있을 따름이라고 한다(1981: 138-40). 낙태 때문에 생긴 죄책감을 다루는 한 가지 방법으로서, 이 의식은 조심스럽게 다룰 필요가 있다. 그것이 과거의 건전하지 못한 행위를 건전하지 않은 것이었다고 인정하는 것은 좋은 일이지만, 만일 이것이 무거운 죄책감과 자기-혐오감을 자극할 정도로 행해진다면, 이는 사람의 마음을 흥분시켜 '산만함과 불편함'을 자극할 것인데, 이것은 정신적인 발달을 방해하는 것 가운데 하나이다(같은 책, p.61 참조). 중요한 것은 과거의 잘못에 대해 후회하고 그것을 되풀이하지 않겠다는 결심이다. 과거의 낙태에 대해 반성할 마음을 자극한 다음, 미즈코 공양을 하기로 결정한 사람들에게서 돈을 버는 사람들에 대해 말하면, 그것은 (분명히) 문제의 소지가 있다: 만일 사람들이 기부하기를 바라거나 지장보살상을 사고 싶어 한다면, 이는 받아들일 수 있겠지만 그것은 어디까지나 그들 자신에게 맡겨져야 하며, (또한) 이 점을 분명하게 해 두어야 한다. 실제로 브룩스는 가족들이 개별적으로 지장보살상을 세우는 관행은 상업화를 조장하는 경향이 있다고 생각한다(1981: 141).

낙태 반대의 입장이지만 그것의 선택권에는 찬성하는가? 도덕과 법의 관계

낙태에 관한 불교윤리의 입장을 지지한다는 것은 곧 이러한 원리들에 동의하는 사람들이 자기 나라의 법이 그와 같은 윤리적 원리들을 완벽하게 강제하는 것을 보장하려고 노력해야 한다는 말과 동일한 것은 아니다. 불교 국가에서는 동물을 죽이는 것에 관한 —

그것은 분명히 첫 번째 계율을 파괴하는 것인데— 어떤 법적 제한이 있었고 지금도 있지만, 이러한 것들은 한정되어 있다. 도살업자는 감옥에 가지 않는다. 마찬가지로 술을 판매하는 것은 '올바른 생계'의 원리를 위반하는 것이지만, 그렇게 하는 것은 어떤 불교 국가에서도 금지되어 있지 않다. 또한 자살 시도도 일반적으로 불법적인 것이 아니다. 이것은 도덕과 법의 관계가 1 대 1로 이루어지는 솔직한 시합이 아니기 때문이다.

대부분의 국가들에서 —불교 국가이든 그렇지 않든 간에— 다양한 형태의 거짓말과 같은, 비윤리적인 것으로 보이는 행위들이 존재하는데, 그것은 불법적인 것이 아니다. 또한 많은 사람들이 윤리적으로 중립적인 것이라고 보는 특정한 법률적 위반도 있을 수 있으며, 억압적인 정권에 반대하는 불법 시위와 같은, 어떤 위반들은 도덕적으로 칭찬할 만한 것으로 보일 수도 있다. 어떤 나라가 자국민의 윤리를 어느 정도나 법률로 정할 것인가는 논쟁거리이며, 나아가 이것은 법의 기능, 즉 그것을 침해하면 국가가 처벌함으로써 지탱되는 사회규범에 대한 고려를 포함하고 있다.

필립 레스코(Philip Lesco)는 불교가 '낙태반대(pro-life)'임과 동시에 '개인의 도덕을 법제화하려는 시도'에 대해 반대하고 있다고 주장하며(Lesco, 1987: 217), 서양의 여성 선(禪) 지도자인 지유 케넷(Rōshi Jiyu Kennet)은 다음과 같이 말한다:

나는 개인적으로 결코 낙태를 하지 않을 것이며, 또한 나는 한편으로는 다른 여성들을 설득하여 낙태를 하지 못하도록 노력하는 일을 결코 멈추지 않으면서도 낙태를 폐지하는 입법에도 동의하지 않을 것이다. 낙태를 반대하는 법을 만드는 것은 너무 많은 여성들을 죽음의 위험 속에 남겨 두는 일이 될 것이다. 만

일 자살이 그들을 죽이지 않으면, 돌팔이 의사들이 그렇게 할
것이다. (1978: 17)

『Newsletter on International Buddhist Women's Activities』에서
순야타(Sunyata)라고 불린 한 인물은 불교적인 근거 위에서 낙태에
대해 강력히 반대하고 나서도, 계속하여 말하길 그것은 불법적인
것이 되어서는 안 될 것이라고 말한다:

> 윤리는 다른 사람들에게 강요될 수 없다: 도덕성은 관련된 선택
> 이 없다면 거의 의미를 갖지 못한다. 윤리의 목적은 살인과 고
> 통을 피하기 위한 것이며, 따라서 ─만일 낙태가 불법적인 것이
> 되고 의사들이 여성들을 외면할 수밖에 없다면─ 돌팔이 낙태
> 업자들의 손에 죽는 여성들에게는 법이 아무런 혜택도 주지 못
> 하게 된다. (NIBWA, 1988: 12)

헬렌 토르코프(Helen Tworkov)는 '친-낙태 선택권/반-낙태 입장'
을 옹호한다(1992: 62). 그녀는 미국의 여성 선(禪) 지도자의 말을
인용하여 낙태라는 관념은 '내 마음을 아프게 만듦'과 동시에 그 선
지도자는 이 문제에 대해 '친-낙태 선택권'에 표를 던질 것이라고
말한다. 토르코프는 계속 이렇게 말한다:

> 과거에 내가 같이 말해 본 (매우 다른 혈통 출신들인) 미국의 여
> 성 불자들은 낙태는 종종 불가피한 것일 수 있지만 결코 바람직
> 한 것은 아니며, 나아가 그 상황에 대한 모든 측면들을 깊이 고
> 려하지 않고 행해져서는 안 될 것이라는 데 동의했다. 이러한
> 입장은, 그들 자신은 어떠한 상황에서도 낙태를 하지 않을 것이

라고 말한 여성들과 그 환경에서 낙태를 고려할 환경을 상상할
수 있는 여성들, 그리고 나 자신처럼, 낙태를 경험해 본 여성들
로부터 나왔다. 현재 우리 모두는 친-낙태 선택권 투표에 관심
을 쏟고 있다. (1992: 63)

그녀는 자신이 1960년에 낙태를 하고 나서 생명을 빼앗았다는
사실을 부정했으나, 시간이 지나자 ―부분적으로는 불교인이 됨으
로써― 그것이 그렇지 않다는 것을 알았다고 말한다. 그것은 심각
한 문제였으나 여성들은 아직 이에 대한 선택을 허락받지 못하고
있었다.

지금까지는 몇몇 서구 불자들의 견해를 살펴보았다. 아시아 불자
들의 견해는 어떤가? 우리는 불교가 영향을 미친 전-근대적 법을
볼 때 무엇을 발견하게 되는가? 모든 불교국가들 가운데서도 미얀
마는 불교적 규범의 영향을 가장 많이 받은 전통적인 법률 문헌을
가지고 있다(Huxley, 1995a: 49-50). 스리랑카에서는 어떠한 전통적
인 법전도 남아 있지 않으며, 카스트가 분쟁해결과 사회조직의 기
반이었다. 태국과 크메르의 전통에서 왕은 법률의 최고 원천으로
여겨졌다. 중국에서 불교는 단지 약간만 현재의 법 전통에 영향을
미칠 수 있었을 따름이다. 놀랍게도 티베트의 법률은 미얀마보다도
불교적 관념의 영향을 훨씬 덜 받았는데, 이는 아마도 티베트가 자
신들의 법률을 중앙아시아 국가로부터 그것의 북쪽으로 들여왔기
때문인 것으로 보인다(Huxley, 1995a: 55).[44] 동남아시아의 다른 국
가들에서 그렇듯이, 미얀마에서 법전의 주요 유형은 다음과 같다:

---

44) 그렇지만 프렌치(French)는 불교적 관념이 법률의 적용 방식에 영향을 끼쳤다
고 보고한다(1995:114).

(1) *Rājathat*: 왕의 명령 가운데 비교적 오래된 것이며(Huxley, 1995a: 48), 이는 국왕의 재판소에서 일하는 판사에 대한 일반적 지침을 포함하고 있었다.(Huxley, 1997: 75)

(2) *Dhammathat*: '관습법'(Huxley, 1995a: 52), 이는 비공식적인 분쟁해결, 특히 마을 수준에서 일어나는 분쟁해결에 대한 지침을 제공하고 있다(Huxley, 1997: 74). 대중용 법률의 축약본 형태로 된 그것의 규칙들은 '이는 인간 사회만큼이나 오래되었기 때문에 준수되어야 하며, 혹은 그것은 불교의 진리 속에 암시적으로 나타나 있어 보편적으로 옳은 것이라고 인정받기 때문에 준수되어야만 한다'(Huxley, 1997: 73). 실제로 그 규칙들은 '이 우주의 경계선 벽 위에 쓰인 옛날 법전의 판형들'로 간주되었다.(Huxley, 1995a: 52)[45]

(3) *Pyatton*: 『자따까』 유형의 현명한 재판관 이야기나 사례 보고집이며(Huxley, 1995a: 49), 이것은 구속력이 없는 선례의 형태로 '도움이 될 만한 법률 지식'을 제공해 준다.(Huxley, 1997: 78)

담마타트(Dhammathat) 텍스트는 종종 스님들(Huxley, 1995a: 48), 특히 교단의 규율전문가들에 의해 편집되었다(같은 책, p.53): 실제로, 율장은 가끔 동남아시아의 법전에서 인용되고 있는데, 그것의 추론 양식은 법률에 영향을 미친다(Huxley, 1997: 70-1). 미얀마와 동남아시아의 다른 곳에서 다음과 같은 사실, 즉 '법과 도덕성 및 좋은 행위 사이에 뚜렷한 어떤 구별도 이루어지지 않았다. [위의 세 가지 유형 가운데 어떤 하나인] 법전은 자주 『자따까』와 윤리

---

45) 17세기 미얀마의 한 견해는 재산이나 생명, 사람에 대한 상해 등의 분쟁에 있어서는 라자타트가 담마타트에 우선한다고 본다.

및 예의바름에 관한 다른 책들과 함께 묶여 있다'(Huxley, 1997: 81)
는 사실은 주목할 만한 일이다.

전통적인 미얀마 법에 미친 불교의 강력한 영향에도 불구하고,
이 분야의 전문가인 앤드루 헉슬리(Andrew Huxley)는 그곳에서 낙
태를 규제한 아무런 흔적도 발견할 수 없었다.[46] 그가 추정하기에
이것은 낙태가 '왕의 평화를 위협하지도 않았고… 배상금이 마을
이나 교외지역 수준에서 조정되어야 한다는 요구로 이어지지도 않
았으며', 따라서 라자타트(Rājathat)나 담마타트(Dhammathat)의 범위
에도 들어가지 않았기 때문일 수 있다고 본다. 미얀마의 모든 국
왕들은 불교 도덕을 시행한다는 수사를 사용했지만, 알라웅파야
(Alaungpaya; c. 1755)와 바돈(Badon; c. 1790)이 그렇게 한 기간 동
안에는 못 미쳤는데, 이들은 동물 학살을 불법화했으며, 더 나아가
바돈은 술과 마약에 대해 사형선고까지 부과했다. 법전들이 낙태를
언급하지 않은 것처럼 보인다는 사실은 ―그것이 아무리 첫 번째
계율에 어긋나는 것으로 보였다고 할지라도― 낙태가 국왕의 법이
나 관습법이 신경을 쓸 필요가 있는 문제로 간주되지 않았다는 것
을 암시해 준다. 그 당시까지만 해도 '반-낙태, 친-낙태 선택권의 입
장'이 지지를 받았던 것으로 보인다.

태국에서 이루어진 1978년의 한 연구는 대부분의 사람들이 낙태
를 비도덕적인 것으로 보았지만, 다른 한편으로 낙태법은 사회경제
적 이유와 광범위한 의학적 이유들 때문에 그것을 따를지 여부가
자유화되어야 한다고 주장한다는 사실을 발견했다.[47] 1981년 태국
국회가 이 법의 자유화를 토의했을 때, 비구 투표권자의 75%가 그

---

46) 개인적인 대화.

47) The Population Council, *Abortion in Thailand: A Review of the Literature*
(Bangkok: The Population Council Regional Office for South and East Asia, 1981),
p.91, Florida, 1998:24에서 인용.

법안은 부도덕하다고 생각하지만, 그 가운데 40%는 그것이 통과되어야 한다고 생각한다는 사실이 밝혀졌는데, 단지 40%만이 이에 반대했다(비구니 가운데 12%는 통과되어야 한다고 생각했고 78%는 통과되어서는 안 된다고 생각했다).[48] 그와 같은 견해의 불일치는 놀라운 것처럼 보일 수 있지만, 여기에는 논리가 들어 있다. 다른 한편, 불교는 낙태가 건전하지 못한 행위라는 점을 분명히 하고 있다: 불교는 또한 건전하지 못한 행위가 건전하지 못하다는 사실을 부정하는 것은 그 자체로서 건전하지 못한 행위임이 유력하다고 주장하고 있다(p.135-136을 보라). 다른 한편, 불교인들은 자신들의 건강을 위협하는 엉성한 곳에서 불법 낙태를 하는 여성들의 고통에 관심을 가질 수도 있을 것이다. 태국에서는 부유한 여성들만이 안전한 낙태를 할 수 있다.

이러한 두 가지 사실을 고려해 보면, 불교인들이 때때로 낙태는 부도덕하다는 점을 인정하면서도 낙태법이 자유화되기를 원한다는 것은 놀라운 일이 아니다. 낙태를 한 여성 불자들에게 위의 논리는 또한 낙태를 하는 것에 대해 아무런 잘못도 없다고 믿고 낙태를 하는 것보다는 그것이 건전하지 못하다는 것을 인정하고 낙태를 하는 것이 그나마 덜 나쁘다는 것을 의미한다.

그러나 1981년, 태국의 낙태법 개정을 반대하는 불교인들이 있었다. 소봉아나포른(Sobhonganaphorn) 스님은 도덕이란 보편적인 것이며 자연에 토대를 둔 것이지, 인간이 만든 가변적인 것들에 토대를 둔 것이 아니므로, 인간이 만든 법은 이를 무시해서는 안 된다고

---

48) 노동자들의 66%가 법안에 찬성했지만, 65%는 그 법안이 부도덕하다고 보았고, 사업가와 무역업자들은 85%가 찬성하고 38%가 부도덕하다고 보았다. 한편 학생과 교사들의 50%는 그 법안이 부도덕하다고 보지 않았고 81%가 찬성했으며, 의사와 간호사들은 42%가 부도덕하다고 보고 87%가 찬성했다 (WFBR, 1981:30).

주장했다(WFBR, 1981: 21). 그러나 *World Fellowship of Buddhists Review*의 편집장은 낙태와 관련된 사람들은 그 업보를 받아야 마땅하다는 점을 인정하면서도, 우리는 비참한 환경에 처한 사람들에게 절대적인 도덕성을 강요할 수 없다고 주장했다(WFBR, 1981: 35); 한편, *Bangkok Post*의 사설은 종교적인 이상을 사회에 부과하는 것은 —당시 이란에서 일어나고 있었던 것처럼— 극단주의를 초래할 수 있다고 주장했다(WFBR, 1981: 29). 1994년, 솜차이 쿠살라치토(Somchai Kusalacitto) 스님은 손상을 당한 태아나 질병이 있는 태아의 낙태를 포함한, 낙태는 옳은 것이 아니지만 다음과 같다고 말했다:

> 사람들은 좀 더 좋은 것이나 보다 더 옳은 것을 대신하여 죄를 범할 선택을 할 때가 있다… 그들은 업, 즉 자신들의 행위의 결과를 기꺼이 받아들이고자 하는 한, 그들이 무엇을 할 것인가에 대해 결정할 권리를 가지고 있다.

계속하여 그는 원하지 않은 임신을 가져오는 사회적 조건들을 다루지 않으면 안 된다고 말했다.[49] 이즈음 비툰 웅프라반트(Vithoon Eungprabhanth) 박사는 '다른 사람들을 돕기 위해 죄를 범하기로 한 의사들은 그렇게 할 권리를 가져야만 한다. 동시에 죄를 범하는 것이 두려운 사람들은 그들의 신념을 추구하는 것이 허용되어야만 한다'라고 말했다.[50]

그러나 위에서 한 가지 문제는 불교윤리가 낙태를 살인만큼이나 심각한 것으로 간주하고 있으며, 나아가 법률체계가 사람들을 보호

---

49) 태국 신문 *The Nation*, 13 June 1994.에서 인용.
50) Ibid.

하기 위해 살인을 불법이라고 규정하는 것은 정상적이라는 점이다. 그렇다면 불교인들은 왜 낙태를 살인과는 달리 어떠한 경우에도 그 법을 어기고 행해져서는 안 되는, 부도덕한 행위로 간주하려고 하는가? 이것은 아마도 정부와 법의 역할을 사회의 평화를 보장하는 것으로 본다는 것에서 나오는 것일지도 모른다. 낙태는 살인과 동일한 방식으로 ―특히, 미국에서처럼 낙태옹호론자와 낙태반대론자 사이에 폭력 충돌이 전혀 없는 불교국가들에서― 사회질서를 위협하지 않는다. 그러므로 어떤 불교인은 낙태의 업보가 미래에 일어날 것이라고 예상하는 반면, 그 행위에서 비롯되는 법적 처벌을 그렇게 필요하다고 생각하지 않을 수 있다. 따라서 일부 국가들에서 일어나고 있는 것처럼, 태국에서도 낙태법을 자유화하자는 것에 대한 지지, 혹은 현행 낙태법의 느슨한 시행이 이루어지고 있는 셈이다.

그러나 우리는 불교경전들에서 법과 도덕성 사이의 올바른 관계에 대해 어떤 견해를 발견하는가? 『기세인본경』(Aggañña Sutta)은 애초의 인류사회가 점점 더 부도덕하고 무질서해짐에 따라 마침내 사람들은 잘못을 저지른 사람들을 처벌하기 위해 그들의 첫 번째 왕을 선출하게 된다고 기술하고 있다(D.Ⅲ.92). 『전륜성왕사자후경』(Cakkavantti-sīhanāda Sutta;D.Ⅲ. 58-79)에서는, 도덕적인 규범과 자비로운 정의라는 의미에서 다르마를 존중하고 오직 그것에 따라서만 통치하려고 했다는 이상적인 군주에 대한 이야기가 나온다. 그는 범죄를 방지하고 사람들에게 도덕적인 것과 비도덕적인 것이 무엇인지에 대해 조언하는 두 가지 일을 해야만 했다. 그와 같은 전륜성왕 가운데 한 사람은 자신의 백성들로부터 아버지로서, 그리고 아버지가 자식들을 사랑하듯이 백성들을 사랑했다는 말을 들었다고 한다(D.Ⅱ.178). 이러한 인용 구절들은 군주나 정부가 할 일은 부도덕함을 방지하여 무질서로 떨어지는 것을 막고 도덕성을 장려하는 것임을 —그것을 엄격하게 강요하는 것이 아니라— 암시해 준다. 아소카 대왕(268~239 BCE)은 그와 같은 이상들에 영감을 받아 정의롭게 통치하려고 노력했다. 그는 동물을 죽이는 것에 대해 어떤 법적 제한을 두기는 했지만, 도덕적인 향상을 가져오는 데는 조심스러운 반성과 명상이 법적인 강제보다 더 좋은 수단이라고 생각했다(Nikam and McKeon, 1959: 40). 그럼에도 불구하고 그는 자신의 국민들에게 비-폭력을 강력하게 권유했으며, 나아가 자신의 역할을 —도덕성과 정신적 발달이라는 의미에서— 다르마를 추구하는 여러 가지 국면들에 처해 있는 그들을 격려하는 것을 포함하는 것으로 보았다(Nikam and McKeon, 1959: 33-4). 그러므로 정부는 도덕적인 차원을 가지고 있지 않으면 안 되지만, 강요된 도덕성은 이상적인 것이 아니다. 그렇지만 사람들이 스스로 나쁜 행위들을 멀리하도록 하는 것은 얼마나 좋은 일인가?

대승경전인 『금광명경』(Suvarṇa-bhāsottama Sūtra), 혹은 '금빛 나는 최고의 경전'에 따르면, 군주는 —만약 잘못을 한다고 해도— 제한된 범위에서 잘못을 해야 한다는 것을 암시하고 있다. 왕에게 충고하는 한 절에서, 이 경전은 다음과 같이 말하고 있다:

> 불법적인 것을 제압하기 위해 사악한 행위를 쳐부수는 그는, 사람들을 신들의 거주지로 보내기 위해 선한 행동을 하는 존재들을 보호하려고 할 것이다. (Sub.135)

만일 사악한 행위를 모르는 척한다면, 왕은 신들의 제왕이 부여해 준 의무에 따라 자신의 왕권을 행사하고 있는 것이 아니다… 그가 왕이라고 불리는 이유는 잘한 행위나 잘못한 행위의 결실 및 성과를 보여주기 위해 다양한 방식으로 행동하기 때문이다… 그는 조사해 보지도 않고 고의로 불법적인 행위를 간과해서는 안 된다. 그의 영토 안에서 다른 어떤 파괴행위도 이것처럼 끔찍하지는 않다. (*Sub*.141-2)

왜냐하면 왕이 자신의 영토 안에서 사악한 행위를 간과하고 사악한 사람에게 적절한 처벌을 가하지 않을 때, 즉 사악한 행위를 소홀히 다루면 무법 상태가 크게 번져 위험한 행위와 다툼이 그 지역에서 수도 없이 일어날 것이기 때문이다. 주요 신들은 격노하고… 호의적이지 않은 바람이 불 것이며… 곡식과 꽃, 과일 및 씨앗은 제때 익지 않을 것이다. 왕이 자기 할 일을 하지 않은 곳에는 기근이 일어날 것이다… 신들의 분노로 인해 그의 영토는 사라지고 말 것이다. (*Sub*.135-7)

따라서 다툼과 전쟁, 죽음, 기근 등이 일어나겠지만, 다르마에 따라 통치하는 것은 신들을 기쁘게 할 것이다. 여기서 왕은 범죄가 아무런 제재도 받지 않도록 내버려 둬서는 안 되는데, 왜냐하면 이렇게 하는 것은 사회적 무질서를 야기하고 바로 이 때문에 다른 문제들도 불러와 신들의 기분을 엉망으로 만들 것이기 때문이다. 그는 또한 사람들에게 모든 행위들은 업의 결과를 갖는다는 인상을 심어 줘야 할 것이다.

『살차니건자경』(Ārya-satyaka-parivarta), 혹은 '진리를 말하는 자의 고상한 대화집'의 제6장도 여기서 이야기할 만한 흥미로운 어떤 것을 담고 있다.[51] 어쩌면 아소카 대왕의 칙령으로부터 영향을 받았

---

51) pp.199-200을 보라. 잠스팔(Jamspal)은 이 경전이 기원전 2세기에서 서기 1세기 사이에 만들어졌다고 주장하면서, 티베트에서 쫑카파 같은 많은 스승들이

을지도 모르는(*ASP*.8,46), 이 초기 대승경전에는 왕에게 국가정치에 대해 조언하고 있는 보살 사띠야바딘(Satyavādin)이 나온다. 이 대목에서 그는 정의로운 왕은 자비로워야 한다는 점을 강조하지만, 압하야(Abhaya) 왕자가 너무 쉽게 자비를 베푸는 것에 대해서는 비판한다:

> 만일 군주가 너무 자비로우면, 그는 자기 왕국 내의 포악한 사람들을 응징하지 못해 무법 상태를 초래할 것이며, 그 결과 왕은 강도와 도둑들이 저지르는 해악을 제거하지 못하게 될 것이다. (*ASP*. 228)

『금광명경』에서 그랬던 것처럼, 여기서도 느슨한 처벌의 잘못은 사회적 무질서처럼 구체적이다. 그러나 '진리를 말하는 자의 고상한 대화집'은 왕을 단순히 사회적 무질서를 방지하는 역할을 하는 것으로만 보지 않는다. 위에서 인용된 다른 원전들에서처럼, 이 책은 왕이 국민들의 도덕성을 향상시키는 역할을 가지고 있는 것으로 본다:

> 군주들은… 사람들의 행복을 유지시켜 주고 그들이 선해지도록 만들 책임을 지니고 있다는 점에서 사람들을 기쁘게 하는 자(rāja)로 불린다. (*ASP*.180)

군주의 자비심은 '사악한 사람을 응징하는 것'을 포함하며(*ASP*.188), 또한 이것은 그들을 개조하려는 하나의 시도로 악을 저지른 자들에 대해 자비심을 베푼다는 것을 함축한다. 사람들을 처벌하는 그의

특별히 왕에게 조언할 때 선호했다고 말한다.

목적은 그들이 자신들의 의무를 소홀히 해서는 안 된다는 것을 설득하기 위한 것이어야 하며(ASP.188-9) 결과적으로 그들은 '다시 선한 사람이 될 수 있을 것이다.'(ASP.200) 위에서 언급된 전륜성왕이 자기의 백성들을 자식처럼 돌보듯이, 정의로운 군주는 제멋대로 구는 아들을 훈계하는 아버지의 심정과 같은 마음으로 잘못을 저지른 자들을 처벌해야만 한다:

> 모든 것은 그들의 잘못을 제거하기 위해 다음과 같은 바람: 즉,
> '나는 그들을 교육시켜 잘못이 일어나는 것을 막을 것이다'라는
> 말과 함께 행해진다. 이것은 군주가 엄해지는 하나의 방법이다.
> (ASP.191)

정의로운 군주는 '자비심을 가지고 마치 아버지가 아들을 훈계하듯이 악한 사람들을 뿌리뽑아야 할 것이다.' 그는 악한 사람들을 병든 것으로 보아야 할 것이며, 나아가 '군주는 의사처럼 그들에게 화를 내서는 안 되며, 오히려 그들의 잘못을 제거하려고 노력해야 할 것이다.'(ASP.209) 이러한 인용절들은 국가에 의한 처벌은 적어도 부분적으로는 도덕적 개혁의 기능을 갖는다는 것을 함축한다.

이 경전은 처벌이 필요한 사악한 행위자들 중에 '도살업자, 새를 죽이는 사람, 그리고 돼지 판매업자'를 포함시킨다(ASP.193). 즉, 많은 사회 속에 살고 있는 많은 사람들이 처벌의 대상이 되는 것이 아니라 불교윤리에 어긋나는 사람들이 처벌의 대상이 되어야 할 것이다. 그럼에도 불구하고 여기서 그와 같은 사람들을 위해 권유되는 '처벌'은 단지 응징을 받거나 그들의 행위를 계속하지 말라는 경고를 받는 처벌뿐이다(ASP.194). 서구의 자유민주주의 체제에서 출생한 사람들은 이것조차도 사람들에게 도덕을 강요하는 시도로 볼

수 있을지 모르지만, 불교는 어떤 객관적인 도덕기준이 존재한다고 말할 것이다: 도덕성은 단순히 의견의 문제만은 아니다. 그럼에도 불구하고 모든 처벌은 잘못을 저지른 사람들을 위한 자비심에서 나와야 할 것이다.

만약 법이 사회적 무질서를 방지하고 도덕적 개혁을 권장하고자 한다면, 그것은 또한 사람들을 보호하려고 할 것이다. 그러므로 '진리를 말하는 자의 고상한 대화집'에 따르면 정의로운 왕은 자비심을 가지고 '강도와 도둑들 및 다른 나라의 군대, 그리고 서로 간에 야기되는 해악과 질병으로부터도 사람들을 보호해야 할 것'이라고 말한다(*ASP*.188). 그의 영역은 태어나지 않은 태아의 보호에 이르기까지 확장되어야 하는가? 어떤 사람은 아마도 태아는 아직 왕이 지배하는 사회의 '구성원'이 아닌데도 보호해 주려고 하는가? 라고 말할지도 모른다. 그러나 아무도 진지하게 아이가 완전한 사회 구성원이 아니라고 해서 완전한 보호를 받아서는 안 된다고 주장하지는 못할 것이다. 그렇다면 인간의 생명은 수정 순간 시작되는 것으로 본다는 점을 감안해 볼 때, 태아는 왜 보호를 받아서는 안 되는가? 정의로운 군주는 그의 영토 안에 있는 동물들에게도 어느 정도의 보호를 제공해야 할 것이며, 따라서 인간의 태아에게는 왜 더 큰 보호가 제공되어서는 안 되는가?

위의 내용은 트보르코프(Tworkov)와 다른 사람들의 '반-낙태/친-낙태 선택권' 입장이 많은 불교경전들의 견해와 잘 어울리지 않는다는 사실을 보여 주고 있는데, 불교경전들의 견해는 국가가 단순히 사회의 평화만 보장하는 기능이 아니라 도덕적 기능을 가지고 있다고 본다. 트보르코프의 견해는 부분적으로 그녀가 미국인 불자란 점에서 기인하는 것일 수도 있다고 보며, 이는 미국의 전통이 교회와 국가를 엄격하게 구별하기 때문인데, 이것은 많은 불교국가들에서 낯선 개념이다. 많은 불교 인구를 가진 일부 국가들이 느슨한 낙태법이나 느슨하게 시행되는 낙태법을 가지고 있다는 사실은 불교적 근거에서 보면 유감스러워해야 할 것이다.[52] 불교적인 원리들이 제안하는 바에 따르면 국가는 사람들을 설득하여 악을 포기하도록 하기 위해 할 수 있는 모든 것을 다 해야 한다는 것이다. 불교가 모든 비도덕적인 행위를 불법으로 여기는 것을 결코 옹호하지 않았던 것은 사실이다. 왜냐하면 그렇게 하는 것 자체가 사회적 질서를 위협하는 것일 뿐만 아니라 사람들로부터 진정한 도덕적 선택을 빼앗는 것이기 때문이다. 그러나 불교에서 불법적이지는 않지만 도덕적이지도 않은 살상은 적어도 평화적 시기에는 동물을 포함했으나 그렇다고 무고한 인간까지 포함하지는 않았다. 무고한 인간을 보호하는 것은 이렇게 하는 것이 어떤 사람들을 화나게 하고 그들의 선택을 감소시킨다는 사실보다 덜 중요한가? 불교적인 근거에서 볼 때, 그 대답은 단연코 '아니오'이다.

전쟁에서 ―만일 이것이 정말 방어적인 것이라면― 인간을 죽이는 것은 무고한 생명과 사회질서를 보호하기 위해 불가피한 것이기 때문에 합법적인 악으로 여겨질 수 있을 것이다. 하지만 여기서 낙태에 필적할 만한 것은 아무것도 없다. 왜냐하면 낙태와 더불어 무고한 생명이 사라지고 있을 뿐만 아니라 사회질서에 대한 어떠한 실질적 위협도 존재하지 않기 때문이다.

아마도 불교윤리보다는 법에서 좀 더 '자유롭게' 받아들여질 수 있을, 낙태에 대한 유일하게 가능한 근거는 심하게 손상된 태아의

---

52) 낙태법이 ―상당히 제한적이긴 하지만― 시행되지 않을 때 그 법률은 사실상 법이라기보다는 공개적으로 선언된 도덕적 기준이 되어 버린다. 그리고 더 이상 법으로 여겨지지 않음에 따라 그 법률은 나쁜 평판을 얻게 된다. 이런 경우 현재 태국에서 벌어지고 있는 것처럼 더 잘 시행하든가 아니면 자유화하는 편이 최선으로 보인다.

경우뿐이다. 여기서도 불교적 원리들은 낙태에 반대하는 충고를 하겠지만 여성으로 하여금 법에 따라 그와 같은 아이를 낳으라고 강요하는 것은 적절하지 않은 것으로 보인다. 이것은 아이에 대한 '자비심'에 토대를 두고 있는 것이 아니라, 여성에 대한 자비심에 토대를 두고 있다.

그러나 본문 672-673쪽에서 요약된 바 있는 이유에다 심하게 손상된 태아의 경우가 추가된 이유 이외의 다른 모든 이유로 낙태를 불법으로 규정한 결과는 어떤가? 문제는 여성들이 다른 이유를 들어 불법 낙태를 할 것이며, 나아가 이런 낙태는 여성의 건강을 해치고 그들의 죽음을 야기할 '돌팔이 의사'에 의해 시술될 수 있다는 점이다. 여기서 쟁점은 고가의 불법 약물 때문에 일어나는 약물 관련 살인을 방지하고, 또한 더러운 주삿바늘을 공유하는 데서 기인하는 에이즈 사망을 막기 위해 마약류를 합법화해야 할 것인가라는 문제와 다르지 않다. 그러나 이 경우, (a) 마약류를 합법화하지 않고도 깨끗한 바늘을 이용하도록 할 수 있으며, 그리고 (b) 약물 관련 살인으로 죽는 사람들은 태아와 달리, 관련된 잘못으로부터 결백하지 않다는 것이다. 좀 더 비근한 유추를 위해 우리는 '아기와 침팬지 테스트'로 되돌아갈 필요가 있다. 만일 사람들이 아이를 죽이는 어떤 특정한 방법의 부작용 때문에 죽어 가고 있다는 사실이 밝혀진다면, 아이를 죽이는 것이 합법화되어야 하며, 따라서 사람들은 덜 위험한 수단에 쉽게 접근할 수 있을까? 아니다. 만일 그것이 아이가 아니라 원하지 않은 침팬지였다면 어떨까? 확실히 우리는 다음과 같이 묻지 않으면 안 된다: 왜 사람들은 침팬지를 죽이고 있는가? 그러므로 위험하기 그지없는 불법 낙태에 대한 도덕적 답변은 자유로운 낙태법이라기 보다는 이를 (잘) 이용하라는 권유의 말과 함께 손쉽게 사용할 수 있는 피임법을 마련하기 위한 재원의 마련과 그리고 훌륭한 입양과 양육 서비스일 것이다. 자유로운 낙태법을 갖고 있다고 하더라도 손쉽게 이용할 수 있는 낙태기금 마련을 위해 재원이 필요할 것으로 보는데, 그렇지 않으면 사람들은 여전히 재정적인 이유로 돌팔이 의사에게로 갈 것이다. 물론 피임법은 사람들이 그럴 만한 여력이 안 되기 때문에, 아직도 쉽게 이용하지 못하는 국가들도 있을 것이다. 그것을 이용할 수 있고 또한 그럴 만한 여력을 (혹은 무료로) 만드는 것이 우선이지만, 그때까지는 낙태법을 가혹하게 집행해서는 안 될 것이다.

결론

그러므로 우리는 다음과 같이 결론을 내릴 수 있다:

(1) 불교의 경전적 전통은 낙태를 반대함에 있어서 단호한 태도를 보이고 있다. 그것은 낙태를 ―태아의 달수가 더 오래되었을수록, 그리고 낙태를 고려하는 근거가 취약할수록― 더 나쁜 것으로 본다. 그것은 항상 낙태를 유사한 환경에서 동물을 죽이는 것보다 더 나쁜 것으로 간주한다.

(2) 불교적 원리들은 낙태를 한 사람들이 그들의 행동을 상당한 정도로 그릇된 것이라고 인식해야 한다는 점을 보여 주고 있으며, 그렇지 않을 경우 그것은 훨씬 더 나쁜 행위가 될 것이다.

(3) 불교인들은 낙태의 자유화를 반대한다기보다는 도덕적 이유 때문에 낙태를 비난하고 싶어 하는데, 종종 자신들의 견해보다 실제로 낙태를 더 허용하기도 한다.

(4) 하지만 법과 정부의 기능에 대한 고전적 불교경전의 견해에 의하면 '낙태는 옳은 것은 아니지만 국법에 의해 허용되어야 한다'라는 취지를 뒷받침하고 있지는 않다.

우리는 불교인들이 다양한 정도의 낙태에 적응해 왔으며, 또한 종종 불교인들의 관용적인 습관이야말로 어떤 '불교의 입장'이 토대를 둘 최선의 근거라고 주장하는 사람들이 있다는 사실을 살펴보았다. 여기서 난점은 고전적 불교 관념에 의하면 사람들의 도덕적 실천은 나이가 들수록 쇠퇴한다는 것이며, 낙태에 대한 허용적인 태도도 ─불교적 원리의 진정한 표현을 보여 주고 있는 것이 아니라─ 단지 나이가 들면 도덕적 실천이 쇠퇴한다는 사실을 보여 주고 있는 것에 불과할 수도 있다는 점이다.

적어도 절대 다수의 불교인들은 낙태가 인간존재를 죽이는 것이며, 따라서 다른 조건이 동일하다면 피해야 할 악이라는 사실에 동의하고 있다는 것은 명백하다. 하지만 중요한 쟁점은 그것이 얼마나 사악한 것이며, 또한 어떤 '다른 것들'이 그 악을 능가할 수 있느냐 하는 것인데, 이는 곧 낙태는 어떤 환경에서 하나의 '필요악'으로 간주되는가? 라는 문제이기도 하다. 일본과 한국에서 낙태를 위한 거의 모든 근거들은 이를 하나의 '필요악'으로 만들어 왔던 것처럼 보인다. 이 스펙트럼의 반대편에는 티베트의 불교인들과 스리랑카의 테라바다 불교인들, 그리고 태국의 수많은 테라바다 불교인들이 있다. 그 사이에는 꽤 규모가 큰 태국의 여론기구가 관련되어 있다. 미얀마의 입장은 적어도 식민지시대 이전에는, 낙태가 처벌의 대상은 아니라는 것이었지만, 오늘날에는 사회에서 낙태를 수용하고 있다는 ─비록 광범위하게 받아들여지고 있는 것은 아니라고 하더라도─ 증거가 상당수 존재한다.

불교국가들의 낙태 클리닉 앞에서 성난 시위대들을 찾아볼 수 없다는 것은 아마도 다음과 같은 사실, 즉 불교는 화를 내는 것을 —설사 그것이 '정당한' 분노라고 하더라도— 파괴적이며 건전하지 못한 감정으로 본다는 사실에서 부분적인 설명을 찾을 수 있을 것으로 보인다. 미국에서는 심지어 반-낙태주의자들에 의해 낙태 클리닉 종사자들이 살해된 경우도 있었다. 이론적인 수준에서 볼 때, 우리는 대승불교의 '방편' 추론이 그러한 낙태를 정당화하기 위해 사용될 수도 있지 않을까라는 반문을 할 수도 있을 것이다. 그러한 '정당화'는 아래의 노선을 따를 수도 있을 것이다: 그 의사는 많은 존재들을 죽이는 일에 관련되어 있고, 따라서 그를 살해하는 것은 다른 존재의 생명을 구하는 것이자 그 의사를 살인의 악으로부터 구해 주는 일이 될 것이다. 그러나 이 논증은 작동되지 못한다: 반-낙태주의자의 살인은 폭력과 공포심 및 분노를 자아내게 하는 행위가 될 것이며, 또한 낙태문제에 대한 입장이 경직되는 것은 실제적인 반성과 변화에 도움이 되지 못할 것이다. 설사 이것이 사실이 아니라고 하더라도 그와 같은 행위를 할 수 있는 일종의 진보적인 보살, 즉 일반적인 불교윤리의 반대편에 서 있는 사람은 —커다란 정신적인 위험을 감수하지 않는 한— 매우 드물다.

대체로 중심적인 불교의 원리들과 보조를 맞추는 낙태에 대한 접근법은 다음과 같을 것이라고 생각한다:

(1) 인간의 생명가치에 대한 반성의 권장
(2) 여성들이 낙태를 고려하지 않으면 안 되는 기회를 최소화하기 위한, 책임감 있는 피임법 사용의 권유
(3) 현실적으로 조기낙태를 유도하는 '피임법'을 사용하지 말 것과 이런 방식으로 작용하지 않는 보다 효과적인 피임법의 개

발을 권장하기

(4) 입양을 위해 아이의 양육을 '포기하는 것'은 보시의 한 형태라는 생각과 함께 입양시설을 권장하고 지지하기

(5) 낙태가 하나의 '필요악'이 되는 경우가 강력하거나 태아가 심각한 손상을 입었을 때에만 합법적인 낙태의 지지

(6) 낙태를 한 경험이 있는 사람들의 심리적 고통을 완화하고 진지한 유감을 표명하도록 권유하며 나아가 죽은 아이의 영혼을 위로하기 위한 어떤 종류의 의식을 준비함으로써, 그들을 자비심으로 감싸기

An Introduction to
Buddhist Ethics
Foundations, Values and Issues

제9장

성적 평등

제9장

성적 평등

> 다음과 같은 의문이 일어나는 사람, 즉 '이런 문제들에 있어서
> 나는 여자인가, 아니면 남자인가'라는 의문이 일어나는 사람에게,
> 바로 그런 사람에게 마라는 수작을 걸어오게 마련이다!
> 『쌍윳따 니까야』 I.129

'성적 평등'이란 말은 그것에 대해 종교가 직간접적인 연관성을
가질 수 있는 일련의 쟁점들을 모두 포함하고 있다.

(1) 종교적 가르침 및 수행에 대한 접근과 그것을 따르라고 권장
하기

(2) 남성과 여성 이미지의 정신적 잠재력

(3) 특별한 종교적 역할의 기회 및 그 내부에서의 지위

(4) 가정 안에서의 지위와 권위 및 존경

(5) 상속 및 이혼과 같은 문제들에 대한 법적 지위의 평등

(6) 교육 및 다른 자원들에 대한 접근 및 그것을 이용하라고 권
장하기

(7) 일과 돈벌이의 기회

(8) 정치적 힘과 권리의 기회

(9) 종교나 문화에 의해 허용되거나 촉진된 실질적인 평등의 달성

이러한 것들은 어떤 문화가 남성과 여성의 차이를 구성하는 방
식: 즉, 생물학적 성의 차이가 어떻게 '남성'과 '여성' 성에 대한 한

묶음의 서로 다른 기대와 성격규정을 위한 토대로 사용되고 있는가에 의해 영향을 받는다. 대부분의 문화들에서 모든 성적 불평등은 대개 여성들을 희생양으로 삼고 있다; 따라서 쟁점은 일반적으로 여성의 지위에 초점이 맞추어져 있다. 그럼에도 불구하고 일부 여성주의자들은 남성과의 '평등'이 —만일 그것이 단지 남성에 의해 규칙이 만들어지는 세상에 대한 평등한 접근을 의미한다면— 언제나 여성이 추구해야 할 적절한 목표인가라는 것에 대해 의문을 던졌다.

서구에서 페미니즘과 그 선구자들은 여성의 위상에 소중한 변화를 가져오긴 했지만, 페미니즘은 여성주의자들과 비-여성주의자들 사이 및 그 두 '캠프' 내에서 자주 독단적 견해들이 채택되도록 만들었다. 이는 —불교인들이 언제나 그것을 피할 수 있었던 것은 아니지만— 불교가 항상 경계해 왔던 '견해들에 매달리는 것', 즉 집착과 분노심을 가지고 특정한 견해를 고수하는 태도를 야기할 수 있다. 불교인들 사이에서 여성의 지위에 관한 어떤 논쟁이 일어나든지 간에, 이 이상은 항상 어떤 사람 자신의 현재 견해와 다른 사람들의 견해 양자 모두를 비판적으로 평가하지 않으면 안 되는데, 이는 습관적 태도와 전통적 태도 혹은 그 가운데 하나나 또는 새로 유행하는 관점들에 의해 마음이 흔들리지 않기 위해서이다. 불교적인 시각에서 보면 마지막 선은 특정한 관념과 태도 혹은 실천이 —남성과 여성 모두에게— 관대함, 집착하지 않음, 고요함, 상냥함, 자애로움, 마음의 순화, 그리고 정신적 상태와 신체적 상태의 본성에 대한 인식 및 통찰력과 같은 자질들의 증가나 감소에 기여하는가의 여부이다. 그렇다면 —특정한 성과 관련된 것으로 간주되지 않는 기준에 의해 판단해 볼 때— 그 목적은 진정한 인간의 복지이다. 이러한 포괄적인 목적이 남성과 여성이 가지고 있고 또한 행위하고 있는 것 사이의 진정한 차이를 고려하는 데 필요한 정도는 불교인들로부터 서로 다른 대답을 듣는다.

불교 '안에서'의 여성의 상황을 다루기 전에 불교는 수세기 동안 진화해 왔기 때문에 수많은 형태들이 다양한 문화적 환경 속에서 존재해 왔다는 사실을 지적하지 않으면 안 된다. 불교인들의 견해와 행동은 불교뿐만 아니라 힌두교나 유교와 같은 다른 전통들의 영향을 받았으며 이외에도 특정한 전통의 친족체계나 그것 자체의 심리적 제한들에 의해서도 영향을 받아 왔다.

초기 힌두교 속의 여성

불교보다 앞섰던 문화 및 불교와 더불어 인도에서 발달했던 문화 속에서 여성의 지위는 어땠는가? 『삼히따 베다』(Veda Saṃhitās; 기원전 1500~1000년)에 보면 많은 신들 가운데서도 어느 정도 존경받지 못하는 몇 명의 여신들이 나온다; 아마도 이 텍스트를 지은 시인-선지자들 중에 몇 명의 여성들이 있었던 것 같은데 이들은 어쩌면 희생제에서 송가(頌歌)를 부르도록 훈련받은 사람들 중의 일부일지도 모르겠다. (여기서) 여성들은 어머니로서 매우 큰 존경을 받았으며 나아가 자신들의 남성 가족구성원들에 의해 상당한 행동의 자유를 허용받았다.[1] 베다 종교가 발달함에 따라 우주에 대한 통제력을 가지는 것으로 여겨지는 복잡한 제사의식의 안내자로 바라문이 구성되었다(기원전 1000~700년). 바야흐로 전문가적 기능을 가진 성직자가 필요하게 되었는데, 이들은 집에서 멀리 떨어진 곳

---

1) Young, 1987:60-4; Jhingran, 1989; Dewaraja, 1981:6.

에서 특별한 교육을 요구받았다. 이러한 교육은 오직 바라문 계급의 남성에게만 허용되었다; 그들의 누이는 단지 아버지가 이에 필요한 지식을 가지고 있을 때만 그것을 받게 되었을 따름이다. 아들은 아버지의 장례식을 치르기 위해 필요한 존재로 여겨졌으며, 결과적으로 그는 천상세계를 설득하여 제사의식이 남성 조상에게 혜택을 가져다주도록 할 수 있었다. 그래서 딸의 출생을 막기 위한 제의가 존재했는데, 왜냐하면 딸들은 결혼하기 전까지는 ―결혼은 그들의 의무였다― 환영받지 못하는 짐으로 간주되는 경향이 있었기 때문이다(Jhingran, 1989: 92). 아내는 일차적으로 아이를 잉태하는 사람으로 여겨지게 되었으며 또한 남편과 그 부모들에게 순종해야 하는 것으로 여겨졌다. 따라서 베다종교가 점차 바라문 성직자에 의해 지배되기에 이름으로써, 여성의 지위는 강등되었다. 우파니샤드(기원전 700~200년)로 알려진 신비주의적이고 금욕주의적인 텍스트에는 가르기(Gārgī)와 같은 몇몇 여성 논객들이 나오지만, 금욕주의는 대체로 남성의 영역으로 간주되었으며, 나아가 금욕주의자들은 종종 여성들을 수행의 방해물로 보았다.

기원전 5세기부터 불교와 자이나교는 상당한 성공을 거두게 되었는데, 바라문교는 인도의 다양한 신들에 대한 숭배를 끌어들여 보다 대중적이기를 추구함으로써 계속 방어적인 입장에 있었다. 바라문은 또한 자신들이 발달시킨 규범들에 따라 사회적인 삶을 규제하기 위해 다르마-샤스뜨라(Dharma-śāstras)로 알려진 수많은 텍스트들을 발달시켰다. 이러한 텍스트들 속에서 우리는 여성의 지위가 계속 내려가고 있음을 엿볼 수 있다. 아마도 종교적인 법전 가운데 가장 영향력 있는 것은 마누 스므리티(Manu Smṛti), 즉 기원후 약 100년 무렵으로 거슬러 올라가는 '마누법전'일 텐데[2], 이것은 발달하고 있던 하나의 전통을 명확하게 성문화했다. 그 속에서 여성들은 신성한 베다 경전을 읽는 것을 금지당했으며, 남성들이 없으면 제물을 바치거나 숭배할 수도 없었다(Dewaraja, 1981: 6-7). 여성들을 존중하는 것이 신을 기쁘게 하며 나아가 여성들이 행복하지 않으면 그 가정은 번성하지 못한다고 주장되었지만(III.55-7), 그럼에도 불구하고 '한 사람의 여성은 결코 독립적이지 못했는데'(IX.3) 심지어 자신의 집안에서조차 그랬다(V.147). 그녀는 아버지의 보호를 받고(IX.3) 또한 그에게 복종해야만 했으며(V.148), 나중에는 남편의 보호를 받아야 했고, 그 다음에는 장성한 아들의 보호를 받아야 했다. 이것은 부분적으로는 여성들이 매우 성적인 존재로 보이고 또한 기꺼이 남성들을 유혹할 준비가 되어 있는 것으로 간주되었기 때문이지만(IX.13-18), 다른 힌두 법전들에서는 여성의 간통보다 남성의 간통에 대해 더 가혹한 처벌을 규정해 놓은 것도 있다(Jhingran, 1989: 96). 어떤 여성의 종교적 의무는 단순히 남편을 섬기고 가정을 돌보는 것에 지나지 않았다(II.67). 그녀는 언제나 남편에게 복종해야만 했으며(V.151) 심지어 그가 간통을 저지르거나 덕을 결여한 사람이라고 하더라도 그를 존경해야만 했다(V.154). 남성은 자신의 아내와 이혼할 수 있었지만(IX.81), 여성은 결코 남편과 이혼할 권리가 없었다.

그와 같은 바라문의 이상들은 힌두교도들, 특히 카스트가 높은 사람들에 의해 다양한 모습으로 준수되었다. 굽타왕조 시대(기원후 320~540년)에 이르러 힌두교는 인도 안에서 다시 상당한 세력을 얻고 있었다. 불교가 보통사람들의 구체적 삶을 규제하는 데 별로 관심이 없었다는 사실을 고려해 본다면, 힌두교의 관념들이 ―비록

---

2) S. Radhakrishnan and C. A. Moore(eds), *A Source Book in Indian Philosophy* (Princeton, N.Y., Princeton University Press, 1957), pp.172, 189-92에 여성에 관한 내용을 모아 놓았다.

다양한 정도로 저항을 받긴 했지만— 일반 불교인들에게 영향을 끼칠 수밖에 없었던 것은 불가피한 일이었다.

불교의 영향

불교가 개인의 업을 강조한 것은 아들들이 어떤 남성의 장례식을 치러줄 필요성을 감소시켜 주었다. 사람이 죽고 난 다음의 운명은 그(녀) 자신의 업에 영향을 받게 되는데, 이는 아마도 그들 자신이 다른 사람들, 즉 남성이나 여성들과 공유하고 있는 업으로부터도 얼마간의 도움을 받을지 모른다. 일반적으로 말해 불교의 시대는 여성들이 '더 많은 존경을 받았고 개인들로서의 지위도 보장받던 시대였다. 그들은 자기 자신의 삶을 이끌고 추구할 더 많은 독립성과 폭넓은 자유를 향유했는데'(Horner, 1930: 82), 따라서 여성의 지위는 '남성과의 평등에 근접한 것' 가운데 하나였다.

불교의 관점에서 보면 딸의 출생을 비관적으로 볼 하등의 이유가 없었다. 파세나디 왕이 말리카 왕비에게서 —훗날 남편을 불자가 되도록 이끌었다— 딸이 태어난 것을 보고 상심했을 때, 붓다는 다음과 같이 말했다:

> 실제로 어떤 부류의 여성은 대중의 우두머리인 남성보다 더 훌륭하다: 현명하고 덕을 갖추고 있을 뿐만 아니라 남편의 어머니를 공경하고 헌신하는 아내가 곧 그들이다. 그런 여성에게서 태어난 남성이 영웅이나 종교의 지도자들이 되는데, 이처럼 훌륭한 아내의 아들은 자기의 영토에 조언을 하는 사람이 된다. (S. I .86)

여기서 붓다는 ―어떤 '현명하고 덕을 갖춘' 여성은 남성보다 훌륭하다고 말함으로써― 여성의 지위 향상을 기술적으로 결합시키는 말을 하고 있으며, 그 왕에게 소중한 손자를 낳을 것이라는 위로의 말을 건네고 있는 것이다! 그럼에도 불구하고, 초기불교는 여성을 단순히 아이를 낳는 사람으로만 보지 않았는데, 이는 곧 결혼이 그들의 유일한 목표가 아니었다는 말이기도 하다. 결혼을 하지 않은 채 성인 여성이 된다는 것은 하나의 합법적인 역할이었으며 더 나아가 여성들은 불교의 출가수행자, 즉 비구니가 될 수도 있었다. 신심 깊은 여성 불자는 자신의 사랑하는 하나뿐인 아들을 최고의 우바새나 비구가 되도록 권장해야 하며, 또한 자신의 사랑하는 하나뿐인 딸을 최고의 우바이나 비구니가 되도록 권장해야 한다는 말을 들었다(*S.* II. 235-6).

호너(Miss I. B. Horner: 1930, 287-8)는 초기 불교경전들에서 발견되는 성적 평등의 요소들을 다음과 같이 요약하고 있다:

(1) 붓다는 비구와 비구니, 우바새와 우바이 모두를 위한 깨달음을 성취했으며(S. I. 196), 또한 이 네 부류의 사람들 모두에게 다르마를 가르쳤다고 말해진다.

(2) 이러한 네 가지 집단 모두의 덕과 악덕은 불교적 지식과 실천의 지속이나 소멸에 서로 비슷한 영향을 미친다고 말해진다(A. III. 247). 그러므로 승가는 '지혜를 얻어 수행을 하고 있을 뿐만 아니라 다르마에 따라 실천할 것을… 확신하고 있는 비구와 비구니, 우바새 또는 우바이에 의해 '등불이 밝혀지며(A. II. 8)', 나아가 똑같은 종류의 덕과 악덕이 남성이나 여성을 지옥이나 천상으로 유도한다(A. V. 283-7).

(3) 여성들은 남성과 동일한 정신적 한계와 정신적 능력 양자 모

두를 가질 수 있다.

(4) 비구니들은 비구와 똑같은 정도까지 발전할 수 있다.

(5) 붓다는 자신이 다르마를 가르칠 수 있는 비구와 비구니, 그리고 우바새와 우바이가 '이를 정립하여 설명하고, 분석하여 명확하게 만들기' 전까지는 죽지 않을 것이라고 말했다(D. II.104, 113).

(6) 붓다는 남성과 여성에게 동일한 가르침을 폈으며 때로는 여성들을 가르치기 위해 문밖으로 나섰다.

D.II.96-7에서 붓다는 콧대 높고 부유한 일부 젊은 남성들의 식사 초대를 거절하고 있는데, 그 이유는 창부(娼婦) 암바팔리의 초대를 이미 수락했기 때문이었다. 붓다는 그 젊은 남성들이 반대의견을 제시했을 때에도 암바팔리의 입장을 존중해 주었다. 암바팔리는 훗날 승가에 귀의하여 아라한이 되었다(Thig.252-70).

여성의 정신적 잠재력과 성취

알란 스폰베르그(Alan Sponberg)는 여성의 정신적 잠재력에 대한 붓다의 역사적인 관점을 대체로 '구원론적 포괄성'(1992: 8-13)의 일종으로 기술하고 있다. 이것 자체가 남성과 여성의 사회적 평등을 주장하고 있는 것은 아니지만, 그와 같은 정신적 길은 양성 모두에게 열려 있다는 것을 말하는 것인데, 왜냐하면 성과 젠더의 차이는 '구원론적으로 중요하지 않기' 때문이다(p.9). 스폰베르그는 이러한 태도를 아마도 불교문헌을 통틀어 '여성의 지위에 관한 가장 기본적이며 또한 가장 특징적인 불교적 태도'로 보고 있는 것 같다

(p.8). 하지만 초기불교에서 상대적으로 혁명적이었던 이러한 태도는 스폰베르그가 '제도적인 남성중심주의'라고 불렀던 것에 의해, 그리고 나중에 그가 보다 논쟁적인 어조로 '금욕주의적 여성혐오증'이라고 불렀던 것에 의해 보충되고 있었다.

여성 아라한

붓다가 여성들도 아라한이 될 수 있다는 것에 동의했다는 사실은 그가 제자들의 성취를 대략적으로 언급하고 있는 것에서도 찾아볼 수 있는데, 각자 다음과 같은 범주에 드는 사람들이 '500명을 훨씬 넘었다고' 한다: (1) 아라한이 된 비구들, (2) 아라한이 된 비구니들, (3) 불환과를 얻은 독신 우바새들, (4) 불환과를 얻은 독신 우바이들, (5) 의심이나 당혹감이 없는 우바새들(즉, 예류지를 얻은 자들), (6) 의심이나 당혹감이 없는 우바이들이 곧 그들이다.[3] 붓다 이전의 뛰어난 비구니들과 그들의 자질은 다음과 같다(A. I.25): 마하-파자파티 고타미(Mahā-Pajāpatī Gotamī)—붓다의 숙모이자 양모(오랫동안 비구니들의 수장이었음); 케마(Khemā) (위대한 지혜의 소유자); 우팔라반나(Uppalavaṇṇā)—아라한이 된 다음에 숲 속에서 성폭행을 당함(Dhp.A. II.48-51)(영적 능력의 보유자); 파타차라(Paṭācārā)(승가의 규율 담당자); 담마딘나(Dhammadinnā)(다르마를 가르침); 난다(Nandā)(명상의 대가); 소나(Soṇā)(열정적인 노력을 한 사람); 사쿨라(Sakulā) (신통한 눈을 가짐); 밧다 쿤달라케사(Bhaddā Kuṇḍalakesā)—한때 자유분방한 논쟁가였으며(Dhp.A. II.217-26) 붓다가 개인적으

---

3) M. I.490-1; cf. M.III.277; Ud. 79; S. I.33. 아라한, 불환과, 예류지에 대해서는 pp.39-40을 보라.

로 출가시켰던 사람(*Thig.*109)(이른 시간 내에 고도의 지식을 갖추었던 사람); 밧다 카필라니(Bhaddā-kapilānī)(과거의 삶을 기억한 사람); 밧다카차나(Bhaddā Kaccānā) —붓다의 이전 부인으로 간주됨(*A.A.* Ⅰ.198)(고도의 지식을 갖추었던 사람); 키사 고타미(Kisā Gotamī)—붓다가 그녀의 아이가 죽은 것에 따른 슬픔을 치료해 주었던 사람(*Dhp.*A.Ⅱ.270-5)(누더기를 입은 사람); 시갈라마타(Sigālamātā)(믿음에 의해 해방된 사람) 등.

빠알리 경전에 나오는 『테리가타』(Therīgāthā)는 102명의 초기 비구니, 아라한들의 것으로 여겨지는 73종의 시로 이루어져 있다.[4] 여기서 언급되고 있는 깨달음 가운데는 붓다가 그랬던 것처럼, 3일 밤낮을 지새우는 동안 '세 가지 지식'을 증득한 70명의 비구니 것도 들어 있다(*Thig.*120). 비구니 수메다(Sumedhā)는, 출가하기 전의 그녀는 '붓다의 가르침 속에서 수련을 쌓아 덕을 갖춘 똑똑한 법사이자 많은 지식을 가진' 사람으로 인정받고 있었다고 회상한다(시 449). 왕과 결혼하기를 원하지 않았던 그녀는 세속적인 일에 초연했으며, 나아가 윤회의 수레바퀴를 벗어나고 싶은 욕구를 가지고 있었다: '나를 위해 숲으로 갈 것인가(출가), 아니면 죽을 것인가; 결혼은 하지 않는다'(시 465). 그녀는 계속하여 감각적 쾌락을 구토에 비유하고(시 478), 푸줏간의 칼에 비유하며(시 488), 허망한 꿈에 비유하고(시 490), 마지막으로 숯 구덩이(시 491)에 비유한다. 왕이 찾아왔을 때 그녀는 왕에 대한 위로의 표시로 방금 자른 머리카락을 내던져보였다(시 514).

일부의 여성 아라한들은 자신들이 불행한 결혼생활을 하는 가운데서도 정신적으로 발전하기 시작했음을 알아차렸다. 그래서 무타

---

4) Horner(1930:162-210), Murcott(1991), Blackstone(1998)에서 논의되는 *Thig. Thig. A.*를 보라.

(Muttā)는 다음과 같이 말한다:

나는 정말로 해방되었다. 이는 세 가지 뒤틀린 물건들, 즉 회반
죽과 곡식 빻는 도구, 그리고 나의 뒤틀린 남편으로부터의 해방
으로 말 그대로 옳은 해방이다. 나는 태어나고 죽는 것으로부터
해방되었다(*Thig.* 11).

또 다른 무명의 비구니는 그와 같은 결혼을 초월했다는 것만으
로도 행복해한다:

나는 곡식 빻는 도구로부터 정말로, 제대로, 잘 해방되었다. 부
끄러워할 줄 모르는 나의 남자와 심지어 그의 차양(遮陽) 따위
로부터도(이는 나를 질리게 만든다). 내 물 항아리는 (자유롭게)
물뱀의 냄새를 내뱉는다. (*Thig.* 23)

이 비구니들은 여러 가지 이유 때문에 출가하게 되었지만, 단지
그와 같은 결혼을 피하기 위한 것만은 아니었다. 호너에 따르면 32
명은 아예 결혼하지 않았고, 18명은 결혼한 것이 분명한데, 그중 3
명은 과부가 된 상태였으며(1930: 173-4), 그리고 한 사람은 슬픔,
특히 아이를 잃은 슬픔 때문에 출가를 했다고 한다(p. 194).
초기의 아라한 비구니들 가운데, 적어도 30명은 파타차라
(Paṭācārā)—그녀는 비극적인 환경 속에서 두 아이를 잃었던 사람이
다(*Dhp.* A. II. 264-5)—를 그들의 스승으로 삼았다(*Thig.* 117-21). 비구
니였던 다른 위대한 스승들 중에 담마딘나는 그녀의 전남편으로부
터 경전의 미묘한 점들에 관한 일련의 질문들을 받고 대답을 하고
있는데, 당시 붓다는 그녀의 답변이 자신이 하고자 했던 답변이라

고 칭찬을 하고 있다(M. I .299-305). '폭넓은 지식을 가진, 똑똑한 법사'라는 말을 듣고 있던 케마는 왕에게 여래에 대해 '대양이 그렇듯이 그 깊이를 재기 어려울 만큼 깊고 측량하기 불가능한 것'이라고 말한 유명한 연설을 한다(S.IV.376). 수카(Sukkā)는 라자가하의 남자들은 마치 술에 취한 것처럼, 그녀의 법문에 귀를 기울이지 않았으나 현명한 사람들은 법문을 완전히 이해한다고 말하며 탄식을 내뱉는다(Thig.54-5). S. I .128-35에는 바지라(Vajirā)와 같은 비구니들의 것으로 여겨지는 많은 시들이 나오는데, 그녀는 인성의 다섯 가지 요소들을 전차의 부품들에 비유하고 있다: 이 유명한 비유법은 나중에 『밀린다팡하』(pp.27-8)에 수록된다.

특히 흥미를 끄는 것은 소마(Somā)의 시들이다. 숲 속 깊은 곳으로 들어갔을 때 유혹의 신 마라가 접근하여 그녀에게 겁을 주려고 하자 명상을 멈춘다. 마라가 속삭이듯이 말을 건넨다:

성인들이 도달했던 우월한 위치(즉, 아라한의 지위)는 얻기가 힘들다. 손가락 두 개 정도의 지성을 가지고 있는 여성이 그 자리에 도달하는 것은 불가능한 일이다.

하지만 소마가 마라임을 알아차리고 대답을 한다:

여성의 지위(itthi-bhāvo)를 만드는 것은 무슨 (차이)인가, 정신이 잘 집중될 때는 언제인가, 지식은 언제 잘 작동하는가, 그녀는 언제 다르마에 대한 올바른 통찰력을 가지는가? (이러한 문제들에 있어서) '나는 여성인가, 아니면 나는 남성인가?' 혹은 '실제로 나는 무엇인가?'라는 의문이 일어나는 바로 그런 사람에게 마라는 수작을 걸어오게 마련이다! (S. I .129; cf. Thig.60-2)

그러자 마라는 그녀가 자기를 꿰뚫어 볼 수 있다는 것을 알고, 슬금슬금 뒷걸음친다. 이 단락은 몇 가지 면에서 마라가 깨달음을 얻기 직전의 고타마를 유혹한 그것과 유사하다. 소마의 사례에서 정신적인 지위에 도달하기 위한 여성의 능력에 관한 그럴듯한 의문이 일어나고 있지만, 그녀는 젠더가 이 문제와 관련이 없음을 간파함으로써 이를 극복한다: 중요한 것은 정신적 수행과 통찰력에 무엇이 부합하는가이다. 같은 방식으로 마라는 다음과 같은 물음을 던짐으로써 비구니들을 유혹하려고 하지만 실패한다: 당신은 감각적 쾌락을 즐겨야 하며 '너무 늦게 후회하는 여성이 되어서는 안 된다'(S. I.128); 당신은 혼자 숲 속으로 들어와서 남자를 기다리고 있는가?(p.130); 당신은 아름다우며 따라서 자신과 같은 젊은이와 마음껏 즐겨야 한다(p.131); 당신은 '유혹하는 자들의 계략'이 두렵지 않은가?(p.131); 다시 태어나기를 원하지 않는가?(p.133); 누가 인간의 형상을 만들었는가?(p.134)

『테리-아파다나』(Therī-apadāna)―테리가타에 그녀들의 시가 담겨 있는 비구니들의 삶과 전생을 다룬 후기 테라바다 경전―는 조너선 월터스(Jonathan Walters)가 '인도의 불교인들 사이에서 계속되었던 여성 혐오주의적 태도'와 싸운 것이 분명하다고 본 많은 이야기들을 포함하고 있다(1995: 114). 그는 붓다의 양모이자 최초의 비구니였던 마하-파자파티 고타미에 관한 경전의 자료를 번역하고 있는데, 이는 그녀가 120살이 되어 죽었을 때 궁극적인 열반에 도달했다는 사실을 강조하고 있다. 여기서 고타미로만 언급되고 있는 그녀는 고타마 붓다와 동등한 것으로 묘사되고 있는데(1995: 117), 두 사람 다 '위대한 궁극적 열반'을 얻었다(시 75). 붓다에게 그녀는: '그러나 당신을 양육한 것은 나의 완전무결한 법신이었다'(시 32)고 말하며, 아직 깨달음에 이르지 못한 아난다에게는 ―그녀가 붓다를 설득하여 여성들의 출가를 허용하도록 하는 것을 도운― 다음과 같이 말한다:

나이 많은 사람들[나이 든 비구들]이나 비-불교 스승들에게는 결코 보이지 않는 그 상태를 단지 일곱 살에 불과한 불교 소녀 불자들의 일부가 목격한다. (시 66)

그러나 그녀는 붓다에게는 다음과 같이 말한다:

세상의 주인이여, 여성들은 결점이 많다고 생각합니다. 나에게 어떤 결점이 존재하는 것이 틀림없다면, 자비로운 이여, 나를 용서해 주십시오. (시 44)

붓다는 계속하여 다음과 같이 말한다:

그러나 여전히 세상에는 여성들이 진리를 파악할 수 있다는 사실을 의심하는 바보들이 존재한다. 고타미여, 그들이 자신들의 그릇된 생각을 포기할 수 있도록 기적을 보여 주시오. (시 79)

그러고 나서 그녀는 붓다와 다른 아라한들이 지니고 있었던 것과 같은 여섯 가지 '높은 지식'(시 78)을 가지고 있다고 말한 다음, 그 가운데 첫 번째 것은 공중으로 솟아오르거나, 자신의 형상을 여러 개로 보이게 하고 땅을 갈라놓거나 물위를 걸으며 날아다니기도 함으로써 보여 주고(시 80-90), 네 번째 것은 그녀가 과거에 했던 행동을 말함으로써 보여 주는데(시 95-119), 이는 붓다가 확고하게 믿는 바이다. 그녀와 함께 출가한 500명의 비구니들 또한 영적인 힘을 보여 준다(시 120-3). 나중에 고타미는 붓다가 궁극적인 열반에 들기 전 죽음에 이르렀을 때 했던(시 145-8) 것과 동일한 일련의 명상상태를 경험하는데, 이때 붓다가 죽었을 때 그랬던 것처럼 땅이 흔들리고 하늘에서 꽃이 떨어졌다(시 148-9). 그러자 붓다는 다음과 같이 말한다:

붓다의 위대한 대열반도 훌륭하지만, 이것만큼 훌륭하지는 않다: 고타미의 위대한 입적은 단언컨대, 별빛이 사라지는 것과 같았다. (시 173)

오, 비구들이여, 그녀는 어마어마한 지혜를 가진 가장 위대한 사람이었다는 것을 알라. 그녀는 위대한 명성을 가진 비구니이자 위대한 능력의 소유자였다.
그녀는 '신통한 귀'를 가지고 있었고 다른 사람들이 무엇을 생각하는지를 알았다. (시 183-4)

여성의 정신적 완성을 보여 주는 대승불교의 이미지들

아라한의 지위가 테라바다의 정신적 목표였던 반면, 대승불교는 보살이 된 다음 나중에 붓다가 되는 것을 목표로 삼고 있다. 아마 현존하는 최고의 대승경전일 『팔천송반야경』(Aṣṭasāhasrikā: 약 기원전 100년~기원후 100년)에서 지혜의 완성(prajñā-pāramitā)은 모든 붓다들의 '어머니'라는 칭송을 받고 있다(Conze, 1973: 31, 172). 문법적으로 여성인 Prajñā는 공성에 대한 직관적 통찰력에 바탕을 두고 있는 것으로 분석된다(pp.124-5). 이것은 일단 계발되고 나면 불성의 '탄생'을 위한 토대로 작용한다.

'여성의' 지혜 완성은 불성을 낳는 반면, 이는 다른 자질도 요구한다; 왜냐하면 지혜는 또한 보다 낮은 수준의 실현을 낳고 육성하는 것으로도 여겨지기 때문이다(Cabezón, 1992: 185). 그러나 붓다가 되는 과정에 있는 보살에게는 지혜뿐만 아니라 자비로운 선교방편(upāya kauśalya)도 요구된다(Lamotte, 1976: 126-7). 대승과 특히 금강승(Vajrayāna) 사상에서 그와 같은 방편 및 붓다가 되고 싶은 자비로운 열망(bodhi-citta)은 아버지에 가까운 남성, 즉 여성적인 지혜에 대한 보완재로 상정되고 있다.

400년경부터 점차 여성 성인들이 대승경전 및 여성 보살로 인격화된 지혜의 완성도 같은 예술작품 속에 등장하고 있는데(Conze, 1967: 243-60), 그들은 특히 탄트라 불교와 북방불교 국가들에서 인기를 얻게 되었다. 여기서 매우 중요한 인물은 타라(Tārā), 즉 '여성 구세주'이다: 보살은 '모든 붓다들의 어머니'라는 말을 들었다(Williams, 1989: 236-8). 그녀의 21개 형상 가운데, '녹색'과 '백색' 형상은 티베트에서 가장 사랑받는 신들 중의 일부가 되었다(Beyer, 1973). 그들은 우아하고 매력적이며 접근 가능할 뿐만 아니라 고통에 빠진 사람들을 부드러운 마음으로 기꺼이 사랑할 준비가 되어 있는 존재로 여겨지고 있다.

그림 9. 천상에서 돌아가신 어머니에게 아비달마(분석적 지혜의 종합적 개설서)를 가르치고
지상으로 돌아오는 붓다를 보여 주는 스리랑카의 대중화.

그림 10. 네팔 카트만두의 사찰 인뜰에 있는 타라, 구원의 여신상.

700년부터 인도의 일부 탄트라 경전들은 천상에 있는 붓다와 보살들의 여성 배우자를 추가했다(Conze, 1967: 82). 그와 같은 모든 커플에서 여성은 프라즈냐, 즉 '지혜'로 인식되고 있으며, 남성은 (능숙한) '수단'(upāya)을 상징했다: 자비로운 마음에서 나오는 능숙한 행동은 여성 파트너가 상징하고 있는 보다 수동적인 지혜에 의해 촉진된다. 이상적인 것은 행위자가 깨달음이라는 위대한 축복을 산출하기 위해 자기 자신의 인격 속에서 이러한 두 가지 성질들을 매우 높은 경지에서 결합하는 것이다. 티베트에서 이것은 다시 얍-윰(yab-yum)으로 알려진, 성적 결합을 하고 있는 몇 쌍의 신성한 존재들이나 혹은 아버지-어머니의 형상으로 상징화되었다. 몇 가지 형태의 탄트라 수행법에서 일반 수행자들은 실제로 고도의 자기 통제를 하는 방식으로 파트너와 성적 요가를 실행하는데, 이는 정신적 발달을 위한 하나의 수단으로서 성적 에너지를 조절하고 변화시키기 위한 것이다(pp.141-2).

대승불교가 여성주의적 원리를 통합시킨 것에 대해 논평하면서, 에드워드 콘제(Edward Conze)는 다음과 같이 말하고 있다(1967: 81):

대승불교에서 남성들은 명상하는 동안 자신들의 인격성 가운데 여성주의적 요소들을 길러 줌으로써 스스로 완성되어야 한다고 믿었으며, 수동성과 느긋한 부드러움을 닦아야 한다고 믿었으며, 본성의 문을 활짝 여는 것을 배워야 한다고 믿었으며, 그리고 이 세상의 신비하고 보이지 않는 힘들이 자신들에게 들어와 몸 안팎으로 흘러 다니도록 만들어야 한다고 믿었다. 그들이 자신들을 지혜의 완성과 동일시했을 때, 그들은 여성성의 원리와 하나가 되는데… 만약 그것이 없다면 그들은 불완전한 남성들이 될 것이다.

여기서 콘즈는 초기 대승불교가 지혜의 완성을 높이 평가하고 있음을 구체적으로 논의하고 있지만, 그의 언급들은 또한 후기 탄트라 불교가 남성과 여성의 개념을 정신적으로 서로 보충하는 하나의 짝으로 상징하는 것에도 똑같이 적용된다. 스폰베르그는 후자의

관점을 '해탈론적 양성동체'의 하나로 본다(1992: 24-8). 여기서, 성/
젠더의 차이점들은 '궁극적으로 실제적인 것이 아니라 잠정적인 것
으로 인정되고 있으며, 그것은 더 나아가 잠재적으로는 구원론적
변환의 강력한 수단으로 긍정되고 있다'(p. 25). 두 성은 '남성적인'
특징과 '여성적인' 특징을 가지고 있는 것으로 보이며, 두 종류의
보충적인 특징들은 '이상적인 경지, 즉 자웅동체적인 통합의 상태
에 필수불가결한 것'으로 여겨진다(p. 25). 따라서 남성은 억압된
'여성적' 에너지를 끌어와 발달시켜야 하며, 역으로 그것을 변화시
키고 나아가 자신들의 파괴적 잠재력을 제거해야 한다(pp. 25-6).
예컨대, 이것은 이담(yidam), 즉 시각적으로 생생하게 보이고, 그런
다음 정신적으로 (자신과) 동일시되는 어떤 선택된 신성과 함께 활
동함으로써 가능하게 될 것이다(Harvey, 1990a: 261-4). 어떤 여성이
남성인 이담으로 지명될 수 있는 것과 꼭 마찬가지로 어떤 남성은
여성인 이담으로 지명될 수 있을 것이다.

하지만 스폰베르그는 자웅동체적 통합이라는 이상은, 위에서 인
용된 콘즈의 단락에서도 추론될 수 있듯이, 주로 남성의 이익을 위
한 것으로 보인다고(1992: 28) 주장한다. 그러나 여성이 배제된 것
은 아니었다. 대부분 일반 재가 수행자들이었던 인도의 유명한 탄
트라 스승(Mahā-siddhas) 84명 가운데(8세기에서 12세기까지), 네 명
은 여성이었으며(Ray, 1980), 인도의 나로파(Nāropa)와 티베트의 마
르파(Marpa) 같은 탄트라 스승들은 부인이나 여성 동료를 두고 있
었는데, 그녀들 역시 탄트라 스승의 자리에 올랐던 사람들이다
(Willis, 1989: 69).

몇몇 탄트라 경전들은, 아눗타라-요가(Anuttara-yoga)로 알려진 수
행의 단계에 이르면 여성이 한 생애 안에서 깨달음을 얻는 것이 가
능하다고 말한다(Tsomo, 1988: 42). 그들은 또한 모든 여성들은 존

경받아야 한다는 점을 강조하고 있는데, 왜냐하면 일부 여성들은 다키니(ḍākiṇīs)가 될 수도 있기 때문이다(p. 84). 다키니는 쾌활한 것으로 보이지만 그들이 표상하고 있는 역동적인 에너지가 어떤 사람 안에서 막혔을 때는 분노하기도 하며(Allione, 1986: 41-2) 종종 남성의 얼굴로 춤을 추고 있는 것으로 보이기도 하는, 일종의 여성 이담이다(Allione, 1986: 25-46을 보라). 티베트인들은 삶의 중요한 순간에 그들의 고정된 생각과 피상적인 이해에 대한 신랄한 도전을 보여 주기 위해 수행자들에게 나타난 다키니의 다양한 모습들에 관한 수많은 이야기들을 보유하고 있다(Allione, 1986: 37; Willis, 1989; 63-5). ḍākiṇīs의 티베트 번역어는 Khadoma(mKha' 'gro ma)인데, 이는 '하늘로 올라간 사람'과 같은 어떤 것을 의미한다: 즉, 지혜를 통하여 공성 안에서 편안해진 사람이자 사람들이 자신들의 지혜를 깊게 하고, 나아가 보다 원만한 방식으로 발달시키도록 창을 열어 주는 사람이다(Willis, 1989: 61-2, 66, 73). 예술작품 속에서 그러한 존재들은 종종 초승달 모양을 한 칼날과 그 위에 갈고리가 달린 칼을 휘두르고 있는 것으로 나타나고 있다(Allione, 1986: 32-3). 갈고리는 중생을 구제하는 자비심을 표상하는 반면, 칼날은 자기중심적인 망상을 끊을 힘을 상징한다. 티베트 닝마(rNying-ma) 학파의 독첸(rDzog Chen)의 가르침 속에서 다키니는 이 학파의 창시자로 간주되는 위대한 스승 파드마삼브하바(Padmasaṃbhava)가 숨긴 가르침들의 보호자로 여겨지고 있으며, 또한 이러한 가르침을 재발견할지도 모를 사람들에 대한 귀찮은 안내자로도 여겨지고 있다.

파드마삼브하바(8세기)는 그의 주요한 두 여성 동료들 가운데 한 사람인 예세 쵸겔(Ye-shes mTsho-rgyal)에 대해 다음과 같이 말했다:

인간의 몸은 지혜를 성취하는 토대이며, 남성과 여성의 전체 몸은 똑같이 적절하게 맞추어져 있다. 그러나 만일 어떤 여성이 강렬한 열망을 지니고 있다면, 그녀는 더욱 높은 잠재력을 가진다.[5]

이를, 심지어 그녀는 다음과 같이 주장하기도 했다:

> 나는 여성이다—나는 위험에 저항할 힘이 거의 없다. 나의 비천한 출생 때문에 모든 사람들이 나를 공격한다… 만일 내가 부와 음식을 가지고 있다면, 도적들이 나를 공격한다… 나는 여성이기 때문에 다르마를 추구하기가 어렵다.[6]

하지만 이 첫 세대 불교인이 이렇게 말하고 있는 것은 대체로 그녀가 파드마삼브하바로부터 어떤 비밀 가르침들을 얻는 것을 돕기 위한 것이었다.

인도와 티베트에서 가장 인기 있는 보살은 자비의 화신인 관세음보살(Avalokiteśvara)이었는데, 그는 남자로 간주되었다. 그러나 관음으로 알려진 중국에서 '그'는 시간이 지날수록 여성으로 묘사되기에 이르렀다(Reed, 1992; Paul, 1979: 247-80). 이것은 중국인들이 자비심을 '여성'의 성질로 보았기 때문인 것으로 보인다. 그 외의 다른 요인들로서는 그의 만트라 안에서 엿보이는 여성적인 암시, 즉 타라(Tārā)와의 결합이 있었으며, 또한 5세기부터 '그의' 인기 있는 화신들 중의 일부는 여성이었다는 사실에서도 찾아볼 수 있다. '그는' 또한 뱃사람들을 보호하려는 붓다 이전의 여신 사상과 동화되었을 수도 있다. 시간이 지날수록 관음보살은 자비 덩어리인 '어머니-여신', 곧 중국의 모든 지역에서 가장 인기 있는 신이 되기에

---

5) Willis, 1989:17, Dowman, 1984:86에서 인용.
6) Willis, 1989:96, Tarthang Tulku, 1985:105에서 인용.

이르렀다. 그녀의 화신에 관한 여러 전설들에 나오는 관음보살은 여성은 결혼해야만 한다는 유교적인 강조를 거부하는 방식으로 행동하고 있다(Reed, 1992: 167-8). 왕비 묘산(Miao-shan)으로서 그녀 (관음보살)는 간병인이 되는데, 아버지에 대한 분노심이 컸음에도 불구하고, 눈먼 아버지를 계속 치료하여 마침내 정신적 통찰력을 얻게 만든다(이는 부모를 공경하는 유교적 가치를 실행하는 불교적인 방식이다). 또 다른 전설에서, 그녀는 『법화경』에 나오는 많은 시구들을 외우는 것으로 그녀와 결혼을 하려고 경쟁하는 남자들을 거느리고 있다; 하지만 그녀는 승자가 자신과 결혼하기 전에 죽게 된다. 그래서 관음은 원하지 않은 결혼과 성적인 공격으로부터 자신들을 구해 달라는 여성들의 부름을 받게 되었다. 기혼여성들도 힘든 아이 낳기를 도와달라고, 그리고 아들을 가지게 해달라고 요청하기에 이르렀는데, 이는 유교가 지배하는 가족윤리 안에서 여성들의 힘을 증대시켜 주었다.

또한 중국의 많은 학파들 내에서 유행한 이념은 '불성'이라는 것이었다: 붓다가 될 잠재력은 모든 사람, 즉 남성이든 여성이든 간에 다 들어 있다. 이 개념은 『승만경』(Śrīmālā-devī Siṃhanāda Sūtra)에서 강력하게 표현되어 있다(c. 250-350 CE; Paul, 1979: 281-302). 이 경은 프라세나지트(Prasenajit; 빠알리어 Prasenadi)왕의 현명한 보살 딸의 가르침에 관심을 가지고 있다: 처음에는 왕이 아들이 아니라고 슬퍼했던 바로 그 딸이다!

특히 중국의 선종학파는 성적 평등을 강조하게 되었는데, 이는 당시 지배적이던 유교의 사회윤리가 남성을 분명히 우월한 존재로 보던 것과는 대조적이었다. 모든 존재는 불성을 공유하고 있다는 관념과 세속적인 다름들의 공성에 바탕을 두고 있는, 선종의 이상은(Levering, 1982: 20) 대혜종고(大慧宗杲; 1089~1163)의 말에서 찾아볼 수 있다.

> 진리를 깨우치는 데 있어서 그 사람이 남성인지 여성인지, 또는
> 고귀한 태생인지 비천한 태생인지는 중요하지 않다. 한순간의
> 통찰력을 얻고 나면 그 사람은 붓다와 어깨를 나란히 하게 된
> 다. (Levering, 1992: 139)

자신의 가장 성공적인 재가 여성 제자들 가운데 한 사람에 관한
서술에서 그는 다음과 같이 말하고 있다:

> 당신은 그녀가 여성이며, 따라서 여성들은 (깨달음을) 전혀 공유
> 하지 못한다고 말할 수 있는가? 당신은 이 문제가 (어떤 사람이)
> 남성인지 여성인지, 혹은 늙은이인지 젊은이인지와는 아무런 관
> 계도 없다고 믿어야만 한다. 우리들의 문제는 오직 단 한 가지
> 풍미만 지니고 있는 평등주의적 다르마의 문인 것이다.
> (Levering, 1992: 139)

여기서, 우리는 테라바다의 경전모음집에 들어 있는 소마의 시들
이 갖는 강한 울림을 목격한다. 그러나 그와 같은 스승들은 깨달음
을 위대한 결심과 용기를 가진 예외적인 사람들을 위한 것으로 본
다: '대장부'가 곧 그것인데, 이 말은 중국의 문화 속에서 명백히 남
성적인 의미를 지니고 있었다(Levering, 1992). 실제로 위에서 언급
된 바 있는 비구는 또 다른 재가 여성 제자에 대해 말했다:

> 당신이 그녀를 볼 때 당신은 한 여성을 보지만, 이 여성은 어떤
> 남성(장부)이 하는 것처럼 행동한다. 따라서 그녀는 위대한 영웅

(대장부)의 일을 완성할 수 있는 것이다. (Levering, 1992: 149)

이처럼 여성은 남성이 도달할 수 있는 것과 동일한 정신적 수준에 이를 수 있는 것처럼 보였지만, 그렇게 한 것은 그녀로 하여금 특히 남성들과 관련되어 있는 자질들에서 뛰어나기를 요구했던 것이다.

그러나 우리는 선불교 역시 차 공양과 같은 보다 온화하고 '여성적'인 측면을 가지고 있다는 사실을 잊어서는 안 된다(Wawrytko, 1991: 267-8). 더욱이 남성과 여성 양자 모두에게 깨달음이 열려 있다는 것은 선불교 안에서 반복되고 있는 논제이다. 이 문제는 가끔 실제보다 더 수사적이긴 했지만, 특히 일반 추종자들은 평등성을 옹호했던 것으로 보이는데, 이는 유명한 방거사의 딸이 자신의 아버지를 능가했다는 이야기들에서도 보인다(Faure, 1991: 244). 일본 조동선의 창시자로 명성이 높은 도겐 선사(1200~53)는 여성들도 깨달을 수 있기 때문에, 남성들은 그러한 여성들을 자신의 스승으로 삼을 준비가 되어 있어야 하며, 만일 그렇지 않다면 그들은 다르마를 이해하지 못했음을 보여 주는 것이라고 주장했다, 그는 '도대체 무슨 권리로 남성들만 고귀한가'라고 물었다(Wawrytko, 1991: 273):

여성성 안에 무슨 결함이 들어 있단 말인가? 남성성 안에 무슨 장점이 들어 있단 말인가? 나쁜 남성들도 있고 좋은 여성도 있다. 만일 당신이 다르마를 듣고 고통과 혼란을 종식시키고자 원한다면, 남성 및 여성과 같은 것들에 대해서는 잊어버려라. 아직 미혹이 제거되지 않은 이상 어떤 남성들이나 여성들도 그것을 제거하지 못했다; 미혹들이 모두 제거되고 참된 실재가 경험

될 때 남성과 여성의 구별은 전혀 존재하지 않는다. (Levering, 1982: 31)

하지만 레버링은 이렇게 말하면서도, 도겐은 유교의 영향을 받은 일본의 일반사회에서 받아들여지고 있던 여성의 지위에 대해서는 도전하고 있지 않다고 설명한다(1982: 30). 실제로 도겐은 이유는 잘 모르지만, 여성 제자들을 거의 두지 않았던 것으로 보인다. 심지어 그의 정신적 평등주의는 일본의 후기 선불교에서 소홀하게 다루어졌던 반면(Uchino, 1986), 이것은 다시 서양의 선불교에서 주제로 등장하기에 이르렀다(Shasta Abbey, 1981).

젠더, 환생 그리고 여성의 지위

하지만 인도 문화권으로 되돌아가 보면, 성별의 차이와 그 중요성에 대한 전통적인 불교의 이해는 무엇인가? 아비달마 문헌에서는 ―정신적 및 육체적 과정의 본성에 대해 조심스럽게 상술하고 있는― 정신적 수준에서가 아니라 육체적 수준에서만 남성과 여성 사이에 특정한 종류의 차이가 있을 뿐이라고 언급되어 있다: 여성의 능력과 남성의 능력으로 알려진 신묘한 성질들이 그것이다. 첫 번째 것은

어떤 여성에게서 여성적인 외모와 여성적인 성격, 여성적인 행위, 여성적인 태도가 나타나고 있음은 여성성, 즉 여성적이라는 것으로(*Dhs.* 633)

정의되고 있다. 이는 남성의 능력에 대한 정의와도 정확하게 평행선을 이룬다. 양자의 능력은 보이지 않는 유형의 물질적 형태(*Vibh*.72)이자 임신되는 순간부터 존재하는 것으로 여겨진다(*Vibh*.414-15). 테라바다의 주석서에서(*Asl*.321), '외모' 등은 두 가지 능력들의 산물로 간주되고 있는데, 이는 그것들의 씨앗과 같은 것이다. 아직 '감각적 쾌락의 영역'에 머물고 있는, 보다 낮은 하늘의 신들은 여전히 성적인 능력을 가지고 있지만, 보다 높은 '(원리적인) 형태' 수준의 브라만 신들은 이를 결여하고 있다(*Vibh*.418; *AKB*. II.12b-c). 그러나 설일체유부와 테라바다는 이러한 존재를 여전히 '남성적'이라고 보고 있는 것 같은데, 그 이유는 이들이 최소한 남성의 몸과 목소리를 가지고 있기 때문이다(*AKB*.II.12b-c). 하지만 두 학파에서 남성과 여성은 둘 다 다음 생에서 이 수준으로 다시 태어날 수 있다.

경전모음집은 때때로 남성이나 여성의 '마음-묶음'(citta)을 언급하고 있는 반면, 아비담마는 어떠한 마음도 상세하게 기술하고 있지 않은데, 여기서 citta라는 단어는 특히 남성이나 여성 중 어느 한쪽에게 드러나는 구체적인 마음의 상태를 의미한다. 따라서 그것은 남성과 여성의 심리학 사이에 존재하는 어떤 차이란 그 속에서 일어나는 경향이 있는 특별한 정신상태의 복합에 속한다는 것을 함축하고 있다. 더욱이 빠알리어 경전의 후반부를 보면 다섯 가지 인격성의 요소들 각각은 '여성도 아니고, 남성도 아니며, 자아도 아니고 자아에 속하는 것도 아니다'라고 되어 있다(*Nd*.II.280). 다시 말해 변화하는 육체적 및 정신적 과정 속에서 하나의 '인격'을 구성하고 있는 마당에 영원한 여성의 본질이나 남성의 본질 혹은 자아라는 것은 결코 존재하지 않는다. 이것은 부분적으로는 성별이 일생 동안 변할 수 있다는 사실을 받아들이고 있기 때문이다(*Asl*.322).

생과 생 사이에서 성별은 일반적으로 변하지 않는 것으로 간주되지만, 언제나 그런 것은 아니다. 천상에서의 환생을 묘사하고 있는『비마나바투』(天宮事 Vimānavatthu)에서 이 경전이나 그 주석서에 의해 젠더가 구체화될 때 그것은 언제나 동일하다.『페타바투』(Petavatthu, II.13)는 8만 6000번이나 여왕이었던 한 여성의 경우를 논의하고 있다; 그러나 그녀가 항상 여성이었던 것은 아니다: '만일 지금 당신이 여성이라면, 과거에는 남성이었을 것이며, 그리고 당신은 동물로도 태어났을 것이다.'(시 12) 마찬가지로 과거의 삶 속에서 어떤 사람의 어머니가 아니었거나 혹은 어떤 사람의 아버지나 형제, 자매, 아들 혹은 딸이 아니었던 사람을 찾기란 어렵다고 말해진다(S. II.189; Thig.159 참조).

그러므로 성별은 이 생애에서 저 생애로 옮겨 가면서 변할 수 있다―그러나 무슨 이유 때문인가? 위에 나온『페타바투』는 자애로움으로 가득한 마음을 계발하고 '여성이라는 마음-묶음을 소멸시킨' 한 여성이 바라문 세계, 즉 성적 차이를 초월한 세계에 다시 태어났다는(시 19) 이야기를 계속하고 있는데, J.III.93-4에서는 바라문 세계로부터 선업을 많이 쌓은 어떤 존재가 그 보살과 함께 금욕수행자가 된 한 여성으로 다시 태어나고 있다. D.II.271에서 남신 고파카(Gopaka)는 자신은 고피카(Gopikā)라는 여성이었지만, 삼귀의에 대한 믿음과 계율을 빈틈없이 이행하고, '여성이라는 마음-묶음을 소멸시킨 다음, 남성이라는 마음-묶음을 계발함으로써', 현재와 같은 남성의 형태로 다시 태어났다고 말한다. 그는 자신의 지위를, 그가 받들었지만 그렇게 훌륭하지는 않았던 세 사람의 비구와 비교하고 있는데, 그들은 지금 더 상위의 신들을 모시고 있는 훨씬 낮은 하늘에 다시 태어나 있다. 그래서 그는 다음과 같이 말한다,

반면 나에 대해 말하자면 —그 차이를 보라!

가정의 삶, 그리고 여성으로부터 지금 나는 남성이자 신으로 다시 태어나,

천상의 향락을 누리고 있지 않은가! (*D*.II.273)[7]

Thig. 400-47(*J*.v.232-9 참조)에는 간통을 저지른 한 남성이 지옥에 태어나고, 그 다음에는 거세된 세 종류의 동물로, 양성체 인간으로, 골칫덩어리 공동-부인으로, 그리고 마지막으로는 여러 남편들로부터 거부당하는 한 여성으로 다시 태어난다는 이야기가 나온다(그리고 나서 그는 출가하여 아라한이 되었다). 이와 같은 단락들은 젠더는 변할 수 있는 것으로 보이나 그것은 동일한 것으로 남는다고 간주된다는 것을 입증해 준다. 단, 계기의 힘이 작용하고 있는 듯이 보이는 다음의 경우는 아니다: (1) 어떤 구체적인 마음이 이러한 목적으로 재설정되거나(*Asl.*65를 보라), 혹은 (2) 업의 과보가 특별히 젠더가 변하는 것이 적절한 것으로 만드는 경우가 곧 그것이다. 그 단락들은 또한 브라만의 세계에서처럼, 성적인 구별을 뛰어넘는 것과 양성구유체 인간이 되는 것에서 보는 것처럼, 그것을 상실하는 것 사이에는 차이가 존재한다는 것을 암시하고 있다.

만일 여성으로 다시 태어나는 것이 남성으로 다시 태어나는 것만큼 좋은 일이 아니라는 주장이 있다면, 이는 남성이 아니라 여성이 겪는 다섯 가지 특별한 형태의 고통들이 존재한다는 관념 때문일 것이다: (1) '어린 나이에, 그녀는 남편의 가정으로 들어가며 자신의 친척들을 뒤로하고 떠난다.', (2) 생리 (3) 임신 (4) 아이 낳기, 그리고 (5) '그녀는 남자의 시중을 든다'(*S*.IV.239). 이 가운데, 중간

---

7) 고파카(Gopaka)가 성적 구별이 본래적 실체가 없이 공하다고 말하고 있는 대승 경전에 관해서는 Schuster Barnes, 1987:259를 보라.

의 세 가지는 생물학적으로 일어나는 것인 반면, 첫 번째와 마지막 것은 문화적인 토대를 가지고 있다. 이 단락은 이러한 고통들이 그렇게 되어야만 한다는 것을 말하는 것이 아니라 —많은 다른 사회들에서도 그랬듯이, 붓다 당시 인도 사회에서 그랬다는 것을 말하고 있을 따름이다. 우리는 이 말의 범위를 확대하여 다음과 같이 말할 수 있을 것이다. 특정한 육체적 고통들이 여성이라는 것과 연관되어 있고 —실제로, 과거에 아이를 낳는 것은 심심치 않게 생명을 위협하는 일이었다— 많은 사회가 여성들을 남성들과 동등하게 대우하지 않았다는 사실을 전제한다면, 남성으로 다시 태어나는 것이 더 선호할 만한 것으로 보였을 것이라고. 그래서 이전에 아이를 잃어버렸던 적이 있는 비구니는 다음과 같이 말한다:

> 한 여성의 상태는 길들여진 남자 마부들에 의해 고통을 당하고 있다는 말을 들어 왔다[붓다]; 공동-부인의 된 상태도 고통스럽기는 마찬가지이다; 심지어 어떤 여성들은 일단 아이를 낳고 난 다음에, 자신의 목을 칼로 베기(자살) 했다. (*Thig.* 216-17)

물론, 여성에게 특별한 다섯 가지 형태의 고통들 가운데, 결혼한 적이 없었던 비구니는 단지 생리의 고통을 겪고 있었을 따름이다.

가장 유명한 테라바다 주석가인 붓다고사(5세기)가 지니고 있던 인도 바라문 계급의 배경은 어쩌면 그가 '남성의 외모를 가진 사람은 더 높고(uttamaṃ), 여성의 외모를 가진 사람은 더 낮다(hīnaṃ)'라고 한 말에 영향을 미친 요인일지도 모른다(*Asl.* 322). 그는 또한 귀중한 물건 혹은 '보물들' 가운데,

(1) 코끼리와 같은 유정물은 보석과 같은 무정물과 비교될 때 '우선적인 것으로 간주되는데', 왜냐하면 그들은 보석으로 장식

물처럼 치장되기 때문이다.

(2) 유정적인 가진 보물들 가운데서는 인간이 우선적인데, 왜냐하면 그들은 동물의 몸을 가진 보물들을 운송수단으로 사용하기 때문이다.

(3) 인간의 몸을 한 보물들 가운데서는, 남자 보물이 우선적인 것으로 간주되는데, 왜냐하면 '여성 보물은 남자 보물을 위해 봉사를 수행하기' 때문이다(*Khp.A.*178).

물론, 이것은 여성이 남성을 섬기는 것은 단지 문화적 요인에 지나지 않는다는 사실을 간과하고 있다. 하지만 붓다고사가 남자로 다시 태어나는 것을 많이 건전한 행위들에 의해 확립된 것으로 여기며, 여자로 다시 태어나는 것을 약간 건전한 행위들에 의해 확립된 것으로 간주한다는 사실은 놀라운 일이 아니다. 어떤 사람이 일생을 사는 동안 육체적으로 반대 성의 특징을 가지게 된 경우에 대해 말해 보면, 많이 건전하지 못한 행위는 어떤 남성이 여성처럼 보이게 되는 원인이고, 반면에 약간 건전하지 못한 행위는 어떤 여성이 남자처럼 보이게 되는 원인이다(*Asl.* 322).

후기 테라바다 문헌에서는 덜 선한 사람이 여성으로 다시 태어난다는 관념이 표현되어 있는 것으로 보인다. 『자따까』에서 현명한 왕비 루자(Rujā)는 자신은 다음의 여섯 생애 동안 존경받는 여성이 될 것이며; 그런 다음, '나는 위대한 힘을 가진 신들의 아들, 남성 신, 신의 몸을 한 최선의 존재로 태어날 것이라고' 말하고 있다(*J.*VI.239, 주석 부분). 『담마빠다』의 주석, 이야기 3.8은 덧붙여 말하기를(I.327) 여성은 좋은 일을 많이 하고 자신이 한 행위들의 과보가 그와 같은 환생을 가져올 것이라고 확신함으로써, 비로소 남성으로 다시 태어날 것이라고 말한다; 또한 자신의 남편을 잘 섬기는 부인이 남성으로 다시 태어날 것이라고 말한다. 설일체유부는 이보다 한 걸음 더 나아가 '보는 경지', 즉 예류과에 도달한 여성은 더 이상 여성으로 다시 태어나지 않을 것이라고 가르쳤다.

대승경전 가운데서 '여성성을 바꾸는 것에 관한 경전'은 여성이 남성보다 더 많은 탐진치(貪/瞋/癡)를 가지고 있다고 말한다(Paul, 1979: 308). '청정한 믿음이라는 이름을 가진 딸의 질문들(Questions of the Daughter Pure Faith)'에서 청정한 믿음은 붓다에게 어떻게 하면 더 이상 여성으로 태어나지 않는가라고 묻는다. 이 경전은 충분한 통찰력을 가진 여성은 그와 같은 질문을 하지 않을 것이라는 것을 함축하고 있지만, 붓다는 그녀에게 ―질투심과 같은 것을 피하고, 신심 깊은 사람이 되며, 가정과 가족에게 집착하는 것을 포기하고, 자신의 여성 몸에 대해 무관심해짐으로써― 어떻게 하면 그녀의 목표에 도달할 것인가를 말해 준다(Schuster, 1981: 36-7). 『입보리행론』을 보면, 불행이 없는 존재가 되고 싶은 열망들은 여성들이 남성으로서의 환생을 성취할 뿐만 아니라 그와 같은 높은 지위를 가진 사람들은 ―남성이라는 것을 암시하고 있는데― 자만심이 없을 것이라는 열망을 포함한다. 아미타불 정토에 관한 경전들은 (c. 200 CE)(pp.142-3을 보라) 정토에는 오직 남성 인간과 신만이 살게 되겠지만, 믿음은 현재 여성인 사람을 그곳에 다시 태어나게 허락할 것이라고 말한다(Paul, 1979: 169-70).

여성들이 도달할 수 없는 정신적 경지에 관한 견해들

모든 불교학파들에서 이루어지는 세 가지 초점의 헌신(삼귀의) 가운데, 첫 번째 것(붓다)은 남성이며, 두 번째 것(다르마)은 보다 중립적이고, 세 번째 것(완전히 혹은 부분적으로 열반에 도달한 사람들의 승가)은 남성과 여성으로 구성되어 있다. 붓다의 젠더에 대해 전-대승 이전의 경전들(*M.*Ⅲ.65-6; *A.*Ⅰ.28)은 다음과 같은 것은 불가능하다고 말하고 있다.

   (1) 완전하고도 철저하게 깨달은 사람(sammā-sambuddha)인 아라한: 즉, 인간 사회에서 잃어버렸던 길을 다시 발견하고 이를 다른 사람들에게 보여 주는 완전한 붓다가 되는 것은 불가능하다(*M.*Ⅲ.8).

   (2) 전륜성왕: 즉, 거대한 영토를 자비와 정의로 다스리는 황제가 되는 것은 불가능하다. 여러 가지 측면에서 그러한 사람은 완전한 붓다의 세속적 상대에 해당하는 사람이다: 태어났을 때, 고타마는 둘 중에 하나가 될 수 있었으며, 나아가 그는 자신의 유물은 전륜성왕의 그것처럼 다루어져야 한다고 말했다(*D.*Ⅱ.141).

혹은 어떤 여성이라도 다음의 상태에 도달하는 것은 불가능하다고 말한다:

   (3) 사카(Sakka): 붓다 이전의 베다 신전에 나오는 33명의 신들의 지배자인데(여기서 그는 인드라로 알려져 있다), 단호하고도 매우 능동적인 신이며 『자따까』에서는 덕성을 갖춘 사람들을 돕기 위해 자주 모습을 드러내고 있다.

   (4) 마라(Māra): 사악한 유혹의 신이며 자신의 힘을 이용하여 사람들로 하여금 계속 환생의 라운드에 묶이게 하고, 따라서 죽음이 반복되도록 만든다.

   (5) 바라문(Brahmā): (원소적인) 형태의 영역에는 16개의 하늘이

있는데, 그 가운데 세 번째 것이 대-바라문의 것이다(Vibh.424-5): 이것은 자비심으로 가득한 신의 일종인데(*D*. I .249-51), 1000 또는 10만 개에 이르는 세계에 대해 영향력을 가지고 있다 (*M.*III.101-2). 그렇지만, 그러한 존재는 자만하거나 자신이 영원한 세계의 창조자라는 환상에 빠지기 쉽다(*D*. I .18). 때때로, 모든 형태의 영역에 있는 존재들은 바라문이라고 이야기 되기도 한다. 하지만 테라바다의 주석서(*M.A.*IV.123)는 제한된 의미의 바라문, 즉 대-바라문만이 여기서 의미되고 있다는 점을 명백히 하고 있다. 그것은 계속하여 말하기를 바라문은 남성도 아니고 여성도 아니지만, 다음 생애에는 인간의 몸을 가진 남성이 대-바라문이 될 수 있는 반면, 여성은 될 수 없다고 말하고 있다.

여기서, 핵심적인 다양한 우주론적 지위들은(종종 '다섯 가지 등급'으로 알려진) —가장 나쁜 것과 가장 좋은 것 모두를 포함하여— 여성에 의해 달성될 수 없는 것으로 여겨진다. 배제된 지위들의 핵심적인 성질들은 다음과 같은 것으로 보인다: (1) 핵심적인 지식의 발견과 가르침에 있어서 자비로운 지도력, (2) 거대한 영토의 자비로운 지배, (3) 선을 위한 단호한 지도력과 행동, (4) 악에 있어서의 지도력, (5) 자애로움(및 자부심)과 연계된 권력 등이 곧 그것이다. 전체적으로 볼 때, 여성은 남성만큼 도달 가능한 최고 지점까지 이르지 못하며, 또한 (4)를 제외한 위에 나온 모든 배제 조항들에서 보는 것처럼, 자비심을 위대한 권력과 결합하지 못한다는 점을 함축하고 있다. 『자비경』(Karaṇīyametta Sutta)에서는(*Khp.*8-9), 외동아들에 대한 어머니의 사랑이야말로 인자함의 핵심 사례로 간주되고 있는데, 이러한 유형의 감정을 방출하는 것은 모든 존재에게 예외 없이 권유된다.

그럼에도 불구하고, 여전히 여성은 아라한, 지도자, 혹은 신이 되는 것과 대부분의 원소적 형태의 천상에 다시 태어나는 것은 가능한 것으로 보인다. 『자따까』(J. I.201)에는, 일부 남성들이 공회당을 짓는 좋은 일에서 여성들을 배제하려고 할 때, 한 친절한 목수가 여성들이 포함되도록 도움을 주는 이야기가 나오는데, 왜냐하면 '바라문의 세계를 제외하고는 어느 곳에서도 여성이 없는 곳이 없었기 때문이다.' 그러나 때때로 어떤 활동들로부터 여성을 배제하는 것은 이해할 수 있는 것으로 묘사된다. 그래서 붓다는 여성들은 왜 (당시 인도에서) 법정에 앉지 못하고, 사업에 참여하지도 않으며 해외에 나가지 못하는가라는 질문을 받았을 때, 그들은 화를 잘 내고, 시기심이 많으며, 탐욕스럽고 지혜가 부족하기 때문이라고 말한다(A. II.82-3). 하지만 여기서는 질문자가 여성들에게 매우 호의적이었던 모습을 자주 보여 준 바 있는 아난다였기 때문에(Horner, 1930: 295-300), 이 문답은 ―비록 지금은 여성들을 후원하고 있는 것처럼 들릴지 모르지만 ―여성을 비하한다는 느낌을 주기보다는 동정적인 우려에서 나온 질문이라는 생각이 든다.

초기 경전들은 여성 통치자의 가능성에 호의적인 반면, 대승불교 학파 이전의 후기 경전들은 이 관념에 별다른 관심을 보이지 않는 것 같다. 『자따까』에 나오는 주석의 한 단락(J. II.326)은 '여성이 통치하는 곳에서는 눈뜬 자들은 시력을 잃고, 강한 자들은 약해지고… 덕과 지혜는 날아가 버린다'라고 말하고 있지만, 이는 반드시 여성 자신들의 결함으로 여겨지지는 않는다. 다른 곳에서는(J. I.154-5), 수사슴 한 마리가 매력적인 암사슴을 쫓아 ―후자가 전자에게 경고를 했지만― 위험한 지역으로 가다가 사냥꾼들에 의해 죽임을 당하는 이야기가 나온다. 이를 지켜보고 있던 보살이 말하기를(경전적인 단락), '(욕망의) 화살대에 의해 관통당한 남성에게 고통을'!이라고 했다. 여성이 지도자들인 땅에 고통을! 그리고 여성의 통치를 받고 있는 사람들 또한 비난을 받는다!'라고 했다. 심지어 『자따까』는 일부의 여성들은 지배할 자격이 있지만, 문화적 규범에 의해 제지되고 있다는 사실도 인정하고 있다. (비-테라바다적인) 『마하바스뚜』(Mahā vastu)에는 암호랑이가 경주에서 이겨 네 발 달린 짐승들의 왕이 되는 시합을 승리로 이끄는 이야기가 나온다. 동물들은 암컷 왕을 두지 않기 때문에, 즉 '어느 곳에서나 수컷이 왕'이기 때문에, 사람들은 암컷이 결혼하기를 선택한 수컷이 왕이 될 것이라고 말한다(Mvs. II.69-72).

불교경전들은 여성이 보살, 곧 자비심을 가지고 완전한 불성을 추구하는 자가 될 수 있는가의 문제에 대해 다양한 견해를 가지고 있다. 보살로서의 붓다의 전생을 다루고 있는 테라바다의 『자따까』를 보면, 그는 인간이나 동물 혹은 신이었을지언정 결코 여성은 아니다(Jones, 1979: 20). 불성을 추구하려는 금욕수행자 수메다(Sumedha)의 결심에 대해 『자따까』의 표준적인 시(J. I.14)와 표준적인 『붓다밤사』(Buddhavaṃsa; Bv.ch. II, 시59)는 '성적 특징(liṅga-sampatti)의 달성'과 이러한 결심이 성공하기 위해 필요한 자질들 가운데 의지력을 포함시키고 있다. 『자따까』의 주석은 이를 보살은 남성이어야 하며, 그리고 영웅적인 결심에 대해서는, 불성에 도달하기 위해 —만약 그가 그렇게 해야만 한다면— 거대한 바다를 헤엄쳐 건널 준비가 되어 있어야 한다는 것을 의미하고 있는 것으로 본다(Warren, 1896: 14-15). 그러므로 여성은, 여전히 여성으로 다시 태어나고 있긴 하지만, 보살과 더 나아가 붓다는 될 수 없는 것이다. 그러나 테라바다 불교의 맥락에서 보면, 이것은 사실상 거의 제한이라고 할 수 없는데, 왜냐하면 붓다들은 지극히 찾아보기 힘든 개인들로 여겨지기 때문이다. 핵심적인 목적은 아라한이 되는 것이며, 이는 여성에게도 개방되어 있다.

대승불교는 —대체로 완전한 불성을 충족시키기 위해 보살의 길을 좇을 것을 권장하고 있는데— 일반적으로 여성도 보살이 될 수 있다는 점을 받아들이고 있으며 —경전에는 종종 '착한 아들들'과 '착한 딸들'이라는 언급들이 나온다.[8] 하지만, 경전에서는 여전히 여성이면서 이 길을 따라 얼마나 더 멀리 나아갈 수 있는가에 대해 많은 다른 의견들이 있다. 가장 제한적인 경전 중의 하나는 '여성성을 변화시키는 것에 관한 경'인데, 이 경전은 깨달음의 사상에 눈을 뜬 여성은 '여성의 마음상태라는 한계에 구속되지 않을 것이며', 따라서 그때부터 계속 남성으로 다시 태어날(?) 것이라고 말한다(Paul, 1979: 175-6). 다른 한편, 아상가의 『보살지지경』은 보살은 장구한 보살의 길의 처음 세 번째 기간 동안 여성일 수 있다고 주장하고 있는데, 그의 형 바수반두는 이를 보살의 열 단계 중의 일곱 번째까지 지속되다가 그 후 보살은 불성을 얻을 것이 확실해진다고 본다(Paul, 1979: 212-13). 하지만, 현재의 달라이 라마는 여성의 능력에 대한 제한과 같은 관념은 아마도 불교에 미친 과거의 사회적 영향 때문일지도 모른다고 주장하고 있다(Tsomo, 1988: 42).

흔히 보살로 인정받았던 여성들은 더 높은 경지에 오르기에 앞서 마술을 부린 듯이 남성으로 변형되었다고 말해진다.[9] 이 중에서 가장 잘 알려진 예는 『묘법연화경』(Saddharma Puṇḍarīka Sūtra)[10], 혹은 『법화경』에 나오는데, 이 경전은 약 200년 무렵에 최종적인

---

8) 하지만 후자는 언제나 두 가지 말이 모두 쓰일 때만 포함된다(Paul, 1979:107).
9) Ibid., 23, 134; Lamotte, 1976:169, n.37; Schuster, 1981.
10) Kern의 산스크리트본 번역(1884) pp. 251-3, Kato et al. 중국본 번역(1975) pp.212-3. 또한 Paul, 1979: 185-90과 Schuster, 1981:42-4를 보라.

형태에 이르게 되었다. 여기서 여덟 살 난 용왕[11]의 딸이 훌륭한 지식과 이해력뿐만 아니라 굳은 의지와 오류 없는 수행력을 지녔다고 말해진다. 어느 순간, 그녀는 뛰어난 보살의 경지에 도달한다. 그러자 한 남성 보살이 지적하기를, 보살의 길은 멀고도 힘든 일인데, 하물며 어린 소녀가 어떻게 이를 해낼 수 있단 말인가? 라고 했다. 다시 한 아라한이 말하기를, 아직 여성인 동안 그녀는 붓다가 될 것이 확실하며 다시 돌아갈 수 없는 보살(이 경전의 산스크리트어 원본에서); 즉, 달리 말해 '다섯 등급' 가운데 하나인 붓다는 될 수 없다고 했다. 이 붓다가 그 소녀로부터 선물을 받은 직후, 그녀 역시 마찬가지로 남성 보살로 변한 다음 붓다가 되는데, 이는 놀랍게도 현재 모든 사람들을 교화하고 있는 바로 그 붓다이다. 이 에피소드에 대해 주석을 달면서, 중국의 천태종 학자들은 —『법화경』을 최고의 진리 표현이라고 보는데— (1) 공에 대한 깊은 통찰력을 갖춘 여성에게 성별의 변화는 깨달음에 도달하기 위해 반드시 필요한 것은 아니며, 혹은 (2) 용왕의 딸은 이미 붓다가 되기 직전에 있는 10단계의 보살이었다고 주장했다. 따라서 그들은 여성이 현생에서 깨달음에 도달할 수 있다고 주장했던 것이다(Paul, 1979: 282-4; Schuster Barnes, 1987: 125). 선종은 위의 에피소드를 갑작스러운 깨달음은 적당한 통찰력을 갖춘 모든 사람에게 가능한 일이라는 것을 보여 준 것으로 여겼다(Levering, 1982: 24-5; Schuster Barnes, 1987: 126-7). 이 이야기는 그 소녀가 붓다가 되기에 앞서 남성이 되어야 한다는 것을 보여 주는 것이 아니라 별안간의 통찰력을 통하여 이미 깨달음에 도달했던 그녀가 이후 계속 남성의 형태를 띠었다는 것을 보여 주는 것으로 간주되어야 한다(Levering, 1982: 26-7, 31).

---

11) 나가Nāgas, 뱀 혹은 용신은 인간들이 가르침을 받을 준비가 될 때까지 반야경을 보호하고 있었다고 한다.

다이애나 폴(Diana Paul; 1979: 100-211, 232-6)과 낸시 슈스터(Nancy Schuster; 1981: 31-46)에 의해 논의된 바 있는 인도의 다른 경전들에서는 성별을 바꾸라는 도전을 받고 있는 훌륭한 지혜를 갖춘 어린 소녀들이 나온다. 처음에 그들은 이렇게 하는 것은 필수적인 것이 아니라고 말하나 얼마 뒤에는 어쨌든 그렇게 하는데, 그 과정에서 다음과 같이 언급하고 있다: '이전에 나는 본질이 공성인 여성의 몸을 가지고 있었지만, 그것은 실재하는 것이 아니었다… 그 몸에 반대되는 견해들은 차별심에서 나온다'(Paul, 1979: 198). 그들은 깨달음이란 여성에 의해 도달되는 것도 아니고 남성에 의해 도달되는 것도 아닌데… 왜냐하면 '그것은' 모든 사람에게 '도달하는' 그 무엇이 아니기 때문이라고 말하거나(Schuster, 1981: 31-5), 혹은 만일 어떤 사람이 여성의 몸으로 붓다가 되는 것에 이르지 못했다면, 그 사람은 남성의 몸으로도 그것에 이를 수 없는데, 왜냐하면 깨달았다는 생각과 공함을 본다는 것은 남성도 아니고 여성도 아니기 때문이라고 말한다(Paul, 1979: 232-6).

이러한 경전들에서 여성은 뛰어난 보살이나 붓다가 될 수 없다는 견해는 놀림을 받거나 비판적으로 검토되고 있다. 여성이 그러한 존재가 되기 위해 계속 앞으로 나아갈 수 있다는 사실은 분명하다. 한편, 여성의 성을 초월하면서까지 정신적 탁월성에 도달할 필요는 전혀 없다; 다른 한편, 현명한 사람은 성별을 바꾸는 것을 거부함으로써 그러한 것에 집착할 아무런 이유도 알지 못한다. 첫째, 그렇게 하는 것은 남성이 여성의 정신적 잠재력에 대해 의심하는 것으로부터 해방되는 데 도움을 준다. 둘째, 성별을 바꾸는 것은 그것이 고정되어 있거나 타고난 존재성을 전혀 가지고 있지 않다는 것을 말해 준다. 이러한 사실은 6세기의 『유마경』에서 더욱 분명하게 드러난다(Paul, 1979: 230-2; Lamotte, 1976: 169-72). 여기서 한 불퇴전(不退轉)의 보살 여신은 어떤 남성 아라한에 의해 성을 바꾸라는 도전을 받자, 자신은 '여성성'을 12년 동안이나 추구했지만 그것을 발견하지 못했다고 말하는데, 왜냐하면 그것은 텅 비어 있는, 하나의 환상이기 때문이라고 했다. 그런 다음 그녀는 주술적 힘을 사용해 형상을 아라한으로 바꾸고 나서 그에게 묻는다: 왜 당신은 당신의 여성 형상을 바꾸지 않는가? 마지막으로 그녀는 남성이나 여성이 된다는 것은 외모나 풍습의 문제에 불과하다는 것을 강조하는데, 왜냐하면 어떠한 다르마들(현상)도 남성이나 여성이 아니기 때문이다. '남성성'과 '여성성'은 사람들의 본질적인 구성요소가 아니라 상대적이고 조건 지어진 상태나 레벨인 것이다.

알란 스폰베르그(Alan Sponberg)는 이러한 접근을 '비-이원론적인 자웅동체'의 이상을 표현한 것으로 본다(1992: 24). 여성의 정신적 능력에 관한 의구심과는 —이는 현대의 힌두교 경전들 속에서 강한 어조로 서술되어 있으며 일부 불교도들 사이에서도 널리 퍼져 있었던 것으로 보이는데— 대조적으로, 이러한 경전들은 공성과 이에 따른 모든 현상들의 '동일함'을 이해하는 사람들에게 성의 구별은 보살의 길과 아무런 연관성도 지니고 있지 않다고 주장한다 (Schuster, 1981: 54-6). 대승경전들에서 붓다라고 불리는 모든 존재는 사실상 남성으로 여겨지고 있지만, 오늘날 티베트인들은 대부분 타라를 완전하게 성숙한 여성 붓다로 보고 있을 뿐만 아니라 그들은 또한 타라를 바즈라-요기니(Vajra-yoginī)나 사라스바티(Sarasvatī)로 본다(Tsomo, 1988: 84). 어떤 설명에 따르면, 타라는 한때 보살의 길을 가겠다고 서원했던 공주였다고 한다. 비구들이 그녀에게 남성의 형상을 취하라고 조언했을 때, 그녀는 '남성', '여성', '자아', '인격체'와 같은 것들은 결코 존재하지 않는다고 대답했다. 그런 다음 그녀는 —여성 보살은 거의 없었으므로— 자신은 보살로서의 모든 삶 속에서 여성으로 남을 것이라고 맹세했다(Beyer, 1973: 65; Wilson, 1986: 34).

현명하면서도 고집 센 여성들의 이미지

영웅과 여장부 및 악한들로 가득한 『자따까』 이야기는 여성에 대한 긍정적인 이미지와 부정적인 이미지를 함께 내포하고 있다. 이 이야기들의 대부분은 떠돌아다니던 인도의 민간설화로부터 채록된 것이 분명한데, 이 과정에서 언제나 불교적인 것만은 아니었던 태도도 포함하게 되었다.

많은 수의 테라바다 『자따까』는 덕성을 갖추었거나 현명한 여성들에게 관심을 보이고 있다. 이야기 194(_J._ II.121-5)는 신들을 방문해 도움을 요청함으로써 교활하고 잔인한 왕으로부터 자신의 남편을 구한 한 여성에 대해 이야기하고 있는데, 이는 그녀 자신이 가지고 있던 덕의 힘을 통해서였다; 사카(Sakka)가 구하러 오게 된다. 이야기 519(_J._ V.88-98)에서는 덕성을 갖춘 한 부인이 자신은 오로지 그만을 사랑한다는 말의 진실한 힘에 호소함으로써 남편의 나병을 고치는 이야기가 나온다. 이야기 544에서 열여섯 살의 공주가 자신의 아버지에게 다르마를 가르치고 있는데, 이는 아버지가 일부 금욕주의자들의 그릇된 가르침을 믿지 못하도록 하기 위한 것이었다 (_J._ VI.232-41). 이야기 66에서 한 여왕은 결혼생활의 여러 가지 무거운 책임을 보여 줌으로써 그녀에 대한 욕망을 가지고 있던 한 금욕주의자를 기술적으로 치유하고 있다. 이야기 539(_J._ VI.64)에서는 한 현명한 소녀가 여왕에게 그녀의 금욕주의자 남편을 혼자 유랑하게 내버려 두라고 조언한다: 하나의 팔 위에 걸쳐진 두 개의 팔찌는 서로 맞부딪쳐 시끄러운 소리를 내지만, 하나의 팔찌는 그렇지 않다: 그리므로 혼자가 되는 것이 더 낫다. 이야기 419(*J*.Ⅲ.436-8)에서는 한 남자가 금붙이를 빼앗으려고 이전에 자기의 목숨을 구해준 아내를 죽이려고 하는 이야기가 나온다. 이를 알고 있던 그녀는 그에게 절을 하는 척하다가 그를 떠밀어 낭떠러지로 떨어지게 만든다. 시구들은 노래하기를, '남성이 언제나 똑똑한 것은 아니지; 다방면에서 여성은 똑똑하고(paṇḍitā) 사려 깊단다'라고 했다. 앞서의 이야기들과 달리, 이 여성의 지혜는 남성에게 어떠한 이익도 가져다주지 않는다! 현명한 여성들은 또한 『담마빠다』 주석서에도 나온다. 이야기 13.7은 열여섯 살 난 직공의 딸에게 관심을 보이고 있는데, 그녀는 알라비(Ālavi)의 사람들 중에서 죽음에 대한 명상의 필요성을 역설한 붓다의 설법에 귀를 기울였던 유일한 사람이다. 3년 뒤, 붓다는 청중을 계속 기다리게 하면서도 그녀를 기다린 적이 있는데, 결과적으로 그는 그녀의 이해력을 시험할 수 있었다. 그후 그녀는 예류과를 얻었다.

테라바다 『자따까』 모음집에서 여성들에게 가장 초점이 맞추어져 있는 부분은 '여성들에 관한 절'(*J*.Ⅰ.285-315)과 『쿠날라 자따까』(Kuṇāla Jātaka)의 이야기 536(*J*.Ⅴ.424-56)이다. 전자는 61~70번까지 열 개의 이야기를 담고 있는데, 실제로는 여덟 개 이야기만이 여성에게 관심을 보이고 있다. 후자는 특히 여성혐오적인 점이 두드러지고 있는데, 이는 전-부인들에게 불만족스러웠던 비구들에게 의도적으로 주어졌던 이야기들의 묶음이다. 그것은 ―비록 여성들이 자기의 남편을 경멸했던 여덟 가지 이유, 예컨대 술에 취해 있다거나 우둔함 및 그녀에 대한 무관심 등의 이유를 포함하고 있지만― 오로지 돈을 차지하기 위해서만 남성들을 껴안는 여성들의 믿을 수 없고 변덕스러운 본성과 남편들에게 불성실했던 여성들에 대해 이야기하고 있다(J.V.433). 볼레(Bollée)는 이 『자따까』의 번역본에서, 힌두교의 『마하바라타』(Mahā-bhārata; 1970: 119-21)에 나오는 여성혐오적인 시들과 상응하는 것 및 그 안에 들어 있는 이면의 이야기들에 상응하는 여러 가지 힌두교의 이야기에 대해서도 주석을 달고 있다(예컨대 pp.150-1). 실제로 그것의 형식은 하나의 이야기 시리즈로 이루어져 있기 때문에 『자따까』의 전형과는 다르며 몇 개의 경전적인 산문도 포함하고 있고, 나아가 경전적인 산문 이외의 다른 산문도 담고 있다. 볼레는 『쿠날라 자따까』에 나오는 대부분의 시들은 불교적이지 않다고 주장한다. 더욱이 그것은 불교예술이나 다른 문헌들에서 그렇게 많이 묘사되지 않았던 『자따까』이며(p.166), 한문으로 된 이와 유사한 『자따까』(p.129)나 이의 여러 측면들을 사용하고 있는 13세기의 싱할라 경전조차도 결코 여성혐오적이지는 않다.

다른 『자따까』 이야기들의 일부에서 여성들의 부정적인 측면들은 다방면에 초점이 맞추어져 있다. 이야기 6, 61, 63 및 193은 사치스럽고 불안정한 여성들에 대해 이야기하고 있는데, 이는 그러한 점이 모든 여성들에게서 기대되어야 한다는 메시지를 담고 있다. 『자따까』에서 나쁜 남성들에 대한 이야기는 악의 원인을 그들이 남성이라는 데서 찾고 있지 않기 때문에, 그것은 일반적으로 그속에서 여성은 '타자'인 남성의 '목소리'로 말해지고 있다고 보일 수있다. 이야기 64, 65와 130은 여성을 교활함으로 가득 찬 것으로 보고 있는데, 이야기 64는 '만일 당신이 '그녀가 나를 좋아한다고' 생각한다면 기뻐하지 말라; 만일 당신이 '그녀가 나를 좋아하지 않는다고' 생각한다면 슬퍼하지 말라고 말하고 있다. 여성의 상태는 마치 물속에 있는 물고기의 길처럼 알기가 어렵다!'(J.I.300) 이야기 62(산문 부분, J.I.293)와 199(서문, J.II.134)는 여성들이 남편들에게 불성실하다는 점을 일반화하고 있으며, 이야기 120과 130은 이러한 경우의 뚜렷한 사례 몇 가지를 보여 주고 있다. 관능적이고 세속적인 여성들의 본성은 —여성들이란 '성교와 장식품 그리고 아이 낳기'를 결코 충분히 가질 수 없다고 말하고 있는(아무리 많아도 만족할 줄 모르는)— 이야기 402에서 강조되고 있는데(산문, *J*.Ⅲ.342), 이야기 120(산문, *J*.Ⅰ.440)에서는 '여성들은 결코 섹스에 지치는 법이 없으며, 그것은 그들의 타고난 본성'이라고 말하고 있다.

하지만 '그들은 어쩔 수 없다'라는 메시지는 남편들이 자신의 변덕스러운 아내에게 화를 내서는 안 된다는 점을 주지시키는 데 사용되고 있다: 이야기 65(*J*.Ⅰ.301-2)와 191(*J*.Ⅱ.114)이 그렇다. 여성들은 마치 길처럼(이야기 65), 어떤 남성에게나 이용될 수 있어야 한다는 메시지는 『아비달마구사석론』에 나오는 한 단락과는 모순되는데, 그것은 어떤 남성이 만약 그의 성행위가 여성들은 단지 이용되어야 할 뿐이라는 견해에 바탕을 두고 있다면 미혹 때문에 세번째 계율을 파기하는 것이라고 말하고 있다(*AKB*.Ⅳ. 68d). 더욱이 이야기 534에서 여성들을 불성실한 것으로 보는 견해는 여성들이 비난받아서는 안 된다고 말하는 보살의 말과 어긋나는데, 왜냐하면 '위대한 존재로서 여성들은 이 세상에 태어나며', 또한 어머니로서 그들은 한 남성에게 생명과 호흡의 원천이기 때문이다(시, *J*.Ⅴ.368).

테라바다 『자따까』에 대한 자신의 연구에서 존스(John G. Jones; 1979: 81-116)는 24개의 이야기(4.4%)를 결혼이나 재혼을 하기 위해 환속하고자 했던 비구들에 대해 언급하고 있는 것이 분명하다고 인용하는데(p.81), 그와 같은 이야기들은 삶의 부정적인 그림을 여성들로 색칠하고 있다(예컨대 *J*.Ⅴ.209-10). 존스는 또한 여성을 불성실하고 믿을 수 없으며 변덕스럽다는 등으로 보는 19개의 이야기들(3.5%)도 인용하고 있다. 그리고 그는 보다 긍정적인 이미지를 가진 14개의 이야기들에 대해서도 언급하고 있다(p.100). 그러나 일부 『자따까』에 나오는 여성에 대한 부정적인 묘사는 테라바다의 전통이 강조하고자 했던 어떤 것이 아니다. 경전으로 인정받는 『카리야-피타카』(Cariyā-piṭaka) 속에 특별히 수록되어 있으며 보살의 여러 가지 완전한 모습에 대해 기술하고 있는 35개의 『자따까』 이야기들 가운데는, 존스가 말하는 '불유쾌한' 43개의 이야기들 중 오직 하나만 포함되어 있을 뿐인데(no.443, Cp. II.4), 여기서도 그 이야기는 실제로 여성혐오적인 것이 아니다. 『담마빠다』의 주석 이야기들 속에서, 『자따까』에 나오는 여성에 대한 부정적 사고의 긴장감은 이야기 18.5(경전, III.348-9)를 제외하고는 무시되고 있는데, 이는 남성이 자신의 아내가 간통을 저지른 것에 대해 화를 내서는 안 된다는 메시지를 담고 있다. 『자따까』 내에서 여성에 대한 부정적인 이미지의 긴장감이 감돌고 있다는 것을 부정할 수는 없지만 ─스폰베르그(1992: 18-24)는 이를 '금욕주의적 여성혐오증'이라고 부르는데─ 1895년판 영어번역본(존스가 사용했지만, 위의 것은 아님)은 이를 상당한 정도로 과장하고 있다는 사실을 주목하지 않으면 안 된다.

우리는 그 『자따까』를 볼 수 있는데, 이때 그것은 특히 여성을 다음과 같이 묘사하거나 논의하고 있다:

(1) 그것은 지킬 만한 가치가 없는 것이라며 독신에 대한 서원을 파기하고 싶은 유혹을 느끼는 비구들에게 경고하는 차원으로서

(2) 재가 신자들에게 붓다의 가르침을 경청하게 함으로써 자신들의 아내가 저지른 행위 때문에 잘못된 길로 빠지지 않도록 경고하는 차원으로서

(3) 재가 신자들이 자신들의 아내가 개인적으로 어떤 잘못을 저지르지 않도록 하며, 나아가 그들에게 화를 내지 않도록 돕는 차원으로서

(4) 한쪽 상대방이 ―주로 남성인데― 출가하기를 원하지 않는 한, 결혼관계 안에서 서로 돕는다는 이상을 지지하는 차원으로서

(5) 여성에게 가정생활의 포기라는 이상을 지지하는 유덕하고 현명한 여성들로서, 즉 그것을 추구하기를 바라는 사람들에게 긍정적인 역할 모델을 제공하는 차원으로서 등이다.

이성에 대한 금욕주의적 경계심

붓다는 종종 관능적 쾌락에 대한 욕망과 집착의 극복을 강조했다: 이는 붓다가 독신주의 승가를 창설하는 데 있어서 토대가 된 하나의 이상이다. 예컨대 여기서 비구들은 여성들을 마치 어머니나 누이 혹은 딸들인 것처럼 바라보아야 한다(S.IV.110-11). A.III.68-9에서 붓다는 자신의 비구들에게 여성의 그것만큼 유혹적이고 혼란스럽게 하는 겉모습이나 소리, 냄새, 맛 혹은 감각은 결코 없다고 말하는데, 따라서 이러한 것들 가운데 어떤 것에 매달려 있는 사람은 오랫동안 괴로워한다. 그런 다음 그는 계속해서 말하기를, 어떤 자세를 취하거나 행동을 하든지 간에 여성은 '남성의 마음을 차지하려고 애쓴다(*cittaṃ pariyādāya tiṭṭhati*)'라고 말한다. 그러므로 여성들은 '마라의 함정'으로 간주되어야 하며, 결과적으로 어떤 비구가 독이 있는 뱀이나 칼을 든 남자와 같이 앉는 것이 여성과 단둘이 앉는 것보다 더 안전한데, 특히 그가 마음이 산란할 때는 더욱

그렇다. 따라서 여성은 성스러운 삶의 '오점'이라고 말해지며, 나아가 다음과 같은 논의가 발견된다:

'존자여, 우리는 여성들에 대해 어떻게 행동해야 합니까?' '그들을 보지 마라, 아난다야.' '그러나 만일 우리가 그들을 보게 된다면, 우리는 어떻게 행동해야만 합니까, 존자여?' '그들에게 말을 걸지 마라, 아난다야.' '그러나 만일 그들이 우리에게 말을 걸어온다면, 존자여, 우리는 어떻게 행동해야 합니까?' '마음이 흔들리지 않도록 해라, 아난다야.' (*D.*II.141)

또한 비구는 학식이 있는 남성이 면전에 없으면, 한 번 법문에 대여섯 문장 이상으로 ―비록 그들이 질문을 한다면 늘어날 수 있긴 하지만― 여성들에게 다르마를 가르쳐서는 안 된다고 말해진다. (*Vin.*IV.20-3)

그럼에도 불구하고 '남성의 마음을 차지하려고 애쓰는' 여성의 겉모습이나 소리, 냄새, 맛 혹은 감각과 같은 것이 결코 존재하지 않는 것처럼, 정확하게 똑같은 것이 『앙굿따라 니까야』의 첫 번째 경에서 남성이 여성에게 미치는 영향에 대해 이야기되고 있다(*A.*I.1-2). 그러므로 그와 같은 경전들은 여성혐오증을 표현하고 있는 것이 아니라, 반대되는 성의 매력에 대해 경계심을 가져야 하는 독신주의자들에 대한 경고로 간주되어야 한다. *A.*III.68-9(위에 나옴)의 PTS 번역이 여성은 자신의 겉모습 등을 통하여 '남성의 마음을 차지하려고 애쓴다'라고 하는 ―그가 여성의 형상에 집착하고 있기 때문에― 대신, 그녀는 '남성의 마음을 함정에 빠뜨리는 것을 중단할 것이다'라고 잘못 말하고 있는 것은 불행한 일이다. 스폰베르그

(Sponberg; 1992: 20-1)와 슈스터 반스(Schuster Barnes; 1987:257, n.1), 그리고 폴(Paul; 1979: 54, n.14)은 모두 이 부정확한 번역을 사용하고 있다. 폴(1979: 6-7)은 또한 *S.* I .124-7에 나오는 한 단락, 즉 '마라의 딸들'이 ─갈애, 불만족, 집착─ 여러 가지 유혹적인 여성의 형상을 하고도 붓다를 유혹하는 데 실패한 단락은 '여성을 악으로 보는 전형적인 사례'임을 보여 주고 있다고 주장한다. 만일 이것이 사실이라면, 마라가 남성이라는 것은 '남성을 악으로 보는 전형적인 사례'임을 보여 줄 것이다. 그러나 불교는 어느 한쪽을 본래부터 악이라고 보지는 않는다. 슈스터 반스(1987: 110-14)는 불교의 금욕주의가 비구로 하여금 여성을 '경멸하도록' 만들었다는 그릇된 개념에 대해 훌륭한 비판을 가하고 있다.

위에서 인용된 바 있는 어떤 비구니들을 유혹하는 마라의 이야기는 비구니 또한 비구만큼이나 관능적인 심란함에 대한 책임이 있다는 것을 보여 준다. 그와 같은 단락들 속에서 여성혐오증에 가장 가까운 단락은 아마도 붓다가 자신의 비구들에게 여성들이란 검은 뱀과 같은 다섯 가지 단점을 가지고 있다고 말했다고 전해지는 단락 속에 나오는 것 같다: '그녀는 불결하고, 지독한 냄새가 나며, 소심하고, 겁이 많으며 나아가 친구를 배반한다'; 그러한 뱀처럼 그녀 또한 화를 잘 내며, 인색하고 치명적인 독을 가지고 있으며 ─왜냐하면 '그녀는 대체로 강한 집착을 가지고 있기 때문이다', 한 입으로 두 말을 하고 ─왜냐하면 '그녀는 대체로 남을 험담하는 일에 관여하기 때문이다', 그리고 친구를 배반한다 ─왜냐하면 '그녀는 대체로 간통을 저지르기 때문이다'(*A.* III.260-1). 여기서 반대되는 성에 대한 금욕주의적 경계심은 그것에 관한 이른바 매력적이지 않은 특징들에 초점을 맞추게 된다.

이성에 의해 야기된 심란함의 극복은 비구나 비구니에게 영웅적

강인함의 한 형태로 여겨졌다. 이러한 사실은 *A. Ⅲ*.89-93에 의해 입증되고 있는데, 그것은 다섯 가지 유형의 전사와 비구들을 비교하고 있다. 전사가 다가오는 적이 불러일으킨 먼지나 깃발, 함성을 보고 항복하거나 혹은 압도당하거나, 혹은 의기양양한 것과 마찬가지로, 비구는 어떤 아름다운 소녀의 목소리를 들었을 때, 혹은 그들을 보았을 때, 혹은 여성의 저주를 받았거나 모욕을 당했을 때, 혹은 어떤 여성이 의도적으로 와락 달려들 때 승복을 벗어던질지도 모른다; 아니면 설사 어떤 여성이 그에게 와락 달려든다고 해도 마음이 흔들리지 않고 그대로 그 자리에 있다. 마찬가지로 어떤 남성이 비구니를 유혹하려고 할 때, 그녀는 '이것 보세요, 남성이 출가한 여성의 몸에 손을 대는 것은 적절한 일이 아닙니다'라고 말한다 (*Thig*.367). 그가 비구니의 두 눈에 그처럼 도취되어 있기 때문에, 그녀는 눈 하나를 빼내 그에게 주는데, 이는 그에게 충격을 가해 그녀의 몸에 대한 집착을 떨치도록 하기 위한 것이다(*Thig*.396).

    율장은 확실히 성적 행위를 금지하는 규칙을 피해 가기 위해, 예컨대 섹스를 할 목적으로 암놈 원숭이를 키우거나(*Vin*.Ⅲ.21) 혹은 나무로 만든 인형과 성적 교접을 갖는(*Vin*.Ⅲ.35-7) 등 여러 가지 시도를 하고 있는 심약한 비구들에 대해 언급하고 있다. 또한 어떤 여성이 비구에게 그녀 혼자서 필요한 동작을 다할 것이라고 '확약했을' 때 비로소 그녀와 섹스를 하는 데 동의한 비구에 대한 언급 (*Vin*.Ⅲ.36)과 어떤 여성들에게 음란한 말로 수작을 거는 비구에 대한 언급(*Vin*.Ⅲ.128)도 있다. 다시 말해 비구들은 유혹의 일방적 희생자가 아니라 수많은 약점들 자체에 대한 잠재적 가능성을 가지고 있는 것으로 간주되고 있다! 더욱이, 만일 경전들이 이성과 관련하여 비구니보다 비구에게 더 많이 주의할 것을 경고하고 있다면, 이것은 부분적으로 보시하는 사람들이 대개 여성들이었고 따라서 비구들은 반대되는 성과 더 많은 만남을 가졌기 때문이었을 것으로 보인다.

대승경전들과 관련하여, 다이애나 폴(Diana Paul)은 자신이 생각하기에 여성을 '성적으로 통제 불가능하고'(1979: 3) 또한 비구의 '사악한' 유혹자(p. 8)로 묘사하고 있다고 보는 두 가지 경전들을 번역하고 있다. 그래서 그녀는 이 경전들을 가리켜 이를 편집한, 이른바 분개한 비구들의 관점에서(p. 6) 여성에 대해 '극단적인 편견'을 보여 주고 있는 것으로(p.10) 간주한다. 실제로 첫 번째 경전(Paul, 1979: 11-25), 즉 '일곱 딸들에게 가르친 붓다의 경전'은 그와 같은 태도를 전혀 드러내지 않는다. 그 안에서 붓다는 단지 현명한 여성들은 자신의 외모에 집착하지 않는다는 점을 지적하고 있을 뿐인데, 왜냐하면 그들은 외모란 나이가 들면 시들고 죽음과 함께 끝난다는 것을 알고 있기 때문이다. 그는 또한 여성들에게 시기심에 대해 경고하는데, 이는 자주 그들이 지옥에 다시 태어나는 이유가 되기 때문이다.

그러자 그의 청중은 '남성으로서든 여성으로서든 성적 황홀경에 빠지지 않았다.'(Paul, 1979:22-4) 두 번째 경전은 '밧사의 우다야나 왕 이야기'이다(Paul, 1979:25-50). 이것은 질투심 많은 다른 부인의 중상모략 때문에 매우 후덕한 부인을 거의 죽일 뻔한 왕을 다루고 있다. 자기 잘못을 깨달은 왕은 붓다에게로 가서 자기 행위를 부끄러워하면서 '아첨과 속임수… 여성들의 결점, 그들의 비굴함과 거짓말 및 배신'(p. 29)에 대해 속 시원하게 설명해 달라고 요청하는데, 왜냐하면 여성들은 그에게 지옥으로 갈 행위를 하도록 영향을 미쳤기 때문이다. 붓다가 대답하기를, 여성의 결점을 이해하려면 왕은 먼저 남성의 결점을 알아야 한다고 대답하는데, 이는 남성으로 하여금 여성에게 당황하게 되는 원인이 된다. 붓다는 남성이 그

러한 결점 네 가지를 가지고 있다고 서술한다:

1. 그들은 여성에 대해 지칠 줄 모르는 욕망을 가지고 있으며, 이 때문에 비구나 브라만을 자주 방문하지 못하게 되고 따라서 도덕적이고 정신적인 경지를 연마하지 못한다(pp. 29-35). 굶주린 악마처럼 된 그들은 자신의 욕망 때문에 여성에게 속박당하게 되고 마침내 악을 행하게 된다. 그런 남성들은 발정난 개처럼 보인다. '여성들은 청정한 계율을 파괴하여… 사람들을 지옥으로 떨어지게 할 수 있다'고 말해진다(p. 31). 창부들과 미쳐 날뛰거나 혹은 이미 결혼한 경우에는 바람을 피움으로써 남성들은 스스로 고통을 만든다. 그런 남성들은 어리석고 혼란스러운데, 왜냐하면 욕망에 취한 그들은 지혜와 덕성으로부터 멀어지게 되기 때문이다.

2. 그들은 결혼을 하게 되면 부모로부터 등을 돌린다(pp.35-7; cf. *S.* I .176).

3. 그들은 삶이 짧다는 것을 깨닫지 못한 채 헛되이 시간을 보내며, 악을 행한다(pp.37-9). 이렇게 하는 와중에 그들은 욕망으로 인해 혼란스러워지고 나아가 잔인한 방식으로 행동하게 된다.

4. 부자가 되면, 그들은 여성에게 돈을 뿌리며, 욕망 때문에 그들에게 복종하게 되고, 따라서 비구나 바라문에게 보시를 하지 않는다(pp.39-49). 욕망에 취한 그들은 진흙을 쫓는 돼지처럼 여성의 꽁무니를 따라다니지만 이들은 남성을 현혹시키고 속이며, 나아가 그들은 자비심이라곤 찾아볼 수 없는 흉악한 사람이 될 수 있다. 훌륭한 남성은 여성에게 가까이 가는 것보다는 살인마에게 사로잡히는 것이 오히려 더 나을 것이다. 여성의 외적 아름다움은 피와 뼈 및 근육 등의 내적인(육체적)

불결함을 숨기고 있는데, 결과적으로 여성들은 죽은 개보다 더 혐오스러운 것이다. 그러나 '바보들은 여성들의 외모에 속 박당한다'. 남성들에게 아양을 떪으로써, 여성들은 마치 어부 가 그물을 사용하는 것처럼 그들을 사로잡는다. 그러나 바보 들은 여전히 간통을 저지르고, 여성들을 공격하며, 따라서 스 스로 지옥에서 겪을 미래의 고통을 짓고 있다. 붓다는 자신의 가르침에 귀를 기울이던 사람들조차도 때때로 욕망 때문에 떠 나 버린다고 불평한다.

폴은 위에 나온 내용을 '여성들에 비해 그들 자신이 불안정하고 심약하다고 생각했던 비구들'이 —사람들의 관심을 끄는 데 있어서 여성을 강력한 경쟁자들이라고 질투했던— 꾸민 '여성들을 비방하 는 논쟁'으로 본다(1979: 26). 그러나 위의 단락들은 오로지 그들의 성적 욕망으로만 구술된 남성들의 행위와 자신의 능력을 성적으로 남성들의 마음을 사로잡기 위해 이기적으로 악용하는 여성들로 인 해 발생한 고통들에 대한 개괄적인 설명으로 간단하게 읽힐 수도 있을 것이다. 이런 점에서 남성들과 여성들은 둘 다 잘못을 범할 수 있다.

폴이 논의한 그 단락은 확실히 인간의 몸이 그다지 매력적이지 않다는 것에 대한 낭만과 무관한 금욕주의적 사실주의의 요소를 강 하게 지니고 있다. 이와 마찬가지로 초기 경전들 역시 관능적인 욕 망과 집착을 끊기 위해 몸의 구성요소들과 —자기 자신과 다른 사 람들의 몸 안에 들어 있는— 부패한 시체들에 대한 관조를 담고 있 다(*M*. I.57-9). 그러나 그와 같은 사색들은 남성과 여성의 몸 양자 모두에게 동등하게 적용된다. 그래서 여성의 몸의 '불결한' 본성을 기술한 다음, 나가르주나는 남성의 성적 욕구를 완화하기 위해 다

음과 같이 말한다:

　　당신 자신의 몸이 여성들의 몸만큼이나 불결한데, 당신은 자신
　　과 다른 사람에 대한 욕망을 버려야 하지 않겠는가? (*RPR*.165)

　분명한 것은, 육체의 매력적이지 않은 특징은 종종 경전 속에서
여성 몸의 특징이나 혹은 구체화되지 않은 성의 육체로 기술되고
있다는 사실이다. 이는 아마도 비구들이 비구니들보다 숫자가 많았
고 경전을 전하는 데 훨씬 더 큰 역할을 했기 때문으로 보인다. 여
성의 몸의 부정적인 특징들을 기술한 것은 성적 욕구를 다스리기
힘들었던 독신자 남성에게는 올바른 처방이자 하나의 방편이었다.
그것은 이와 같은 실천적 맥락 속에서 이해되어야 하며, 여성 독자
에 의해 사적인 감정으로 받아들여져서는 안 된다. 실제로 남성의
성적인 욕구는 남성의 환상이 영향을 미쳐 만들어 낸 어떤 여성의
이미지에 지향되어 있기 때문에, 육체의 아름답지 못한 특징에 대
한 반성은 단지 남성의 마음속에 있는 이러한 이미지를 해체하는
하나의 방식으로도 보일 수 있다. 여성의 몸이 갖고 있는 아름답지
못한 특징들을 강조한 것은 어쩌면 남성들은 ―여성들이 유머감각
이나 목소리와 같은 요소들이 아닌, 남성들의 몸의 외모에 매력을
느끼는 것보다― 여성들의 몸의 외모에 매력을 느끼는 경향이 훨씬
더 크기 때문일지도 모르겠다.
　어쨌든 어떤 맥락에서 표면의 아름다움 이면에 있는 육체의 아
름답지 못한 측면을 강조한 것은 결코 여성이나 남성 어느 한쪽을
비하하기 위한 것이 아니다. 초기 경전들은 모든 존재에 대한 자비
심의 계발을 권장하고 있는데(예컨대, *S*. V.119; cf. *Vism*.382), 실제
로 반대되는 성의 구성원에 대한 진정한 우애는 정확하게 말하면,

그(녀)를 그들의 성적 매력이라는 관점에서 보지 않을 때 비로소 촉진될 수 있을 것이다.

하지만 우리는 위에서 언급된 바 있는 대승불교의 단락들에서, 『자따까』이야기들에 나오는 여성들 가운데 일부와의 연속성을 볼 수 있다. 많은 불교경전들이 남성과 말을 하고 있기 때문에, 여성에 대한 부정적인 측면은 지나치게 강조되었다. 이런 일이 일어날 때, 스폰베르그는 전-불교적인 기원과 더불어 그 뿌리를 범-인도적인 금욕주의 전통에 두고 있는, 오염으로부터 정화하고자 하는 관심과 일치한다고 보았다는 점에서 옳을지도 모르겠다(1992: 22). 예컨대 『대승집보살학론』은 어떤 사람이 ―남성이든 여성이든― 출가하는 것을 방해하는 것은 그 사람으로 하여금 눈이 멀거나, 부랑자, 양성구유인간, 여성, 개 혹은 뱀과 같은 환생을 하게 만든다고 말하는 한 단락을 포함하고 있다(Ss.73-4).

그러나 대승불교 또한 육체는 본질적으로 불결하다는 관념을 깨뜨리려고 애쓰는 경전들을 포함하고 있다. 찬드라키르티(Candrakīrti)는 종종 『드리다드야사야-파리프리차 수트라』(Dṛdhādhyāśaya-paripṛccha Sūtra) 속에 나오는 한 단락을 인용했는데, 이 단락은 마술사에 의해 마법이 걸린 여성의 불결함을 숙고하는 것이 어리석은 일이듯이, 그것은 정말 존재하지 않는 어떤 것의 불결함을 숙고하는 것이라고 말한다: 왜냐하면 모든 것의 본질은 존재가 텅 비어 있기 때문이다(Sponberg, 1992: 23).

여성들의 출가

불교의 비구니(bhikkhunīs) 승가는 깨달음을 얻고 난 5년 뒤 붓다에 의해 창설되었다. 이 쟁점은 테라바다 경전의 *Vin.* II.253-83과 *A.*IV.274-80에서 다루어지고 있으며, 호너(Horner; 1930: 95-161), 칸티팔로(Khantipalo; 1979: 133-8), 나티에르(Nattier; 1991) 및 스폰베르그(Sponberg; 1992: 13-18) 등에 의해 논의되었다.

불교의 비구니 종파가 생기기에 앞서, 약간 오래된 종교인 자이나교 안에 한 종파가 존재했었다. 하지만 자이나교의 종파는 남성과 여성 모두에게 불교의 그것보다 더 고립적이고 덜 조직적이었다. 더욱이 기원후 1세기 무렵 자이나교는 '흰색 옷을 입은 사람들'(Śvetāmbara)과 '옷을 입지 않은 사람들'(Digambara)의 분파로 갈라졌는데(Basham, 1967: 291), 후자는(그들의 비구는 아무런 옷도 입지 않았다) 사실상 여성들이 해방될 수 있다는 것을 부정했다(Jaini, 1991을 보라). 다른 선례들을 보면, 불교경전들 역시 여성으로 이루어진 소수의 종교 방랑자들(*M.* I.305)과 자유분방한 논객들에 대해 언급하고 있다.

테라바다 율장(교단의 규율을 담고 있는 빠알리 경전)에서, 이 쟁점에 대한 논의는 붓다의 숙모이자 양모였던 마하-파자파티 고타미를 언급하는 것으로 시작된다. 그녀는 붓다에게 와서 여성들도 출가하도록 허용해 달라고 부탁한다. 붓다는 '고타미여, 여성들이 집을 나와 집이 없는 곳으로 가는 것에 대해서는 신중해야 하느니라'라고 대답했다. 그녀는 두 번이나 더 물었지만 그때마다 똑같은 대답을 듣는다. 그러자 그녀는 울면서 떠나는데, 얼마 뒤 그녀와 다른 동료들은 자신들의 신심과 결심을 보여 주기 위해 머리를 깎고 노란 교단의 옷을 걸치고 나타난다. 그런 다음 그들은 붓다를 쫓아 다른 장소로 찾아가는데, 도착할 무렵에는 퉁퉁 부은 발과 눈물범벅이 된 채 더러운 몰골을 하고 있었다. 그들은 붓다가 신임하는 수행 비구인 아난다를 만난다. 고타미가 자신이 왜 우는지를 설명하자, 아난다는 그녀를 대신하여 한 번 더 물어보겠다고 말한다. 세 번이나 물었으나, 아난다는 그녀가 들었던 것과 똑같은 대답을 듣는다. 그러자 그는 방침을 바꿔 되묻는다,

> 그런데 존자여, 집을 떠나 완전한 분이 선언한 다르마와 규율이 있는 집 없는 곳으로 온 여성들은 예류과, 일래과, 혹은 불환과, 혹은 아라한의 열매를 깨달을 수 있습니까? (*Vin.* II.254)[12]

이에 대해 붓다는 그들은 실제로 이러한 상태의 성스러움에 도달할 수 있다고 대답한다. 그러자 아난다는 이 때문에, 그리고 고타미는 붓다의 양모였기 때문에, 만일 붓다가 여성들에게 출가를 허락해 준다면 좋을 것이라고 말한다. 마침내 붓다는 비구니들이 여덟 가지의 '중요한 규칙들(garudhammā)'(*Vin.* II: 아래에서 논의됨)을 수용한다는 조건으로 이에 동의하는데, 그들은 이를 받아들인다.

이 문제에 대해 붓다가 분명히 망설이는 모습을 보인 것은, 그가 모든 사람들에게 가르칠 것인지에 대해 망설였던 것을(*M.* I.168-9) 상기시켜 준다. 처음에 그는 자신이 깨달음에서 얻은 심오한 발견을 아무도 이해하지 못할 것이라고 생각했던 것이다. 두 경우에서 그는 마지못해 일단 동의한 다음 적절한 이유를 인용한다: 어떤 사람들은 '눈에 거의 먼지가 들어 있지 않으며' 따라서 이해할 것이다; 여성은 높은 경지의 통찰력에 도달할 수 있다. 여성의 출가가

---

12) *Dhp.* *A.* I.115에서는 마하 파자파티가 남편이 출가를 권유하고 죽기 전에 이미 예류과를 얻었다고 말하고 있다.

완벽한 혁신은 아니었지만, 호너(I. B. Horner)에 따르면 당시에 그것은 범상치 않은 것으로 간주되었으며, 또한 여론의 '무거운 압력'에 직면하여 이루어졌던 것이라고 주석을 달고 있는데(1930: 110), 그래서 그는 '고타마가 여성을 위해 했던 일은 자유의 역사에서 하나의 밝은 빛으로 반짝이고 있다'(같은 책, p.113)라고 말한다.

불교의 전통은 현실적으로 붓다가 고타미의 요구를 끝까지 들어주지 않는 것은 불가능한 일이었다고 본다. 붓다는 그가 제도화한 성스러운 삶은 다르마를 실천하고자 하는 비구니들이 없다면 불완전하게 될 것이라고 말한다(M. I.491-3). 태어나면서부터 고타마의 신체가 가지고 있었다고 전해지는 32가지 특징들의 일부는, 만일 그가 붓다가 된다면 비구와 비구니들 및 재가 남자신도와 재가 여자신도들 사이에서 인기를 얻고 또한 사랑받을 것이라는 점을 암시하고 있는 것으로 보인다(D.III.167-8). 다시 말하면 붓다는 그가 깨달음을 얻자마자 비구니 종파를 거느리게 될 것이라는 사실을 알고 있었던 것으로 묘사된다(D.II.113). D.II.4-7에 나오는 과거의 붓다들에 대한 기술은 그들의 주요한 두 명의 남성 제자 이름은 거론하고 있지만, 어떤 여성 제자들에 대해서는 구체적으로 언급하고 있지 않다. 그러나 후기 경전인 『붓다밤사』(Buddhavaṃsa)에는 각자의 주요한 두 명의 비구니 제자들 이름이 나오며(예컨대 Bv.II. 시 214), 고타마 붓다의 주요한 비구니 제자들의 이름이 '예언되어' 있다(III, 시 15). 한 분의 붓다의 삶의 개요가 일정한 양식을 따르고 있는 것으로 보인다는 점을 가정하면, 이는 비구니 종파의 창설은 그와 같은 삶의 정해진 일부로 간주되어야 한다는 것을 함축한다. 따라서 한 분의 붓다는 정신적인 '아들들'뿐만 아니라 정신적인 '딸들'을 가지도록 운명 지어져 있는 것이다.

비구니 종파의 출발을 기술하고 있는 율장의 단락에는 붓다가

(일단 고타미가 물러간 다음) 다음과 같이 하는 말이 계속 이어지고 있다. 그러나 여성의 출가에 대해, 그는 '성스러운 삶'은 오랫동안 지속될 것이며, '참된 다르마'(즉, 쇠퇴하기에 앞서 최고 수준의 실천에 이른 불교: cf. *Miln.*132-4)는 1000년 동안 지속될 것이다; 이제 그것은 단지 500년 동안만(그러나 두 배의 사람들을 위해) 지속될 것이다, 라고 말한다. 그런 다음 그는 그 안에 여성들이 있는 종단을 다음과 같은 것들에 비유하면서 자신의 말에 힘을 보탠다: (1) 집안에 남성은 거의 없고 여성이 많은 가정은 쉽게 강도들의 먹잇감이 된다, (2) 흰가루병의 공격 때문에 오래 남아나지 못하는 들판, (3) 적수병(赤銹病)의 공격 때문에 오래가지 못하는 사탕수수밭 등이 곧 그것이다. 다시 말해 그는 여성을 받아들이면 교단은 허약해지고 불건전해질 것으로 본다고 묘사되고 있는 것이다. 나아가 그는 미래에 발생할 문제에 대한 예방책으로 비구니를 위해 여덟 가지의 중요한 규칙을 제도화했다고 말한다. 여기서 붓다고사의 테라바다 주석서는 이 여덟 개의 특별한 규칙을 '참된 다르마'는 1000년 동안 —전체로서의 불교는 500년 동안 지속되겠지만— 지속될 것이라는 사실을 보장하는 것으로 본다.[13]

하지만 토마스(E. J. Thomas; 1949: 110)는 비구니의 출가에 대한 빠알리어 경전의 설명이 갖고 있는 일부 측면들의 역사성에 대해 의문을 제기하는데, 그 이유는 이것이 붓다가 깨달음을 얻은 지 5년 뒤에 일어난 일이며, 또한 붓다의 아버지가 죽은 직후라고 말해지고 있기 때문이다(*Thig. A.*141; Rhys Davids and Norman, 1989: 72). 그러나 율장의 설명은 아난다가 당시 —비록 깨달음을 얻은 지 20년이 지나기 전까지는 공식적으로 제자로 지명되었다는 말을 들은

---

13) *Vin.* A.1291, Tsomo, 1988:261-2에 번역.

바 없지만— 붓다의 제자였다는 것을 함축하고 있는데, 이것 또한 붓다 아버지의 죽음에 견주어 보면 너무 늦은 것이다. 또 하나 눈여겨보아야 할 점은 —리즈 윌리엄스(Liz Williams)[14]에 의해 제기된 것인데— *M.*Ⅲ.253-5에 나오는 고타미는 붓다가 아난다에게 비구 승가와 비구니 승가에 희사된 공양물에 대해 계속 말하고 있는 한 단락 속에서, 자신이 오계를 준수하는 재가 신자라는 것을 암시하는 방식으로 기술되고 있다는 사실이다. 만일 고타미가 아직 재가 신자였을 때 비구니 종파가 존재하고 있었다면, 그녀가 첫 번째 비구니였다는 것을 포함한 설명은 의심을 받게 된다[15]; 하지만 이러한 대립은 원래 두 개의 독립적 단락으로 이루어져 있다가 나중에 하나의 경전으로 묶인 *M.*Ⅲ.253-5로부터 일어난 일일 수도 있을 것이다.

『중아함』(Madhyamāgama)에서의 설일체유부와 율장류 경전들에 나오는 법장부(Dharmaguptakas), 화지부(Mahīśāsakas) 및 설산부(Haimavatas) 등은 테라바다의 그것과 유사한 설명을 하고 있다 (Nattier, 1991: 29). 이러한 교단 내의 여러 분파들은 특정한 문제들에 대해 대중부(Mahā-sāṃghikas)와 의견충돌이 있었던, 1차 분열 당시(BCE 약 315년경)의 상좌부(Sthaviravādins)의 후계자들이었다 (Nattier, 1991: 30-2). 지금까지 남아 있는 후기 분파의 경전들은 얼마 되지 않지만, 이 가운데 그 어떤 것도 —심지어 『마하바스뚜』 (Mahā-vastu)조차도— 비구니 종파의 창설에 관한 설명을 담고 있지 않은데, 이 책은 그와 같은 내용을 포함했을 수도 있는 수많은 잡다한 이야기 자료들을 전하고 있다. 그래서 잔 나티에르(Jan Nattier)

---

14) 나의 연구조교 중 한 사람이다.
15) 그러나 두 개의 엇갈리는 구절 사이에 이상한 점은 고타미가 고타마의 양모로서 그를 보살펴 준 방법에 대한 아난다의 언급이다.

는 현재 우리가 알고 있는 비구니 종파 관련 설명은 1차 분열보다 후대의 것이라고 주장한다. 알란 스폰베르그(Alan Sponberg)는 이 설명, 특히 상대적으로 내용이 다듬어져 있는 빠알리어 경전의 설명을 비구니 종파의 창설을 둘러싸고 일어난 중재 과정들에 대한 신비화된 설명, 즉 승가 내의 다양한 당파들 사이의 화해와 타협의 결과라고 본다(1992: 13-16). 그는 이 설명을 BCE 200년과 237년 사이의 일이라고 추정하는데, 이 시기는 설일체유부와 분별설부(Vibhajyavādins)가 분열한 이후나 화지부가 분열되기 이전의 일이다(1992: 32-3). 하지만 설일체유부론자들이 이 설명을 광범위하게 공유하고 있는 것으로 미루어 볼 때, 그와 같은 시기의 추정은 개연성이 없어 보인다. 더욱이 그것이 1차 분열보다 나중의 일이라는, 위의 논증은 대중부 경전들에 나오는 부족한 증거에 의존하고 있을 뿐인데, 이 가운데 지금까지 남아 있는 경전은 거의 없다. 이 학파의 교단 규범을 사용하고 있는 어떠한 학파도 지금까지 살아남지 못했다; 남방과 북방 및 동방 불교의 모든 교단은 상좌부로부터 전해진 규범을 사용하고 있다.

다이애나 폴(Diana Paul; 1979: 80-7)은 산스크리트어 경전의 일부로부터 비구니의 출가에 대한 설명 부분을 번역하고 있는데, 이는 아마도 근본설일체유부의 것으로 보인다. 이 책에서 붓다는 그 설명을 첫 번째 사람에게 하고 있다(이는 초기 불교경전으로서는 다소 의외의 일이다). 처음에 붓다는 고타미를 제외하고는 여성들의 출가를 거부한다. 얼마 후 그는 아난다가 간청하자, 다른 여성들의 출가도 허용하기에 이르지만, 여성들의 정신적 잠재력에 대한 언급이나 고타미가 붓다의 양모였다는 언급은 전혀 찾아볼 수 없다. 여기서 붓다가 더 이상 아무런 논의도 하지 않은 채 이에 동의한 것은 이상한 일로 비친다. 처음에 붓다는 집안에 여성들이 거의 없는 한 가정 등에 대해 (잔잔한) 미소를 머금은 채, 여성들이 출가하는 것은 적절하지 않다고 말하고 나서, 출가를 허용하는 것을 막을 하나의 조치로서 여덟 가지의 중요한 규칙을 제시한다. 스폰베르그 (1992: 32-4)는 이를 빠알리어 경전의 것보다 더 빠른 것으로 본다. 그러나 이 경전의 속편(Paul, 1979: 92에 나옴)은 새로 출가한 비구니들이 세 가지 '의지물', 즉 의복, 공양-음식물 및 의약물을 지니고 있었다고 말한다. 어디에서도 나무의 뿌리를 편안한 집처럼 언급한 부분을 찾아볼 수 없는데, 왜냐하면 출가를 초창기의 비구니들에게 허용하긴 했지만, 그들은 안전상 문제로 숲 속에서 사는 것이 금지되었기 때문이다(*Vin.* II.278). 이는 그 경전이 특별히 초기의 것이 아니라는 것을 암시하고 있다.

비구니 종파의 시작에 대한 테라바다의 설명(*Vin.* II.253-83) 또한 ―비구니 종파는 그것들이 편집되었을 당시 이미 한동안 존재하고 있었다는 것을 보여 주는 다른 단락들 다음에 나오는 한 단락에서이긴 하지만― 비구니들을 위한 세 가지 의지물(같은 책, p.274)에 대해 언급하고 있다. 그럼에도 불구하고 히라카와(Hirakawa)는 여덟 가지 주요 규칙의 내용으로 미루어 볼 때 그것은 붓다가 처음으로 여성들에게 출가를 허용했을 때 정형화된 것이 아니라 나중에 정형화된 것이라는 사실을 보여 주고 있다고 주장했다.[16] 교단규율의 다른 전통들은, 예컨대 여덟 가지 규칙 중의 하나로 언급되었던, 수습기간의 비구니를 위한 여섯 가지 규칙이 무엇인가에 대해 전적으로 동의하지 않는다(Tsomo, 1988: 256).

여성에게 출가를 허용하는 것에 대해 붓다가 조심스러워했던 가장 그럴듯한 이유는 ―우리가 테라바다의 설명을 액면 그대로 받아

---

16) 1982:37, Tsomo, 1988:224에서 인용.

들인다면— 만일 그들이 가깝게 어울려 지낸다면 비구와 비구니들 사이에 있을지도 모를 성관계의 위험성에 대한 우려 때문이었다. 이 문제와 관련해서는, '감각의 쾌락에는 어떠한 잘못도 없으며' 따라서 —'행복은 이러한 소녀 방랑자들의 풋풋하고, 부드러우며 포근한 양팔 안에 들어 있다'라고 말하면서— 소녀 방랑자들과의 성적 쾌락을 찾는다고 주장한 은둔자들과 브라만들에 관해 언급하고 있는 *M.* I .306의 한 단락을 주목할 만한 가치가 있다. 감각-쾌락은 비구와 비구니들에게 결코 '장애물'이 아니라는 그들의 견해는, 사실은 그것 때문에 어떤 비구가 비난을 받을 수 있는(만일 그가 지속적으로 그러한 행동을 한다면; *Vin.*IV.133-6) 공공연한 행위에 대해 반대하고 있다는 점에서 유일한 현실적 견해이다. 교단의 삶에서 독신의 중요성을 감안하면, 성관계의 위험성은 실제로 승가 안의 '흰 가루병 병균' 등으로 보일 수 있었을 것이다. 더욱이 여성들은 그 자체로서 섹스와 아이 갖는 것을 강력하게 지향하는 것으로 생각되었다. 어쨌든, 승가가 의구심으로부터 벗어나 경건함과 재가 남녀신자의 존경심을 고양시킬 중심이어야 한다는 점을 고려하면, 스캔들-행상이라는 말을 들어서는 안 되는 일이었다. 그러므로 여덟 가지 규칙은, 물질적인 지원을 제외하고 세속적인 세계와 독립적인 한 집단으로서 비구니 종파가 지녀야 할 성실성을 향상시키고 보존하기 위한 하나의 방법으로서 뿐만 아니라 심지어 교단들 사이에서 성적 관계가 있다는 의심을 차단하는 보호막으로도 여겨질 수 있는 것이다.

첫 번째 특별한 규칙은 '(심지어) 출가한 지 100년이 된 비구니라고 하더라도 그날 출가한 비구에게 존경심을 가지고 인사해야 하며, 자리에서 일어나야 하고, 합장한 채 인사해야 하며, 적절한 경의를 표시해야 한다'는 것인데, 이 규칙은 자이나교의 비구니들을 위한 규칙 가운데서도 발견된다(Jaini, 1991: 20). 일단 이 규칙을 받아들이고 난 다음, 고타미는 나중에 아난다를 통해 붓다가 그것을 완화시키도록 노력했다는(*Vin.* II.257-8) 이야기가 전해지고 있는데, 그 결과 비구와 비구니들은 ―비구와 비구니들 사이에서 그렇게 하듯이― 단지 승가에 머무른 기간에 따라서 서로(절 등을 함으로써) 인사를 하게 되었을 것으로 보인다. 하지만 붓다는 자신들의 규율을 보호하는 데 관심이 적은 다른 종파들도 여성에 대한 인사를 허용하지 않는다고 말하면서, 내가 어떻게 할 수 있겠느냐고 거절한다. 이러한 대답은 이 규칙이 주로 남성과 여성들 사이의 관계에 대한 당시의 견해들과 너무 어긋나지 않도록 하기 위한 바람에서 생겨났다는 것을 암시해 준다. 그러나 *Vin.* II.262에서는 이 규칙에 추가조항을 덧붙이고 있어 흥미를 끌고 있다: 비구는 만약 그가 어떤 비구니에게 치근덕거리거나 유혹하려고 한 적이 있다면 공식적으로 비구니들의 인사를 받아서는 안 된다. 어쨌든, 중요한 것은 승가 안에서 누가 누구에게 절을 하는가를 결정할 명확한 방법이 있었다는 사실로 간주될 수 있다는 것인데, 왜냐하면 절을 하는 것은 그것을 하는 모든 사람들에게 이로움을 주는 것이기 때문이다. 나이 어린 사람들은 항상 나이 많은 사람들에게 절을 해야 하며, '주니어' 종파의 구성원은 ―즉, 이는 나중에 설립된 것인데― 시니어 종파 구성원에게 절을 해야만 한다. 비구들 사이에서도 나이 많은 사람에게 절을 하는 비구가 여전히 그보다 정신적으로 더 향상되어 있을지도 모르는데, 왜냐하면 예류지에 든 재가 신자도 평범한 사람인 비구에게 절을 할 것이라고 말해지기 때문이다(*Miln.*162): 따라서 절을 하는 순서는 정신적인 향상의 순서와 (반드시) 똑같은 것은 아니다.

여섯 번째 특별한 규칙은 '식차마나(sikkhamānā)으로서 그녀는 2

년 동안 여섯 개의 (수습생의) 규칙들 속에서 수행을 하고 난 다음, 양쪽 승가로부터 출가를 하도록 해야 한다'는 것이었다. 수습생이 라는 범주는 오직 여성에게만 적용되는데, 이들은 오후에 먹지 않 는 것을 포함해 신참자의 열 가지 계율들(이는 독신을 포함함) 가운 데 처음의 다섯 가지를 준수해야만 했다. 스스로 출가가 가치 있는 일이라는 것을 알고 난 여성은 비구니 집단에 의해 한 사람의 비구 니로 출가해야 하며 이후 그 출가는 비구 집단의 확인을 거쳐야만 했다. (반면) 비구는 오직 비구의 출가 허용을 받으면 그만이었다. 원래의 출가의식에서 여성은 남편이 아니라 어머니와 아버지가 출 가를 허용했는가라는 질문을 받았다(비구의 출가에서와 마찬가지로). 하지만, 훗날 남편의 허락 없이 여성을 출가시키는 것은 (참회를 요 구하는) 규칙 위반이 되었다(*Vin.* II.271; *Vin.*IV.334-5). 어떤 예비 비 구가 사회적 의무감이라는 관점에서 그의 아내의 허가가 있었는가 를 ─아무튼 묻는 것이 일반화되어 있긴 했지만─ 질문받을 필요성 은 전혀 없었다. 여기서 관련되는 또 하나의 요점은 만약 어떤 비 구니가 비-불교적인 종파에 가입하기 위해 승가를 떠났다면, 나중 에 다시 출가할 수 없었던 데 반해, 비구는 넉 달 동안의 수습기간 을 거친 후에 다시 출가할 수 있었다는 점이다(*Vin.* I.69).

　전체적으로 보아, 여덟 가지의 특별규칙들은 비구니들이 비구들 에게 항상 형식에 맞는 존경심을 보여 주어야 하며, 수많은 의식들 에 있어서 그들에게 의지해야 하고, 또한 그들의 보호 아래 있어야 한다는 것을 보여 주고 있다. 이는 몇 가지 점에서 비구와 비구니 의 관계 및 결혼한 남성과 여성 사이의 적절한 관계에 대한 붓다의 관점 사이에는 유사한 것이 존재한다는 사실을 함축한다. 이러한 사실은 『시갈로바다경』(Sigālovāda Sutta)이 결혼에 대해 조언한 사 례에서 찾아볼 수 있다:

(1) 남성은 자기 아내에게 권위를 넘겨주어야 하는 반면, 비구들은 교단의 문제들과 관련하여 권위의 원천이기는 하지만, 이를 비구니들에게도 위임해야만 한다.

(2) 남편은 자기 아내를 비방해서는 안 되며, 그녀에게 옷과 보석을 제공해야만 하는 반면, 비구들은 비구니들을 존경해야만 하며, 비구니들에게 그들 모두의 최고의 재산: 즉, 다르마를 가르침으로써 이를 그들과 공유해야만 한다.

(3) 만일 남편에게 좋은 대우를 받는다면, 아내는 가정을 잘 운영할 것이다; 만일 비구들(과 다른 비구니들)의 좋은 가르침을 받는다면, 비구니들은 수행을 잘 할 것이다.

(4) 남편과 아내가 둘 다 신의를 지켜야만 하는 반면, 비구와 비구니들은 교단의 규율, 특히 독신생활에 충실해야만 한다.

티베트의 전통에서 독일인 비구니였던 잠파 체드로엔(Jampa Tsedroen)이 그렇게 보고 있듯이, 붓다 시대에 여성은 독립적인 결정을 하는 데 익숙하지 않았고, 남성을 안내자와 보호자로 의지하고 있었다. 따라서 비구니를 비구와 독립적으로 만드는 것은 비현실적인 일이자 비구니를 취약하게 만드는 것이었다. 그래서 붓다는 비구니가 비구로부터 지식과 조언을 얻을 것을 확실히 보장하고자 했던 것이다(Tsomo, 1988: 47-8).

비구-비구니 관계와 결혼 사이가 유사하다고 보는 대신, 우리는 이를 나이 많은 오빠가 어린 여동생을 보호하는 관계와 가까운 것으로도 볼 수 있을 것이다(Kabilsingh, in Tsomo, 1988: 226). 그와 같은 견해는 비구들이 때때로 붓다의 정신적 '아들들'이라는 말을 들었던 데 반해(*D.* II.84), 비구니들은 붓다의 '딸들'로 불렸기 때문에 일리가 있는 말이다(*Thig.* 336;cf.46).

알란 스폰베르그(1992: 13-18)는 남성의 권위 아래 놓여 있는 비구니의 위상에 대해 불교 안에서의 '제도적 남성주의'를 보여주는 것이라고 말한다. 그는 승가가 재가 신자 사회의 물질적 후원에 의존하고 있었다는 점을 감안해 볼 때, 사회적 수용 가능성은 승가의 주요한 관심사였다고 주장한다. 비구와 비구니들은 그들 사이의 부적절한 행위에 대한 비난을 상대로 아무런 변명도 필요 없을 만큼 충분히 떨어져 있어야만 했지만, 비구니들이 남성의 어떤 권위에 의한 통제를 받지 않는 여성의 자발적인 집단이 될 정도로 떨어져 있지는 않았는데, 그렇게 하는 것은 사회 일반에게 받아들여질 수 없는 것이었다(p.17). 아마도 이에 대한 하나의 징후는 출가한 지 오래된 비구만이 승가를 분할할 수 있다는 사실인 것으로 보인다: 비구니나 신참자 또는 재가 신자는 그렇게 할 수 없었다(*Vin.* II.204; *Miln.* 108; *AKB.* IV. 100a-b). 그러므로 '교리적 수준에서 포함된 모든 관심사에서, 제도적인 불교는 사회 내의 젠더 역할에 대한 기존의 태도에 도전할 수(혹은 도전할 어떠한 이유도 찾을 수 없었다) 없었다.'(Sponberg, 1992: 18)

실제로 비구들은 붓다가 비구니들을 출가시켰다는 사실로 인해 언제나 마음이 편했던 것만은 아니었던 것으로 보인다. 붓다의 죽음 직후에 열렸던 1차 결집에서, 아난다는 여성의 출가를 성취하기 위해 노력한 것을 포함한, 여러 가지 문제들에 대해 설명하라는 주문을 받는데, 이것은 '일을 잘못한 위반'(작은 위반)이라는 말을 듣고 있다. 그 자신은 이를 하나의 위반으로 보지 않지만, 이 결집에 참석한 원로 아라한 비구들을 신뢰했기 때문에 이를 위반으로 인정한다(*Vin.* II.289). 이 결집은 —결집이 이루어지기 직전에 아라한이 되어 중요한 마지막 구성원이 된— 아난다와 함께 마하-카사파(Mahā-Kassapa; 최고 원로 비구였음)가 선별한 499명의 원로 아라한 비구들—비구니는 한 명도 없었다―로 구성되었다(*Vin.* II. 285-6). 마하-카사파는 붓다로부터 교단의 규율(*A.* I. 23)에 대한 주의 깊은 관심으로 내면의 오염을 타파하는 자질 면에서 탁월했다는 찬사를 들었던 비구인데, 승가가 건전해지고 오랫동안 존속하는 것에도 ―만족하고 절제하는 삶이야말로 이것의 핵심이자 아라한을 만드는 능력이라는 점을 강조하면서― 지대한 관심을 가지고 있었다(*S.* II. 194-224). 그는 대중들로부터 떨어져 있고(*Thag.* 1051-62) 비구니들이 거주하는 것은 허용되지 않았던 숲 속에서의 소박한 삶을 사랑했던 매우 금욕적인 비구였다. 더군다나 그는 때때로 아난다에 의해 비구니들에게 가서 가르칠 것을 세 번이나 요청받아야만 했다(*S.* II. 215). 간단하게 말해, 그는 비구니들과 거의 접촉을 하지 않았던 것으로 보이며, 나아가 비구니 종파의 설립이 훌륭한 규율과 정신적 실현의 지속에 어떤 나쁜 영향력을 미치지 못하도록 하는 데 관심이 있었던 것으로 보인다.

율장의 번역서인 『규율의 책』 서문에서, 호너(I. B. Horner)는 다음과 같이 지적한다:

비구니들의 삶은 아마도 비구들의 삶보다 더 혹독했을지도 모른다. 그들의 어려움을 해결하는 데 대한 동정심에도 불구하고, 비구니들은 비구들에 비해 상당한 정도로 차별을 받았을 것이다. (vol. V, p. x iv)

동일한 위반에 대해서도 비구들은 흔히 비구니들보다 더 가벼운 처벌을 받았다. (vol. III, p. xxxviii)

전통적으로 많은 수의 여성들이 비구니 종파로 모여들었다고 주장된다. 일반적으로 그들은 비구들보다 자질이 낮았던 것으로 간주되었으며, 따라서 아무런 소질도 없이 들어온 사람들을 가려내기 위해 보다 엄격한 심사 절차가 있었던 것으로 추정해볼 수 있다. (vol. V, p.xiv)

비구니들에게는 승가로부터의 추방을 불러오는 네 가지 부가적인 위반이 있었다: 관능적인 의도를 가지고 어떤 남성의 쇄골과 무릎 사이의 부위를 건드리거나 그와 함께 약속장소로 가는 것; 다른 비구니가 추방을 불러올 규칙을 어긴 사실을 알리지 않는 것; 나쁜 행위를 한 것으로 의심되는 비구를 계속 닮으려고 하는 것 등이 곧 그것이다. (*Vin.*IV:211-25)

물론 비구니들이 따라야 할 규칙이 더 많았다는 사실은(테라바다 율장에는 311개가 나오는데, 이에 비해 비구에게는 227개가 있음) 그들이 자신들에게 특별한 규칙과 더불어 비구에게 적용되는 규칙도 모두 따라야 한다는 사실의 산물이다.

여성의 지위에 대한 하나의 척도는 비구니들에게 공양물을 보시하는 것으로부터 발생한다고 말해지는 과보의 양(혹은 '공덕': puñña)이다. 그러한 과보는 받는 사람과 주는 사람 양자의 덕성과 신성함의 비율에 따라 다양하다고 말해진다(*M.*III.256). 이것은 다시 아마도 무엇인가 주는 행위를 수반하는 경향이 있는 긍정적이고 즐거운 의도의 양에 기인하는 것으로 보이는데, 과보는 주는 사람과 받는 사람이/주는 사람 혹은 받는 사람이 특히 덕을 갖추었을 때 더 크다. *M.*III.256-7에는 승가의 다른 분파에 주는 것으로부터 발생하는 과보의 순서는 다음과 같이 줄어든다고 나와 있다:

붓다가 선두에 서 있는 두 승가.

붓다 사후의 두 승가.

비구승가 전체.

비구니승가 전체.

승가가 구체적으로 명기한 많은 비구와 비구니들.

승가가 구체적으로 명기한 비구들.

승가가 구체적으로 명기한 많은 비구니들.

여기서, 비구니들은 ─비록 제한된 숫자의 비구들보다는 모든 비구니들에게 주는 것에서 더 많은 과보가 발생하긴 하지만─ 어떤 수준의 일반화에서도 항상 비구 다음에 나온다. 비구니에게 선물을 주는 것으로부터 나오는 과보가 약간 적다는 것은 붓다 당시 인도 사회의 남성-중심주의를 잘 반영하고 있는 것으로 보일 수 있다. 그런 상황에서는 여성교단보다 남성교단에게 주는 것에서 ─남성 혹은 여성에게─ 더 많은 즐거움이 있었을 것이다.[17] 물론 동일한 (방식으로) 추론을 해보면 남성중심이 아니었던 어떤 근대사회에서 이는 사실이 아니었을 것이라는 점을 함축한다.

---

17) *Vin.* II.268에서 만약 재가 남성이나 여성이 승가에 유산을 남겼다면 그것은 비구들에게 귀속된다는 점에 주목하라. 그렇지만 만약 비구니가 유산을 받았다면 그것은 비구니 승단에 귀속된다.

불교문화 속에서 비구니와 그 외 다른 여성들의 종교적 역할

고대 인도

위의 내용에 따르면, 비구니가 보시물을 받는 것은 비구가 받는 것보다 더 어려웠던 일로 보인다. *Vin.*IV.175-6에는 한 굶주린 비구니와 관련하여, '여성들은 힘들게 물건을 얻는다'(*Vin.*III.208에 나온 것처럼)라는 말이 나온다. 또한 비구니들은 해마다 새로운 비구니들을 출가시켜서는 안 된다고 서술되어 있는데, 그 이유는 비구니들을 위한 충분한 기숙시설이 없었기 때문이다(*Vin.*IV.336). 비구니들이 보시물을 얻는 데 상대적으로 어려움을 겪었던 것은 인도에서 계속되었던 일로 보인다. 기원후 8세기의 경전인 『입보리행론』에서, 산티데바는 '비구니들이 물질적으로 풍족해지기를, (서로) 싸움하기를 그만두기를, 그리고 제발 다치지 말았으면 좋으련만!'이라는 열망을 담고 있다(*Bca.*x.44). 더욱이 여성의 은둔이라는 관념은, 만일 이것이 어린아이를 남기고 떠나는 것을 포함한다면, 눈총을 받는 일이었다. 그래서 『자따까』에서는 자기 아이들을 친척에게 맡겨 놓고 떠났던 한 수행자 보살이 자신의 전 아내가 아이들을 생각하지 않고 수행자가 되기 위해 집을 떠난 것에 대해 부드럽게 꾸짖고 있다(*J.*III.376-83). 하지만 다른 곳에서 그 보살은 수행자가 되기 위해 자기 아내를 떠날 때 ―그녀가 임신하고 있던 아이를 낳고 나자― 아무런 비난도 하지 않는다(*J.*II.139-41).

그럼에도 불구하고 초기에 비구니들은 번창할 것처럼 보였다. 아소카 대왕(268~239 BCE)의 칙령에는 비구니들에 대한 수많은 언급들이 나타나며, 그들의 지위는 그 자신의 딸이 비구니, 상가미타

(Saṅghamittā)가 되었다는 사실로부터 알 수 있다. 비구니들은, 비록 대승경전에서는 아주 드물게 등장하고 있긴 하지만, 숫자 또한 많았으며 대략 기원후 300년 무렵까지는 지원도 잘 받았다(Paul, 1979: 79). 대승경전 속에서 존경받는 여성들은 대개 재가 여성들인데, 어떤 경전들은 구체적으로 그들에게 초점이 맞추어져 있다(Tsomo, 1988: 101, 175).

비구니들이 불교사원 등에 기부한 것을 기록한 비문들이 현저하게 적다는 것과 399~400, 629~643 및 기원후 671년에에 인도를 방문했던 중국 순례자의 기록이 자신들의 보고서에서 비구니들의 공동체에 대해 그렇게 많이 언급하고 있지 않다는 사실에 의해서도 입증되고 있듯이, 기원후 300년 이후 비구니들의 숫자는 감소한 것으로 보인다.[18] (이칭; I Ching의) 671년 보고서 역시 비구니들은 비구들과 똑같은 물질적 지원을 받지 못했다고 말하고 있다(Falk, 1980: 209-11). 힌두교가 거듭 주장한 바 있듯이, 여성에 대한 힌두교의 사회적 규범은 —점차 불교인들에게도 영향을 미쳤을 것인데 — 아내와 어머니로서의 기대 역할을 포기하고 떠난 여성들을 지원하는 것에 대해 점점 더 주저하게 되었다. 그럼에도 불구하고 불교인들이 이러한 추세에 저항하고자 했다는 사실은, 예컨대 6세기의 타밀족 서사시 「마니멜칼라이」(Maṇimēkalai)에서 증명된다. 이 서사시는 힌두교의 현존하던 로망스의 이상을 약화시켰으며, 나아가 청혼자를 물리치고 비구니가 되었던 창부의 딸 이야기를 통해, 불교적 이상을 옹호했다(Richman: 1992). 역사적이며 고고학적인 기록에 의하면 비구니들은 아마도 10세기 또는 11세기에 불교의 일반적인 소멸이 그곳에서 일어나기 전까지, 인도에서 존재했다는 사실

---

18) 재가자 또는 비구니들을 대신한 재가자가 그들에게 기부한 것으로 미루어 볼 때 그렇다.

을 보여 준다(Kabilsingh, 1991: 30). 하지만 비구니들의 종파는 그것이 역사적으로 볼 때 상대적으로 희미해져 감에 따라 본래의 위엄과 창조성을 상실했다는 것을 알 수 있다(Sponberg, 1992: 18).

동방불교 국가들

동방불교에서 예컨대, 여성의 행동거지에 대한 유교의 혹평은 중국의 비구니들이 외딴 지역에서 살지 않으면 안 되었다는 것을 의미했다. 그럼에도 불구하고 여성의 종파는 중국에서 매우 성공적이었으며, 중국과 대만 및 한국은 완전히 출가한 비구니들(bhikṣuṇīs; 빠알리어 bhikkhunīs)이 여전히 존재하는 유일한 지역들이다. 중국에서 비구니들은 때때로 종교와 정치문제 양자 모두에 영향력이 컸는데, 이는 비구와 비구니들의 조직상 구조가 중국에서는 항상 분리되어 있었다는 사실에서 기인하는 것일지도 모르겠다(Paul, 1979: 80). 『비구니전』(比丘尼傳)은 기원후 317~515년 기간 동안(Tsai, 1994; Conze et al.m, 1954: 291-5) ―금욕주의, 명상, 신심과 가르침, 혹은 학자적 자질과 가르침 등에서 탁월했던 사람을 포함한(Schuster Barnes, 1987: 124; Schuster, 1985: 93-6)― 65명의 뛰어난 비구니들의 전기를 기록하고 있다. 그 가운데 일부는 ―비록 중국 여성이 쓴 것으로 알려진 그러한 저작은 하나도 남아 있지 않지만― 주석서와 논문을 썼다. 더욱이 어느 누구도 ―뛰어난 비구들의 유사한 기록들이 누군가에 의해 내용이 첨가되었던 방식으로― 비구니들의 이러한 초기 기록에다 첨가를 하지 않았다(Schuster Barnes, 1987: 130).

비구니 되기가 유행한 것은 부분적으로는 세속사회 내의 여성의 낮은 지위로부터 안도감을 가져다주었기 때문일지도 모르지만 (Welch, 1967: 392), 이러한 영향은 힌두교가 지배한 인도에서 비구니들의 대중화를 초래하지는 않았던 것으로 보인다. 아래의 표 I 에서 나타나고 있듯이, 중국의 비구와 비구니들 숫자는 여러 시대에 걸쳐 기록되어 왔다:

표 I

연도	비구니	비구	비율
729	50,358	75,524	1:1.5(Ch'en, 1973:85)
1221	61,240	397,615	1:6.5(Ch'en, 1964:401)
1930	225,200	513,000	1:2(Welch, 1967:412-14)

1221년에 비구니 대 비구의 비율이 낮았던 것은 점증하는 신-유교의 영향력을 반영한 것일 수도 있다. 공산주의 국가 중국에서 비구와 비구니들의 숫자가 ―공산주의 국가 베트남에서 그렇듯이― 현재 많이 줄어든 반면, 중국의 비구니 종파는 대만에서 강한 뿌리를 내리고 있는데, 이곳에서 비구니 종파의 구성원은 비구의 숫자를 압도한다(약 6500명 대 3500명): 형편이 많이 나아짐에 따라 비구니 가족들은 더 이상 사원에서 돌볼 아이를 가져야 할 재정적 궁핍을 겪지 않고 있다. 대만의 대형 사원은 대체로 비구니들이 운영하는데, 이곳에서 비구니들은 3대1 꼴로 비구들의 숫자를 능가한다. 실제로 대만은 세계에서 불교 비구니들의 주요 본거지로 간주될 수 있을 것이다. 비구니들은 불교 교육에서 비구들과 동일한 기회를 가지고 있으며, 가르치는 데 있어서도 동일한 책임을 지니고 있다. 그들은 또한 사회적인 업무와 의료적인 업무에 관여하고 있으며,

학교와 불교전문대학 및 종합대학에서 가르치고 있고, 나아가 불교 출판 벤처기업에서도 일하고 있다(Tsomo, 1988;121-3, 179, 189-94). 중국의 비구니 종파는 또한 말레이시아, 인도네시아, 싱가포르, 태국 등과 같은, 중국인들을 포함하고 있는 나라에서도 상당수 설립되어 있다. 한국에서도 비구니 종파는 강력하고 활동적이다: 그것은 ─비구니들 역시 교단의 규율과 마음수행에 있어서 엄격하고, 또한 좋은 교육시설을 가지고 있음에 따라─ 일상불교의 의지처가 되고 있다(Tsomo, 1988: 134).

얼마 되지 않는 비구니들이 일본 비구니들을 출가시키기 위해 한국으로부터 일본에 도착했는데, 이를 계기로 볼 때 일본 비구니들은 비구들도 따르고 있던 범망경 보살계와 더불어 단지 십계를 따르는 신참자들에 불과했다고 본다(Tsomo, 1988: 129). 적어도 17세기부터 비구니들은 높은 지위를 갖지 못했으며, 적당한 사찰에 거주할 수도 없게 되었고(오직 멀리 떨어진 암자에서만 거주할 수 있음), 당연한 권리인 장례식을 치르거나 선승으로도 인정받을 수 없었다. 그럼에도 불구하고 적어도 한 사람 료넨 겐쇼(Ryonen Gensho: 1646~1711)만은 그녀의 예술적 업적과 정신적 달성 양자 모두로 인해 명성을 얻었다(Spring Wind, 1986: 180-7). 비구니들의 교육은 보잘것없었지만, 이러한 상황은 메이지 시대(1868~1911)에 일어났던 이 나라의 현대화와 더불어 변하기 시작했는데, 이런 변화는 비구니들이 1920년대와 1930년대 들어 자신들의 지위개선을 위한 청원을 하도록 만들었다. 점차 제한들이 제거되기 시작했으며, 이는 1945년 이후 보다 자유로운 분위기 속에서 가속화되었다(Uchino, 1986). 오늘날 비구니들은 신참자로서 정식으로 출가하지는 못하지만, 보살의 계율을 따르고 있으며, 독신이고, 음주나 육식을 하지 않는다.

전-근대시기에 이르자 일본의 비구들은 더 이상 옛날 교단의 비구(*bhikṣu*, 빠알리어 *bhikkhu*) 규범을 따르지 않고 오직 보살의 계율만 따랐다. 1872년의 정부 법령에 따라 그들은 —비구니는 아니지만— 점차 결혼하기 시작했다. 독신수행기간을 거친 뒤, 그들은 기혼 성직자가 되었다. 처음에 비구 부인의 지위는 낮았지만, 최근의 보다 자유로운 분위기 속에서 그들은 더 많은 인정을 받게 되었고, 성직자의 어떤 의무를 떠맡는 것이 허용되기에 이르렀는데, 이는 그들보다 훨씬 더 많은 수행을 하는 독신 비구니들이 그렇게 달가워하지 않을 하나의 변화이다. 대략 2000명의 독신 비구니들이 있는데, 이들 중 대다수는 혼자 살며, 자신들의 사찰을 운영하고 있다; 일부는 상좌 비구니들도 두고 있다. 그들은 자신의 종파 조직으로부터 지원을 받지는 않지만, 지역민 및 다도의식을 가르치는 것과 같은 일로 받는 수당, 저축, 가족의 지원, 그리고 자신들의 불교 스승으로부터 받는 얼마간의 도움 등에 의존하고 있다. 이들을 위한 수행기관은 존재하지만, 최근까지 많은 새 비구니들이 배출되지는 않았다; 현대의 두 아이 가정은 한 아이가 출가하러 가는 것을 기꺼이 허락하지 않는다. 결과적으로 대부분의 비구니들은 너무 늙었다(Tsomo, 1988: 124). 하지만 현재 일부 대학교육을 받은 젊은 비구니들이 있다.

남방불교 국가들

남방불교의 『마하방사(大事)』 연대기(ch.34, 시 7-8)는 1세기 기원전 1세기에 6만 명의 비구와 3만 명의 비구니에 대해 왕실이 기부를 했다는 언급을 하고 있다. 311개의 계율을 따르던 비구니 종파는 이곳에서 오랫동안 번성했지만, 비참했던 침략이 있고 난 후인 기원후 1017년 소멸하게 되었다.[19] 원칙적으로 그것은 적어도 13세기까지 존재했던 버마로부터 재도입될 수 있었다고 보는데(Gombrich, 1988: 168), 비구니 종파는 아마도 이 지역에 대한 몽고의 공격 때문에 그곳에서 종말을 고하게 된 것으로 보인다. 그럼에도 불구하고, 비구가 되기 위한 출가행렬은 버마로부터 스리랑카에 기원후 1070년에 재도입되었던 반면, 비구니를 위한 출가행렬은 재도입되지 않았다. 태국 및 이와 이웃하고 있는 라오스와 캄보디아에서 비구니 종파는 결코 설립되지 않았던 것으로 보인다.

현재 테라바다의 '비구니'는 대체로 독실한 재가 신자의 8계 내지 10계를 영원히 준수하는 여성이긴 하지만, 이러한 비구니들은 10계를 영원히 지켰던 여성 신참자들, 즉 사미니(sāmaṇerīs)의 지위는 부여받지 못한다.[20] 그들은 다사-실-마니요(dasa-sil-māṇiyō; '10계의 어머니': 스리랑카), 텔라-신(thela-shin; '계율의 소지자': 미얀마), 혹은 마에 지(mae ji; '출가한 명예로운 어머니': 태국) 등 여러 가지로 알려져 있다. 비구에게서 그렇듯이, 그 수장은 머리를 깎고 빠알리어 이름을 얻게 되며 가사를 입는다: 나라에 따라 그리고 8계 혹은 10계를 따르는지의 여부에 따라 백색, 황색, 갈색 또는 분홍빛-갈색 등의 가사가 있다. 하지만 비구니의 지위는 양가적인데, 왜냐하면 그들은 공식적으로 교단 승가의 구성원으로 간주되지 않고 신심 깊은 재가 여성신자(upāsikā)로 간주되기 때문이다.

태국에서 그들은 종교 관련 붓다의 후원을 받고 있지 않으며, 따라서 비구처럼 대중교통에 대해 할인된 요금을 지불하지 않는다;

---

19) 고대 인도와 스리랑카의 테라바다 비구니에 관해서는 Khantipalo, 1979:128-65를 보라.
20) 오늘날의 테라바다 비구니에 관해서는 Kabilsingh, 1991:36-66; Khantipalo, 1979:153-63; Tsomo, 1988:109-11, 229-32, 262-6을 보라.

그러나 비구와 마찬가지로, 그들은 투표하는 것이 허용되지 않는다 (비구니는 미얀마에서도 투표를 할 수 없다). 덕이 더 많은 사람에게 보시를 함으로써 더욱 많은 과보가 발생한다고 여겨지고, 나아가 비구들은 비구니들보다 더 많은 도덕적 계율과 교단의 계율을 따르고 있기 때문에, 일반 기부자들은 비구보다 비구니를 지원하는 것을 꺼리고 있다(Kawanami, 1990: 25). 그러나 테라바다 비구니의 숫자는 이 세기 동안 증가해 왔다. 스리랑카에서는 현재 약 3,000명이 있는데(약 2,000명의 비구들에 비해), 이는 불교여성 인구의 약 0.06%를 대표한다. 태국에서는 대략 1만 명의 비구니들이 있는데 (많은 남성들이 일시적으로 출가하는 우기 안거기간 동안, 약 25만 명의 비구들에 비해), 이는 여성의 약 0.04%를 대표한다. 미얀마에서는 약 2만 5000명의 비구들이 있으며, 이는 여성의 약 0.14%이다. 대략 60명의 테라바다 비구니들도 현재 최근 (재-)개종한 네팔 불교인들 사이에 존재하고 있으며, 이들은 그곳에서 불교를 가르치고 전파하는 데 능동적인 역할을 하고 있다(Tsomo, 1988: 138-9).

태국에서 비구니들은 ―비구가 공부하는 데 사용하는 시간보다 적은 시간을 내서― 사원 주변의 일을 하거나 재정을 관리하는 경향이 있다. 그들은 ―1969년 개발된 한 비구니 기관이 그들을 위한 시설을 정비하고 그들의 지위를 향상시키기 위해 도움을 주고 있지만― 지역으로부터 얼마간의 지원을 받고 있다. 미얀마에서 비구니들은 ―태국에서보다 공부하는 데 더 많은 시간을 보내며― 더 나은 존경과 지원을 받고 있다. 일부는 뛰어난 학자들이고, 다른 일부는 매우 숙달된 수행자들이다. 스리랑카에서 비구니들의 지위와 활동은 불교부흥의 일부로 20세기 동안 증가했으며, 결과적으로 대부분의 비구니들이 늙었다는 것은 더 이상 사실이 아니다.[21] 1980년대 이후 그들은 점차 비구들의 그것과 같은 조직을 발달시켰다.

여러 가지 점에서, 8계 비구니들은 신참자처럼 행동하고, 10계 비구니들은 비구처럼 행동한다. 양쪽 모두 재가 신자들의 존경을 많이 받는다. 그들의 시간은 공부하고 명상하는 데, 그리고 비구들이 그렇게 하듯이 일반 신자들을 접대하는 데 소모된다. 그러나 그들의 소박한 라이프스타일과 명상 때문에, 종종 그들은 일반 신자들이 보기에 ―숲 속에 사는 비구들만큼은 아니지만― 도시나 마을의 비구들보다 더 많은 덕을 갖춘 것으로 여겨진다(Bloss, 1987: 23-4, 27). 최근 그동안 좋지 않았던 비구니들의 교육시설이 개선되기 시작했다(Kabilsingh, 1991: 89).

일부 ―특히 스리랑카 도시엘리트 사이의― 재가 신자 활동가들은 테라바다의 비구니(및 사미니) 출가계통이 다시 확립될 수 있기를 희망한다. 그러나 그것은 10번이나 제대로 출가한 비구니 집단과 비구들의 유사한 집단 양쪽 모두의 출가를 요구할 것이다. 그러므로 출가계통과 규율에 관해서는 테라바다의 기준을 모방했던 동방불교로부터 비구니 공동체를 발견하는 것이 필요하다. 그러한 비구니들이 따르는 교단의 규율은 '대승불교' 규범이 아니라(비록 그들 또한 대승의 추가적인 규범을 따르고 있지만), 테라바다와 밀접하게 연결되어 있는 초기학파들 가운데 하나인 법장부의 규범이다. 실제로 중국의 출가행렬은 부분적으로 429년과 433년 스리랑카 테라바다로부터 바다로 건너온 몇 명의 비구니들에게서 유래한다(Conze et al., 1954: 291-3; Khantipalo, 1979: 151-3). 하지만 몇몇 사람들은 중국과 한국의 전통에서 비구니들은 일반적으로 비구들에 의해서만 출가되었다고 주장한다(Tsomo, 1988: 248-9).

1971년 태국의 한 8계 비구니였던 보라마이 카빌싱(Voramai

---

21) Bartholomeusz, 1994와 1992:43-61; Bloss, 1987:9-17; Gombrich and Obeyesekere, 1988:74-95.

Kabilsingh)이 대만에서 비구니로 출가했지만, 태국의 승가는 그녀를 기껏해야 대승불교의 비구니로 보고 있을 따름이다(Kabilsingh, 1991: 48-54; Spring Wind, 1986: 202-9). 그러나 1974년 스리랑카의 대통령이었던 윌리엄 고팔라와(William Goppallawa)는 정부가 비구니 종파의 재창설을 지원할 것이라고 선언했는데, 이는 그 나라에 있던 독일인 비구니 아야 케마(Ayya Khemā)와 비구니 종파의 재창립에 대한 그녀의 노골적인 지지가 도움이 되었던 하나의 관심사였다(Bartholomeusz, 1994: 147). 1984년 비구니들의 등록이 시작되었으며, 1988년에는 장관이 여성 수행자들을 통합하고 또한 일반 재가 비구니들의 종파도 창설하기 위한 규정을 제안했다. 1985년 정부는 중국 비구니들을 연구하기 위해 대표단을 보내서 비구 및 학자들에게 비구니 출가계통의 재확립 가능성에 대한 의견을 제출해 달라고 요청했다(Tsomo, 1988: 114). 그럼에도 불구하고 대부분의 비구와 심지어 일반 재가 비구니들도 ―만일 출가가 대승불교 비구니들로부터 나온다면― 테라바다 불교의 통합성에 대한 위협이 될 것이라는 우려를 표시했다(Bartholomeusz, 1994: 147, 181)

미국에 있는, 로스앤젤레스의 스리랑카 테라바다 비구들은 불교에 대한 미국 여성들의 열정적인 관심에 깊은 인상을 받았다(Bartholomeusz, 1994: 187). 1988년에는 여러 전통의 대승불교 비구니들의 도움으로, 태국의 한 변호사(5월, LA 불교정사에서)와 다섯 명의 스리랑카 비구니들(12월, 西來寺)이 비구니로 출가하는 첫 단계로서 사미니, 즉 신참자로 출가했다(Bartholomeusz, 1994: 181, 186-7). 두 번째 의식에서 아야 케마 또한 비구니가 되었다. 그럼에도 불구하고 스리랑카의 나이 든 비구들은 이 출가식, 특히 아야 케마의 출가에 이의를 제기했다. 1998년 3월, 스리랑카의 담불라에 있는 한 사원에서 비구니 출가식이 거행되었지만, 이것 또한 그 나

라 승가의 원로 지도자들에 의해 부당한 것으로 간주되었다.[22]

비구니 공동체가 공식적으로 재출발하기 위해서는 —이는 내가 꼭 그렇게 되기를 희망하는 것인데— 테라바다 불교 국가들 내에서 원로 비구들의 동의가 요구되고 있으며, 현재로서 그것은 이루어지기 힘들 것이다. 일부의 비구들은, 만일 재가 신자들이 후원해야 할 비구니들도 있다면, 그들에 대한 기부가 줄어들 것을 염려할 수 있을 것이다. 스리랑카의 많은 원로 비구들 역시 처음에 붓다로 하여금 여성들을 출가시키는 것을 만류하도록 했던 경전의 단락에 대해 언급하고 있다(Bloss, 1987: 22). 또한 많은 여승들도 그들이 비구니가 되었을 때보다 비구에게서 더 독립적인, 현재의 지위를 선호할 것이다(Bloss, 1987: 19; Bartholomeusz, 1992: 51). 스리랑카에서 대부분의 여승들은 이미 자신들의 교단 소임을 비구의 그것과 동일하거나 심지어 더 높은 것으로 본다(Bartholomeusz, 1994: 190).

여성들의 요구와 선동은 반-생산적일 것 같다. 비구니가 존재하려면, 그들의 규율은 비구들과 계속 일하는 관계를 요구해야 할 것이다. 변화는 천천히 올 것이다. 현재로서는 소수의 스리랑카 원로 비구들이 여성들의 출가를 지지하고 있다(Bloss, 1987: 22). 아마도 스리랑카에서 가장 존경받는 비구였을지도 모를 발랑고다 아난다 마이트레야(Balangoda Ānanda Maitreya;)는 이에 호의적이었지만(Gombrich and Obeyesekere, 1988: 302), 그 역시 대승불교 비구니들로부터 테라바다 비구니 종파를 정식으로 재창립하는 것은 너무 논란거리가 된다고 반대했다. 오히려 여승들은 설사 그들이 정식 비구니로 출가할 수 없다고 하더라도 모든 비구니 계율을 준수해야

---

22) *Yasodhara: Newsletter on International Buddhist Women's Activities*, 14(3) (April-June 1998), 11. *Guardian*, 14 August 1999에 따르면 15개월 후 담불라에는 약 150명의 비구니들이 있었다고 한다.

만 할 것이다(Bartholomeusz, 1994: 168-9). 하지만 카츠(Katz)는 1983 ~4년, 나이가 더 젊은 비구들 가운데 그가 대학도시 페라데니야 (Peradeniya)에서 질문한 37명 중 22명이 비구니 종파의 재창설을 지지한다는 사실을 발견했다. 이를 지지하지 않았던 11명 가운데서도 종종 그것이 이루어질 수 없다는 것은 부끄러운 일이라는 느낌이 있었다(1986; 1988: 147). 그런 비구들은 오늘날 수행되고 있는 출가의식을 받아들였던 사람들의 중심을 형성했을 것으로 보인다. 태국에서도 매우 연로한 비구들의 비서로 활동하고 있는 교육수준이 높은 젊은 비구들은 여성의 완전한 출가라는 관념에 대해 더욱 개방적이다. 시간이 지나면 그들은 저절로 원로의 위치를 차지할 수 있을 것이다(Kabilsingh, 1986: 147). 기존의 8계 및 10계 비구니들을 위한 개선된 교육도 자신들을 비구니와 같은 보다 상위의 출가를 할 만한 가치 있는 존재로 인정하는 것을 촉진하게 될 것이다.

북방불교 국가들

북방불교에서 티베트는 몇 사람의 인정받는 여성 화신-행렬을 가지고 있는데, 그중 하나는 파드마삼브하바의 배우자였던 8세기의 예세 쵸겔(Ye-shes mTsho-rgyal)로 거슬러 올라가며, 그녀는 자신을 여성 보살 바즈라-바라히(Vajra-vārāhī), 즉 도예 파모(티베트어 rDo-rye Fags mo)로 여겼었다.[23] 화신들 중의 하나는 많은 사람들의 사랑을 받았던 12세기의 신비주의자이자 마하무드라 쵸드(gCod) 수행 계보의 창시자인 마치그 라프드론(Ma-gcig Labsgron)였다(Allione, 1986: 143-204). 도예 파모의 현세 화신은 티베트에서 가장 존경받

---

23) Dowman, 1984; Tarthang Tulku, 1985; Willis, 1989:11-32.

는 사람들 가운데 존재한다.[24]

티베트의 유명한 여성 성인들은 대체로 교단의 중심지 외곽에서 은둔자와 방랑하는 수행자로 살았으며, 지배적인 게룩(dGe-lugs) 전통에 속하지 않았다(Allione, 1986: 14-15). 비구니들의 종파는 결코 티베트로 제때 유입되지 못했는데, 왜냐하면 비구니들이 티베트인들을 출가시키기 위해 인도로부터 그곳으로 여행하는 것은 어려운 일이었기 때문이다. 12세기에 일부의 비구들이 스스로 비구니들을 출가시켰지만, 이것은 대부분의 사람들에 의해 타당하지 않은 출가 형식으로 여겨졌다. 그러므로 티베트 불교의 비구니들(티베트어로 a-nis)은 티베트에서 사용되었던 근본설일체유부 교단 규범의 366개 규칙을 따르는 완전한 비구니가 아니라 신참자의 10개 규칙에다가 26개의 규칙을 더 준수했던 사미니(śrāmaṇerikās)이다. 몽고의 경우에는 사미니의 출가조차 전해지지 못했다. 따라서 아-니스(a-nis)는 그들이 따르는 계율의 숫자에서 테라바다의 여성들과 —그들은 테라바다의 신참자들과 달리 정식으로 신참자로 인정받지 못했던 것을 제외하면— 가까웠다.

가족들은 비구가 되고 싶어 하는 아들을 격려했던 반면, 그들은 종종 딸이 비구니가 되는 것은 달가워하지 않고 결혼하기를 더 바랐다(Willis, 1989: 106, 122). 티베트의 가혹한 기후에서 아이를 낳을 때 산모와 아이가 겪는 육체적인 위험은 생식능력이 있는 여성이라면 가계를 계속 이어 나가는 것이 더 포상받을 일이었다는 것을 의미한다. 찰스 벨(Charles Bell)경은 티베트에서 비구니 대 비구의 비율이 약 1:35(1928: 164)라고 보고하고 있지만, 윌리스는 1:9의 비율을 보고하고 있다.[25] 중국 공산주의자가 점령하기 이전, 티베트에

---

24) Miller, 1980:155; Allione, 1986:29-32; Willis, 1989:104-5, 121.
25) 1989:100. T. W. Shakabpa, *Tibet: A Political History*(New Haven: Yale University

는 1만 8828명의 여승들이 있었다: 이는 여성 인구의 약 0.75%인데, 아마도 모든 불교국가들 가운데 가장 높은 숫자일 것이다. 이 가운데 약 8,000명은 100명 이상의 여승들로 이루어진 대규모 공동체에서 살았는데, 가장 큰 곳은 약 1,000명을 수용하고 있었다(Willis, 1989: 119, 163-4). 티베트에 남아 있는 비구니는 아무도 없지만, 인도나 네팔 혹은 티베트에 존재하는 공동체들 가운데서나 부탄에서 난민으로 약 1,930명이 살고 있다(Tsomo, 1988: 151).[26]

전통적으로 티베트 비구니들의 교육은 염불과 명상에 초점이 맞추어져 있었지, 비구들에게서처럼 불교철학에 초점이 맞추어진 것은 아니었다. 오늘날 인도와 네팔에 있는 망명 공동체에서 비구니들은 논리학 및 철학 훈련을 받고 있다(Tsomo, 1988: 152; Willis, 1989: 124-34). 달라이 라마는 비구니의 지위를 향상시키는 것을, 예컨대 서구에서 불교를 확산시키는 데 도움이 될 것으로 보고 있다(Tsomo, 1988: 51). 그는 또한 만일 비구니 종파가 없다면, 티베트는 '중심의 땅', 즉 불교의 심장부로 간주될 수 없을 것이라고 단언했다(Tsomo, 1988: 41). 그래서 그는 티베트의 여승들이 중국의 자매들로부터 비구니로 출가하는 것을 지지하고 있다(Tsomo, 1988: 242, 267-75). 출발은 1984년 그들 가운데 4명이 홍콩에서 출가함으로써 시작되었다(같은 책, p.246). 그러나 다른 원로 비구들의 동의 없이, 달라이 라마 혼자서 티베트의 비구니들을 인가할 수는 없는 일이다.

모든 유형의 여승들의 열망은 1987년 2월 인도의 부다가야에서 국제불교여승대회를 개최함으로써 고조되었는데, 이곳은 붓다가 깨달음에 이른 곳이다(Tsomo, 1988을 보라). 이 대회는 티베트 전통의 미국인 비구니 카르마 렉쉐 초모(Karma Lekshe Tsomo), 태국의 테

Press, 1967), p.6에서 인용.
26) 티베트 비구니에 관한 더 많은 정보는 Havnevik, 1991과 Willis, 1989:96-134.

라바다 재가 신자 찾수마른 카빌싱(Chatsumarn Kabilsingh) 박사, 그리고 독일인 테라바다 여승 아야 케마가 조직했다(Tsomo, 1988: 49); 참석자들은 26개국에서 왔으며, 여기에는 달라이 라마도 포함되었다. 스리랑카에서 오랫동안 거주하고 있던 독일인 비구 냐나포니카(Nyanaponika)는 스리랑카의 불교 관련 행정장관과 마찬가지로 지지 메시지를 보내 왔다. 이 회의는 국제불교여성협회인 사키야디타(Sakyadhītā), 즉 '붓다의 딸들'의 설립을 가져왔는데, 이 단체는 전 세계의 불교여승들이 서로에 대해 아는 것을 돕고 나아가 그들의 교육과 지위를 개선하는 것을 돕는, 중요한 일을 하고 있다.

중화인민공화국(이는 티베트를 포함함), 베트남, 라오스 및 캄보디아를 ―이에 대해서는 수치를 확인할 수 없지만― 포함하여, 세계에는 약 6만 명의 불교여승들이 있다: 3만 8,000명의 테라바다 여승들; 약 1만 5,000명의 중국이나 한국 전통의 비구니들; 이러한 전통들의 사미니 3,000명; 티베트 전통의 사미니 2,000명; 그리고 2,000명의 일본 여승들이 곧 그들이다(cf. Tsomo, 1988: 53-4).

불교경전 속의 재가 여성들

특출한 제자들을 칭찬하면서, 붓다는 많은 수의 재가 여성신자들을 포함시키고 있는데, 이들은 여러 가지 자질 면에서 탁월한 모습을 보여 줬다(A. I.26): 수자타(Sujātā; 최초로 은거에 듦), 비사카(Visākhā; 승가에 보시하는 일), 쿠주타라(Khujjuttarā; 배우는 일), 사마바티(Sāmavātī; 자비로운 마음으로 사는 일), 웃타라(Uttarā; 명상), 수파바사(Suppavāsā; 공양 음식물을 선택하는 일), 수피야(Suppiyā; 아픈 사람을 간호하는 일), 카티야니(Kātiyānī; 믿음이 흔들리지 않는 일), 칼리(Kālī; 풍문이 떠돌아도 믿음을 유지하는 일)와 나쿨라마타(Nakulamātā; 친밀하게 대화하는 일) 등이 그들이다: A.Ⅲ.298에서 붓다는 후자의 남편에게 당신은 당신의 상담역이자 스승으로서 그와 같은 동정심 많은 아내를 가지게 되어 행운이라고 말한다. 이와 유사한 재가 남성신자들의 목록은 또한 다르마를 가르치는 데 있어서 탁월했던 사람들을 포함하고 있다. 이러한 여성들 가운데서도 비사카는 특히 눈에 띄는데(Horner, 1930: 345-61), 그녀는 깊은 애정을 가지고 승가가 필요로 하는 것들을 지원하거나 이에 관심을 기울였던, 부유하면서도 자기 확신이 강한 가정주부였으며, 그런 그녀에게 붓다는 장시간의 법문을 베풀어 주었다(A.Ⅰ.205-14). 다른 곳에서 붓다는 비사카에게 코삼비의 싸우기 좋아하는 비구들이 다르마와 일치되게 가르치는지의 여부에 관해 그녀 자신의 판단력을 사용하라고 조언하고 있다(Vin.Ⅰ.355-6). 그녀의 행동은 또한 붓다가 ―만일 신뢰할 만한 재가 여성제자가 말하기를, 어떤 비구가 한적한 장소에서 여성과 앉아서 이런저런 형태의 성적 행위를 하고 있었다고 한다면 ― 그 신뢰할 만한 재가 여성제자의 말에 귀를 기울이라는 규칙을 만들게 하는 원인을 제공했다(Vin.Ⅲ.187-8).

『경전모음집』에서 비사카는 핵심 기부자인데, 남성인 아나타핀디까(Anāthapiṇḍika)가 그랬듯이, 부유한 상인으로 나온다. 후자는 엄청난 양의 황금으로 제타바나(Jetavāna) 사원을 짓기 위한 땅을 사는 것과 같은, 정기적인 기부로 주목받았던 반면, 비사카는 비구와 비구니들을 위한 일상 생활용품을 지속적으로 공급하는 형태로 더 많은 것을 기부하고 있다(Falk, 1990: 132). 이들이 숫타에서 자주 함께 언급되고 있지는 않지만, 낸시 포크(Nancy Falk)에 의하면 ―『담마빠다』와 『자따까』에 대한 테라바다의 주석서에서― 이 두 사람은 "완전한" 남성 기부자와 여성 기부자(1990: 139)의 어울리는 한 쌍'으로 점차 짝을 이루어 비교되기에 이르렀는데(1990: 136), 그 들은 비구 승가의 '아버지와 어머니를 대신'하게 되었다(*J.*Ⅲ.119). 각자의 보시 유형은 점차 상대방에 의해서도 수행되고 있는 것으로 알려졌는데, 이것은 은연중에 '어떤 기부가 남성 혹은 여성에게 더 적절하다는 것'을 부정하고 있는 셈이다(1990: 138-9). 그럼에도 불 구하고 불교의 핵심 가치인 보시는 종종 여성들이 더 많이 실천했 다. 실제로 『비마나바투』(Vimānavatthu)를 보면 ―이는 각양각색의 선한 사람들이 하늘에 다시 태어나는 것에 관해 기술하고 있는 테 라바다의 한 경전인데― 기부자의 대부분은 여성들이다(Falk, 1990: 140).

호너(1930: 83-94)는 초기 불교경전들에서 언급되고 있는 대부분 의 성인 여성들(비구니와는 다른)은 남편의 지원을 받고 있는 기혼 여성이라고 지적했다. 하지만 더 가난한 사람들 사이에 들어 있는 여성 노동자에 대한 언급도 있다. 많은 여성들은 집안에서 남성 파 트너들과 더불어 가사노예처럼 일했다. 그러한 사람들이 학대받았 거나 중노동에 시달렸다는 증거는 없다. 예컨대, 그들은 출가를 하 기 위해서라면 주인에 의해 해방될 수 있었다. 또한 여성은 농업에 종사했으며, 곡예사와 음악가 및 무희로도 일했다. 일부 여성은 성 매매여성으로 일했는데, 여기에는 몇몇 사람의 매우 돈 많은 고급 성매매여성도 포함된다.

초기 경전들은 많은 여성들이 결혼을 통해 자신들의 구체적인 정체성을 획득했다는 점을 인정했다. 그래서 불은 그 연기에 의해 인식되고, 왕국은 그 왕에 의해, 그리고 여성은 그 남편에 의해 인 식된다고 말해지는데(*S.*Ⅰ.41-2), 이는 아마도 여성은 빈번하게 '누 구-누구의 부인'으로 알려지고 있다는 것을 의미한다. 그러나 『자 따까』의 한 이야기는 여성은 '남편이 없으면 발가벗겨진다'라는 대중적인 견해를 조롱하고 있다(*J. I .*370); 왜냐하면 그 이야기는 ―남편은 다른 사람으로 삼을 수도 있지만, 남동생은 그렇지 않다는 이유로― 협박하는 한 왕으로부터 남편이 아니라 남동생의 목숨을 구한 여성을 칭찬하고 있기 때문이다. 그럼에도 불구하고 붓다는 여성들을 1차적으로 남편과 아이를 얻은 다음, 가정 내에서 권력을 지향하는 것으로 보고 있는 것 같다. *A. III.*363에서 그는 여러 부류의 사람들이 갖고 있는 목표와 열망을 개략적으로 설명하고 있다. 고귀한 사람들(*khattiyas*)과 바라문 및 세대주들은 그들의 활동이나 일의 영역에 있어서의 성공과 관련지어 설명하는 반면, 여성에 대해서는 다음과 같이 말한다: 그들의 목표는 남성이다; 그들의 야심은 장식품이다; 그들의 결심은 아이를 위한 것이다; 그들의 욕구는 경쟁자 없이 사는 것이다; 그들의 성취는 암암리에 결혼에 바탕을 둔 가정 내에서 권위(*issariya*)를 획득하는 것이다. 물론 이러한 부류의 모든 사람들은 예컨대, 깨달음에 초점을 맞춤으로써 이런 일상적인 목적을 초월할 수 있다. 어떤 여성의 '결심'이 아이를 위한 것이라는 점은 다음과 같은 단락, 즉 여성들은 성과 아이 낳기에 '만족하지 않으면서 반대도 하지 못하는' 삶을 마감한다고 말하는 한 단락에 의해 되풀이되고 있다(*A. I .*78). 이것은 부분적으로 가족에게 아이를 낳아 준다는 것은 결혼역학 내 네트워크의 일부로서, 권력의 원천이기 때문이라고 말해졌다. 그래서 붓다는 여성의 다섯 가지 '권력들'(*balas*)을 아름다움, 부, 친척, 아이와 도덕적 덕성(*sīla*; 즉, 계율을 지키는 것)이라고 기술한다. 그녀는 이런 권력들로써 남편을 압도하고 계속 이기는 가운데 가정에서 자신만만하게 산다. 이러한 권력들에 반하여 남성은 오직 권위의 힘을 내세워서만 아내를 이길 수 있다(혹은 주인 노릇을 할 수 있다, *issariya*-; *S. IV.*246). 여성의 다섯 가지 권력 가운데서 마지막 것만이 지속적인 관계와 좋은 환생 양자 모두를 위해 본질적이다(S.IV.247-8). 여성이 번창하는 가정의 우두머리가 되는 것을 허용할 수도 있는데, 왜냐하면 어떤 가족이 번성하는 이유들 가운데 하나는 사람들이 '덕을 갖춘 여성 혹은 남성에게 권위(ādhipacce)를 부여하기 때문이라고'(A. II.249) 말해지기 때문이다.

다른 곳에서 비구는 '부드럽고, 온화하며, 조용하다(upasantā)'는 '좋은 평판'(cf. A.III.37), 즉 쉽게 화를 내지 않는다(M. I.125-6)는 평판을 가진 여성의 자질을 갖추어야만 한다고 말해진다. 아내에게서 그러한 조용함을 높게 평가하고, 나아가 일반적인 정신적 자질로서도 그것을 평가하고 있음은 자비롭고 강력한 전륜성왕의 전설과 관련해서도 발견된다. 그러한 왕의 일곱 가지 '보물들' 가운데, 그의 아내가 있는데(D.II.175-6에 나와 있듯이), 그녀는 '조용함'이라는 정신적 '보물'에 해당하는 것으로 간주된다(passaddhi; S.v.99). 그럼에도 불구하고 여성은 언제나 조용하지 않다고 인식되었다: '아이의 권력(bala)은 우는 것이고, 여성의 권력은 성냄이며, 도둑들의 권력은 무기이고, 왕의 권력은 통치하는 것이다…'(A.IV.223)

『베산타라 자따까』에서, 보살은 심지어 자기 아이들을 남에게 주고 나서 자신의 아내까지 내줄 준비가 되어 있다는 무조건적인 관대함을 보여 준다. 물론 이것은 그가 어떤 의미에서는 그들을 '소유했다'는 것을 함축한다. 이러한 해석은 —여성은 '재산 중에서 가장 좋은 재산'[27]이라고 말해지며, 또한 아버지가 결혼할 때 자신의 딸을 '준다'는 서구적인 관념 또한 그와 같은 관념을 반영하고 있다는 점을 감안해 본다면— 부당한 것은 아닌 것처럼 보인다. 그러나 불교에서 모든 '소유물'은 일시적인 개념에 불과한 것이지 궁극적인

---

27) S. I.43; M. I.162, Miln.192, Thig. 406-25 참조

개념이 아니며 ―왜냐하면 모든 것은 무아여서 영원하지 않고, 어떤 것도 진정으로 내 것일 수 없기 때문이다― 만일 한 부인이 어떤 의미에서 소유물로 여겨진다면, 그녀는 자기가 그렇게 되기를 원한 소유물이어야만 한다. 그래서 붓다는 찬탄하여 말하기를, 밧지 공국이 번성하기 위한 조건들 중의 하나는 그들이 '다른 사람들의 부인이나 딸을 강제로 납치하지 않아야 하며, 나아가 그들을 억지로 함께 살도록 강제하지도 않는 것이다'고 말한다(D. II.74).

불교문화 속의 재가 여성들

유럽과 이슬람의 갈등의 역사는 서구인들에게 오랫동안 '아시아의 여성은 미개하다'는 생각이 있었다는 것을 의미했다. 현대의 일부 페미니스트적인 견해들이 여기에 추가되면, 아시아문화 속의 여성의 지위에 대해 강력하고 부정적인 기대감이 고착될 수 있다. 하나의 준거점으로서 미국에서 여성은 1920년대 이전에는 법적 권리가 거의 없었으며, 또한 1976년까지 신용카드를 획득하거나 사업을 하기 위해서는 장벽을 극복해야만 했다는 사실을 떠올릴 수 있을 것이다. 이탈리아 여성은 1970년대 중반 이전에는 이혼할 권리를 가지지 못했으며, 프랑스 여성은 1960년대 중반 이전까지 자기 수입을 통제할 권리를 갖지 못했다(Miller, 1980: 156). 그러므로 서구가 역사적으로 아시아보다 성적 평등과 관련해 더 나은 실적을 가지고 있다고 가정하는 것은 반드시 옳은 것만은 아니다.

남방불교 국가들

서구의 식민주의적 관찰자들은 종종 남방불교 국가에서 전-근대 시기의 여성이 가지고 있던 훌륭한 위상에 주목했다(Dewaraja, 1981). 상속법은 아들과 딸을 공평하게 간주했으며, 남편과 부인 또한 법적으로 인정받는 이혼 근거를 가지고 있었다. 버마에서 가이 버게스(Guy Burgess) 경은 —버마의 부인을 19세기 서구의 부인과 비교해 볼 때 매우 자유로웠다고 보는 필딩 홀(Fielding Hall; 1902) 과 함께— '힌두교도의 부인과 달리, 불교도의 부인은 실제로 그녀의 남편과 동등한 것으로 간주되었으며, 가정사의 관리에서도 일반적으로 대등한 역할을 담당하고 있다'고 주장했다.[28] 태국에서는 14세기 중반과 18세기 중반 사이에 바라문교의 문화로부터 받은 영향이 여성을 스리랑카와 버마에 비해 상대적으로 불리한 조건에 놓이게 했지만, 이는 근대에 들어오면서 점진적으로 극복되었으며, 나아가 태국의 여성은 1932년에 남성과 동시에 선거권을 얻었다.

오늘날 미얀마에서는 '양성 사이에 행해지는 뚜렷한 평등'이 존재하며, 여성은 '남성과 동등한 사회적 지위를(일부 종교 분야를 제외하고) 향유하고 있다'(Nash and Nash, 1963: 263, 260). 이러한 것은 비록 여성이 남성을 —더 우월하며, 붓다가 될 수 있고, 더 '고귀하며', 더 즐거운 삶을 누리고, 또한 아이를 낳을 필요가 없다고— 보고 있음에도 불구하고 그렇다(Spiro, 1971: 82-3). 미얀마 여성의 약 3분의 1은 다음 생에서 남성이 되기를 희망하며(Spiro, 1971: 81), 스리랑카에서는 그보다 좀 더 적은 숫자가 그렇게 되기를 바라지만(Dewaraja, 1981: 11), 태국에서 그와 같은 견해는 찾아보기 힘들며,

---

28) U Gang의 *Digest of Burmese Buddhist Law*에 대한 G. Buegess의 서문을 Lee, 1978:266에서 인용함.

가난한 남성보다는 부유한 여성이 되는 것이 더 좋은 일이라고 여겨진다(Hanks and Hanks, 1963: 436). 스리랑카에서는 지금 위빠사나 명상이 재가 신자들 사이에 유행인데, 수행자의 대다수가 여성이며, 가르치는 교사 또한 재가 여성신자들을 포함하고 있다(Bond, 1988: 178-87, 209). 수행자들은 종종 재가 신자들이 더 많은 고통을 경험하기 때문에 비구들보다 유리한 점을 가지고 있다고 주장하며, 나아가 '여성들이 재가 남성들보다 훨씬 더 큰 장점을 가지고 있는데, 왜냐하면 여성들은 남성들보다 더 큰 고통(dukkha)을 경험하기 때문이다'라고 주장한다(Bond, 1988: 184).

　루시엔과 제인 행크스(Lucien and Jane Hanks)의 보고에 따르면 태국에서 대부분의 사회적 관계는 연장자/연소자 혹은 주인/손님 관계에 기초를 두고 구조화되어 있는 반면, 남편과 부인의 관계는 평등의 관계라고 한다(1963: 437). 결혼에 대한 조언은 부인이 남편을 기쁘게 하고, 부드럽게 대하며, 이해하라는 것이다; 남편은 부인을 사랑하고 보호하며, 공정하고 사려 깊어야 한다는 것이다; 복종에 대한 언급은 어디에도 없다(Hanks and Hanks, 1963: 437; Terweil, 1979: 152). 적어도 미얀마의 농촌 지역에서는 모든 여성들이 결혼해야만 한다고 기대되는 것은 아닌데, 여기서는 결혼하지 않은 남성이나 여성의 역할이(미혼 여성이든, 미혼 남성이든, 이혼하거나 과부가 된 사람이든 간에) 사회 안에서 합법적이며 존경받는 것이었다는 사실이 주목받아 왔다(Nash and Nash, 1963). 태국의 부모들은 딸보다 아들을 선호하지 않으며, 남자 아이와 여자 아이는 똑같은 게임을 하며 논다. 더 어린 아이들은 어느 한쪽 성의 나이가 더 많은 사람의 보살핌을 받으며, 이들에게 복종한다(Hanks and Hanks, 1963: 432, 436). 그럼에도 불구하고 성별 사이를 더 날카롭게 구별하고 있는 전통적인 서구의 관념이 영향을 미치고 있다. 어린이의 옷은 한때 남아와 여아가 거의 구별되지 않을 정도였지만, 점점 더 성적인 유형을 띠게 되었다(Hanks and Hanks, 1963: 447).

남방불교 국가에서 왕족의 후궁들은 전통적으로 중요한 정치적 역할을 가지고 있었다. 더군다나 최근에는 세계 최초의 여성 수상이 스리랑카의 —암살당한 정치지도자의 미망인이었던— 반다라나야케(Bandaranayake)였다. 그녀의 딸은 이 나라의 대통령을 지냈다. 그뿐만 아니라 사르보다야 쉬라마다나(Sarvōdaya Śramadāna) 지역 개발 운동에서 여성들은 한 마을의 자기혁신활동 안에서 목소리를 높이고 능동적인 역할을 하기 위해서는 그들의 전통적인 수치심을 극복해야 한다는 권유를 받고 있다(Macy, 1983: 79-89). 미얀마에서는 중요한 정치지도자의 딸인 아웅산 수치(Aung San Suu Kyi) 여사가 —비록 군사정권이 그녀의 당이 권력을 잡는 것을 가로막았지만— 1990년의 선거에서 이겼던 정당의 당수이다. 태국에 대해서 제인 분낙(Jane Bunnag)은 다음과 같이 주장한다:

> 서구사회에서와 마찬가지로, (태국에서도) 가장 많은 교육을 받고 모험심 강한 여성들이 또한 비즈니스 분야와 국가의 관료조직 양자 모두에서 실질적인 권력과 영향력 있는 자리를 차지할 수 있다. (1973: 14)

미얀마와 태국의 농촌 지역에서는 성별 구분에 따른 직업의 차이가 거의 존재하지 않는다. 실제로 미얀마에서는 '남성이 요리하고, 빨래하며, 아기를 돌보고, 바느질하고, 베를 짜며 뜨개질을 한다. 여성은 곡식을 심고, 추수를 하며, 집을 짓고, 우마차를 운전하며, 낚시질을 하고, 가게를 지키며, 그리고 나무를 벤다'(Nash and Nash, 1963: 263). 태국에서 여성은 전통적으로 상거래 활동에서 큰 역할을 해왔는데(Kirsch, 1975; Hanks and Hanks, 1963: 446), 그것은 지역의 시장에서 운송, 건설 및 부동산 회사 등을 망라한다: 1965년 방콕 부동산의 90%가 여성의 소유였다(Kirsch, 1975: 175). 그럼에도 불구하고 남성은 그와 같은 일을 세속적이며 탐욕과 관련된 것이라고 낮게 평가하는 경향이 있다:[29] 할 수만 있다면, 그들은 행정적인 본성을 가진 높은-지위의 직업에 이끌리는데, 이 분야에서 그들은 숫자 면에서 약 10 대 1로 여성을 압도한다.

잘 알려져 있듯이, 태국에서는 —비록 불교가 성매매를 보기 흉한 삶의 방식이라고 보고, 성매매여성의 서비스를 이용하는 것을 이른바 저급한 형태의 행복에 탐닉하는 것으로 보지만— 수많은 성매매여성들이 있다(Kabilsingh, 1991: 67-86: Odzer, 1998). 상당수의 성매매여성들은 자신들의 삶의 방식을 악업의 결과라고 보며 이를 —불교사원에 대해 관대함으로써, 사로잡힌 새들을 풀어줌으로써, 혹은 어린이집이나 홍수의 희생자들에게 기부를 함으로써— 보상하려고 노력한다(Odzer, 1998: 41-2). 성매매여성들의 숫자는 1960년대와 1970년대 들어 크게 증가했는데, 이는 베트남전쟁으로부터 '휴식과 레크리에이션' 휴가를 나온 수많은 미국 군인들의 존재가 부추긴 것이었다. 그때 이후 '섹스 산업'은 여성들과 더불어 계속되었는데, 남성과 노동자는 고향으로 돌아가 가난한 가족들을 부양하거나 혹은 어떤 경우에는 그들의 수입을 사용하여 소비재를 구했다. 그러나 많은 성매매여성들의 출신지역인 북부지역에서 아보트 프라 텝카비 쿠살로(Abbot Phra Thepkavī Kusalō)는 특히 젊은 여성들에게 전통적인 수공예품 만들기 훈련을 시킬 목적으로 재단을 설립했는데, 이는 그들에게 능력을 부여하고 성매매의 경제적 유혹으

---

29) 러시아에서 많은 여성들이 의사이지만 이것이 높은 지위의 직업으로 생각되지 않는다는 점에 주목하라.

로부터 그들을 보호하기 위한 것이었다(Swearer, 1995: 123).

동방불교 국가들

동방불교 국가들에서 유교는 사회윤리에 대해 지배적인 영향력을 행사해 왔다. 이 지역에서 여성은 열등한 존재로 여겨져 왔으며, 첫째는 아버지에게 복종하고, 그 다음에는 남편에게, 그리고 만약 홀몸이 되면 —비록 어떤 여성은 자기 아들들을 통해 권력을 얻을 수도 있었지만— 장성한 아들에게 복종하지 않으면 안 되었다. 아들은 딸보다 선호되었는데, 왜냐하면 오직 그들만이 가문의 조상을 위한 제례를 치를 수 있었기 때문이다. 결혼을 하면, 여성은 남편의 확대된 가족으로 들어가 그 집안의 가장 낮은 구성원이 되었다. 남성은 그것 때문에 부인과 이혼할 수 있는 일곱 가지 근거를 가지고 있었지만, 여성은 그것 때문에 남편과 이혼할 수 있는 어떠한 근거도 가지고 있지 못했다(Kelleher, 1987: 143).

대승불교의 평등주의적 기풍이 때때로 이러한 차별을 완화시키기도 했지만, 이를 없애지는 못했다. 19세기의 중국에서 재정적으로 독립했던 광동지역의 여성들 사이에 여성의 운명을 개선하고자 했던 운동이 일어났는데, 이들의 보호자는 관세음보살이었다. 그들은 여승과 같은 집단 속에 살면서 결혼하기를 거부하거나 자기 가족의 집에 머물면서 첫날밤 치르기를 무한정 미루었다. 그들의 목적은 결혼생활의 외로움이나 억압, 재정적 독립성의 부족, 혹은 아이 낳기의 고통 등을 피하는 것이었다.[30]

일본에서도 유교 및 신도 사회윤리의 영향은 여성을 열등한 지

---

30) Topley, 1975; Reed, 1992:169; Carmody, 1989:104.

위에 놓이게 했으며, 성-역할의 차별성을 고착시켰다. 중국에서와 마찬가지로 대승불교는 부분적으로 이에 적응했지만, 다른 한편으로는 좀 더 평등주의적인 강조점도 유지했었다. 불교세가 특히 강했던 헤이안 시대(794~1185)에는 ―세계 최초의 소설인 『겐지 이야기』(The Tale of Genji)의 작가를 포함하여― 수많은 뛰어난 여성 작가들이 있었다(Carmody, 1989: 117). 하지만 전쟁으로 황폐한 아시카가 시대(1333~1573)에 들어 유교는 전사-기사들로 구성된 무사 계급의 규범에 강력한 영향을 미쳤다. 남성은 자신의 봉건 영주를 위해 모든 것을 바칠 것이 기대되었던 반면, 그들의 부인은 그들을 위해 똑같은 일을 할 것이 기대되었다. 이는 만일 자신들의 정조가 위협받거나 혹은 그들에 대한 남편의 애정이 그가 자신의 영주에 대해 헌신하는 것을 위태롭게 한다면, 의례적으로 자살하는 것을 포함했다(Carmody, 1989: 118-19). 신-유교가 국가 이데올로기였고, 불교가 국가의 무기로 사용되던 도쿠가와 시대(1603~1867)에 여성의 지위는 최저점에 떨어져 있었으며, 나아가 여성은 불교의 성지나 산으로부터 배제되었다(Uchino, 1986: 149).

1947년의 법규범 이전에 이혼은 오직 남성이나 그의 가족에 의해서만 ―만일 그들이 그 부인을 좋아하지 않거나 그녀가 가계를 이을 아들을 낳을 수 없다면― 제도화되어 있었다. 이러한 일은 그 부부가 이혼을 원하지 않는다고 하더라도 일어날 수 있었다. 부인은 오직 남편 가족의 승인을 얻은 법률적인 문제들에서만 행동할 수 있었고, 간통은 ―만일 그 부인에 의해 이루어졌다면― 이혼 사유가 되고도 남았다(Pharr, 1980: 40). 미국의 영향을 받은 1947년의 헌법은 성별에 근거해 사람들을 차별하는 것을 불법화했으며, 이혼과 상속 및 재산권을 공평하게 갖도록 했다(Maykovich, 1978: 387, 390). 그 이후 여성들은 발달하기 시작한 더 많은 교육기회를 열정적으로 이용했다. 하지만 대부분의 사람들에게 이것은 적절한 남편 감을 얻을 수 있도록 하기 위해 자신을 '돋보이게 하는' 방법의 하나로 여겨진다(Jahan, 1982: 22). 1982년의 조사에서 일본 여성의 71%가 '남성은 밖에서 일하는 반면, 여성은 가정을 지킨다'는 생각에 동의했다(Tanaka, 1986: 70). 이 수치 자체는 농업이나 소규모 사업에서 어떤 여성이 차지했던 정통적인 역할과 비교해 볼 때, 여성의 역할을 좁게 만들고 있지만, 어떤 의미에서 보면 여성은 이익을 얻고 있는데, 왜냐하면 여성의 79%가 또한 —미국의 37% 및 영국의 33%와 대조적으로— 가계수입을 어떻게 소비하는가에 대한 결정권을 가지고 있다고 말했기 때문이다(Tanaka, 1986: 74). 정치적 영역에서는 한때 공식적 직함을 갖는 것은 생각하기 어려웠지만, 최근 들어 일본사회당은 그 지도자로 여성인 도이 여사를 가지고 있었다.

북방불교 국가들

남방불교에서와 마찬가지로 북방불교 국가들에서도 불교는 사회윤리에 지배적인 영향을 미쳤다. 1940년대에 티베트를 연구했던 중국의 한 인류학자는 자신의 정부에 충고하기를, 중국은 다음과 같은 것에 대해 티베트인들로부터 배울 것이 많을 것이라고 말했다:

남성의 도움을 받는 것으로부터 여성의 독립; 남성의 보호 없이도 가정과 토지 및 경제적 기업을 물려받아 유지하는 능력; 결혼관계를 맺거나 중단할 여성들의 자유 등. (Miller, 1980: 158에서 인용함)

더 최근에는 서구의 인류학자가 다음과 같이 말한 바 있다:

티베트와 네팔 국경지역의 불교사회에서… 여성은 남성만큼 성
적인 자유를 누리고 있으며, 양자는 동등한 재산권을 가지고 있
다. 여성은 규율과 남성의 통제를 받지 않으며, 자신들의 행위
와 도덕적 성품에 대해서만 책임을 지는 인격체로 인정받는다.
(Furer Haimendorf, 1967: 223)

티베트에서는 일부일처제가 가장 일반적인 결혼형태이긴 하지만
(약 70%의 가정에서), 일처다부제도 일부 지역의 농부들과 유목업자
사이에 꽤 흔한 일이었으며(아마도 그 지역의 50%에서), 일부다처제
는 부유한 가정들 사이에서 발견되고 있다. 일처다부제의 경우 여
성은 일반적으로 여러 명의 형제들과 결혼했다(Bell, 1928: 192-4).
농부들 사이에서 이 제도는 집안의 소중한 토지가 분할되는 것을
막았다; 유목 목축업자 사이에서 그것은 남편들 중의 하나가 멀리
떠났을 때 부인이 혼자 남겨지지 않는다는 것을 의미했다. 그와 같
은 결혼에서 여성의 힘과 영향력은 상당한 정도였다(같은 책,
p.159). 만일 어떤 남성이 아들이 없는 가정의 딸과 결혼했다면, 그
는 그녀의 가족 이름을 얻게 되었으며, 그 가족의 땅을 관리하는
데 있어서 그녀에게 복종했다(Bell, 1928: 156-7; Miller, 1980: 161).
그 가계는 남성이나 여성 어느 한쪽을 통해 이어졌을 것이며, 다수
의 가정들은 전적으로 여성들: 즉 할머니, 어머니 및 딸로 구성되
었다(Miller, 1980: 162). 공산화 이전의 티베트 상속법에 관해 말해
보자면, 그것은 지역들 간에 천차만별이었다. 동부지역에서는 오직
아들과 형제들만 상속받았으며, 부인이나 딸들은 상속받지 못했다.
중앙 티베트와 부탄에서는 아들이 상속받았지만, 아들이 없을 경우

딸들이 상속받았다(Bell, 1928: 87-8).

티베트가 때때로 지역의 족장에 의해 통치되던 과거 세기에는, 이들 가운데 일부가 여성들, 즉 이전 우두머리들의 미망인이나 딸이었다(Bell, 1928: 14, 160-1). 20세기 초에 벨(Bell)은 주목하여 말하기를, 티베트의 족장과 장관 및 공직자는 결코 여성이 아니었지만, 그들은 종종 공무에 관해 자신의 부인에게 자문을 구했으며, 그리고 시킴의 여왕(Queen of Sikkim; 티베트의 문화가 미치는 지역)은 통치행위에 있어서 왕보다 더 적극적이었다고 말했다(같은 책, pp.161-2). 그러므로 여성은 여론과 정책을 형성하는 데 많은 영향력을 가지고 있었던 셈이다(Miller, 1980: 163). 오늘날 망명지의 티베트인들 사이에는 막중한 책임과 관련된 직위에 많은 여성들이 있다: 어떤 여성은 인도에 있는 티베트가정재단(The Tibetan Homes Foundation in India)의 막후 실력자이다(Miller, 1980: 160, 164). 티베트 자체 내에서는 비구니뿐만 아니라 재가 여성신자도 중국이 이 나라를 점령하는 것에 반대하는 시위에서 매우 적극적이었다. 전통적으로 여성은 또한 티베트에서 소매무역을 지배해 왔으며(Miller, 1980: 163), 남성과 여성은 —비록 남성이 대개 논밭 가는 일을 하고 있지만— 농사일을 분담해 왔다(Bell, 1928: 158-9). 라다크(Ladakh)에서 남성은 공공영역의 리더십 역할을 담당하고 있지만, 여성은 가정에 기반을 둔 경제 범위 안에서 큰 힘을 발휘하고 있는데, 이는 최근까지 더욱 중요한 일로 여겨졌었다(Norberg-Hodge, 1991: 68-9).

서구에서 불교는 —아시아에서 다른 사회규범들에 적응했던 것과 마찬가지로— 페미니스트의 영향을 받은 사회규범에 다양하게 적응하고 있다. 특히 북아메리카에서 여성은 그러한 일에 매우 능동적인 역할을 떠맡고 있으며[31], 이는 현지에 불교센터를 세운 아시아 출신의 스승들에게 상당한 영향을 주고 있다. 사람들이 불교의 전통 사이에서 선택할 수 있다는 맥락에서 보면, 여성과 연관된 후자의 견해와 실천들은 그들의 선택에 영향을 미치는 하나의 요소가 될 수 있을 것이다.

결론

대체로 우리는 인도에서 불교가 일어남으로써 바라문교 내에서의 그들의 위상에 비해 여성들은 지위향상을 가져왔다고 말할 수 있다. 그러나 힌두교가 인도문화의 더 많은 부문을 재확인하고 또한 이에 영향을 미쳤기 때문에 여성에 대한 덜 적극적인 견해들이 일부 『자따까』 이야기와 초기 대승경전들 안에 받아들여지게 되었다. 하지만 대승의 전통은 다시 이러한 요소를 타파하고자 노력했던 반면, 테라바다의 전통은 그것을 경시했다. 더군다나 중국 문화권에서 불교는 여성을 '그들의 자리'에 광범위하게 묶어 두려고 했던 한 전통과 더불어 살았다. 부분적으로는 여기에 순응하려고 하는 한편, 불교 역시 이를 타파하고자 애썼다. 불교는 다양한 방식으로 차별적이거나 혹은 그렇지 않다면 불행한 상황 속에서 살고 있는 여성의 지위를 개선하고자 했다. 그 실천을 통해서 불교는 또한 여성과 남성 양자 모두의 자기 확신과 능력증대 및 정신적 해방을 촉진시켜 주었다.

대부분의 전통들은 완전한 붓다가 되는 것으로부터 여성을 배제하는 정신적 차원의 '성적 편견'을 가지고 있는 반면, 모든 전통들

---

31) Boucher, 1993; Friedman, 1987; Gross, 1994; Hopkinson et al., 1986; Lenore, 1987; Tsomo, 1995; Shasta Abbey, 1981; Carmody, 1989:84-5, 88-9, 그리고 Spring Wind, 1986:52를 보라.

은 여성 아라한을 인정하며, 나아가 대승의 전통은 수행력이 높은 여성 보살을 인정하고 있는데, 가끔씩은 여성 붓다를 인정하기도 한다. 교단의 환경 안에서, 불교는 붓다 당시부터 여성을 출가시켜 왔지만, 일부의 전통들은 그들의 출가계통을 전승시키는 데 있어서의 어려움을 극복하지 못했거나 혹은 쇠퇴하게 방치했으며, 게다가 비구니들은 온갖 측면에서 직위가 낮은 비구들의 파트너로 종사해 왔다. 그러나 출가한 여성들의 역할은 20세기에 들어오면서 강화되고 있다. 더욱이 불교가 지배적인 종교였던 사회의 재가 여성신자들 사이에 존재하는 여성의 자유와 권리 및 지위는 종종 아시아의 많은 다른 나라들이나 최근까지의 서구와 호의적으로 비교되곤 했었다.

An Introduction to
Buddhist Ethics
Foundations, Values and Issues

제10장
동성애와 그 외 다른 형태의
'성 소수자'

제10장

동성애와 그 외 다른 형태의 '성 소수자'

나 달라이 라마는 성적 지향성에 토대를 둔 폭력과 차별에 반대합니다.
-1997년 샌프란시스코에서 있었던 달라이 라마 성하(聖下)의 말씀 중에서-

'동성애'(homosexuality)란 단어는 라틴어 homo, 즉 '남성'(man)에
서 나온 것이 아니라 그리스어 homos, 즉 '같은 것'(same)에서 유
래하는 말이며, 따라서 그것은 남성들 혹은 여성들 사이의 섹스를
가리키는 것이다. 그럼에도 불구하고 '레즈비어니즘'(lesbianism)은
대체로 여성들 사이의 성적 관계를 가리키는 데 사용되고 있다
(Herdt, 1987: 445). 동성간의 관계는 ―보편적으로 존경받는 형제간
이나 부모자식 사이의 애정으로부터, 이와 마찬가지로 존경받고 있
는 정신적 스승에 대한 애정 어린 존경심이나 강한 유대감으로 이
루어진 우정, 같은 성을 가진 사람들에 대한 색정적인 감정, 같은
성을 가진 사람들과의 성행위, 어떤 인격체가 의식적으로 자기정체
성을 '동성애자'나 '게이', 혹은 '레즈비언'으로 여기는 것 등에 이르
기까지― 하나의 스펙트럼에 걸쳐져 있다. 현대 서구문화에서 동성
애적 행위에 참여하고 있거나 참여해 왔던 모든 사람은 ―이처럼
어떤 사람을 그(녀)의 성적 지향성에 토대를 두고 정체성을 규정하
는 방식은 다른 문화들에서는 발견되지 않지만― '동성애자'로 규정
되는 경향이 있었다. 길버트 허트(Gilbert Herdt)는 오늘날 서로 다

른 문화들 속에서 '동성애적' 행위(통상 남성의)로 간주되고 있는 것에 대한 세 가지 형태의 문화적 구조화를 다음과 같이 밝히고 있다:

(1) 나이에 따라 구조화된 동성애인데, 여기서는 같은 성을 가진 사람들이지만 나이가 다른 사람들이 성적으로 관련되어 있다; (2) 젠더가 뒤바뀐 동성애인데, 여기서 어떤 사람은 반대 성의 옷이나 매너리즘, 그리고 성행위를 채택한다, 그리고 (3) 역할이 특화된 동성애인데, 여기서 어떤 사람은 그(녀)의 사회적 및 종교적 역할에 의해 동성애 행위에 참여할 자격을 부여받는다. (1987: 446)

고대 그리스에서 일어났던 첫 번째 유형은 가장 흔한 것이었는데, 나이 어린 참여자가 훗날 결혼하여 아이를 갖는 것을 ―어쩌면 소년 애인을 가질 수도 있지만― 배제하지 않는다. 그러나 그리스인들은 '능동적인' 삽입자가 되는 것보다 성인들 간의 수동적인 동성애, 즉 삽입을 당하는 자를 강하게 비난했다(Herdt, 1987: 447). 초기 기독교는 동성애에 적대적이었지만, 이후 11세기까지는 이에 대해 애매모호한 태도를 취했다. 그것은 토마스 아퀴나스 시대 때부터 강력한 비난을 받게 되었는데, 화형으로 처벌될 수도 있었다.
허트는 주장하기를,

게이(gay)라는 용어가 의미하는 현대사회의 범주와 성애적 정체성은 고대 및 다른 문화들에서 발견되는 동성애 조직체나 역할과 동일하지 않다… 그것은 여러 측면에서 볼 때 인간사회 내의 독특한 상황 전개이다. 이것은 젠더가 뒤바뀐 것이 확연하게 눈에 띄는 여성주의화(고대)로부터 대중문화 속에서 공공연하게

이루어지는 동성애의 보다 번번한 남성주의화(현대)로의 변화를
암시하고 있다. (1987: 452)

　'게이의 자존심'(gay pride)이라는 용어는 공공연한 동성애적 정체
성을 적극적으로 긍정하게 했는데, 미국에서 이러한 태도는 또한
'게이, 레즈비언, 양성애자 및 성전환자(와/혹은 성도착자)'들이 하나
의 집단으로서 그들 자신을 가리키기 위해 한때 비하적인 개념이었
던 '성 소수자'(queer)란 말을 적극적인 의미로 사용하게 만들었다
(Corless, 1995: 1).
　동성애, 즉 요즘에는 자신들을 '성 소수자'라고 부르는 '동성애자
들'과 그 외의 사람들에 대한 불교의 태도(들)를 알아보기 위해서는
먼저 표준적이지 않은 성애를 하는 사람들에 대한 불교의 이해와
태도를 살펴보는 것이 필요하다.

성-변환

　초기 불교경전들은 어떤 사람의 성을 생과 생 사이에서뿐만 아
니라 한 생 안에서도 변할 수 있는 어떤 것이라고 말하고 있다. 율
장에는 여성의 성적 특징이 나타났던 어떤 비구와 남성의 성적 특
징이 나타났던 어떤 비구니에 대한 언급이 나온다.[1] 두 사례에서
붓다는 이를 받아들이는 것으로 보이는데, 그저 전에 비구였던 비
구니는 비구니의 규칙을 따라야 하고, 전에 비구니였던 비구는 비
구의 규칙을 따라야 한다고만 말할 뿐이다. 주석서를 보면 어떤 사

---

1) *Vin.*III.35; *Miln.*267 및 *AKB.*IV.13c와 38 참조.

람의 성은 임신 순간에 결정되지만 바뀔 수 있는 것으로 여겨진다 (*Asl.*322).[2] 성-변환의 원인은 본질상 업과 관련된 것으로 보인다. 『담마빠다』의 주석서는 어떤 남성이 한 비구에게 성적으로 끌렸을 때 그 즉시 여성으로 변하는 한 남성에 대해 말하고 있다; 결혼을 하여 아이를 낳고 난 후, 그녀는 다시 남자로 돌아와 그 비구의 용서를 구한 다음, 계속 정진하여 아라한이 된다(*Dhp.A.* I .325-32; cf. *AKB.*IV.55a-b). 그렇다면 성-변환은 정신적 잠재력을 제한하는 것으로 보이지 않는다.

양성구유인간

남성과 여성은 둘 다 ─설사 그들이 성을 바꾼다고 하더라도─ 출가하여 깨달음에 이를 수 있지만, 이는 양성구유인간, 즉 '양쪽 성의 성적 특징을 다 가지고 있는'(*ubhato-byañjanaka*) 사람에게는 사실이 아니다. 율장에서는 양성구유인간이 동료 비구나 비구니를 유혹하여 섹스를 가질 가능성 때문에 양성구유인간들은 출가시켜서는 안 된다고 말한다(*Vin.* I .89; *Vin.* II.271). 테라바다 주석가인 붓다고사는 수태를 시키고 아이도 낳을 수 있는 여성 양성구유인간과 아이를 낳을 수 없는 양성구유인간이 있으며, 어느 한쪽 유형의 양성구유인간은 남성과 여성 둘 모두에게 성적으로 이끌릴 수 있다고 주장했다. 이러는 가운데, 그는 아마도 양성구유인간이 되는 것과 양성애를 한 덩어리로 생각하고 있는 것 같다(Zwilling, 1992: 206).

---

2) 생물학적으로 성적 정체성은 임신 10주째에 발현된다.

양성구유인간이 되는 업인에 대하여, 중국 혹은 중앙아시아에서 편집된 7세기의 『대승조상공덕경』(大乘造像功德經)에는 다음과 같은 것들(남자에게 해당함)이 나와 있다:

(1) 숭배되고 존경받아야 할 부분이 더럽혀짐; (2) 다른 남성의 몸에 대한 욕망; (3) 그 자신의 몸 위에 욕망으로 가득한 일을 실행하는 것; (4) 여성인 체하고 다른 남성에게 자기 자신을 노출하거나 파는 것. (Beyer, 1974: 53)

붓다고사가 양성구유인간을 양성애자라고 보는 것과 마찬가지로, 이는 동성애 행위를 양성구유인간이 되게 하는 것으로 본다. 하지만 이 경전에 의하면 그러한 결과는 —만일 어떤 사람이 깊이 후회하고 신심을 가진 다음, 불상을 조성한다면— 피할 수 있는 일이라고 주장한다.

『밀린다팡하』는 양성구유인간들이 —비록 올바르게 수행한다고 하더라도— '방해를 받아서' 다르마를 이해하지 못한 사람들 가운데 있다고 본다. 어떤 이유도 제시되어 있지 않지만, 방해받은 또 다른 사람들은 판다카(paṇḍakas; 아래를 보라), 잘못된 견해를 가진 존재인 요괴, 다섯 가지의 가증스러운 행위 가운데 하나를 저지른 사람인 사기꾼, 스스로 출가한 사람, 즉 다른 분파로 넘어간 비구나 비구니, 승가의 공식적인 회합을 초래했던 위반을 범한 비구니 유혹자, 그리고 일곱 살 이하의 어린이 등이다(Miln.310). 어린아이와는 별도로 요괴 및 판다카에 해당하는 사람들은 확실히 도덕적 결함을 지닌 사람들이다.

판다카

판다카 혹은 '고환이 없는 자'(Zwilling, 1992: 204)는 양성구유인간과 유사한 맥락에서 논의된다. 이 용어는 일반적으로 과거의 '내시' ―즉, 고의로 거세된 사람―으로 번역되고 있지만, 레오나드 츠빌링(Leonard Zwilling)은 이러한 동일시는 잘못이라고 주장하는데, 왜냐하면 내시들은 사실상 무슬림 이전의 인도에서는 알려지지 않았기 때문이다. 오히려 그는 이 용어 및 그 동의어들은 ―'우리가 영어에서 허약하거나 무기력한 남성(혹은 심지어 여성)'에 대해 말할 때 "불알이 없는 놈"이라고 하듯이― 비유적인 방식으로 사용되었다고 주장한다(1992; 204). 실제로 그들은 여성과 마찬가지로 한 왕자가 추방당했을 때 (엉엉) 울었다는 말이 전해지고 있다(*J.* VI. 502).

이 용어가 정확하게 무엇을 가리키는가를 논의하기에 앞서, 그것은 정상적인 남성다움의 특징을 결여한 어떤 남자나 혹은 때때로(*Vin.* II. 271) 여성다움의 특징을 결여한 어떤 여자에게 적용되고 있다는 사실을 지적하는 것이 유익하다(*Vin.* II. 271). 인간들이나 동물들 간의 섹스 유형의 다양성을 개략적으로 설명하는 가운데, 율장은 여성과 남성, 양성구유인간 및 판다카에 대해 말하고 있다(*Vin.* III. 28). 양성구유인간이 양쪽 젠더의 성적 특징을 다 가지고 있는 반면, 판다카는 어느 쪽 젠더의 특징도 가지고 있지 않은 사람으로 여겨지고 있는 것 같다. 이는 불교경전들에서 가끔 언급되고 있는 일련의 네 가지 논리적 가능성들과 일치하고 있다: 어떤 것은 x이거나, 혹은 x가 아니거나, 혹은 (부분적으로) x이기도 하고 (부분적으로) x가 아니기도 하거나, 혹은 x도 아니고 x가 아닌 것도 아니거나인데, 여기서 'x'는 어떤 특징을 가리킨다. 판다카에 대한 공통된 주석적 해설은 나품사카(*napuṃsaka*), 즉 '남성이 아님'인데, 이 용어의 사용은 그것이 정상적 남성도 아니고 정상적 여성도 아닌 어떤 사람, 다시 말해 '중성인'을 가리키고 있다는 것을 보여 준다. 비구니에게 해당하는 여러 가지 교단 차원의 관능적 본성의 위반을 논의하는 가운데, 율장은 —만일 그것이 인간 남성과 관련되어 행해진다면— 그 행위는 하나의 완전한 위반이며, —만일 그것이 인간이 아닌 남성과 관련되어 행해지거나 혹은 판다카와 관련되어 행해진다면— 보다 작은 위반이라고 말하고 있는데, 그렇다면 판다카는 남성이 아닌 인간으로 보인다(*Vin.* IV.215, 233, 269). 실제로 츠빌링은 불교 이전의 『아타르바 베다』(Artharva Veda)가 판다카를 보통의 남성과 여성으로부터 구별하고 있다는 점을 지적하고 있는데, 이는 그들이 복장도착자였음을 암시해 준다(Zwilling, 1992: 205).

붓다고사는 중성적인 감정을 수반하는 특별한 종류의 마음-의식을 수태 순간에 일어나 그 후 의식의 배경이자 휴식상태(*bhavaṅga*)가 되는 것으로 보는데, 왜냐하면 '눈먼 사람, 귀먹은 사람, 저능아, 미친 사람, 자웅동체인간, 중성인(*napuṃsaka*)'은 인간으로 태어나거나(*Asl.* 264-5) 혹은 단지 '판다카 등'은 인간들 사이에 있기 때문이다(*Vism.* 475). 그러므로 하나의 인격체는 수태 순간부터 남성이 아닌 사람 혹은 판다카로 간주된다: 판다카가 된다는 것은 이러한 삶의 선택이나 거세의 결과가 아닌 것이다.

붓다고사는 또한 다섯 가지 유형의 판다카를 기술하고 있다:[3]

(1) '물을 뿜게 하는 판다카(āsitta)-paṇḍaka'; 다른 사람의 성기를 입으로 빨아 사정에 이르게 함으로써 자기 욕망을 해소하는 자

(2) '질투하는 판다카(usūya)-paṇḍaka'; '다른 사람이 성행위하는

---

3) *Vin. A.* v.1015-16에서는 판다카의 출가를 금지하고 있는 *Vin.* I.85-6에 대해 주석을 달고 있다; cf. Zwilling, 1992:204.

것을 지켜보다가 질투심을 일으킴으로써 자기 욕망을 해소하는 자', 즉 관음증 환자

(3) '수단을 사용하는 판다카(opakkamika)-paṇḍaka'; '어떤 특별한 수단을 사용함으로써 자기 정액이 분출되도록' 하는 자

(4) '2주 동안만 판다카(pakkha)-paṇḍaka'; 과거의 업 때문에 음력 한 달 가운데 2주 동안만 판다카가 되는 사람, 즉 다른 2주 동안은 자기 욕망을 정상적으로 해소할 수 있는 자

(5) '남성이 아닌 판다카(napuṃsaka)-paṇḍaka'; 임신 순간부터 남성성이 결여된 자 등이 곧 그들이다.

여기서 유형 (1)~(3)은 어떤 통상적이지 않은 방법으로만 성적 위안에 도달할 수 있는 것으로 보이며, 유형 (4)는 그 달의 일부 동안 성불능인 사람인 반면, 유형 (5)는 아마도 태어날 때부터 '결여되어' 있기 때문에 사정에 도달할 수 없는 사람인 것 같다; 바수반두는 이 유형을 '완성되지 않은 몸[ātmabhāva]'을 가지고 있는 것으로 본다(AKB.IV.97b-c). 이는 어쩌면 고환이 없이 태어난 '남성'이나 혹은 그의 고환이 내려가지 않고 남아 있어 마치 없는 것처럼 보이는 사람을 가리키는 것일 수 있다. 『마하바스뚜』를 보면 판다카는 궁전에서 왕을 시중드는 '꼽추와 난쟁이 및 키 작은 흑인'(Mvs. II.469; cf. II.47) 등과 같은 다양한 사람들 가운데 있다. 그들은 또한 여성들의 처소와 심지어 우두머리 왕비의 처소에도 들어가는 것이 허용된 소수의 집단 가운데 하나였다(II.469). 이는 그들이 어쨌든 불구이며, 따라서 왕의 부인이나 후궁들에게 아무런 성적 위협이 되지 않는다고 간주되었음을 의미하는 것으로 보인다. 츠빌링은 이 용어를 그들 모두가 'napuṃsaka', 즉 '남성성을 결여하고 있음'이라는 공통의 성질을 공유한', '다양한 성적 기능장애를 가진 사람

들'을 의미하고 있는 것으로 본다. 다시 말해 하나 혹은 또 다른 이유 때문에 그들은 성인 남성에게 기대되는 정상적인 성 역할을 충족시키지 못하는 것이다(1992: 205).

여성 판다카도 이따금씩 언급되고 있다. 율장에 나오는 두 단락은 '여성 판다카'는 남성의 성적 파트너가 될 수 없다는 것을 함축하고 있다(*Vin.* III.129, 144). 츠빌링에 따르면 이 용어는 '남성 판다카와 비교해 보건대, 의학문헌의 나리산다(nārīṣaṇḍa), 즉 레즈비언 부류 및 그에 상응하는 여성에 지나지 않는 것으로 보인다'라고 말한다(1992: 208). 하지만 여성 판다카를 레즈비언과 동일시하는 것은 문제가 있다: 그녀는 성적으로 여성들에게 끌릴 수도 있지만, 또한 그녀는 상당히 비정상적인 자궁기관을 가진 것이 틀림없는 것으로 보인다. 이것은 비구니로 출가할 수 없는 사람들의 목록, 즉 다음과 같은 사람들의 본성으로부터 분명해진다:

> 성적 특징을 가지고 있지 않은 사람, 섹스를 할 수 없거나 무월경 및 말라붙은 피를 가진 사람, 언제나 월경 옷을 입고 있으며 피를 떨어뜨리거나 그곳이 불구가 된 사람, 여성 판다카, 남성과 같은 여자(vepurisikā), (항문과 질)이 함께 움직이는 사람, 양성구유인간 등. (*Vin.* II.271)

판다카의 성적 행위

붓다는 모든 판다카의 출가를 금지시켰으며 나아가 이미 출가한 사람들의 가사를 모두 벗길 것을 요구했다는 말을 듣고 있는데, 왜냐하면 이에 뒤따른 상황 때문이었다(*Vin.* I.85-6). 한 판다카 비구가 어떤 젊은 비구들에게 접근했고, 다음에는 어떤 뚱뚱한 신참자들에게, 그리고 그 다음에는 어떤 코끼리 사육사들과 말 사육사에게 접근하여 각각의 사람들에게 번갈아 가며 자기를 '더럽혀' 달라고 부탁했다. 첫 번째 두 집단은 그를 돌려보냈지만, 마지막 집단은 그의 요구를 들어주었다. 그 후 그들은 판다카였거나 혹은 판다카가 아니었던 불교비구에 관계없이 (그들은 모두) 판다카를 '더럽혔다'라는고 소문을 냈다.

이는 판다카가 어떤 부류의 난잡한 수동적 동성애자로 간주되었다는 것을 암시한다. (남성) 판다카들이 잠재적으로 남성들에게 성적으로 이용당할 수 있다고 보였다는 사실은 훌륭한 비구라고 하더라도 —만약 그가 보시하러 성매매여성과 과부 및 음탕한 젊은 처녀, 판다카 혹은 심지어 비구니의 거주지로 간다면— 불신을 받고 의심을 산다는 말을 들을 것이 틀림없다 점이 암시되고 있다(A. III.128; cf. Vin. I.70). 그래서 붓다고사는 그들을 성매매여성들이나 음탕한 젊은 처녀들과 마찬가지로, 욕망이나 누군가와 우정에 지배되는 것으로 보았다(Vin. A. v.991-2). 그들은 '억제할 수 없는 욕망을 가지고 있으며, 더러움으로 가득 찬 비-남성'이다. 따라서 비구는 판다카와 함께 있는 사적인 자리에 앉아서는 —비록 이것은 여성과 함께 있는 자리에 앉는 비구보다는 작은 위반이지만— 안 된다(Vin.IV.96). 츠빌링은 율장에서 판다카는 거의 언제나 성적인, 특히 동성애적인 행위의 맥락에서 언급되고 있다고 주장한다(1992: 205). 그는 그들을 '수동적이며 어쩌면 복장성도착자일지도 모르는 동성애자라고 사회적으로 낙인찍힌 계층'이라고 기술함으로써 자신의 견해를 요약하고 있다(1992: 209).

그러한 사람들을 독신 남성공동체 안에 둔다는 것은 문제가 있는 것으로, 즉 그들의 출가에 방해가 되는 것으로 보였을 것이다.

비구가 자신의 성기로 다른 남성이나 판다카를 포함한(*Vin.*III.28) 어떤 존재의 모든 구멍에 삽입하는 것은 추방을 초래하는 위반이었다. 흥미롭게도 이러한 분리는 다른 남성에 의해 삽입을 당한다는 것은 반드시 한 남성이 판다카라는 것을 의미하지는 않았다는 사실을 함축하고 있다. 아마도 그는 ―비록 7세기의 『대승조상공덕경』은 심지어 판다카로 다시 태어난 사람과 '여성의 욕망 및 욕구를 가진 채 다른 남성들에 의해 여성으로 대우받는 것을 즐기는 사람', 즉 그러한 과거의 까르마적 원인으로 인해 다른 남성들을 경멸했거나 여성으로 옷을 입는 것을 즐겼던 사람 사이를 구분하고 있지만 ― 강간을 당했을 수도 있다. 따라서 수동적인 동성애자들이라고 해서 모두 판다카로 분류되지는 않는다. 더욱이 율장에는 다른 남성이나 판다카에게 삽입하는 것이 곧 어떤 남성을 판다카로 만드는 것이라고 간주되지는 않았다. 힌두교의 『카마수트라』(Kāmasūtra)에서도 어떤 남성을 '동성애자적인 다른' 사람으로 보는 데 있어서 결정적인 것은 '전형에서 벗어난 젠더 행위와 여성적인 역할', 즉 삽입당한다는 것이었다(Sweet and Zwilling, 1993: 595).

츠빌링은 출가 금지를 단순히 '지배적인 전통들에 대한 실천적 양보'로 보고 있다(1992: 209); 그러나

> 성적인 비행의 고전적인 정의가 금기와 전-근대 인도사회의 관심사를 반영하고 있다는 이유로, 현대의 사회도덕에 대한 상대주의적이고 상황론적인 평가에 바탕을 두고 재정식화될 수는 없는가? 여기서 조사된 경전적인 원천들은 적어도 신체의 기관이나 발생학적인 것에 토대를 둔 성적 지향성으로 보는 동성애의 현대적 견해와 일치하는데, 이는 [원문 그대로]이성애와 동일한 중요성(또는 비중요성)을 가지고 있다. (1992: 210)

이 대목에서 우리는 불교가 —아마도 일본과 미국에서의 특정 종파를 제외한다면— '상대주의적이고 상황론적인' 윤리를 추구하지 않고 있다고 말할 수 있다. 위에서 조사된 인도의 원천들은 판다카를 그렇게 태어난 어떤 존재로 —비록 이 용어는 단지 어떤 유형의 수동적 동성애자를 포괄하고 있을 뿐이라고 하더라도— 본다는 것은 사실이다. 어떤 남성이나 판다카에게 삽입하는 것은 여성에게 삽입하는 것보다 비구에게 결코 더 나쁘지 않은 위반으로, 즉 '동성애적인' 삽입은 '이성애적인' 삽입보다 독신 남성에게 결코 더 나쁘지 않은 것으로 보이는 것이 사실이다. 그러나 (수동적-동성애자인) 판다카가 된 상태는 우리가 곧 보게 될 것처럼, 여러 가지 정신적 불구를 가진 사람으로 여겨지고 있다.

판다카의 심리적 본성과 제한된 잠재력

『밀린다팡하』310은 판다카를 자웅동체인간과 마찬가지로, 비록 그들이 올바르게 수행하고 있다고 하더라도 다르마의 이해에 도달하는 것을 정신적으로 방해받은 사람들 가운데 있다고 본다. 테라바다의 주석가인 붓다고사는 판다카와 양성구유인간 및 고정불변의 잘못된 견해를 가진 사람들은 *Vibh.* 341에서 '더럽혀짐에 의해 방해받은' 것으로 기술된 사람들이라고 주장한다: 그들은 '어떤 정신집중 주제를 전혀' 발전시킬 수 없다(*Vism.* 177). 마찬가지로 방해받은 다른 사람들 가운데 환생에 직접적인 영향을 미치는 무겁고 사악한 행위를 범한 사람들이 있다('까르마에 의해 방해를 받는다'): 그와 같은 모든 사람들은 건전한 상태 속에서 확실한 옳음에 들어갈 수 없다. 이와 마찬가지로 『아비달마구사석론』에서 바수반두는 판다카를 '오염의 장애'에 지배되는 것으로 보는데, 이 때문에 그들은 만성적이고 지속적인 오염으로 고통받는다:

> 가끔씩 솟구쳐 오르는 오욕은 비록 그것의 충동성이 강하다고 하더라도 극복될 수 있지만, 지속적인 오욕은 비록 그것이 잠자코 있다고 하더라도 극복될 수 없다. 이것이 발견되는 사람은 그것을 극복하기 위해 노력할 시간을 찾지 못한다. 작은 것에서부터 그것들은 중간 크기가 되며; 중간 크기에서부터 그것은 강력한 것이 된다: 따라서 그것들은 하나의 장애물을 형성한다. (*AKB*.IV.96)

이는 판다카가 고상한 길로 들어가는 통찰력을 얻거나 이를 준비하는 행동들을 하지 못하도록 방해를 받는다는 것을 의미한다.

바수반두도 판다카와 양성구유인간은 통상적인 좋은 일들(관대한 행위와 같은 것)을 할 수 있는 반면, 그들은 규율(saṃvara)이나 무규율(indiscipline) 가운데 어느 한쪽을 실행할 수 없다고 주장하고 있다(*AKB*.IV.43a-d; cf. II.1b).

첫 번째는:

그들이 극단적인 정도로, 두 가지 성의 오욕을 간직하고 있기 때문에; 그들은 이러한 오욕에 맞서 싸우는 데 필요한 반성을 할 능력이 없기 때문에; 그리고 그들에게는 자존감의 활력과 결과에 대한 관심이 부재하기 때문이다.

두 번째는:

위반(*pāpāśaya*)을 범하는 의도가 그들 사이에서는 강력하지 않기 때문에; 무규율은 규율에 반대되기 때문에; 그리고 오직 규율을 실행할 수 있는 사람만이 무규율을 실행할 수 있다… 그들의 몸은 소금이 스며든 땅과 비슷한데, 그 안에서는 밀도 키울 수 없고 해로운 잡초도 키울 수 없다.

그러나 티베트의 전통에서 카규(bKa'brgyud)파의 창시자인 캄포파(sGam-po-pa: 1079~1153)는 판다카 및 구엔터(Guenther)가 '성불능자'라고 번역한 것은[4] 비구나 비구니의 규율은 아니지만 보살의 규율을 실천할 수 있다고 주장하는데, 이 규율은 다른 사람들에게 해를 끼치지 않고 나아가 그들에게 적극적으로 이익을 가져다주는 것으로 구성되어 있다(Guenther, 1959: 107).

바수반두 역시 판다카와 양성구유인간은 ─그들의 밑바탕(*āśraya*)이 나쁜 환생으로 태어난 사람들처럼 흔들리고 확고부동하지 않은 ─ 관능주의자들 속에 있는 것으로 간주되며, 따라서 그들은 선의 뿌리를 차단할 수 없다고 주장한다(*AKB*.IV.80a-b). 이와 마찬가지로 『밀린다팡하』도 판다카는 그들의 '불확실성' 때문에 비밀을 지킬 수 없다고 말한다(*Miln*.92-3). 다시 바수반두는 만약 그들이 자신의 어머니나 아버지를 죽인다면, 그것은 어떤 다른 사람이 그렇게 한 것만큼 가증스러운 일은 아니라고 말하는데, 왜냐하면 '(부모에 대한) 그들의 친절함과 존경심은 평범'하기 때문이라고 말한다:

---

4) Tib. *za.ma*, Skt. *ṣaṇḍha*.

단지 불완전한 몸(*ātmabhāva*)에 불과한 판다카를 낳았고 그런 자신의 아들에게 단지 평범한 애정을 가지고 있었을 뿐인 그들의 부모는 평범한 은인이기 때문이다; 다른 한편, 판다카는 — 이를 파괴하면 그에게 치명적인 위반이라는 죄책감을 가져다줄 — 자신의 부모에 대한 강력한 존경심을 경험하지 못했기 때문이다. (*AKB.*IV.97b-c)

그러므로 위의 단락은 판다카를 통상적인 좋은 일을 할 수 있는 사람으로 묘사하고 있지만, 그는 계속되는 정신적 오욕으로 인해 정신집중에 성공하여 다르마를 이해하거나 그 길에 대한 통찰력을 얻는 데 방해를 받는다. 그는 양쪽 성의 오욕으로 가득한 관능적이고 염치없는 본성을 가지고 있지만, 불확실하고 갈팡질팡하며, 나아가 자신의 오욕을 반성할 수도 없다. 그는 정신적 규율을 수행할 수 없으며 따라서 만약 그가 의도적으로 무규율적이게 되고 있다고 하더라도 비난받을 수 없게 된다. 그는 부모의 사랑을 받지 못한다.

판다카와 환생

'남성도 아니고 여성도 아닌' 것은 어떤 경우의 간통에서 나온 업보들의 한 끈 속에 있지만(*Thig.* 436-47; J.VI. 237-9), 『출가공덕경』(Pravrajyāntarāya Sūtra)에서는 만일 재가 남자가 어떤 사람이 출가하는 것을 막거나, 다르마를 비방한다면, 혹은 비구나 바라문들에게 화를 낸다면, 그리고 만일 그가 이런 것들에 '몰두한다면', 판다카가 되는 것을 포함하여(*Ss.* 73-4에서 인용됨) 여러 가지 나쁜 환생의 형태를 수반할 수 있다고 말하고 있다. 『대승조상공덕경』은 판

다카로 환생하는 것은 다음과 같은 네 가지의 업인을 가지고 있다고 말한다:

(1) 다른 남성을 거세하는 것 (2) 계율을 지키는 출가자를 비웃으며 경멸하거나 중상하는 것 (3) 성적 욕구 때문에 스스로 계율을 위반하는 것 (4) 스스로 계율을 어길 뿐만 아니라 다른 사람도 똑같이 하도록 권유하는 것.

그러나 신념을 일깨우고 붓다의 상을 조성하는 것은 이러한 행위의 결과를 막을 것이며, 나아가 그는 항상 '본래의 모든 능력을 갖춘' 남성이 될 것이다(Beyer, 1974: 53). 다시 바수반두는 거세되는 것으로부터 남성을 구한 판다카는 남성의 성적 특징을 회복할 것이라고 주장한다(*AKB*,Ⅳ.55a-b).

보다 덜 판단적인 맥락에서, 미국의 선승 다이주이 맥필라미(Rōshi Daizui MacPhillamy)는 동성애에 대한 '전통적인 불교의' 설명은 동성애자의 바로 직전의 삶은 반대 성의 구성원으로 살았는데, 어떤 성향이나 기억이 직전의 삶으로부터 넘어와 현재의 삶을 물들인다고 말한다(1982: 29). 더욱이 이언 스티븐슨(Ian Stevenson)은 ― 그들이 누군가의 환생이라고 주장하는 그 사람의 과거 성격들에 대한 상세한 정보를 가지고 있는 것으로 보이는 어린이들에 관한 자신의 연구에서― 성정체성과 관련된 몇 가지 흥미로운 사례들을 보여 준다. 그는 전생의 성격이 반대 성의 그것이었던 많은 사례들을 조사했으며, 그것에 대해 글로 쓴 다섯 가지 사례들의 각각에서, 유독 반대 성의 옷과 놀이 양식을 좋아하는 것을 포함하여 '어린이로서의 그 주체는 반대 성의 특징적인 모습들을 보여 주었다'라고 말한다. 대부분의 사례들에서 그러한 행동은 어린이가 자라면서 사라졌으나, 미얀마의 한 여성과 같은 예외도 있었는데, 그녀는 제2차 세계대전의 와중에 미얀마에 (주둔하고) 있던 일본 군인이었다고 주장했으며 '20대 중반까지 행동이나 외모 면에서 비타협적인 남성으로 남아 있었다.'(1977: 318)

동성애 행위

위에서 살펴보았듯이, 교단의 규범은 ─만일 비구가 자신의 성기로 어떤 존재의 아무 구멍에라도 삽입한다면─ 그를 추방으로 처벌했다. 여성이나 판다카 혹은 남성 등과의 다른 어떤 성적인 행위나 관능적인 행위는 덜 심각한 것으로 다루어졌다. 그럼에도 불구하고 많은 규범들은 그와 같은 행위, 즉 추방을 불러일으키는 행위들을 피하기 위해 고안되었다. 자위행위는 비구에게 심각한 위반이며 이것은 다른 사람 몸 위에 정액을 분출하는 것을 포함하는데(*Vin.* III.113), 신참자를 시켜서 자위행위를 하는 비구나 자기가 잠자는 신참자를 자위시켜 주는 비구는(*Vin.* III.113) 동성애 행위를 포함하는 것으로 보일 수 있다. '불만족으로 고통받는' 비구들이 각자의 생식기를 손바닥이나 다른 물건으로 찰싹 때리는 것은 ─때리는 사람이 '접촉을 즐기는 것인데'─ 보다 작은 위반, 곧 참회의 위반이다(*Vin.* IV.260-1). 두 사람의 비구니가 하나의 침상 위에 같이 눕는 것도 마찬가지로 참회의 위반인데(*Vin.* IV.288-9), 이것 또한 잠재적인 동성애 행위에 속하는 것으로 보일 수 있다(Wijayaratna, 1990: 95). 두 사람이 같은 접시에서 식사를 하거나 하나의 침상을 공유하는 것은(*Vin.* II.124) 더 작은 위반, 곧 잘못의 위반인데, 이는 다른 곳에서는 여성들과 더불어 '타락한 비구들'에 의해 관능적인 행위로 여겨지고 있다(*Vin.* II.10). 마지막으로 *A.* III.270에서 붓다는 비구는 (모름지기) 다른 비구를 지나치게 '친애하거나 즐거운' 대상으로 헌신해서는 안 된다고 경고하는데, 만약 그렇게 하지 않으면 그 비구는 다른 승가 구성원에게 전혀 헌신하지 않을 것이며, 만일 승가가 자신이 좋아하는 사람을 훈육시킨다면 화를 내고, 나아가 다른 어떤 비구로부터 듣는 다르마에는 귀를 기울이지 않을 것이기 때문이다. 츠빌링은 이를 다른 비구를 대상으로 '동성애적 감정'을 갖는 것에 반대하는 경고로 본다(1992: 208).

이 모든 것에서 동성애 행위나 감정과 연관된 규칙들은 단지 비구나 비구니에 의한 모든 성적 표현들을 최소화하는 것을 목표로 삼은 규칙들의 일부에 지나지 않는다. 동성애는 어떤 특별한 비난을 하기 위해 선별된 것이 아니다. 그러므로 츠빌링은 —그가 '동성애 행위는 인도불교의 저작들에서 소홀히 다루어지지 않았을 때, 비교 가능한 이성애 행위들과 똑같은 정도로 많이 타락했다'고— 말할 때— 교단의 맥락에서 보면 옳다(Zwilling, 1992: 209). 하지만 율장이 동성애적 관계를 이성애적 관계보다 —존 지 존스(John G. Jones; 1979 :79)처럼— 비구나 비구니들에게 더 용서될 만한 것으로 보고 있다고 간주하는 것은 옳지 않다고 본다. 그는 율장이 동성애 행위보다 이성애 행위에 대해 해야 할 말이 더 많으므로, 그리고 동성애적 관계는 어린이들에게 미칠 수 없기 때문에 그렇다고 말한다. 그러나 이성애적 행위에 더 많은 양의 관심이 주어진 것은 단순히 그것이 더 흔한 일이라는 사실에서 기인하는 것으로 볼 수 있다. 더욱이 만일 남성과 섹스를 가진 어떤 비구가 결코 아이를 낳지 않을 것이므로 용서될 수 있었다면, 판다카는 실제로 출가하는 것이 금지되었을 것으로 보이지 않는다.

재가신자들 사이에 동성애적 감정이나 행위가 일어나게 되면, 이성애와 동성애 양자 모두에 대한 공평한 반대는 무너진다. 따라서 카베존(José Cabezón)은 ―그가 동성애는 이성애의 규범에 반하기 때문이 아니라 그것은 단지 독신을 파괴하기 때문에 비난받아 왔다고 말할 때― 동성애에 대한 불교의 태도를 일반화한 점에 있어서 옳지 않다(1993: 82). 테라바다의 전통에서 붓다고사는 '남성에 대한 남성의 욕구와 집착 및 여성에 대한 여성의 욕구와 집착'(*D. A.* 853)을 *D.* III.70에서 '그릇된 실천'(micchā-dhammo)의 의미로 간주하는데, 이는 그러한 일들이 과거의 어느 시점에서 사회의 도덕적 타락의 일부로 일어나기 시작했음을 말해 준다. 대승 전통에서 산티데바의 『대승집보살학론』은 『정법염처경』을 다음과 같이 인용하고 있다:

> 마찬가지로 [내생에 있을] 끝없이 다양한 처벌이 두 남성들 간의 성교라는 그릇된 행위를 위해 기술되어 있다. 소년들과 부정한 잘못을 저지른 사람은 그를 향해 울부짖으며 황산강 속으로 휩쓸려 떠내려가는 소년들을 목격하는데, 그들에 대한 그의 깊은 애정 때문에 일어난 고통과 심통으로 인해 그는 소년들을 뒤쫓아 물속으로 뛰어들게 된다.[5]

그러나 로저 콜레스(Roger Corless)는 『대승집보살학론』은 '신성한 텍스트 위에서 콧물을 닦는 자는 책으로 환생할 것이라는 예언과 같은, 다른 기이한 것들도 보존하고 있는 하나의 선집이다… 그와 같은 언명들은 거의 주류 다르마가 아니다'라고 지적한다(1995:

---

5) *Ss.* 80을 보라. 그러나 이 번역은 Zwilling, 1992:209에 의한 부분적인 번역에 의존하고 있다.

3). 하지만 비난하는 가운데서도 남색꾼의 까르마적 열매에 대해 동정하는 기미도 엿보인다.

동성애적 섹스는 성적 부정행위에 관한 세 번째 계율을 어느 정도나 파괴하는 것으로 보이는가? 테라바다 전통에서 붓다고사는 이 계율의 위반을 '누군가가 들어가서는 안 되는 사람들'을 상대로 위반하기 위해 부도덕한 수단으로 몸을 통해 수행된 의지'로 본다. 연관된 단락(*M.A.* I.199)에 대한 콘즈(Conze)의 번역(1959: 71)은 "누군가가 들어가서는 안 되는 사람들'이란 무엇보다도 남성을 의미하는 것'이라고 말하지만, 실제로 이것은 틀렸다; 이 단락은 단순히 '남성에게 있어서' 다양한 범주의 여성들과 성교하는 것은 그 계율을 파괴하는 것이라고 말하고 있을 따름이다. 『우파사카-자날란카라』(Upāsaka-janālaṅkāra) ─12세기에 붓다고사가 공부했던 스리랑카에서 저술된 대중적 불교 안내서임─ 또한 세 번째 계율(pp.178-9)을 단지 재가 남성이 섹스를 해서는 안 되는 여성들의 범주를 논의하는 것으로 설명하고 있을 뿐이다. 츠빌링은 인도의 주석가들 가운데서도 오직 붓다고사(위의 내용이 보여 주는 것은 논쟁의 여지가 있음)와 『아비달마집론』(Abhidharma-samuccaya)에 관한 익명의 주석서 저자만이 남성에게 금지된 섹스 대상자 가운데 남성을 포함시켰다고 주장한다(1992: 207). 이는 동성애적 행위를 적극적으로 인정한 것이라기보다는 단순히 못 보고 지나친 것 ─그 안에서 경전들은 세 번째 계율을 파괴하는 가장 흔한 방법들에 대해 관심을 집중하고 있는데─ 에서 기인하는 것일지도 모른다. 그렇다고 하더라도 그것은 대부분의 인도 주석가들이 그와 같은 행위를 비난하는 것에 대해 그다지 깊게 생각하지 않았다는 것을 보여 주고 있다. 여성들 사이의 섹스에 관해 인도의 불교경전들은 율장에서 이를 은근히 암시하는 것 외에는 사실상 완전히 침묵하고 있다.

하지만 티베트의 캄포파(1079~1153)는 자신의 책 『해탈보장론』(解脫寶莊論)에서 세 번째 계율을 논의할 때 동성애를 포함시키고 있다. 부분적으로는 『아비달마구사석론』으로부터 ―동성애적 행위에 대한 언급을 빠트리고 있는데― 유래한 것으로 보이는 방식으로, 남성과 여성 간에 이루어지는 여러 형태의 성적 부정행위들을 논의하고 난 다음, 그는 '그것은 또한 남성과 혹은 판다카의 입이나 항문에 성교하는 것을 의미한다'라는 말을 덧붙이고 있다(Guenther, 1959: 76).

『자따까』 이야기에 관한 자신의 연구에서, 존 지 존스는 다음과 같이 말한다:

> 우리가 『자따까』 이야기에서 이성애적 관계를 형성하는 것의 위험성에 대한 경고로 말해지고 있는 엄청난 양의 말들을 상기할 때, 동성애적 관계의 위험성을 경고하는 말은 한마디도 없다는 사실은 매우 주목할 만하다. 일찍이 표명된 바 있는 유일한 단서조항은 사람을 타락시키는 사악한 친구의 영향에 관한 것뿐이다. (Jones, 1979: 115)

그 이야기들은 확실히 이성애적 관계에서 비롯되는 수많은 사례들의 고통을 제시하고 있지만, 남성들 사이의 친밀한 우정은 호의적인 시선으로 긍정하고 있다. 여기서 존스는 '많은 양의 동성애적 감정이 작동하고 있다'(1979: 113)라고 본다. 비록 인도의 전통은 동성애적 감정을 이처럼 서구화된 방식으로 기술하려고 하지 않지만, 그것은 '남성들 사이의 따뜻하고, 부드럽고, 친절한 감정을 ―관련된 남성들이 서로 선을 지향하며 동기부여를 주고받는 동안의 좋은 것 이외의― 다른 어떤 것으로 결코 보지 않았다'(p.113). 그러나 동성애적 관습과 관련된 설명이라고 기대하면서, 존스가 찾아낼 수 있는 모든 것은 다음의 세 가지 이야기에 불과하다(1979: 113-15). 이야기 211에서 한 어린 소년이 왕의 시종이 되는데, 나중에 매우 친애하는 사이가 되었다: 존스에 따르면 왕들은 거의 성적 제한을 받지 않았으므로, 그 관계는 성적인 것이 되었을지도 모른다고 추정한다. 이야기 253은 인간의 형상을 한 뱀과의 긴밀한 애정(sineha; J.II.283)을 소중하게 생각하는 한 금욕주의자에게 관심을 보이고 있지만, 성적 열정(pariḷāha)에 대한 언급은 전혀 없다; 만약 있었다고 하더라도, 이 이야기는 독신을 파괴한 것에 대해 고민한 그 금욕주의자를 다루었을 것이다. 이야기 346은 단지 바라문과 그의 나이 든 스승의 우애로운 애정을 언급하고 있을 뿐이다. 존스가 인용하고(1979: 107) 있으며 카베존이 '동성애적인 암시를 주는'(1993: 89) 것이라고 예를 드는 하나의 경전은 이야기 498인데, 이는 항상 같이 돌아다니고, '생각에 잠기거나 서로 꼭 껴안으며, 매우 행복해하고, 머리를 맞대거나, 주둥이를 마주하며, 뿔과 뿔을 비비던' 두 마리 사슴에 관한 이야기이다(J.IV.392). 그러나 카베존은 그 둘은 형제로 기술되고 있으며, 따라서 여기서는 단지 형제애의 사례만 있을 뿐!이라는 사실을 간과하고 있다. 결과적으로 『자따까』에서 친밀한 우정을 긍정하는 것으로 보일 수는 있지만, 동성애적 행위의 도덕적 수용에 대한 적극적인 증거는 어디에서도 찾아볼 수 없는 것으로 보인다.

불교문화들 속의 동성애

카베존은 역사를 통해서 볼 때 불교는 동성애에 대해 '양가적'(ambivalent) 이었다는 것을 보여 주며, '이러한 증거는 전체적으로 불교가 동성 애에 대해 대체적으로 중립적이었다는 것을 암시하는 것으로 보인 다'라고 주장한다(1993: 82). 그는 이러한 '본질적 중립성'이야말로 불교로 하여금 서로 다른 문화의 성도덕에 적응하는 것을 가능하게 만들어 줬다고 보는데, 결과적으로 불교의 태도는 동성애에 대한 비난으로부터(동성애에 대한 박해는 옹호하지 않음) 용서, 그리고 일본 에서처럼 적극적인 찬양에 이르기까지 다양한 모습을 띠고 있다 (p.82). 그러나 이러한 주장은 불교의 전면적인 '본질'이 존재한다 는, 다소 의심스러운 개념에 의존하고 있다. 그렇다면 그 증거를 한번 살펴보기로 하자.

남방불교 국가들

통찰력 명상 형식의 현대적 스승인 인도 출신 고엔카(N. Goenka) 는 "동성애가 위험하다고 생각하는데, 왜냐하면 그것은 그가 남성 적인 에너지로 간주하는 것과 여성적인 에너지로 간주하는 것을 뒤 섞고 있기 때문이며" 지속적인 명상을 통해 '동성애가 사라질 것'이 라고 말한다.[6] 금세기 초의 태국 승가 지도자 프라 차오(Phra Chao) 는 판다카의 출가금지를 동성애자들에게 적용한 것으로 보았다.[7] 그러나 태국의 사회비평가 술락 시바락사(Sulak Sivaraksa)는 '붓다는

---

6) Corless, 1995:4, 1994년과 1995년의 날짜가 적힌 사신(私信)을 인용함.
7) *The Entrance to the Vinaya*(Bangkok: Mahamukutarajavidyalaya, 1969), vol. I, p.57, Zwilling, 1992:213에서 인용함.

결코 동성애를 언급한 적이 없으며 단지 우리는 섹스를 해로운 방식으로 사용해서는 안 된다고 말했을 뿐'이라고 주장했다.[8] 게이 클럽들이 방콕에 존재하고 있으며, 나아가 동성애는 태국에서 에이즈 위기가 높아지는 데 기여하고 있을지 모르지만, 성매매여성들은 이곳에서 확실히 자신의 역할을 다하고 있음에 틀림없다. 멜포드 스피로(Melford Spiro)의 보고에 의하면, 미얀마에서 비구들은 대체로 독신 서원을 지키는 데 있어서 양심적이며 이로부터 벗어나는 이성애적 탈선과 동성애적 탈선 두 가지 모두를 회피한다고 한다. 재가 신자들은 비구가 율장을 지킬 것으로 기대하며, 나아가 사원을 방문자에게 개방함으로써 불법적인 성행위를 숨기기 어렵게 만든다. 19세기의 기독교 관찰자들도 비구의 훌륭한 규율을 주목했었다(Spiro, 1971: 366-8).

또한 스피로는 스리랑카에 있을 때, 동성애가 승가 내에서 드물지 않은 일이라는 것을 들었다고 보고한다: 비구들 사이, 비구들과 행자들 사이, 그리고 비구들과 재가 신자들 사이에서 말이다(Spiro, 1971: 368). 하지만 마틴 사우스월드(Martin Southwold)는 스리랑카의 불교 재가 신자들이 대부분의 비구들은 하나의 성격적 특징으로서 숨어서 동성애를 갖고 있다는 주장에 대해 기꺼운 마음으로 반응한다는 것을 발견했다. 그들의 경험에 의하면, 평균적인 비구는 여성들과의 교유를 즐기고 있으며 또한 그들이 매력적이라는 것을 발견하는 것처럼 보인다(1983: 38). 스리랑카에서의 출가는 태국과 미얀마에서와 달리 일반적으로 종신 동안이며, 따라서 설사 성적 욕구를 다루는 데 있어서 어려움이 있다고 하더라도 가사를 벗는다는 것은 사회적으로 용인받기 어렵다는 사실을 주목해야 할 것이

---

8) Corless, 1995:6, 1994년 에릭 콜빅(Eric Kolvig)으로부터 온 사신을 인용함.

다. 물론 이러한 성적 욕구는 ―아무리 교단의 핵심적인 규칙을 파괴하는 것이라고 하더라도― 어떤 비구의 성이 다른 남성들과의 관계로 표현되도록 할 수도 있을 것이다.

티베트

티베트의 재가 신자들 사이에서 동성애는 매우 부정적인 시각으로 비춰지고 있으며, 따라서 그것은 거의 전적으로 답돕(lDab ldobs)에게 한정되었던 것으로 보인다: 답돕은 규모가 큰 사원의 신체적으로 힘쓰는 일을 맡았고 운동경기에 참가하거나 경찰관으로 행세했던 비정규직의 비구들이다(Goldstein, 1964; Cabezón, 1993: 93). 멜빈 골드스타인(Melvyn Goldstein)은 그들을 교단생활의 규율에 적응할 준비가 되어 있지 않았지만, 재가자의 삶으로 되돌아감으로써 비구라는 특권과 경제적 안정을 놓치려고도 하지 않았던 비구들이라고 기술하고 있다. 그들은 교단의 제도가 교육시킨 ―그들을 보다 더 규율이 잡힌 비구들의 조직으로 흡수하기 전에 교단의 주변에 살도록 허용함으로써― 잠재적 일탈자들이었다. 규모가 더 큰 사원들에서 그들은 상주인구의 10%를 차지하기도 했다(1964: 125, 137-8, 140). 답돕들은 소년들과 성적 행위를 하는 것으로 알려졌지만, 어떤 구멍에도 삽입하지 않음으로써 추방을 야기할 위반을 범하는 것은 피했다. 대신 그들은 성기를 상대방의 다리 사이로 뒤에서 삽입함으로써 자극에 도달했다(Goldstein, 1964: 134; Cabezón, 1993: 93). 젊은 비구들이나 재가 청년들이 종종 답돕들에게 납치되기도 했으나, 희생자들은 이에 대해 입을 다물었는데, 그것은 답돕과의 관계와 동성애 파트너였다는 불명예 두 가지 모두를 뒤집어

쓸 수 있기 때문이었다(Goldstein, 1964: 135). 답돕들은 또한 종종 자발적인 파트너의 호의를 얻고자 다투기도 했는데, 이 때문에 그들은 가끔 교단 당국에 의해 싸움을 한 것과 동성애를 했다는 두 가지 이유로 처벌을 받기도 했다(Goldstein, 1964: 135). 그러나 이들의 잘못도 그들이 재가 신자들과 비구들에 의해 똑같이 존경받는 것을 막지는 못했는데, 그 이유는 그들의 사회 기여 및 부와 사람들에 대한 그들의 초연함 때문이었다(Goldstein, 1964: 138). 그들은 나쁜 비구들로 인식되긴 했지만, 가장 나쁜 비구들로 간주되지는 않았다: 그들은 경건함의 장막 뒤로 자신의 나쁜 행위를 숨기는 위선적인 사람이었다(Goldstein, 1964: 138-9). 하지만 답돕들은 적어도 정직의 덕목은 가지고 있는 것으로 간주되었는데, 이는 티베트인들의 찬사를 받는 덕목이다.

동방불교 국가들

중국에서 대체로 불교가 전래되기 이전인 한대(漢代, 206 기원전~220 기원후)의 기록들은 일부 황제들이 남성 애인을 두고 있었음을 보여 준다. 송대(宋代, 960~1279)에는 —비록 1111년 무렵 남창들에게 신체적 형벌과 벌금이 공포되었고, 이후 동성애는 법에 의해 간헐적으로 단속되긴 했지만— 남창과 복장성도착증이 흔한 일이었다(Wawrytko, 1993: 200-1; Faure, 1991: 254). 성적 억압은 청대((淸代, 1644~1912)에 들어와 더욱 두드러졌으며, 서구적 관념들이 이에 추가되었지만, 현재의 공산주의 정권에 의한 가혹한 처벌, 심지어 사형집행을 하는 것 등은 유례가 없는 일이었다(Wawrytko, 1993: 206). 불교국가가 아니었던 전-근대 시대의 중국이 동성애에 대해 유보

적 입장을 표현했다면, 그것은 가문의 안정과 지속성에 대한 유교
적인 우려와 권력을 가진 사람들의 타락, 혹은 건강한 성적 에너지
의 사용, 특히 남성의 그것에 대한 도교와 관련된 관심에서 기인하
는 것이었다(Wawrytko, 1993: 204-10). 그럼에도 불구하고 유교는 가
족이나 사회적 의무를 해치는 경우를 제외하고 동성애를 비난하지
않는 경향이 있었다. 심지어 명나라 시대(1368~1644)에는 남성동성
애 커플이 함께 사는 것을 승인한 가족들에 관한 언급도 있다. 사
랑에 굶주린 여성들의 레즈비어니즘은 간통보다 선호할 만한 것으
로 여겨졌다. 17세기의 예수회 소속 선교사들은 동성애 행위를 함
에 있어서 도덕적 침해가 없는 것에 대해 경이로운 눈으로 보고했
다. 동성 간의 관계는 남자배우들(모두 남성) 가운데서, 왕실 후궁들
에게서, (한 사람의) 여러 부인들 간에, 그리고 사창가에서 드문 일
이 아니었다(Wawrytko, 1993: 201-3).

샌드라 와우리코(Sandra Wawrytko)는 명왕조의 문헌이 심심치 않
게 일부 불교 비구니들이 레즈비언이었다는 의구심을 표현하고 있
다고 보고한다. 어떤 '레즈비언 고전'은 남편과 부인으로 다시 태어
나기를 서약하고, 붓다를 자신들의 '결혼식' 증인으로 초청하는 두
여성 영웅들의 이야기를 담고 있다(1993: 203). 19세기에는 '금란회'
로 알려진, 불교의 영향을 받았고 재정적으로 독립적이었던 비단
직공 여성들의 운동이 때때로 레즈비언 결혼식을 거행하기도 했다
(Cabezón, 1993: 84).

20세기 들어 공산주의 시대 이전에 홈스 웰치(Holmes Welch)는
비구들이 사원 내에서의 동성애를 매우 희귀한 일이며 이를 '저급
한 취향'이나 무의미한 짓으로 간주했다고 보고한다. 그러나 이전
에 비구였던 어떤 사람은 나이 든 비구와 젊은 비구들 사이에는 상
당한 감정적 친밀감이 존재했다고 보고한다(Welch, 1967: 118). 존

블로펠드(John Blofeld)는 그가 중국 사찰에서 9개월간 머무르는 동안 ―비록 친구들 사이에는 많은 친밀감이 존재했지만― 어떠한 성애의 흔적도 찾아볼 수 없었으며, 모두들 '동성애적 친밀감에 무관심했다'라고 보고하고 있다(1972: 164). 실제로 중국 문화에서 남성들과 여성들은 가끔 서로 다른 동아리로 이동하곤 했는데, 이는 동성 간의 긴밀한 우정을 권장시켰다는 사실을 주목해야만 한다. 인도에서처럼 공공장소에서 손을 잡는 것은 ―비록 성애적 감정 그 자체는 아니었지만― 그와 같은 긴밀한 관계의 표시였다(Wawrytko, 1993: 199).

최근 ―미국에 사찰들을 건립했고 많은 존경을 받고 있는 중국의 스님인― 대선사 쉬안 후아(Hsüan Hua)는 '동성애는… 낮은 영역의 존재로 다시 태어나도록 하는 씨앗을 심는다'[9]고 주장했다. 중국의 전통과 유사한 한국적 전통에서 현대적 스승인한 선사는 말하기를, 동성애는 업의 결과이지만, 적절한 만다라를 암송하면 동성애자를 이성애자가 되도록 유도할 수 있다고 말했다.[10]

일본에서는 현재의 형법이 동성애나 남색에 대해 전혀 언급하고 있지 않지만(Wawrytko, 1993: 219), 그럼에도 불구하고 남자 대학생에 대한 1987년의 한 연구에 의하면, 능동적인 동성애자들(4.5%)은 가족을 수치스럽게 하는 것을 원하지 않기 때문에(Wawrytko, 1993: 215) 자신들의 성적 기호를 숨기는 경향이 있다는 것을 발견했다고 하는데, 이는 아마도 유교의 영향으로 보인다. 더욱이 우메자와(Umezawa)는 다른 사람들 앞에서 수치스러움을 당하지 않으려는

---

9) *Buddhism: Essential Teaching*, 비구 행 슈어(Heng Shure)에 의해 편집되었음 (Talmage, Calif., City of 10,000 Buddhas, 개인적으로 유포된 책자, p.65), Corless, 1995:4에서 인용됨.
10) Corless, 1995, 4, 'Relationships Aren't a This or a That: An Interview with Bobby Rhodes'를 인용하고 있음, *Turning Wheel*(Fall, 1992), 19.

일본인들의 욕구야말로 '일본인들의 사고방식이 사람들로 하여금 쉽게 동성애자가 되는 것을 허용하지 않는' 이유를 설명해 준다고 주장한다(1988: 171).

그럼에도 불구하고 중국에서와 마찬가지로, 전통적인 일본 문화에서 남성과 여성의 일반적 분리가 긴밀한 동성 간의 관계들을 가져왔다. 더욱이 고유 종교인 신도는 완전히 자연적인 인간성의 한 측면으로서 성에 대해 일반적으로 허용 가능한 태도를 권장해 왔다. 전통적으로 동성애 관계들은 당사자들이 서로에 대해 헌신과 동정심을 가지고 있는 한, 기꺼이 관용되었다. 사무라이 전사들 사이에서 동성애 비율이 높았는데, 이들은 1192년 이후 지배 엘리트가 되었다. 그 가운데서도 '젊은 사나이의 길'(衆道; shudō)은 나이로 구조화된 동성애를 적극적으로 긍정했는데, 이는 여성을 배제시켰던 질서 정연한 군대집단 속에서 남자들 간의 단결의식의 일부였음이 분명하다(Wawrytko, 1993: 212-13). 남성적인 힘의 발휘와 동성애의 그와 같은 결합은 고대 그리스와 티베트의 답돕들 간에서도 찾아볼 수 있다. 도쿠가와 시대(1603~1850)에는 동성애가 —젊은이들이 이러한 나이 든 남성들로부터 덕과 정직 및 아름다움의 평가 같은 것을 배우기 위한 하나의 수단으로— 사무라이들 사이에서 권장되었다.[11] 도쿠가와 시대에는 또한 성매매여성들과 후궁들 및 무시당한 부인들 사이에 레즈비어니즘이 존재했다는 증거도 있으며, 나아가 19세기의 섹스 책자들은 동성애 행위를 다룬 명시적 단락과 삽화들을 포함하고 있다(Wawrytko, 1993: 213-14).

일본에서 불교와 동성애 사이에는 여러 가지 연관성이 있다. 14

---

11) King, 1993:146-7, Tsuneo Watanabe and Jun'ichi Iwata, *The Love of the Samurai: A Thousand Years of Japanese Homosexuality*(London: GMP Publishers, 1989), pp.88, 11에서 인용함.

세기의 텍스트인 『치아관음연기』(稚兒觀音緣起, Chigo Kannon engi)에서 관음보살은 남성 애인으로서 아름다운 젊은 행자(Chigo)의 모습으로 출현함으로써 한 헌신적인 비구에게 보답하고 있다(Cabezón, 1993: 91). 15세기의 한 시와 그 후 세 권의 텍스트에서는 9세기에 탄트라불교 신곤학파를 창시했던 쿠카이(Kūkai)가 남성 동성애를 중국으로부터 일본에 도입했다고 말해지고 있다. 15세기부터 탄트라불교 진언종의 여러 가지 이단적인 텍스트들이 이성애를 깨달음에 이르는 한 방법으로 칭송했다; 위에서 언급된 텍스트들은 동성애를 비구의 합법적인 활동으로 추가했다.[12] 1598년의 『홍법대사서』(弘法大師書)를 보면 선견지명이 있는 쿠카이가 비구와 행자들 사이의 성교 방법에 대해 가르치고 있다(Schalow, 1992: 216-20). 1667년, 독신 교단의 이상이 기혼 비구의 그것에 자리를 내주기 시작했던 시기에(Cabezón, 1993: 92), 한 학자가 ―대부분 비구들이 자신의 행자 애인에게 써 바쳤던― 동성애적 시들을 모은 '바위 진달래(Rock Azaleas)'를 썼다. 1687년 『남색어경』(男色御鏡, Great Mirror of Male Love)[13]에서는 쿠카이가 사찰 안에서를 제외하고 동성애를 가르친 적이 없다고 주장하지만, 이제 그것은 사무라이들과 상인들 사이에서 대중적인 것이 되고 있었다(Schalow, 1992: 222-8). 이 책은 그러한 남성애에 대해 긍정적이지만, 여러 종파의 비구들을 위선적이라는 이유로 비판하고 있는데, 그 이유는 그들이 행자나 소년 남창과 동성애에 빠져 있다는 사실을 숨기려고 했기 때문이었다. 심지어이 책은 임제 선승의 소년남창 방문이 그들의 몸값을 올려놓았다고 불평한다.

---

12) Schalow, 1992:215-16, 228; cf. Faure, 1994:254.
13) P. G. Schalow가 번역한 *The Great Mirror of Male Love by Ihara Saikaku* (Stanford: Stanford University Press, 1989).

16세기에 일본을 찾았던 기독교 선교사 프란시스 사비에르(Francis Xavier)는, 특히 불교비구들 사이에서 '육욕에 대한 혐오감'이 높고 그것에 대한 사회적 무관심도 크다는 사실에 충격을 받았다(Faure, 1991: 249; Wawrytko, 1993: 213). 베르나르 포르(Bernard Faure)는 중국과 일본에서의 동성애와 불교에 대한 자신의 연구(1991: 249-57)를 다음과 같은 말로 요약하고 있다:

> 대부분의 저자들은 상대적으로 남성동성애가 일본 사회에서 쉽게 수용되었으며 일본 사찰생활의 한 두드러진 특징이 되었다는 사실에 동의한다. 그것은 사찰 안에 여성이 머무르는 것을 금지시켰던 것에 대한 일종의 보상으로 여겨졌으며 이러한 금지는 특히 도쿠가와의 지배하에서 강화되었는데… 시간이 지나면서 남성동성애의 위반적 성격은 사라지게 되었고, 마침내 그것은 비구의 특권으로 인식되기에 이르렀다. (p.255)

물론 정통 인도불교의 기준에 의하면, 일본을 (그리고 일본의 영향으로 어느 정도까지는 한국도) 제외한 모든 불교국가들에서 어떠한 종류의 삽입 성행위에 의도적으로 참여한 것이 발견된 비구는 누구나 자동적으로 비구의 신분에서 추방되었을 것이라는 점을 단언한다. 하지만 일본의 불교도들이 동성애에 대해 아무런 비난도 하지 않은 것은 아니었다. 『왕생요집』(往生要集)에서 천태종 비구 겐신(源信: 942~1017)은 동성애자들은 자신들의 도덕적 위반과 세속적인 집착 때문에 곧바로 지옥에 떨어질 것이라고 말한다(Faure, 1991: 253). 중세에 섹스 요가를 깨달음에 이르는 하나의 방법이라고 옹호했던 탄트라불교의 타치카와-류 종파는 동성애를 아이를 낳지 못하는 비생산적인 것이라고 비난했다(Stevens, 1990: 82). 선승들도 행자 및 나이 어린 소년과 섹스를 한 비구는 나쁜 업보를 겪을 것이며, 따라서 그들이 가르친 모든 것은 의심을 받을 것이라고 경고했다. 익큐 (Ikkyū: 1481년으로 추정됨)는 —비록 선불교 행자로서 사찰의 동성 애에 참가했지만— 그것이 사찰 안에서 질투와 다툼을 초래한다는 이유로 비난하기에 이르렀다(Faure, 1991: 257). 그는 몸소

> 자신이 독신교단의 올 곧은 모습이라고 간주했던 것을 외면하 고, 여성과 성적으로 공공연하게 성적으로 놀아나기를 더 좋아 했다. (Stevens, 1990: 97)

서구 불교

서구에서의 불교는 어떤가? 영국에서 서양불교법우회(FWBO)는 동성애를 환영하고 있는데, 사회 내의 다양한 집단들을 대상으로 하는 이들의 광범위한 활동은 게이와 레즈비언을 위한 초보적 단계 의 명상 은둔 캠프를 포함하고 있다.

이 단체의 많은 회원들은 동성 공동체에서 살고 있으며, FWBO 는 —일반적으로 이성 간의 우정에서 포함될 수 있는 긴장과 예상 되는 일을 피하는 것으로 보이는— 동성 간의 우정을 회복할 필요 가 있다고 주장한다. 동성 간의 우정은 대체로 더 깊고, 나아가 더 큰 믿음과 정신적 교감 및 안내를 촉진시키는 것으로 여겨지고 있 다(Subhuti, 1994: 155). 그러나 만일 남성들이 어떤 남성과 맺은 우 정의 동성애적 측면을 주의 깊게 살펴보거나 혹은 그러한 우정의 일부로서 단순한 신체 접촉의 동성애적 측면에도 신경을 써 본다 면, 그들은 '자신들의 친구들에 대해 일부 성적인 매력의 요소가 있

을 수도 있다는 사실'과 직면할 것이다(Subhuti, 1994: 166). 비록 성
적인 접촉이 동성 간 우정의 필수적인 부분으로 간주되지는 않을
것이고, 사람들도 그런 생각을 두려워하지 않겠지만, 나아가 만일
그러한 일이 일어난다면, 그것은 전적으로 일상적인 일로 보일 것
이다(Sangharakshita, 1987: 12; Subhuti, 1994: 166).

현재의 FWBO 태도는 ─만일 세 번째 계율이 침해되지 않는다
면─ 이성애와 동성애 및 복장성도착 행위는 모두 도덕적으로 똑같
이 중립적이라는 것이다(Subhuti, 1994: 172). 이러한 '중립성'의 입장
은 일부 FWBO 회원들 사이에서 동성애 관계를 선호하던 초기
의 태도로부터 어느 정도 거리를 둔 것으로 보인다. 사가라마티
(Sāgaramati)에 따르면:

> 한때 ─1970년대/1980년대 초반─ 동성애 관계가 이성애적 관
> 계보다 덜 '양극화되고', 따라서 질투와 집착, 강요 및 다른 부정
> 적인 정신상태를 덜 초래할 것이라는 점에서 '정신적' 관점에서
> 볼 때 최선일 수 있다는 말이 있었다. 그러나 경험은 이것이 사
> 실이 아님을 보여 줬다: 동성애 관계는 이성애 관계만큼이나 그
> 와 같은 부정적인 상태에 빠지기 쉽다!(나는 이것이 현재 상하락
> 쉬타(Sangharakshita)의 입장이라고 알고 있다.)[14]

오늘날에는 '동성애 섹스를 이성애 섹스보다 더 혹은 덜 서투른
것으로 만드는 것은 아무것도 없는' 반면에, '불교에서 성애는 우리
가 궁극적으로 초월하고자 하는 그 어떤 것이며, 나아가 만족하는
독신생활이야말로 이상적인 것'(Maitreyabandhu, 1995)이라고 주장된
다. 독신은 집착하지 않는 것을 도와주는 보조물로 여겨지고 있지

---

14) Letter, 21 November 1995.

만, 과거에 FWBO도 때때로 난잡한 성관계를 집착하지 않는 것을 돕는 보조물로 이용한 적이 있었다(Subhuti, 1983: 167).

성애는 어떤 사람에게 단지 상대적으로 주변적인 관심사에 불과하다는 사실이 중요한 것으로 보이는데, 그래서 그(녀)는 점차 완전한 독신을 지향할 수 있게 되는 것이다(Sangharakshita, 1987: 14). 마찬가지로, 정신적 발달은 남성성이나 여성성으로 양극화된 어떤 사람의 정체성이 전향적으로 초월되는 결과를 가져오는 것으로 간주된다(Subhuti, 1994: 171). FWBO의 이상은 일종의 양성구유인간인데, 여기서 처음의 젠더와 관련된 자기 이미지는 각자가 발전하여 하나의 단일한 성이 되는 상태, 즉 통상 (각자의) 성질들이 상대방과 결합하게 되는 상태에서의 남성 혹은 여성에 의해 극복되며, 따라서 '남성 혹은 여성으로서의 자기정체성은 존재하지 않게 된다'(Subhuti, 1994: 166). 이런 이유 때문에 상하락쉬타는 그 사람의 자기정체성이 성적 지향성에 바탕을 두고 있는 동성애자에 대해 비판적이다(Sangharakshita, 1987: 12; Subhuti, 1994: 172).

동성애에 대한 다른 종류의 견해는 영국의 통찰력 명상 형식의 지도자들인 자키와 알란 제임스(Jacqui and Alan James)에 의해 표명되고 있다. 그들은 동성애를 하나의 '문제 영역'으로 보는데, 이 안에서 남성 동성애자는 '삶의 강(life-stream)의' 여성적인 '측면들'을 거부하지만 종종 어떤 여성적인 성질들을 흉내 내고 있으며, 그리고 여성 동성애자는 그 반대의 행동을 한다. 그러므로 그들은 동성애를 다음과 같이 설명한다.

남성적인 원리와 여성적인 원리를 뒤섞는 욕망의 혼동으로 본다. 그것은 증오로 통하는 잘못된 길 위로 걸어가는 것이다… 항상 동성애를 수반하는 한쪽 극단을 거부하는 것은 명상수행

에서 참된 진보를 의미하는 남성성과 여성성의 통합 및 초월을 가로막는 중대한 장애물이다. (1987:42)

홍미롭게도 그들은 '약간 더 나쁜 문제'는 독신을 단지 성애에 대한 두려움 때문에 채택하고, 따라서 성애를 ―그것의 현실에 대해 맹목적인 부정을 함으로써― 억압하는 것이라고 주장한다. 그러한 접근은 '남성적인 요소와 여성적인 요소를 뒤섞으려고 애쓰는 것과 관련된 책임에 대한 두려움을' 포함하고 있다. '… 남성은 자신들의 보다 부드러운 본성, 즉 동정적인 측면을 인정하지 않으면 안 된다. 여성은 자신들의 분석적인 기술과 공정성을 인정하고 또한 발달시킬 필요가 있다.'(pp.43-4) 영국에서도, 태국의 명상 수도원 전통을 서구에서 계속 이어 가고자 하는 '숲속의 승가'(the Forest Sangha)는 독신생활을 할 수 있고 또한 기꺼이 그렇게 할 의향이 있는 동성애자의 출가를 ―비록 '완전히 남성이 아닌 사람들'(즉, 판다카)[15]은 안 되지만― 허용하고 있다.

미국의 경우 ―샌프란시스코 만 지역의 불교단체를 대상으로 이루어진 자신의 연구에서― 로저 콜레스(Roger Corless)는 그들이 '동성애 수행자들'에 대해 '중립적이거나 혹은 공개적으로 수용하고 있다'는 사실을 발견했다(1995: 6). 이와 마찬가지로 카베존은 미국에서 동성애혐오증이 불교도들 사이에 알려져 있지 않은 것은 아니지만, 그가 조사한 바로는 재가 신자의 동성애 지지를 하찮게 여기거나 혹은 그들의 성적 절제를 요구한 불교제도에 대해서는 전혀 아는 바가 없다고 보고한다. 또한 그는 미국에서 동성애자라는 이유로 출가가 거부된 서구인에 대해서도 전혀 들은 바가 없다고 말한

---

15) Ajahn Sucitto, 1995년 11월 16일자 편지.

다(1993: 94). 범위를 넓혀서 말하자면, 우리는 이러한 태도를 대체로 선종 및 정토종의 가르침에 의해 전해진 일본적인 태도와 이 두 가르침에 영향을 미쳤을 뿐만 아니라 현재 대중화되고 있는, 전통에서 많이 벗어난 형식의 테라바다 통찰력 명상이 혼합된 결과로 볼 수 있다.

임상 심리학자이자 조동종의 대선사 다이주이 맥필라미(Daizui MacPhillamy)는 다음과 같이 단언하고 있다:

> 동성애는 깨달음의 방해물이 아니며 따라서 동성애자들도 불교 수행에서 환영받는다. 그것이 어떻게 다를 수 있겠는가? 어떤 유정체들 사이의 사랑이 어떻게 불성에 어긋날 수 있겠는가…? …불교적인 마음은 모든 것은 하나이자 또한 모든 것은 다르다고 이해한다. (1982: 28)

그는 샤스타 사원(Shasta Abbey)에 있는 조동종 공동체는 동성애자 수도사와 일반 재가신자를 모두 포함하고 있는데, '수행에 있어서 그들의 진보는 이성애 지향적인 수련생과 아무런 차이가 없었으며, 적어도 그들 가운데 한 사람은 완전한 견성을 얻게 되었다'(p.28)라고 지적한다. 유일한 차이점이라면 그들은 사회의 내면화된 동성애혐오증을 다루지 않으면 안 되었다는 것인데, 이는 동성애자를 '사악하고, 병적이거나 혹은 흉측한 모습을 한 사람들'로 보며, 그래서 그들은 동성애자임이 수치스럽거나 혹은 자랑스러운 일 가운데 하나가 될 수도 있다(p.32). 동성애자 수련생은 기꺼이 그의 현재 성적 지향성을 포기해야만 할 것이다: 그러나 그것은 단지 모든 헌신적인 수행자들은—동성애자나 일반인을 막론하고— 깨달음을 위해서라면 어떤 것도 —그(녀)가 실제로 그렇게 해야만 하는 것이든 그렇지 않은 것이든 간에— 기꺼이 포기해야만 한다는 의미에서 그럴 뿐이다(pp.29-30). 일부 동성애자들은 수행에 의해 변화될 수도 있을 것이며, 견성을 얻은 사람과 같은 다른 동성애자들은 그렇지 않을 수도 있을 것이다.

게이와 레즈비언/게이 혹은 레즈비언 불교단체는 여럿 존재하는데(Corless, 1995: 5, 14-17), 1994년 뉴욕시에서 있었던 게이 프라이드 행진(Gay Pride march)은 '선 성 소수자들'(Zen Queers)이라는 깃발 아래 행진하는 선불교도들을 포함했다.[16] 그와 같은 단체들은 소속감과 내면화되어 있는 동성애혐오증 및 에이즈 위기로부터 파생되어 나오는 상처의 치유를 돕는 데 있어서 상호지원을 목표로 하고 있다. 실제로 샌프란시스코의 '성 소수자'는 붓다의 다음과 같은 말, 즉 '만일 너희 비구들이 서로 돌보지 않으면, 너희들을 돌볼 사람들이 누가 있겠는가? 나를 돌보는 모든 비구는 병든 자를 돌보지 않으면 안 된다'(Vin. I .302 l Corless, 1995: 11)라는 말을 인용하기를 좋아한다. 하트포드 스트리트 선 센터(The Hartford Street Zen Centre)는 마이트리(Maitri)라는 에이즈 호스피스를 운영하고 있는데, 이는 그와 같은 종류의 사업 가운데 최초의 것 중의 하나이다(Corless, 1995: 5). 콜레스는 에이즈 위기에 수반되는 도덕성의 인식이 불교에서 '성 소수자들'의 이익을 발전시키거나 재촉하는 데 도움을 주었다고 지적한다(1995: 9-10). 에이즈 위기에 대한 또 다른 반응은 매사추세츠 주 바르(Barre)시 통찰력 명상 센터의 에릭 콜빅(Eric Kolvig)에 의한 것이었는데, 그는 1993년에 통찰력 명상을 가르치기 위해 샌프란시스코에 왔으며 이는 게이를 도와 에이즈라는

---

16) *Indra' Network* newsletter(October/November 1995), 11, the American *Trends* magazine으로부터 Arline Klatte의 논문 'Mindful Warriors'를 편집해서 다시 실은 것임.

전염병으로부터 발생하는 공포와 분노 및 슬픔, 그리고 게이 및 레즈비언이 주변사회로부터 받아 지니게 된 자기증오심을 극복하도록 하나의 방편이었다(Corless, 1995: 10-11).

미국 정토불교 사찰의 수장인 타이테츠 우노(Taitetsu Unno) 교수는 불교도 게이 커플의 언약식을 집전했다(Corless, 1995: 6). 일본에 기반을 둔 국제창가학회는 ―이 단체는 처음에는 동성애를 이성애 결혼에 의해 극복되어야 할 어떤 것으로 보았는데― 이전의 충고가 받아들여지지 않자 1995년에 동성애 결혼식을 집전하겠다고 선언했다(Corless, 1995: 5). 티베트전통에서는 드지가 콩트룰 린포체(Dzigar Kongtrul Rinpoche)가 불교-기독교 합동의식에서 게이 불교도와 게이 가톨릭 신자의 결혼에 동의했다.[17]

현재의 달라이 라마는 동성애에 대한 질문을 받았을 때, 처음에는 구강성교와 항문성교는 옳은 것이 아니라는 전통적인 티베트의 견해를 암시했으나 나중에는 '동성애 행동은 두 파트너가 그것에 동의하는 한, 그들 가운데 독신을 서약한 사람이 없는 한, 그리고 그 행위가 다른 사람들에게 피해를 주지 않는 한 잘못이 아니다'라고 말했다.[18] 그럼에도 불구하고 1996년에 그는 『도그마를 넘어서』(Beyond Dogma)[19]라는 책을 출판했는데, 여기서 그는 '어떤 성적 행위는 그 커플이 성교를 하기 위한 것이지 다른 어떤 것을 하기 위해 창조된 것이 아닌 기관을 사용할 때도 타당하다'라고 말했다.[20] 이것은 상당히 자유주의적인 미국 불교도, 특히 게이에게 관

---

17) Corless, 1995:6, Jeff Logan-Olivas, 'Story of a Gay Wedding', *Turning Wheel* (Fall 1992), 20에서 인용함.
18) Corless, 1995:6, Scott Hunt, 'Hello Dalai', *Out*(February/March 1994), 102에서 인용함.
19) (Berkeley, Calif.: North Atlantic Books).
20) *The Sunday Tunes* newspaper, 15 June 1997, 'Gays Rail at Straight Talk by Dalai Lama'.

심을 보인 것인데, 그들은 불교가 성적인 문제에 관해 개인적인 판단을 하지 않는다고 생각했다. 1997년 6월, 달라이 라마는 게이가 많이 살고 있는 샌프란시스코를 방문하여 추종자들과 언론을 대상으로 한 연설에서 다음과 같이 말했다:

> 우리는 믿는 사람들과 믿지 않는 사람들을 구별해야만 합니다… 불교적 관점에서 보면, 남성 대 남성 및 여성 대 여성의 행위는 일반적으로 성적 비행으로 간주됩니다. 사회적인 관점에서 보면, 서로 합의한 동성애 관계는 상호 이익이며 즐겁고 해가 없는 것일 수 있습니다. [21]

이러한 말은 그의 청중들과 샌프란시스코 불교 에이즈 프로젝트의 공동설립자인 스티브 페스킨(Steve Peskin)에게 잘 먹혀들지 않았는데, 그는 달라이 라마가 반-게이 태도에 기여했다고 비판했다. [22] 달라이 라마는 또한 다음과 같은 말을 함으로써 이성애자 추종자와 게이 추종자 모두의 마음을 불편하게 만들었다:

> 남성과 여성들의 성적 비행은 구강성교 및 항문성교로 이루어져 있습니다… 당신의 부인과조차도 그녀의 입이나 다른 구멍을 사용하는 것은 성적 비행입니다. 그녀의 손을 사용하는 것, 그것은 성적 비행이지만, '당신이 돈을 지불하고 제3자가 돈을 지불하지 않은 성매매여성과 성관계를 갖는 것은 부적절한 행

---

21) *San Francisco Chronicle*, 11 June 1997, 코넬(David S. da Silva Cornell)이 1997년 7월 7일에 있었던 '불교' 인터넷 토론 포럼에 게시된 'More re: Dalai Lama and Sex'을 인용한 것임. 또한 *The Sunday Times* newspaper, 15 June 1997, 'Gays Rail at Straight Talk by Dalai Lama'도 볼 것.
22) *The Sunday Times* newspaper, 15 June 1997, 'Gays Rail at Straight Talk by Dalai Lama'.

위를 구성하지 않습니다.'

달라이 라마의 언급들에 대한 우려 때문에 레즈비언과 게이, 양
성애자 및 성전환자(LGBT) 불교공동체는 동성애 문제를 토론하기
위하여 그와의 개인적인 만남을 요청했으며, 이에 따라 그는 6월
11일에 대표단을 만났다. 이 만남 이후에 그는 다음과 같은 내용의
짧은 언론 발표문을 내놓았다.

> 나는 게이와 레즈비언에 반대하는 폭력과 차별에 관한, 내가 입
> 수해 볼 수 있었던 보도들로 인해 많은 걱정을 하고 있습니다.
> 나 달라이 라마는 성적 지향성에 기반을 둔 폭력과 차별에 반대
> 합니다. 나는 모든 사람들을 위한 존경심과 관용, 동정심, 그리
> 고 인권의 완전한 인정을 촉구하고자 합니다… 이러한 [성애의]
> 문제들은 복잡하고 주의 깊은 고려를 요구하기 때문에, 나 달라
> 이 라마는 동성애에 대한 더 진전된 연구와 토론이 이 회의 참
> 석자들의 일부에 의해 조직되기를 권유하고 또한 제안하는 바
> 입니다.[23]

이 만남에서 용기를 얻은 LGBT의 불교도들 역시 언론용 성명서
를 발표했다:

> 따뜻하고 편안한 만남에서 달라이 라마는 성애에 관한 전통적
> 인 불교경전의 이해를 명확하게 하려고 애썼습니다… 그는 이
> 러한 가르침의 일부가 특별한 문화적 맥락과 역사적 맥락에서

---

23) David S. da Silva Cornell, 1997년 7월 7일에 있었던 '불교' 인터넷 토론 포
럼에 게시된 'Official Press Releases from Lesbian and Gay Meeting with
Dalai Lama'.

구체적일 수 있을지도 모를 가능성을 고려해 볼 용의가 있음을 피력하셨습니다. 그는 자신이 단독적으로 불교경전을 재해석할 권한을 가지고 있지 않다는 점을 강조하시고, 그 자리에 참석한 사람들이 다른 불교전통들과 위원회들 사이의 의견일치를 도출하여 현대사회를 위해 경전의 이해를 전면적으로 바꿀 것을 촉구하셨습니다. 성하께서는 이러한 경전의 새로운 이해를 발전시키는 데 있어서 현대의 과학적 연구와 그것의 가치가 가지고 있는 통찰력에 대한 관심을 표명하셨습니다. 성하께서는… 특히 열린 마음을 가지고 계셨으며 함부로 개인적 판단을 하지 않으셨습니다.[24)]

그 후 미국과 홍콩의 LGBT 불교도들은 새로운 의견일치를 어떻게 도출할 것인가를 숙고하기 시작했으며, 나아가 이를 염두에 둔 인터넷 토론 포럼을 만드는 일에 착수했다.[25)] 한 게이 불교도는 계속하여 달라이 라마가 이전에 구강 및 항문 그리고 손으로 하는 섹스의 문제점은 그것들이 탄트라 명상에 중요한 내면적 에너지의 통로를 방해한다고 말했다는 사실에 주목했다. 따라서 그 불교도는 그러한 행위들이 그와 같은 탄트라 수행에 참여하고 있지 않은 불교도들에게 수용 가능한 것으로 여겨질 수 있다고 말했다.[26)]

---

24) Ibid.
25) David S. da Silva Cornell, 1997년 7월 7일에 있었던 '불교' 인터넷 토론 포럼에 게시된 'After HHDL's Meeting w/LGBT Buddhists'. 관심 있는 사람들에게 코넬(Cornell)의 e-메일 주소는 다음과 같다: cornelld@hayboo.com.
26) David S. da Silva Cornell, 1997년 7월 7일에 있었던 '불교' 인터넷 토론 포럼에 게시된 'Re: Dalai Lama and Sex-Reply'.

결론

사찰 안에서 친밀한 우정은 받아들여졌던 반면, 동성애 행위는 일본 및 티베트의 비정규직 비구들 사이에서 좀 더 완화된 형태로 행해졌던 것을 제외하고는 받아들여지지 않았다. 판다카로 알려진, 성적으로 기능장애를 가진 수동적 동성애자의 유형에게 출가는 금지되었으며, 나아가 그와 같은 사람들의 현생에서의 정신적 잠재력은 제한된 것으로 간주되었다. 미국 불교에 상당한 영향을 미쳤던 일본에서 독신자 사찰이라는 이상에 대한 저항은 ─결혼한 승직계급의 발달에서 그 정점에 이르렀는데─ 사찰 안에서의 동성애 행위에 대해 관대하고 심지어 옹호하는 결과를 가져왔다. 남방불교와 북방불교에서 일반인들 사이의 동성애 행위는 간혹 부도덕한 것으로 비난받았지만, 동성애 행위를 한 사람들을 박해했다는 증거는 어디에서도 찾아볼 수 없다. 무덤덤한 관용의 태도가 존재했었다. 중국에서는 보다 더 관대했고, 일본에서는 적극 옹호했었다.

용어 해설

P=빠알리어, S=산스크리트어, E=영어

아비담마 Abhidhamma(P); Abhidharma(S): 초기 불교경전 가운데 세
번째 부분, 즉 논장으로, 교설과 심리학, 철학을 체계화한 것.

아비달마구사론 Abhidharma-kośa(S): 바수반두(Vasubandhu)가 저술
한 설일체유부(Sarvāstivada)의 핵심 문헌. 아비달마구사석론
(Abhidharma-kośa-bhāsya)은 이에 대해 바수반두 자신이 주로 경
량부(Sautrāntika)의 관점에서 해석한 주석서임.

아라한 Arahatdh(P); Arhat(S): 자기 집착과 증오, 어리석음을 송두리
째 제거함으로써 열반을 경험하여 완전히 해방된 성인.

아상가 Asaṅga: 4~5세기 유가행파의 많은 저술을 남긴 인도의 대승
사상가.

아소카 Asoka(P); Aśoka(S): 거대한 인도 제국의 불교통치자(기원전
268~239). 불교의 사회윤리에 따른 통치를 보여 주는 많은 칙령을
석주(石柱)에 남겼다.

입보리행론 Bodhi-caryāvatāra(S): 보살도에 관한 산티데바(Śāntideva)
의 저술.

보살 Bodhisatta(P); Bodhisattva(S): 깨달음을 구하는 존재: 오로지 완
전한 붓다가 되기 위해 헌신하는 존재. 테라바다에서는 『자따까』
에 기록되어 있듯이 주로 고타마의 수많은 전생 삶을 가리키기 위
해 쓰인다. 대승에서는 기나긴 보살의 길을 가는 인간 혹은 신적
인 존재.

보살지지경 Bodhisattva-bhūmi(S): 보살의 수행 단계에 관한 아상가의
저술로서 윤리에 관한 중요한 내용을 담고 있다.

바라문교 Brahmanism: 힌두교의 초기 형태.

바라문 brahmin(E) (P/S brāhmana): 힌두교의 네 가지 사회계층 가운데 최상위의 사제.

붓다고사 Buddhaghosa: 인도의 저명한 테라바다 경전 주석가로 5세기 스리랑카에서 활동함.

전륜성왕 Cakkavatti(P); Cakravartin(S): 수레바퀴를 돌리는 왕: 자비롭고 정의로운 제왕. 붓다의 세속적 비유로 생각됨.

찬드라키르티 Candrakīrti: 6세기 후반 대승 중관파에 속하는 인도의 저술가이자 주석가.

연기 Conditioned Arising(E)(P paṭicca-samuppāda; S pratītya-samut-pāda): Dependent Origination. 모든 정신적, 물질적 상태는 여러 조건들에 의지해 발생한다는 교설. 이 원리를 적용한 것으로는 십이연기설이 대표적이며, 여기에는 정신적 무지와 탐욕이 결국에는 고통을 발생시키는 과정이 포함되어 있다.

달라이 라마 Dalai Lama: 티베트의 전 통치자이자 망명 중인 티베트인들의 현 정치지도자. 달라이 라마들의 계보를 잇고 있는 존재로, 각각의 달라이 라마는 이전 달라이 라마의 환생이자 자비로운 관세음보살의 환생으로 여겨진다.

담마/다르마 Dhamma(P); Dharma(S): 붓다의 가르침, 불교의 길 그리고 이 길의 실천으로 얻는 경험으로 열반에서 그 정점에 이른다. 사회-도덕적 의미에서는 비폭력과 정의, 자비를 의미하고, 또한 세계의 자연법적 질서를 의미하기도 한다.

담마빠다 Dhammapada(P): 빠알리 경전 가운데 경장의 일부. 423개의 게송 모음으로 윤리적 성격이 많다.

담마 dhammas(P); dharmas(S): 정신이나 물질의 기본적 양태 혹은 과정, 『아비담마』에서는 세계를 형성하는 요소들 간의 상호작용 과정으로 해석된다.

고통(苦) dukkha(p); duḥkha(S): 괴로움. 또는 열반을 제외하고 모든 것이 만족스럽지 못하거나 불완전함.

공 emptiness(E)(S Śūnyatā): 모든 것은 조건 지어져 있고 상호 관련 되어 있기 때문에 어느 것도 고유한 본성을 지니고 있지 않다는 대승의 사상.

동방불교: 중국 문화에 의해 매개된 불교의 형태, 즉 중국, 대만, 한국, 일본, 베트남, 싱가포르, 말레이시아 일부의 불교. 대승불교의 한 형태.

고타마 Gotama(P); Gautama(S): 역사적 붓다의 성. 기원전 480~400.

자따깨본생담] Jātaka (P and S): 붓다의 보살로서의 전생에 관한 탄생 이야기. 그러한 이야기와 관련된 문헌.

까르마적 열매 karmic fruitfulness(P puñña, S punya): 마음을 맑게 하고 좋은 업보를 가져오는 선한 행위의 상서로운 힘. 종종 '공덕' 으로 번역.

삼명 (P tevijjā; S traividyā): 전생에 대한 기억; 다른 존재의 업에 따라 어떻게 환생하게 되었는지를 아는 '신적인 눈'; 열반의 경험과 다른 성스러운 진리에 대한 완전한 통찰.

육신통 (P abhiññā S abhijnā): 물질에 대한 정신적 능력; 아주 멀리 떨어져 있는 인간과 신의 소리를 들을 수 있는 신적인 귀; 독심 능력; 그리고 위의 삼명.

대승 Mahayana(S): 큰 수레. 모든 존재들을 위한 보살의 길을 매우 강조하는 불교의 한 형태. 중국, 한국, 일본, 베트남, 티베트, 몽골에서 주로 발견된다.

만다라 mantra(S): 특별하게 성스러운 존재와 그의 능력과 조화를 이루기 위해 사용되는 성스러운 구문이나 단어 혹은 음절.

만다라승 Mantrayāna(S): '성스러운 말의 수레'. 금강승(Vajrayāna)과 거의 유사함.

마라 Māra(P and S): 악한 성격의 신. 욕망과 죽음의 화신으로 여겨지며 욕계의 가장 높은 곳에 머무른다.

공덕: 까르마적 열매를 보라.

밀린다팡하 Milindapañha(P): 그리스의 밀린다 왕(BC 155~130)과 나가세나 비구 사이의 대화를 기록했다고 전해지는 1세기경의 테라바다 문헌.

무드라 mudra(S): 만다라의 효과를 키우기 위해 사용되는 의례 행위.

나가르주나 Nāgārjuna(150~250): 인도 대승의 중관파의 창시자. 용수(龍樹)라고도 함.

열반 Nibbāna(P); Nirvāṇa(S): 고통을 일으키는 탐욕과 증오, 어리석음의 불을 제거한다는 의미에서 문자적으로는 '소멸'을 뜻함. 테라바다 불교의 목적으로 처음에는 살아서 얻지만, 궁극에는 죽음에 들어가서 얻어진다.

고귀한 자 (P ariya; S ārya): 궁극적 실재를 처음으로 조금 엿본 사람으로, 적어도 계류지(테라바다)나 초지보살(대승)에 해당됨.

북방불교: 티베트 문화에 의해 매개된 형태의 불교로 티베트, 중국 북서부, 몽고, 부탄, 네팔의 일부와 인도 북부의 불교. 대승과 금강승의 한 형태.

포살일(P uposatha; S (u)poṣadha): 보름과 초하루 혹은 반달이 뜨는 날 중 하루에 치러지는 일종의 안식일로 이날 재가자들은 사찰을 더 많이 찾아가고 계율을 더 성실히 지킨다.

빠알리어: 테라바다 문헌을 기록하고 독송하는 언어.

빠알리 경전: 율장, 경장, 논장으로 이루어진 테라바다 문헌의 모음집. 율장과 경장은 실제로 붓다 시대에 기원하여 BC 80년경 문자로 기록될 때까지 공통으로 암송되어 전해졌다.

오계: 피해야 할 일들; 살아 있는 존재를 의도적으로 해치는 것; 도둑질과 속임수; 성적 비행; 거짓말; 술이나 약물로 인해 혼미한 상태.

삼보/세 가지 귀의처: 붓다와 담마, (고귀한) 승가.

사문 (P samaṇa; S śramaṇa): 탁발로 사는 독신의 종교 수행자가 되기 위하여 세속의 삶을 버린 사람. 이 용어는 불교와 자이나교의 비구들 같은 바라문교 이외의 종교적 수행자들에게 쓰인다.

윤회 (saṃsāra): '떠돌아다니는'; 환생의 순환, 보다 일반적으로는 한계를 벗어난 열반과 대비되는 조건 지어진 세계.

승가 (P Saṅgha; S Saṃgha): 출가 공동체, 가장 높은 의미에서는 재가자이건 출가자이건 고귀한 자들의 공동체.

산스크리트: 많은 대승불교 문헌의 작성에 쓰인 언어. 지금은 주로 티베트나 중국어 번역으로만 남아 있다.

산티데바: 7세기 인도의 대승 시인.

설일체유부: 한때 북인도에서 크게 번성했던 초기 불교의 한 부파.

사르보다야 쉬라마다나: 간디의 영향을 받은 스리랑카 불교의 농촌 발전 운동.

대승학집론: 산티데바가 지은 다양한 대승 경전들의 요약집.

남방불교: 스리랑카에 의해 매개된 불교의 형태. 스리랑카(실론), 미얀마, 태국, 캄보디아, 라오스, 남베트남 일부의 불교. 대승에서 약간의 지역적 영향을 받은 테라바다 불교.

성문승: '제자/듣는 자들의 수레'; 테라바다나 설일체유부 같은 비대승 학파를 가리키는 대승의 용어; 아라한이 되기 위해 붓다의 가르침을 따르는 자들.

예류지(P sotāpanna; S srotāpanna): 열반을 처음으로 약간 경험하여 얻는 성인의 첫 단계.

경(P sutta; S sūtra): 붓다가 설한 이야기들. 또는 붓다의 제자나 그의 인정을 받은 사람이 가르친 가르침들.

탄트라: 금강승에서 사용되는 경전(이 역시 탄트라라고 부른다)에 보존되어 있는 명상과 의례의 체계.

테라바다: '고대의 가르침', '상좌들의 길' 학파. 대승불교 학파들 이전
　　　의 주요 학파들 가운데 하나로 유일하게 오늘날까지 남아 있다.
　　　주로 스리랑카, 미얀마, 태국, 캄보디아, 라오스에서 발견된다.
테라바딘: 테라바다 학파를 따르는 사람.
우바새계경: 재가 윤리에 관한 대승경전으로 중국에서 널리 알려졌다.
바즈라야나: '금강 수레', 티베트와 몽고에서 지배적인 대승의 형태로
　　　성스러운 존재의 시각화와 만다라 혹은 성스러운 힘을 지닌 말의
　　　사용을 강조한다.
바수반두: 4세기 『아비달마구사론』과 그 주석서의 저자.
율/비나야: 규칙, 사찰 운영방법을 포함하고 있는 출가자의 규율. 이
　　　내용을 담고 있는 문헌.
청정도론: 도덕적 행위와 명상, 지혜를 수행하는 테라바다의 모든 가
　　　르침을 정리한 붓다고사의 저술.

참고 문헌

Ackroyd, J., 1987, 'Bushidō', in Eliade, 1987: vol. II, pp. 581-4.

Aitken, R., 1984, The Mind of Clover: Essays in Zen Buddhist Ethics, San Francisco, North Point Press.

1985, 'Lessons from Shaku Soen', in Eppsteiner, 1988:145-9.

Allione, T., 1986, Women of Wisdom, London, Arkana.

Anderson, P., 1992, 'Good Death: Mercy, Deliverance, and the Nature of Suffering', Tricycle: The Buddhist Review, 2(2), 3-9.

1979, 1980, Collected Works, vol. I and vol. II, The Netherlands, Sarvodaya Research Institute.

1995, 'Buddhist Thought in Sarvodaya Practice', paper given at the Seventh International Seminar on Buddhism and Leadership for Peace, Department of Philosophy, University of Hawaii, Honolulu, 17pages.

Aronson, H. B., 1980, Love and Sympathy in Theravāda Buddhism, Delhi, Notilal Banarsidass.

Ash, C., 1994, 'Buddhist Economics: Scope and Method' paper given at the Contemporary Buddhism: Text and Context conference, University of Leeds, April 1994: handout, plus oral presentation, unpublished.

Badiner, A., H., ed., 1990, Dharma Gaia: A Harvest of Essays in Buddhism and Ecology, Berkeley, Calif., Parallax Press.

Bapat, P. V. and Hirakawa, A., 1970, Shan-Chien-P'i-P'o-Sha, a Chinese Version by Saṅghabhadra of Samantapāsādik: Commentary on Pali Vinaya Translated into English for the First Time, Poona, Bhandarkar Oriental Research Institute.

Barver, A. W., 1991, 'Prātimoka, Bodhi-citta, and Samaya', in Fu and Wawrytko, 1991:81-91.

Barnard, C., 1978, 'A Case for Euthanasia', in G. C. OOsthuizen, H. Shapiro and S. A. Strauss (eds.), Euthanasia, CapeTown, Oxford University Press, pp. 197-212.

Bartholomeusz, T., 1992, 'The Female Mendicant in Buddhist Srī

Lankā', in Cabezón, 1992:37-61.

1994, Women Under the Bo Tree: Buddhist Nuns in Sri Lanka, Cambridge, Cambridge University Press.

1999, 'In Defence of Dharma: Just-War Ideology in Buddhist Sri Lanka', Journal of Buddhist Ethics, 6, pp.I-II.

Basham, A. L., 1967, The Wonder that was India, London, Sidgwick& JSikson, reprinted 1971 by Fontana.

1982, 'Asoka and Buddhism: A Re-examination', Journal of the International Association of Buddhist Studies, 5(1), 131-43.

Batchelor, M. and Brown K., eds., 1992, Buddhism and Ecology, London and New York, Cassell(sponsored by the World Wide Fund for Nature).

Becker, C. B., 1990, 'Buddhist Views of Suicide and Euthanasia', Philosophy East and West, 40(4), 543-55.

Bell, C., 1924, Tibet Past and Present, reprinted 1992, Delhi, Asian Educational Services.

1928, The People of Tibet, Oxford, Clarendon Press.

Bellah, R. N., 1957, Tokugawa Religion: The Values of Pre-Industrial Japan, New York, The Free Press; London, Collier Macmillan.

1963, 'Reflections on the Protestant Ethics Analogy in Asia', Journal of Social Issues, 19, pp.52-60.

Beyer, S., 1973, The Cult of Tara: Magic and Ritual in Tibet, Berkeley, Calif., University of California Press.

1974, The Buddhist Experience— Sources and Interpretations, Encino, Calif., Dickenson.

Blackstone, K. R., 1998, Women in the Footsteps of the Buddha: Struggle for Liberation in the Therīgāthā, London, Curzon Press.

Blofeld, J., 1972, The Wheel of Life—The Autobiography of a Western Buddhist,. London, Rider.

Bloss, L. W., 1987, 'The Female Renunciants of Sri Lanka: The Dasasilamattawa', Journal of the International Association of Buddhist Studies, 10, pp.7-31.

Bodhi, Bhikkhu, 1984, The Noble Eightfold Path, Kandy, Sri Lanka, BPS.

1993, A Comprehensive Manual of Abhidhamma: The Abhidhammattha Sangaha of Acariya Anuruddha, Kandy, BPS(translation).

Bollée, W. B., 1970, Kuṇālajātaka: Being on Edition and Translation, London, Luzac&Co.

Bond G. D., 1988, The Buddhist Revival in Sri Lanka— Religious Tradition, Reinterpretation and Response, Columbia, University of South Carolina Press.

1995, 'The Sarvodaya Movement's Quest for Peace and Social Awakening', paper given at Seventh International Seminar on Buddhism and Leadership for Peace, Department of Philosophy, University of Hawaii, Honolulu, 12pages.

1996, 'A. T. Ariyaratne and the Sarvodaya Shramadana Movement in Sri Lanka', in Queen and King 1996:121-46.

Boucher, S., 1993, Turning the Wheel: American Women Creating the New Buddhism(updated and expanded edition of original 1988 edition), Boston, Mass., Beacon Press.

Brear, A. D., 1974, 'The Nature and Status of Moral Behaviour in Zen Buddhism', Philosophy East and West, 24(4), 429-41.

Broido, M. M., 1988, 'Killing, Lying, Stealing and Adultery: A Problem of Interpretation in the Tantras', in D. S. Lopez (ed.), Buddhist Hermeneutics, Kuroda Institute Studies in East Asian Buddhism 6, Honolulu, University of Hawaii Press.

Brooks, A. P., 1981, 'Mizuko Kuyō and Japanese Buddhism', Japanese Journal of Religious Studies, 8(3-4), 119-47.

Bunnag, J., 1973, Buddhist Monk, Buddhist Layman: A Study of Urban Monastic Organization in Central Thailand, Cambridge, Cambridge University Press.

Burns, D. M., 1977, The Population Crisis and Conservation in Buddhist Perspective, Bodhi Leaf pamphlet no. B.76, Kandy, Sri Lanka, BPS.

Burr, R., 1995, 'Buddhist Conflict Management'(on the Sarvōdaya Śramadāna movement), paper given at the Seventh International Seminar on Buddhism and Leadership for Peace, Department of Philosophy, University of Hawaii, Honolulu, 19pages.

Cabezōn, J. I., ed., 1992, Buddhism, Sexuality and Gender, NewYork, State University of New York Press.

1993, 'Homosexuality and Buddhism', in A. Swidler (ed.), Homosexuality and World Religions, Valley Forge, Penn., Trinity Press International, pp.81-101.

1996, 'Buddhist Principles in the Tibetan Liberation Movement', in Queen and King, 1996:295-320.

Carlson, Rōshi Kyogen, 1982, 'The Meaning of Celibacy', Journal of Shasta Abbey, 9(1978), reproduced in Sexuality and Religious Training, a 1982 booklet of Throssel Hole Priory, near Hexham, England, pp.34-9.

Carmody, D. L., 1989, Women and World Religions, 2nd edn, Englewood Cliffs, N.J., Prentice-Hall.

Carrithers, M., 1983, The Forest Monks of Sri Lanka: An Anthropological and Historical Study, Delhi, Oxford University Press India.

Causton R., 1988, Nichiren Shōshū Buddhism: An Introduction, London, Rider.

Chang, G. C. C., ed., 1983, A Treasury of Mahāyāna Sūtras: Selections from the Mahāratnakūṭa Sūtra(a translation from the Chinese by The Buddhist Association of the United States), University Park, Pennsylvania State University Press.

Chappell, D. W., 1995, 'Searching for a Mahayana Social Ethics', paper given at the Seventh International Seminar on Buddhism and Leadership for Peace, Department of Philosophy, University of Hawaii, Honolulu, 13 pages.

Chapple, C., 1992, 'Nonviolence to Animals in Buddhism and Jainism', in Kraft, 1992: 49-62.

Chapple, K. C., 1993, Non-violence to Animals, Earth and Self in Asian Traditions, New York, State University of New York Press.

Ch'en, K. K. S., 1973, The Chinese Transformation of Buddhism, Princeton, N.J., Princeton University Press.

Ching, Yu-ing, 1995, Master of Love and Mercy: Cheng Yen, Nevada City, Calif., Blue Dolphin Publishing.

Clasquin, M., 1992, 'Contemporary Theravāda and Zen Buddhist Attitudes to Human Sexuality: An Exercise in Comparative Ethics', Religion, 22, pp.63-83.

Cleary, T., 1986, Shōbōgenzā: Zen Essays by Dōgen, Honolulu, University of Hawaii Press(translation).

Cone, M. and Gombrich, R., 1977, The Perfect Generosity of Prince Vessantara, Oxford, Clarendon Press(translation).

Conze, E., 1959, Buddhist Scriptures, Harmondsworth, Penguin (anthology of translations).

1967, Thirty Years of Buddhist Studies, Oxford, Cassirer.

1968, Selected Saying sfrom the Perfection of Wisdom, London, The Buddhist Society(anthology of translations).

1973, The Perfection of Wisdom in Eight Thousand Lines and its Verse Summary, Bolinas, Four Seasons Foundation(translation).

Conze, E., Horner I. B., Snellgrove, D. and Waley, A., 1954, Buddhist Texts Through the Ages, Oxford, Cassirer; 1964, London, Luzac&Co., New York, Harper&Row(anthology of translations).

Cook, F., 1989, 'The Jewel Net of India', in J. B. Callicott and R. T. Ames (eds.), Nature in Asian Traditions of Thought: Essays in Environmental Philosophy, Albany, State University of New York Press, pp.213-30.

Corless, R., 1995, 'Coming Out in the Sangha: Queer Community in American Buddhism', pre-publication version of a paper now in C. S. Prebish and K. Tanaka (eds.), The Faces of Buddhism in America, Berkeley, University of California Press, 1998, pp.253-65, 328-33.

Cousins, L. S., 1974, 'Ethical Standards in World Religions: III. Buddhism', The Expository Times, 85, pp.100-4.

1996, 'Good or Skilful? Kusala in Canon and Commentary', Journal of Buddhist Ethics, 3, pp.136-64.

Davis, W., 1989, 'Buddhism and the Modernization of Japan', History of Religions, 28(4), 304-39.

Dayal, H., 1932, The Bodhisattva Doctrine in Buddhist Sanskrit Literature, London, Routledge & Kegan Paul; reprinted 1970, Delhi, Motilal Banarsidass.

de Bary, W. T., ed., 1972, The Buddhist Tradition in India, China and Japan, New York, Vintage Books(selected translations, with comments).

De Groot, J. M. M., 1893, Le Code du Mahāyāna en Chime: son influence sur la vie monacle et sur la monde la que, Amsterdam, J. Müller; reprinted New York, Garland Publishers, 1980 (translation and discussion of the Brahmajāla Sūtra).

Demiéville, P., 1957, 'Le Bouddhisme et la guerre: postscriptum à "L'Historie des moines guerriers du Japon" de G. Renondeau' Mélanges, Vol.1, Paris, L'Institutdes Hautes Etudes Chinoises, Presses Universitaires de France, pp.347-85. Reprinted in his Choix d'études bouddhiques (1929-1970), Leiden, E. J. Brill, 1973, pp.261-99. On Buddhist non-violent ideals, Buddhism and armed confliction Chinese and then Japanese history, and Buddhist 'justifications' for this.

de Silva, K. M., Duke, P., Goldberg, E. S. and Katz, N., eds., 1988, Ethnic Conflict in Buddhist Societies: Sri Lanka, Thailand and Burma, London, Pinter; Boulder, Colo., Westview Press.

de Silva, L., 1994, Ministering to the Sick and the Terminally Ill, Kandy, Sri Lanka, BPS.

De Silva, P., 1975, The Search for Buddhist Economics, Kandy, Sri Lanka, BPS.

1976, Value Orientations and Nation Building, Colombo, Sri Lanka, Lake House Investments Ltd.

Dewaraja, L. S., 1981, The Position of Women in Buddhism, Wheel pamphlet no.280, Kandy, Sri Lanka, BPS.

Dhammika, S., 1993, The Edicts of King Asoka, Wheel pamphlet no.386-7, Kandy, Sri Lanka, BPS(translation).

Dharma Realm Buddhist University, 1981, The Buddha Speaks the Brahma Net Sūtra, Talmage, Calif., Buddhist Text Translation Society (translation).

Dharmasiri, G., 1989, Fundamentals of Buddhist Ethics, Antioch, Claif., Golden Leaves Publ. Co.

Dowman, K., 1984, Sky Dancer: The Secret Life and Songs of the

Lady Yeshe Tsogyel, London, Routledge & Kegan Paul.

Duus, P., 1976, The Rise of Modern Japan, Boston, Mass., Houghton Mifflin.

Ekvall, R. B., 1964, Religious Observances in Tibet, Chicago and London, University of Chicago Press.

Eliade, M., ed., 1987, The Encyclopaedia of Religion, 16 vols., New York, Macmillan; London, Collier Macmillan.

Eppsteiner, F., ed., 1988, The Path Compassion: Writings on Socially Engaged Buddhism, Berkeley, Calif., Parallax Press.

Evans, D., 1987, 'A Note and Response to "The Buddhist Perspective on Respect for Persons"', Buddhist Studies Review, 4(2), 97-8.

Evans-Wentz, W. Y., 1951, Tibet's Great Yogī Milarepa: A Biography from the Tibetan, 2nd edn, London, Oxford University Press (translation).

Falk, N. A., 1980, 'The Case of the Vanishing Nuns: The Fruits of Ambivalence in Ancient Indian Buddhism', in N. A. Falk and R. M. Gross (eds.), Unspoken World: Women's Religious Lives in Non-Western Cultures, San Francisco, Harper & Row, pp.207-24.

1990, 'Exemplary Donors of the Pāli Tradition', in Sizemore and Swearer, 1990: 124-43.

Faure, B., 1991, The Rhetoric of Immediacy: A Cultural Critique of Chan/Zen Buddhism, Princeton, University Press.

Fenn, M. L., 1991, 'Unjustified Poverty and Karma (Pali Kamma)', Religious Studies and Theology(Alberta),II(1),20-6.

1996, 'Two Notions of Poverty in the Pāli Canon', Journal of Buddhist Ethics, 3, pp.98-125.

Florida, R. E., 1991, 'Buddhist Approaches to Abortion', in Asian Philosophy, I(1),39-50.

1993, 'Buddhist Approaches to Euthanasia', Studies in Religion/Sciences Religiouses, 22(1),35-47.

1998, 'Abortion in Buddhist Thailand', in Keown, 1998: 11-29.

Fox, D. A., 1971, 'Zen and Ethics: Dōgen's Synthesis', Philosophy East and West, 21(1),33-41.

French, R. R., 1995, 'The Cosmology of Law in Buddhist Tibet',

Journal of the International Association of Buddhist Studies, 18(1), 97-116.

Friedman, L., 1987, Daughters of Lion's Yawn: Women Teachers of Buddhism in America, Boulder, Colo., Shambhala.

Fu, C. W. and Wawrytko, S. A., eds., 1991, Buddhist Ethics and Modern Society: An International symposium, New York, Greenwood Press.

Fujii, N., 1980, Buddhism for World Peace, Tokyo, Japan-Bharat Sarvodaya Mitra Sangha.

Furer-Haimendorf, C. von, 1967, Moral and Merit, Chicago, University of Chicago Press.

Geiger, W., 1929, Cūḷavaṃsa, parts I and II, 2vols., London, PTS (translation).

1980, The Mahāvaṃsa or Great Chronicle of Ceylon, London, PTS (translation).

Ghosananda, Maha, 1992, Step by Step: Meditations on Wisdom and Compassion, ed. J. S. Mahoney and P. Edmonds, Berkeley, Calif., Parallax Press. Selections from the teachings of this Cambodian monk-activist for peace, with an introduction discussing his life in context.

Gokhale, B. G., 1966, 'Early Buddhist Kingship', Journal of Asian Studies, 26(1),15-22.

Goldstein, M. C., 1964, 'A Study of the Ldab ldob', Central Asian Journal, 9, pp.123-41.

Gombrich, R. F., 1971a, Precept and Practice: Traditional Buddhism in the Rural Highlands of Ceylon, Oxford Clarendon Press.

1971b, 'Merit Transference in Sinhalese Buddhism', History of Religions, II, pp.203-19.

1988, Theravāda Buddhism: A Social History from Ancient Benares to Modern Colombo, London and New York, Routledge & Kegan Paul.

Gombrich, R. and Obeyesekere, G., 1988, Buddhism Transformed: Religious Change in Sri Lanka, Princeton, N. J., Princeton University Press.

Gomez, L. S., 1984, 'Discussion Notes: Buddhism for Peace', Southeast Asian Journal of Social Science, 12(1),59-70.

1985, 'Thailand's Bare-headed Doctors', Modern Asian Studies, 19(4),761-96.

Goulet, D., 1981, Survival with Integrity: Sarvodaya at the Crossroads, Colombo, Marga Institute.

Griffiths, P. J., 1986, On Being Mindless: Buddhist Meditation and the Mind-Body Problem, LaSalle, Ill., Open Court.

Gross, R. M., 1994, Buddhism After Patriarchy: A Feminist History, Analysis, and Reconstruction of Buddhism, Albany, N.Y., State University of New York Press.

Guenther, H. V., 1959, sGam-po-pa's Jewel Ornament of Liberation, London, Rider; reprinted Berkeley, Calif., Shambhala, 1971(translation).

Hall, F., 1902, The Soul of a People(on nineteenth-century Burma), London, Macmillan.

Hall, R. E., ed., 1970, Abortion in a Changing World, New York and London, Columbia University Press.

Hämmerli, U. P., 1978, 'A definition from the Viewpoint of a Physician', in G. C. Oosthuizen, H. Shapiro and S. A. Strauss (eds.), Euthanasia, Cape Town, Oxford University Press, pp.180-96.

Hanks, L. M. & J. R., 1963, 'Thailand—Equality Between the Sexes', in B. Ward (ed.), Women in the New Asia, Paris, UNESCO, pp.424-51.

Harris, E. J., 1994, Violence and Disruption in Society: A Study of the Early Buddhist Texts, Wheel booklet no.392/393, Kandy, BPS.

1998, What Buddhist Believe, Oxford, Oneworld.

Harris, I., 1991, 'How Environmentalist in Buddhism?', Religion, 21, pp.101-14.

1994a, 'Causation and Telos: The Problem of Buddhist Environmental Ethics', Journal of Buddhist Ethics, 1, pp.45-56.

1994b, 'Buddhism' in J. Holm and J. Bowker (eds.), Attitudes to Nature, London, Pinter, pp.8-27.

1995a, 'Buddhist Environmental Ethics and Detraditionalization: The

Case of Eco Buddhism', Religion, 25, pp.199-211.

1995b, 'Getting to Grips with Buddhist Environmentalism: A Provisional Typology', Journal of Buddhist Ethics, 2, pp.173-90.

1997, 'Buddhism and the Discourse of Environmental Concern: Some Methodological Problems Considered', in M. E. Turker and D. R. Williams (eds.), Buddhism and Ecology: The Interconnection of Dharma and Deeds, Cambridge, Mass., Harvard University Center for the Study of World Religions, pp.377-402.

Harrison, E. G., 1998, "I Can Only Move my Feet towards Mizuko Kuyō." Memorial Services for Dead Children in Japan', in Keown, 1998:93-120.

Harvey, P., 1987, 'The Buddhist Perspective on Respect for Persons', Buddhist Studies Review, 4(1), 31-46.

1990a, An Introduction to Buddhism: Teachings ,History and Practices, Cambridge, Cambridge University Press.

1990b, 'Venerated Objects and Symbols of Early Buddhism', in K. Werner (ed.), Symbols in Art and Religion: The India and the Comparative Perspectives, London, Curzon Press; Glenn Dale, Md., The Riverdale Company, pp.68-102.

1993, 'The Dynamics of Paritta Chanting in Southern Buddhism', in K. Werner (ed.), Love Divine: Studies in Bhakti and Devotional Mysticism, Richmond, Surrey, Curzon, pp.53-84.

1995, The Selfless Mind: Personality, Consciousness and Nirvāṇa in Early Buddhism, London, Curzon Press.

1999, 'Vinaya Principles for Assigning Degrees of Culpability', Journal of Buddhist Ethics, 6, pp.271-91.

Havnevik, H., 1991, Tibetan Nuns Now: History, Cultural Norms and Social Reality, Oslo, Norwegian University Press.

Herdt, G., 1987, 'Homosexuality', in Eliade, 1987: vol. VI, pp.445-53.

Hirakawa, Akira, 1982, Monastic Discipline for the Buddhist Nuns: An English Translation of the Chinese Text of the Mahāsāṃghika-Bhikṣuṇī-Vinaya, Patna, Kashi Prasad Jayaswal Research Institute.

1995, 'The Formation of the Pañca-śīla in Early Buddhism', World Fellowship of Buddhist Review, 32(3),8-23.

Hopkinson, D., Hill, M. and Kiera, E., eds., 1986, Not Mixing Up Buddhism: Essays on Women and Buddhist Practice (extracts from Kahawai Journal of Women and Zen), Fredonia, N.Y., White Pine Press.

Horner, I. B., 1930, Women Under Primitive Buddhism: Laywomen and Almswomen, London, Routledge & Kegan Paul; reprinted 1975, Delhi, Motilal Banarsidass.

Hoshino, Eiki and Takeda, Dōsho, 1987, 'In debtedness and Comfort: The Undercurrents of Mizuko Kuyō', Japanese Journal of Religious Studies, 14(4), 305-20.

Huxley, A., 1995a, 'Buddhism and Law: The View from Mandalay', Journal of the International Association of Buddhist Studies, 18(1), 47-95.

1995b, 'The Vinaya: Legal System or Performance Enhancing Drug?', paper given to the Buddhist Forum series of seminars at the Department of Religious Studies, School of Oriental and African Studies, London, 25 January 1995.

1995c, 'The Kurudhamma: From Ethics to Statecraft', Journal of Buddhist Ethics, 2, pp.191-203.

1997, 'Studying Theravāda Legal Literature', Journal of the International Association of Buddhist Studies, 20(1), 63-91.

Ikeda, D., 1981, A Lasting Peace, Tokyo, Weatherhill.

1994, Unlocking the Mysteries of Birth and Death: Buddhism in the Contemporary World, London, Warner Books.

Inada, K., 1995, 'A Buddhist Response to the Nature of Human Rights', Journal of Buddhist Ethics, 2, pp.55-66.

Ingersoll, J., 1966, 'Fatalism in Village Thailand', Anthropological Quarterly, 39(3), 200-25.

Ives, C., 1992, Zen Awakening and Society, Honolulu, University Press of Hawaii.

Jackson, R. R., 1992, 'Ambiguous Sexuality: Imagery and Interpretation in Tantric Buddhism', Religion, 22, pp.85-100.

Jahan, R., ed., 1982, Women in Asia(includes information on Sri Lanka, South Korea and Japan), London, Minority Rights Group.

Jaini, P. S., 1991, Gender and Salvation: Jaina Debates on the Spiritual Liberation of Women, Berkeley, Calif., University of California Press.

James, J. and A., 1987, Modern Buddhism, Box, Wiltshire, Aukana.

Jayatilleke, K. N., 1972, Ethics in Buddhist Perspective, Wheel booklet no. 175/176, Kandy, Sri Lanka, BPS.

Jhingran, S., 1989, Aspects of Hindu Morality(see pp.91-9 for a useful survey on the position of women), Delhi, Motilal Banarsidass.

Jones, J. G., 1979, Tales and Teachings of the Buddha: The Jātaka Stories in Relation to the Pali Canon, London, George Allen & Unwin.

Jones, K., 1989, The Social Face of Buddhism, London, Wisdom.

Juergensmeyer, M. 1990, 'What the Bhikkhu Said: Reflections on the Rise of Militant Religious Nationalism' (in Sri Lanka), Religion, 20, pp.53-75.

Kabilsingh, C., 1986, 'The Future of the Bhikkhunī Samgha in Thailand', in D. L. Eck and D. Jain (eds.), Speaking of Faith: Cross-cultural Perspectives on Women, Religion and Social Change, London, The Women's Press, pp.147-63.

1988, 'How Buddhism can Help Protect Nature', World Fellowship of Buddhists Review, 25(2), 17-24.

1991, Thai Women in Buddhism, Berkeley, Calif., Parallax Press.

Kalupahana, D., 1976, Buddhist Philosophy: A Historical Analysis, Honolulu, University of Hawaii Press.

Kammer, R., 1978, Zen and Confucius in the Art of Swordsmanship: The Tengu-geijustsuron of Chozam Shissai, London, Routledge & Kegan Paul(translation).

Kantowski, K., 1980, Sarvodaya: The Other Development, New Delhi, Vikas.

Kapleau, Roshi P., 1981, To Cherish All Life: A Buddhist View of Animal Slaughter and Meat Eating, Rochester, N.Y., The Zen Center.

Karunatilake, H. N. S., 1976, This Confused Society, Colombo, Sri Lanka, Buddhist Information Centre.

Kasulis, T. P., 1981, Zen Action, Zen Person, Honolulu, University of Hawaii Press.

Kato, B., Tamura, Y. and Miyasaka, K., 1975, The Threefold Lotus Sutra(translated from the Chinese), New York, Weatherhill; Tokyo, Kosei.

Katz, N., 1982, Buddhist Images of Human Perfection: The Arahant of the Sutta Piṭaka Compared with the Bodhisattva and Mahāsiddha, Delhi, Motilal Banarsidass.

1986, 'Social and Political Attitudes of Sri Lankan Monks', South Asia Report, November 1988.

1988, 'Sri Lankan Monks on Ethinicity and Nationalism', in de Silve et al., pp.138-52.

Kawanami, H., 1990, 'The Religious Standing of Burmese Nuns (Theḷa-shin): Ten Precepts and Religious Honorifics', Journal of the International Association of Buddhist Studies, pp.17-39.

Kelleher, T., 1987, 'Confucianism', in A. Sharma (ed.), Women in World Religions, Albany, State University of New York Press, pp.135-59.

Kemper, S., 1990, 'Wealth and Reformation in Sinhalese Buddhist Monasticism', in Sizemore and Swearer, 1990: 152-69.

Kennett, Roshi J., 1972, Selling Water by the River: a Manual of Zen Training, New York, Random House; 2nd edition, Zen is Eternal Life, Berkeley, Calif., Dharma, 1976.

1982, 'Abortion and the Buddha Nature', Journal of Shasta Abbey, 9(1978), reproduced in Sexuality and Religious Training, a 1982 booklet of Throssel Hole Priory, near Hexham, England, pp.17-20.

Keown, D., 1992, The Nature of Buddhist Ethics, London, Macmillan.

1995a, Buddhism and Bioethics(an analysis of Buddhist views relating to abortion, euthanasia and criteria of death), London, Macmillan and New York, St Martin's Press.

1995b, 'Are there "Human Rights" in Buddhism?', Journal of Buddhist Ethics, 2, pp.3-27.

1996, 'Buddhism and Suicide — the Case of Channa', Journal of Buddhist

Ethics, 3, pp.8-31.

ed., 1998, Buddhism and Abortion, London, Macmillan, which includes, by him, the introduction(pp.1-9) and 'Buddhism and Abortion: Is there a "Middle Way"?' (pp.199-218).

Keown, D. V., Prebish, C. S. and Husted, W. R. eds., 1998, Buddhism and Human Rights, London, Curzon Press.

Kern, H., 1884, The Saddharma-puṇḍarīka Sūtra or the Lotus of the True Law, Sacred Books of the East, vol. XXI, Oxford, Clarendon Press; 1968, Delhi, Motilal Banarsidass (translation).

Keyes, C. F., 1978, 'Political Crisis and Militant Buddhism in Contemporary Thailand', in Smith, 1978:147-64.

1983, 'Merit-Transference in the Kammatic Theory of Popular Theravāda Buddhism', in C. F. Keyes and E. V. Daniel (eds.), Karma: An Anthropological Inquiry, Berkeley, University of California Press, pp.261-86.

1990, 'Buddhist Practical Morality in a Changing Agrarian World: A Case from Northeastern Thailand', in Sizemore and Swearer, 1990:170-89.

Khantipalo, Bhikkhu, 1979, Banner of the Arahants: Buddhist Monks and Nuns from the Buddha's Time till Now[in ancient and Southern Buddhism], Kandy, Sri Lanka, BPS.

1986, Aggression, War and Conflict, Bodhi Leaf pamphlet no. B.108, Kandy, Sri Lanka, BPS.

Khoroche, P. (tr.), 1989, Once the Buddha Was a Monkey: Ārya Sūrya's Jātakamāla, Chicago and London, University of Chicago Press(translation).

King, S. B., 1996, 'Thich Nhat Hanh and the Unified Buddhist Church: Nondualism in Action', in Queen and King, 1996: 321-65.

King, W. L., 1964, In the Hope of Nibbana: An Essay on Theravada Buddhist Ethics, La Salle, Ill., Open Court.

1981, 'A Christian and a Japanese Buddhist Work Ethic Compared', Religion, II, pp.207-26.

1993, Zen and the Way of the Sword: Arming the Samurai Psyche, Oxford and New York, Oxford University Press.

Kirsch, A. T., 1975, 'Economy, Polity and Religion in Thailand', in G. W. Skinner and A. T. Kirsch (eds.), Change and Persistence in Thai Society, London, Cornell University Press, pp.172-96.

Koya, Yoshio, 1954, 'A Study of Induced Abortion in Japan and its Significance', Milbank Memorial Fund Quarterly, 32, pp.282-93.

Kraft, K., ed., 1992, Inner Peace, World Peace: Essays on Buddhism and Nonviolence, Albany, N.Y., State University of New York Press.

Krishan, Y., 1986, 'Buddhism and the Caste System', Journal of the International Association of Buddhist Studies, 9(1), 71-83.

Kübler Ross, E., 1989/90, 'The Good Death', in Raft—The Journal of the Buddhist Hospice Trust, no. 2 (special issue on euthanasia), 5-6.

LaFleur, W., 1973-4, 'Saigyō and the Buddhist Value of Nature', in History of Religions, 13(2), 91-126 and 13(3), 227-48. Reprinted, in a condensed form, in J. B. Callicott and R. T. Ames (eds.), Nature in Asian Traditions of Thought: Essays in Environmental Philosophy, Albany, State University of New York Press, 1990, pp.183-212.

1992, Liquid Life: Abortion and Buddhism in Japan, Princeton: Princeton University Press.

1995, 'Silences and Censure: Abortion, History, and Buddhism in Japan — A Rejoinder to George Tanabe', Japanese Journal of Religious Studies, 22, pp.185-96.

Lamotte, E., 1949, Le Traité de la grande vertu de sagesse de Nāgārjuna (Mahāprajñapāramitśāstra), Bureaux de Muséon, Louvain, vol. II (translation).

1976, The Teachings of Vimalakīrti, London, PTS(translation).

1987, 'Religious Suicide in Early Buddhism', Buddhist Studies Review, 4(2), 105-18.

1988, History of Indian Buddhism(translated from French(1958) by S. Boin Webb), Leuven, Belgium, Peters Press.

Law, B. C., 1973, Heaven and Hell in Buddhist Perspective, Delhi, Bhartiya Publ. House.

Lee, O., 1978, Legal and Moral Systems in Asian Customary Law: The Legacy of the Buddhist Social Ethic and Buddhist Law(focusing on South-east Asia, particularly Burma), San Francisco, Chinese Materials Center.

Legge, J., 1886, A Record of Buddhist Kingdoms: Being an Account by Chinese Monk Fa Hien of his Travels in India and Ceylon(A.D. 399-414), Oxford, Clarendon Press; reprinted 1965, New York, Paragon Book Reprint Corp. and Dover Publications(translation).

Lenore, F., 1987, Meetings with Remarkable Women: Buddhist Teachers in America, Boston, Mass., Shambhala.

Lesco, P. A., 1986, 'Euthanasia: A Buddhist Perspective', Journal of Religion and Health, 25(1)(Spring), 51-57.

1987, 'A Buddhist View of Abortion', Journal of Religion and Health, 26(3), 214-18.

Lester, R. C., 1973, Theravada Buddhism in South east Asia, Ann Arbor, University of Michigan Press.

Levering, M. L., 1982, 'The Dragon Girl and the Abbess of Mo-Shan: Gender and Status in the Ch'an Buddhist Tradition', Journal of the International Association of Buddhist Studies, 5(1), 19-35.

1992, 'Lin-chi Rinzai Ch'an and Gender: The Rhetoric of Equality and the Rhetoric of Heroism', in Cabezón, 1992: 137-56.

Levine, S., 1992, 'No Second-Guessing: An Interview with Stephen Levine', Tricycle: The Buddhist Review, 2(2), 48-50.

Lindbeck, V., 1984, 'Thailand: Buddhism Meets the Western Model', The Hastings Center Report, 14(December), 24-6(on bioethics).

Ling, T. O., 1969, 'Buddhist Factors in Population Growth and Control: A Survey Based on Thailand and Ceylon', Population Studies, 23(1), 53-60.

1973, The Buddha: Buddhist Civilization in India and Ceylon, London, Temple Smith.

1979, Buddhism, Imperialism and War: Burma and Thailand in Modern History, London, George Allen & Unwin.

1980a, Buddhist Revival in India: Aspects of the Sociology of Buddhism, London, Macmillan.

1980b, 'Buddhist Values and Development Problems: A Case Study of Sri Lanka', World Development, 8,pp. 577-86.

Lipner, J. J., 1991, 'The Classical Hindu View on Abortion and the Moral Status of the Unborn', in H. G. Coward, J. J. Lipner and K. K. Young (eds.), Hindu Ethics: Purity, Abortion and Euthanasia, Delhi, Sri Satguru Publications, pp.41-69.

Little, D. and Twiss, S. B., 1978, Comparative Religious Ethics: A New Method, New York, Harper&Row.

Luk, C., 1972, The Vimalakirti Nirdesa Sutra, Berkeley and London, Shambhala(translation).

MacAndrews, C. and Sien C. L., 1979, Developing Economies and the Environment: The Southeast Asia Experience, New York, McGraw-Hill.

McConnell, J. A., 1995, Mindful Mediation: A Handbook for Buddhist Peacemakers, Bangkok, jointly published by: Buddhist Research Institute(Mahachula Buddhist University); Spirit in Education Movement; Wongsanit Ashram; Foundation for Children.

McDermott, J. P., 1984, Development in the Early Buddhist Concept of Kamma/Karma, New Delhi, Munshiram Manoharlal.

1998, 'Abortion in the Pāli Canon and Early Buddhist Thought', in Keown, 1998: 157-82.

McFarlane, S. 1986, 'Buddhism', in E. Laszlo and J. Y. Yoo (eds.), World Encyclopaedia of Peace, Oxford, Pergamon Press, vol.1, pp.97-103.

1990, 'Mushin, Morals and Martial Arts: A Discussion of Keenan's Yogācāra Critique', Japanese Journal of Religious Studies, 17(4), 397-432.

1994, 'Fighting Bodhisattvas and Inner Warriors: Buddhism and the Martial Traditions of China and Japan', in The Buddhist Forum, Volume III, 1991-1993, ed. T. Skorupski and U.Pagel, London, School of Oriental and African Studies, pp.185-210.

1995, 'Skilful Means, Moral Crises and Conflict Resolution', paper given at Seventh International Seminar on Buddhism and Leadership for Peace, Department of Philosophy, University of Hawaii, Honolulu.

MacPhillamy, Rōshi D., 1982, 'Can Gay People Train in Buddhism?', Journal of Shasta Abbey, 9(1978), reproduced in Sexuality and Religious Training, a 1982 booklet of Throssel Hole Priory, near Hexham, England, pp.27-32.

MacQueen, G., 1981, 'The Conflict between External and Internal Mastery: An Analysis of the KHantivādi Jātaka', History of Religions, 20(3), 242-52.

Macy, J., 1983, Dharma and Development: Religion as Resource in the Sarvodaya Self-help Movement, West Hartford, Conn. Kumarian.

1991, World as Lover, World as Self, Berkeley, Calif., Parallax Press (collected essays).

Mahāmakuṭ Rājavidyālaya Press, 1990, Pāli Chanting — With Translations, Bangkok.

Mahasi Sayadaw, 1981, Sallekha Sutta: A Discourse on the Refinement of Character ,Hinsdale, Ill., Buddhadharma Meditation Center.

Maitreyabandhu, 1995, 'Homosexuality: Has Everyone Got it Wrong?', Golden Drum(journal of the Friends of the Western Buddhist Order), No.37(May/July),28.

Malalasekera, G. P., 1967, '"Transference of Merit" in Ceylonese Buddhism', Philosophy East and West, 17, 85-90.

Maliszewski, M., 1987, 'Martial Arts', in Eliade, 1987: vol. IX, pp.224-8.

Mannari, Hiroshi, 1996, 'The Social Background of Japanese Business Leaders: 1880, 1920 and 1960', Inaugural Professorial Lecture at the University of Sunderland, UK, 2 May 1996, 21pages. Professor Mannari is President of Kibi International University, Okayama, Japan.

Manogaran, C., 1987, Ethnic Conflict and Reconciliation in Sri Lanka, Honolulu, University of Hawaii Press.

Maung, M., 1964, 'Cultural Change and Economic Change in Burma', Asian Survey, 4, pp.757-64.

1970, 'The Burmese Way to Socialism Beyond the Welfare State', Asian Survey, 10, pp.533-51.

Maykovich, M. K., 1979, 'The Japanese Family', in M. S. Das and P. D. Bardis (eds.), The Family in Asia, London, Allen & Unwin, pp.381-410.

Metraux, D. A., 1996, 'The Soka Gakkai: Buddhism and the Creation of a Harmonious and Peaceful Society', in Queen and King, 1996:365-400.

Mettānando Bhikkhu, 1991, 'Buddhist Ethics in the Practice of Medicine', in Fu and Wawrytko, 1991:195-213.

Miller, B. D., 1980, 'Views of Women's Roles in Buddhist Tibet', in A. K. Narain (ed.), Studies in the History of Buddhism, Delhi, B. R. Publishing Corp., pp.153-66.

Misra, G. S. P., 1984, Development of Buddhist Ethics, New Delhi, Munshiram Monoharlal.

Mitomo, R., 1991, 'The Ethics of Mahāyāna Buddhism in the Bodhicaryāvatāra', in Fu and Wawrytko, 1991:15-26.

Moore, C., 1981, Paraprofessionals in Village-level Development in Sri Lanka: The Sarvodaya Shramadana Movement, Ithaca, Rural Development Committee, Cornell University.

Morgan, F. B., 1973, 'Vocation of Monk and Layman: Sings of Change in Thai Buddhist Ethics', in B. L. Smith (ed.), Tradition and Change in Theravada Buddhism, Leiden, Brill, pp.68-77.

Mullin, G. H., 1987, Death and Dying: The Tibetan Tradition, London, Arkana(translated texts, plus introductions).

Nakasone, R. Y., 1990, Ethics of Enlightenment: Essays and Sermons in Search of a Buddhist Ethic, Fremont, Calif., Dharma Cloud Publishers(a Pure Landview.)

Ñāṇamoli Thera, 1958, The Practice of Loving-kindness: Mettā, Wheel booklet no.7, Kandy, Sri Lanka, BPS.

Nash, J. and M., 1963, 'Marriage, Family and Population Growth in Upper Burma', Anthropology, 19, pp.251-66.

Nash, M., 1965, The Godden Road to Modernity, New York, John Wiley and Sons(on Burma).

Nattier, J., 1991, Once Upon a Future Time: Studies in a Buddhist Prophecy of Decline, Berkeley, Calif., Asian Humanities Press.

Nhat Hanh, Thich, 1967, Vietnam: The Lotus in the Sea of Fire, London, SCM Press; New York, Hill&Wang.

1975, The Miracle of Mindfulness: A Manual on Meditation, revised edition, translated by Mobi Ho, Boston, Mass., Beacon Press, reprinted 1987.

1987, Being Peace, London, Rider; New York, University of New York Press.

Nhat Hanh, Thich et al., 1993, For a Future to be Possible: Commentaries on the Five Wonderful Precepts, Berkeley, Calif., Parallax Press.

NIBWA: Newsletter on International Buddhist Women's Activities, 1988, 'Buddhist Views on Abortion', no.17(October-December), 6-14.

Nikam, N. A. and McKeon, R., 1959, The Edicts of Asoka, Chicago and London, University of Chicago Press; Midway reprint, 1978(translation).

Nishiyama, K. and Stevens, T., 1975, Shōbōgenzō: The Eye and the Treasure of the True Law, vol.1, Sendai, Japan, Daihokkaikaku (translation).

Niwano, N., 1977, A Buddhist Approach to Peace, Tokyo, Kosei Publishing Co.

Norberg-Hodge, H., 1991, Ancient Futures: Learning from Ladakh, London, Rider.

Nyanasobhano(Leonard Price), 1989, A Buddhist View of Abortion, Bodhi Leaf booklet no.117, Kandy, Sri Lanka, BPS.

Obeyesekere, G. and Reynolds, F., 1972, The Two Wheels of Dhamma: Essays on the Theravada Tradition in India and Ceylon, Chambersburg, Penn., American Academy of Religion.

Odzer, C., 1998, 'Abortion and Prostitution in Bangkok', in Keown, 1998: 31-52.

Ornatowski, G. K., 1996, 'Continuity and Change in the Economic Ethics of Buddhism: Evidence from the History of Buddhism in India, China and Japan', Journal of Buddhist Ethics, 3, pp.198-240.

Otani, G., 1991, 'Nichiren's View of Ethics', in Fu and Wawrytko, 1991: 105-15.

Pagel, U., 1995, The Bodhisattvapiṭka: Its Doctrines, Practices and their Position in Mahāyāna Literature, Tring, Institute of Buddhist

Studies.

Patrul Rinpoche, 1994, The Words of my Perfect Teacher: Kunzang Lama'i Shelung, translated by the Padmakara Translation Group, Sacred Literature Trust Series, San Francisco and London, Harper Collins.

Paul, D. Y., 1979, Women in Buddhism: Images of the Feminine in Mahāyāna Tradition, Berkeley, Calif., Asian Humanities Press(translations and discussion).

1980, 'Portraits of the Feminine: Buddhist and Confucian Historical Perspectives', in A. K. Narain (ed.), Studies in the History of Buddhism, Delhi, B. R. Publishing Corp., pp.209-21.

Payutto, Bhikkhu P. A. [also known as Phra Rājavaramuni], 1993, Good, Evil and Beyond: Kamma in the Buddha's Teaching, Bangkok, Buddhadhamma Foundation Publications.

1994, Buddhist Economics: A Middle Way for the Market Place, Bangkok, Buddhadhamma Foundation.

Perera, L. P. N., 1993, Sexuality in Ancient India: A Study Based on the Pal iVinayapiṭāka, Kelaniya, Sri Lanka, Postgraduate Institute of Pali and Buddhist Studies.

Pfanner, D. E. and Ingersoll, J., 1962, 'Theravada Buddhism and Village Economic Behaviour: A Burmese and Thai Comparison', Journal of Asian Studies, 21, pp.341-61.

Pharr, S. J., 1980, 'The Japanese Woman: Evolving Views of Life and Role', in S. A. Chipp and J. J. Green (eds.), Asian Women in Transition, University Park and London, Pennsylvania State University Press, pp.36-61.

Piburn, S., ed., 1990, The Dalai Lama; A Policy of Kindness: An Anthology of Writings By and About the Dalai Lama, Ithaca, N.Y., Snow Lion.

Piker, S., 1973, 'Buddhism and Modernization in Contemporary Thailand', in B. L. Smith (ed.), Tradition and Change in Theravāda Buddhism, Leiden, Brill, pp.51-67.

Prasad, C. S., 1979, 'Meat-eating and the Rule of Tikoṭīpariśūddha', in A. K. Narain(ed.), Studies in Pāli and Buddhism, Delhi, B. R.

Publishing Corp., pp.289-95.

Prebish, C. S., 1975, Buddhist Monastic Discipline: The Sanskrit Prātimokṣa Sūtras of the Mahāsāghikas and Mūlasarvādins, University Park and London, Pennsylvania State University Press.

——— 1980, 'Vinaya and Pratimoksa: The Foundations of Buddhist Ethics', in A. K. Narain (ed.), Studies in the History of Buddhism, Delhi, B. R. Publishing Corp.

Premasiri, P. D., 1972, The Philosophy of the Atthakavagga(on Sn.766-975), Wheel pamphlet no.182, Kandy, Sri Lanka, BPS.

Pye, M., 1978, Skilful Means: A Concept in Mahāyāna Buddhism, London, Deckworth.

——— 1983, 'Suffering and Health in Mahāyāna Buddhism', in K. Goodacre (ed.), World Religions and Medicine, Oxford, The Institute of Religion and Medicine, pp.24-32.

Queen, C. S., 1996, 'Introduction: The Shapes and Sources of Engaged Buddhism', in Queen and King, 1996: 1-44.

Queen, C. S. and King, S. B., eds., 1996, Engaged Buddhism: Buddhist Liberation Movements in Asia, Albany, State University of New York Press.

Rahula, W., 1974, The Heritage of the Bhikkhu: A Short History of the Bhikkhu in the Educational, Cultural, Social, and Political Life, New York, Grove Press, 1974(revised version of the original 1956 translation from Sinhalese).

——— 1978, 'Self-cremation in Mahāyāna Buddhism', in his Zen and the Taming of the Bull, London, Gordon Frazer, pp.111-14.

Rūjavaramuni, Phra [also known as Bhikkhu P. A. Payutto], 1990, 'Foundations of Buddhist Social Ethics', in Sizemore and Swearer, 1990: 29-53.

Ratanakul, P., 1986, Bioethics: An Introduction to the Ethics of Medicine and Life Sciences, Bangkok, Mahidol University.

——— 1988, 'Bioethics in Thailand: The Struggle for Buddhist Solutions', Journal of Medicine and Philosophy, 13, pp.301-12.

——— 1990, 'Thailand: Refining Cultural Values', Hastings Center Report, 20(2)(March/April), 25-7.

1998, 'Socio-Medical Aspects of Abortion in Thailand', in Keown, 1998: 53-66.

Ray, R., 1980, 'Accomplished Women in the Tantric Buddhism of Medieval India and Tibet', in N. A. Falk and Gross (eds.), Unspoken Worlds: Women's Religious Lives in Non-Western Cultures, San Francisco, Harper&Row, pp.227-42.

Reed, B. E., 1992, 'The Gender Symbolism of Kuan-yin Bodhisattva', in Cabezón, 1992: 159-80.

Renondeau, G., 1957, 'Histoire des moins guerriers du Japon', in Mélanges, vol.1, Paris, L'Institut des Hautes Etudes Chinoises, Presses Universitaires de France, pp.159-346.

Reynolds, F. E., 1990, 'Ethics and Wealth in Theravāda Buddhism', in Sizemore and Swearer, 1990: 59-86.

Reynolds, F. E and M. B., 1982, Three Worlds According to King Ruang: A Thai Buddhist Cosmology, Berkeley Buddhist Studies Seriesr, Berkeley, Asian Humanities Press(translation).

Rhys Davids, C. A. F. and Norman, K. R., 1989, Poems of Early Buddhist Nuns(Therīgāthā), London, PTS(translation).

Richman, P., 1992, 'Gender and Persuasion: The Portrayal of Beauty, Anguish, and Nurturance in an Account of Tamil Nun', in Cabezón, 1992: 111-36.

Rojanaphruk, Phra, 1995, 'A Man on the March' (on Mahā Ghosānanda), World Fellowship of Buddhists Review, 32(1)(January-March), 67-70. Reprinted from The Nation Newspaper, Bangkok, 4 December 1994.

Rouner, L. S., ed., 1988, Human Rights and the World's Religions, Notre Dame, University of Indiana Press.

Ruegg, D. S., 1980, 'Ahiṃsā and Vegetarianism in the History of Buddhism', in S. Balasooriya et al., (eds.), Buddhist Studies in Honour of Walpola Rāhula, London, George Fraser, pp.234-41.

Saddhatissa, H., 1970, Buddhist Ethics: Essence of Buddhism, London, George Allen & Unwin.

1971, The Buddha's Way, London, George Allen & Unwin, reprinted 1985; New York, Brazillier, 1972.

Saddhatissa, H. and Webb, R., 1976, A Buddhist's Manual, London, British Mahābodhi Society.

Sandell, K., ed., 1987, Buddhist Perspective on the Ecocrisis, Wheel booklet no.346-8, Kandy, Sri Lanka, BPS.

Sangharakshita, 1987, 'Buddhism, Sex and Spiritual Life', (an interview), Golden Drum(journal of the Friends of the Western Buddhist Society), no.6(October), 4-14.

Saniel, J. M., 1965, 'The Mobilization of Traditional Values in the Modernization of Japan', in R. N. Bellah (ed.), Religion and Progress in Modern Asia, London, Collier Macmillan, pp.124-49.

Santikaro Bhikkhu, 1996, 'Buddhadasa Bhikkhu: Life and Society through the Natural Eyes of Voidness', in Queen and King, 1996: 147-94.

Sarkisyanz, E., 1978, 'Buddhist Backgrounds of Burmese Socialism', in Smith, 1978: 87-99.

Satha-Ananda, Suwanna, 1995, 'Ethics of Wealth: Buddhist Economics for Peace', paper given at the Seventh International Seminar on Buddhism and Leadership for Peace, Department of Philosophy, University of Hawaii, Honolulu, 9 pages.

Schalow, P. G.,. 1992, 'Kūkai and the Tradition of Male Love in Japanese Buddhism', in Cabezón, 1992: 215-30.

Schmithausen, L., 1991a, The Problem of the Sentience of Plants in Earliest Buddhism, Tokyo, The International Institute for Buddhist Studies.

1991b, Buddhism and Nature: The Lecture delivered on the Occasion of the EXPO 1990, An Enlarged Version with Notes, Tokyo, The International Institute for Buddhist Studies.

1997, 'The Early Buddhist Tradition and Ecological Ethics', Journal of Buddhist Ethics, 4, pp.1-74.

Schumacher, E. F., 1973, Small is Beautiful: A Study of Economics as if People Mattered, London, Blond and Briggs, pp.48-56: 'Buddhist Economics', which first appeared in G. Wint(ed.), Asia: A Handbook, London, Anthony Blond, 1966.

Schuster, N., 1981, 'Changing the Female Body: Wise Women and the Bodhisattva Career in Some Mahāratnakūṭasūtras', Journal of the International Association of Buddhist Studies, 4(1), pp.24-69.

1985, 'Striking a Balance: Women and Images of Women in Early Chinese Buddhism' in Y. Y. Haddas and E. B. Findly (eds.), Women, Religion and Social Change, Albany, State University of New York Press, pp.87-111.

Schuster Barnes, N., 1987, 'Buddhism', in A. Sharma (ed.), Women in World Religions, Albany, State University of New York Press.

Shaner, D. E., 1989, 'The Japanese Experience of Nature', in J. B. Callicott and R. T. Ames (eds.), Nature in Asian Traditions of Thought: Essays in Environmental Philosophy, Albany, State University of New York Press, pp.163-82.

Shasta Abbey (publisher: no editor named), 1980, Buddhism and Respect for Animals, Mt Shasta, Calif., Shasta Abbey Press.

1981, Women in Buddhism(booklet on women in Zen), Mt Shasta, Calif., Shasta Abbey Press.

Shaw, M., 1985, 'Nature in Dōgen's Philosophy and Poetry', Journal of the International Association of Buddhist Studies, 8(2), 111-32.

Shōhei, I., 1987, 'Buddhist Martial Arts', in Eliade, 1987: vol. IX, pp.228-9.

Sivaraksa, S., 1986, A Buddhist Vision for Renewing Society—Collected Articles by a Concerned Thai Intellectual, Bangkok, Tienwan Publishing House.

1991, 'Buddhist Ethics and Modern Politics: A Theravāda Viewpoint', in Fu and Wawrytko, 1991: 159-66.

1992, Seeds of Peace: A Buddhist Vision for Renewing Society, Berkeley, Calif., Parallax Press.

Sizemore, R. F. and Swearer, D. K., eds., 1990, Ethics, Wealth and Salvation: A Study in Buddhist Social Ethics, Columbia, S.C., University of South Carolina Press.

Smart, N., 1972, 'Creation, Persons and the Meaning of Life', in Ralph Ruddock (ed.), Six Approaches to the Person, London and Boston, Mass., Routledge & Kegan Paul.

Smith, B. L., ed., 1978, Religion and Legitimation of Power in Thailand, Laos, and Burma, Chambersburg, Penn., Anima Books.

Smith, B., 1992, 'Buddhism and Abortion in Contemporary Japan: Mizuko Kuyō and the Confrontation with Death', in Cabezón, 1992: 65-90, a revised version of a 1988 article of the same title in the Japanese Journal of Religious Studies, 15, pp.3-24.

Smith, H. E., 1979, 'The Thai Rural Family', in M. S. Das and P. D. Bardis (eds.), The Family in Asia, London, George Allen & Unwin, pp.16-46.

Sogyal Rinpoche, 1992, The Tibetan Book of Living and Dying, London, Rider.

Southwold, M., 1983, Buddhism in Life: The Anthropological Study of Religion and the Sinhalese Practice of Buddhism, Manchester, Manchester University Press.

Spiro, M. E., 1966, 'Buddhism and Economic Action in Burma', American Anthropologist, 68, pp.1163-73.

1971, Buddhism and Society: A Great Tradition and its Burmese Vicissitudes, London, George Allen & Unwin.

Sponberg, A., 1992, 'Attitudes towards Women and the Feminine in Early Buddhism', in Cabezón, 1992: 3-36.

Spring Wind Buddhist Cultural Forum, 1986, Women and Buddhism, Toronto, Zen Lotus Society(a special issue of Spring Wind—Buddhist Cultural Forum 6(1), (2) and (3)). This includes 'Buddhist Views on Abortion', 166-72.

Stevens, J., 1990, Lust for Enlightenment: Buddhism and Sex, Boston, Mass. and London, Shambhala.

Stevenson, I., 1977, 'The Explanatory Value of the Idea of Reincarnation', Journal of Nervous and Mental Diseases, 164(5), 305-26.

Story, F., 1976, 'The place of Animals in Buddhism', in his Dimensions of Buddhist Thought: Collected Essays Vol. III, Kandy, Sri Lanka, BPS, pp.363-73: are print of his The Place of Animals in Buddhism, Bodhi Leaf pamphlet no. B.24, Kandy, Sri Lanka, BPS, 1964.

Stott, D, 1986, A Circle of Protection for the Unborn, Bristol, Ganesha Press.

1992, 'Buddhadharma and Contemporary Ethics: Some Notes on the Attitude of Tibetan Buddhism to Abortion and Related Procedures', Religion, 22, pp.171-82.

Subhuti, Dharmachari, 1983, Buddhism for Today: A Portrait of a New Buddhist Movement, Shaftesbury, Dorset, Element Books.

1994, Sangharakshita: A New Voice in the Buddhist Tradition, Birmingham, Windhourse Publications.

Sucitto Bhikkhu, 1988, On Death and Dying, Newport, Buddhist Hospice Trust.

Suksamran, S., 1977, Political Buddhism in Southeast Asia: The Role of the Sangha in the Modernization of Thailand, London, Hurst.

1982, Buddhism and Politics in Thailand, Singapore, Institute of Southeast Asian Studies.

Suu Kyi, Aung San, 1995, Freedom from Fear and Other Writings, 2nd edn, Harmondsworth, Penguin.

Suzuki, D. T., 1930, Studies in the Lankavatara Sutra, London, Routledge & Kegan Paul.

1932, The Lankavatara Sutra, London, Routledge & Kegan Paul(translation).

1959, Zen and Japanese Culture, New York, Bollingen Foundation.

Swan, B., 1983, 'Sri Lanka: Constraints and Prospects in the Pursuit of Rural Development', in D. A. M. Lea and D. P. Chaudhri (eds.), Rural Development and the State, London and New York, Methuen, pp.127-60.

Swearer, D. K., 1973, 'Community Development and Thai Buddhism', Visakha Puja, Bangkok, Buddhist Association of Thailand, pp.59-67.

1989, Me and Mine: Selected Essays of Bhikkhu Buddhadāsa, New York, State University of New York Press.

1995, The Buddhist World of Southeast Asia, New York, State University of New York Press.

1996, 'Sulak Sivaraksa's Buddhist Vision for Renewing Society', in Queen and King, 1996: 195-235.

Sweet, M. J. and Zwilling, L., 1993, 'The First Medicalization: The Taxonomy and Etiology of Queerness in Classical Indian Medicine', Journal of the History of Sexuality, 3(4), 590-607.

Tähtinen, U., 1976, Ahimsa— Non-violence in the Indian Tradition, London, Rider.

Tambiah, S. J., 1973, 'Buddhism and This-worldly Activity', Modern Asian Studies, 7(1), 1-20.

1976, World Conqueror and World Renouncer— A Study of Buddhism and Polity in Thailand against a Historical Background, Cambridge, Cambridge University Press

1984, The Buddhist Saints of the Forest and the Cult of Amulets(as in Thailand), Cambridge, Cambridge University Press.

1992, Buddhism Betrayed? Religion, Politics and Violence in Sri Lanka, Chicago and London, University of Chicago Press.

Tanabe, G. J., 1994, review of LaFleur's Liquid Life in Japanese Journal of Religious Studies, 21, pp.437-40.

Tanaka, M., 1986, 'The Myth of Perfect Motherhood: Japanese Women's Dilemma', in D. L. Eck and D. Jain (eds.), Speaking of Faith: Cross-cultural Perspectives on Women, Religion and Social Change, London, The Women's Press, pp.69-76.

Tangwisuttiji, N., 1990, 'An Environmentalist Mond', World Fellowship of Buddhist Review, 27(2), 53-5.

Taniguchi, Shoyo, 1987, 'Biomedical Ethics from a Buddhist Perspective', The Pacific World: Journal of the Institute of Buddhist Studies, New Series no.3, pp.75-83.

Tarthang Tulku, 1985, Mother of Knowledge: The Enlightenment of Ye-shesm Tshorgyal, Berkeley, Calif., Dharma Publishing.

Tatz, M., 1986, Asanga's Chapter on Ethics, with the Commentary of Tsong-Kha-Pa, Studies in Asian Thought and Religion, vol.4, Lewiston/Queenston, Edwin Mellen Press(translations from Asaṅga's chapter on ethics (śīla) in his Bodhisattva-bhūmi, in Sanskrit, and Tsong-kha-pa's Basic Path to Awakening, in Tibetan).

1994, The Skill in Means(Upāyakauśalya) Sūtra, Delhi, Motilal Banarsidass (translation).

Tedesco, F., 1998, 'Abortion in Korea', in Keown, 1998: 121-55.

Terweil, B. J., 1979, Monks and Magic: An Analysis of Religious Ceremonies in Central Thailand, 2nd rev. edn, London, Curzon Press.

Thanissaro Bhikkhu (G. DeGraff), 1994, The Buddhist Monastic Code: The Patimokkha Training Rules Translated and Explained, printed for free distribution. Available from: The Abbot, Metta Forest Monastery, PO Box 1409, Valley Center, CA 92082, USA.

Tharchin, S. G. L., 1984, King Udrayana and the Wheel of Life— The History and Meaning of the Buddhist Teaching of Dependent Origination, Howell, N. J., Mahayana Sutra and Tantra Press.

Thitsa, K., 1980, Providence and Prostitution: Image and Reality for Women in Buddhist Thailand(booklet), London, Change International Reports.

Thomas, E. J., 1949, The Life of the Buddha as Legend and History ,3rd rev. edn, London, Routledge & Kegan Paul.

Thurman, R. A. F., 1981, 'The Emptiness that is Compassion', Religious Traditions, 4(2), 11-34.

1985, 'Nagarjuna's Guidelines for Buddhist Social Action', in Eppsteiner, 1988: 120-44.

Timmerman, P., 1995, 'Defending Materialism', People and the Planet, magazine of the World Wide Fund for Nature, 4(1), pp.30-1.

Topley, M., 1975, 'Marriage Resistance in Rural Kwangtung', in M. Wolf and R. Witke (eds.), Women in Chinese Society, Stanford, Stanford University Press.

Toynbee, A. and Ikeda, D., 1989, Choose Life: A Dialogue, Oxford, Oxford University Press.

Tsai, K. A., 1994, Lives of the Nuns: Biographies of Chinese Buddhist Nuns from the Fourth to Sixth Centuries(a translation of Pi-ch'iu-nichuan), Honolulu, University of Hawaii Press(translation).

Tsomo, Karma Lekshe, ed., 1988, Sakyadhītā: Daughters of the Buddha(a record of the first International Conference of Buddhist Nuns, Bodh-Gayā, 1987), Ithaca, N. Y., Snow Lion.

1995, Buddhism through American Women's Eyes, New York, Snow Lion.

Tsunoda, R., de Bary, W. T. and Keene, D., 1964, Sources of Japanese Tradition, 2 vols., New York and London, Columbia University Press(translations and comments).

Tucci, G., 1980, The Religions of Tibet, London, Routledge & Kegan Paul.

Tworkov, H., 1992, 'Anti-abortion/Pro-choice: Taking Both Sides', Tricycle: The Buddhist Review, 1(3), 60-9.

Uchino, K., 1986, 'The Status Elevation Process of Sōtō Sect Nuns in Modern Japan', in D. L. Eck and D. Jain (eds.), Speaking of Faith: Cross-cultural Perspectives on Women, Religion and Social Change, London, The Women's Press, pp.149-63.

Umezawa, K., 1988, 'Medical Ethics in Japan', Biomedicine and Pharmacotherapy, 42, pp.169-72.

Upadhyaya, K. N., 1971, Early Buddhism and the BhagavadGītā, Delhi, Motilal Banarsidass.

van der Tak, J., 1974, Abortion, Fertility, and Changing Legislation: An International Review, Lexington, Mass., and London, Lexington Books.

Van Loon, L., 1978, 'A Buddhist Viewpoint', in G. C. Oosthuizen, H. Shapiro, and S. A. Strauss (eds.), Euthanasia, Cape Town, Oxford University Press, pp.71-9.

Victoria, B., 1997, Zen at War, New York, Weatherhill.

Von Hinüber, O., 1995, 'Buddhist Law According to the Theravāda-Vinaya: A Survey of Theory and Practice', Journal of the International Association of Buddhist Studies, 18(1), 7-45.

Walters, J. S., 1995, 'Gotamī's Story', in D. S. Lopez (ed.), Buddhism in Practice(an anthology of translations), Princeton, N. J., Princeton University Press, pp.113-38(translation of pp.529-43 of the Therū-apadāna, from the Pali Canon(story no.17)).

Warren, H. C., 1896, Buddhism in Translations, Harvard Oriental Series; reprinted 1987, Delhi, Motilal Banarsidass(anthology of translations).

Wawrytko, S. A., 1991, 'On the Path of Ultimate Awakening: Women's Liberation in the Context of Taoism and Ch'an/Zen', in Fu and Wawrytko, 1991: 265-80.

1993, 'Homosexuality and Chinese and Japanese Religions', in A. Swidler (ed.), Homosexuality and World Religions, Valley Forge,

Penn., Trinity Press International, pp.199-230.

Wayman, A., 1991, Ethics of Tibet: Bodhisattva Section of Tsong-Kha-Pa's Lam Rim Chen Mo, Albany, State University of New York Press(translations).

Weber, M., 1951, The Religion of China: Confucianism and Taoism, New York, The Free Press, and London, Collier-Macmillan.

1958, The Religion of India: The Sociology of Hinduism and Buddhism, New York, The Free Press, and London, Collier-Macmillan.

1963, The Sociology of Religion, Boston, Mass., Beacon Press.

Welch, H., 1967, The Practice of Chinese Buddhism, 1900-1950, Cambridge, Mass., Harvard University Press.

1972, Buddhism Under Mao, Cambridge, Mass., Harvard University Press(pp.267-97 discusses attempts to find Buddhist textual support for killing class and foreign enemies).

WFBR: World Fellowship of Buddhist Review, 1981, 'News and Views: Abortion Bill', 18(6),19-35,52-3.

WFBR: World Fellowship of Buddhist Review, 1983, editorial: 'Another Buddhist's View on Buddhist Eating Meat', 20(3), appendix, pp.1-8.

WFBR: World Fellowship of Buddhist Review, 1984, 'Buddhists Concerned for Animals', 21(4), pp.73-9.

Whitmyer, C., ed., 1994, Mindfulness and Meaningful Work: Explorations of Right Livelihood , Berkeley, Calif., Parallax Press.

Wijayaratna, M., 1990, Buddhist Monastic Life: According to the Texts of the Theravāda Tradition, Cambridge, Cambridge University Press.

Williams, P., 1989, Mahāyāna Buddhism: The Doctrinal Foundations, London, Routledge.

1998, Altruism and Reality: Studies in the Philosophy of the Bodhicaryāvatāra, London, Curzon Press.

Willis, J., ed., 1989, Feminine Ground: Essays on Women and Tibet, Ithaca, N.Y., Snow Lion.

Willson, M., 1986, In Praise of Tārā: Songs to the Saviouress, London, Wisdom.

Wilson, B. and Dobbelaere, K., 1994, A Time to Chant— The Soka

Gakkai Buddhist in Britain, Oxford, Oxford University Press.

Wiltshire, M., 1983, 'The "Suicide" Problem in the Pāli Canon', Journal of the International Association of Buddhist Studies, 6(2), 124-40.

Yampolsky, P. B., 1990, Selected Writings of Nichiren, edited with an introduction by Yampolsky; translated by Burton Watson and others, New York, Columbia University Press.

Young, K. K.,. 1987, 'Hinduism', in A. Sharma (ed.), Women in World Religions, Albany, State University of New York Press, pp.59-103.

Yün-hua, J., 1965, 'Buddhist Self-immolation in Medieval China', History of Religions, 4, pp.243-68.

Yuthok, Karma Gelek, 1995, 'The Five Precepts and the Vajrayāna', World Fellowship of Buddhist Review, 32(3), 45-56.

Zwilling, L., 1992, 'Homosexuality as Seen in India Buddhist Texts', in Cabezōn, 1992: 203-14.

색인(인명)

색인(책명)

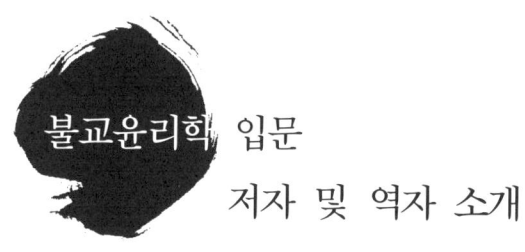

불교윤리학 입문
저자 및 역자 소개

❖ 저자 소개: 피터 하비(Peter Harvey)

이 책의 저자인 피터 하비는 영국 선더랜드대학교의 불교학 교수이다. 영국불교학회의 공동 창립자이기도 한 그는 영국에서 최초로 '불교학'을 전공한 교수로도 명성이 높다. 뿐만 아니라 피터 하비는 매우 성공적인 인터넷 잡지인 〈Journal of Buddhist Ethics〉와 〈Contemporary Studies in Buddhism〉의 편집위원으로도 활약하고 있는, 영국의 대표적 불교학자이다.

❖ 역자 소개: 허 남 결

현재 동국대학교 불교대학 불교학부 교수로 재직하고 있다. 서양윤리학과 불교윤리학의 이론적 접점을 찾기 위해 노력하고 있으며, 역저서로는 〈불교와 생명윤리학〉, 〈공리주의 윤리문화연구〉, 〈윤리적 삶의 이해〉(공역), 〈불교응용윤리학 입문〉 등이 있다.

개정판

불교윤리학 입문

토대, 가치와 쟁점 - 불교가 윤리학의 옷을 입다

초 판 발 행 2010년 10월 20일
초 판 2 쇄 2014년 11월 12일
초 판 3 쇄 2021년 1월 20일

저　　　자 피터 하비
역　　　자 허남결
펴 낸 이 김성배
펴 낸 곳 도서출판 씨아이알

편 집 장 박영지
책 임 편 집 김동희
디 자 인 송성용, 윤미경
제 작 책 임 김문갑

등 록 번 호 제2-3285호
등 록 일 2001년 3월 19일
주　　　소 (04626) 서울특별시 중구 필동로8길 43(예장동 1-151)
전 화 번 호 02-2275-8603(대표)
팩 스 번 호 02-2265-9394
홈 페 이 지 www.circom.co.kr

I S B N 979-89-92259-58-3 03220
정　　　가 42,000원